THE CLOSE OF THE MIDDLE AGES

中世纪的终结
1273—1494

[英] 理查德·洛奇 —— 著
姜学龙 —— 译

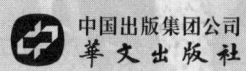
华文出版社

图书在版编目（CIP）数据

中世纪的终结：1273—1494 /（英）理查德·洛奇著；姜学龙译. -- 北京：华文出版社，2021.7
（华文全球史）
ISBN 978-7-5075-5465-6

Ⅰ.①中… Ⅱ.①理… ②姜… Ⅲ.①欧洲—中世纪史 Ⅳ.①K503

中国版本图书馆CIP数据核字(2021)第108479号

中世纪的终结：1273—1494

作　　者：	[英]理查德·洛奇
译　　者：	姜学龙
选题策划：	华телеф章也
插图供应：	029-85504182
责任编辑：	景洋子　张磐
出版发行：	华文出版社
社　　址：	北京市西城区广外大街305号8区2号楼
邮政编码：	100055
网　　址：	http：//www.hwcbs.com.cn
电　　话：	总编室010—58336239
	发行部010—58336212
经　　销：	新华书店
印　　刷：	三河市燕春印务有限公司
开　　本：	710×1000　1/16
印　　张：	52.25
字　　数：	700千字
版　　次：	2021年7月第1版
印　　次：	2021年7月第1次印刷
标准书号：	ISBN 978-7-5075-5465-6
定　　价：	205.00元

版权所有　侵权必究

出版前言

随着中国开放的大门越开越大,关注世界各国尤其是西方国家文明的源流、发展和未来已经成为当下世界史研究的一个热点。为了成系统地推出一套强调"史源性"且在现有世界史出版物中具有拾遗补阙价值的作品,我们经过认真论证,推出了"华文全球史"系列,首次出版约一百个品种。

"华文全球史"系列从书目选择到译者的确定,从书稿中图片的采用到人名地名的规范,都有比较严格的遴选规定、编审要求和成稿检查,目的就是要奉献给读者一套具有学术性、权威性和高质量的世界史系列图书。

书目的选择。本系列图书重视世界史学科建设,视角宽阔,层级明晰,数量均衡,有所突出。计划出版的"华文全球史"中,既有通史,也有专题史,还有回忆录,基本上是世界历史著作中的上乘之作,填补了国内同类作品出版的空白。

人名地名规范。本系列图书中人名地名,翻译规范,重视专业性。在人名翻译方面,我们坚持"姓名皆全"的原则,加大考据力度,从而实现了有姓必有名,有名必有姓,方便了读者的使用。在注释方面,书中既有原书注,完整地保留了原著中的注释;也有译者注,体现了译者的研究性成果。

书中的插图。本系列图书的一个重要特点是书中都有功能性插图,这些插图全方位、多层次、宽视角反映当时重大历史事件,或与事件的场景密切相关,涉及政治、军事、经济、社会、外交、人物、地理、民俗、生活等方面的绘画作品与摄影作品。功能性插图与文字结合，赋予文字视觉的艺术，丰富了文字的内涵。

译者的确定。本系列图书的翻译主要凭借的是一个以大学教师为主的翻译团队，团队中不乏知名教授和相关领域的资深人士。他们治学严谨，译笔优美，为确保质量奉献良多。

"华文全球史"系列作为一套具有较高学术价值的优秀的世界历史丛书，对增加读者的知识，开阔读者的视野，具有积极的意义。同时要看到，一方面很多西方历史学家的观点符合事实，另一方面不少西方历史学家的观点是错误的，对于这些，我们希望读者不要不加分析地全盘接受或全盘否定，而是要批判地吸收外国文化中有益的东西。

华文出版社

2019年8月

序　言

在欧洲历史上，本书所述的1273年到1494年这段时期具有独特魅力和重要意义。因为这两个多世纪，中世纪的社会政治体制逐渐终结，现代欧洲的国家体系开始崛起。虽然很难以有序、易懂的方式来讲述这些事件，但中世纪最后两百多年历史的重要性远远超出了历史事件叙述本身的困难性。中世纪时期，神圣罗马帝国和罗马教皇赋予了西欧历史统一性。然而，13世纪中期，随着大空位时代的出现，西欧历史统一性消失殆尽。15世纪晚期，随着法兰西国王查理八世入侵那不勒斯，各国间的国际关系开始正式发展。因此，西欧历史的统一性再次得到巩固。13世纪中期到15世纪晚期的两百多年，几近灭亡的旧体制和新体制斗争频繁，引发了明显的混乱。我们只有仔细考证与研究这些新旧体制的斗争，才能从中发现未来秩序的萌芽。尽管我们很容易找到政治、军事事件重要的史实，但中世纪最后两百多年历史的主要特征仍然是多样性的，几乎无法找到任何的协调性。我们粗略浏览这一时期引人注目的事件，有助于了解这种多样性。百年战争；勃艮第家族的兴衰；天主教会大分裂；康斯坦斯宗教会议、佛罗伦萨宗教会议、胡斯战争三大事件中新旧教会政体观念的斗争；在共和政体与美第奇家族的统治下，威尼斯共和国、佛罗伦萨共和国取得的辉煌成就；许多不为世人所知的小国家呈现出的艺术与文学复兴；汉萨同盟、条顿骑士团等独特联盟的壮大与衰落；放弃伊斯兰教的西班牙基督教国家联盟扩展与渐进，以及同时上演的土耳其人征服东罗马帝国的一幕幕悲壮事件都可以在本书中找到，但很难将它们置于研究欧洲总体历史发展的书籍中。毫无疑问，上述某些事件比其他事件更具有永久的重要性。然而，本时期我们必须掌握的重要史实是法兰西王国、西班牙王国和英格兰王国等大国的崛起。此外，我们还必须掌握与重要事件相关联的次要事件，否则很难真正理解重要事件本身。中世纪的最后两百多年，德意志和意大利比西班牙王国和英格兰王国，甚至法兰西王国更重要；但德意志和意大利根本不是统一的国家，由许多松散公国组成，而西班牙王国、英格兰王国和法兰西王国是统一的国家。这要求我们研究德意志14世纪的历史，必须关注波兰王国、匈牙利王国和丹麦王国的历史；威尼斯共和国和佛罗伦萨共和国的历史也不能与热那亚共和国和比萨共和国的历史分开。此外，即使在追溯某个具有一定统一程度的国家发展情况时，也必须注意到以前不独立省的融合情况。

我已明确地陈述了种种困难，但没有找到一个完全令人满意的解决办法。我一直努力使本书的叙述清晰易懂，简洁且富于变化。同时，需向各位读者指出的是，在一个王朝利益和主张越来越重要的时代，在一个皇室婚姻在国际政治和国家发展中日益重要的时代，仔细研究家族史非常必要。这将解释并证明在附录中插入一些家谱表的合理性。研究中世纪历史的学者可能会发现，这并不是本书中没用的部分。

理查德·洛奇

于爱丁堡

目 录

001 **第 1 章**
德意志与大空位时代后的神圣罗马帝国（1273 年到 1313 年）

033 **第 2 章**
意大利与教皇制度（1273 年到 1313 年）

067 **第 3 章**
后卡佩时代的法兰西王国（1270 年到 1328 年）

103 **第 4 章**
早期瓦卢瓦王朝统治下的法兰西王国（1328 年到 1380 年）

151 **第 5 章**
上巴伐利亚公爵路易和阿维尼翁教皇（1314 年到 1347 年）

167 **第 6 章**
查理四世与《1356 年金玺诏书》

187	**第 7 章**	
	瑞士邦联的崛起	

207	**第 8 章**	
	14 世纪的意大利（1313 年到 1402 年）	

263	**第 9 章**	
	教皇和神圣罗马帝国的分裂（1378 年到 1414 年）	

293	**第 10 章**	
	胡斯运动和康斯坦斯宗教会议（1409 年到 1418 年）	

311	**第 11 章**	
	胡斯战争和巴塞尔宗教会议（1419 年到 1449 年）	

335	**第 12 章**	
	15 世纪的米兰公国与威尼斯共和国（1402 年到 1494 年）	

369	**第 13 章**	
	那不勒斯和 15 世纪的教皇国	

403	第 14 章
	美第奇家族统治下的佛罗伦萨共和国

433	第 15 章
	法兰西王国的勃艮第人和阿马尼亚克人

483	第 16 章
	法兰西王国君主制的复兴

541	第 17 章
	德意志与哈布斯堡家族的皇帝

571	第 18 章
	汉萨同盟和斯堪的纳维亚王国

607	第 19 章
	条顿骑士团和波兰

625	第 20 章
	伊比利亚半岛上的基督教国家

663	**第 21 章** 东罗马帝国和奥斯曼土耳其人
691	**第 22 章** 意大利的文艺复兴
715	**考据 1** 汉萨同盟
729	**考据 2** 圣殿骑士团
745	**考据 3** 圣剑骑士团
749	**考据 4** 医院骑士团
771	**译名对照表**

第1章

德意志与大空位时代后的神圣罗马帝国

（1273年到1313年）

精彩看点

神圣罗马帝国与君主制德意志——德意志的分裂——世俗诸侯——主教——帝国城市——大空位时代及其影响——鲁道夫一世当选——鲁道夫一世的政策——鲁道夫一世与普热米斯尔·奥托卡二世之战——晚年的鲁道夫一世——拿骚伯爵阿道夫——阿道夫一世与法兰西王国的关系——阿道夫一世垮台——阿尔布雷希特一世——阿尔布雷希特一世的政策——匈牙利王位——波希米亚王位——阿尔布雷希特一世驾崩——亨利七世当选——海因里希七世远征意大利——波希米亚国王约翰——法兰西王国占领里昂——1273年到1313年在德意志历史上的重要性

962年，君主制德意志与神圣罗马帝国联合。事实证明，这一联合对双方政体危害都很大。神圣罗马帝国的至上皇权早已名存实亡，而神圣罗马帝国与德意志直接联合，使非日耳曼诸侯和各民族对皇权独断十分反感，这势必会引发不休的争战。此外，由于盟友神圣罗马帝国的势力范围越来越小，德意志王权也随之越来越弱。王权名存实亡的现状往往会对名副其实的政体产生一种摇摇欲坠的假象。拥有德意志封地的诸侯越来越想得到外国国王和统治者的庇护，因为在封建理论中，这些外国国王和统治者操控着神圣罗马帝国的皇权。然而，这种对外结盟的"帝国主义"主张会使王权与教权发生冲突，进而沉重打击德意志君主制政体。授权之争中，神圣罗马帝国皇权也受到过这种打击。此外，神圣罗马帝国支持意大利统一，并且不断耗费人力、财力建立对亚平宁半岛南部的完全统治，但均以失败告终。神圣罗马帝国对意大利的支持，不仅削弱了德意志统治者的权力，还使附属德意志的北方封臣因王权长期难以到达而有机会获得独立。总而言之，根据传统与政体规定，神圣罗马帝国实行选举制。因此，罗马人民的国王[①]就被剥夺了像英格兰王国和法兰西王国统治者享有的一切正常世袭权。有争议的选举不仅会引发罪行累累的内战，还会导致权力在各家族间频繁更迭，显然不利于长期有效地实施中央集权政策。

---

① 843年，根据《凡尔登条约》，法兰克王国一分为三。日耳曼人路易分得东法兰克王国。此后，东法兰克王国演变为中世纪时期的德意志，其统治者称罗马人民的国王。——译者注

当哈布斯堡家族最终获得皇位准世袭权时,神圣罗马帝国分裂已成大势所趋,任何补救措施均已晚矣。

中央权力的衰落和随之崛起的大量半独立"政体",使这一时期的德意志历史变得异常复杂和难以理解。这些"政体"虽然因某些共同的责任和利益维系在一起,但各自存在,各自为政。13世纪,德意志的"政体"数量空前。后来,德意志统治者瓦解或消灭了加洛林家族掌控的许多大公国。例如,随着霍亨斯陶芬王朝的覆灭,士瓦本大公国不复存在。随着每个公国的灭亡,直属封臣的数量随之大幅增加。从前属于公爵的每一个城镇,甚至村庄,现在都直接属于统治者。尽管许多弱小的"政体"沦为强大、贪婪的邻国的牺牲品,但仍有一些,如瑞士邦联的原始成员,成功地保住了它们令人垂涎的独立地位。当时的德意志,长子继承制是一个例外。兄弟平分领地的做法,势必会导致直属封臣数量大幅增加。

当然,本书不可能试图追溯各个公国和亲王国的不同历史,因为它们占据的德意志领土难以统计,但优先弄清楚推动历史发展的重要家族十分必要。13世纪中叶,四个重要的王室家族是阿斯坎尼家族、韦尔夫家族、维特尔斯巴赫

阿斯坎尼家族纹章　　　　　　　　　　　　　　　　　　　　韦尔夫家族纹章

维特尔斯巴赫家族纹章　　　　　　　　　　　　　　　　韦廷家族纹章

家族和韦廷家族。阿斯坎尼家族分成两支，分别由勃兰登堡藩侯阿尔布雷希特一世的两个儿子掌管。大儿子勃兰登堡藩侯奥托一世持有德意志北部的勃兰登堡领地。1267年，勃兰登堡被奥托一世的几个兄弟分割。1180年，从神圣罗马帝国皇帝腓特烈一世手中，勃兰登堡藩侯阿尔布雷希特一世幼子萨克森公爵伯恩哈德继承早已被削减的萨克森公国。萨克森公国后由伯恩哈德的孙子阿尔贝特二世继承。11世纪，韦尔夫家族非常强大，而现如今仅仅拘囿于不伦瑞克公国，后来又分成吕讷堡和沃尔芬比特尔。1255年，维特尔斯巴赫家族由上巴伐利亚公爵路易二世和下巴伐利亚公爵亨利十三世两兄弟掌管。路易二世将上巴伐利亚公国与莱茵河上的帕拉廷合并；亨利十三世则拥有下巴伐利亚公国领地。15世纪，韦廷家族的萨克森公爵亨利四世的后裔获得了萨克森公国的拥有权并一直保留至今。15世纪，萨克森公国包括迈森藩侯领地和图林根州伯爵领地。15世纪，最有权势的亲王是地理位置和历史均与德意志紧密相连的波希米亚的斯拉夫王国统治者普热米斯尔·奥托卡二世。1253年，从父亲瓦茨拉夫一世手中，普热米斯尔·奥托卡二世继承了波希米亚王国。通过婚姻和外交，普热米斯尔·奥托卡二世增加了奥地利、施蒂里亚、卡林西亚和卡尔尼奥拉等领地，从而在德意志东南部占据了稳固地位。此外，还有三个较小的家族，虽然起初并不重要，也不属于贵族阶层，但这一时期在德意志中非常重要，其中两个家族在欧洲有史以来最强大的王朝中占据了重要地位。13世纪，卢森堡家族是西部边境附近一个小郡的领主；14世纪，卢森堡家族产生了四位皇帝。他们建立了让家族得以生存的领土政权。14世纪，只在士瓦本享有贵族盛名的哈布斯堡家族，在德意志东南部建立了一个强大的国家，并且继承了卢森堡家族拥有的地位。13世纪，霍亨索伦家族统一了弗兰科尼亚的分散地区和纽伦堡子爵领地；15世纪，霍亨索伦家族获封勃兰登堡选帝侯。尽管霍亨索伦家族的权力增长比卢森堡家族和哈布斯堡家族缓慢，但其权力建立有可靠的根基，依靠的是能力和策略而非财富，最后也证明比其他家族更持久。

德意志领土上的众多王室贵族中，必然有数量众多的神圣罗马帝国直属教会封臣。教区占有德意志的大片土地，特别是莱茵河流域和主河道地区。在这些神职贵族中，权势显赫的是莱茵派大主教：美因茨、科隆和特里尔。由于阶级利益和传统的关系，神职贵族和世俗贵族之间区分明显。皇帝非常支持这

卢森堡家族纹章　　　　　　　　　　　　　　　　　　　　　　　　霍亨索伦家族纹章

种等级区分政策，并以此来制衡神职贵族和世俗贵族。然而，13世纪中叶后，神职贵族和世俗贵族之间的区分就变得模糊了。皇帝和教皇之间的竞争虽然没有完全消失，但已不再是德意志关系中的主导因素。1305年到1376年，教皇居住区阿维尼翁的神职贵族在某种程度上疏远教皇，因而导致德意志的神职贵族和世俗贵族变得团结起来。神职贵族和世俗贵族联合起来最明显的目的是通过削弱中央权力来加强各自的独立，即所谓的"自由"。此外，王室贵族阶层之下的封臣，史称"骑士"，只能被迫依附于君主政体，以抵御王室贵族不断削弱皇权的危险。

除了王室贵族和骑士，还有一个非常重要的直属封臣体制——帝国城市。帝国城市之所以重要，一方面是它的经济富足；另一方面是几代帝王的政策倾斜，鼓励地方自治，并以此获取财政收入来源和制约其他王室贵族。德意志的帝国城市大致分为两类：第一类为奥格斯堡、纽伦堡、拉蒂斯邦等南部城市，它们位于从威尼斯共和国和热那亚共和国通往欧洲各地的重要商业通道上；第二类为波罗的海和德意志沿海的北部城市，它们在北欧东西之间的贸易中发挥着重要作用，并且在布鲁日进行南北方商品交换。帝国城市的优势在于财富丰厚、城墙坚固；劣势在于各自孤立、相互妒忌。南方帝国城市从未克服这一劣势：为共同目标而结成的联盟从未持久过，因此结盟也就从未发挥过效果。北方帝国城市则相对团结，多与较落后的城邦联盟维持更持久、更直接的政治利益。捍卫波罗的海东西部国家的贸易特权是非常必要的。因此，波罗的海周边商贸地与北方城镇结成半联邦形式联盟，以保护各城镇的商路免遭丹麦王国激进的斯堪的纳维亚人进攻，从而使汉萨同盟在很长时间成为北方强大的政治力量。然而，由于贸易路线的巨大变化和部分诸侯统治地位的日益上升，北方帝国城市最终从联盟中脱离出来。初期，德意志那些帝国城市的命运是未知的。然而，从当时来看，像纽伦堡和奥格斯堡等帝国城市获得的独立与权力，并不一定就逊于同时代离神圣罗马帝国皇权较远的直属领地：威尼斯共和国和佛罗伦萨共和国。

亨利六世　　　　　　　　　　　　　　　　　　　　　　腓特烈二世

11世纪，德意志王权开始衰落，但在神圣罗马帝国皇帝腓特烈一世、亨利六世和腓特烈二世的影响下，出现了一定程度的复兴。随着霍亨斯陶芬王朝的覆灭，神圣罗马帝国和德意志君主制政体衰落到极点。大空位时代，两个敌对国王——罗马人民的国王理查和卡斯蒂尔国王阿方索十世努力维持实质上冲突不断而名义上彼此忠诚的德意志现状，但两人均未真正统治过德意志。大空位时代，不但直属封臣享有完全独立的对外权力，而且帝国领地要么被诸侯吞并，要么被皇位继承者用来收买追随者而挥霍。这让旧的君主制政体不可能复兴，同时这带来的变化使德意志统一似乎遥不可及。当选的国王不得不放弃世袭领地，自力更生，从一个地方到另一个地方疲于奔波。由此可见，未来的国王想要获得尊重或服从，唯一的办法就是拥有领土权力，让自己变得强大。这种由世袭国王持续奉行的领土扩张政策，很可能逐渐促生了像法兰西王国那样的领土君主制。诸侯利用选举权来防止王位传给同一家族的继任成员，并且通过强加一些条件来确保自己的独立权。大空位时代后的一个世纪，由此造成的恶劣影响十分明显。每一个继任的国王都为自己建立家族，与其说是为了巩固君主制，倒不如说是为了壮大自己的家族。王位继任者越强大，在他的家族中就越危险，就越容易受到家族的反对。同样地，从罗马人民的国王鲁道夫一世开始，教皇的裙带关系导致神圣罗马帝国皇帝都采取家族扩张政策。

鲁道夫一世

1272年，罗马人民的国王理查驾崩，追随者不得不考虑重新进行选举。与此同时，由于忌惮意大利安茹家族的权力过于强大，担心德意志的分裂会给法兰西王国从阿尔卑斯山脉北部侵略提供机会，教皇格列高利十世利用自己的影响力敦促德意志选举新的罗马人民的国王。然而，罗马人民的国王选举权早已落入少数人之手。早期的罗马人民的国王是由直属封臣选出，并在全体自由民大会上通过。渐渐地，自由民群众通过的形式消失了，直属封臣获得了绝对的提名权。之后，罗马人民的国王选举发展成由一些主要诸侯初步选择，再由其余诸侯贵族批准的模式。13世纪，有些诸侯不需要任何提名仪式就可以参与选举的想法出现。宗教迷信和习俗一致认为需要产生七位候选人，但异议众

教皇格列高利十世

鲁道夫·冯·哈布斯堡当选罗马人民的国王

多。直到14世纪，在三位莱茵河选帝侯、普法尔茨伯爵和三位大主教的带领下才最终解决选举争端问题。要想获得诸侯的广泛支持，唯一的办法就是选一个不会引起诸侯恐慌和妒忌的资质平平的罗马人民的国王。通过霍亨索伦家族、纽伦堡伯爵腓特烈三世的努力，罗马人民的国王候选人落在了哈布斯堡家族的鲁道夫·冯·哈布斯堡身上。1273年10月24日，在亚琛，鲁道夫·冯·哈布斯堡当选罗马人民的国王，成为鲁道夫一世。霍亨索伦家族促成哈布斯堡家族成员当选罗马人民的国王，令人十分诧异。

路易二世

　　鲁道夫一世赢得王位并不容易，五十五岁时才因事业有成从士瓦本被召来继承德意志王位。鲁道夫一世有很多女儿，他利用联姻广罗追随者。在加冕典礼上，鲁道夫一世的女儿玛蒂尔德·冯·哈布斯堡嫁给了路易二世，另一个女儿阿格内斯·冯·哈布斯堡嫁给了萨克森公爵阿尔贝特二世。然而，这样的关系还不足以使鲁道夫一世的女婿成为忠诚的追随者。卡斯蒂尔国王阿方索十世继承了神圣罗马帝国皇帝的头衔，尽管没有实权，但他的自命不凡很容易成为不满者的借口。另一个更强大的对手是波希米亚国王普热米斯尔·奥托卡二世。普热米斯尔·奥托卡二世声称自己在选举中的发言权被忽视了，拒绝承认哈布斯堡的"平民伯爵"鲁道夫一世。在这种情况下，鲁道夫一世表现出的谨慎和远见为其赢得了赞誉，但他不可能恢复霍亨斯陶芬王朝的荣光。鲁道夫一世不能疏远教皇，也不能以恢复意大利为目标。鲁道夫一世必须满足于拥有德意志王权的现实,并且必须为王权找到领土根基。最直接的办法就是鲁道夫一世在哈布斯堡家族中恢复士瓦本大公国,来实现一直追求的目标。然而,这会引起与女婿路易二世的争斗,因为路易二世声称自己是霍亨斯陶芬家族的继承人。鲁道夫一世不能冒这个险,于是将从普热米斯尔·奥托卡二世手中夺取德意志东南部封地的计划暂缓至大空位时代。在夺取封地之前,鲁道夫一世必须说服普热米斯尔·奥托卡二世的亲密盟友——教皇。通过霍亨索伦伯爵腓特烈五世,鲁道夫一世与教皇格列高利十世达成协议,确认此前意大利领土对教皇的所有让步,并承认教皇掌管那不勒斯、西西里岛的安茹王朝。1275年10月,在洛桑,鲁道夫一世与教皇格列高利十世会谈,进一步确认了协议中的条款。1280年3月,鲁道夫一世与那不勒斯国王查理一世签订协议。协议内容为:查理一世承认鲁道夫一世拥有普罗旺斯,鲁道夫一世同意将自己的女儿克莱门丝·冯·哈布斯堡嫁给那不勒斯国王查理一世的孙子查理·马特尔。因此,腓特烈二世终于放弃他的政策。为了确保在德意志施政不受干扰,鲁道夫一世把意大利的管理权交给了教皇格列高利十世和安茹家族。

克莱门丝·冯·哈布斯堡

查理·马特尔

与教皇格列高利十世结盟，鲁道夫一世变得十分强大，从而对普热米斯尔·奥托卡二世采取咄咄逼人的措施。因选举权遭到忽视，普热米斯尔·奥托卡二世拒绝承认鲁道夫一世当选罗马人民的国王，这激怒了德意志的诸侯。1274年到1275年，普热米斯尔·奥托卡二世多次受召解释自己占领奥地利、施蒂里亚、卡林西亚和卡尔尼奥拉的行为，并被要求放弃上述领地。1276年，鲁道夫一世召集了一支军队向奥地利进军，受到了反斯拉夫统治的德意志贵族的欢迎。维也纳被占领后，普热米斯尔·奥托卡二世感到抵抗无望。1276年11月21日，普热米斯尔·奥托卡二世与鲁道夫一世进行和谈。在保证波希米亚王国和摩拉维亚领地所有权的条件下，普热米斯尔·奥托卡二世从德意志各地撤出了。随后，普热米斯尔·奥托卡二世将女儿波希米亚的艾格尼丝嫁给鲁道夫一世的儿子奥地利公爵鲁道夫二世，让儿子瓦茨拉夫二世娶了鲁道夫一世的女儿哈布斯堡的尤迪特。至此，《维也纳条约》才进一步得到承认。鲁道夫一世对

奥地利公爵鲁道夫二世迎娶波希米亚的艾格尼丝

此欣喜若狂,很快就解散了军队。然而,普热米斯尔·奥托卡二世无意履行《维也纳条约》。普热米斯尔·奥托卡二世认为鲁道夫一世在多瑙河上建立强大的哈布斯堡王朝危害巨大,并以此游说德意志的诸侯,最终赢得诸侯的支持。于是,普热米斯尔·奥托卡二世的支持力量越来越大,于1278年再次向鲁道夫一世发动战争。1276年,教皇格列高利十世去世。鲁道夫一世失去与教皇协议获得的所有优势。美因茨和科隆两位大主教转而反对鲁道夫一世;路易二世也始终保持中立;1276年,鲁道夫一世曾通过政治联姻而赢得拥护的下巴伐利亚公爵亨利十三世也开始公开支持普热米斯尔·奥托卡二世;勃兰登堡阿斯坎尼家族的藩侯也站在普热米斯尔·奥托卡二世一边。1276年,那支威武的军队早已不见,肯主动帮助鲁道夫一世的只剩下霍亨索伦伯爵腓特烈五世和巴塞尔主教。然而,由于匈牙利国王拉斯洛四世的联盟及奥地利和施蒂里亚贵族的支持,天平又向有利于鲁道夫一世的方向倾斜。马希费尔德战役中,霍亨索

马希费尔德战役

伦伯爵腓特烈五世麾下全副武装骑兵的冲锋决定了这场战争的胜负。1278年8月26日，普热米斯尔·奥托卡二世在战场上阵亡。普热米斯尔·奥托卡二世的驾崩意味着鲁道夫一世的胜利。1278年10月，波希米亚年轻的国王瓦茨拉夫二世的监护人勃兰登堡藩侯奥托五世与鲁道夫一世通过谈判达成协议，重申了1276年关于奥地利各省割让及哈布斯堡家族和波希米亚王室双重联姻的约定。1282年12月，鲁道夫一世正式将奥地利、施蒂里亚和卡尔尼奥拉分封给两

普热米斯尔·奥托卡二世在战场上阵亡

阿尔布雷希特一世

个儿子阿尔布雷希特一世[①]和鲁道夫二世,将卡林西亚公国分封给蒂罗尔伯爵迈因哈德二世。迈因哈德二世又将自己的女儿卡林西亚的伊丽莎白嫁给了阿尔布雷希特一世。

奥地利哈布斯堡王朝的建立是德意志历史上的一件大事。这是鲁道夫一世统治时期的伟大成就,也是他最后的卓越功绩。鲁道夫一世晚年致力于加强德意志的君主集权制,但基本上徒劳无功。鲁道夫一世颁布了一系列通过限制私人战争来确保公共和平的法令,得到了城镇市民和小贵族的赞赏。然而,由于国内缺乏有效的司法和监督制度,这些法令形同虚设。未经王室同意严禁

[①] 1303年,虽然教皇博尼法斯八世承认阿尔布雷希特一世为神圣罗马帝国皇帝,但他从未加冕。——译者注

建立新郡的法令，虽表明鲁道夫一世政府的总体目标，但只不过是一纸空文。鲁道夫一世在当选时曾发誓要收复失去的德意志领地，但实际上这是一项力所不及的任务。昔日拥护鲁道夫一世的城镇市民也因反对鲁道夫一世通过征税来增加德意志财政收入的做法而逐渐疏远鲁道夫一世。此外，大量腓特烈二世的抗议者的出现使鲁道夫一世政府与前任政府形成了鲜明对比。前任德意志政府从意大利攫取了大量财富，从而豁免臣民的赋税。更严重的是，选民坚决拒绝选择鲁道夫一世的儿子阿尔布雷希特一世作为王位继承人。这是鲁道夫一世晚年迫切想要实现的目标，但1291年7月15日，七十三岁的鲁道夫一世驾崩时这一目标也未能实现。鲁道夫一世如果生活在两个世纪前，那么可能会跻身于德意志伟大君主之列。事实上，作为哈布斯堡王朝的缔造者，鲁道夫一世被永远铭记。

选帝侯之所以反对阿尔布雷希特一世继承王位，主要是因为他的领地过于广袤，包括了从他父亲鲁道夫一世那里继承来的德意志东部及士瓦本。换句话说，与1273年选举鲁道夫一世的动机一样，选帝侯想寻找一个比鲁道夫一世更谦逊的继任者。1292年5月5日，美因茨大主教格哈德二世·冯·埃普斯坦大力举荐另一位"贫穷的伯爵"——拿骚伯爵阿道夫。拿骚伯爵阿道夫通过承诺各种好处来拉选票，而这些承诺只能通过典当帝国领土上为数不多的残余财富来实现。然而，拿骚伯爵阿道夫的野心远大于他的实力，且无意成为选帝侯的傀儡。1292年7月1日，刚在亚琛加冕为王，阿道夫一世就率领军队攻打阿尔布雷希特一世，强迫阿尔布雷希特一世俯首称臣，并放弃从鲁道夫一世那里继承来的皇家荣誉。为了镇压大贵族，阿道夫一世开始安抚城镇领主和小贵族。阿道夫一世抓住迈森侯爵腓特烈一世去世的天赐良机，立即宣布腓特烈一世生前所有领地是无主封地，并准备像鲁道夫一世在多瑙河上做的那样，在无主封地上建立一个世袭公国。除此之外，阿道夫一世对法兰西王国采取的外交态度更值得注意。

阿尔勒王国，由上勃艮第国王鲁道夫一世建立，后经上勃艮第国王鲁道夫二世扩大。1032年,阿尔勒国王鲁道夫三世驾崩后,阿尔勒王国落入罗马人民的国王康拉德二世之手。从此,与德意志、意大利的统治者选举一样,阿尔勒王位曾经也通过选举由当选的罗马人民的国王继承。然而,随着德意志君主制的衰落,勃艮第至高无上的王权变得越来越名不副实。许多统治者完全忽视阿尔勒王位的加冕仪式。勃艮第王国也分裂成几个准独立的省,主要有:勃艮第自由县弗朗什-孔泰、萨伏依、多菲内、里昂和普罗旺斯。这些省虽然理论上是帝国采邑,但受到法兰西王国的步步侵吞。与所有前任国王相比,法兰西国王腓力四世更大胆、更公开地奉行领土侵吞政策。阿道夫一世以捍卫神圣罗马

阿道夫一世

阿道夫一世与英格兰国王爱德华一世缔结条约

帝国统一者的身份不断壮大自己,并在1294年与英格兰国王爱德华一世缔结条约。两位统治者在条约中约定:只有腓力四世让出夺取的领土,他们才会放下武器。然而,随后的战争充分地暴露出德意志军事无能的现状。德意志诸侯并不关心边境省,只关心自己的利益和独立。1298年,腓力四世与教皇博尼法斯八世进行和平谈判。此时,腓力四世掀起反对阿道夫一世的浪潮轻而易举。因此,腓力四世并没有答应阿道夫一世与爱德华一世的领土退还要求。

选帝侯和大贵族对阿道夫一世联合平民贵族和城镇领主、图林根州的短暂胜利始终保持警惕。为了压制阿道夫一世,诸侯求助于曾经反对过的奥地利公爵阿尔布雷希特一世。此时,阿尔布雷希特一世已与波希米亚国王瓦茨拉夫二世结成亲密联盟,也同腓力四世保持着友好关系。阿尔布雷希特一世正急于夺回父亲鲁道夫一世的王位。1298年5月1日,美因茨大主教格哈德二世·冯·埃普斯坦召集诸侯在法兰克福开会。阿尔布雷希特一世也带领了一支军队参加会议。阿道夫一世获知情况后,从落魄的贵族支持者中召集军队,准备截击阿尔布雷希特一世。阿尔布雷希特一世向南挺进,完美地绕过了阿道夫一世,并且成功联系上美因茨大主教格哈德二世·冯·埃普斯坦。会议地点也随之转移到阿尔布雷希特一世居住的地方。1298年6月23日,选举人正式宣布阿道夫一世下台。然而,参会的勃兰登堡藩侯阿尔布雷希特一世选举阿尔布雷希特一世为王这一提议并没有得到支持。1298年7月2日,在格尔海姆附近,阿道夫一世负隅抵抗时,从马上被击下杀死。阿道夫一世对德意志的统治虽然

阿道夫一世从马上被击下杀死

短暂，但值得称赞。不过，阿道夫一世的势力太弱小，无法抗衡诸侯联盟。侵吞图林根州和迈森的计划，也随着阿道夫一世的驾崩一同毁灭。随后，韦廷家族收复了阿道夫一世的领地。

在赢得选举人的支持后，阿尔布雷希特一世成为填补王位空缺的不二人选。不过，诸侯很快意识到，之前的反对是明智的。阿尔布雷希特一世沿袭父亲鲁道夫一世的政策，并且精力更加充沛，军事能力更强。如果没有遭遇暗杀，过早地中断事业，阿尔布雷希特一世可能会为哈布斯堡家族和德意志君主制做出巨大贡献。仅仅十年的统治，阿尔布雷希特一世就创造了很多壮举。历史上，阿尔布雷希特一世以残忍著称，这主要是由于他严肃的表情和举止，以及失去了一只眼睛。此外，瑞士人中还流传着许多关于阿尔布雷希特一世的寓言故事。

与教皇博尼法斯八世发生争执后，腓力四世放弃了与阿道夫一世达成的防御勃艮第王国的边境协议。为了迫使教皇博尼法斯八世承认自己的王位，阿尔布雷希特一世与腓力四世缔结条约。1299年12月，阿尔布雷希特一世与腓力

教皇博尼法斯八世　　　　　　　　　　　　　　　　　　腓力四世

奥地利公爵鲁道夫一世

埃诺伯爵约翰二世

四世进行了一次私人会谈。会谈中,阿尔布雷希特一世缔结了法兰西的布兰奇与长子奥地利公爵鲁道夫一世的婚约。政治上,阿尔布雷希特一世支持城镇领主,反对王室贵族。阿尔布雷希特一世颁布法令,废除了自1250年腓特烈二世驾崩后对莱茵河征收的所有通行费,这更加激怒了诸侯。1299年10月,统治荷兰和西兰岛的荷兰伯爵约翰一世去世。阿尔布雷希特一世趁机宣布这些省是无主封地,但遭到埃诺伯爵约翰二世的反对。因为埃诺伯爵约翰二世认为自己有权通过母亲荷兰的阿德莱德来继承这些领地。阿尔布雷希特一世侵吞荷兰和西兰岛的计划最终失败。阿韦斯奈斯家族成功地将荷兰和西兰岛加入埃诺家族封地范围。阿尔布雷希特一世视察德意志西北地区时,莱茵派大主教和帕拉廷选帝侯因失去通行费而恼羞成怒,趁机组成了一个联盟来反对阿尔布雷希特一世。然而,阿尔布雷希特一世并不像阿道夫一世那样孤立无援,在城镇领主的鼎力支持和法兰西王国的全力帮助下，阿尔布雷希特一世采取主动出击的策略，不仅废除通行费，还迫使莱茵派大主教和帕拉廷选帝侯承认城镇领主拥有授予城外郊区居民公民特权和豁免权等权力。自神圣罗马帝国皇帝亨利三世以来，能像阿尔布雷希特一世在1301年和1302年的战役中那样，成功挟制王室贵族的罗马人民的国王寥寥无几。

以后的几年里，阿尔布雷希特一世集中精力处理德意志东部地区事务。匈牙利国王安德鲁三世是阿帕德王朝最后一位男性继承人，他驾崩后，匈牙利王

匈牙利国王安德鲁三世

下巴伐利亚公爵奥托三世

匈牙利国王查理一世

位无人继承。当时,有两位候选人——下巴伐利亚公爵奥托三世和那不勒斯国王卡洛二世的孙子匈牙利国王查理一世,他们都是王室女性成员的后裔。然而,马扎尔人的贵族越过这两位候选人,把王位送给了瓦茨拉夫二世。瓦茨拉夫二世为了自己儿子的将来接受了王位。这样的权力交接严重损害了作为罗马人民的国王和奥地利公爵的阿尔布雷希特一世的利益。由于厌恶巴伐利亚南部的维特尔斯巴赫家族,阿尔布雷希特一世毫不犹豫地支持1302年与教皇博尼法斯八世曾支持过的候选人,即自己妹妹克莱门丝·冯·哈布斯堡的儿子匈牙利国王查理一世。

有一段时间,波希米亚王国非常强大。1305年6月,瓦茨拉夫二世驾崩后,匈牙利国内对年轻国王的行为日益不满,查理一世乘机得到王位,尽管得到的王位在一段时间内遭到下巴伐利亚公爵奥托三世的质疑。1306年8月,波希米亚年轻的国王瓦茨拉夫三世遭谋杀,致使波希米亚王位空置。已故国王瓦茨拉

波希米亚的亨利

夫三世的妹妹波希米亚的安妮曾嫁给波希米亚的亨利,也就是阿尔布雷希特一世妻子卡林西亚的伊丽莎白的弟弟。尽管有这样的关系,阿尔布雷希特一世仍然宣布这个王国是无主封地,将其封给了长子奥地利公爵鲁道夫一世。通过勒索或贿赂波希米亚贵族,这次分封获得成功,同时达成一项协议:如果奥地利公爵鲁道夫一世驾崩后无子,那么他的兄弟可继承分封,从而确保了哈布斯堡家族永久地拥有波希米亚王国。波希米亚领土加上奥地利领土,使哈布斯堡家族在德意志的东部边境叱咤风云,这是阿尔布雷希特一世最了不起的功绩。如果这次领地受封是永久性的,那么在哈布斯堡家族的历史上,阿尔布雷希特一世的统治就会像他父亲鲁道夫一世一样重要。然而,阿尔布雷希特一世的晚年不得志,继续父亲鲁道夫一世对迈森和图林根州所有权的尝试,遭到了韦廷伯爵腓特烈三世的反对。1307年5月31日,在卢卡战役中,阿尔布雷希特一世率领的皇家军队被迈森藩侯腓特烈一世击败。1307年7月4日，波希米亚年轻的国王鲁道夫一世突然驾崩。厌倦了哈布斯堡王朝统治的波希米亚人，不顾奥地利公爵鲁道夫一世当选时的协议，把王位拱手让给了波希米亚的亨利。阿尔布雷希特一世曾入侵过波希米亚王国，准备再次入侵时，1308年5月1日被侄子[①]约翰·帕里西达谋杀了。

约翰·帕里西达是阿尔布雷希特一世弟弟鲁道夫二世和普热米斯尔·奥托卡二世女儿阿格尼丝的儿子，因竞选波希米亚国王，继承哈布斯堡王朝的领地遭到叔父阿尔布雷希特一世的打压而不满。因此，暗杀叔父阿尔布雷希

阿尔布雷希特一世被杀

---

① 约翰·帕里西达的父亲是奥地利公爵鲁道夫二世，鲁道夫二世是阿尔布雷希特一世的弟弟，所以约翰·帕里西达是阿尔布雷希特一世的侄子。——译者注

特一世虽仅仅是约翰·帕里西达个人的愤怒，但更像是一个更深层次的政治阴谋。如果阿尔布雷希特一世活得久一点，很可能会支持儿子奥地利公爵腓特烈三世成为波希米亚国王，最终水到渠成地让奥地利公爵腓特烈三世当选罗马人民的国王。这样，哈布斯堡王朝可能会在德意志建立一个有领土主权的君主政体，卢森堡家族也就不会从默默无闻中崛起。有人抱怨阿尔布雷希特一世没有在意大利推行帝国主义主张，这是有道理的。由于缺乏政治敏锐性，阿尔布雷希特一世未清醒认识到与意大利结盟会严重损害德意志的利益。更苛刻的指责是，阿尔布雷希特一世未能抵抗法兰西王国的入侵。尽管当时匈牙利国王查理一世的候选人资格遭到腓力四世的反对，阿尔布雷希特一世还是帮助安茹家族获得了除那不勒斯之外的匈牙利王位。可以肯定的是，从长远来看，共同利益终将把安茹家族和卡佩家族联合起来。阿尔布雷希特一世没有反对

奥地利公爵腓特烈三世

克莱门特五世

瓦卢瓦的查理

教皇官邸从罗马迁往阿维尼翁，也并未察觉到克莱门特五世在莱茵大主教辖区内安插了大量的法兰西虔诚信徒。这些显然对德意志不利。

正是由于这些变化，在1308年海因里希七世的选举中，法兰西王国的影响力异常突出，强大到足以排挤掉阿尔布雷希特一世的继承人奥地利公爵腓特烈三世。腓力四世的弟弟瓦卢瓦的查理，作为候选人得到教皇的公开支持。尽管出于自身利益考虑，世俗诸侯不应支持哈布斯堡家族，但他们足够强大，以至于不惜牺牲德意志利益来抵抗教会方面的压力。在这一紧要关头，1307年任命的特里尔大主教鲍德温·冯·卢森堡建议选择自己的哥哥卢森堡伯爵海因里希作为折中之法。卢森堡伯爵海因里希是林堡的瓦尔兰四世的后裔。1214年，通过婚姻，瓦尔兰四世获得了卢森堡领地。卢森堡伯爵海因里希的领土太小，不足以引起德意志的注意。法兰西王国与爱德华一世战争期间，卢森堡伯爵海因里希为法兰西王国训练士兵和服兵役，从而与法兰西王国建立了友好关系。由于再无其他候选人，1308年10月28日，卢森堡伯爵海因里希在没有任何人反对的情况下当选罗马人民的国王，成为海因里希七世。哈布斯堡家族意识到有必要承认海因里希七世当选罗马人民的国王，但条件是海因里希七世必须承认自己的家族封地。

海因里希七世的个人事业,更应属于意大利历史而非德意志历史,这将在下一章讨论。从一开始,海因里希七世似乎把德意志视为外国,放弃了前任罗马人民的国王阿尔布雷希特一世的政策,转而领导保王派,疯狂地梦想着复兴霍亨斯陶芬家族在意大利的王权。1310年,海因里希七世开始南下远征,但除了远征产生的深远影响几乎没有什么收获。海因里希七世再没有回到德意志,但离开德意志之前采取的一些措施产生了深远的影响。为了讨好诸侯,1310年,海因里希七世收回了阿尔布雷希特一世收买各城镇领主时授予的特

海因里希七世

权,恢复了莱茵河诸侯的通行费。1310年,海因里希七世获得了一笔巨额财富。1312年6月29日,海因里希七世撤销阿尔布雷希特一世之子奥地利公爵腓特烈三世的罗马代理王位,以此安抚诸侯。

波希米亚人对波希米亚的亨利发动叛乱,并把王冠送给了海因里希七世的儿子卢森堡伯爵约翰,条件是卢森堡伯爵约翰必须娶瓦茨拉夫二世的女儿波希米亚的伊丽莎白。海因里希七世欣然接受了这个条件,让美因茨大主教彼得·冯·阿斯佩尔特辅佐儿子卢森堡伯爵约翰。与那异想天开的宏图伟业相比,海因里希七世对家族利益漠不关心,也并未因这桩婚姻而推迟进军意大利的计划。幸运的是,波希米亚王位这项事业不需要海因里希七世的参与。把波希米亚的亨利驱逐出境后,卢森堡伯爵约翰稳稳地坐上了波希米亚王位。

1313年8月24日,在锡耶纳,海因里希七世驾崩,他的意大利远征宣告结束。远征期间,海因里希七世完全无暇顾及法兰西王国占领德意志的企图。德意志诸侯也处于完全独立状态,这为腓力四世得以继续侵略而不受谴责创造了条件。1310年,利用大主教和里昂市民之间的争端,腓力四世派遣法兰西军队进入里昂。1312年,腓力四世被迫签订条约承认法兰西王国的宗主国地位。

从1273年大空位时代结束到1313年的四十年,四位罗马人民的国王恢复了德意志王权,每个人都表现出卓越的能力。这方面成就最大的人是阿尔布雷希特一世,但他英年早逝,其继任者痴迷于复兴普世帝国的美梦,使一切变得毫无意义。德意志因没有世袭制度,而不可能寻求有效措施来加强中央集权和压制诸侯的独立。1313年的德意志与1273年时一样,只是松散的公国集团。然而,其邻国英格兰和法兰西分别在爱德华一世和腓力四世的有力统治下,一直是完整、强大的国家政体。当然,长达一个世纪的时间,德意志并未受到其分裂最严重后果的影响,主要是英法因利益之争而引发了百年战争。

不过,把这四十年历史仅仅看作艰苦卓绝努力告以失败的编年史是具有误导性的。德意志的分裂虽削弱了它的民族性,但给了地方区域发展以更大的空间和多样性。从这一时期开始,我们可以追溯卢森堡和哈布斯堡两个充满活力家族的崛起。为此，我们还必须找寻瑞士邦联的起源（见第7章），了解汉萨同盟的兴起（见第18章）及掌握条顿骑士团（见第19章）建立普鲁士强国的来龙去脉。为了理解德意志的发展为何不同于其他同时代国家，研究其君主制体制的命运起伏是非常必要的。需要注意的是，研究德意志历史，重点应放在其政治组织数量的剧烈增长上，而非中央集权效力的下降上。

第2章

意大利与教皇制度

(1273年到1313年)

精彩看点

14、15世纪的意大利——意大利不能统一的原因——教皇派与皇帝派——政治单位——公社——那不勒斯的安茹家族——1282年西西里晚祷——西西里岛的阿拉贡家族——教皇国——罗马教皇（1272—1290）——教皇塞莱斯廷五世——教皇博尼法斯八世——教皇本笃十一世——教皇克莱门特五世——托斯卡纳——佛罗伦萨——佛罗伦萨宪法——先验官——《正义法规》——正义旗手——议会——十二贤人团——1323年选举审查大会——教皇派财产罚没处——热那亚共和国——米兰公国——威尼斯共和国——威尼斯共和国行政制度——总督——威尼斯大议会——1310年的十人团——海因里希七世的意大利远征（1310—1313）——1313年海因里希七世驾崩自奥古斯都时代起，14、15世纪可以说是意大利历史上最辉煌的时代。与德意志相比，中央集权在意大利消失得十分彻底，这为许多新兴政体的出现开辟了道路。然而，这些新兴政体扑朔迷离的历史，如同它们自身的繁杂一样令人困惑不已。除了要了解显赫的安茹家族、维斯孔蒂家族和美第奇家族，我们还要关注威尼斯共和国、热那亚共和国及佛罗伦萨共和国的兴衰发展史，并且了解当时教会的状况。此外，在西蒙德·德·西斯蒙迪的《中世纪意大利共和

安茹家族纹章

美第奇家族纹章

国历史》书中，费拉拉的埃斯特、维罗纳的德拉斯卡拉斯、曼图亚的贡扎加、乌尔比诺的蒙太费尔特罗等一些小家族如万花筒般的命运变换及细节均有丰富且详细的叙述。在意大利历史上，14、15世纪之所以十分重要，是因为这个时期意大利孕育了对整个欧洲起引领作用的伟大思想运动——文艺复兴。文艺复兴虽始于对古典知识的复兴，但促进了民族文学的成长与壮大，致使绘画与雕塑艺术兴起了一种全新的精神潮流，将人们的思想从迷信的束缚、常规的枷锁和经院哲学的准则中解放出来。15世纪，历史书写开始在意大利发展成为一门艺术。这门艺术与中世纪编年史的书写有很大的不同。除了文学和艺术方面，意大利在政治上也引领欧洲。16世纪，从意大利的贵族和作家身上，欧洲重要的统治者学到许多治国准则，如权力平衡理论和外交实践等。自亚里士多德时代起，政治学就没有丝毫的进步，但尼科洛·马基雅弗利和弗朗切斯科·圭恰迪尼的著作使政治学得以复兴。

　　遗憾的是，意大利在自身发展中获得的经验，比它引领的任何一个欧洲国家都要少。作为意大利的"模仿者"，法兰西王国、英格兰王国和西班牙王国都发展成强大、团结、富有的国家。然而，意大利深陷曾经让它成为世界奇迹的知识与艺术运动之中无法自拔，政治力量十分薄弱，只能在各国战争纷扰的历史舞台上做一个配角。要想解决意大利知识进步而政治衰败这个关键问题，我们必须要仔细研究是什么阻碍了它追随时代的发展，是什么阻碍了它成为完整的国家。造成意大利不能统一的原因众多且根深蒂固，三言两语难以概括，但要分析清楚影响意大利历史进程最深远的原因，建立一个清晰的概念是大有裨益的。首先，像希腊一样，意大利的地形地貌呈分裂形态。亚平宁山脉截断了伦巴第平原，将意大利划分成了两个不相等的部分。这两部分又被亚平宁山脉的横向分支再次碎片化分割，几乎如同希腊那么零零散散。其次，对这位由选举产生的君主，即罗马人民的国王阿尔布雷希特一世，意大利人只在名义上臣服。因此，无论阿尔布雷希特一世如何强大，都无法统一四分五裂的意大利。最后，13世纪，受教皇制度的影响，国家主权与拉丁基督教的精神引领结合在一起，不仅严重困扰着神圣罗马帝国，而且同样成为意大利向统一国家转型的最大障碍。意大利南北狭长的版图及日益孤立无援的现状，阻碍了共同利益的增长。那些为共同利益而偶然建立的政治联盟都是暂时的，如反对腓特烈一世的伦巴第同盟和反对查理八世的威尼斯联盟。一旦达成直接目的，联盟瞬间就会土崩瓦解。

　　教皇与霍亨斯陶芬家族之间的长期争端，带给意大利一个致命的遗留问题——教皇派与皇帝派之间的党派纷争不断。这两大党派不仅使国与国之间的关系剑拔弩张，而且使各国内部暴力冲突频繁发生。教皇派与皇帝派纷争的起因解决后，双方并未立刻消失，还存在了很长一段时间。当霍亨斯陶芬家族在西西里国王曼弗雷迪和西西里国王康拉德一世手中衰亡时，当哈布斯堡王朝的鲁道夫一世放弃对意大利中部和南部的帝国权力时，当教皇想要离开意大利并在普罗旺斯遥远边界之地寻求栖身之地时，似乎因缺乏了那些最初鼓

西西里国王曼弗雷迪

西西里国王康拉德一世

舞它们的动力,最终党派纷争不可避免地消亡了。然而,教皇派与皇帝派的仇恨之火仍像往常那样猛烈地蔓延。在佛罗伦萨共和国,比安基家族和内里家族的冲突使但丁·阿利吉耶里背井离乡。直到阿尔布雷希特一世和教皇博尼法斯八世结盟,比安基家族和内里家族的冲突才终结。王位世袭的恩怨纠葛,不仅破坏了民族意识,还压制了强烈且富于地域性的公民情操。

在意大利北部和中部地区,曾作为政治生活中一种寻常而后发展壮大起来的自治组织——公社,也许是意大利最强大的破坏性力量。公社这个名称不仅适用于共和政体本身,也适用于那些受新兴统治阶层操控而失去自由的城

但丁·阿利吉耶里

比萨共和国徽章　　　　　　　　　　　　　　　　　　　　米兰公国徽章

市。小城市臣服于强大的周边城市，这并没有形成城市间平等相处、共同臣服于专制政府的理想状态，却形成了占统治地位公社奴役其他公社，并且剥夺其他公社在政府中发言权的现状。就像比萨共和国和皮斯托亚共和国由佛罗伦萨人统治一样，帕维亚和克雷莫纳的市民并不是维斯孔蒂家族的直属臣民，而受米兰公国统治者统治。对小城市的吞并一直持续至15世纪，此时意大利实际上由五个占统治地位的政体组成——那不勒斯王国、米兰公国、威尼斯共和国、佛罗伦萨共和国和教皇国。大城市吞并小城市导致大量意大利公民政治权利遭剥夺，从而滋生了长久且危险的不满情绪。众多意大利作家一致认为，那些表面上归顺的意大利公民是国家遭受灾难的根源。各国军队征募那些表面上归顺的意大利公民为雇佣兵。那些表面上归顺的意大利公民认为国家遭受侵略之时正是逃离国内压迫的大好时机，于是对国家遭受侵略视若无睹。菲利普·德·科米纳认为，继查理八世之后意大利人像"欢迎圣人"一样迎接了法兰西军队入侵那不勒斯。对意大利不健全的政治现状和完全不存在的民族意识来说，"欢迎圣人"这个词语意味深远。

因先前对那不勒斯和西西里岛的所有权问题，腓特烈二世与教皇格列高利九世发生激烈争斗。格列高利九世宣称要统治那不勒斯和西西里岛，势必对意大利中部地区造成很大威胁。为了将霍亨斯陶芬家族从意大利领土上赶出，格列高利九世毫不犹豫地向国外寻求援助。格列高利九世试图将英格兰王国拖入这场争端，最终失败。法兰西国王路易九世和妻子普罗旺斯的玛格丽特把西西里岛王权作为格列高利九世封地授予了安茹家族的查理一世（路易九世的弟弟），当时查理一世还通过妻子普罗旺斯的比阿特丽斯继承了岳父拉蒙·贝伦格尔四世的普罗旺斯伯爵之位。1266年2月26日，在贝内文托战役

法兰西国王路易九世

曼弗雷迪在贝内文托战役中被杀

中，腓特烈二世的私生子曼弗雷迪被杀；1268年8月23日，著名的塔利亚科佐战役爆发；1268年10月29日，霍亨斯陶芬家族最后一位男丁西西里国王康拉丁被处死。虽然曼弗雷迪将女儿西西里的康斯坦丝嫁给阿拉贡国王佩德罗三世招致一片反对之声，并且埋下了导火索，但1266年和1268年两次战争的胜利为安茹家族的查理一世赢得了那不勒斯和西西里岛的控制权。

作为教皇派公认的最高领袖，安茹家族的查理一世，很可能在意大利大部分地区建立过集权统治。大空位时代，拥有至高无上权力的教皇任命安茹家族的查理一世为神圣罗马帝国传教士和议员，并且托斯卡纳和伦巴第的许多城市都承认安茹家族的查理一世的权威地位。安茹家族的查理一世十分自负，从而遏制了他野心勃勃的计划。格列高利十世和尼古拉三世发现自己似乎招来一位像邻国霍亨斯陶芬家族一样危险的守护者。获得哈布斯堡王朝的鲁道夫一世支持后，教皇格列高利十世和教皇尼古拉三世不仅保住自己的统治

处死西西里国王康拉丁

阿拉贡国王佩德罗三世

尼古拉三世

地位,还毫不犹豫地通过教皇派和皇帝派之间的调解政策来反对那不勒斯国王的下一步举措。1281年2月,马丁四世当选为教皇,给安茹家族入侵西西里岛提供了可乘之机。听到教皇派的权势得到恢复的灾难性消息后,安茹家族的查理一世万分震惊。此时,安茹家族的查理一世正计划对君士坦丁堡发动进攻。西西里人早就对法兰西王国的严酷统治深恶痛绝。曾经拥护霍亨斯陶芬王朝的普罗奇达的约翰,从阿拉贡避难所回到了西西里岛,煽动不满的人们起来反抗法兰西王国的统治,并为他们争取国外援助。1282年3月30日,在星期一复活节的游行队伍中,一个法兰西士兵野蛮地侮辱了一个妇女。在普罗奇达的约翰尚未完成部署的情况下,愤怒的市民就匆忙在巴勒莫起义。随后,西西里人也高喊"法兰西去死吧"的口号愤然起义。当晚,四千多名男女老少被屠杀。整个西西里岛卷入起义之中。最终,西西里王权被迫交给佩德罗三世。

　　1282年8月,到达西西里岛时,佩德罗三世发现充满复仇欲望的安茹家族的查理一世已经派兵包围了墨西拿。加泰罗尼亚舰队杰出的海军指挥官鲁杰罗·迪·劳里亚尽管军事才能卓越,但此时仅能依靠查理一世为他提供的运输

马丁四世

鲁杰罗·迪·劳里亚

船勉强应对。西西里岛的居民被强行疏散。安茹王朝也未能在此时成功复辟。西西里晚祷引发了一场与法兰西、西班牙及意大利息息相关、长达二十多年的战争。罗马教皇在西西里岛和阿拉贡都颁布了废除佩德罗三世王位的法令,并且将阿拉贡的王位交到法兰西国王腓力四世的儿子马尔什伯爵查理四世手中。然而,罗马教皇的法令无法制止固执的阿拉贡人和虔诚的西西里人。1283年,在海战中,鲁杰罗·迪·劳里亚俘获了与安茹家族的查理一世同名的儿子查理二世,并且将查理二世囚禁了五年。1285年1月7日,安茹家族的查理一世驾崩;直至1288年,查理二世才最终获释。1285年3月12日,教皇马丁四世离世。1285年11月11日,佩德罗三世驾崩,长子阿方索三世继承阿拉贡的统治权,次子詹姆斯二世继承西西里岛的统治权。1288年,英格兰国王爱德华一世与安茹家族的查理二世通过协商,缔结了一项条约:查理二世有权继承那不勒斯王位,但西西里岛仍由阿拉贡家族统治。双方自始至终都没有遵守条约。查理二世获得自由后,教皇尼古拉四世马上免除了他的罪责,并承认查理二世同他父亲查理

马尔什伯爵查理四世

詹姆斯二世

一世一样有权继任西西里岛王位，以此来驱逐詹姆斯二世。战争再次打响，不给人丝毫喘息的机会。1291年，阿方索三世驾崩，詹姆斯二世在阿拉贡即位。詹姆斯二世早已厌倦战争，他急于将西班牙王国从瓦卢瓦伯爵查理手中夺过来。不过，詹姆斯二世最终放弃了西西里岛的统治权。不愿再次受到法兰西统治的西西里人，将佩德罗三世的儿子西西里国王腓特烈二世推上了王位。腓特烈二世十分好战，甚至不惜与自己的兄弟反目成仇。1302年，腓特烈二世在西西里岛对瓦卢瓦伯爵查理发动战争。这场战争的失败宣告了和平时代的到来。腓特烈二世盘算着娶安茹家族的查理二世的女儿安茹的埃莉诺为妻，这样就能在有生之年一直统治西西里岛，因为他知道自己死后西西里岛一定会回归安茹家族手中。然而，历史上西西里岛从未臣属过安茹家族。1435年，阿拉贡国王阿方索五世将西西里王国和那不勒斯王国重新统一之前，两国一直各自保持独立自主。其他值得注意的是，那不勒斯国王查理二世统治时期，他的孙子①查理·罗伯特继承了匈牙利王位，这一事件已经讲述，不再赘言。1309年，查理二世驾崩。查理二世的儿子安茹的罗伯特继承了那不勒斯的王位。接下来的三十四年，查理·罗伯特成了意大利公认的教皇派领袖。

　　神圣罗马帝国的教皇宣称那不勒斯王国的北部是皇帝等捐赠给他们的暂时领地，当然这种捐赠有真有假。这些领地范围已达到目前保留下来的领土边界，包括整个罗马涅、五城②、安科拉的马尔凯、圣彼得祖业，还有罗马和坎帕尼亚。哈布斯堡王朝的鲁道夫一世与腓特烈二世达成协议，要废除上述地区所有的教皇领主权。因此，教皇国成为腓特烈二世扬言要消灭的一个领地公国。然而，这场战争的胜利看似了不起，实际上欺骗了世人。腓特烈二世依靠

---

① 那不勒斯国王查理二世是查理·马特尔的父亲，查理·马特尔是查理·罗伯特的父亲。——译者注
② 中世纪亚平宁半岛亚得里亚海沿岸五城，实际上是托斯卡纳以东、斯波莱托公国以北的一个公国，包括从西向东的港口城市：里米尼、佩萨罗、法诺、西尼加利亚和安科纳，这是东罗马帝国的意大利（拉文纳）的核心部分。东罗马帝国失去意大利以后，亚得里亚海五城变为March of Ancona（安科纳）。——译者注

安茹王朝的帮助赢得胜利，但安茹王朝的帮助极具压榨剥削性。帝国统治的困难在于严重附着于基督教义的监督。尤其值得一提的是，通常，教皇在晚年才当选就职，任期很短。经过两个多世纪，意大利中部的教皇国才发展成为直接听命于教皇的教会政体。对世俗利益的关注，不仅转移了教皇对更高职责的关注，也降低了教皇在欧洲人心中的地位。教皇在意大利中部的本土化，表面上为自身权力增添了安定因素，实际上削弱了权力。这与认同德意志君主制会削弱神圣罗马帝国的尊严同理。

从大空位时代结束到教皇官邸从罗马迁往阿维尼翁这段时期，我们没有必要研究那些历代教皇的个人历史。教皇之位空缺近三年后，1271年，格列高利十世当选罗马教皇。格列高利十世品格高尚、能力出众，但统治的时间不长，很难做出丰功伟绩。格列高利十世致力于恢复德意志秩序，结束意大利的党派纷争，遏制那不勒斯国王查理二世的傲慢野心。1274年，在里昂，格列高利十世召开宗教会议，主要制定了防止拖延、外来干涉教皇选举的教令。教令

里昂宗教会议

规定：教皇去世十天后，主教必须组织秘密会议商讨新一任教皇的选举。在继任人选未确定前，参会主教不得与外界有任何联系。短暂的任期内，格列高利十世主要忙于稳定教皇国与那不勒斯王朝的关系，平息意大利党派斗争，以及辅佐神圣罗马帝国贵族发展壮大。这种教皇选举体制，既展现出裙带关系的弊端，又展示出教皇充分利用短暂任期来扩大裙带关系的企图。教皇尼古拉三世向显赫的奥尔西尼家族慷慨捐赠领地，而捐赠的领地本就属于奥尔西尼家族；教皇马丁四世只是查理二世的傀儡，住在查理二世的维泰博城堡；教皇和诺理四世以牺牲奥尔西尼家族为代价来提升其家族的地位；教皇尼古拉四

和诺理四世

塞莱斯廷五世

世大力扶植科隆纳家族来抗衡奥尔西尼家族和安茹家族。因此，罗马历史充斥各家族的明争暗斗，对教皇精神和世俗地位都造成灾难性的影响。

教皇尼古拉四世去世后，在教皇选举会议中，贵族派占主导地位，并且大都势均力敌，导致选举两年都无法进行。1294年，主教们一时心血来潮，放弃世俗的考虑，把至高的教皇头衔授予一位自称圣洁的人——彼得罗·安杰莱里。彼得罗·安杰莱里当选教皇，成为塞莱斯廷五世。在苏尔莫纳附近的山洞中，塞莱斯廷五世曾有过几年隐居生活。塞莱斯廷五世的当选是教皇历史上一次独特的试验，但最终以失败告终。个人虔诚并不能完全取代作为一个教皇需要的世俗智慧和经验。仅仅五个月后,塞莱斯廷五世就被劝说退位,后被继任者教皇博尼法斯八世囚禁在狱中。1296年5月,塞莱斯廷五世死在狱中。

1294年到1303年,教皇博尼法斯八世在这一时期有着十分重要的意义,被称为中世纪最后一位教皇,也是最后一位教皇权力高于基督教权的教皇。教皇至高无上的权力由格列高利七世开始提出,因诺森特三世得以实现。博尼法斯八世的彻底失败证明,教皇实质上从超越神圣罗马帝国权力中获益甚微。为了削弱神圣罗马帝国君主的权力,教皇鼓励边远王国不断增加人口数量。然而,这些边远王国忘记了一点,大量的人也会变成对付自己的武器。教皇和诺理三世与教皇因诺森特四世对腓特烈二世发动了一次注定失败的战争。然而,正如他们所料,打败霍亨斯陶芬家族使教皇统治不再至高无上、遥不可及。博尼法斯八世认识到英格兰国王爱德华一世和法兰西国王腓力四世是两位实力旗鼓相当的竞争对手。最终,教皇可能会击垮神圣罗马帝国,因为神圣罗马帝国反对一切顺应时代的变革。然而,神圣罗马帝国无法插手英格兰王国、法兰

教皇和诺理三世

教皇因诺森特四世

爱德华一世

西王国的发展。为了打击拒绝接受教皇仲裁的英格兰国王和法兰西国王，博尼法斯八世颁布《教士不纳世俗税》教皇训谕，禁止神职人员向世俗人员纳税。作为应对之策，爱德华一世则宣布神圣罗马帝国神职人员为非本国职权人员，强迫那些神职人员承认自己是英格兰王国的一员，并且捍卫自己的统治权力。作为报复，腓力四世则禁止神圣罗马帝国从法兰西王国吸纳援助资金，从而切断法兰西王国对神圣罗马帝国的帮助。当教皇宣布苏格兰王国为教皇封地，并且禁止英格兰王国的任何进一步入侵行为时，1301年，在林肯市议会之前，爱德华一世颁布了一道诏书：在教皇面前，国王不得回答关于教皇自身世俗权力的任何问题。1302年，在一次议会会议上，腓力四世也以相似的抗议形式回应了教皇的自命不凡。此外，腓力四世不仅仅满足于口头抗议，他以对科隆纳家族不满为借口派遣军队潜入博尼法斯八世居住的阿纳尼，将博尼法斯八世囚禁数日。这种侮辱对高高在上的教皇博尼法斯八世来说，是一次灾难性打击。数个星期后的1303年10月，教皇博尼法斯八世含恨去世。

新教皇本笃十一世面临艰难的任务——既要拒绝对法兰西王国卑躬屈膝，又要避免与腓力四世和科隆纳家族出现新一轮斗争。为了逃避恐吓，本笃

法兰西军队潜入阿纳尼，逮捕博尼法斯八世

本笃十一世

十一世撤回到佩鲁贾,并且在一段时间内成功地保持一种和解,但并非让步的状态。1304年6月29日,本笃十一世认为有必要对阿纳尼暴行①的主要发起人颁布一道教皇诏书。四周后,教皇本笃十一世去世。当时,人们几乎一致地认为教皇本笃十一世是被毒死的。博尼法斯八世去世后的声誉是现在争论的关键问题。主教分成势均力敌的两个阵营:谴责博尼法斯八世的法兰西派、拥护博尼法斯八世的意大利派。在佩鲁贾,有不可调和矛盾的两个主教派耗费十个月之久,都未能依据格列高利十世制定的选举办法选出一位新教皇。最终,以一种奇特的方式,两个主教派达成和解。

拥护博尼法斯八世的意大利派列出了三位非意大利籍教士,敌对的法兰

---

① 因对科隆纳家族不满,法兰西国王腓力四世派遣军队潜入博尼法斯八世居住的阿纳尼市,将其囚禁数日。数个星期之后的1303年10月,教皇博尼法斯八世含恨去世。——译者注

西派须从中选出新教皇。波尔多大主教伯特兰·德·高特[①]是三名候选人之一,他的教区属于爱德华一世的管辖范围。之所以选中克莱门特五世,是因为他自始至终将法兰西国王视为死敌。然而,相传,腓力四世收买克莱门特五世后,克莱门特五世才被任命为教皇。教皇加冕典礼在里昂举行。克莱门特五世从未到过意大利。对克莱门特五世来说,履行教皇职责是艰难且漫长的过程,他必须要避免或减少腓力四世希望从他这里得到的种种妥协。最终,对博尼法斯八世的指控提交给了维也纳的一个委员会。该委员会裁定博尼法斯八世免罪。大多数情况下,克莱门特五世不得不遵从法兰西国王的意愿,尤其是对圣殿骑士团的谴责。1309年,克莱门特五世定居阿维尼翁。当时,阿维尼翁还不是法兰西王国的城镇。克莱门特五世定居于此有两个原因:一是阿维尼翁不属于法兰西王国;二是阿维尼翁与隶属于教皇管辖的沃奈桑伯爵领地相邻。不过,阿

克莱门特五世在他的加冕礼上看着死去的高级教士的尸体。

---

① 伯特兰·德·高特当选教皇后,成为克莱门特五世。——译者注

维尼翁属于普罗旺斯,由安茹家族控制。只要教皇继续住在阿维尼翁,就一直会受到法兰西王国的掌控,这只不过是法兰西国王的附庸①,也就意味着几乎无法逃脱来自英格兰王国和德意志的指责。教皇臣属法兰西国王的这一尴尬境况很像"巴比伦囚虏"②当年的处境。然而,这并未导致意大利省和欧洲精神主权的丧失。

自从托斯卡纳的马蒂尔达去世后,位于教皇国西北部的托斯卡纳,分裂成若干个城邦。这些城邦大部分实行共和制,不再受到本国或外国专制者的统治。15世纪,锡耶纳家族成为托斯卡纳南部的主人,但这个家族既不声名显赫,也从未跻身于意大利大公国之列。迄今为止,比萨不仅是托斯卡纳繁华的城市,也是意大利著名的港口城市。1261年,随着东罗马帝国的实力逐渐恢复,并且建立起对黎凡特、热那亚共和国的统治,比萨共和国的国力开始衰弱。之后的海上战争中,热那亚共和国和比萨共和国实力旗鼓相当。不过,1284年,热那亚人在梅洛里亚岛的胜利沉重地打击了比萨共和国。自此,比萨共和国一蹶不振,尽管它仍保持了一个世纪的独立地位。

在卢卡公爵卡斯特鲁乔·卡斯特拉卡尼的领导下,卢卡家族实力不断增强,地位越来越重要。卢卡家族可以不时抵挡住佛罗伦萨的入侵,但这个家族并没有一段值得关注的历史。作为托斯卡纳重要的城市,佛罗伦萨注定要在这个辉煌的时期绽放绚烂的光芒。佛罗伦萨的艺术和文学极负盛誉,在整个托斯卡纳也享有高度赞誉。因此,13世纪,佛罗伦萨成为意大利首都。

13世纪末,佛罗伦萨宪法才最终得以确立。由于佛罗伦萨宪法自身的独特性和佛罗伦萨的日益壮大,佛罗伦萨宪法一直受到人们的特别关注。所有意

---

① 在欧洲的封建制度下,附庸、封臣或陪臣是指向封建主效忠以获取领地与保护的下级。附庸与封建主之间是效忠与保护的关系。封建主将领地封给附庸,承认他们对领地的特权。作为交换,附庸向封建主宣誓效忠,并且需要为封建主提供军事上的支持。如果附庸拒不履行义务,封建主有权将其领地收回。——译者注
② 原指犹大王国先后在公元前598年和公元前587年被征服后,犹太人被大批掳往巴比伦之事。此处是指因罗马教皇住在阿维尼翁而受到法兰西国王的挟制。——译者注

大利的城市中，佛罗伦萨遭受教皇派和皇帝派两派斗争的影响更加严重。阶层分化掺杂在两派斗争中，使两派间的仇恨愈加深重。虽然封建贵族并未联合起来，并且一些富有的市民拥护教皇和安茹家族的查理一世执政，但皇帝派仍处于绝对优势。1266年，腓特烈二世的私生子西西里国王曼弗雷迪战败。教皇派建立起至高无上的领导权，并且自此以后从未被撼动过。此后，教皇派的统治一直保持平和、温顺的姿态。不过，1282年，因西西里晚祷事件，教皇派陷入恐惧之中。通过试图修改佛罗伦萨宪法，教皇派来确保自己的权力。

行会会长取代了现有的地方行政官。最开始，行会会长设有三位，后来又发展到六位。各行会会长组成了执政团，拥有大执行官的权力。行会会长从七个大行会中选出，一次任职时间为两个月，间隔两年以后才允许再次参选。政治地位提高前，主要行会一直以贸易联盟的形式存在。贸易联盟可能由羊毛纺织商、银行家、丝绸制造商、医生，抑或是皮货商和律师组成。与此同时，一些

西西里晚祷事件

小行会也悄然成立。十六年间，小行会的数量增至十四个。由此，我们可以得出，佛罗伦萨周边分布着贵族、七个大行会成员、十四个小行会成员、无行会组织的市民四个阶层。无行会组织的市民阶层出现得较晚，因此并未建立自治或影响公共事业发展的组织机构。

根据1282年宪法[①]，行会并未将贵族排除在外。贵族如果想要获得执政机会，就必须加入一个行会，许多贵族也确实这样做了。因此，之后的十年，有些贵族担任行会会长。然而，阶层差别带来的妒忌仇视导致国内争端持续不断。1293年，贵族出身的贾诺德拉贝拉提出并实施了著名的《正义法规》。一个人要想胜任公职，必须实际从事他在的那个行会的交易或手工艺。如此一来，贵族不仅被排除在公职之外，还受到严重不公的待遇。战乱时期，贵族常被禁足，并被流放。在没有得到执政团同意的情况下，贵族不能去控告公民或做伪证。如果贵族伤害或杀害公民，将受到最严厉的惩罚。

作为特别设立的官员，正义旗手[②]拥有执行《正义法规》的责任。正义旗手任期两个月，也是执政团的一员。正义旗手一经任命，便可指挥大批步兵军队。尽管实际权力并不比行会会长大，正义旗手却是国家最有尊严的职位。对一个政治罪犯来说，严酷的惩罚之一就是授予他贵族身份。然而，对一位值得尊敬的贵族来说，最大的奖赏就是让他成为平民。为了接待和保卫这些执政团，意大利还特意建造了一个与旧宫[③]齐名、无比坚固的锡耶纳市政厅。

从1293年起，尽管拥有巨大财富的人掌管实际行政事务，并且佛罗伦萨被认为是财阀政治，但宪法始终拥有真正的民主基础。议会是在大广场上举行的一次全体公民集会，宪法改革的最终力量便源于此。议会召开期间的任何时候

---

① 即西西里晚祷事件后，教皇派为了确保自己的权力而修改的佛罗伦萨宪法，该宪法将佛罗伦萨人分成贵族、七个大行会成员、十四个小行会成员、无行会组织的市民四个阶层。——译者注
② 正义旗手是中世纪佛罗伦萨共和国政府的职位，为市政会负责人，兼任军队总指挥。正义旗手除了拥有投票权，还负责维持城市秩序。1293年，贾诺德拉贝拉推行的《正义法规》中首次引入"正义旗手"一词。——译者注
③ 旧宫是意大利佛罗伦萨的市政厅。——译者注

均可成立巴利亚,即一个有权修改法律的委员会。历史上,也正是通过这种方式,佛罗伦萨实现了大部分革命的胜利。

14世纪早期直到佛罗伦萨共和国灭亡之际,佛罗伦萨宪法一直发挥着重要的作用。1321年,一场与卡斯特鲁乔·卡斯特拉卡尼的灾难性战争让执政团名誉扫地。政府也显现出每两个月需重组一次的弊端。为解决此问题,一个由十二位贤士组成的委员会——十二贤人团成立,其中,两人来自塞斯托。十二贤人团的任期为六个月,而非两个月。更重要的是,如果执政团要采取任何重要行动,必须与十二贤人团协商。当时,执政团成员大多是举荐而来的。因此,两年之后执政团进行了重大改革,即每一任即将离职的执政团成员,都需在离职之前选出继任者。然而,每次选举时,佛罗伦萨总会受到各种派系斗争的影响。由于没有稳妥的措施来保证选举公平,整个城市乌烟瘴气,并且迅速导致市民将选举演变成一种不满情绪的宣泄渠道。

1323年,佛罗伦萨两年一次的选举审查大会取代了双月一次的选举。选举监察委员会由当时的执政团、大行会成员和其他有影响力的公民组成。选举审查大会先起草一份符合年龄且未身负国债的公民名单,然后提交选举监察委员会进行投票。选举审查大会把黑白两种颜色豆子的数量作为投票的票数,黑色的豆子代表支持候选人。选举审查大会把收到大于或等于三分之二黑豆数量的候选人名字写在纸上,放入袋子中,然后从袋子里抽取这些候选人来填补政府职位的空缺。这些候选人被抽取完后,便需要召开一次新的选举审查大会。在这一制度下,凡是合格的公民都有平等的机会。然而,没有任何证据表明当时各部门的行政能力是最强的,相反这种选举形式很容易引起职权被滥用。如果一个政党能够在选举巴利亚委员会时获得多数席位,那么至少两年内它肯定会为自己党派的人员保留大部分的职位。

1323年,佛罗伦萨宪法明确规定了政府权力:第一,正义旗手和六位大行会会长拥有处理主要事务和立法的权力;第二,十二贤人团是权力和权力监督的枢密院;第三,城市最高行政官与十六人正义行政团主要负责治安和部队的事务。这三个权力机构就是我们熟知的当时的政治组织。在一些特殊时期,某些特别的行政长官可能会被创造出来,如八个战争行政长官、十个海上行政长官等。

当时,教皇派有两个立法委员会:三百个平民组成的人民委员会、二百五十名贵族组成的公社委员会。除了常规的市政地方机构,还有一个重要的机构——教皇派财产罚没处,它同样具有很大的政治影响力。1267年,教皇派大胜后,教皇派财产罚没处成立,主要负责管理从流放的皇帝派人员那里没收来的财产。教皇派财产罚没处财力雄厚,办事效率很高,一直拥护教皇派的主权统治地位,并且在后来抵制下层阶层拥有参政发言权的主张中发挥重要作用。

1273年到1313年,北方各共和国中,只有热那亚共和国、米兰公国、威尼斯共和国值得特别提及。热那亚共和国,坐落于意大利西北部,四周群山环抱。

热那亚共和国徽章

尽管热那亚共和国扼守从普罗旺斯到亚平宁半岛的通道，地理位置十分重要，但在意大利历史上，它并不引人关注。热那亚公民主要专注于从托斯卡纳、罗马涅、维罗纳等城市的东边贸易中获得财富，并且为一直处于战争状态中的比萨共和国和威尼斯共和国，以及多里亚家族和斯皮诺拉家族间无休止的争斗提供支持与帮助。

长期以来，在众多伦巴第城镇中，米兰公国占据主导地位。不过，米兰公国正逐渐失去其共和政体的独立性。如同佛罗伦萨共和国一样，米兰公国阶级分裂和派系斗争交织。1259年，教皇派领袖马蒂诺德拉托雷带领市民与皇帝派贵族进行斗争，最终成功获得了米兰公国的统治权。马蒂诺德拉托雷统治时期，邻近的洛迪、科莫、韦尔切利和贝加莫相继沦陷。1277年，米兰大主教奥托·维斯孔蒂领导皇帝派发动了一场革命，赢回了米兰公国的统治权。1295年，

米兰大主教奥托·维斯孔蒂

马泰奥·维斯孔蒂

奥托·维斯孔蒂将米兰公国的统治权传给马泰奥·维斯孔蒂。遗憾的是,维斯孔蒂家族没有能够长远发展。1302年,伦巴第城镇形成了一个教皇派联盟,逼迫马泰奥·维斯孔蒂退位。教皇派联盟领袖圭多德拉托雷成为米兰公国新一任统治者。

与热那亚共和国相比,无论是地理位置,还是与黎凡特公国的贸易利益上,意大利北部仅剩的重要共和国——威尼斯共和国被孤立于意大利之外。1204年4月13日,东罗马帝国首都君士坦丁堡被第四次十字军远征劫掠和攻陷,使威尼斯共和国在意大利东部占据主导地位。然而,1261年,随着东罗马帝国被其流亡政权尼西亚帝国收复,热那亚共和国迅速崛起,成为威尼斯共和国的劲敌。一个多世纪以来,两个共和国卷入了代价高昂的无休止战争中。然而,此时，威尼斯共和国最引人注意的是，它建立的寡头政治体制，赋予了共和国独特的政治活力与连贯性，成为15世纪亚平宁半岛的强国之一。

尽管与现代共和国制度相比，威尼斯共和国行政制度相差甚远，但与佛罗伦萨共和国相比，威尼斯共和国行政制度更精简、有效。这种精简、有效得益于没有一个贵族势力完全在威尼斯共和国扎根。威尼斯共和国的权力更迭主要通过意大利其他城市的一系列公民反抗斗争实现，而且在教皇派与皇帝派的斗争中，威尼斯共和国一直保持中立态度。

威尼斯共和国的行政长官为总督，实行终身任职制。早期，总督拥有近乎专制的权力，但后来权力逐渐受到议员联合起来的强制性限制，受到选举时立下的庄严誓言及新制度的约束。14世纪，总督依然要主持所有会议，但已不

威尼斯共和国徽章

再拥有昔日的领导权力，仅剩下个人影响力。实际上，此时的总督仅仅是名义上的统治者。不过，一个有坚毅不屈品质的总督，仍可能影响威尼斯共和国的命运。当然，总督只是局限于说服下属，而不是行使作为总督的任何权力。起初，总督选举依托于全体人民。1172年，威尼斯大议会发展成为国家议会，并且负责将国家议会诸项事务分配给通过各种方式选出的分委员会。这一精心构思的制度持续到威尼斯共和国解体。大理事会中，所有三十岁以上的成员都需从瓮中抽取一个球，球中只有三十个是镀金的。抽中镀金球的三十人通过第二轮抽签减至九人。然后这九人再投票，并从至少获得七票的人中选出四十人。四十人通过抽签的方式减至十二人，十二人再投票并从至少获得九票的人中选出二十五人。二十五人再通过抽签方式减至九人，然后九人再投票并从至少获得七票的人中选出四十五人。四十五人再以抽签方式减至十一人，十一人再以投票方式从至少获得九票的人中选出四十一人。最后四十一人宣誓并反复投票，直至产生一位至少获得二十五票的候选人，他就被任命为总督。1423年，弗朗切斯科·福斯卡里就任总督时，这种民众参与选举的形式仍在沿用。

总督由六位公爵议员牵制，六位议员有权咨询或商讨每项决策。任何一项决策如果没有六位公爵议员的同意，总督就不能实施。事实上，公爵议员的职务并非由总督一人就可解除，而是由包括总督在内的七人委员会决定。内阁大臣负责常规的行政工作，并且为其他公共机构分派、审查业务。六位内阁大臣每周主持一次会议。12世纪设立的四十人议会最初作为常任元老院存在，后来逐渐局限于司法职能，并且成为威尼斯大法院。元老院的职能由"普雷加迪"承担。普雷加迪是一个拥有一百六十名成员的团体，名字来源于总督任命的重要公民自愿商讨团。1229年，普雷加迪成为行政体制的永久组成部分，主要负责对所有立法提案的首度考量，大使官员的任命，以及对外交事务的一般性监督工作。

作为行政体制的基础，威尼斯大议会逐渐取代了所有小型的公民集会。威尼斯大议会最初由选举产生，这是威尼斯共和国人口增长的自然结果。然而，1297年颁布的一项法令最终将威尼斯从一个民主国家变成一个彻头彻尾的寡头政治国家。过去四年来，在威尼斯大议会中担任职务的所有人员名单交由四十人议会进行投票选举。所有获得十二票的人都将成为威尼斯大议会成员。每年任命三名选民列出一份包括其他候选人的名单，经过总督和六名公爵议员审核批准后，交由四十人议会投票选举。多年来，虽然新候选人的名字不断添加，但很少能最终获得成功，除非他们的祖先曾经在议会有过一席之地。然而，1315年，威尼斯大议会将所有符合条件的候选人姓名装订成册，并且在1319年废除了每年选出三位选民列出候选人名单的制度。从此以后，威尼斯大议会的成员资格成为一种世袭特权，任何一位威尼斯大议会成员的儿子年满25岁就可以理所当然地进入威尼斯大议会。威尼斯大议会制度将威尼斯共和国市民划分为两个界线明确的阶层：有权成为威尼斯大议会成员的贵族阶层；被排除在参政议政之外，不具有参与威尼斯大议会资格的下层阶级。

尽管1297年废除民众选举已是大势所趋，但如果这种选举制度没有达到令人不满的地步，想要废除它几乎是不可能的。为了反抗新的寡头政治统治，威尼斯人进行各种密谋。1310年，贝亚蒙特·蒂耶波洛密谋失败后，威尼斯大议会决定防患于未然，设立新机构来监察和镇压起义暴乱。威尼斯大议会选出十名成员，组成类似于公共安全委员会的十人团。1355年，通过每年更换人员的方式，十人团有力地促进了政权巩固，被永久记入宪法之中。由于总督和六位公爵议员也参与公共安全事务，十人团实际上包括十七名成员。十人团成员每年由选举产生，而且卸任一年内不得再次任职。十人团的首要职能是作为一个拥有特殊管辖权的法院，类似于英格兰王国的星室法庭。随着时间的推移，十人团的权力日益强大，开始干涉一般性行政事务。16世纪，由于威尼斯政府热衷于权力分立，十人团的权力逐渐被下放给由三位国家检察官组成的小组委员会。

六十年来，德意志一直允许意大利拥有自己的统治政权形式，对其不进行任何干涉。1308年，卢森堡伯爵海因里希当选罗马人民的国王，并且准备视察意大利，重振王权。这一消息在亚平宁半岛上引起了轩然大波。教皇派和皇帝派像以往一样积极好战。此时，两派的名称不再有任何本质区别。北方帝国宗主权和南方教皇宗主权一样十分薄弱，似乎无力互相争斗。关于教皇派反抗专制暴君侵略，捍卫共和自由的想法，不再具有任何事实依据。圭多德拉托雷对米兰公国自由的威胁同维斯孔蒂家族一样危险。自从教皇进入安茹家族后，特别是自教皇在阿维尼翁定居以来，教皇派支持意大利反对外国统治获得独立就变得不可能。与意大利党派间的异常关系相比，海因里希七世的立场同样异常。德意志贵族选出一位王子登上了霍亨斯陶芬的王位。作为振兴皇帝派的领袖，这位德意志王子似乎注定要恢复皇帝派的原则。此外，海因里希七世一直接受的是法兰西教育和支持。在教皇的影响下，海因里希七世赢得了法兰西神父的支持。游行队伍中，海因里希七世一直由教皇陪同，同时被教皇授权可以在罗马进行帝国皇位加冕。海因里希七世公开宣称自己既不属于任何派系，也并不打算充当调停者。这不是一个表现缓和的幌子，而是一种务实性政策的表达。海因里希七世后来的所作所为，与之前声明的言论完全相符。经过伦巴第时，海因里希七世坚持让所有政治流放者回到自己家乡，无论他们之前属于哪一派系。1311年1月6日，在米兰，海因里希七世获得了伦巴第铁冠，并且在没有推翻圭多德拉托雷统治的情况下召见了马泰奥·维斯孔蒂。然而，意大利人对海因里希七世这种所谓的公正性不以为意，并无任何感激之情。像德意志先前的大多数统治者一样，海因里希七世急需要钱，并且试图征收十万英镑的税款，导致米兰公国不满之声沸腾。海因里希七世不得不与皇帝派结盟，将圭多德拉托雷及其家人驱逐出境，镇压叛乱。布雷西亚孤军抵抗德意志军队。离开伦巴第之前，海因里希七世在主要城镇任命神父，并且将米兰统治权委任给马泰奥·维斯孔蒂。海因里希七世建立的王朝对米兰公国长达一个半世纪的统治，使整个意大利北部呈现出一片团结与和平。

后来，海因里希七世迫于重重压力而违背自己意愿，成为皇帝派一员。海因里希七世到来之前，皇帝派把希望寄托于但丁·阿利吉耶里的《帝制论》。

只有强大的君主制才能带给意大利和平，这样的君主制只能在强大帝国传统的支持下由罗马人民的国王建立起来。然而，皇帝派的进攻越激烈，教皇派的反对就越坚定。作为克莱门特五世的亲密盟友，那不勒斯伯爵查理·罗伯特并没有贸然公开进行敌对行动。然而，后来，海因里希七世的步步紧逼，使查理·罗伯特开始戒备。于是，查理·罗伯特毫不犹豫地进行反抗。海因里希七世成功地掌控了热那亚和比萨的国家主权。其实，比萨共和国一直支持皇帝派。不过，作为托斯卡纳主要的教皇派城市，佛罗伦萨坚决不承认海因里希七世的统治。因此，海因里希七世被迫绕道前往罗马。海因里希七世发现佛罗伦萨的大部分地区由教皇派奥尔西尼家族占据，并由那不勒斯军队驻守。为了获得圣彼得祖业的财产与领地，这场战斗已不可避免。此外，1312年6月29日的加冕仪式也必须在圣约翰拉特大教堂举行。最终，海因里希七世确信只有武力才能完全征服意大利。目前，罗马人民的国王阿尔布雷希特一世一直避免宣战。尽管北方的教皇派强大到甚至可以切断通往德意志的任何交通要道，但攻击那不勒斯依然十分危险。海因里希七世决定通过削弱佛罗伦萨共和国的力量来恐吓教皇派。1312年9月，德意志军队前往佛罗伦萨，但发现佛罗伦萨军队强悍且驻守严密，无法贸然进攻。

无奈之下，海因里希七世撤退到比萨等待援军，同时宣布与西西里和阿拉贡结盟，并且发布帝国禁令：禁止正准备向佛罗伦萨提供积极援助的那不勒斯伯爵查理·罗伯特采取任何行动。在迎击那不勒斯军队的途中，海因里希七世高烧不退。1313年8月24日，在距离锡耶纳十二英里的博恩孔文托，海因里希七世突然驾崩。皇帝派成员认为海因里希七世是在施行圣礼时被多米尼加僧侣投毒所害。海因里希七世的计划是完全过时的；正如但丁·阿利吉耶里认为的那样，神圣罗马帝国早已被时代抛下。海因里希七世的驾崩之所以重要，是因为它标志着想要削弱意大利并使其臣服于德意志的最后一次尝试失败。分裂力量足以打破君主制；他国人掌权也更易暴露出君主制的弱点。

第3章

后卡佩时代的法兰西王国

(1270年到1328年)

精彩看点

法兰西王国君主政体的进程——14、15世纪法兰西王国君主政体的困境——腓力三世——腓力三世继承图卢兹——腓力三世继承香槟和纳瓦拉——腓力三世——攻打卡斯蒂尔和阿拉贡——1285年,腓力三世驾崩——腓力四世——腓力四世与英格兰作战——腓力四世入侵佛兰德斯——腓力四世摧毁圣殿骑士团——入侵阿尔勒王国——腓力四世的国内政府——国王法院——国家议会——财政弊端——腓力四世驾崩——路易十世——1316年的继位问题——《萨利克法》——腓力五世——查理四世

843年，《凡尔登条约》将强大的加洛林帝国一分为三，现代法兰克王国的历史由此开始。从查理曼大帝领地中分离出来的法兰克王国，继续由他堕落的后代统治了一个世纪。分权运动并没有随着加洛林帝国分裂成三个独立的王国而停止。曾在查理曼大帝手下担任地方长官的公爵与伯爵，利用中央政权日益衰弱的机会取得了爵位的世袭与实际上的独立。诸侯表面上的团结只是为了对抗北欧日耳曼人的进攻。因抵御日耳曼侵略者有功，巴黎的公爵、法兰西岛贵族获封王室头衔。因位于拉昂的加洛林王朝太过虚弱而无力捍卫王室头衔。卡佩家族早期的国王和他们的前辈一样没有实际权力。国王能获得王冠要归功于封建贵族的支持。国王只是扮演支持封建贵族的护民官角色而已。法兰西国王休·卡佩自己也承认这一点，在没有征得直属封臣的应允前，他不会采取任何重要行动。11世纪，法兰西王国只是一个地理上的概念，政治统一只是一个幻影，因为教会体系独立于王权之外。然而，12世纪开始的公社兴起和王权壮大，注定对法兰西王国的命运产生决定性的影响。国王和资产阶级之间虽没有正式结盟，但在反对封建贵族方面有着明显的共同利益，因此，互相给予重要的帮助。受到贵族和平民攻击的封建制度似乎注定要灭亡。因孤立贵族而遭受致命打击的三位国王是法兰西国王腓力二世、路易九世和腓力四世。通过培养法官阶层,腓力四世为君主政体做出了特别大的贡献。法官的良好专业素质和对《罗马法》的坚持,使封建司法制度逐渐瓦解。国王法院最初负责审理皇家案件和同级法院的直属封臣案件,后来成为整个法兰西王国的最高司法法院巴黎议会。随着中央司法权的推进,另一个巨大的变化也在发生,即王室领地的扩张。大领地主如果没有男性继承人,就允许女性继承,这对许多古老家族的延续长存是致命的。关于王位,没有公认的继承规则,因为尚未产生引起争端的理由。从987年休·卡佩即位,到1316年路易十世驾崩,子承父位在卡佩家族中从未间断过。在欧洲当权的家族中,卡佩家族这种男性继承的连续性几乎无其他家族能比。对王室来说,在与封建主义的斗争中,这是不可估量的力量。大领地一个接一个地陷落,或被占领,或在女性继承人的通婚中被易主,如腓力二世占领诺曼底,以及征讨阿尔比十字军后占领朗格多克。到腓力四世时代,唯一保持封建性独立的省是北部的佛兰德斯公国、西部的布列塔

休·卡佩

腓力二世

尼公国、东部的勃艮第公国和南部的阿基坦公国。与法兰西王国的领土统一同步，王权也变得更加强大。腓力四世发现自己足够强大，可以在法兰西王国原始疆域之外进行兼并扩张了。

12、13世纪，尽管有暂时的障碍和制约，中央集权还是取得了成功。这种成功通常伴随目标的直接性、持久性及政治手段的选择，有时甚至不择手段。不过，腓力四世驾崩后，中央集权进程突然受阻，并在接下来的两个世纪斗争不断。这场中央集权斗争的一个重要因素是一位外国国王——英格兰国王——对阿基坦公国的统治。法兰西王位的明显利益，驱使着爱德华三世和亨利五世这样的英格兰国王，努力与法兰西分裂力量结盟。然而，瓦卢瓦王朝的法兰西国王面临的困难并不仅仅来自英格兰王国的干预。法兰西国王及其先

爱德华三世

王的政策有两个致命缺陷：一是，虽然充分利用了平民运动，国王却几乎没有做任何事情来满足平民阶层的合理要求，仅给了法官一个为王室服务的显赫职位。因此，平民一定会厌倦这样一个把所有实质性利益都集中在一边的同盟。如果平民能够或愿意与贵族联合起来反对国王，他们可能会像英格兰议会一样对王室权力进行制衡。当考虑到国家议会对普瓦捷战役采取的态度时，我们就会看到平民与贵族联合起来反对国王的危险性真实存在。二是，法兰西国王在消灭旧封建贵族的同时，创造了一个新的贵族阶层。随着大领地的陷落，许多封地又被授予王室成员。毫无疑问，人们普遍认为，血缘关系会将王室成员的利益与君主的利益结合起来。事实证明，这完全是一种误判。政治上，与一己私利产生的冲动相比，血缘关系的作用微乎其微。在英格兰王国，爱德华三世尝试过将封建贵族的大领地授予王室成员的类似政策，最终导致了玫瑰战争。在法兰西王国，分封封建贵族的大领地同样导致了勃艮第和阿马尼亚克的长期内战，导致了1440年布拉格里[①]，以及1465年公益同盟的建立。法兰西作家把这些出身王室的贵族称为封建属臣，与旧封建领地主形成鲜明对比。不久，封建属臣就采取了与旧封建领地主一样的态度，反对造就他们的君主政体。封建属臣倒台后，法兰西国王查理七世的属臣不得不忠心耿耿；法兰西国王路易十一不得不妥协。

　　十字军远征激励着中世纪的欧洲人去追逐英雄梦。然而，远征突尼斯是徒劳的，它使法兰西王国失去了一位高贵的国王——路易九世。路易九世几乎是唯一一位具有最高道德品质和卓越政治才能的法兰西统治者。路易九世的儿子和继承人，腓力三世没有继承父亲任何的优秀品质。腓力三世未受过教育，他没有任何清晰的洞察力或才能来弥补这种缺点。腓力三世只是卡佩家族名义上的统治者，真正掌权的是他的叔叔——那不勒斯国王查理一世。尽管腓力三世治理能力有限，但法兰西王室仍在继续前进，这足以证明王室的内在力

[①] 布拉格里是1440年7月发生于法兰西王国的贵族叛乱，是为了对抗当时的法兰西国王查理七世。——译者注

路易九世远征突尼斯期间,病死在迦太基的废墟上

量及服务于王室的训练有素的法官的能力。腓力三世的统治表面上看并不出众，实际却获得了三个重要的省，其中，两个省永久属于国王管辖。

1271年8月，从突尼斯返程中，路易九世的弟弟普瓦捷伯爵阿方斯及妻子圣吉勒家族最后一位后裔图卢兹伯爵夫人琼去世。由于没有子嗣，普瓦捷伯爵阿方斯和图卢兹伯爵夫人琼的巨大遗产都归法兰西国王腓力三世所有，包括图卢兹、普瓦图、奥弗涅和普罗旺斯侯爵领地[①]。例外是，根据1229年的《莫城条约》，英格兰国王宣称拥有的阿让，以及阿维尼翁附近的韦内森割让给了教皇。这样，法兰西王国完成了对朗格多克的兼并。这场兼并始于征讨阿尔比十字军。腓力三世承诺以伯爵身份而非国王身份统治新领地，并在图卢兹建立一个特别的议会和法院，但这些对地方独立的让步只是暂时的和虚幻的。

1274年，发生了另一件重要的事，香槟伯爵兼布里伯爵、纳瓦拉国王亨利一世驾崩，他留下了唯一的、年仅三岁的女儿纳瓦拉的琼。阿图瓦的布兰奇带着年幼的女继承人纳瓦拉的琼来到法兰西王国，将纳瓦拉的琼置于国王腓力三世的保护之下。腓力三世乘机占领了香槟和布里，并将这两地都归自己所有。与此同时，从教皇格列高利十世那里，腓力三世获得了一项特许，安排纳瓦拉的琼和自己的次子腓力四世结婚。不久，因哥哥法兰西的路易去世，腓力四世继承了王位。纳瓦拉人反抗外国国王专横地安排他们的命运，但反抗被法兰西军队镇压了。腓力三世登上纳瓦拉王国的王位，成为他未来儿媳纳瓦拉的琼的监护人。

吞并图卢兹、香槟和纳瓦拉是腓力三世少有的成就。对西班牙的两场徒劳的战争，耗费了腓力三世余生的大部分时间。曾是古罗马皇座拥有人的卡斯蒂尔国王阿方索十世，仍然统治着卡斯蒂尔。不过，在阿方索十世年老时，实

---

① 自1125年，普罗旺斯被分成两部分：一部分是迪朗斯河南部郡，起先由贝朗热家族继承，后经女继承人普罗旺斯的比阿特丽斯落入那不勒斯国王查理一世手中；另一部分是迪朗斯河、伊泽尔河、阿尔卑斯山脉和罗讷河间的侯爵领地，由图卢兹伯爵控制，后经图卢兹伯爵夫人琼传给了丈夫普瓦捷伯爵阿方斯。——译者注

际事务由儿子斐迪南·德拉·塞尔达和卡斯蒂尔的桑乔来处理。大儿子斐迪南·德拉·塞尔达娶了腓力三世的妹妹法兰西的布兰奇。1323年，法兰西的布兰奇去世，留下两个儿子阿方索·德拉·塞尔达和斐迪南·德拉·塞尔达。阿方索十世驾崩后，卡斯蒂尔议会修改继承法令，将王位绕过斐迪南·德拉·塞尔达的两个儿子传给了卡斯蒂尔的桑乔。在抗击摩尔人时，卡斯蒂尔的桑乔因表现英勇而赢得了"勇士"的称号。腓力三世对外甥被剥夺继承权感到愤愤不平，于是拿起武器支持他争夺王位。然而，腓力三世对卡斯蒂尔的入侵鲁莽、缺乏计划，从而得到"鲁莽"的骂名。腓力三世无法强行通过卡斯蒂尔的山区，从而干预卡斯蒂尔的王权继承的计划变得难以实现。

卡斯蒂尔的桑乔

第二次战争十分漫长。1282年,西西里晚祷导致西西里岛的拥有权移交到阿拉贡国王佩德罗三世手中,给法兰西王国造成了很深的影响。许多贵族对那不勒斯国王查理一世趋之若鹜。教皇将佩德罗三世逐出教会,并将阿拉贡王冠献给腓力三世的第三个儿子瓦卢瓦伯爵查理,条件是永远不能把瓦卢瓦并入法兰西王国。1284年,瓦卢瓦伯爵查理接受提议。1285年,腓力三世以十字军远征的名义亲自率领军队去攻打阿拉贡。双方经过激战,远征军攻占了埃尔纳和赫罗纳要塞,这是在这场战争中腓力三世取得的唯一的胜利。鲁杰罗·迪·劳里亚和他的加泰罗尼亚水手摧毁了法兰西舰队,切断了法兰西舰队从海上获得补给的可能性。

此时,疾病在法兰西军队中蔓延。腓力三世命令军队撤退。1285年10月5日,在佩皮尼昂,腓力三世驾崩。腓力三世留下了三个儿子:腓力四世,1284年娶纳瓦拉的继承人琼为妻;瓦卢瓦公爵兼阿朗松公爵查理,是有名无实的阿拉贡国王;还有埃夫勒伯爵路易,他的后代统治了纳瓦拉王国。

腓力四世十七岁继承王位,四十六岁驾崩。这二十九年中,腓力四世给法兰西人的生活和法兰西王国的政治刻下了一个永远无法抹去的印记,即使接连不断的革命浪潮也无法将它冲刷掉。然而,我们对腓力四世的统治,尤其是对他的性格与人品的了解,却少得出奇。我们从他的绰号"美男子"可以得知他英俊潇洒,但我们不知道他是高还是矮。从腓力四世的行为中,我们可推断出他的性格远不如长相有魅力。与祖父路易九世引人注目的画像相比,与14世纪丰富的战争资料相比,当前缺乏关于腓力四世的记录更值得注意。腓力四世不是法兰西的茹安维尔或让·弗鲁瓦萨尔笔下的英雄人物,甚至在菲利普·德·科米纳的描述中也从未出现过。在腓力四世的统治下,几乎没有什么英雄事迹或波澜壮阔的场面。引人注目的场景是博尼法斯八世受辱。在腓力四世的记忆里,这个令人生厌的场景是不光彩的。甚至可以说,这场耻辱并没有诱发腓力四世任何过激行为。腓力四世关心的只有两件事:兼并阿基坦和佛兰德斯,但均以失败告终。腓力四世获得的唯一重要领土是里昂。镇压圣殿骑士团

圣殿骑士团的纹章

并不是他一个值得骄傲的成就。打压教皇制度虽然取得了显著的胜利,但这是用不光彩的方法取得的。毕竟,让教皇住在阿维尼翁并没有给法兰西王国带来永久的好处。腓力四世的重要成就在于国内政府改革,改进和完善行政机构,以及扫除独裁道路上的一切障碍。历史学家深深着迷于骑士精神的英勇,并未对腓力四世这些重要成就投入足够的关注,但这些成就带来的影响比战场上辉煌的功绩还要明确与深刻。必须承认,腓力四世残酷无情,重视立法不过是用来掩饰他肆无忌惮的行为。腓力四世肆无忌惮的行为使人反感,因为伪善的腓力四世总能找到借口来为其行为辩解。我们甚至可以推断出:外部政治的失败抹杀了腓力四世因开创行政集权而取得的成就。作为法兰西政府的典型特征,行政集权既给国家创造了辉煌,也带来了灾难。如果对腓力四世如此评价是正确的,那么显然,在他的外交政策上,我们不需要关注太多,而应该把注意力更多地放在国内的改革措施上。腓力四世没有兴趣继续父亲腓力三世与阿拉贡的战争,因为战争唯一可能的受益者是弟弟瓦卢瓦伯爵查理和堂叔[①]那不勒斯国王查理二世。战争持续了近二十年,最后的结果是:安茹家族失去西西里岛;瓦卢瓦伯爵查理放弃阿拉贡王权,条件是那不勒斯国王查理二世交出安茹和缅因封地。

在查理二世交出安茹和缅因封地之前,腓力四世已经把注意力转向了另一项更令他兴奋的事业——从英格兰国王爱德华一世手中夺取吉耶纳和加斯科涅。自英格兰国王亨利二世与阿基坦的埃莉诺成婚以来,这些省一直由英格兰王室统治。总的来说,这两个省满足于对遥远统治者的服从,因为英格兰为他们的葡萄提供了便利的销售市场。然而,爱德华一世忙于镇压威尔士人的反抗,以及加强苏格兰宗主权,这给了腓力四世可乘之机。1293年11月,腓力四世很快抓住诺曼和五港同盟水手间争斗,以及加斯科涅人拒绝承认法兰西法院司法权威的时机,召见爱德华一世,对违反封臣义务做出解释。爱德华一世意识到,对宗主国采取傲慢态度,会给竭尽全力维护苏格兰统一的苏格兰国王约翰·巴利奥尔做出一个错误的示范。由于无法亲自前往法兰西王国,爱德华一世委任弟弟兰开斯特伯爵埃德蒙·克劳奇巴克为代理人。埃德蒙·克劳奇巴克娶了腓力四世的岳母[②]阿图瓦的布兰奇为妻。在这个温顺的代理人埃德蒙·克劳奇巴克身上,腓力四世耍了一个只能用"骗得信任的诡计"来形容的花招。腓力四世向爱德华一世保证自己对英格兰王国绝对友好,并将自己的妹妹法兰西的玛格丽特嫁给当时是鳏夫的爱德华一世。作为回报,腓力四世要求爱德华一世把加斯科涅割让给自己,为期四十天,以示信任和顺从。对此条件,爱德华一世的代理人埃德蒙·克劳奇巴克完全同意。然而,四十天后,腓力四世乖戾无礼,并以英格兰国王爱德华一世没有亲自露面为由,命令军队继续占领

[①] 腓力四世父亲腓力三世是那不勒斯国王查理二世的堂哥,所以那不勒斯国王查理二世是腓力四世的堂叔。——译者注
[②] 腓力四世娶了阿图瓦的布兰奇的女儿纳瓦拉的琼。——译者注

苏格兰国王约翰·巴利奥尔

法兰西的玛格丽特

加斯科涅诸要塞。要解决此事唯有一战,但爱德华一世处于很大的劣势,正深陷与苏格兰和威尔士作战的泥潭。此外,臣民尤其是神职人员,对爱德华一世的压迫也非常不满。腓力四世占领了英格兰王国的大部分领土。爱德华一世仅有的重要的盟友阿道夫一世在德意志已自顾不暇,以至于无法伸出援手。另外,腓力四世对约翰·巴利奥尔的援助奠定了法兰西王国和苏格兰王国之间长久联盟的基础。联盟一直持续到苏格兰女王玛丽一世统治时期。实际的敌对行动并不重要,但战争局势显然对英格兰人不利。就在这个关键时候,教皇博尼法斯八世的干涉导致了与腓力四世的第一次冲突,并造成了《教士不纳俗税》的教皇训令问题。1297年,战争进入新阶段。爱德华一世成功地推翻了约翰·巴利奥尔,征服了苏格兰王国。因此,爱德华一世可以后顾无忧地参加与

约翰·巴利奥尔向爱德华一世交出王冠

佛兰德斯伯爵盖伊

法兰西王国的大陆战争。同时,爱德华一世找到了一个盟友——佛兰德斯伯爵盖伊。此前,佛兰德斯伯爵盖伊的女儿菲莉帕被腓力四世扣为人质,使佛兰德斯伯爵盖伊一直处于被动地位。然而,爱德华一世再次被神职人员和贵族之间的争斗阻碍。如果爱德华一世执意亲自前往佛兰德斯公国,贵族就拒绝在加斯科涅服役。最终,吉耶纳和加斯科涅失去防御能力,爱德华一世和佛兰德斯同盟根本无法迎击法兰西军队。威廉·华莱士爵士统治下的苏格兰王国爆发叛乱,迫使爱德华一世提出和平建议。腓力四世决定将吞并阿基坦推迟至佛兰德斯战役后。由于意大利国内的种种困难,博尼法斯八世被迫向法兰西国王靠拢，修改先前反对神父对世俗统治者服务的训令。现在，博尼法斯八世被允许充当调解员，尽管腓力四世辩解说自己是以博尼法斯八世的个人身份而不是教皇身份接受调解的。腓力四世与爱德华一世达成共识：在达成最终协议之前，双方都承认各自的现有财产与领地。为了确保未来的和平，爱德华一世与腓力四世的妹妹法兰西的玛格丽特结婚。爱德华二世与腓力四世的女儿法兰西的伊莎贝拉订婚。1298年6月30日，两位国王都抛弃了各自的盟友。

在福尔柯克战役中，当爱德华一世击败威廉·华莱士时，佛兰德斯公国任由腓力四世摆布。佛兰德斯人并不喜欢佛兰德斯伯爵盖伊，也不愿意帮助他。在这种绝望情况下，佛兰德斯伯爵盖伊被瓦卢瓦伯爵查理说服，相信宗主国会宽恕他。然而，瓦卢瓦伯爵查理背信弃义。1300年，瓦卢瓦伯爵查理将佛兰德斯

福尔柯克战役

狱中的佛兰德斯伯爵盖伊

伯爵盖伊投入监狱，并宣布没收佛兰德斯公国。腓力四世第一次来到佛兰德斯时，发现那里堆金积玉，不禁被贪欲驱使。腓力四世的妻子纳瓦拉的琼，看到布鲁日女人的珠宝，惊呼道："我以为，法兰西只有一个王后，但在这儿，我至少看到六百个！"试图满足由此引起的贪婪肯定会导致不满。佛兰德斯人既喜欢自己的财富，又嫉妒佛兰德斯的独立性。不过，佛兰德斯人很快意识到，被佛兰德斯伯爵盖伊压迫总比被法兰西总督雅克·德·沙蒂隆压迫和掠夺要好。像二十年前在巴勒莫一样，法兰西士兵大量屠杀布鲁日人，导致佛兰德斯爆发全面起义。腓力四世派了一支由阿图瓦伯爵罗贝尔二世率领的庞大封建军队去镇压起义军。法兰西贵族原以为能轻而易举地战胜那些不好战、装备不良的布鲁日人，但自信和鲁莽使法兰西军队一败涂地。1302年7月11日，在著名的金马刺战役中，法兰西军队彻底溃败。这只是一系列大规模战役中的第一场。金马刺战役的失败使欧洲认识到：一支步兵军队，如果领导得当，指挥得当，完全可以战胜全副武装的骑兵。很久之后，欧洲才彻底领悟这一惨痛的教训。然而，当这一教训被汲取之后，中世纪的军事体系崩溃了，建立在骑士无敌基础上的社会组织也随之灭亡。1302年的金马刺战役让腓力四世经历了前所未有的惨败。腓力四世亲自前去夺回法兰西王国的荣誉和权力，但冬天的临近迫使他在没有采取任何措施镇压起义的情况下提前撤军。当时，他与教皇的矛盾空前激化，关于夺回法兰西王国的荣誉和权力，他有些力不从心。1303年，腓力四世与爱德华一世达成了最终的和平协议——《巴黎条约》。腓力四世放弃

金马刺战役

佛兰德斯伯爵罗伯特三世

吞并阿基坦。1304年,博尼法斯八世奄奄一息。各国争相瓜分佛兰德斯领土。1304年8月18日,在蒙斯-恩-普埃尔,腓力四世谨慎地避免在科特赖克犯下的毁灭性错误,成功地击败了佛兰德斯人。三个星期内,佛兰德斯人重组了军队,而且像以前一样强大、无畏。1305年6月,腓力四世不得不承认自己承担了一项超出自己能力范围的任务,于是赶紧签订了一项条约来逃避责任。佛兰德斯伯爵罗伯特三世是佛兰德斯伯爵盖伊的长子,于1322年死于狱中。佛兰德斯人答应向腓力四世支付二十万里弗尔①的赔款,并以南部边境的杜埃、里尔和其他

---

① 里弗尔,古代法国货币单位。——译者注

城镇作为担保。1300年,腓力四世似乎占领了整个佛兰德斯和阿基坦的大部分地区。不过,1304年,腓力四世失去了这两个地区。

腓力四世与教皇博尼法斯八世的关系上文中已经提到。在与博尼法斯八世的冲突中,腓力四世有正当的理由。中世纪,法兰西王国的发展需要有力抵抗自命不凡的教皇。然而,这并不能为法兰西士兵在阿纳尼的暴行开脱,也不能说明在教皇博尼法斯八世去世后,腓力四世执意抹黑教皇人格的行为是正当的。同样不可原谅的是,腓力四世对命运多舛的教皇本笃十一世设下的阴谋。尽管没有充分的证据来证明,是腓力四世让人毒死了教皇本笃十一世,但我们发现本笃十一世曾将袭击博尼法斯八世的凶手逐出教会。

腓力四世对教皇克莱门特五世表现出顺从是合情合理的,但在外交上,腓力四世完全可以与教皇克莱门特五世匹敌,而且不需要有所顾虑。此时,腓

腓力四世设计毒杀教皇本笃十一世

1291年，穆斯林攻陷阿卡

力四世得以实施了他统治时期最黑暗的行动——摧毁圣殿骑士团。1291年，阿卡陷落，标志十字军国家的命运告终。因防御或征服巴勒斯坦而建立的圣殿骑士团，不可避免地成为嫉妒的受害者。在欧洲，圣殿骑士拥有大量财富和独立地位。因此，圣殿骑士必须承担一些新任务才能证明自身存在的价值，这也给了他们一个抓住欧洲公众舆论的机会。圣约翰骑士团和圣玛丽日耳曼骑士团选择了征服巴勒斯坦来确保骑士团的长久存在。其中，圣约翰骑士团选择了普鲁士；圣玛丽日耳曼骑士团选择了罗得岛。巴勒斯坦战争中，圣殿骑士团表现杰出。圣殿骑士不以攻城略地为目标，但长期的不作为使其陷入困境。国王的密探向圣殿骑士团提出了一长串指控，有些是可怕的，有些是荒谬的，不必一一列举。不可避免的是，人们逐渐意识到一个由骑士组成的独立团体并未总是遵守昔日立下的坚贞誓言。可以相信的是，在与撒拉逊人的交往中，许多骑士可能被误导而不信奉基督教，甚至对基督教采取蔑视和不敬的态度。然而，整个骑士团被指控犯有淫秽、亵渎和无宗教罪，这是不可信的。酷刑下的逼供和恢复健康与理智后撤回供词，并不能作为得出任何合理的结论的证据。对一切关于正义或仁慈的建议，腓力四世都充耳不闻，他的铁石心肠遭到法庭和教皇的谴责。对圣殿骑士的审判持续了两年，1310年，在巴黎，五十四名圣殿骑士被烧死，随后又有许多人遭处决。1312年，圣殿骑士团被正式取缔，被

腓力四世烧死圣殿骑士团骑士

雅克·德·莫莱被处以火刑

责令将财产转移给圣约翰骑士团。实际上，只有部分财产被转移，圣殿骑士囤积的大量财富在腓力四世手中从未转出过。1314年，最后一位圣殿骑士团团长雅克·德·莫莱庄严地收回被逼认的所有供词，并否认了所有指控的真实性。然而，随后，在塞纳河一个小岛的木桩上，雅克·德·莫莱被处以火刑。

腓力四世最后的胜利是侵占了法兰西王国和德意志边境上的阿尔勒王国。腓力三世继承普罗旺斯侯爵爵位，迈出了将阿尔勒王国并入法兰西王国的

腓力五世和勃艮第的琼安的婚礼

第一步。1307年，腓力四世为次子腓力五世和勃艮第伯爵奥托四世的女儿勃艮第的琼安排了一场婚礼。这段婚姻使弗朗什-孔泰受制于法兰西王国，但并没有被最终吞并。直到1678年《奈梅亨条约》的缔结，法兰西王国才完全吞并弗朗什-孔泰。很长一段时间，里昂及其邻近的领土一直是法兰西王国觊觎的目标。里昂大主教和公民之间矛盾不断，为腓力四世频繁干预提供了借口。最后，利用1312年亨利七世远征意大利的时机，腓力四世大胆地迈出了最后一步，吞并了里昂。

现在，我们必须谈谈腓力四世的国内政府，这是他在历史上众君主中占有一席之地的重要原因。腓力四世的目标与中世纪晚期希望扩大权力的所有国王目标一致。他必须摧毁作为政府基础的封建主义，或者用一位著名的历史学家的话来说，"从政治生活中消除任期原则"。封建制度的本质弊端是每个人都受所拥有土地直接领主的约束；与领主关系的间接性导致了不可避免的分裂倾向；诸侯与领主之间的关系强于佃主与国王之间的间接关系；如果某个贵族反叛，他可以强迫他的佃主跟随他，甚至反抗宗主国。封建制度有许多优点，但不符合国家统一或者一个强有力政府的发展。因此，腓力四世想建立一种新体制，即无论是直属封臣还是佃主，在法律面前，所有法兰西人都平等。

为了实现建立新体制这一目标，有必要建立一个高效的行政机构，腓力四世的前任们为此打下了坚实的基础。整个国家北部设立北部辖区和南部司法总管辖区。腓力四世扩大了北部辖区和南部司法总管辖区的职能，并利用其为自己在各省执行命令提供准确的地方信息。没有这些信息，中央集权就毫无效力。除了这些北部辖区和南部司法总管辖区，腓力四世还设立国王法院。国王法院是法兰西卡佩王朝设立的机构，最初只是国王领地的法院，由王室成员和直接领地封臣组成。然而，国王必须不时地处理关于直属封臣的问题。根据封建主义的基本原则，这些问题必须得到公正处理，因而出现了贵族法庭。根据传统，当召唤英格兰伯爵约翰为杀害布列塔尼的亚瑟王负责时，贵族法庭的筹建就交由腓力·奥古斯都负责。贵族法庭是否曾经与领地法院各自独立存在是很难确定的，即使它曾经独立过，肯定也很快就失去了独立性。路易九世统治时期，领地法院经过一些附庸国的加入而转变为贵族法院。同时，由于引进了训练有素的法官，法院的行政效率提高了不少。腓力四世统治时期，这些法官成为司法和行政工作的真正管理者。贵族虽然保留了出席的权力，但通常因缺乏法律知识而不愿出席，这使他们处于明显的不利地位。法院工作几乎涵盖了政府的所有职能：国王咨询、财政管理和司法行政。司法工作也得到了很大的增加，部分原因是贵族允许地方法院向宗主国法院提出上诉，并且越来越多的案件必须在国王面前进行初审。仅凭一个人的力量不可能完成如此大量的工作。因此，法院逐渐分成了三大部门，继续管理法兰西王国的日常事务，直到法兰西大革命爆发。

  第一个部门是国王议会，类似于英格兰王国的枢密院。它由王室成员组成，包括十五个国务议员和两个或更多的秘书，主要职责是为国王提供一切政府事务方面的建议。议会行使普通管辖权；王室委员会行使司法权，可向国王提起上诉。当然，国王也可以向其他法院提起诉讼。

  第二个部门是审计院，类似于英格兰王国的国库。接受和审计各地法警和总管的账目；处理所有金融诉讼；登记所有与财政有关的法令和契约。

  第三个部门是著名的法兰西大法院，即巴黎议会，职能类似于英格兰王国的皇座法庭和民事诉讼法院。然而，巴黎议会的独特历史源于英格兰法官对其统一性和权威性的主张，这是英格兰法官从未拥有的。腓力四世不仅赋予巴黎议会独立性，还设立分会，组建了巴黎议会最早的三个分庭：上诉分庭负责处理直接向巴黎议会提出的较轻一审案件；调查分庭接受并进一步审议下级法院的所有上诉；大法庭是各分庭中最大、最重要的一个，常被单独称为议会。大法庭中的贵族拥有处理重大事件的权力，并负责审理所有涉及贵族、王室成员和最高法院法官的重要上诉和一审案件。起初，在复活节和万圣节，巴黎议会每年举行两次。事实证明，两次会议不足以履行法院日益增加的职责。14世纪末，巴黎议会下设常设法院，其成员被任命为终身法官。除了司法工作，巴黎议会还必须登记所有王室法令、和平条约及其他正式文件。起初，巴黎议会拥有的只是义务而非权力，很久以后才有权提出抗议，甚至否决国王法令。

  上述行政机构的建立是腓力四世统治期间对国内政府改革的最大成就。此外，国家议会的起源也值得我们注意。国家议会曾一度想成为宪法政府体系的基础，就像英格兰的议会制度一样。然而，最后，国家议会沦为国王实现私利的工具：1302年，国家议会第一次召开，会上腓力四世号召臣民反对教皇博尼法斯八世的傲慢言行；1308年，国家议会用来谴责圣殿骑士团；1314年，国家

1295年，爱德华一世召开著名的"模范议会"

议会用来支持腓力四世对佛兰德斯的侵略。无论是郎格多克和布列塔尼的私有土地，还是卡斯蒂尔和阿拉贡的议会组织，从同时代的英格兰国王爱德华一世那里，腓力四世均已找到管理它们的模式。1295年，爱德华一世召开著名的"模范议会"①，并在1301年成功抗议林肯议会通过的教皇声明。

腓力四世频繁召开国家议会。所有的直属封臣，无论是神职人员还是世俗诸侯，均被邀请出席。那些因任何不可避免的原因而不能出席的参会者，则可以委派他人。各大教堂分会和修道院派出代表；王国大小城镇均派出代表，但无人能确定谁有权投票或被选举。唯一没有代表的阶层是农民阶层。当各州开会时，参会者被分为三类：神父、贵族和公民。会期只有一天，并不进行任何一般性讨论。王室代表解释了参会者被召集来的目的，然后参会者根据国王的意愿分别起草一份文件。

---

① 英格兰国王爱德华一世以各种方法吸引骑士和市民代表进入议会，使议会的代表范围逐渐扩大。这时的议会已不再是类似于"贤人会议"之类的机构。1295年召开的由各郡、各自治城市和下层教士代表参加的议会，被称为"模范议会"。——译者注

显然，国家议会的召开并不是迫于外部压力，而仅仅是为了加强国王的权力。国家议会一直在违背其作为政府宪法体系基础的设立初心。如果一位法兰西国王认为实现他目标最好的办法是召开国家议会，那么他就会召开；反之，如果国王认为最好的办法是分别对待各省，那么他就分别召开国家议会。14世纪晚期，有人试图通过绝对的权威来确保议会的定期性，但这一尝试失败了。直到19世纪，法兰西王国才建立起议会管理体制。

腓力四世整个统治的特点是，肆无忌惮又卓有成效的专制主义，并不断侵犯封建独立和特权。腓力四世主张国王拥有授予贵族封号的权力，这是为了支持那不勒斯国王查理二世和阿图瓦伯爵罗贝尔二世。然而，腓力四世政府有一个明显的缺陷，同时这个缺陷被继任者继承了。腓力四世的财政管理同他的残暴、压迫性统治一样遭人诟病。腓力四世最大限度地利用常规财政收入、领地收入和封建税收。这些钱用完后，腓力四世又对商品销售征税。然而，为了得到大量的现款，他竟愚蠢地把这些税转让给债权人。这种权宜之计，特别是在早期，总是压迫纳税人，给国家带来损失。更糟的是，货币不断贬值。货币贬值十分厉害，从而同时代的人都称腓力四世为"假币制造者"。因此，作为法兰西君主政体的创始人，腓力四世要对最终毁掉君主政体的缺陷负责。法兰西王国是欧洲富有的国家之一，在某种程度上也是管理效率较高的国家之一，但

腓力四世统治期间铸造的货币

在旧君主政体下从未有过一个健全的金融体系,这是一件非同寻常的事情。腓力四世的继任者既模仿他的统治优点,也模仿了缺点。除了腓力四世的征税手段和货币贬值手段,还有出售官职的灾难性做法,以及通过给予持股人免税而增加股价的做法。许多法兰西人看到甚至谴责这种制度的弊端,但没有一个人能力挽狂澜。由此造成的财政赤字虽然不是法兰西大革命爆发的起因,却是直接原因。有人认为,如果腓力四世是一位能干且务实的金融家,那么波旁家族或许仍能坐上法兰西的王位。这或许有些异想天开,但并非荒谬绝伦。

像腓力四世这样施行苛政的政府是不可能受到臣民欢迎的。腓力四世对贵族阶层利益的直接侵犯激怒了贵族阶层。因经济勒索,资产阶级也疏远了腓力四世。1314年,佛兰德斯又爆发了一场战争。腓力四世试图通过对所有商品征收重税来支付战争费用,这引起了暴乱。第一次也是唯一一次贵族阶层和第三阶层联合起来反对国王,这样的联盟有可能摧毁君主政体。腓力四世只好屈服,废除了税收,并承诺要平息臣民对货币贬值的不满。1314年11月29日,腓力四世驾崩。

腓力四世驾崩

接下来的十四年里，腓力四世的三个儿子统治着法兰西王国，他们的统治引人注目的是确立了至关重要的王位继承规则，即将女性排除在法兰西王位继承人之外。腓力四世驾崩时，其长子法兰西国王路易十世二十五岁。路易十世对国家事务毫无兴趣，由叔叔瓦卢瓦伯爵查理代理。可悲的是，瓦卢瓦伯爵查理一直同情反对腓力四世的那些封建势力。反动派胜利后，腓力四世的首席顾问昂盖朗·德·马里尼被审判。然而，那些暂时从王权统治中解放出来的贵族

昂盖朗·德·马里尼被审判并处以绞刑

路易十世

目光短浅，竟抛弃了他们刚与资产阶级建立的联盟，从而失去了长久约束王权的大好时机。贵族争取特权完全是为了自己阶层的利益，并且具有全民性，因为这些特权仅仅被写进一系列的省级宪章中。这些事件表明，国家统一性的缺乏是君主政体最终胜利的原因之一，因为君主政体再没有遇到过1314年形成的那种敌对阶层联盟。

除了封建贵族一时的胜利，路易十世的统治完全可以称得上是平淡无奇的。为了能娶到匈牙利的克莱门蒂亚，路易十世抛弃了第一任妻子勃艮第的玛格丽特。路易十世还远征佛兰德斯，以便迫使佛兰德斯伯爵罗伯特三世履行条约义务。不过，这场战役完全没有成功。1316年6月5日，年轻的国王路易十世驾崩。国王的驾崩比活着更重要，因为这是继休·卡佩统治以来王位继承受到

匈牙利的克莱门蒂亚

的第一次质疑。三个多世纪以来，法兰西王室首次没有男性继承人。路易十世只留下了与第一任妻子勃艮第的玛格丽特所生的女儿纳瓦拉的胡安娜。以前从未出现过女性继承的问题，因此，没有任何规则来决定王位该如何继承。不过，在路易十世驾崩时，路易十世的第二任妻子匈牙利的克莱门蒂亚已怀孕五个月，这让王位继承问题愈加复杂。王位继承问题没有解决前，任何事情都无从谈起。在必要的过渡期，摄政权自然而然地交给已故国王路易十世的弟弟腓力五世。当纳瓦拉的胡安娜对放弃还是坚持法兰西王位犹豫不决时，勃艮第公爵奥多四世提出维护她的权益，并与腓力五世签订了一项条约：如果匈牙利的克莱门蒂亚生下一位王子，那么这位王子将继承王位；如果生下一位公主，那么纳瓦拉的胡安娜将继承纳瓦拉、香槟和布里，并且有权考虑是否继承法兰西王位。

1316年11月,路易十世的遗孀匈牙利的克莱门蒂亚生下一位王子,继承了法兰西王位,被称为约翰一世。不幸的是,约翰一世1316年11月15日刚出生,1316年11月20日就夭折了。如此一来,纳瓦拉的胡安娜的权益就得到充分的支持。然而,在过去的五个月里,勃艮第公爵奥多四世牢牢掌控王权,根本不准备放权。这一事实严重地损害了纳瓦拉的胡安娜的权益。后来,勃艮第公爵奥多四世接受贿赂,放弃了维护纳瓦拉的胡安娜的事业,与路易十世弟弟腓力五世的女儿勃艮第的胡安娜结婚,并接受新娘勃艮第的胡安娜的嫁妆——弗朗

约翰一世夭折

什-孔泰和五十万克朗^①。由于继承权长期掌握在男性继承者手中,法兰西法官对女性统治普遍抱有偏见。在《萨利安法兰西人法》中,法兰西法官找到了一项禁止女性继承的条款,并武断地把这一条款应用到法兰西国王身上,从而起草了著名的《萨利克法》。然而,决不能忘记,将女性排除在法兰西王位之外的并不是基于任何古老的规则,而是基于1316年纳瓦拉的胡安娜被排除在外的先例。随后,1322年和1328年,法兰西法官又进一步将纳瓦拉的胡安娜排除在外。

一旦稳固地登上王位,腓力五世就显示出自己是一位果断、能干的统治者。腓力五世赞成压制封建独立;法官恢复了在王室法律顾问中的优势地位;

腓力五世

---

① 货币单位,英国面值5先令或25便士的硬币,现仅作为纪念品铸造。此外,克朗亦指意为"克朗"的外国货币,尤其指瑞典、丹麦、挪威等国的货币。——译者注

腓力四世的行政机构恢复了正常运转；第三阶层在多次议会中都有代表参加；贸易得到很大改善；统一货币、重量单位等措施缓解了城邦间的孤立。然而，腓力五世英年早逝，还没来得及实施上述计划就驾崩了。如果腓力五世活得久一些，也许他就能跻身法兰西王国英明的君主之列了。

1322年，腓力五世驾崩，只留下了几个女儿。腓力五世的弟弟法兰西国王查理四世不费吹灰之力夺取了王位，还夺取了本留给纳瓦拉的胡安娜的纳瓦拉、香槟和布里。除了与英格兰王国的关系，查理四世根本无足轻重。查理四世的妹妹法兰西的伊莎贝拉是英格兰国王爱德华二世的妻子。在英格兰，法兰西的伊莎贝拉将自己的丈夫爱德华二世谋杀。查理四世将吉耶纳移交给爱德华

爱德华二世被谋杀

二世的儿子——年轻的爱德华三世,却保留了阿让,这成为日后纠纷的根源。1328年2月1日,查理四世驾崩。卡佩家族走到了尽头,再无一位男性继承人。1316年到1328年的十二年,女性继承问题已被连续否决三次。关于继承权的规则或惯例,还存在一个疑问:王室家族的女性有权将继承权传给她们的男性后代吗?1328年,有两个人可能提出王位继承权:瓦卢瓦伯爵查理与安茹的玛格丽特的儿子瓦卢瓦伯爵菲利普;腓力五世妹妹法兰西的伊莎贝拉的儿子爱德华三世。不过,法兰西王国不太可能采用一种随时可能把王位交给外国王子的继承规则。于是,王位传给最近的男性继承人瓦卢瓦伯爵菲利普,即腓力六世。

第4章

早期瓦卢瓦王朝统治下的法兰西王国

(1328年到1380年)

精彩看点

腓力六世——阿图瓦伯爵罗伯特三世——苏格兰的战争——佛兰德斯公国——英格兰王国与佛兰德斯公国结盟——雅各布·范·阿特维尔德——爱德华三世夺取法兰西王位——战争爆发——布列塔尼的继承人之争——布列塔尼战役——雅各布·范·阿特维尔德被谋杀——1346年的克雷西战役——围攻加来——多菲内归入法兰西王国——1350年约翰二世加冕——法兰西王国与英格兰王国重燃战火——1356年普瓦捷战役——法兰西民众的不满——1355年国家议会——国家议会的财政困境——1356年10月国家议会——《1357年3月3日法令》——法兰西王国的无政府状态——执法官被谋杀——保王派的反抗——扎克雷起义——围攻巴黎——艾蒂安·马塞尔被谋杀——1359年英格兰入侵——《布雷蒂尼条约》——勃艮第公国——查理五世的政府——王太子查理在法兰西王国实行专制统治——布雷蒂尼战役——卡斯蒂尔战役——英格兰战役重新爆发——英格兰王国的灾难——查理五世的晚年

腓力六世即位直接导致了法兰西王权与纳瓦拉主权的分离。从腓力四世的联姻起，法兰西国王就一直拥有纳瓦拉的主权。然而，现在，纳瓦拉交由路易十世女儿纳瓦拉女王胡安娜二世及其丈夫纳瓦拉国王腓力三世掌管。作为回报，纳瓦拉女王胡安娜二世要么放弃法兰西王位，要么放弃香槟和布里。通过协定，腓力六世先确保自己的王位不会受到任何威胁，然后宣布女性在法兰西王国不拥有继承权。英格兰国王爱德华三世曾在未继承王位前主张女性有继承权。1327年，爱德华二世被迫将王位交给儿子爱德华三世。然而，长期处于母亲法兰西的伊莎贝拉及其情夫罗杰·莫蒂默的掌控之下，爱德华三世手中并无实权。1329年，爱德华三世来到亚眠，结识并向腓力六世表达敬意，获得阿基坦所有权。

腓力六世对其地位非常自信，屡屡挑衅国内外敌人。这种冒进行为导致英法两国摩擦不断，最终引发了持续近百年的，对双方发展影响巨大的战争。贵族中，对腓力六世帮助最大的是阿图瓦伯爵罗伯特三世。罗伯特三世是阿图瓦伯爵罗伯特二世的孙子，其祖父罗伯特二世死于1302年的金马刺战役。尽管向来男性享有继承权，但作为罗伯特二世孙子的罗伯特三世被排除在继承人之外，取而代之的是姑妈①阿图瓦的马蒂尔达。阿图瓦的马蒂尔达的女儿琼是腓力五世的妻子。阿图瓦伯爵罗伯特三世几番努力无非想证明自己对阿图瓦拥有主权，但均以失败告终。腓力六世即位后，为夺回被非法剥夺的遗产，他立即提起诉讼。为捍卫自己的权力，阿图瓦的马蒂尔达和琼来到巴黎，但不久后相继死去，不排除是被谋杀的。琼和腓力五世的女儿勃艮第伯爵夫人玛格丽特一世得知此事，指控阿图瓦伯爵罗伯特三世不仅下毒致阿图瓦的马蒂尔达和

腓力六世

---

① 阿图瓦伯爵罗伯特三世父亲阿图瓦的菲利普是阿图瓦的马蒂尔达的弟弟，所以阿图瓦的马蒂尔达是阿图瓦伯爵罗伯特三世的姑妈。——译者注

阿图瓦伯爵罗伯特三世用巫术欲置腓力六世于死地

琼死亡，还伪造文件自证清白和使用巫术欺骗国王腓力六世。阿图瓦伯爵罗伯特三世的同伙不堪忍受刑罚之苦而坦露了真相，阿图瓦伯爵罗伯特三世认为自己已经失去王室支持，便逃离宫廷。显然，阿图瓦伯爵罗伯特三世败诉无疑，他被放逐。在英格兰，阿图瓦伯爵罗伯特三世找到了庇护。复仇的欲望促使阿图瓦伯爵罗伯特三世力劝爱德华三世去争夺法兰西王位，因为爱德华三世的母亲法兰西的伊莎贝拉是腓力四世的后代。

如果不是这一系列事件使阿图瓦伯爵罗伯特三世与法兰西国王腓力六世成为敌对关系，爱德华三世可能也不会太关注如此带有利益性质的建议。出于正义的回击，腓力六世可能想要模仿其伯父腓力四世在加斯科涅的做法，将加斯科涅直接纳入治下。与吞并加斯科涅相比，更严峻的是，腓力六世对苏格兰王国采取了行动。1328年的《爱丁堡-北安普敦条约》承认苏格兰王国独立，并且规定恢复战争中支持英格兰王国的贵族土地。1329年，苏格兰国王罗伯特一世驾崩,并没有履行《爱丁堡-北安普敦条约》中关于恢复贵族土地的规定。罗伯特一世的儿子大卫二世统治期间,贵族不可能放弃自己的财产,决定用武力夺回。杜普林沼地战役胜利后,贵族拥护爱德华·巴利奥尔登上苏格兰王位,成为爱德华一世。英格兰国王爱德华三世本无意远征,但既然改革已完成,他愿意借由远征谋取利益,并且接受爱德华一世的敬意。然而,在杜普林沼地战役失败后,大卫二世的党羽再次集聚起来,迫使爱德华一世交出苏格兰王权。

贵族拥护爱德华·巴利奥尔登上苏格兰王位

哈利顿山战役

爱德华三世立刻率兵前往苏格兰,赢得1333年哈利顿山战役的胜利,并且占领了贝里克,恢复了爱德华一世的苏格兰王位。后果必然是重燃苏格兰战争,寻求苏格兰独立的党派向法兰西王国求援。法兰西国王腓力六世立即向如此有用的盟友施以援手,以防将来与英格兰王国对峙时出现意外。法兰西军队驻扎苏格兰;苏格兰国王爱德华一世被送往法兰西以确保人身安全。自此便开启了法兰西王国与苏格兰王国长久的结盟期,这后来成为英格兰统治者不满与难堪的根源。

在苏格兰大地上,英法两军冲突不断,双方正面战争一触即发。佛兰德斯事件是最后的导火索。14世纪,在西欧,佛兰德斯贸易和手工制造业发达。那时，根特像曼彻斯特，布鲁日像利物浦一样繁荣。据说，在布鲁日，有多达十七个王国的商人定居，而外地人则来自世界各地。布鲁日是中世纪的商业中心，北方、南方和东方的商品在此流通。然而，就佛兰德斯与英格兰的关系而言，连接它们的是羊毛制造业。英格兰生产的羊毛又长又好；佛兰德斯的根特和伊普尔可以将羊毛制造成毛绒或衣料。另外，佛兰德斯公国与法兰西王国之间纯粹是政治关系。佛兰德斯伯爵难以管理臣民，只好向法兰西国王称臣。只有在法兰西国王的援助下，佛兰德斯政权才能稳定。不过，对佛兰德斯的物质利益而言，法兰西王国则丝毫没有兴趣。与欧洲其他国家相比，法兰西王国几乎没有受到当时商业气息的影响。当作为骑士精神现实写照的爱德华三世和黑太子爱德华出现在让·弗鲁瓦萨尔的史篇中时，法兰西王国正全力发展本国工

黑太子爱德华

业，而瓦卢瓦国王实行的是一套完全不同的政策。瓦卢瓦国王用过度的不公正手段来压制工业发展，不给外商提供任何政策保护，交通运输的不安全性和巨额进口税使外国商品难以进入法兰西王国。英格兰国王的财富日渐增加，赢得了国内大部分人的支持，并且有能力配备一支高薪、装备精良的雇佣兵来对外作战。然而，在勒索和榨干臣民的钱财后，法兰西国王强迫他们上战场。臣民遭到佛兰德斯军队的残酷杀戮。佛兰德斯士兵虽然数量上不占优势，但参战前接受过训练，并且大多家中了无牵挂，身无一物，可以毫无顾忌地专心厮杀。腓力六世统治初期，便参与了佛兰德斯战争。以布鲁日和伊普尔为首的西佛兰德斯公民奋起反抗佛兰德斯伯爵路易一世。佛兰德斯伯爵路易一世不得不向法兰西国王腓力六世求救。腓力六世派遣了一支军队协助佛兰德斯伯爵路易一世。1328年，在卡塞勒战役中，腓力六世一举歼灭了那些因根特失陷而

卡塞勒战役

力量被削弱的佛兰德斯人。尽管取得过金马刺战役的胜利，但佛兰德斯人这次被法兰西军队彻底打败了。佛兰德斯人的领袖被残忍地杀害了，城镇宪章被没收，防御工事也被夷为平地。佛兰德斯伯爵路易一世的权力得以恢复，但仍是法兰西国王的封臣。1336年，在腓力六世的命令下，佛兰德斯伯爵路易一世监禁所有在佛兰德斯的英格兰人。爱德华三世迅速采取禁止羊毛出口和进口国外布料的措施予以回击。佛兰德斯的工匠被吸引至英格兰定居。这为诺福克郡羊毛手工制造业的繁荣打下基础。

佛兰德斯伯爵路易一世

这些作为百年战争真实起源的事件展现了腓力六世的愚蠢和鲁莽。迄今为止，腓力六世与爱德华三世就阿基坦和苏格兰王国的争斗已经演变成一场私人间的争斗。英格兰人虽然不愿意丢掉与波尔多之间的贸易，但绝不会赞成爱德华三世对他们施行大陆统治或者对苏格兰王国拥有宗主权。然而，令英格兰人与佛兰德斯人之间的贸易遭受打击的是在英格兰王国最敏感的利益问题上予以致命一击。自此，英格兰王国与法兰西王国之间的争斗成为一个国家及皇室间的争斗。爱德华三世能够依仗臣民的一致支持；腓力六世却需要独自面对佛兰德斯行动造成的严峻后果。与19世纪初拿破仑战争期间相比，英格兰王国在14世纪与欧洲大陆之间存在更加严重的贸易争端。对英格兰而言，佛兰德斯市场不可或缺；对佛兰德斯人来说，英格兰羊毛亦不可或缺。在腓力六世的逼迫下，爱德华三世采取报复行动，破坏佛兰德斯重要的羊毛纺织行业。

一次比1328年更可怕的起义尚在计划之中。一贯冷漠的根特人即将发挥重要作用，并且出现了新的领袖雅各布·范·阿特维尔德。雄辩与果断一度让雅各布·范·阿特维尔德领导能力非凡，这种领导能力给这次起义注入了前所未有的一致与团结。雅各布·范·阿特维尔德认为起义目标就是要让佛兰德斯人的织布机恢复羊毛供应，出于此目的，便要与英格兰建立友好关系。雅各布·范·阿特维尔德召集了根特等主要城市的男性，告诉他们如果没有英格兰国王，他们将很难生存下去。因为所有的佛兰德斯人以制作布料为生。没有羊毛，佛兰德斯人就不能制作布料。因此，雅各布·范·阿特维尔德敦促人们维持与英格兰的友好关系。同时雅各布·范·阿特维尔德急于避免不必要地违反封建法令，所以他建议爱德华三世去夺取法兰西王位，并且指出，佛兰德斯人帮助英格兰王国攻打法兰西王国不合法，而应该为消灭法兰西王位篡位者贡献一份力量。

爱德华三世认为这场战争不可避免。如果非要有一个理由，那就是雅各布·范·阿特维尔德的观点——如果英格兰王国向法兰西王国宣战，爱德华三世会拥有更强有力的支持者，最后也将拥有更大的胜算。1377年，爱德华三世在议会上发表声明,并且开始着手建立大陆同盟。因不满腓力六世听从教皇本笃十二世,神圣罗马帝国皇帝路易四世愿意支持英格兰国王。1338年9月,在科布伦茨,路易四世与爱德华三世会晤,正式以莱茵河左岸各公国代理人的身份向爱德华三世赞助资金。布拉班特公爵等被说服或受贿赂承诺资助英格兰军队。爱德华三世的优势地位似乎牢不可破,可以两边夹击法兰西王国:一边是西北部的佛兰德斯和阿图瓦,另一边是西南部的吉耶纳和加斯科涅。

不过,英格兰人的成功也绝非预料中那般轻易获取。1339年,爱德华三世第一次远征皮卡第就是一次彻头彻尾的失败。路易四世因犹豫不决未能予以有效援救;佛兰德斯人对羊毛恢复供应感到满意;腓力六世的惰性使英格兰军队并未遭受严重损失。1340年,形势有所转变。在斯勒伊斯,一支法兰西

神圣罗马帝国皇帝路易四世

斯勒伊斯战役

和热那亚舰队集结准备登陆事宜。热那亚指挥官拒绝在不利于指挥的位置战斗,使法兰西军舰在第一次重要的反击中大败;英格兰军队获得整个战役中唯一一次大捷。在雅各布·范·阿特维尔德的影响下,尽管佛兰德斯人给予了英格兰更加积极的帮助,但爱德华三世在圣奥梅尔和图尔奈节节溃败。1340年9月,爱德华三世与腓力六世休战六个月。这场战役的唯一获利者是佛兰德斯人。他们不仅废除了他们伯爵的权威,还组织成立了独立的公社联合会。

就目前形势来看,战争可能在1340年结束。盟友要么弃爱德华三世而去,要么公开摆出冷淡的态度。爱德华三世为此投资巨大,但并未取得任何实质性成果;臣民为此感到十分不满。恰在此时,爱德华三世又与首席大臣——有英格兰议会为后台的大主教约翰·德·斯特拉特福发生了激烈争斗。借由布列塔尼继承人之争,战争余火再次燃烧成熊熊烈火。1341年,布列塔尼公爵约翰三世驾崩，未留下男性后代。布列塔尼公爵约翰三世的两个兄弟：弟弟彭斯耶夫伯爵盖伊去世，留下了一个女儿布列塔尼公爵夫人琼，嫁给了腓力六世的外甥①布卢瓦伯爵夏尔·德·布卢瓦；弟弟让·德·蒙福尔，是布列塔尼空缺公爵之位的合适人选。布卢瓦伯爵夏尔·德·布卢瓦代表妻子布列塔尼公爵夫人琼向巴黎议会上诉。议会决定支持布列塔尼公爵夫人琼。由于凯尔特人支持让·德·蒙福尔，拒绝接受布卢瓦伯爵夏尔·德·布卢瓦，法兰西和布列塔尼的凯尔特人发生了内战。腓力六世决定支持外甥布卢瓦伯爵夏尔·德·布卢瓦的事业及议会决定。让·德·蒙福尔则为了布列塔尼，向爱德华三世表达顺从之意并承认其权威。因此，布列塔尼的情况如同阿图瓦，两位国王致力于与他们自己的主张背道而驰的继承原则：因《萨利克法》而继承王位的法兰西国王腓力六世如今变成女性继承人的捍卫者；而凭借着自己的母亲法兰西的伊莎贝拉宣称自己是英格兰国王的爱德华三世则在争夺男性继承者的专有权。

布列塔尼战役为爱德华三世提供了征服法兰西王国最合理的借口，但爱德华三世的干涉与其说是决心一战，倒不如说是拖延时间。在法兰西王位继承人诺曼底公爵约翰的帮助下，布卢瓦伯爵夏尔·德·布卢瓦一开始就获得了重大成功。南特被攻占，作为囚犯，让·德·蒙福尔被押往巴黎。然而，英勇的让·德·蒙福尔夫人——佛兰德斯伯爵路易一世的姐姐佛兰德斯的乔安娜用男子汉气概与勇气支持丈夫的事业。在英格兰王国的救扶下，佛兰德斯的乔安娜恢复了布列塔尼的力量平衡。爱德华三世依旧认为自己拥有绝对优势。1343年，教皇的成功调解促成了三年之久的"慷慨"休战。然而，休战并未期满，让·德·蒙福尔就越狱了。腓力六世处罚了布列塔尼和诺曼底一些疑似谋反的贵族，从而使战争持续到1345年。爱德华三世决定从三个方向——吉耶纳、布列塔尼和佛兰德斯攻打法兰西王国。吉耶纳方向，兰开斯特公爵亨利在欧贝罗什一带获得了巨大胜利，并且攻占了几处之前由法兰西王国掌控的要塞。

---

① 布卢瓦伯爵夏尔·德·布卢瓦的母亲是腓力六世的妹妹瓦卢瓦的玛格丽特。——译者注

围困南特期间,南特居民向让·德·蒙福尔与佛兰德斯的乔安娜致敬

1345年，在布列塔尼，让·德·蒙福尔驾崩，传位给自己的儿子布列塔尼公爵约翰，防止了形势的进一步恶化。与此同时，爱德华三世准备与东北部的佛兰德斯人合作，但受到巨大阻碍。雅各布·范·阿特维尔德认为很难调解敌对城市间的矛盾，以及调解根特的漂洗工和织工之间的分歧。与英格兰结盟中，雅各布·范·阿特维尔德的行为超出了大多数佛兰德斯人的期望。佛兰德斯人本想给雅各布·范·阿特维尔德施加压力，但雅各布·范·阿特维尔德谋划趁机下台，并且直接将佛兰德斯转让给黑太子爱德华，引发了佛兰德斯人对这位曾受欢迎的领袖大加指责。愤怒的佛兰德斯人揭竿而起，最终将雅各布·范·阿特维尔德杀死。此时，爱德华三世担心自己可能会失去佛兰德斯的

愤怒的佛兰德斯人杀死了雅各布·范·阿特维尔德

埃诺伯爵威廉二世之死

控制权,而雅各布·范·阿特维尔德的谋划在某种程度上消除了爱德华三世的担忧。佛兰德斯人并不打算无条件归顺爱德华三世,也不准备在与英格兰王国结盟的条件上增加筹码。佛兰德斯人急于向爱德华三世辩解自己的行为,急于确保爱德华三世继续扶持佛兰德斯。不过,爱德华三世已经收到另一个坏消息——内兄埃诺伯爵威廉二世[①]去世。这个消息阻挡了爱德华三世1345年远征。因为没有留下子嗣,威廉二世的领土由路易四世接管并分封给了自己的儿子。路易四世抛弃了英格兰联盟,并在威廉二世的封地上建立了维特尔斯巴赫王朝,打破了爱德华三世在法兰西王国边界上缔结的同盟。

这些事情非但没有使爱德华三世放松警惕,反倒促使他修改了原计划。

---

① 爱德华三世妻子埃诺的菲莉帕是埃诺伯爵威廉二世的妹妹,所以埃诺伯爵威廉二世是爱德华三世的内兄。——译者注

1346年，军队争夺的焦点转向了法兰西王国的西南部。在腓力六世大儿子诺曼底公爵约翰的带领下，一支强大的法兰西军队进入吉耶纳，重新控制了失地，并在艾吉永包围了英格兰军队。1346年7月2日，在南安普敦，爱德华三世集结军队，计划在波尔多港登陆，奔赴艾吉永解救被俘的英格兰军队。然而，军队在途中遭遇暴风雪，爱德华三世的法兰西同盟建议他前往诺曼底海岸登陆。英格兰军队的突然来袭让诺曼底的法兰西军队毫无招架之力。沿着塞纳河谷，英格兰军队一直行进至普瓦西。普瓦西离巴黎很近，站在巴黎城墙上可以看到普瓦西房屋燃烧的熊熊火焰。为保卫巴黎，腓力六世竭尽全力筹集了一支军队。波希米亚国王约翰一世和神圣罗马帝国皇帝查理四世对腓力六世施以援手。然而，爱德华三世放弃攻打巴黎，不愿意迎战一支比自己强大的军队。为了与佛兰德斯人会合，爱德华三世佯攻误导了腓力六世后，穿过普瓦西的塞纳

神圣罗马帝国皇帝查理四世

河,全速进军皮卡第。腓力六世带领大量兵力紧追爱德华三世,破坏索姆河桥,将英格兰军队困在陷阱里。

一个被捕的农民带领爱德华三世进入布朗什塔克一个完全无布防的浅滩。当英格兰军队中的最后一个士兵撤离完毕后,法兰西军队才赶到。爱德华三世没有背水一战,而是渡河后选择了自己的阵地。面对大量敌军的穷追不舍,爱德华三世继续带领筋疲力尽的部队撤离至距离阿布维尔很近的克雷西,试图冒险与法兰西军队进行一次激战来结束这场灾难。结果就是全世界认识到了克雷西战役的战争艺术,这种战争艺术曾经在斯特灵桥战役、班诺克本战役、金马刺战役中不完整地体现过。克雷西战役是一场步兵对抗骑兵的战斗,是弓弩等射击武器对抗重盔甲和长矛,是训练有素的专业士兵对抗雇佣兵外加无序的传统军队组合。因腓力六世完全缺乏指挥才能,战败不可避免。愤怒的腓力六世下令对长途跋涉、疲惫不堪的英格兰军队开战。然而,热那亚雇佣

克雷西战役

兵的弩被雨淋湿，螺栓脱落，被英格兰军队长弓打得乱作一团。法兰西军队尽管有大量英勇的士兵，但因无组织、无纪律，即使最英勇的士兵也只能接受失败的命运。腓力六世绝望地逃亡；波希米亚国王约翰一世、佛兰德斯伯爵路易一世和阿朗松伯爵查尔斯二世及许多年轻的王公贵族，均战死沙场。爱德华三世没有打算追击法兰西军队。对爱德华三世而言，最大的困难是如何在被两支庞大军队征战过和掠夺过的土地上养活自己的士兵。焚烧尸体和三天休整之后，爱德华三世继续领军向北进发，围攻加来。

波希米亚国王约翰一世战死沙场

内维尔十字战役

在法兰西西部和南部，爱德华三世都取得了决定性的胜利。因诺曼底公爵约翰撤退，吉耶纳落入英格兰军队之手。兰开斯特公爵亨利收复年初失地，进军普瓦图，洗劫了普瓦捷。在布列塔尼，法兰西军队遭遇了同样的灾难。布卢瓦伯爵夏尔·德·布卢瓦被捕，沦为英格兰军队的阶下囚。尽管布卢瓦伯爵夏尔·德·布卢瓦的妻子布列塔尼公爵夫人琼顽抗到底，但当时让·德·蒙福尔的派系已占据绝对优势。为了扭转这一系列的失败，苏格兰国王大卫二世试图脱离英格兰王国的掌控。1346年秋，大卫二世率兵攻打英格兰王国，但以失败告终并在内维尔十字战役中被捕。

爱德华三世封锁加来后，让·德·维埃纳顽强抵抗了近一年。佛兰德斯伯爵路易一世在克雷西驾崩，似乎让佛兰德斯人与法兰西人的和解成为可能。一旦和解成功,围攻加来的计划很可能会以失败告终。年轻的佛兰德斯伯爵路易二世没有做任何引起臣民敌意的事,即位时受到臣民热情的欢迎。在与爱德华三世签订协议时,佛兰德斯人认为他们的新任统治者路易二世应该迎娶一位英格兰公主,但遭到路易二世的拒绝。当大臣设法逼迫他时,路易二世从昔日的狱卒手中逃跑,返回到法兰西宫廷。路易二世逃跑后,佛兰德斯人不得不与英格兰王国结盟,对腓力六世提供的大量贿款无动于衷。腓力六世只好选择集结军队,武力围攻加来。然而,当靠近佛兰德斯时,腓力六世才发现英格兰军队的防守牢不可破,便没有冒险进攻就撤离了。如此一来,被从外部剥夺了营救希望的防御者被迫接受爱德华三世的条款,拱手交出城池和六名加来义民以求爱德华三世的仁慈宽恕。在王后埃诺的菲莉帕的恳求下,六名加来义民才得以幸免。英格兰移居者四处驱逐加来市民,抢占房屋。随着爱德华三世的愤怒逐渐地在长期抵抗中消失殆尽,一部分加来原居住者可以返回。不过,在加来附属英格兰王国长达两个多世纪的时间里,加来人口数量远远超过了英格兰。

王后埃诺的菲莉帕为加来义民求情

加来失守是腓力六世统治时期经历的最后一次军事失败。英法两军皆因军备竞赛而筋疲力尽。1348年和1349年，西欧爆发了可怕的黑死病，将人们的注意力从国际斗争中拉回。最初休战十个月的停战协议，经双方同意，延长了数年。腓力六世以和平结束了自己的统治。1350年8月22日驾崩之前，腓力六世为法兰西王国增添了一个重要的省。这样一来，为与英格兰军队作战中法兰西军队的损失赢回一些补偿。古老的阿尔勒王国最大的地区是多菲内；作为帝国的封地，维也纳王太子掌管多菲内。一位年轻的王太子——安贝尔二世支持路易四世全力反抗法兰西王国和阿维尼翁教皇。不过，像很多皇帝同盟一样，由于路易四世的软弱、自私，安贝尔二世逐渐疏远了他。资金问题迫使安贝尔二世改变策略，向法兰西国王腓力六世靠拢。1343年，安贝尔二世与腓力六世签订协议。由于安贝尔二世没有合法继承人，多菲内就落到腓力六世的小儿子奥尔良公爵腓力二世手里。1344年，安贝尔二世与腓力六世修改之前签订的协议，来确保遗产能够分予法兰西王位继承人王太子查理。1349年，安贝尔二世被支付一大笔资金，从而在多菲内的终身权益被剥夺；多菲内移交给瓦卢瓦王朝，成为即任法兰西国王王太子查理长子查理六世的常规封地；同时，法兰西王国从佛兰德斯获得了其他利益。1348年，路易二世收复失地。通过挑起内乱，路易二世不仅逃避了讨厌的英格兰联姻，还在动乱的佛兰德斯恢复了一些权力。只要路易二世的权力能够维持下去，法兰西王国便可避免佛兰德斯与英格兰王国结盟的风险。

约翰二世，史书上经常把他称为"好人约翰"。约翰二世不是一个比他父亲腓力六世更优秀的统治者，相反更糟糕。约翰二世积极处理军事、国内事务，但缺乏经验。在约翰二世看来，战争除了是一场大规模的竞赛，什么都不是。约翰二世对有序财政毫无概念；至于子民的福利，他既不感兴趣，也没有想法。约翰二世是一个胆大妄为的挥霍者，满脑子都是骑士风度的理想事物，行事冲动，反复无常。约翰二世的加冕标志着新的统治者登上了历史舞台。黑死病击垮了底层人民，但没有击垮那些较高阶层。1349年同一年内，约翰二世失去了母亲勃艮第的琼；失去了第一任妻子查理四世的姐姐卢森堡的邦纳；失去了舅舅①勃艮第公爵奥多四世——勃艮第公爵奥多四世曾为勃艮第领地增添弗朗什-孔泰，现在这些都留给了襁褓中的孙子鲁夫勒的菲利普；失去了表姐②纳瓦拉女王胡安娜二世——纳瓦拉女王胡安娜二世在法兰西的领地和财产传承给了儿子——历史上众所周知的恶棍卡洛斯，即纳瓦拉国王卡洛斯二世。卡洛斯二世注定要在纳瓦拉女王胡安娜二世最不幸的时刻成为法兰西的邪恶天才。在英格兰王国也有类似的杰出人物——黑太子爱德华。爱德华三世尽管还活着，但已经不能领导与法兰西的战争了。爱德华三世的儿子黑太子爱德华取代了他的位置。

1351年，英法停战期满，再次开始的战争仅是局部的、不重要的。1352年，新任教皇因诺森特六世成功地促成了英法两国的和平协商。然而，正如之

纳瓦拉国王卡洛斯二世

教皇因诺森特六世

① 约翰二世母亲勃艮第的琼的弟弟是勃艮第公爵奥多四世，因此勃艮第公爵奥多四世是约翰二世的舅舅。——译者注
② 约翰二世母亲勃艮第的琼是纳瓦拉女王胡安娜二世母亲勃艮第的玛格丽特的妹妹，因此纳瓦拉女王胡安娜二世是约翰二世的表姐。——译者注

在众人的请求下,约翰二世赦免了刺杀西班牙的查尔斯的卡洛斯二世

前那样,法兰西王国的内部骚乱将英法战争再次点燃。卡洛斯二世继承了埃夫勒及母亲纳瓦拉女王胡安娜二世在诺曼底的财产和法兰西岛。1352年,卡洛斯二世同意与法兰西国王约翰二世之女瓦卢瓦的琼结婚,但他的野心仍未得到满足。约翰二世没有精力再来安抚女婿卡洛斯二世——一位在有利的条件下能够掌管香槟、布里,甚至有可能竞争王位的候选人。1354年,约翰二世最好的朋友西班牙的查尔斯遭到卡洛斯二世的使者暗杀。约翰二世被劝说后,赦免了女婿卡洛斯二世。然而,赦免只是表面文章;在现实的逼迫下,卡洛斯二世

不得不与英格兰国王爱德华三世结盟。1355年,在强大盟友卡洛斯二世的帮助下,爱德华三世禁不住攻打法兰西王国的诱惑,准备从加来入侵诺曼底。这次危机迫使约翰二世再次与他桀骜不驯的女婿卡洛斯二世讲和。因此,爱德华三世失去了卡洛斯二世曾经承诺的援助。爱德华三世登陆加来,破坏邻近地区,然后从加来撤退以抵挡苏格兰的入侵。此次,黑太子爱德华的进军非常成功,部队穿过波尔多直捣郎格多克,如同1346年爱德华三世进军诺曼底一样。法兰西国王约翰二世一如既往的鲁莽。1356年,在鲁昂,约翰二世宴请卡洛斯二世,借机将卡洛斯二世的主要党羽一网打尽。沦为阶下囚的卡洛斯二世被带到巴黎,这一切令他惊恐万分。这次鸿门宴引起了很大不满。卡洛斯二世的弟弟隆格维尔伯爵菲利普,立即向英格兰王国寻求支持,并召集了军队。黑太子爱德

纳瓦拉国王卡洛斯二世在鲁昂被逮捕

华立即回应,计划穿过法兰西王国肥沃的地区,渡过卢瓦尔河向北进军,穿过曼恩与诺曼底起义军会合。然而,黑太子爱德华的兵力无法进行如此大规模的远征。法兰西国王约翰二世仓促集结了一支部队,封锁了卢瓦尔河。面对处于优势地位的法兰西军队,黑太子爱德华不得不撤军。

法兰西国王约翰二世火速追赶,最后赶在英格兰军队之前到达普瓦捷。一场大战不可避免。虽然胜算几乎为零,黑太子爱德华还是愿意接受这个荣耀的时刻来决一死战;约翰二世也拒绝让英格兰军队逃走。然而,法兰西国王约翰二世的愚蠢使法兰西军队丧失了兵力上的优势。约翰二世派遣重甲骑兵攻击山丘上的英格兰军队,还下令骑兵在平原上下马作战。队伍不得不在英格兰军队弓箭手的剑雨下穿过一个窄巷,被英格兰军队迅速打败。英格兰军队骑兵乘胜追击那些既不能坚守阵地又不能逃走的下马士兵。英勇奋战到最后的法兰

普瓦捷战役

西国王约翰二世和儿子勃艮第公爵菲利普均沦为阶下囚。"法兰西贵族之花"要么被囚禁,要么战死沙场。就像在克雷西战役中那样,英格兰军队没有企图从他们的胜利中获利。黑太子爱德华满意地将俘虏带回波尔多,随后把被捕的法兰西国王约翰二世送往伦敦。

普瓦捷惨败及国王约翰二世被俘,标志着法兰西王国一系列灾难达到顶点。法兰西民众开始声讨约翰二世及其大臣的管理不当。任何国家都不可能像法兰西王国这样,陷入如此严重、危险的境况中。当然,在1356年普瓦捷战役

约翰二世和儿子勃艮第公爵菲利普被俘

之前，这种境况就有端倪了。1350年到1355年，为筹集军队供应品，地方上各阶层频繁举行集会。民众怨声载道，对改革措施很不满；集会不得不采取投票方式进行表决。1355年11月，国王约翰二世认为有必要召集朗格多克国家议会来商讨如何抗击国家仇敌。

1355年11月30日，"三大阶层代表"在巴黎开会。在正式回复大臣的公开演讲中，平民阶层代表是巴黎商人艾蒂安·马塞尔——法兰西王国接下来四年中重要的人物。三级会议审阅了递交的文件后，起草了一份《1355年12月28日大法令》，规定国王可征收盐税，以及所有商品售价每英镑征收八但尼尔[①]税。《1355年12月28日大法令》还规定：神职人员、贵族、非贵族，甚至王室成员，所有阶层都要纳税；税费征收将根据不同阶层选出代表进行监督；税费支出将由一个九人组成的委员会管理，每个阶层三人；严禁任意改变税费标准。1355年，国家议会还确定了后续两次议会的召开时间：一次是1356年3月，另一次是1356年11月。

显然，无论是有意还是无意，法兰西国家议会都是在效仿英格兰议会，利用国王的财政困难对王权设置宪法上的障碍。不幸的是，不同阶层的财政手段，绝不等同于法兰西国家议会的目标，或者各阶层为实现目标所付出的努力那般重要。在法兰西王国各个时期，盐税都是最不受欢迎的税种，因为它打破了现代经济学家一致接受的课税原则。税收试行引起了很大不满，并在一些省引发严重动乱。1356年3月，国家议会召开时，议员立即屈从于公众意见，废除了备受谴责的盐税，取而代之的是百分比随着收入减少而增加的超额所得税。在国家议会采取措施控制税务征收和费用后，各阶层代表休会至1356年5月6日。后来，国家议会筹集到的钱款已不足以支付会议活动经费，于是不得不决定重新征收不受欢迎的盐税和销售税，并且下令征收1356年7月和8月的额外收入税。

---

① 一种中世纪的法兰西钱币。——译者注

普瓦捷战役之后，局势比之前更加无望。法兰西国王约翰二世被囚禁之后，长子王太子查理代理朝政。然而，当时王太子查理并没有展露出任何睿智或能力，后来才声名鹊起。王太子查理的第一个行动是在1356年10月17日召开国家议会。这次国家议会规模宏大，平民阶层代表众多，贵族参会数量很少。在普瓦捷战役中，大部分贵族战死，幸存下来的贵族受到怀疑。因此，对修宪非常重要的阶层平衡被打破了。在议会中，由艾蒂安·马塞尔领导的平民阶层成为主流。通过盟友拉昂主教罗贝尔·勒·科克，艾蒂安·马塞尔得到了很多神职人员的支持。与早前在国家议会中提出的要求相比，平民阶层的要求更加强势，他们不再满足于政府监督，而是决定自己掌握政府权力。王室大臣被免职。三十六位代表——每个阶层十二位代表——被任命管理国家事务。此外，

王太子查理

艾蒂安·马塞尔

直言不讳的抱怨使国家议会未能通过之前制订的改革提案，尤其是有关货币制度和释放卡洛斯二世的要求。王太子查理并没有打算向议会上交自己的权力，他提出休会，并且竭力从各省筹集资金，甚至冒险铸造大批量的货币。这种造成货币贬值的顽固改革方式激怒了改革派，遭到了艾蒂安·马塞尔的抗议，从而引发了巴黎起义。

王太子查理[①]前往梅斯请求神圣罗马帝国皇帝查理四世进行调停，返回时发现首都巴黎已发生起义。1357年2月5日，王太子查理被迫召开新一轮国家议会，并且接受了议会起草的《1357年3月3日法令》。法令中，先前国家议会提出的政策得到落实，并且规定王室权力从属国家议会。三十六人委员会确定、任命、监督政府的每一个部门。国家议会决定筹建一支三千人的精英部队，并且提供人员招募和资金援助。部队筹建并非由王室大臣来实行，而是由国家议会任命专人来实行。法令条款中，平民阶层的优势明显，贵族阶层则受到压制。王室被禁止进行任何形式的私人斗争。如果王室成员无视禁令，当地官员或其他人可以逮捕王室成员，并用罚款或关押的方式迫使其终止行为。法令不但禁止了王室的赋税征收权，而且允许百姓在铃声响起时集合起来用武力反抗征税者。

即将从波尔多到达伦敦的法兰西国王约翰二世，向巴黎人发布命令废除重创王权的《1357年3月3日法令》。然而，巴黎人不打算服从一个遥远且被监禁的国王。王太子查理被迫颁布《1357年3月3日法令》，法兰西王国政府改革完成。三十六人委员解散王室委员会，清除敌对大众派的所有地方行政官员。然而，统治阶层的变动不可能为法兰西王国带来任何繁荣；改革后的政府也并没有比它取代的政府更加成功。各省并不准备听从巴黎的指示，各省的不满为王太子查理复权提供了有利时机。资产阶级领导下的贵族越来越愤慨。仍然沉浸在胜利喜悦中的英格兰人对两年的休战感到满意；但被剥夺了合法职业的

---

① 查理的名字是由父亲诺曼底公爵约翰和维也纳王太子所起。尽管同时代的人更熟知查理的更高头衔，但称呼查理五世为王太子查理则更加普遍。——译者注

雇佣兵四处游荡，抢劫或向百姓征收保护费。艾蒂安·马塞尔和盟友意识到雇佣兵的立场是不坚定的；王太子查理可能随时会成为敌人。1357年11月，通过释放卡洛斯二世，艾蒂安·马塞尔和盟友确保得到有力的联盟。由此，法兰西王国内战一触即发。王太子查理被迫承诺恢复表哥[①]卡洛斯二世的财产，但王太子查理的副官并没有放弃位高权重的职位。掌握兵权的卡洛斯二世是资产阶级的盟友，但他并不真正赞同改革事业，只是为了自己获利浑水摸鱼而已。统治王朝的灾难，似乎给卡洛斯二世一个获得王权的合理机会。向民众演讲时，卡洛斯二世谨慎地指出自己比爱德华三世更有资格登上法兰西王位。

　　随着改革运动声势越来越弱，越来越受到质疑，暴力革命的方式应运而生。艾蒂安·马塞尔的事业也被打上了越来越狭隘、越来越自私的烙印。通过为恢复法兰西秩序献策，艾蒂安·马塞尔开始成为平民阶层的代表。1358年年初，为了维持巴黎平民阶层数量优势和平定暴动，以及维护自己在巴黎的权势，艾蒂安·马塞尔不得不揭竿而起。艾蒂安·马塞尔的拥护者以红蓝帽子作为标志。王太子查理正在集结一支队伍用以对抗卡洛斯二世，并且召集了许多前任大臣。有必要上演一场暴乱来胁迫卡洛斯二世就范。艾蒂安·马塞尔强行闯入卢浮宫，在王太子查理面前，杀害了诺曼底和香槟的执法官。不幸的王太子查理跪地求饶，并且屈服于愤怒的起义者。最终，艾蒂安·马塞尔亲自将一个红蓝帽子戴到王太子查理头上。这次可悲的暴动才似乎结束。王太子查理受到恐吓而屈服，他的不受欢迎的顾问也被罢免。巴黎方面承认了卡洛斯二世，并且正式与王太子查理和解。

　　然而，谋杀执法官的行为与犯罪无异，并不可取。艾蒂安·马塞尔领导的暴动及资产阶级扭转法兰西王国无政府状态的失败，激起了保王派的公开指责与公然反抗。艾蒂安·马塞尔过于自信地准许王太子查理立即担任摄政王，

[①] 王太子查理父亲约翰二世是卡洛斯二世母亲胡安娜二世的表弟，所以卡洛斯二世是王太子查理的表哥。——译者注

艾蒂安·马塞尔强行闯入卢浮宫,在王太子查理面前杀害诺曼底和香槟的执法官

而自己离开巴黎投身于各省的工作。1358年5月,卡洛斯二世在贡比涅而不是巴黎召开国家议会。会议规模并不是很大,但传达了法兰西普遍支持王室的情绪。艾蒂安·马塞尔竭力通过改革城镇联盟维护共同利益来增强自己的力量,但仅有巴黎的邻近城镇参与其中。内战不可避免。昔日艾蒂安·马塞尔修建用来保护巴黎免受英格兰王国袭击的防御工事,如今则用来保护市民免受同胞的攻击。

在这个关键时刻,法兰西王国的丑恶现象突然因一个阶层的壮大而增加。这个阶层既不是国王与贵族,也不是无业的市民。过去十年,法兰西佃农遭受了巨大的苦难。佃农数量因黑死病而骤减,幸存下来的佃农必须承担那些死去佃农的劳动。佃农辛苦赚来的积蓄,被佃主以偿还赎金的方式榨干;佃农维持勉强生活所依靠的土地,也被和平年代和战争时期的雇佣兵毁坏。无论怎样安抚佃农的绝望情绪,都无济于事。佃农决定为其遭受的苦难复仇。起义几乎是无法挽回的灾难事件之一,开始在博韦,很快扩大至香槟、皮卡第和法兰西岛。城堡遭到焚烧;男人、女人甚至是小孩都受尽折磨而死。后来,贵族领兵很快平息了第一次叛乱。装备简陋的佃农无法迎战受过良好训练的精锐部队。镇压叛乱就像起义一样的血腥和具有破坏性。

佃农和资产阶级之间虽然没有共同情感,但他们有共同的敌人——贵族阶层。艾蒂安·马塞尔试图将扎克雷起义作为一个既对自己有利,又可转移注意力的事件。艾蒂安·马塞尔没有给予盟友有效的援助。虚情假意的结盟不仅使艾蒂安·马塞尔受到怀疑,而且也使其无力承担战败的灾难。从胜利的贵族军队来看,摄政王王太子查理有能力组建一支队伍来平息巴黎的混乱。市民虽好战但不善战,有必要集结训练有素的军队来平息市民无纪律、鲁莽行为造成的混乱。卡洛斯二世被任命为巴黎都督,并且配备雇佣兵进行防卫。然而,像以往一样,卡洛斯二世只顾自己,并没有身先士卒地保护巴黎,而是与王太子查理进行谈判,劝诱王太子查理投降。这激起了严重的怀疑,加重了市民与纳瓦拉士兵间的敌视。最后,王太子查理深感进一步抵抗无望,便离开巴黎前往圣丹尼斯。市民愿意达成协议，但王太子查理不愿就执法官的谋杀事件妥协。在这样一个进退两难的境地，艾蒂安·马塞尔不愿再信任他的追随者了。

巴黎形成了一个与艾蒂安·马塞尔为敌的政党，积极支持恢复王室权力。市民不得不在自身安全和长官利益之间做出选择，逐渐退出暴动队伍。艾蒂安·马塞尔抓住这个唯一且明显的逃避机会，向卡洛斯二世交出巴黎，并且拥护卡洛斯二世为法兰西国王。1358年7月31日晚上，就在这个计谋要完成时，艾蒂安·马塞尔被一名追随者杀害。虽然很容易看到并谴责艾蒂安·马塞尔后期

艾蒂安·马塞尔被杀

的政治生涯犯的错误，但作为著名领导人，他曾经使法兰西王国拥有了一个宪法形式的政府。因此，在法兰西王国历史上，艾蒂安·马塞尔将永垂不朽。

艾蒂安·马塞尔去世两天后，王太子查理进入巴黎。保王派严处反对派是恢复王权的信号。随着资产阶级改革的失败，卡洛斯二世获得重新登上王位的机会。1359年，王太子查理收买了卡洛斯二世。此时，法兰西王国仍然处于与英格兰王国作战的状态。休战期间，通过协商，法兰西国王约翰二世被释放。1359年，约翰二世同意割让整个法兰西王国的北部和西部给英格兰王国。然而，通过割让领土来换取父亲约翰二世的自由，王太子查理认为代价过大，于是决定召开国家议会商议割让事宜。如今前任大臣对王太子查理的王权大加违抗。第一次《伦敦条约》遭到一致拒绝，爱德华三世别无选择，只能继续战斗。1359年1月，爱德华三世征集一支大规模的军队入侵法兰西王国。王太子查理吸取足够的教训，已不再像克雷西战役和普瓦捷战役那样被轻而易举地打败。英格兰军队到达兰斯，发现那里防守严密，转而攻击勃艮第。在勃艮第，英格兰军队大败。失败不是出在英格兰军队本身，而是出在粮草供给上。爱德华三世率军攻打巴黎，但王太子查理死守巴黎，英格兰军队不得不向西攻打沙特尔。战争和瘟疫使法兰西王国萧条凋敝；沙特尔很难再为军队提供足够的给养；当时季节潮湿，不利于作战。英格兰军队陷入战争泥潭，爱德华三世不得不进行和谈。

1360年5月8日签署《布雷蒂尼条约》之前，爱德华三世放弃了征服法兰西岛、诺曼底和卢瓦尔河北部的金雀花王朝领地，对占领的加来和阿基坦的埃莉诺留给丈夫英格兰国王亨利二世的吉耶纳、加斯科涅、普瓦图、圣通日及许多较小的领土拥有完全的统治权，对法兰西国王约翰二世毫无敬畏之心。签订《布雷蒂尼条约》之后，法兰西王国放弃征服苏格兰王国和英格兰王国，宣布断绝与佛兰德斯的联盟关系。法兰西国王约翰二世的赎金定为三百万法郎，六年分期偿还。收到第一期付款后，英格兰王国即刻释放约翰二世，但必须用其他人质来保证余款的支付。从衰败的法兰西王国筹集赎金并不是一件容易的事；但加莱亚佐二世·维斯孔蒂恰好愿意支付六十万金弗罗林为儿子吉安·加莱亚佐·维斯孔蒂迎娶法兰西国王约翰二世之女法兰西的伊莎贝拉。法兰西国王约翰二世与米兰暴君加莱亚佐二世·维斯孔蒂的这次交易使自己重回法兰西王国。然而，经历了伦敦相对舒适的关押之后，约翰二世发现处理政事是件不轻松的事。1363年，约翰二世的次子安茹公爵路易一世从加来逃回来。但无论安茹公爵路易一世逃到哪里，他都是英格兰王国确保其父约翰二世赎金交纳的人质。约翰二世乘机放弃了已经厌倦的国王权力，将王位留给了自己的大儿子王太子查理。1364年2月，约翰二世前往英格兰王国，三个月后于伦敦驾崩。在离开之前，约翰二世做了一件法兰西王国历史上非常重要的事。

1364年2月，约翰二世前往英格兰王国，受到爱德华三世的接见

1361年，瘟疫夺走了勃艮第、弗朗什-孔泰及阿图瓦领地统治者勃艮第公爵腓力一世的生命。由于没有子嗣，勃艮第公爵腓力一世将由女性亲属获得继承权的弗朗什-孔泰和阿图瓦两省，传给了佛兰德斯伯爵夫人玛格丽特三世，将勃艮第领地还给了法兰西国王约翰二世。一个精明的国王会直接掌控如此有价值的领地，但鲁莽、慷慨的约翰二世把勃艮第领地传给了自己的四子勃艮第公爵腓力二世。在普瓦捷战役中，腓力二世曾以一己之力英勇抗敌，因此被称为"勇敢者腓力"。腓力二世曾与自己的父亲约翰二世一同被囚禁，他是勃艮第领地瓦卢瓦王朝的奠基人。

　　自普瓦捷战役以来，王太子查理就已是法兰西王国真正的统治者了。八年来，从残酷的经历中，王太子查理吸取了许多教训。这些有益的教训日后带给他很大的帮助。王太子查理身体虚弱；同辈人把他身体虚弱的原因，归咎于与王太子查理交好的卡洛斯二世早年下毒。因身体虚弱，王太子查理不能参加骑士训练，只能提升自己的智力。王太子查理性格懦弱，对骑士比武和战场完全

佛兰德斯伯爵夫人玛格丽特三世

勃艮第公爵腓力二世

贝特朗·杜·盖克兰

约翰·钱多斯

陌生。在黑太子爱德华、贝特朗·杜·盖克兰、约翰·钱多斯及卡普塔尔·德·比什等英雄辈出的时代，王太子查理显得格格不入。然而，王太子查理被认为是路易十一之前最英明的瓦卢瓦王朝统治者，也被认为是近代法兰西王国奠基者之一。王太子查理的主要贡献在于恢复了1355年至1358年被剧烈撼动过的国王专权；专制征税取代了按省征税；武官和文官均由王室选举；甚至地方的评税员和征税员都处于王室的监督和管辖之下。王太子查理统治期间，只召开过一次国家议会，目的是加强国王统治。王太子查理的专制政府是有效率、有条不紊的政府，完全不同于前面的政府。作为一个专制国王，王太子查理拥有扭转乾坤的能力。1355年，国家采取两次财政应急措施；王太子查理重征盐税、商品售价税，并谨慎地保留地方性赋税。王太子查理通过阻止货币贬值来缓和与平民阶层的矛盾，通过严格限制王室赋税征发权来减少百姓的怨声。当得知弟弟安茹公爵路易一世在郎格多克实施暴政而引起民众不满时，王太子查理毫不犹豫地解除了弟弟安茹公爵路易一世的管理权，同时安抚抱怨的百姓。

这样一个开明又新奇的政府在14世纪十分难得,这不仅体现在财政上,还体现在其广开言路上。然而,在行政和军事上的花销巨大,百姓承受比以往更重的负担。税收不仅数额巨大,而且十分随意。百姓受到压迫,感到不平等。为增加盐税的收入,王太子查理要求每家每户至少从王室粮仓中购买固定数量的盐。虽然平等原则贯穿在王太子查理的法令中,但受到频繁授予或销售免税的侵害。平等原则有时在阶层之间实行,有时在一个地区或一个团体间实行。正是这些免税额随着时间流逝翻倍,才使法兰西王国的财政系统在改革时期如此不公正、无秩序、无效率。王太子查理也需为灾难性的赋税创新举措负责,他是第一位通过对跨省运输征税来限制国内贸易的国王。尽管执政期间有种种不足,王太子查理取得的成就还是十分显著。正是这些成就让臣民认可王太子查理,甚至接受他专制的统治。

就像14世纪中期法兰西人做的那样,遭受过外敌入侵、瘟疫、内乱的民族,不会急于限制有能力统治者的权力。一个政府需要做的是维持国内秩序,战胜外敌,恢复民族尊严;对这样一个政府,人民宽容得多。如果英格兰人有理由同意都铎王朝君主的个人统治,那么早在一个世纪前,法兰西人就更有理由支持一位沉迷专制的国王。王太子查理不仅革除了前任国王统治时期明显的弊端,而且这个非军人出身的国王还能够战胜憎恨的英格兰人。这在许多年前似乎不太可能。

法兰西王国与英格兰王国第一次直接冲突是由发生在布雷蒂尼的事件造成的。《布雷蒂尼条约》并未彻底解决让·德·蒙福尔和布卢瓦伯爵夏尔·德·布卢瓦之间的长期矛盾。英格兰王国和法兰西王国都没有许诺放弃他们各自的国王候选人。执政期间,查理五世一直想要出征布卢瓦王朝,给予其重重的一击。后来,查理五世让军事天才贝特朗·杜·盖克兰率领一支精兵出战布雷蒂尼,但第一次计划并没有给法兰西王国带来成功。1364年9月29日,在艰苦的欧赖战役中,纪律严明的英格兰雇佣兵取得了决定性胜利。布卢瓦伯爵夏尔·德·布卢瓦战死;贝特朗·杜·盖克兰沦为俘虏,落入约翰·钱多斯之手。

欧赖战役

为了防止布雷蒂尼落到英格兰国王之手,查理五世认为有必要与爱德华三世进行谈判。1365年4月,英法双方进行谈判,确立让·德·蒙福尔为公爵,附加条件是:如果让·德·蒙福尔去世且没有男性继承人,公爵之位只能传给布卢瓦伯爵夏尔·德·布卢瓦的长子彭斯耶夫伯爵约翰一世。

谈判结果比较重要的是,法兰西国王查理五世介入卡斯蒂尔。卡斯蒂尔国王佩德罗一世[①]政府激起了臣民的深深敌意。在国王佩德罗一世同父异母的兄弟中,臣民找到了一位拥护者——特拉斯塔马拉伯爵亨利。特拉斯塔马拉伯爵

---

① 卡斯蒂尔国王佩德罗一世,有"残酷者""司法者"之称。——译者注

亨利向法兰西王国求救。查理五世则借机摆脱了讨厌的自由联盟。1365年,已被法兰西国王查理五世赎回的贝特朗·杜·盖克兰,从专业士兵中挑选了一支队伍穿过比利牛斯山脉。卡斯蒂尔人叛乱使法兰西军队的入侵有机可乘。特拉斯塔马拉伯爵亨利被加冕为亨利二世。佩德罗一世则逃到波尔多寻求英格兰国王爱德华三世的帮助。黑太子爱德华意识到法兰西王国在西班牙半岛的优势,将会威胁到自己的阿基坦领地。拥有骑士作风的黑太子爱德华决定支持

佩德罗一世

1367年，黑太子爱德华与贝特朗·杜·盖克兰交战

拥有合法地位的国王佩德罗一世，反对篡位者特拉斯塔马拉伯爵亨利。作为回报，佩德罗一世对黑太子爱德华做了慷慨的回报承诺。1367年，一切准备就绪时，奸诈的卡洛斯二世在自己的领地为英格兰侵略者敞开了一个通道。在纳贾拉和纳瓦拉之间，离后来的维多利亚战场不远处，英格兰军队大胜法兰西和卡斯蒂尔军队。贝特朗·杜·盖克兰再次被俘，佩德罗一世恢复了王权，特拉斯塔马拉伯爵亨利不得不背井离乡以求安全。然而，事实证明，佩德罗一世既言而无信，又残暴无常，并未向似乎不再重要的英格兰盟友黑太子爱德华兑现承诺。黑太子爱德华愧对那些为他奋不顾身的士兵。更糟的是，在征战中，不少士兵染病。黑太子爱德华脾气暴躁，身体状况不佳，但仍然带领剩下的士兵

蒙铁尔战役

返回加斯科涅。黑太子爱德华离开后,卡斯蒂尔发生了一场新革命。特拉斯塔马拉伯爵亨利重登王位。黑太子爱德华毫不犹豫地释放贝特朗·杜·盖克兰。1369年,在蒙铁尔战役中,法兰西军队取得胜利。在这场战役之后的一次私人会面中,佩德罗一世被同父异母的哥哥特拉斯塔马拉伯爵亨利刺中心脏而死。纳贾拉战役所有战果全部丢失。从此,一位与法兰西军队盟友言而有信的国王亨利二世坐稳了卡斯蒂尔的江山。

这些发生在卡斯蒂尔的事件促使查理五世周密谋划征服英格兰王国各省。为支付西班牙远征费用,黑太子爱德华在阿基坦征收重税,引得当地民众怨声载道。1368年，几个加斯科涅人无视《布雷蒂尼条约》，呼吁作为加斯科涅宗主国国王的查理五世以补偿的方式来安抚加斯科涅人的抱怨。查理五世延迟了最后的决裂，直到听到盟友亨利二世在卡斯蒂尔胜利的消息，并且做好了万全的准备。1369年，查理五世召唤黑太子爱德华前往巴黎，要在法庭前对卡斯蒂尔人的抱怨予以回应。黑太子爱德华正式回应了查理五世，表示愿意带领六万士兵前往巴黎。然而，发出威胁容易，实行起来却不容易。战争早期，英格兰人取得显著胜利的环境已经发生了变化，某种程度上局势已经被法兰西国王查理五世扭转。查理五世开明的政府已经革除了他祖父腓力六世和父亲约翰二世统治下使法兰西王国裹足不前的许多行政弊端。多亏贝特朗·杜·盖克兰，法兰西王国才能训练出一支能上战场的专业军队，从而取代在克雷西战役和普瓦捷战役中被打散的封建征兵。黑太子爱德华不再像他生病前那般积极、果断、才能出众，他失去了一些很有才能的副官，尤其是1370年去世的约翰·钱多斯。

《布雷蒂尼条约》中割让的几个省经历了数年的英格兰统治，这几个地区人的不满被法兰西王国其他地区的民族同情感激发。1369年后，法兰西王国战争上转败为胜的一个重要原因是查理五世深思熟虑地采用并实施了谨慎的策略。对入侵者来说，胜利势在必得；对防卫者来说，不被打败就足够了。查理五世要求将军无论受到什么样的挑衅都不要冒险在旷野中开战。法兰西军队封锁十分严密，英格兰军队饱受疾病折磨，又缺乏供给，最终兵力耗损严重。当英格兰军队逃离时，法兰西军队袭击掉队的士兵，切断供给，并且占领英格兰军队被迫撤离的领土。这些行动取得了巨大的成功。在卡斯蒂尔舰队的大力支持下，法兰西军队得到了暂时的海军优势。卡斯蒂尔舰队的支持切断了英格兰军队与阿基坦海岸的直接联系，逼迫英格兰军队在离最后供给地很远的地方与法兰西军队开战。1370年，黑太子爱德华占领利摩日。这或许是英格兰军队唯一的胜利。然而，由于下令屠杀利摩日当地居民，黑太子爱德华名声日下。之后，黑太子爱德华染病返回英格兰王国，放弃阿基坦领地，就再没有回到过这

拉罗谢尔战役

里。1372年,彭布罗克第二伯爵约翰·黑斯廷斯率领舰队前往波尔多援助英格兰舰队,在拉罗谢尔被法兰西王国和卡斯蒂尔联合海军彻底摧毁。1373年,在兰开斯特公爵约翰带领下,一支规模巨大的新军队蓄势待发。然而,由于此次海战的灾难,加来登陆变得尤其重要。自此,兰开斯特公爵约翰正式进军法兰西王国,但发现此地并无可作战的敌人,占领一座空的要塞毫无意义。同时,兰开斯特公爵约翰的军队因开小差、疾病和饥荒而逐渐耗减。一支抵达波尔多数量不足的、无力的残余部队比一支战败的军队更加可悲。此次,英格兰军队失败的结局是注定的。事实上,1374年以前,英格兰军队占领的从波尔多到巴约讷的多个省已经失守,仅剩下北部的加来。1375年,教皇促成英法两国休战两年。在休战期满之前,黑太子爱德华已去世,爱德华三世也已驾崩。英格兰王国对这样出乎意料的灾难懊恼不已,不得不将王位传于一个孩童。

尽管英格兰王国希望延长停战期,但1378年战火重燃。查理五世似乎注定要实现将法兰西土地上的异族驱除殆尽之重任。在法兰西王国领土上,英格兰王国不再有任何盟友。自1369年战争爆发以来,让·德·蒙福尔就一直躲在之前的保护者身后,他早已被驱逐出布雷蒂尼。如今,布雷蒂尼完全由王室军队掌管。卡洛斯二世发现盟友英格兰不再强大后,开始与兰开斯特公爵约

爱德华三世驾崩

翰协商共同收复失守的省。卡洛斯二世都曾背叛过双方。然而，在法兰西和卡斯蒂尔之间，卡洛斯二世发现自己变得无足轻重。当卡斯蒂尔军队进入纳瓦拉并围攻潘普洛纳时，王室军队占领了卡洛斯二世在法兰西王国拥有的强大领地。卡洛斯二世甚至遭到儿子卡洛斯三世的遗弃，被迫于1378年做出屈辱的让步。现在法兰西军队已经注意到波尔多和巴约讷局势不稳，如果卡斯蒂尔舰队切断英格兰军队海上救援，那么英格兰军队一定会丢失他们最后的要塞——阿基坦。然而，查理五世被成功冲昏了头脑，谋划了一个更有野心的计划——吞并归属王室的布雷蒂尼领地。这个计划一提出，立即引起了整个布雷蒂尼人的反对。为国王反抗让·德·蒙福尔而作战的布卢瓦王朝支持者决定捍卫布雷蒂尼的独立。在血统上，法兰西英勇的士兵，贝特朗·杜·盖克兰和奥利维尔·德·克莱森都是布雷蒂尼人。尽管士兵必须遵守王室的命令，但他们在布雷蒂尼的行动十分不情愿而且低效。反抗方取得大胜；让·德·蒙福尔恢复了布雷蒂尼公国，甚至受到了一直捍卫丈夫布卢瓦伯爵夏尔·德·布卢瓦反抗事业的布列塔尼公爵夫人琼的欢迎。对布雷蒂尼的战败，查理五世十分失望，又因贝特朗·杜·盖克兰战死而更加懊悔，他懊悔没能让自己出色、忠实的大臣活下来。1380年9月16日，法兰西国王查理五世驾崩。此时，英格兰王国仍然稳固占领法兰西王国北部和南部的数座城池。这给法兰西王国接下来的统治制造了无尽的混乱。

第5章

上巴伐利亚公爵路易和阿维尼翁教皇

（1314年到1347年）

精彩看点

有争议的神圣罗马帝国选举——路易四世和教皇约翰二十二世之间的争端——争端的独特性——方济各会修士与教皇——荣福直观的异端邪说——德意志民族情感——路易四世失败的原因——路易四世在意大利——1338年路易四世的立场——蒂罗尔继承问题——1346年查理四世当选——1347年路易四世驾崩

1313年，神圣罗马帝国皇帝海因里希七世驾崩。由于当时中央权力不够强大，根本无法控制德意志各派系间的明争暗斗，再加上选举的规则不太明确，新帝选举不可避免地产生争议。哈布斯堡家族果断抓住机会，重新夺回阿尔布雷希特一世驾崩后失去的权力。哈布斯堡家族的对手，一如既往地以特里尔大主教鲍德温·冯·卢森堡为首，推举上巴伐利亚公爵路易为候选人。波希米亚国王约翰一世太年轻，所以被排除在候选人之外。候选人的支持力量几乎势均力敌。1314年10月19日，在萨克森豪森，科隆大主教海因里希二世、争夺波希米亚王位的卡林西亚伯爵亨利、帕拉廷选帝侯上巴伐利亚公爵鲁道夫一世、萨克森-维滕贝格公爵鲁道夫一世四位选帝侯选举阿尔布雷希特一世儿子奥地利公爵腓特烈三世为罗马人民的国王。1314年10月20日，在法兰克福，美因茨大主教阿斯佩尔特的彼得、特里尔大主教鲍德温·冯·卢森堡、波希米亚国王约翰一世、勃兰登堡-施滕达尔侯爵瓦尔德马和萨克森-劳恩堡公爵约翰二世投票支持上巴伐利亚公爵路易。因此，萨克森公国和波希米亚王国的两票是由两国王位的竞争对手投出的。1314年11月25日，在波恩，科隆大主教海因里希二世为奥地利公爵腓特烈三世加冕。加冕后，奥地利公爵腓特烈三世成为罗马人民的国王腓特烈二世。在亚琛，美因茨大主教阿斯佩尔特的彼得为上巴伐利亚公爵路易加冕。加冕后，上巴伐利亚公爵路易成为罗马人民的国王路易四

米尔多夫战役,腓特烈二世被俘

世。奥地利公爵腓特烈三世和上巴伐利亚公爵路易同时加冕为王的争端,只能诉诸武力来解决。1322年,这场断断续续、持续了七年多的争端以米尔多夫战役终结。在这场战役中,路易四世俘虏了对手腓特烈二世,大获全胜。

然而,路易四世的彻底胜利只会激怒比哈布斯堡公爵腓特烈三世更强大的敌人。只要德意志内部战争还在继续,教皇就满足于在意大利推行教皇派强化政策,从而皇帝派就不会从阿尔卑斯山脉以外得到任何帮助。得知海因里希七世驾崩的消息后,教皇克莱门特五世抓住机会将空出来的帝国神父职位授予了自己的赞助人兼同盟那不勒斯国王罗伯特。1316年,教皇约翰二十二世接替教皇克莱门特五世。两年多的过渡期期间,教皇约翰二十二世基本延续了前任教皇克莱门特五世的政策。然而,那不勒斯国王罗伯特只能在维斯孔蒂家族和其他皇帝派领袖面前坚持自己的立场；而米尔多夫战役似乎有可能决定性地偏离教皇派，扭转局面。鉴于对安茹王朝的党派偏见，教皇约翰二十二世决心恢复中世纪教皇的极端主张。以此为由，教皇约翰二十二世提出自己有权裁定1314年那场有争议的选举。未经教皇约翰二十二世的批准，任何人无权设立皇权机构。1323年，教皇约翰二十二世要求路易四世向罗马教廷陈述自己的行为。然而，路易四世并没有出现，这显然是对教皇约翰二十二世的无视。最终，教皇约翰二十二世对路易四世签发教会逐出诏书，由此开始了神圣罗马帝国皇帝和教皇之间的斗争，并在教皇本笃十二世和克莱门特六世的统治下继续进行。

在很多方面，路易四世与教皇约翰二十二世间的斗争看起来像是之前神圣罗马帝国皇帝与教皇之间斗争的重现，并且提出了教会和国家关系的相关历史问题。然而，如果我们仔细研究，就会发现它在几个重要方面有所不同，并且

教皇约翰二十二世

教皇本笃十二世

呈现出独特性。起初，争端产生于很小的因素，而且参战人员与早期的士兵相比缺乏训练。在阿维尼翁，教皇派中没有像格列高利七世或因诺森特三世那样的人，而且路易四世既缺乏勇气，又缺乏腓特烈一世和腓特烈二世那种令人印象深刻的个性。由此可见，敌对双方约翰二十二世和路易四世的自负表现并没有那么影响深远和值得赞扬。即使我们在这段时期的教皇诏书中发现了之前教皇那般强硬的话语，那也听起来不真实，几乎荒谬。关于教皇和神圣罗马帝国的衰落，没有比教皇与帝国皇帝长期权力争夺的记录更加确切地说明了给人们留下的不真实和无足轻重的印象。

然而，读者可能难以感同身受。对神圣罗马帝国皇帝和教皇来说，这场斗争似乎涉及更重要的问题。以前基督教国家的敌对领袖之间从未产生过如此多的文学作品，或如此有价值和有意义的文学作品。切塞纳的迈克尔、詹敦的约翰和方济各会修士奥卡姆的威廉用尽经院哲学的微妙之处来支持神圣罗马

奥卡姆的威廉

帝国、反对教皇的自命不凡。重要的是，在经典著作《和平的保卫者》中，帕多瓦的马尔西利奥以同样敏锐且深邃的目光研究了精神力量和世俗力量的关系，并且确定了一些原则。在宗教改革中，这些原则注定会有所体现。

很大程度上，上述文学和哲学活动的爆发基于这样一个事实：教会和神圣罗马帝国之间的长期斗争第一次涉及教义上的分歧。之前，虽然教会和帝国之间一直存在斗争，但在很大程度上教会是统一的。然而，目前教会内部出现了严重分裂。最初，著名的方济各会是由圣方济各亚西西创建的，提倡过清贫生活。随着时间的推移，方济各会积累了很多财富，这一原则被抛弃。为了掩盖这一变化，方济各会让教皇担任财产托管人，他们自己仅保留财产用益权。对

圣方济各亚西西

原来规则的严重背离，导致方济各会内部出现分裂。方济各会属灵派，或称方拉蒂赛利坚持认为，耶稣和使徒不应有个人财产或团体财产，教会应该效仿创始人圣方济各亚西西。1322年，这一教义被写入教令，但不太可能得到教皇的认可。当时，教皇的贪婪已臭名昭著。在多米尼加人的敦促下，教皇约翰二十二世谴责这一学说是邪说，从而疏远了方济各会各派。方济各会则为尼古拉三世诏令辩护，并向宗教会议提出上诉。反对教皇约翰二十二世的方济各会修士开始拥护神圣罗马帝国皇帝路易四世的事业。然而，正是在方济各会里，教皇约翰二十二世找到了狂热的拥护者和有影响力的建议者。

教皇约翰二十二世晚年因劝诱而支持"末日审判之前，亡者与肉体分离的灵魂无法感受到神性临在"的教义，使教会中部分人更加敌视他。这一教义触及了祈求圣徒调解的普遍宗教习俗根源，从而在整个欧洲刮起了反对的风暴，就连法兰西国王也扬言要放弃如此异端的教皇。去世前，教皇约翰二十二世发现，放弃自己过于草率的观点是明智的，也是必要的。

显然，教义上的分歧削弱了教皇的权力，从而给神圣罗马帝国皇帝带来了优势。然而，与路易四世在这场斗争中获得的优势相比，这次胜利算不了什么。在之前与帝国的所有竞争中，教皇都能够领导德意志内的反帝国政党。这些反帝国政党包括神职人员、许多世俗诸侯。然而，在教皇约翰二十二世与路易四世的斗争中，情况完全不同。路易四世第一次发现，臣民中有一种强烈的民族感情在支持他，而且这种感情和支持法兰西国王腓力四世反对教皇博尼法斯八世的感情一样强烈。德意志统治者和臣民之间不同寻常的羁绊，无疑归因于教皇在阿维尼翁的住所及其对法兰西王国的屈从。对教皇的反抗使民族感情成为敌对国家的工具，导致英格兰王国颁布《圣职授职法令》和《王权侵害罪法令》。此外，在德意志著名的1338年法令中，民族精神同样得到了坚定的表达。教皇本笃十二世比前任更温和与宽容，一直积极促进与路易四世的和解。不过，专横的法兰西国王腓力六世阻碍教皇本笃十二世结束与路易四世的争斗，这激怒了德意志人。1338年7月，在莱茵河畔的伦斯，除了波希米亚国王约翰一世，所有选帝侯召开会议，正式决定：帝王权威神授，由选举者合法选定的继承人成为罗马人民的国王和神圣罗马帝国皇帝前不需要任何进一步的仪式或确认。在德意志宪法史上，这次会议是值得注意的，因为这是第一次选帝侯承担除了填补王位空缺的其他集体职能。接下来的一个月里，许多人参加了在法兰克福举行的帝国议会，通过了《伦斯宣言》，并着手起草加强中央权力的法律。凡是破坏社会治安的人，一律判处死刑；任何不服从皇帝兴兵诏令者，一律判处重罪。《法兰克福法令》似乎预示着德意志君主制的复兴。

尽管路易四世拥有这些优势，但这场争端并没有以他的胜利告终，而是以他蒙受屈辱，狼狈收场。毫无疑问，很大程度上，路易四世的性格导致了这一结果。路易四世非常善良，但优柔寡断，他本可以在更坚强意志的影响下采取艰难的举措。当路易四世没人指导时，习惯性的优柔寡断和害怕被逐出教会的恐惧萦绕着他。要在与教皇的斗争中胜出，路易四世需要坚定的意志、高超的策略及减少对腓力四世的敬畏；而他没有这些品质。在不止一次的关键时刻，当成功唾手可得时，路易四世卑躬屈膝地放弃在这场争端中涉及的所有原则，以换取教皇的宽恕。路易四世的懦弱使拥护者疏远了他，并令支持者厌恶他。此外，路易四世卷入的教义争端虽然是教皇软弱的根源，但并不是皇帝强大的来源。方济各会各派有许多强大的对手，特别是敌对的圣多米尼克教团。方济各会的事业建立在一种不切实际的热情之上，无法得到神职人员的持久支持，因为神职人员已经习惯了财富及其带来的影响。最后，世俗统治者干涉教条问题，并且宣布对教义有解释和决定的权力，不可避免地激发了教会强烈的团体精神。

在路易四世的立场上，还有一个根本的弱点如果不加以发现和补救，就必然会对他的事业造成致命的影响。路易四世和方济各会顾问都没有意识到：今非昔比，中世纪时期的一些局势正在发生变化。他们没有看出神圣罗马帝国昔日的自命不凡已经消失；对意大利的干预总是给德意志带来灾难甚至毁灭；意大利的教皇派更加强大，但他们不那么反对意大利；宣称拥护神圣罗马帝国统治的皇帝派并不想通过建立一个强大的意大利君主政体来削弱自己的独立性。在德意志,路易四世有一个千载难逢的机会建立这样一个君主政体,但不是按照中世纪帝国的路线,而是基于新觉醒的民族情感和民族认同。遗憾的是,路易四世错过了这个机会。实际上,路易四世不知道在什么样的条件下才能取得成功。没有像爱德华一世或腓力四世那样有效地统治着自己的国家,路易四世只是在模仿十世纪的神圣罗马帝国皇帝奥托一世。

1325年,当路易四世与对手腓特烈二世正式和解的消息传来,德意志一片震惊。不过,条约没有得到执行。在弟弟利奥波德一世的反对下,腓特烈二世被重新囚禁起来。不过,在接下来的一年里,哈布斯堡家族最坚决、最活跃的

奥地利公爵兼施蒂里亚公爵利奥波德一世

卢卡公爵卡斯特鲁乔·卡斯特拉卡尼

奥地利公爵兼施蒂里亚公爵利奥波德一世之死,消除了路易四世在这一地区面临的所有危险,并且能够使路易四世听从方济各会顾问的建议,对教皇采取主动的反击行动。1327年,路易四世访问意大利特伦托,受到了皇帝派领袖的欢迎。皇帝派领袖渴望得到路易四世的帮助,来对付那不勒斯国王罗伯特。在米兰,路易四世得到了伦巴第铁王冠。随后,在卢卡公爵卡斯特鲁乔·卡斯特拉卡尼的陪同下,路易四世启程前往罗马。在意大利北部和中部,教皇派的事业似乎遭到了破坏,教皇和那不勒斯国王罗伯特的拥护者逃离了罗马。1328年1月,路易四世由主教夏拉·科隆纳加冕为皇帝。主教夏拉·科隆纳付出的代价是与他的赞助人路易四世一起被逐出教会。两位主教花了三个月的时间谋划下一步的行动进行报复。1328年4月,两位主教宣布约翰二十二世未通过正式选举，犯有异端罪。1328年5月，圣方济各会修士彼得罗·拉伊纳尔杜奇被路易四世任命为教皇，并且得到了公民的认可，成为教皇尼古拉五世。

这种因方济各会利益而开始的分裂，是路易四世在意大利取得的最大成功。路易四世既没有声望，也没有财力来完成自己在意大利的事业。路易四世的直接敌人那不勒斯国王罗伯特，甚至没有受到丝毫攻击。1328年6月，帝国军队向南挺进，但很快就撤退了，因为路易四世认为应当从罗马撤离到北部的皇帝派要塞。因路易四世的反复无常，罗马人驱逐了帝国军队，并且向奥尔西尼军队和那不勒斯军队敞开了大门。糟糕的是，死亡带走了路易四世的两名首席顾问卡斯特鲁乔·卡斯特拉卡尼和帕多瓦的马尔西利奥。从那时起，在意大利，路易四世的事业就一直命途多舛。1330年1月，当昔日的竞争对手腓特烈二世驾崩的消息传来时，路易四世果断抓住返回德意志的机会。被路易四世抛弃后，不幸的教皇尼古拉五世被迫放弃尊严，向教皇约翰二十二世屈辱地臣服。最终，在阿维尼翁宫殿里，作为囚犯，教皇尼古拉五世结束了生命。

这次惨败后，人们可能会认为路易四世的事业已经彻底结束，他将不得不向胜利的教皇约翰二十二世屈服。然而，教皇与法兰西王国的公开联盟，以及随之而来对德意志的疏远，使路易四世收复了大部分失地。1338年，路易四世的地位似乎比以往任何时候都稳固。作为一个民族运动的领袖，在《伦斯宣言》和《法兰克福法令》中，路易四世明确表达了自己的立场。路易四世与爱德华三世紧密结盟。由于当时英格兰王国正致力于与法兰西王国的战争，路易四世似乎能够同时向教皇本笃十二世和腓力六世发号施令。

然而，还是和以往一样，路易四世没有魄力采取坚定且一贯的政策方针。眼看胜利在望了，路易四世却开始动摇和退缩了。1340年，路易四世突然放弃了英格兰联盟，与腓力六世达成协议，希望法兰西国王腓力六世能利用影响力为自己向教皇争取赦免。腓力六世很高兴解除了迫在眉睫的危险，竭力向教皇求情。不过，温文尔雅的教皇本笃十二世对这一企图愤怒无比。1342年4月，本笃十二世去世，没有给路易四世渴望的赦免。对路易四世的优柔寡断，德意志人自然感到厌恶。然而，与路易四世对蒂罗尔采取的行动激起的愤怒风暴相比，这种厌恶根本不值一提。路易四世失败的原因还有一意孤行地推行了家族扩张政策，这一政策自大空位时代以来几乎一直强加于帝国尊严的拥护者。由于路易四世对领土的贪得无厌，大多数德意志诸侯毫不犹豫地疏远了他，而当时诸侯对路易四世的支持是至关重要的。

1335年，卡林西亚公爵兼蒂罗尔伯爵、波希米亚国王亨利驾崩后，他唯一的女儿玛格丽特·莫尔塔施嫁给了波希米亚国王约翰一世的儿子摩拉维亚侯爵约翰·亨利。玛格丽特·莫尔塔施的姑父罗马人民的国王阿尔布雷希特一世

玛格丽特·莫尔塔施

之前迎娶了波希米亚国王亨利的姐姐蒂罗尔的伊丽莎白，因此，玛格丽特·莫尔塔施继承姑父领地的主张遭到奥地利公爵的反对。最终，哈布斯堡家族和卢森堡家族之间的王位争夺以领地分裂而告终。奥地利公爵阿尔布雷希特二世和奥地利公爵奥托夺取了卡林西亚，而玛格丽特·莫尔塔施则得到了蒂罗尔。然而，玛格丽特·莫尔塔施和约翰·亨利婚后关系很不好。1341年，玛格丽特·莫尔塔施抛弃丈夫约翰·亨利，投靠了路易四世。路易四世无法抗拒为家族获得一个新省的诱惑。1319年，勃兰登堡藩侯瓦尔德马一世去世。1323年，路易四世将勃兰登堡无主的省和选区授予了长子勃兰登堡侯爵路易五世。在堂哥①，即下巴伐利亚公爵亨利十三世儿子奥托三世和斯蒂芬一世死后，路易四世夺取了他们的土地，从而统一了巴伐利亚。除了这些领土兼并，路易四世

约翰·亨利

---

① 路易四世父亲上巴伐利亚公爵路易二世是下巴伐利亚公爵亨利十三世的哥哥。——译者注

教皇克莱门特六世

还得到了蒂罗尔。无视教会的反对,路易四世篡夺了教会迄今为止行使的权力,颁布了一项庄严的法令,准许玛格丽特·莫尔塔施与丈夫约翰·亨利离婚,然后嫁给其子勃兰登堡侯爵路易五世。

路易四世这一鲁莽行为的后果是可以预见的。教会的权力被路易四世削弱。以波希米亚国王约翰一世为首的世俗诸侯,对巴伐利亚家族大肆敛财大为嫉妒。教皇克莱门特六世发现自己有能力在德意志组建一个反皇帝政党,并且选举出一位与路易四世敌对的皇帝。要不是腓力六世当时正和英格兰王国交战,教皇克莱门特六世这个真正的法兰西人,很可能会利用他所有影响力来确保法兰西国王当选帝国皇帝。事实上,在卢森堡家族中寻找一位候选人是件理所当然的事。因为卢森堡家族最让路易四世恼火,而且与法兰西王国关系密切。在一场反对普鲁士异教徒的战役中,波希米亚国王约翰一世失明,长子查理继承了王位,成为查理四世。只有勃兰登堡侯爵路易五世及美因茨大主教兼维尔讷堡伯爵海因里希三世支持路易四世。为了确保再次投票,教皇废黜了美因茨大主教海因里希三世,将其授予了格拉赫·冯·拿骚。1346年7月11日,波希米亚国王约翰一世和萨克森选帝侯鲁道夫一世及三位大主教正式推选查理四世为罗马人民的国王。堂吉诃德式[①]性格特点的盲人约翰一世没有保护儿子查理四世的王位与军队,而是匆忙地到法兰西王国去援助他的盟友腓力四世。在克雷西战场上,波希米亚国王约翰一世陷入英雄式的绝望之中。然而,参战的查理四世战绩平平,最后逃到德意志去维持他的罗马人民的国王头衔。

在家族领地扩张方面,路易四世做出了巨大贡献。路易四世第二任妻子埃诺的玛格丽特是荷兰伯爵兼埃诺伯爵威廉二世的妹妹。威廉二世驾崩后,所有领地与财产落到了路易四世与埃诺的玛格丽特的儿子巴伐利亚公爵威廉一世手中。此时的维特尔斯巴赫家族似乎强大到无须担心任何对手,而卢森堡王公并没有明智地支持查理四世,这使路易四世得以与奥地利公爵阿尔布雷希特二世结盟,从而进一步巩固自己的地位。查理四世发现自己的处境十分艰难,进攻蒂罗尔失败后,被迫撤到波希米亚。路易四世对击败查理四世充满信心,把与查理四世的后续战争留给了长子巴伐利亚公爵路易五世,然后回到了巴伐利亚。1347年10月11日,在慕尼黑附近狩猎时,路易四世突然驾崩。

---

① 堂吉诃德为西班牙作家塞万提斯笔下一位异想天开、做出了种种与时代相悖、令人匪夷所思行为的小说主人公。本书中"堂吉诃德式"来形容盲人国王约翰一世的行为不切实际。——译者注

第6章

查理四世与《1356年金玺诏书》

精彩看点

1347年查理四世的立场——查理四世确保自己的德意志王位——查理四世的性格——查理四世统治下的波希米亚王国——查理四世在意大利——德意志的困境——《1356年金玺诏书》——教权与《1356年金玺诏书》——《1356年金玺诏书》的影响——查理四世的动机——查理四世的领土扩张——瓦茨拉夫四世当选——士瓦本城市联盟——大分裂——查理四世驾崩——卢森堡领土的分裂

当从法兰西王国战场上归来时，查理四世的父亲约翰一世已为此付出了生命的代价。虽然曾被选为选帝侯，成为路易四世的政敌，但查理四世几乎没有机会赢得帝国皇位。虽然波希米亚矿产资源丰富，但在领土上卢森堡家族无法与维特尔斯巴赫家族匹敌。维特尔斯巴赫家族成员统治着普法尔茨、巴伐利亚、勃兰登堡、蒂罗尔、埃诺边境、荷兰、泽兰、弗里斯兰和乌得勒支。路易四世次子巴伐利亚公爵斯蒂芬二世是强大的士瓦本联盟首领，因此帝国城市都站在路易四世一边。选帝侯不准备为查理四世的事业做出任何牺牲。作为非选帝侯诸侯中最有权势的一位，奥地利公爵阿尔布雷希特二世积极拥护路易四世的事业。查理四世寻求支持的主要盟友是法兰西国王腓力六世，但腓力六世忙着与爱德华三世作战，无暇顾及德意志的任何事务。

此外，与教皇的脆弱关系是查理四世的另一大劣势。作为对克莱门特六世支持的回报，1346年4月，在阿维尼翁签订的条约中，查理四世做出了很大的让步。查理四世承诺，皇帝的加冕礼必须经过教皇的承认；只要得到教皇的承认，他就到罗马去加冕，但在那里只待一天；在神圣罗马帝国和法兰西王国的争端中，教皇将担任仲裁者。然而，这一条约并没有太大的效力，因为路易四世不止一次地向教皇提出了更大的让步作为赦免代价。尽管如此，所有人都清楚查理四世是教皇推荐的皇位候选人。克莱门特六世把皇位据为己有是不明智

路易四世驾崩，被拒绝采用基督教葬礼

的，这不可能使德意志的诸侯和那些坚决反对来自阿维尼翁宗教命令的人满意。帝国城市拒绝向"教皇的皇帝"查理四世打开大门。

山穷水尽之际，因为三件事使查理四世的前途柳暗花明。第一件事是他的对手路易四世突然驾崩；第二件事是1348年爆发的黑死病，它使人们的注意力从政治争端上转移，开始重新审视无政府状态和混乱状态；第三件事是在勃兰登堡出现了一名自称是阿斯坎尼家族最后一位侯爵——瓦尔德马一世的假冒者。1319年，当选民将选票投给已故神圣罗马帝国皇帝路易四世长子勃兰登堡侯爵路易五世时，阿斯坎尼侯爵瓦尔德马一世此时已经去世。这个"假瓦尔德马一世"宣称他从来没有死过，因受良心谴责的驱使而踏上了漫长的朝圣之旅，现在来拿回属于自己的权力。为了削弱维特尔斯巴赫家族，查理四世向"假瓦尔德马一世"投去了一票。"假瓦尔德马一世"很快就占领了勃兰登堡的大部分地区。

对查理四世来说,已故神圣罗马帝国皇帝路易四世的政党很难找到接班人是一件幸运的事。1348年,无视教皇权威仍占有美因茨的维尔讷堡伯爵海因里希三世、帕拉廷选帝侯鲁珀特二世、勃兰登堡侯爵路易五世、自称经历过萨克森选举的萨克森-劳恩堡公爵埃里克一世四位选帝侯积极推进在奥伯-兰施泰因进行的新一轮选举。最初,这顶空置出来的王冠是准备献给爱德华三世的。然而,爱德华三世既不能忽视法兰西战争,也不能面对英格兰议会的坚决反对。因此,皇冠被建议授予路易四世的儿子勃兰登堡侯爵路易五世。因为路易五世有足够的精力来应对"假瓦尔德马一世",以及对付拒绝在失败事业中冒险的迈森侯爵腓特烈三世。然而,最终,勃兰登堡侯爵路易五世令选帝侯大失所望。失望之余,选帝侯选择了施瓦茨堡伯爵金特·冯·施瓦茨堡。金特·冯·施瓦茨堡是一位很有声望的军事领袖,但地位并不高贵。金特·冯·施瓦茨堡不用付出任何代价就能得到一切,于是欣然接受了皇冠。然而,1349年,

施瓦茨堡伯爵金特·冯·施瓦茨堡

金特·冯·施瓦茨堡驾崩，还没来得及证明自己是否拥有成为神圣罗马帝国皇帝的能力。

  以其高明的外交手段，查理四世充分利用自己的优势和对手的困难。对赞助人路易四世的驾崩及瘟疫带来的混乱，帝国城市感到不满，转而向查理四世敞开了大门。由于长子奥地利公爵鲁道夫四世和查理四世次女波希米亚的凯瑟琳的政治联姻，奥地利公爵阿尔布雷希特二世脱离了维特尔斯巴赫家族。当时是鳏夫的查理四世向莱茵河帕拉廷伯爵鲁道夫二世的女儿巴伐利亚的安妮求婚，从而得到了维特尔斯巴赫家族的地位。最后，通过否认"假瓦尔德马一世"事件，查理四世与对手勃兰登堡侯爵路易五世达成和解。金特·冯·施瓦茨堡的驾崩清除了查理四世获得承认的所有障碍。1350年，在整个德意志，查理四世的称号得到了承认。

奥地利公爵鲁道夫四世

查理四世无疑是欧洲14世纪最英明的统治者,然而他的功绩很少受到人们的赞赏,除了波希米亚历史学家。对大多数英国读者来说,主要是从神圣罗马帝国皇帝马克西米利安一世的名言中得知查理四世的,他是"波希米亚之父,又是帝国的继父",或者是布莱斯的警句"他(查理四世)将无政府状态合法化,并且称无政府状态为一种体制"。在这两种说法中,后者显然更不公平、更没有根据。在14世纪昙花一现的卢森堡家族中,查理四世是独特的。查理四世的祖父海因里希七世一生企图恢复一个既不可能,也不再令人向往的帝国权威。海因里希七世是14世纪高贵骑士的代表,试图东征波兰,并在意大利版图上寻找新的领土权,最后放弃为自己的利益而战而为盟友服务。在查理四世的儿子中,长子波希米亚国王瓦茨拉夫四世是个性情温和的享乐主义者,除了贪恋美食,他没有其他欲望;次子罗马人民的国王西吉斯蒙德诡计多端,总是

波希米亚国王瓦茨拉夫四世　　　　　　　　罗马人民的国王西吉斯蒙德

异想天开。在这个显赫的家族中,查理四世与前任形成了鲜明的对比,他没有父亲约翰一世或祖父海因里希七世那种浪漫的热情,但有一种远比这优秀的品质——一种强烈的行政务实意识,以及能够履行这些职责的态度。然而,查理四世未能继续意大利皇帝派的事业,他更倾向于在德意志建立一个稳固、务实的君主政体。查理四世偏爱外交而非武力,在同时代君主中,以其强烈的法律意识和对秩序的热爱而闻名。像英格兰国王爱德华一世和法兰西国王腓力四世一样,查理四世开启了政府理念和管理方式从中世纪向现代的转变。

在波希米亚,查理四世政府的功绩从未受到过质疑。查理四世与克莱门特六世和解的最初成果之一,就是获得了一份教皇诏令:将由美因茨大主教管理布拉格,把它建成一座大都市。1348年,当德意志形势十分危急时,查理四世建立了布拉格查理大学,并且以曾就读的巴黎大学为蓝本制定了大学章程。对查理四世来说,波希米亚的优势是不仅拥有自己的大学和大主教辖区,还拥

布拉格查理大学的校徽

查理四世统治时期的货币

有伏尔塔瓦河上著名的大桥和其他闻名遐迩的建筑。查理四世把大部分注意力放在促进贸易发展上,建立了统一的货币体系,保护公路,降低道路和河流的通行费。查理四世还计划修建一条从伏尔塔瓦河到多瑙河的运河。运河穿过波希米亚,成为威尼斯和汉萨同盟之间的交通要道。不过,查理四世的许多措施都是极端的保护主义措施。每一个越过波希米亚边境的外国商人都必须把货物留在布拉格进行交易;没有一个外国人能够达成交易,除非通过当地的商人;所有商品都必须以波希米亚通行的重量和尺寸出售。在今天看来,这些规定虽然是寡头垄断行为,但都是时代的产物,尽管并未达到应有的目的。来自德意志和斯拉夫国家的贵族、商人、教师和学者纷纷涌向波希米亚首都布拉格。据统计,在查理四世驾崩之前,布拉格查理大学的师生人数已达数千人。在这种开明的统治下,布拉格成为德意志的主要城市。权力和文明的平衡从西方转移到了东方。毫无疑问,查理四世希望为卢森堡家族争取一个与后来哈布斯堡家族几乎完全相同的地位;查理四世相信后代会像哈布斯堡家族在后来日子里做的那样,受益于一个完整的、类似于世袭的皇位继承制度。查理四世积极筹划着,从未止步,还在布拉格建立了一个由斯拉夫修道士组成的修道院。这些来自波斯尼亚、塞尔维亚和克罗地亚的修道士的任务是密切波希米亚和东斯拉夫人之间的联系,并最终为拉丁和希腊教会的联合铺平道路。如果这一梦想得以实现,卢森堡家族就可能拥有一种比历任皇帝都强大的权力,而波希米亚则可能成为欧洲大陆两大板块间的一根铆钉。

1354年,查理四世前往意大利,在米兰接受伦巴第铁王冠,并且在罗马接受神圣罗马帝国皇帝称号的加冕。在皇帝派看来,查理四世的旅程不光彩,但对阐明他的政策意义重大。查理四世拒绝卷入意大利的政治漩涡,也拒绝撕毁与教皇的条约。对皇帝派领袖的陈述和文艺复兴人文主义者弗朗切斯科·彼特拉克雄辩的呼吁,查理四世都置若罔闻。查理四世来到罗马参加加

弗朗切斯科·彼特拉克

冕仪式，穿着皇帝的长袍在街上游行，然后退到罗马城外的圣洛伦佐。查理四世一刻不停，火速回国。这是对中世纪皇帝统治意大利声明的故意放弃。因为查理四世清楚地看到，之前德意志统治者征服意大利的行动对德意志具有非常大的毁灭性。为了德意志的利益，查理四世没有模仿前任统治者的愚蠢行为。查理四世的主要目标是在德意志重建一个秩序井然的政府。查理四世明白，只有坚决摆脱征服意大利野心的纠缠，才能建立一个秩序井然的德意志政府。

致力于德意志的改革，在意大利，查理四世没有逗留，立刻回到德意志。1355年和1356年的纽伦堡帝国议会颁布《1356年金玺诏书》，这部诏书将与查

查理四世在《1356年金玺诏书》上签字

理四世的名字永远地连接在一起。有两个重大且紧迫的问题需要解决：第一个问题是近期帝国选举引发的混乱，这与选举规则的不明确密切相关。虽然某些教派和某些家族声称拥有投票权，但传统上只有七名选帝侯。德意志诸侯中将土地分割给男性继承人的做法，也对选举造成很大的不确定性。维特尔斯巴赫家族被分成莱茵河上的普法尔茨支和巴伐利亚支两个分支。根据家族协议，维特尔斯巴赫家族的投票权将由两个分支的首领轮流拥有，但这样的安排肯定会引起争端。1314年，两个对立的选帝侯将撒拉逊人的选票投给了对方。1346年和1348年的选举同样如此。防止今后发生类似的争端是维持德意志和平与秩序的一个首要条件，也是《1356年金玺诏书》的主要目标之一。

德意志面临的第二个巨大且紧迫的困难是，所有政治团结有被彻底破坏的危险。无数的佃户、选举人、诸侯、骑士和城镇领主聚集在一起，只是为了效忠一个已经丧失了一切有效权力的君主政体。如果无法找到补救办法，像意大利一样，德意志可能会成为一个纯粹的松散公国集团。如此一来，帝国城市将成为独立的共和国，而它们与邻国之间的战争将不可避免地导致无政府状态。在这种情况下，边境省必然会落入日益强大的法兰西王国手中。里昂已经丢失；多菲内情况不甚乐观；普罗旺斯和弗朗什-孔泰虽然承认帝国的宗主国地位，但受到法兰西王国的影响，注定要和荷兰一起落入法兰西王国手中。德意志的优势将会消失，首先在罗纳河谷，然后在莱茵河流域。

查理四世充分意识到了这些危险。1330年，查理四世曾随父亲约翰一世到过意大利，并且在意大利担任过一段时间的总督，因此对意大利政治有深刻的了解，这对查理四世后来的政策制定产生了深远的影响。毫不夸张地说，查理四世的主导动机是保护德意志不受意大利名义上服从神圣罗马帝国统治命运带来的影响。尽管通过亲属关系、教育和过去的同盟与法兰西瓦卢瓦家族维系着关系，但查理四世绝不会忽视法兰西王国向西侵略的危险。1365年，查理四世成为阿尔勒国王。自腓特烈二世以来，历任君主就不再举行这一加冕仪式了。

关于神圣罗马帝国的选举问题，《1356年金玺诏书》的规定明确且精准。直到1806年神圣罗马帝国灭亡前，《1356年金玺诏书》一直是一项基本法律。选帝侯的人数固定为七人，由三位神职人员：美因茨大主教、科隆大主教和特里尔大主教，以及四位世俗选帝侯：波希米亚国王、莱茵-普法尔茨伯爵、萨克森-维滕贝格公爵和勃兰登堡藩侯组成。三位教会选帝侯将成为三国大主教：德意志的美因茨大主教、意大利的科隆大主教和阿尔勒的特里尔大主教。四位世俗选帝侯将担任重要的神圣罗马帝国皇室职务：波希米亚国王担任大酒政①；莱茵-普法尔茨伯爵担任大总管②；萨克森-维滕贝格公爵担任大司仪③；勃兰登堡藩侯担任大司库④。罗马人民的国王和神圣罗马帝国皇帝选举将在法兰克福举行，并且由多数选票决定。当选的人将在亚琛加冕，并且在纽伦堡举行第一次议会。与选举权有关的领土永远不可分割，由长子继承。至于选票和选区的管理工作，则委托给父亲一方最近的男性亲属负责。选票将向诸侯公布。此外，选帝侯拥有皇家铸币权和最终司法审判权，无须上诉。所有未经领地领主许可的臣民结盟都是禁止的，帝国城市也被禁止向城墙外的人授予公民身份，或将逃亡的佃农接收到城墙内庇护，并且授予公民身份。

《1356年金玺诏书》中有一处遗漏，其重要性不亚于其他任何直接条款。教皇宣称有权确认或否决皇帝选举，有权在帝位空缺时管理帝国，但这些权力都在完全的沉默中被忽略了。实际上，伦斯的选举决议无声无息地确立为神圣罗马帝国法律；未来的选举将被视为德意志的内部事务。面对罗马教廷温顺的臣民，查理四世颁布《1356年金玺诏书》这样一项法律。对此，教皇因诺森特六世毫不犹豫地表达出不满。然而，查理四世表现出的坚定与爱德华一世或腓力四世不相上下。当罗马教廷大使试图征收神职人员收入的十分之一税

---

① 即神圣罗马帝国的首席掌酒司。——译者注
② 即神圣罗马帝国的首席膳务总管。——译者注
③ 即神圣罗马帝国的首席内廷大臣。——译者注
④ 即神圣罗马帝国的首席财政大臣。——译者注

时,查理四世以要求改革教会滥用职权和威胁没收教会财产作为回应。教皇被迫让步,不再反对《1356年金玺诏书》。

关于《1356年金玺诏书》的影响,历史学家意见一致。《1356年金玺诏书》在德意志建立了一个贵族联邦,取代了旧的君主政体。德意志的政体从未失去它在14世纪受到《1356年金玺诏书》的影响。《1356年金玺诏书》赋予选举人的权力和特权与有效行使君主权威是不一致的。虽然1356年的世俗选帝侯,除了查理四世本人,都不是特别有权势的诸侯,但可以肯定的是,长子继承制的确立和领土的不可分割,很快就会赋予诸侯一种与其地位相称的领土权力。

历史学家对查理四世的评价是错误的。一个原因是他们把《1356年金玺诏书》产生的后果与颁布者的意图搞混了;另一个原因是他们对查理四世生活的那个时代的确切情况关注不够。查理四世深信,中世纪的神圣罗马帝国已经灭亡,任何企图复兴帝国的行动都将导致德意志的灭亡。查理四世忌惮的是德意志北方和南方正在崛起的帝国城市,以及像哈布斯堡家族和巴伐利亚维特尔斯巴赫家族这样强大的领地统治者。《1356年金玺诏书》不仅削弱了哈布斯堡家族和巴伐利亚维特尔斯巴赫家族的权力,还限制了帝国城市的发展。其他诸侯也被《1356年金玺诏书》明确地排除在选帝侯之外。由于选帝侯人数的增加,诸侯地位也降低了。事实上,选帝侯本身获得了可能证明是独立基础的权力和特权,并被《1356年金玺诏书》赋予了更高的地位。选帝侯是德意志的联合统治者,不仅仅是领地统治者。因此,人们有理由希望,选帝侯会抵制这场已经对德意志造成很大伤害的破坏继续进行下去。

查理四世虽然制止了日益分裂的局面,但并不希望《1356年金玺诏书》承认和证实的状态是永久的。查理四世的目的是为卢森堡家族争取到压倒性的领土优势,使继任者能够继承皇权,并且在选帝侯中获得优势。通过将一个一个省添加到家族领地中,最终查理四世有可能建立一个类似于英格兰王国已存在的、法兰西王国正在建设中的领地君主制。虽然这样的君主政体可能没有神圣罗马帝国的广泛宗主权那般威严，但它将不断强大，对德意志更有益。没有哪一个人的一生能够完成这样的工作，而查理四世的直系继承人仅仅持续了一代，没能继承查理四世的衣钵，完成查理四世未竟之业。然而，在德意志，在很大程度上，后来哈布斯堡王朝获得的领土权力是沿袭查理四世制定的政策获得的。从很多方面来看，哈布斯堡家族可以被视为卢森堡家族的继承人。

正是上述明确的政策让查理四世对领土扩张产生了兴趣，同时赋予了查理四世尊严，而这正是前任统治者缺乏的。1355年，布拉班特公爵约翰三世去世，领地传给了女儿布拉班特公爵夫人乔安娜和女婿卢森堡公爵瓦茨拉夫一世。卢森堡公爵瓦茨拉夫一世是查理四世的弟弟，在反对佛兰德斯伯爵路易二世继承布拉班特问题上得到了哥哥查理四世的支持，并与布拉班特公爵约翰三世女儿乔安娜及布拉班特各阶层代表签订一项协议：如果布拉班特没有继承人，各省就归卢森堡家族所有。1361年，路易四世长子勃兰登堡侯爵路易五世去世。1363年，玛格丽特·莫尔塔施儿子戈里齐亚-蒂罗尔伯爵迈因哈德三世去世。德意志出现了一场非常严峻的危机。迈因哈德三世的去世使蒂罗尔王位和上巴伐利亚王位都空置了。哈布斯堡王朝宣告对蒂罗尔行使主权失败后，奥地利公爵鲁道夫四世立即恢复了对蒂罗尔的主权。因《1356年金玺诏书》提升了选帝侯地位，鲁道夫四世十分愤怒，自封"大公"头衔来予以回击。接下来的一个世纪，这个头衔被哈布斯堡王朝一直使用。查理四世乘机战胜了这个强大的不满者——鲁道夫四世。查理四世确认奥地利公爵鲁道夫四世拥有蒂罗尔主权，同时与他签订了一项相互继承的条约。根据该条约，如果任何一个家族灭亡，另一个家族将有权继承它的所有土地。当时，哈布斯堡王朝似乎比卢森堡王朝更接近灭亡。事实上，条约从来没有真正执行过。毫不奇怪，在卢森堡家族男性统治结束后的一个世纪内，几乎所有1364年占领的领土都以不同方式落入哈布斯堡家族之手。

就在此时，上巴伐利亚公国爆发了一场关于继承权的斗争。根据1349年路易四世儿子勃兰登堡侯爵路易五世①签订的条约,现在上巴伐利亚公国应该归巴伐利亚公爵路易六世和巴伐利亚公爵奥托五世所有。路易六世已宣布放弃占领勃兰登堡。然而,巴伐利亚公爵斯蒂芬二世预料到了路易六世的做法,得到了上巴伐利亚各阶层的支持。

奥托五世和路易六世向查理四世寻求帮助,并许诺:如果他们死后没有继承人,查理四世将继承勃兰登堡。这一协议最终于1373年生效。当时尚在世的巴伐利亚公爵奥托五世被诱导或被迫将勃兰登堡割让给了查理四世。查理四世承诺勃兰登堡与波希米亚结盟将是永久的。因此,查理四世获得了第二次选举投票,并且在德意志北部的领土显著增加。大约在同一时间,查理四世让次子罗马人民的国王西吉斯蒙德娶了匈牙利国王兼波兰国王路易一世的女儿安茹的玛丽亚,从而把匈牙利王国和波兰王国添加到卢森堡家族的巨大财产中去。

这些实际的或名义上的领土扩张可能没有什么持久的价值,除非查理四世能够确保家族继续拥有帝国皇位。1374年,查理四世开始就儿子波希米亚国王瓦茨拉夫四世(时年十三岁)的选举问题征求选帝侯的意见,但在这个过程中遇到了很多困难。《1356年金玺诏书》并没有对在位皇帝立儿子为王做出任何规定,因为当时的律法精神禁止这样做。因嫉妒卢森堡家族已取得的权势,很多诸侯强烈反对选举未成年人为王。然而,在这样一个关键的问题上,查理四世甚至违背了自己制定的法律。最终,查理四世赢得了选帝侯的支持,但采用的是令人不齿的传统手段——贿赂。查理四世毅然决然地请求教皇批准,从而恢复了《1356年金玺诏书》实际上已经废除的效力。查理四世的政策在其直接目标上取得了成功。1376年6月16日,瓦茨拉夫四世在法兰克福当选,并于1376年7月6日在亚琛加冕,成为罗马人民的国王。

---

① 勃兰登堡侯爵路易五世与巴伐利亚公爵斯蒂芬二世、路易六世、奥托五世都是兄弟,父亲是神圣罗马帝国皇帝路易四世。——译者注

丹麦人与汉萨同盟签订《施特拉尔松德条约》

瓦茨拉夫四世被选为罗马人民的国王是查理四世最后的胜利，因为查理四世对城市的镇压只取得了部分胜利。1370年，著名的汉萨同盟打败了丹麦国王瓦尔德马尔四世。在施特拉尔松德，汉萨同盟迫使瓦尔德马尔四世签订了一项屈辱的条约——《施特拉尔松德条约》。1376年，德意志南边出现了新的危险。对牺牲该省最后的帝国领地来购买选票，士瓦本城镇的民众十分愤怒。在乌尔姆的领导下，士瓦本城镇的民众重建了士瓦本城市联盟，拒绝承认瓦茨拉夫四世当选。1377年5月14日，在罗伊特林根，士瓦本城市联盟军队彻底击败了他们憎恨的敌人——乌尔里希·冯·符腾堡。随后，士瓦本城市联盟迅速扩张。查理四世年事已高，身体虚弱，无力镇压。1378年8月，查理四世授权儿子瓦茨拉夫四世跟城镇领主和诸侯达成和平协议，并且将联合王国的权力授予瓦茨拉夫四世。因此，在有生之年，查理四世抛弃了《1356年金玺诏书》的规定。

这并不是查理四世晚年遭受的唯一打击。长期以来，查理四世都在努力取缔阿维尼翁的教皇官邸。在欧洲，这是一个丑闻，在很多方面，它严重损害了德意志和神圣罗马帝国的利益。1367年，查理四世成功说服了教皇乌尔班五世返回罗马，并亲自去拜访了他。然而，由于查理四世拒绝对皇帝派维斯孔蒂家族采取有效措施，乌尔班五世疏远了他，并且法兰西枢机主教轻而易举地说服乌尔班五世又回到了阿维尼翁。整个工作不得不重新开始。1377年，教皇格列高利十一世被劝说离开罗纳河沿岸的居所，在罗马定居下来。当格列高利十一世考虑第二次从罗马迁走时，他却去世了。新的选举不得不在罗马举行，枢机主教的人选落在了教皇乌尔班六世身上。然而，因乌尔班六世的暴行，法兰西枢机主教疏远了他，并从正在罗马举行的新教皇选举中脱离出来，选举克莱门特七世为教皇。克莱门特七世理所当然地向法兰西王国求助，把自己的住处定在

教皇乌尔班五世

克莱门特七世

安茹公爵路易一世

阿维尼翁。因此,教皇回归罗马非但没有结束丑闻,反倒导致了持续四十年的教会大分裂。查理四世非常懊恼,呼吁所有欧洲诸侯承认乌尔班六世,抵制法兰西王国的过度独裁。这一呼吁不无道理。

法兰西国王查理五世有一个弟弟是勃艮第公爵菲利普二世,弟媳是佛兰德斯伯爵路易二世的继承人佛兰德斯伯爵夫人玛格丽特三世;查理五世还有一个弟弟安茹公爵路易一世。人们自然期望能够抵抗这种对国家平衡构成的威胁。查理四世也认为有必要率领一支军队对抗法兰西国王和反教皇派。然而,1378年11月29日,也就是天主教会大分裂爆发后两个月,查理四世在战场上驾崩。

驾崩之前，查理四世对孩子的溺爱导致了自己苦心经营的计划失败。《1356年金玺诏书》清楚地表明了他对领土不可分割和严格执行长子继承制优势的赞赏。查理四世本人却有意舍弃了这些优势，甚至违背了自己庄严的誓言，即永远不把勃兰登堡与波希米亚分开。查理四世把波希米亚和西里西亚留给了长子瓦茨拉夫四世，把勃兰登堡留给了次子西吉斯蒙德，并且在劳西茨为三子格尔利茨公爵格尔利茨的约翰建立了公国。摩拉维亚已经在勃兰登堡选帝侯摩拉维亚的约布斯特和摩拉维亚的普罗科普手中，他们是查理四世弟弟蒂罗尔伯爵约翰·亨利的儿子；而卢森堡仍由巴伐利亚的乔安娜的丈夫瓦茨拉夫四世掌管。自海因里希七世以来，卢森堡家族财产已大大增加。然而，当这些财产分散在这么多人手里时，就没有什么价值了。卢森堡家族从未取得英明统治者查理四世为其设想的那种荣耀地位。

第7章
瑞士邦联的崛起

精彩看点

有趣的瑞士历史——瑞士独立起源的传说——士瓦本的哈布斯堡王朝——三大森林州——1291年最初的瑞士邦联——瑞士邦联的特点——瑞士邦联得到承认——1315年莫尔加滕战役——1330年卢塞恩加入瑞士邦联——卢塞恩革命——鲁道夫·布伦在苏黎世——1351年苏黎世加入瑞士邦联——1352年格拉鲁斯加入瑞士邦联——1352年征服楚格——《1352年条约》——1353年伯尔尼加入瑞士邦联——旧八大州——来自奥地利公爵的持续威胁——鲁道夫四世在士瓦本公国——奥地利大公利奥波德三世在士瓦本公国——重燃战火——森帕赫战役——《1389年条约》

欧洲历史上，瑞士邦联起的作用与它覆盖的地区或包括的人口完全不成正比。瑞士邦联坐落于欧洲大陆的西部各民族中间，处在神圣罗马帝国和德意志的交界上，在这里各方力量就最关键的政治和战略观点相互讨论。这种地理上的重要性使瑞士继续存在，成为国际性必要。此外，瑞士历史中还有最完美的联邦宪法值得历史学家进行研究，因为瑞士邦联宪法是所有联邦宪法中最持久的。瑞士邦联非常独特和重要，因为它证明了共同利益和危险是如何把社区团结在了一起。瑞士邦联中的社区不仅起源和机构不同，而且种族和语言也不尽相同，它的起源故事是14世纪欧洲历史上引人入胜的故事之一。

瑞士历史的起源被两个方面掩盖：一是逐渐形成的美丽神话；二是在爱国想象中形成的理论。关于瑞士独立起源的神话长期以来在世界上享有盛誉，直到19世纪才受到严厉的批评。实际上，瑞士独立起源的神话没有真正的历史根据。威廉·泰尔射孩子头上苹果的故事被证明是古代英雄世家的一个传说。在阿尔特多夫市场上，总督阿尔布雷克特·格斯勒举起帽子是另一个历史起源。该地区从来没有叫阿尔布雷克特·格斯勒这个名字的总督；即使有威廉·泰尔的存在（这一点无法证明），那么他在政治上也没有什么重要性。甚至关于瓦尔特·弗斯特、梅尔切尔和维尔纳·施陶法赫尔的更可信、更重要的故

威廉·泰尔射孩子头上的苹果

阿尔布雷克特·格斯勒举起帽子

事,以及他们在吕特利战场上的誓言,也被无情地推翻了。如果这些人都曾经存在过,那么他们做过的事情一定是在别的地方,而且是在另外一种关系里。

关于瑞士人起源的古老理论和传说一样毫无根据,也没有那么有趣。这些理论的形式有时有所不同,但始终都在表明:与德意志的其他地方相比,瑞士邦联的最早成员——三大森林州,有着特殊的种族起源和与众不同的独立性。据说,瑞士人是由担心失去自由而离开家园的挪威和瑞典移民组成,但这是毫无根据的。现代研究已经证明,不仅三大森林州和它的邻居一样是帝国的成员,而且不同的宗教领袖和世俗领主在不同时期对这些州拥有不同的权力。瑞士人一直努力摆脱这些封建领主的权威,并证明直接臣服神圣罗马帝国是正确的。正是这种努力导致了第一个联邦的形成。

卢塞恩湖位于瑞士邦联最初几个州的交界处,位于旧士瓦本公国的边界内。士瓦本公爵家族的消失,使许多个人和家族与神圣罗马帝国皇帝之间没有任何中间领主。然而,随着神圣罗马帝国的衰落,特别是在大空位时代,士瓦本公国的主要家族开始征服弱小的邻近家族。在大家族兼并小家族的过程中,最成功的是哈布斯堡家族。哈布斯堡家族最初的领地在阿尔河和罗伊斯河交界的布鲁格。13世纪中叶,哈布斯堡家族的财产大增,除了阿尔高,在布赖斯高和阿尔萨斯还有许多领地。生于1218年的奥地利公爵鲁道夫一世,决心通过战争、谈判和购买等各种可能方式来扩大自己的领地。鲁道夫一世公开宣称的目标是恢复哈布斯堡王朝统治下士瓦本公国的领土统一。要是这个古老的公国复活后,再把它交托给其他家族十分困难。

然而,出于对地方独立的渴望,乌里、施维茨和下瓦尔登等地积极反对这一侵略政策。853年,东法兰克国王、巴伐利亚公爵日耳曼人路易把乌里分封给苏黎世女修道院长。1231年,乌里州居民得到了神圣罗马帝国皇帝腓特烈二世对该州独立于任何领主的承认。施维茨和下瓦尔登虽没有这样明确的历史证据,但一般认为腓特烈二世对它们也有类似的立场。为了保持直接统治的独立性,州民必然会与强大的邻居哈布斯堡家族发生冲突。1273年,鲁道夫一世当选为罗马人民的国王,暂时推迟了领土统一政策。虽然鲁道夫一世以新的身份获得了各州的宗主权,但这些州都准备拒绝承认鲁道夫一世是士瓦本公国的领主。既然哈布斯堡家族的奥地利公爵鲁道夫一世可以利用王权来满足自己的家族领地扩张野心,那么这场竞争看起来一定会不平等。鲁道夫一世的注意力转移到了地方事务上:与波希米亚国王普热米斯尔·奥托卡二世的斗争,征服奥地利王国,在新的东方领地上建立家族等。鲁道夫一世从未放弃自己在士瓦本公国的最初目标,但他无法再集中注意力。哈布斯堡王朝征服奥地利是瑞士独立的第一个基础。

卢塞恩湖农民清楚地意识到面临的威胁。1291年7月,鲁道夫一世驾崩后不久,卢塞恩湖农民起草了第一份现存的联邦文件。文件内容值得引用:"所有人都看到了时代的危险性,乌里州山谷、施维茨州山谷及低山谷的山民庄严宣誓:我们联合起来,以自己最大的财力及能力互相援助和保护我们所有人生命、财产及领土;坚决与试图单独或集体侵犯我们的每一个敌人做斗争。这是我们的古约。凡有主人的,就当顺从他,尽我们当尽的本分。我们已经下达了命令。在我们的山谷里,我们不接受任何以高价得到官职的长官,在我们中间也不接受非本地人的长官。我们之间的每一个矛盾都将由我们最聪明的人来裁决;谁要是拒绝接受裁决,联邦成员有权强迫他服从。凡故意杀人者,处以死刑。凡想要将杀人之人挡在法网之外者,我们必将其赶出山谷。纵火犯将丧失其作为社区自由成员的特权,任何庇护他的人都应赔偿损失。偷盗、凌辱他人者,要用所有财产来赔偿。山谷中人人都要承认长官的权威。如果内部发生争端,其中一方拒绝进行公平的补偿,则南部联邦就会支持另一方。此约为我们的共同福祉而立,上帝保佑它必存久远。"

从这份简单的文件中可以明显看出,从一开始联邦就不仅仅是一个防守联盟,在一定程度上它还规范了对犯罪的惩罚。这可能是因为如果在每个州执行不同的惩罚,就会产生无尽的混乱;罪犯可以从一个州逃到另一个州。同时,它没有成立一个完整的联邦政府,没有提到设立一个联合大会来审议共同关心的问题，也没有为联邦目的的共同税收做出任何规定。每一个州都要自筹经费进行战争，而且军队成员是不固定的；所有能够携带武器的男性都必须加入。这个联邦既不是理论家倡导的，也不是有经验政治家倡导的，而是由三个面临当前危险的乡村社区组成，未来的困难则留给他们自己去解决。关于顺从主人的条文证明：联邦的目的是防止压迫，而不是要求独立。然而，事实很快证明，独立是反抗压迫的唯一保障。

尽管瑞士邦联的目标有限，但如果阿尔布雷希特一世继承父亲鲁道夫一世的王位，联邦就很难维持下去。在这里，我们可以看到新生的南部联邦带来的好运。如果哈布斯堡家族继续仅仅维持为一个士瓦本家族，毫无疑问，他们会成功地行使直接主权。鲁道夫一世的当选及对奥地利的占领，给了各州喘息的机会。就共同采取行动保卫自己的领土，各州可以达成一致的意见。

哈布斯堡王朝未能维护神圣罗马帝国的尊严，是瑞士邦联的又一幸事。这为联邦提供了强大的盟友和借口来坚持其对神圣罗马帝国的直接依赖。鲁道夫一世驾崩后，从拿骚伯爵阿道夫当选中，瑞士邦联获得了直接的优势。急于削弱对手奥地利公爵阿尔布雷希特一世，阿道夫一世立即承认了1291年成立的瑞士邦联，并且承诺给予它帝国的保护。然而，阿道夫一世的倒台和阿尔布雷希特一世的当选再次把南部联邦置于非常危险的境地。尤其是在阿尔布雷希特一世统治期间，像阿尔布雷克特·格斯勒那样的地方长官实施暴政，但这些说法无法找到当时权威的证据。阿尔布雷希特一世当然是根据帝国权威任命地方长官的，但我们没有找到记录说他任命了外国人，或者他的地方长官是残暴的。

事实上，阿尔布雷希特一世和他的父亲鲁道夫一世一样，忙于帝国事务，无暇顾及士瓦本公国的利益。阿尔布雷希特一世统治期间，瑞士邦联低调行事，明智地不给阿尔布雷希特一世任何借口进行干预。如果阿尔布雷希特一世的儿子继承了罗马人民的国王，那么三大森林州很可能会逐渐被哈布斯堡王朝吞并。然而，这时，瑞士邦联的好运又来了。阿尔布雷希特一世驾崩后，王权被后代子孙削弱了。在很大程度上,海因里希七世和路易四世对奥地利公爵怀有敌意,乐意在士瓦本公国加强敌对行动。

最早发布的一批法令中,海因里希七世就给予瑞士邦联充分的肯定,证明联邦直接依赖于神圣罗马帝国,完全不受外国管辖。作为回报,瑞士邦联派遣三百个士兵陪同海因里希七世参加意大利远征——这是瑞士军队首次在国外服役。在上巴伐利亚公爵路易四世和奥地利公爵腓特烈三世的权力斗争中,瑞士邦联很自然地站在了上巴伐利亚公爵路易四世一边。奥地利公爵腓特烈三世的弟弟奥地利公爵利奥波德一世决心惩罚反叛且胆大妄为的农民。由此发生了一个关于敌对势力之间战斗的传奇故事:众所周知,在莫尔加滕狭窄的山谷处,利奥波德一世的士兵遭到伏击,完全没有反击余力。瑞士人先用一场乱石雨让利奥波德一世的士兵陷入了极度混乱,然后冲下山坡对利奥波德一世的士

利奥波德一世的士兵遭到伏击

兵一顿猛击。这是一次成功的战斗，显示了瑞士人在自己的土地上英勇无敌。经过一段时间的训练，瑞士人成为欧洲优秀的步兵。为庆祝胜利，在布鲁嫩，瑞士邦联正式成立。通过承认海因里希七世发布的关于瑞士邦联的法令，上巴伐利亚公爵路易四世认识到此事对他事业的价值。根据1318年的一项条约，哈布斯堡王朝撤回了在三大森林州范围内对行政当局的所有限制声明。瑞士邦联现在是一个被认可的组织，它的邻邦成员可在紧急情况下寻求援助。

瑞士邦联最重要且最近的一个邻邦就是卢塞恩镇，它是受默巴赫修道院保护而发展起来的。随着城镇权力和财富的增长，修道院的直接所有权被割裂。然而，僧侣保留了首席法官的任命权，直到哈布斯堡王朝奥地利公爵鲁道夫三世买下修道院。用金钱买卖领土是鲁道夫三世试图扩大自己在士瓦本公国优势地位的主要手段之一。从那时起，卢塞恩镇就承认自己在某种程度上屈

默巴赫修道院

从哈布斯堡王朝。在上巴伐利亚公爵路易四世和奥地利公爵腓特烈三世的权力斗争中,卢塞恩镇给予奥地利公爵腓特烈三世人力和金钱上的援助。然而,随着腓特烈三世的要求越来越过分,十分不满的公民转而寻求邻近村庄的支持。1330年12月7日,卢塞恩正式加入瑞士邦联,成为第四个成员。

这并不表示对哈布斯堡王朝的公然蔑视,因为条约明确保留了哈布斯堡王朝管辖权和封建特权等权力,哈布斯堡王朝对卢塞恩的统治也没有做出任何改变。然而,随着时间的推移,公民不可避免地会受到盟友的独立和民主宪法的影响。1343年,世俗贵族密谋与原来的三大森林州成员撕毁条约。据说,这个阴谋被一个小男孩听到了;小男孩被发现后,发誓会保守秘密。这个小男孩信守诺言,没有把秘密告诉任何人,而是对着房间里的火炉自言自语,但在这个房间里屠夫行会正在开会。同谋者被捕,市民惊慌失措。结果,不仅卢塞恩仍然是瑞士邦联的成员,还成立了一个由三百人组成的新执行委员会。征税、发动战争和缔结和平条约的权力属于整个瑞士邦联,于是排他性的寡头政治被推翻了。

另外两个城市苏黎世和伯尔尼,虽然离卢塞恩较远,但注定要在瑞士邦联的历史上扮演更重要的角色。14世纪,苏黎世是一个帝国城市,不服从任何中间领主。苏黎世的寡头统治方式非常封闭,由三十六名老自治市公民家庭成员组成的委员会具体执行。只要权力不动摇,苏黎世就不大可能与瑞士联盟的最初三个州的农民有密切联系。然而,像当时的许多其他城镇一样,苏黎世经历了一场革命。工匠在自己的行会中组织起来,对老自治市公民排外的寡头统治提出异议。鲁道夫·布伦领导了这场革命,他是一个世纪以来杰出的政治家之一。鲁道夫·布伦本是统治阶层的一员,但为了满足自己的野心,转而反对统治阶层。1336年,苏黎世政治变革完成。议会成员被吓得仓皇逃窜。群众大会召开,决定改组政府,由鲁道夫·布伦掌握最高权力。不久,新宪法颁布。在一个由二十六人组成的委员会的协助下,鲁道夫·布伦被任命为终身市长。二十六人委员会中十三人由市长提名,包括六名贵族和七名平民;另外十三人是各行会的护民官。接下来的十五年里,鲁道夫·布伦几乎成了苏黎世的暴君。直到权威受到严重威胁,鲁道夫·布伦才不得不与坚决反对其个人统治的三大森林州居民和解。

在苏黎世,鲁道夫·布伦毫无节制的专制激起了人们强烈反抗。财产遭受剥夺的寡头集团成员被煽动密谋推翻鲁道夫·布伦,他们在苏黎世之外的贵族中找到了热情的支持者——约翰·帕里西达。这让人不禁想起了卢塞恩历史上类似的事件——面包师的孩子无意中听到了那些同谋者的话,就把这件事告诉了他的主人。鲁道夫·布伦提前得知消息,于是无情地镇压了起义。所有

鲁道夫·布伦镇压市民起义

鲁道夫·布伦

被怀疑有不满情绪的公民都被处死；约翰·帕里西达被监禁，他的领地拉珀斯维尔被夷为平地。对此，奥地利哈布斯堡王朝异常愤怒。为了免受报复，鲁道夫·布伦不得不与三大森林州结盟。1351年5月2日的协定非常重要，因为它不仅显示出瑞士邦联的显著进步，协定中的一些内容还引起了后来的诸多麻烦。协定内容为："我们，苏黎世、卢塞恩、乌里、施维茨和下瓦尔登五州，在此缔结牢固且永久的联盟。我们承诺：互相帮助，维护共同的生活和财富，反对试图以任何方式损害我们的名誉、财产或自由的任何人。无论何时，此协定在阿尔河、图尔河、莱茵河和圣戈萨特山等均有效。委员会或社区呼吁援助时必须声明情况紧急。每个州不得逃避或拖延，需尽自己的财力进行援助。在非常紧急的情况下，如长途行军或长期作战，各州应在艾因西德伦举行一次大会，讨论应采取的措施。我们，联邦各州，庄严地维护神圣罗马帝国及其主权国的一切权力，以及我们每个州以前的联盟。每个州可以组成新的联盟，但不得损害瑞士邦联的利益。我们将共同维护苏黎世市长和宪法。如果苏黎世和其他三大森林州成员之间出现纠纷，应派出两名友善的智者，其他州再派两人，共四人来到艾因西德伦宣誓进行裁决。如果选票是相等的，他们需要从任意一个州中选出第五人，投出决定性的一票。"联邦制的进步性体现在会议和仲裁条款中；鲁道夫·布伦的外交手腕在一些条款中表现得很明显，这些条款使一个州能够组成单独的联盟；而三大森林州则承诺维护苏黎世现有的宪法。

奥地利公爵阿尔布雷希特二世是阿尔布雷希特一世众多儿子中的最后一个幸存者，正准备为其兄弟受到的伤害进行报复，维护哈布斯堡家族在士瓦

奥地利公爵阿尔布雷希特二世

本公国的权力。1352年,阿尔布雷希特二世的军队挺进苏黎世,要求附近的城镇和村庄提供援助。格拉鲁斯离苏黎世不远,它的居民依赖于萨金根修道院,而修道院的管理权掌握在女修道院院长任命的一位管家手中。一个多世纪以前,哈布斯堡伯爵就获得了萨金根修道院的倡导者或军事领导者的地位,这使格拉鲁斯的居民有义务为阿尔布雷希特二世的军队提供援助。然而,对阿尔布雷希特二世的要求,格拉鲁斯人回答道:"我们只会为萨金根修道院服务,拒绝和公爵私下发生争端。"阿尔布雷希特二世立刻派了一队人马去征讨格拉鲁斯,但格拉鲁斯人得到了三大森林州的帮助,将阿尔布雷希特二世的军队击退。这促使格拉鲁斯与其盟友之间建立了永久联盟。阿尔布雷希特二世和女修道院院长的权力和税收在条约中有明确的保留。此外,格拉鲁斯人承诺:如果没有瑞士邦联的同意,他们不会缔结新的联盟。

大约在同一时间,瑞士邦联取得了第一次胜利。到目前为止,各成员都是自愿加入的;但现在为了确保自身的安全,联邦使用武力迫使楚格小镇加入。楚格位于苏黎世和卢塞恩湖之间,曾被奥地利驻军占领。施维茨人前进至楚格城墙前要求楚格人投降,宣称无意削弱奥地利公爵的权威,也无意修改楚格宪法。由于没有阿尔布雷希特二世的援助,楚格人觉得有必要屈服,于是正式加入了瑞士邦联。

阿尔布雷希特二世的远征彻底失败了。1352年的战役以一个没有实际可行内容的条约而告终。所有囚犯都被要求释放,所有人质和劫掠财物都被要求归还。楚格和格拉鲁斯要照例效忠于阿尔布雷希特二世。瑞士邦联保证以后不会与奥地利王国的诸侯国结盟;卢塞恩和苏黎世也不会承认那些诸侯国。不过,所有以前的联盟、豁免和既定的规章仍然有效。这些术语可能故意模棱两可。奥地利公爵争辩说,那些术语牵涉从瑞士邦联中分离出楚格和格拉鲁斯;而瑞士邦联则认为,最后一条条款赋予他们维持联邦的权力。

尽管条约本身的可行性值得怀疑,但它为瑞士邦联注入了巨大的力量。1353年年初,一位大使成功地说服强大的伯尔尼加入瑞士邦联,还签署了一项条约。直接联盟由原来的三州组成；苏黎世和卢塞恩只是间接参与，而格拉鲁斯和楚格则完全没有被提及。这里引用部分条约内容："在需要的时候，三大森林州中的瑞士人将得到伯尔尼的帮助；作为回报，这些州承诺保卫伯尔尼城、它的市民及其所有财产……我们，伯尔尼人，答应在瑞士邦联成员要求的时候，帮助苏黎世和卢塞恩。我们，苏黎世人和卢塞恩人，答应一旦伯尔尼受到攻击，它的议会就派人到三大森林州寻求援助，我们将立即自费前去援助。"

伯尔尼的加入使瑞士邦联旧州的数目达到八个；1291年到1353年短短六十多年时间，联邦发展到如此大的规模。然而，显然到目前为止，瑞士邦联还存在一些弊端：没有中央政府，也没有最高法院。联邦成员之间的关系各不相同，有些根本没有联系。伯尔尼并没有直接与苏黎世或卢塞恩结盟，也没有与格拉鲁斯和楚格结盟。格拉鲁斯和楚格彼此之间没有任何关系，格拉鲁斯比其他任何一个州都更顺从。此外，由于宪法上的分歧，联盟各成员无法以相同的视角看待政治问题。伯尔尼保留了其独有的贵族制度；苏黎世和卢塞恩采用混合宪法；而最初的三个州及楚格和格拉鲁斯，都是纯粹的民主国家，每个成年男性都拥有一定的政治权利。

如果来自奥地利公爵的全部威胁在1353年结束，那么这个不稳固的瑞士邦联很可能会分崩离析。然而，只要哈布斯堡家族仍然是士瓦本公国的土地所有者，它们弱小的邻居就有被吞并的危险，而正是这一点最终使联盟成为一个持久的联邦。阿尔布雷希特二世坚决执行他对1352年条约的解释。1354年，阿尔布雷希特二世要求格拉鲁斯和楚格放弃与其他州的联盟。格拉鲁斯和楚格向神圣罗马帝国皇帝查理四世提出上诉，但查理四世发誓要采取措施反对这种联盟，并且支持哈布斯堡王朝。在鲁道夫·布伦奉行的利己主义政策中，阿尔布雷希特二世还有另外一个优势。如果鲁道夫·布伦能够巩固自己的地位，并且愿意与奥地利达成协议，他就仍然是苏黎世的最高统治者。苏黎世的情况几乎促使三大森林州接受了一项条约，其中包括放弃争议中至关重要的条款，而这一明显的背叛行为直到最后一刻才被发现。结果，苏黎世和瑞士邦联其他成员之间关系开始冷淡,甚至与阿尔布雷希特二世签订了单独的条约。幸运的是,阿尔布雷希特二世年事已高,无力再去这种分裂中争取利益。驾崩前,阿尔布雷希特二世决定与瑞士邦联休战十一年,暂时维持现状。

1358年,阿尔布雷希特二世驾崩,留下了四个儿子,都是在结婚十五年后出生的。驾崩前,阿尔布雷希特二世做了一项安排,将领土移交给四个儿子进行联合统治。1362年,阿尔布雷希特二世次子奥地利公爵腓特烈三世去世;三子奥地利大公阿尔布雷希特三世更喜欢学习哲学而不是关心政治。哈布斯堡家族两个热衷政治的成员是长子奥地利公爵鲁道夫四世和幼子奥地利大公利奥波德三世。鲁道夫四世娶了查理四世的女儿波希米亚的凯瑟琳为妻,与岳父查理四世就选举结果发生了争执。直到被允许吞并蒂罗尔,他们才和好。在士瓦本领地上,鲁道夫四世显示出自己是一位活跃且能干的统治者,并且获得了鲁道夫·布伦的支持。作为回报,鲁道夫四世赏赐鲁道夫·布伦大量财宝,并且授予他枢密院议员头衔。鲁道夫四世还买下了拉珀斯维尔领地,从而在苏黎世湖和三大森林州之间插入了一枚楔子。在苏黎世湖上,鲁道夫四世假意帮助朝圣者

奥地利公爵腓特烈三世

奥地利大公阿尔布雷希特三世

第7章 瑞士邦联的崛起

建造了一座可到达艾因西德伦的宏伟木桥。这座木桥被同时代的人视为世界奇观之一，但鲁道夫四世真正的目的是把意大利和德意志之间主要公路的控制权掌握在自己手中。鲁道夫四世不安分的行为迟早会引发与瑞士人的冲突。1365年，当计划正如火如荼地进行时，鲁道夫四世突然去世，年仅二十六岁。

剩下的两兄弟中，奥地利大公阿尔布雷希特三世和奥地利大公利奥波德三世是鲁道夫四世野心勃勃计划的忠实拥护者，尤其利奥波德三世急切想实施鲁道夫四世的那些计划。有了这个目标，利奥波德三世说服他的哥哥阿尔布雷希特三世重新实行分治，自己得到了施蒂里亚、卡林西亚、蒂罗尔和士瓦本领地。利奥波德三世将大部分注意力都集中在士瓦本公国上。利奥波德三世四处购买领土，并进行其他权力交易，想要实现曾祖父[①]罗马人民的国王鲁道夫一世的目标：在哈布斯堡王朝建立一个强大且团结的士瓦本公国。在追求这一目标的过程中，利奥波德三世不可避免地与瑞士人发生冲突。

利奥波德三世引人注目的成就之一，就是从瓦茨拉夫四世那里获得了王位。瓦茨拉夫四世是查理四世软弱无能的继承人，在上士瓦本和下士瓦本担任帝国顾问官时，很快他发现自己陷入了严重困境。为了对抗士瓦本城镇联盟，诸侯和骑士被迫组成联盟。在这种情况下，局部冲突经常发生，似乎有可能升级为一场阶级大战。瑞士人自然支持士瓦本城镇联盟，而利奥波德三世在徒劳无功地充当双方仲裁者之后，发现自己受瑞士人的侵略所迫从而投靠了对方。邻近的贵族军队驰援利奥波德三世驻扎在阿尔高和巴登的军队。由于士瓦本城镇联盟未能向瑞士人提供任何援助，利奥波德三世似乎有充分的理由认为这是一场彻底且轻松的胜利。然而，公然违反《1352年条约》的瑞士人意识到，这是一场要么自由要么臣服的战争。鲁道夫·布伦死后，苏黎世与瑞士邦联的关系回到了完全和谐的状态。

1386年7月9日，瑞士军队不遗余力地集结兵力，在森帕赫战役中取得了胜

[①] 奥地利大公利奥波德三世的父亲是奥地利公爵阿尔布雷希特二世，祖父是罗马人民的国王阿尔布雷希特一世，曾祖父是罗马人民的国王鲁道夫一世。——译者注

瑞士人在森帕赫战胜利奥波德三世的军队

利。这场胜利与莫尔加滕胜利相比更具有决定性,但更加艰难。为扭转战局,利奥波德三世义无反顾地奋力厮杀,最终倒在了战场上。事实上,利奥波德三世的去世决定了战争的胜败。在迫使对手接受条款之前,瑞士人又取得了纳费尔战役的胜利。

然而,《1389年条约》是那个时代瑞士爱国者希望的最完整条约。利奥波德三世的儿子放弃了对卢塞恩、格拉鲁斯或楚格一切直接或间接的封建统治权。因此，在瑞士邦联1291年成立后的一百年内，瑞士人成功地取得了包括扩大的联邦在内的整个领土。瑞士邦联独立地依附于神圣罗马帝国，这曾是三大森林州的首要目标。

第8章

14世纪的意大利

（1313年到1402年）

精彩看点

教皇派和皇帝派——威尼斯共和国的政治——教皇派和皇帝派势均力敌——国外势力介入意大利——托斯卡纳公国的争斗——上巴伐利亚公爵路易四世在意大利——马斯蒂诺二世·德拉·斯卡拉的权力——波希米亚国王约翰一世——波希米亚国王约翰一世在意大利的胜利——波希米亚国王约翰一世遭到反对——波希米亚国王约翰一世的倒台——反马斯蒂诺二世·德拉·斯卡拉联盟——1343年瓦尔特六世在佛罗伦萨——宪法变迁——意大利雇佣兵起义——外国雇佣兵——本土雇佣兵——那不勒斯——乔安娜一世与卡拉布里亚公爵安德鲁——匈牙利国王路易一世入侵那不勒斯——乔安娜一世的继承问题——第二安茹家族——查理三世与路易一世——拉迪斯劳斯和路易二世——罗马与教皇国——科拉·迪·里恩齐——科拉·迪·里恩齐对下层阶层友好——科拉·迪·里恩齐的胜利与失败——流亡中的科拉·迪·里恩齐——意大利枢机主教阿尔沃诺斯——1354年科拉·迪·里恩齐回国后去世——恢复教皇国——教皇乌尔班五世重返罗马——1378年到1418年天主教会大分裂——佛罗伦萨——阶级间的嫉妒——阿尔比齐家族与里奇家族——1378年无行会组织市民起义——1382年的反革命运动——佛罗伦萨的寡头统治——佛罗伦萨的领土扩张——威尼斯共和国和热那亚共和国——威尼斯与热那亚战争（1350年到1355年）——基奥贾战争（1378年到1381年）——热那亚共和国的衰落——战后的威尼斯共和国——米兰公国的维斯孔蒂家族——贝尔纳博·维斯孔蒂与加莱亚佐二世·维斯孔蒂——米兰公国的逆转——吉安·加莱亚佐·维斯孔蒂——吉安·加莱亚佐·维斯孔蒂的计划——征服维罗纳和帕多瓦——1390年到1392年吉安·加莱亚佐·维斯孔蒂对佛罗伦萨共和国的战争——吉安·加莱亚佐·维斯孔蒂的成功——1402年，吉安·加莱亚佐·维斯孔蒂驾崩海因里希七世驾崩意味着其最后一次努力的失败，他曾试图通过在意大利建立一个有效的君主制来实现但丁·阿利吉耶里在《帝制论》中谈到的理想。几年前，教皇比其他任何力量都极力压制王权，并且故意将国王宫邸迁至罗纳河畔来削弱王权。一段时间里，意大利好像摆脱了导致亚平宁半岛冲突不断和无政府状态的两派之争。然而，这只是意大利历史上众多反常现象之一。教皇派和皇帝派之间的争斗仍像当年那样激烈且充满敌意。在这些纷争之下，我们可以追踪到政治利益和自私权力日益膨胀的暗流，逐渐导致强大的邻邦吞并弱小州邦，最终形成了五大强国。强国之间的争斗组成了15世纪的历史。

威尼斯共和国树立了一个很好的榜样。地理位置使威尼斯共和国远离党派纷争，而对利益的维护却比其他任何国家都要严格。在东部，威尼斯共和国必须维持、扩大贸易和影响力，以对抗热那亚的威胁；此外，威尼斯共和国还必须面对东罗马帝国的衰落和土耳其人不断侵略带来的严重问题。在西部，威尼斯共和国尚未在大陆上获得任何领土，但两大紧迫的威胁迫使它密切关注伦巴第的政治动向。威尼斯共和国绝不允许任何一个大陆国家完全控制翻越阿尔卑斯山脉的通道，因为这是威尼斯商品进入中欧市场的通道。威尼斯共和国更不能忽视确保粮食供应的迫切需要。坐落在潟湖小岛上的威尼斯共和国不可能生产出足够多的农产品来养活它的居民，必须依赖东伦巴第或达尔马提亚为其提供粮食。如果敌对势力切断这些供给通道,威尼斯共和国就不得不因饥饿而迅速投降。在意大利政治中,双重的利益使威尼斯共和国扮演了一个比它极力维护自己的孤立地位还重要的角色,最终迫使其加入对大陆领土的争夺战中。

除了威尼斯共和国,意大利所有邦国或多或少都卷入了派系斗争。在南部,依靠教皇和法兰西王国的支持,那不勒斯国王罗伯特一世仍然保持着教皇派的领导权。像祖父那不勒斯国王查理一世一样,罗伯特一世仍然致力于把这个领导权转变成意大利的王权。然而,安茹家族的权力已不像查理一世时期那样强盛了。西西里晚祷把西西里岛交给了一个敌对的王朝,而阿维尼翁的教皇与罗马的教皇相比,并不是那么有价值的盟友。北方是皇帝派的主要势力范围。像米兰统治者马泰奥一世·维斯孔蒂和维罗纳伯爵康格兰蒂·德拉·斯卡拉这样的暴君,正在迅速推翻伦巴第城市的共和独立,而这些人除了被任

维罗纳伯爵康格兰蒂·德拉·斯卡拉

命为神圣罗马帝国神父，没有任何维护权威的法律依据。教皇国和托斯卡纳坐落在那不勒斯和伦巴第之间。在教皇国，教皇继续通过向教皇派和安茹王朝派出的公使来行使自己的权力。然而，随着教皇直接权威的衰落，名义上的教皇封地——帝国城市中开始出现新的统治者。这些暴君渴望最大限度地独立，因而自然而然地向皇帝派靠拢。在托斯卡纳公国，党派界限明显。佛罗伦萨是支持教皇派的共和制国家之首，同样保留着共和制的比萨，坚定地站在皇帝派一边。

总的来说，教皇派和皇帝派势均力敌，因此，任何一方都很难抵制通过寻求外国援助来扭转局面的诱惑。的确，包括西蒙德·德·西斯蒙迪在内的许多作家都把教皇派重新描述为民族派，而把皇帝派描述为反民族派。这种观点既包含了对中世纪神圣罗马帝国的误解，也包含了一种对民族意识概念的年代错判。当时，意大利根本不可能存在民族意识。唯一能与对党派忠诚媲美的是爱国主义；然而，城邦之外的爱国主义，对佛罗伦萨或米兰的公民来说，就像对希腊独立时期的雅典人或斯巴达人一样陌生。对伦巴第人或托斯卡纳人来说，那不勒斯国王罗伯特一世就像上巴伐利亚公爵路易四世一样，是个外国人，而法兰西国王更是如此。只要党派精神是意大利最强大的力量，我们就能听到一系列要求外国干预的呼声。当党派精神最终让位于国家间的对抗时，国外干预就演变成了征服和占领。

在驾崩前的最后一场战争中，海因里希七世深刻且正确地认识到当前局势的关键在于托斯卡纳公国。如果皇帝派的事业能够在此取得胜利，那么推翻教皇派便指日可待。驾崩后不久，海因里希七世期望的事业似乎有可能实现。当时，有名的冒险家卡斯特鲁乔·卡斯特拉卡尼因其军事才能而声名鹊起，成为卢卡领主，使卢卡成为佛罗伦萨的强大邻邦。1325年，卡斯特鲁乔·卡斯特拉卡尼攻占了位于卢卡和佛罗伦萨之间的皮斯托亚，并且在阿尔托帕肖打败了佛罗伦萨军队。佛罗伦萨人非常害怕，最终决定以牺牲独立来换取胜利，于是佛罗伦萨人把这座城市的统治权送给了那不勒斯国王罗伯特一世。接管统治权后,那不勒斯国王罗伯特一世将其传给唯一的儿子卡拉布里亚公爵查尔斯。

卡斯特鲁乔·卡斯特拉卡尼的进展受到阻碍。那不勒斯势力在托斯卡纳公国的出现迫使皇帝派的领袖向上巴伐利亚公爵路易四世求助。1327年,上巴伐利亚公爵路易四世进入意大利,但他的到来并没有给盟友带来任何实质性好处。在米兰,上巴伐利亚公爵路易四世囚禁了米兰统治者加莱亚佐一世·维斯孔蒂,并且恢复了米兰公国的独立。尽管曾支持过皇帝派,但在抵抗围攻一个月后,比萨向上巴伐利亚公爵路易四世打开了大门。此时,上巴伐利亚公爵路易四世正打算用比萨来换取卡斯特鲁乔·卡斯特拉卡尼的支持。上巴伐利亚公

加莱亚佐一世·维斯孔蒂

卡拉布里亚公爵查尔斯

爵路易四世并没有攻击佛罗伦萨的卡拉布里亚公爵查尔斯，而是急忙赶往罗马去加冕，成为神圣罗马帝国皇帝。教皇约翰二十二世作为异教徒被废黜，反教皇派成功当选。卡斯特鲁乔·卡斯特拉卡尼被正式封为卢卡公爵兼皮斯托亚公爵兼沃尔泰拉公爵。然而，据说，佛罗伦萨人已用计谋占领了皮斯托亚。于是，为了夺回自己的公国，卡斯特鲁乔·卡斯特拉卡尼不得不赶到北方。对上巴伐利亚公爵路易四世把比萨的统治权交给皇后埃诺的玛格丽特二世，卡斯特鲁乔·卡斯特拉卡尼愤怒无比，不顾帝国的权威，采取了强有力的措施来巩固自己在比萨的统治。借道比萨，卡斯特鲁乔·卡斯特拉卡尼成功地包围了皮斯托亚。然而，1328年9月3日，卡斯特鲁乔·卡斯特拉卡尼因发烧而死在战壕里。

1328年，卡斯特鲁乔·卡斯特拉卡尼的去世和上巴伐利亚公爵路易四世被赶出罗马，让皇帝派失去了年初的优势。曾经被迫屈服于佛罗伦萨和比萨的卢卡变成许多国家和冒险家争夺的目标。然而，教皇派并没有从皇帝派的不幸中得到预期的好处。1328年11月9日，从卡斯特鲁乔·卡斯特拉卡尼手中，卡拉布里亚公爵查尔斯把佛罗伦萨人拯救了出来。卡拉布里亚公爵查尔斯因失去儿子而深感沮丧，那不勒斯国王罗伯特一世放弃了大部分雄心勃勃的计划，并且停止干涉意大利北部的政治。不久，上巴伐利亚公爵路易四世发现有必要离开意大利，以顾全在德意志的利益。离开之前，上巴伐利亚公爵路易四世恢复了对米兰的统治权，由被废黜的加莱亚佐一世·维斯孔蒂之子阿佐内·维斯孔蒂统治。与卡斯特鲁乔·卡斯特拉卡尼一样，在围攻皮斯托亚期间，阿佐内·维斯孔蒂病逝了。

阿佐内·维斯孔蒂

马斯蒂诺二世·德拉·斯卡拉

上巴伐利亚公爵路易四世离开意大利,以及不作为的那不勒斯国王罗伯特一世,使意大利北部政党在没有外国援助的情况下战胜了对手。皇帝派在托斯卡纳公国失去了短暂的优势,但他们在伦巴第平原上仍然有无限的权力。当时,最有权势的皇帝派诸侯是马斯蒂诺二世·德拉·斯卡拉。1329年,马斯蒂诺二世·德拉·斯卡拉继承了叔父①康格兰蒂·德拉·斯卡拉在维罗纳的王位。康格兰蒂·德拉·斯卡拉是一位典型的意大利暴君,残酷无情,又受到文人的庇护,在伦巴第东部建立了强大的领土势力。康格兰蒂·德拉·斯卡拉任命马尔西利奥·达·卡拉拉作为副官来治理帕多瓦,同时他又直接征服了维琴察、费

---

① 阿尔博伊诺一世·德拉·斯卡拉是马斯蒂诺二世·德拉·斯卡拉的父亲,也是康格兰蒂·德拉·斯卡拉的哥哥,所以康格兰蒂·德拉·斯卡拉是马斯蒂诺二世·德拉·斯卡拉的叔父。——译者注

尔特雷、贝卢诺和特雷维索等城镇，从而得以控制阿尔卑斯山脉最重要的东线通道。

马斯蒂诺二世·德拉·斯卡拉继承了叔父康格兰蒂·德拉·斯卡拉的野心与领地。当收到来自布雷西亚皇帝派流亡者的援助请求时，马斯蒂诺二世·德拉·斯卡拉果断抓住时机，围攻布雷西亚。这种侵略是外国干涉意大利内政最有趣、最独特的例子。在意大利边境的特伦托，波希米亚国王约翰一世恰好正协商蒂罗尔继承人玛格丽特·莫尔塔施与儿子摩拉维亚侯爵约翰·亨利的婚事。波希米亚国王约翰一世从未参与过意大利的政治。然而，在欧洲，约翰一世享有盛誉，他的地位引起意大利人的注意。众所周知，波希米亚国王约翰一世与教皇、法兰西国王关系亲密，他们都是教皇派事业的赞助人。同时，作为海因里希七世的儿子，波希米亚国王约翰一世强烈拥护皇帝派。如果说有谁能在意大利的党派纷争中充当调解人的话，那么非卢森堡家族的统治者波希米亚国王约翰一世莫属。

收到受围困的布雷西亚人的援助请求后，波希米亚国王约翰一世无法抗拒冒险开辟新疆土的诱惑，以收回布雷西亚主权作为交换条件进行援助。波希米亚国王约翰一世下令在波希米亚收税，并警告马斯蒂诺二世·德拉·斯卡拉不要袭击这座属于自己的城市。马斯蒂诺二世·德拉·斯卡拉服从了，条件是赦免皇帝派的流亡者；波希米亚国王约翰一世履行了这一承诺。然而，这一切让在布雷西亚占统治地位的教皇派大为懊恼。1330年12月31日，波希米亚国王约翰一世进入布雷西亚时宣布自己将不属于任何党派，自己的目标是恢复和平与正义，希望不久的将来，教皇派和皇帝派不再对立。这种前所未有的说法产生了立竿见影的效果，影响简直不可思议。在长期党派斗争中疲惫不堪的意大利人，把这位承诺不偏不倚的国王——约翰一世当作护卫天使予以欢迎。意大利北部的贝尔加莫、克雷莫纳、帕维亚、维切利和诺瓦拉等城市相继由波希米亚国王约翰一世统治。即使是米兰强大的贵族阿佐内·维斯孔蒂，也承认波希米亚国王约翰一世的宗主权，并接受被授予的皇家神父头衔。不久，波希米亚国王约翰一世将领土向南扩张，相继征服帕尔马、雷焦、摩德纳、卢卡等。自从卡斯特鲁乔·卡斯特拉卡尼去世后，卢卡就频繁易主。任何情况下任何派别的流亡者都允许返回，充分体现了政府的无党派分歧的立场。暂时看来，意大利人的自发行为似乎可以创造出一个长久以来难以实现的君主制。

波希米亚国王约翰一世的成功来得太突然，因而也难以持久。党派间的敌意早已根深蒂固，不可能一下就被化解。人们开始质问波希米亚国王约翰一世是奉谁之命而来？是代表皇帝还是教皇？对这些问题，波希米亚国王约翰一世只能给予否定的答案。约翰二十二世对波希米亚国王约翰一世允许皇帝派流亡者返回的做法感到愤怒；上巴伐利亚公爵路易四世因对手约翰一世在自己失败的地方获得成功而心生妒忌。此外，在意大利内外，波希米亚国王约翰一世都有敌人。马斯蒂诺二世·德拉·斯卡拉察觉到伦巴第崛起的联合公国的威胁；佛罗伦萨人则担心卢卡的势力范围一再延伸，极有可能危及自己的独立；北方奥地利公爵和波兰的国王、匈牙利的国王联合起来反对波希米亚国王约翰一世。为了保卫波希米亚王国，约翰一世不得不翻越阿尔卑斯山脉逃离。波希米亚国王约翰一世的逃离只会加速削弱根基尚不牢固的统治权。如果说波希米亚国王约翰一世暂时成功地把教皇派和皇帝派联合起来，那么他的倒台将会带来一个更加令人惊奇的联合。1332年，人们看到了一个奇怪的景象：佛罗伦萨和那不勒斯结成了紧密的联盟，其中包括阿佐内·维斯孔蒂、马斯蒂诺二世·德拉·斯卡拉和其他北方的皇帝派诸侯。马斯蒂诺二世·德拉·斯卡拉成功地占领了布雷西亚；阿佐内·维斯孔蒂也占领了贝加莫和维西利。波希米亚国王约翰一世的其余领地则被盟军瓜分。克雷蒙分给了阿佐内·维斯孔蒂，帕尔马由马斯蒂诺二世·德拉·斯卡拉占领，摩德纳分给了埃斯泰家族，雷吉欧分给了曼图亚的贡扎加家族，卢卡则由佛罗伦萨人掌控。

波希米亚国王约翰一世曾成功地分裂了北方的皇帝派联盟，并且前往法兰西王国和阿维尼翁以获得腓力六世和教皇的支持。现在急忙回去帮助儿子查理四世，在前往法兰西王国寻求援助时，波希米亚国王约翰一世将意大利交给了儿子查理四世管理。波希米亚国王约翰一世发现自己没有足够的国内支持来对付如此庞大的敌对联盟,曾试图调解的两个政党现在联合起来反对自己。在意大利,波希米亚国王约翰一世几乎没有得到什么真正的利益,完全是被冒险的爱好而吸引至意大利。波希米亚国王约翰一世没有理睬意大利国内其他党派的反对,而是把每个城镇的管理特权卖给出价最高的人。1333年,约翰一世带着儿子查理四世离开了意大利。这段历史很有趣,因为它揭示了波希米亚国王约翰一世的冒险性格和意大利人的冲动性格。此外,从另一个角度来看,这段历史还具有不可预见的重要性。未来神圣罗马帝国皇帝查理四世永远不会忘记自己作为父亲约翰一世的副手在意大利两年间获得的政治经验。这些政治经验对他后来拯救像意大利同样境地的德意志采取的政策具有主导性影响。

波希米亚国王约翰一世被推翻后,主要的受益者是反对约翰一世的皇帝派领袖联盟,尤其是马斯蒂诺二世·德拉·斯卡拉,他不仅拿走了属于自己的战利品,而且拒绝归还本应属于佛罗伦萨人的领地卢卡。然而,同时代的人认为,比维罗纳勋爵马斯蒂诺二世·德拉·斯卡拉获得的战利品还多的人,在欧洲只有法兰西国王。法兰西国王权力的迅速增长只会激起邻国的敌意。在利益的驱使下,威尼斯共和国攻击了路易四世的皇后埃诺的玛格丽特二世。她不仅统治着威尼斯共和国的主要食物供应地米兰,还控制着至关重要的阿尔卑斯山脉口。因皇后埃诺的玛格丽特二世的敌意,佛罗伦萨人从她手中夺回了卢卡。马尔西利奥·达·卡拉拉被恢复帕多瓦独立领主地位的诱惑吸引,而阿佐内·维斯孔蒂和其他伦巴第君主则等待摧毁斯卡利杰尔家族。在过去的十年,斯卡利杰尔家族在伦巴第一直享有优势地位。结果形成了一个马斯蒂诺二世·德拉·斯卡拉无法抗衡的强大联盟。1338年,马斯蒂诺二世·德拉·斯卡拉被迫签订了一项条约,放弃了北部维罗纳的优势地位。威尼斯共和国得到了特雷维索及其邻近的卡斯特巴尔多和巴萨诺,从而获得了一块绵延至阿尔卑斯山脉脚下盛产玉米和适宜牲畜的土地。在威尼斯共和国和日益强大的维斯孔蒂家族之间的缓冲地带帕多瓦，卡拉拉王朝建立。维斯孔蒂家族占领了布雷西亚和贝加莫，剩下维罗纳和维琴察还在斯卡拉家族的掌控之下。

不幸的佛罗伦萨人再次被欺骗了，他们本应与皇帝派诸侯结盟的。为了金钱，马斯蒂诺二世·德拉·斯卡拉割让了卢卡。然而，比萨人干涉此事，阻止竞争对手的领土扩张。1341年，比萨人打败了佛罗伦萨军队；1342年，比萨人征服了卢卡。这一串事件给佛罗伦萨带来了灾难，削弱了七个大行会成员在佛罗伦萨的统治，并且使其名誉扫地。懊恼的市民采取了中世纪意大利历史上常见的权宜之计，把临时的独裁政权委托给外国人布里耶纳伯爵瓦尔特六世。先前作为卡拉布里亚公爵查尔斯的追随者，在佛罗伦萨，瓦尔特六世很活跃。当第四

布里耶纳伯爵瓦尔特六世

次十字军远征把东罗马帝国的统治权交给西罗马帝国的诸侯时,瓦尔特六世的祖先已经获得雅典公国。尽管1312年父亲瓦尔特五世被迫下台,但瓦尔特六世仍坚称自己是雅典公爵。对授予的临时军事和司法权力,瓦尔特六世并不满足,于是决定在佛罗伦萨建立永久性的专制制度。对瓦尔特六世来说,争取大贵族和下层阶层的支持并不难,因为这些人嫉妒富有的自由民享有的权力垄断。在大贵族和下层阶层的帮助下,瓦尔特六世召开了一次会议,用投票的方式来决定自己的命运。然而,十个月的专制统治足以使意大利那些热爱自由的人厌恶。贵族、小行会、大行会联合起来,推翻因阶层妒忌而兴起的专制统治。瓦尔特六世命令他雇佣来的骑兵来"清理街道",即沿着主要街道策马疾驰,驱散叛乱分子。

然而,市民筑起路障阻挡雇佣骑兵前进,将瓦尔特六世围困在旧宫,逼迫其退位。下台后,瓦尔特六世对积极参加斗争的贵族做出了让步。《正义法规》被废除,原先负责执行这些条例的行政机构被废除。政府由十二名行会会长

瓦尔特六世退位

组成,从城市的东南西北选取三人。这三人包括一名贵族和两名自由民。其他官职也向贵族开放。然而,贵族对自由民的嫉妒之心根深蒂固,这种安排根本无法长久。民众的起义迫使四位贵族行会会长离开了其办公地。贵族拿起武器保卫自己的事业,但内乱严重削弱了他们整个阶层的力量。《正义法规》以及与之相关的行政职位都恢复了。这场危机的唯一永久性结果就是将政治特权扩大到小行会成员。行会会长的人数固定在八名,东南西北四个方向各两名,其中小行会成员每个方向各占一名。行政长官则轮流从两类市民中挑选。把贵族阶层排除在权力之外成为永久的做法。通过放弃贵族身份且"提升"为普通市民,大约五百名贵族摆脱了原本贵族身份名存实亡的境况。

  使佛罗伦萨人打败入侵者瓦尔特六世的尚武精神,在当时的意大利并不常见,这种精神甚至在佛罗伦萨也没能持续多久。14世纪,意大利的军事体系发生了变化,这注定会对亚平宁半岛的历史产生重要且持久的影响。12、13世纪,国家的军事力量都是由国家的男性组成;他们被组织成为民兵。军队的中心集结标志是军旗或市旗。军队根据当地行政进行划分,有时根据城市的行会组织来划分。军事力量是维护政治自由的最坚实保障。然而,当开始在大多数公社中推翻共和独立时,专制者的首要目标是解除臣民的武装,并且招募那些对当地人没有同情的军队。腓特烈二世便是如此,他在神圣罗马帝国南部的王国政府在许多方面为后来的统治者提供了典范。在与教皇的斗争中,腓特烈二世雇佣撒拉逊人,引起极大不满。神圣罗马帝国北部的统治者试图通过征募外国士兵来巩固权力。海因里希七世、上巴伐利亚公爵路易四世、波希米亚国王约翰一世在接连不断的入侵过程中,留下了许多愿意接受意大利酬金的德意志冒险家。这些人为维斯孔蒂家族和其他意大利暴君充当保镖,这样统治者就可以解除臣民的武装,任意践踏其自由。那些保持独立的共和国很快发现有必要效仿。雇佣兵大部分是重骑兵。因此,在野外,市民的步兵团根本不是雇佣兵的对手。各共和国如果继续使用一支不足以自卫的部队,只会招致灭顶之灾。此外,在战争局势发生改变的情况下,雇佣兵参战比两个敌对城市的平民武装之间的战争持续时间要长得多。普通市民再也不需要牺牲时间和事业去做可以付钱让别人替自己做的工作了。征收重税来雇佣军队，远比让市民离开商店或会计室去参加一场旷日持久的战役划算得多。很快，佛罗伦萨人就养成了雇佣军队的习惯，并且于1351年将个人服役改为雇佣他人。威尼斯人虽然在舰队中雇佣当地船员和指挥官，但主要雇佣外国人在陆地上作战。这种变化的结果之一是步兵完全被重骑兵取代。直到火药普遍使用，战争艺术才发生了另一场大变革。

起初在意大利，雇佣兵大多受雇为暴君的保镖，或共和国常备军。然而，随着军队首领开始意识到雇佣兵的力量，便开始将雇佣兵组建成独立军队。雇佣兵可能依靠不愿参战的当地人向他支付的费用为生，或者通过向出价最高的人提供服务来获取财富。这样一支军队的第一个值得注意的地方是：1343年，一个德意志人维尔纳（意大利人称其瓜尔涅里）组成了一支有名的军队，率领这支军队进入各个州征收赋税，只偶尔参加意大利战争。1353年，同样的雇佣兵军队出现在弗拉·莫雷亚莱麾下，后来他被科拉·迪·里恩齐处死。当《布雷提尼条约》在一段时间内结束了英格兰军队在法兰西王国的战争时，一群新的外国冒险家涌入意大利。在著名的英国人约翰·霍克伍德的领导下，白色军队成立了。在雇佣兵中，约翰·霍克伍德名望很高，忠实地履行雇佣协议。因为约翰·霍克伍德忠诚守信，所以佛罗伦萨人在大教堂给他建了一座坟墓，并且竖立纪念碑来表达感激之情。

14世纪早期，大多数雇佣兵和他们的指挥官都是外国人。19世纪后期，在很大程度上，这些外国雇佣兵的地位被当地军队和本土雇佣兵取代。由于大国扩张，小公国逐渐被剥夺了自由、独立的政治生活，较有活力和雄心的公民很高兴能在从军生涯中找到机会。1379年，罗马涅贵族阿尔贝里科·达·巴比亚诺组建了全部由意大利人组成的圣乔治军队。在圣乔治军队中，有训练有素的布拉乔·达·蒙托内和弗朗切斯科一世·斯福尔扎，他们分别是15世纪意大利两大派军事指挥官的创始人。1401年，受雇于罗马人民的国王鲁珀特三世的德

科拉·迪·里恩齐

约翰·霍克伍德

弗朗切斯科一世·斯福尔扎

罗马人民的国王鲁珀特三世

意志雇佣兵被米兰公爵雇佣的一支意大利军队击溃,这证明了本土雇佣兵可以和外国雇佣兵抗衡。

14世纪后期,随着党派纷争的持续,意大利历史上任何表面上的团结都消失了。那时,对党派的忠诚最终屈从于国家领土扩张的愿望。按照时间顺序来陈述这段历史已不可能,我们能做的就是简要地指出各大公国历史上值得注意的事件。下文将亚平宁半岛上各公国按照由南向北的顺序予以陈述。

1328年,随着唯一的儿子卡拉布里亚公爵查尔斯去世,那不勒斯国王罗伯特一世的野心也随之减弱。尽管继续支持教皇与上巴伐利亚公爵路易四世的战争,但晚年的那不勒斯国王罗伯特一世已很少参与意大利政治。那不勒斯后来的历史在很大程度上转向了各大家族间的争斗,这要求对家谱有一个准确的认识。1309年,那不勒斯国王罗伯特一世继承父亲那不勒斯国王查理二世的王位,把侄子[①]匈牙利国王查理一世排除在外。1342年,匈牙利国王查理一世驾崩,留下了两个儿子:匈牙利国王以及后来波兰国王路易一世、卡拉布里亚公爵安德鲁。

1343年,那不勒斯国王罗伯特一世驾崩,没有直系后代,只有两个孙女:那不勒斯女王乔安娜一世和卡拉布里亚的玛丽亚,她们是卡拉布里亚公爵查尔斯的孩子。为了避免与匈牙利分支的冲突,那不勒斯国王罗伯特一世在驾崩前为乔安娜一世和她的堂兄安德鲁安排了一场婚礼,但这一安排并没有产生预期的效果。乔安娜一世要求继承祖父那不勒斯国王罗伯特一世的财产,并且希望把丈夫安德鲁仅仅当作她的配偶。然而,安德鲁坚持自己作为家族中最年长男性代表的权力优先。那不勒斯国王罗伯特一世的两个侄子[②]塔兰托的路易

[①] 那不勒斯国王查理二世是安茹的查尔斯·马特尔和那不勒斯国王罗伯特一世的父亲,安茹的查尔斯·马特尔是匈牙利国王查理一世的父亲,所以匈牙利国王查理一世是那不勒斯国王罗伯特一世的侄子。——译者注

[②] 那不勒斯国王查理二世是那不勒斯国王罗伯特一世的父亲,是塔兰托的路易斯和杜拉佐公爵查尔斯的祖父,所以塔兰托的路易斯和杜拉佐公爵查尔斯是那不勒斯国王罗伯特一世的侄子。——译者注

斯和杜拉佐公爵查尔斯使这场争斗变得异常复杂。塔兰托的路易斯被怀疑是乔安娜一世的情人；杜拉佐公爵查尔斯则娶了乔安娜一世的妹妹卡拉布里亚的玛丽亚为妻。塔兰托的路易斯和杜拉佐公爵查尔斯都渴望继承王位。当塔兰托的路易斯站在乔安娜一世这边时，杜拉佐公爵查尔斯则支持安德鲁坚持自己的主张。1345年，安德鲁被谋杀，这一消息震惊欧洲。一开始，人们就对塔兰托的路易斯和乔安娜一世之间的关系有所怀疑，而随后两人果真结婚了。尽管

安德鲁被谋杀

表面上与苏格兰女王玛丽一世和博斯韦尔伯爵詹姆斯·赫伯恩的案件[①]十分类似，但很难找到塔兰托的路易斯和乔安娜一世犯罪的绝对证据。匈牙利国王路易一世认为有必要指控乔安娜一世谋杀了丈夫安德鲁，并且采取措施对乔安娜一世进行报复。

同时，匈牙利国王路易一世坚持自己有继承权。然而，由于教皇克莱门特六世的阴谋，上巴伐利亚公爵路易四世和查理四世在德意志的斗争，以及为争取达尔马提亚而反对匈牙利人的威尼斯人的阻挠，匈牙利国王路易一世的远征推迟了两年，直到1347年年底，才得以从陆路来到那不勒斯。包括杜拉佐公

乔安娜一世

[①] 博斯韦尔伯爵詹姆斯·赫伯恩是苏格兰女王玛丽一世的第三任丈夫，他策划杀害玛丽一世的第二任丈夫达恩利勋爵亨利·斯图亚特。——译者注

匈牙利国王路易一世

爵查尔斯在内的许多贵族都支持匈牙利国王路易一世的事业。乔安娜一世被迫逃往普罗旺斯。通过加冕，匈牙利国王路易一世成为那不勒斯国王。加冕后，路易一世的第一个行动就是处死杜拉佐公爵查尔斯。名义上，匈牙利国王路易一世指控杜拉佐公爵查尔斯是安德鲁之死的共犯，事实上，路易一世担心杜拉佐公爵查尔斯成为王位候选人。黑死病的爆发和匈牙利的困境迫使路易一世北撤。乔安娜一世抓住这次机会试图恢复那不勒斯王国。为了筹集资金，乔安娜一世把阿维尼翁卖给了教皇克莱门特六世。1791年被法兰西王国吞并之前，阿维尼翁一直是教皇的财产。回到那不勒斯后，乔安娜一世与匈牙利国王路易一世进行了一场时断时续的战争。1350年，路易一世继续自己的事业，但发现几乎不可能掌控一个离匈牙利王国如此遥远的那不勒斯王国。于是在1351年，匈牙利国王路易一世同意将乔安娜一世谋杀安德鲁的问题交给教皇克莱门特六世解决。克莱门特六世做出了有利于乔安娜一世的决定。最终，匈牙利国王路易一世放弃了那不勒斯国王的称号，并宽宏大量地拒绝了教皇克莱门特六世给予的金钱补偿。

在接下来的三十年里，那不勒斯王国的历史相对平淡无奇。塔兰托的路易斯去世后，乔安娜一世又改嫁两次，但没有子嗣。随着乔安娜一世年纪越来越大，继承问题变得越来越重要。乔安娜一世最近的亲戚是外甥女杜拉佐的玛格丽特。杜拉佐的玛格丽特是妹妹卡拉布里亚的玛丽亚与1348年被处死的杜拉佐公爵查尔斯的女儿。杜拉佐公爵查尔斯的弟弟杜拉佐的路易斯留下了一个儿子，也叫作杜拉佐公爵查尔斯，即后来的那不勒斯国王查理三世。1370年，查理三世娶了堂妹杜拉佐的玛格丽特，并且被乔安娜一世视为继承人。然而，

克莱门特六世接见乔安娜一世

查理三世

1378年,天主教会大分裂;乔安娜一世和查理三世反目成仇。乔安娜一世是克莱门特七世第一个也是最热心的支持者。然而,匈牙利国王路易一世昔日训练并雇佣的查理三世,现在却开始支持乌尔班六世。结果一场激烈的争斗不可避免。1381年,乌尔班六世鼓励查理三世拿起武器反对乔安娜一世,而不是静等王位的继承。

乔安娜一世决心取消查理三世的继承权。同时,为了得到法兰西王国的支持,乔安娜一世提出收养法兰西国王查理五世的弟弟、安茹家族的继承人安茹公爵路易一世。路易一世的曾祖父①瓦卢瓦伯爵查理娶了那不勒斯国王查理二

---

① 路易一世的祖父是法兰西国王腓力六世,腓力六世的父亲是瓦卢瓦伯爵查理,所以瓦卢瓦伯爵查理是路易一世的曾祖父。——译者注

世的女儿安茹的玛格丽特为妻，所以路易一世也具有那不勒斯家族的血统。这一提议被接受了，由此那不勒斯第二安茹家族得到承认。那不勒斯第二安茹家族分散了意大利南部一个世纪的注意力，并最终传到了法兰西国王手中，成为1494年查理八世入侵那不勒斯的最好借口。不过，就当时而言，乔安娜一世的这一举动并没有给她带来什么好处。

法兰西王国的援助到来前，乔安娜一世被杜拉佐公爵查尔斯囚禁，于1382年7月27日在囚禁中死去。杜拉佐公爵查尔斯成功被加冕，成为那不勒斯国王查理三世。查理三世的对手安茹家族的路易一世占领了乔安娜一世的普罗旺斯领地，并且一直在他的后代手中。路易一世还领导了一支强大的军队，试图对

乔安娜一世在囚禁地被匈牙利士兵勒死

那不勒斯主权进行强行干预，但没有成功。1384年，路易一世去世时，只得到了国王的空头衔。

此时，在那不勒斯王国，查理三世的地位已经稳固。然而，路易一世去世后，匈牙利王国爆发动乱。查理三世乘虚而入，得到了匈牙利主权。短暂的成功之后，1386年2月24日，查理三世遭暗杀而驾崩。匈牙利王国落入卢森堡的西吉斯蒙德之手。那不勒斯爆发内战；交战双方是查理三世之子那不勒斯国王拉迪斯劳斯与路易一世之子路易二世。没有必要追溯这场内战的细节，在多次波澜之后，拉迪斯劳斯取得了最终的胜利。接下来的几年中，拉迪斯劳斯是意大利最有影响力、最活跃的国王之一。1414年，拉迪斯劳斯驾崩后，把那不勒斯王位传给了姐姐那不勒斯女王乔安娜二世。自乔安娜二世之后，那不勒斯的第二安茹家族走到了尽头。

详细叙述教皇在阿维尼翁居住期间及随后天主教会大分裂时期的教皇国历史，会十分乏味且不可能。在之前最强大的教皇的统治下，教皇国也从未建立过任何有组织的中央政府。教皇是共主，而不是教皇国的统治者。每一座大

拉迪斯劳斯

乔安娜二世

城市不是拥有自己市政府的共和国，就是一个被成功破坏公共机构的暴君统治的专制国。即使在罗马，主教也几乎没有什么直接的权力。持续不断的市民骚乱迫使连续几任教皇逃到某个小镇寻求庇护。事实上，罗马人完全可以轻易地摆脱教皇统治，但他们没有摆脱，主要有两个原因：第一，教皇从拉丁基督教世界获得了很多财富，可以对罗马人征收非常轻的税；第二，罗马人从朝圣者和富有的教皇追随者那里获得了巨大的间接利益。14世纪，这笔巨大的教会财富确实被转移到了阿维尼翁。尽管这对罗马人来说是很大的不公，但这是他们要求教皇回到罗马的原因，而不是使他们与教皇永久分离的原因，因为罗马人想继续从教皇身上获得财富来弥补自己遭遇的不公。理论上，罗马政府是共和的，但除了记忆和混乱，没有什么能从这个古老的共和国中幸存下来。12世纪，罗马元老院的重新启用被证明是一个彻头彻尾的失败。罗马元老院主要负责任命临时地方法官。有时地方法官由公民选举产生，但更多时候由教皇提名。罗马城市的中央委员会由十三名官员组成，城市中的每个地区任命一名官员，负责市政管理，但他们几乎没有真正的行政权力。意大利的其他公社都认为有必要限制或废除封建贵族特权。然而，在罗马，科隆纳家族、奥尔西尼家族和其他贵族家族享有无限的独立自主性，而且对平民十分蔑视。贵族的仆人的吵闹声使街上一片混乱；市民抵制任何针对个人或财产的暴行都是危险的。教皇本来就很少能成功地制止贵族的肆意妄为，而现在教皇所居之所离罗马又远，因此所有对贵族的限制形同虚设。

正是在这种情况下，冒险家大量涌出的时代里，一位非凡的冒险家促成了意大利秩序和自由的暂时恢复。科拉·迪·里恩齐出身贫寒，尽管后来为了满足自己的虚荣心，声称是海因里希七世的私生子，以博取查理四世的好感。科拉·迪·里恩齐以自己的美貌和十分浮夸的口才成功地吸引了人们的注意力，而这正是他的主要才能。1342年，科拉·迪·里恩齐出色地完成了陪同克莱门特六世的出访活动。尽管未能诱导教皇克莱门特六世回到罗马，但那时科拉·迪·里恩齐已被视为那个时代消除邪恶的灵丹妙药，作为阿维尼翁教皇任命的公证人也获得了足够的民众支持。从那时起，科拉·迪·里恩齐就处心积虑地鼓动人们公开反抗压迫者，同时又通过故意的闹剧和铺张浪费来打消贵族的疑虑。

1347年5月20日，第一次打击来了。科拉·迪·里恩齐带领一群精心挑选的同谋者，在教皇教区神父的陪同下，走向国会大厦，在暴民的欢呼声中宣读了《斯塔图法》。为了强调自己对下层阶层的支持，科拉·迪·里恩齐自诩为护民官。《斯塔图法》中最重要的是维持秩序，并且禁止私人驻军和私宅设防。每十三个地区就需要维持一百名步兵和二十五名骑兵的武装力量。每个港口都有一艘巡逻船来保护货物。台伯河上的贸易由河上警察来保护。

贵族带着无能为力的惊恐注视着这场革命的进展。1347年5月20日，在这重要的一天，斯特凡诺·科隆纳的缺席表达了对暴徒和科拉·迪·里恩齐的蔑视。然而，一次对斯特凡诺·科隆纳宅邸的攻击使其认识到自己的错误，不得不逃离罗马。不到十五天，科拉·迪·里恩齐似乎取得圆满的胜利。罗马骄傲的贵族屈服了，宣誓支持《斯塔图法》。然而，突然的成功使科拉·迪·里恩齐冲昏了头脑。科拉·迪·里恩齐宣称是护民官，开始梦想恢复罗马共和国昔日的霸主地位。那一刻，这个梦几乎不像是空想，因为科拉·迪·里恩齐复兴古都罗马真正地使整个欧洲惊呆了。匈牙利国王路易一世和那不勒斯女王乔安娜一世把他们的争端交给科拉·迪·里恩齐仲裁，这让科拉·迪·里恩齐的野心迅速膨胀。科拉·迪·里恩齐呼吁教皇克莱门特六世和枢机主教立即返回罗马，并且召见了路易一世和查理三世。这两位帝国权威的拥有者，出现在科拉·迪·里恩齐的宝座前，并且服从科拉·迪·里恩齐的教廷裁决。科拉·迪·里恩齐的傲慢表现在他自诩的浮夸的头衔上，表现在公共场合甚至私人场合随行队伍的华丽排场上。1347年8月15日，在用君士坦丁大帝受洗礼的圣水盆沐浴后，科拉·迪·里恩齐戴上了代表圣灵七件礼物的七顶王冠。在这样神圣的场合，护民官科拉·迪·里恩齐却冒险亵渎基督，连他最忠诚的崇拜者都预言这种行为必然会带来灾难。科拉·迪·里恩齐的统治也因其性格原因而变得越来越差，最初是自由公正的,现在却变得武断甚至危险。科拉·迪·里恩齐的胆怯使他既苛刻又犹豫不定。科拉·迪·里恩齐抓住那些受他邀请参加宴会的大家族首领,并以阴谋罪判处其死刑。然而,对自己行为可能造成后果的突然恐惧,使科拉·迪·里恩齐改变了态度,释放了那些家族首领。科拉·迪·里恩齐的宽容和以前的严厉一样不合时宜。贵族再不可能相信他了,纷纷从罗马撤退,并且采取一致的措施来推翻科拉·迪·里恩齐。斯特凡诺·科隆纳领导的第一次进攻被意外地击败了。然而,科拉·迪·里恩齐不仅在指挥上表现得十分无能,还对被杀者的尸体表现出十分不雅的狂喜,这令他的支持者感到无比厌恶。一开始科拉·迪·里恩齐宣称自己是教皇的盟友和捍卫者,他攻击贵族也得到了教皇克莱门特六世的默许。然而,后来,科拉·迪·里恩齐日益增长的独立自主和傲慢自负激怒了教皇克莱门特六世。一个新的使节被派往意大利,视科拉·迪·里恩齐为异教徒,谴责并驱逐了他。科拉·迪·里恩齐已经没有任何依靠了。当再次受到威胁时,人们拒绝服从科拉·迪·里恩齐的武装号召。1347年12月15日,没有足够勇气进行最后战斗的科拉·迪·里恩齐从罗马隐退。科拉·迪·里恩齐的掌权、胜利以及垮台,都发生在短短的七个月里。

  接下来的几年里,科拉·迪·里恩齐从人们的视线中消失了。据说,科拉·迪·里恩齐藏在亚平宁山脉的一个洞穴里。在那里,科拉·迪·里恩齐与一些较极端的方拉蒂赛利教派成员有联系,并且可能吸收了他们的一些教义。罗马重新陷入无政府状态,肆虐的黑死病转移了人们对政治的关注。1350年,在罗马举行的大赦年[①]成为一种感恩仪式,用来纪念那些在瘟疫中幸存的人。据说,科拉·迪·里恩齐本人也参加了这次规模宏大的朝圣活动,并且以一种更加公开的方式重新出现,这注定是灾难性的。科拉·迪·里恩齐的勇气和雄心又复活了,正筹划着恢复罗马和意大利自由的新计划。科拉·迪·里恩齐曾于1347年拥护的教会现在被克莱门特六世的所作所为和方拉蒂赛利教派的影响

---

① 天主教每二十五年举行一次。——译者注

削弱。因此，科拉·迪·里恩齐未来需要解决的是世俗权力而不是教会权力，是帝国权力而不是教皇特权。1351年8月，科拉·迪·里恩齐乔装出现在布拉格，要求觐见查理四世。科拉·迪·里恩齐向查理四世提出了流亡期间制订的意义深远的计划：剥夺教皇和全体神职人员的世俗权力；驱逐意大利各诸侯暴君；把查理四世在罗马的住所确定为基督教的最高统治首府。这一切都是由科拉·迪·里恩齐独自来完成的，为此付出了代价，也遇到了阻碍。查理四世饶有兴趣地听完了科拉·迪·里恩齐的计划。科拉·迪·里恩齐的事业曾引起大家极大的兴趣，但查理四世决不会被这种空想的建议迷惑。方拉蒂赛利教派将一些宗教和共产主义思想引入国家政治，为查理四世将科拉·迪·里恩齐交由布拉格大主教训诫提供了借口。布拉格大主教与教皇克莱门特六世进行了沟通。最终，在克莱门特六世的要求下，查理四世同意将科拉·迪·里恩齐交给教皇法庭审理，但条件是不能杀他。1352年，科拉·迪·里恩齐被押送至阿维尼翁收监。科拉·迪·里恩齐活了下来，也许不是因为查理四世的请求，而是因为克莱门特六世在1352年正好去世了。

法兰西国王查理五世忙于应对国内的动乱和与英格兰的战争。因此，新教皇因诺森特六世比前任更独立于法兰西国王的控制，能够更多地关注意大利紧迫的政治局势。教皇国的独立和无政府状态面临着被外国势力征服的严重危险。1350年，米兰维斯孔蒂家族占领了意大利重要城市博洛尼亚，这个强大家族的发展威胁着整个罗马涅。因诺森特六世决心抵抗入侵，同时恢复教皇的权威。1353年，因诺森特六世把这个任务交给了枢机主教阿尔沃诺斯。阿尔沃诺斯不仅是闻名的外交家，还是杰出的军事指挥官，他决心将教皇的事业与罗马涅的自由事业结合起来。枢机主教阿尔沃诺斯的计划是推翻作为人民和教皇敌人的暴君，并且在教皇保护下恢复市政自治。阿尔沃诺斯首先关注的是罗马城。在经历了自1347年以来的多次变迁之后，罗马城落入了一个叫巴龙切利的政治煽动家手里。

某种程度上，巴龙切利采纳了科拉·迪·里恩齐的计划，但公开反对教皇

阿尔沃诺斯

统治。阿尔沃诺斯发现以前抛弃科拉·迪·里恩齐的民众现在都很后悔，为了反对这位新的护民官巴龙切利，阿尔沃诺斯于是想出了一个利用科拉·迪·里恩齐影响力的计划。阿尔沃诺斯说服教皇因诺森特六世释放科拉·迪·里恩齐，并且将他送至罗马。在罗马，科拉·迪·里恩齐的存在几乎产生了神奇的效果。罗马人蜂拥而至欢迎他们的前解放者——科拉·迪·里恩齐。教皇因诺森特六世授予科拉·迪·里恩齐元老院议员头衔，但科拉·迪·里恩齐的性格并没有因逆境而改善，比以前更加独裁。科拉·迪·里恩齐处决雇佣兵队长弗拉·莫雷亚莱是一种忘恩负义和背信弃义的行为。民众很快就疏远了这位无法让人爱戴和尊重的统治者——科拉·迪·里恩齐。1354年10月8日，在一次暴民起义中，科拉·迪·里恩齐被处死。然而，科拉·迪·里恩齐的回归已经让阿尔沃诺斯达到了目的。

罗马仍由教皇统治，枢机主教阿尔沃诺斯可以安全地执行征服罗马涅暴君的任务。意大利中部还没有普遍出现雇佣兵，当地居民仍然亲自参战。到1360年，罗马涅几乎所有臣民都向教皇使节阿尔沃诺斯屈服了。1360年，阿尔沃诺斯巧妙地利用维斯孔蒂家族王公间的争斗，成功地夺回了博洛尼亚。

然而，阿尔沃诺斯的成功更像是对外国势力的征服，而不是对国内合法权威的恢复。教皇长期居住在阿维尼翁，与意大利人的关系渐行渐远。博洛尼亚陷落后，维斯孔蒂家族与教皇展开了公开的战争。曾经让上巴伐利亚公爵路易四世忌惮的教会大发雷霆，但对意大利的王公来说，这没有什么可怕的。当从教皇因诺森特六世那里收到逐出教会的诏书时，贝尔纳博·维斯孔蒂强迫使节吃掉了羊皮纸和铅封。显然，只有回到意大利，因诺森特六世才能把恢复的

贝尔纳博·维斯孔蒂

教皇世俗权威永久化。1362年,乌尔班五世继承了因诺森特六世的教皇职位。在阿尔沃诺斯的极力劝说和查理四世的影响下,乌尔班五世无视枢机主教的偏见,于1368年进入罗马,与神圣罗马帝国皇帝查理四世会合。然而,阿尔沃诺斯之死和神圣罗马帝国薄弱的支持很快让乌尔班五世灰心丧气。乌尔班五世对意大利毫无兴趣,因为对他来说那是一个陌生的国家,而且他发现罗马作为一个居住的地方和阿维尼翁一样令人不自在。1370年,乌尔班五世乘船经马赛回到了阿维尼翁。乌尔班五世离开罗马造成了惨重的后果。罗马涅各大城市纷纷否定教皇的权威;贝尔纳博·维斯孔蒂趁机利用了这一时机。在罗马的经历使格列高利十一世意识到,自己的事业目前是没有希望的,有必要像前任乌尔班五世那样回到意大利。然而,直到1378年3月去世,格列高利十一世都未能回到意大利。

格列高利十一世

选择意大利人乌尔班六世作为格列高利十一世的继承人，是对罗马暴民的部分让步。法兰西枢机主教反对格列高利十一世作为教皇继承人，并且推选克莱门特七世为教皇，由此拉开了持续四十年的天主教会大分裂序幕。这一时期，教皇的世俗权力再次被摧毁。直到1418年康斯坦斯宗教会议恢复了教会的统一，教皇的世俗权力才得以恢复。

14世纪，佛罗伦萨的历史充满了阶级矛盾和家族争斗。虽然斗争的细节是复杂且令人厌烦的，但有必要关注一下它的一般性质，以便了解萨尔韦斯特罗·德·美第奇后来的权力是在什么条件下扩大起来的。驱逐雅典公爵瓦尔特六世之后，佛罗伦萨的政治权力由大行会和小行会成员分享，大贵族被排除在政治权力之外。

随着时间的推移，以往灾难的记忆被抹去。富裕的市民阶层开始致力于恢复其在城市的优势地位。市民阶层认为直接修改宪法可能会引起手工业者的反抗，因此决定通过间接的方式来达到预期的目的。1301年，一项禁止撤销重罚的法令规定：皇帝派或任何被怀疑不是真正教皇派的人都不能担任公职。执行这一法令的做法，历史上称为"佛罗伦萨排挤"。如果一名皇帝派成员被指控，并且被六个人发誓公开指认，那么他就一定会被教士告诫，而任何受到这种告诫的人（称为"阿默尼托"）就被排除在公职之外。被告诫人的名字不能放入选举提名人的袋子里；或者如果袋子里已经有了他的名字，即使被抽中，他的名字也会被放在一边。用这种政治手段，富有市民阶层来恢复其权力的垄断。通过有预谋地指控有可能获得职位的较小行会成员为皇帝派，可以在不公开宣布取消其资格的情况下将他们排除在外。在执行这一政策时，富有市民阶层得到了佛罗伦萨寡头利益集团据点——教皇派财产罚没处的帮助。大部分指控一般由教皇派财产罚没处提出，因为他们总能找到六名必要的证人。面对教皇派对皇帝派的咄咄逼人，1353年和1368年，查理四世先后两次访问意大利，尽管没有做任何有力的反击。

富有的市民阶层滥用法律赢得了胜利，但胜利成果很快就因阿尔比齐家族与里奇家族的斗争而毁灭了。这两个家族都属于富有的市民阶层，之间的世仇一开始并没有任何政治意义，后来才与政治联系在一起。事实上，里奇家族第一个敦促严厉执行反皇帝派相关法令，并且希望诋毁对手——阿雷佐的皇帝派。然而，阿尔比齐家族成功地获得教皇派的支持，从而得以反败为胜。《佛罗伦萨排挤法案》是对付里奇家族和下层市民最有力的武器。1374年，阿尔比齐家族和其支持者掌控了佛罗伦萨政府，但他们轻率的暴行激起了强烈的反对。被《佛罗伦萨排挤法案》排挤在外无法担任公职的人数不断增加，他们变得越来越可怕。佛罗伦萨人对官职的渴望极其强烈，这不仅因为他们具有野心，还因为他们的税收是由国家官员的意志决定的。然而，占统治地位的党派没有意识到自己面临的危险。在1377年的七个月里，八十多人受到告诫。这种鲁莽且肆意的告诫导致了富有市民阶层的毁灭。1378年5月，里奇家族阵营的萨尔韦斯特罗·德·美第奇被提名为行政长官。因为政府职位候选人已被用得所剩无几，所以萨尔韦斯特罗·德·美第奇被选中是可以预见的。众所周知，萨尔韦斯特罗·德·美第奇对教皇派很忠诚，因此，指控他也是不安全的。在任职的第二个月，萨尔韦斯特罗·德·美第奇提出了一项法律，以削弱教皇派的权力，促进恢复公民权利。当该法律在议会遭到反对时，萨尔韦斯特罗·德·美第奇的支持者贝内代托·阿尔贝蒂号召人们拿起武器，让法律得以通过。最终，这演变成了一场始料未及的革命。

　　受到普遍不满情绪的影响，里奇家族与小行会结盟。赔偿要求被最低阶层的无行会组织市民接受了。无行会组织市民与其说是想获得政治权力，不如说是想从雇主那里得到更好的待遇。运动的一半是要革命，另一半是要罢工。无行会组织市民起义迅速失控，而且很有可能破坏国家的根基。一个贫穷的无行会组织市民米歇尔·兰多被任命为行政长官处理此事，他成功地压制了混乱，满足了自己阶层中比较合理的要求。以前没有加入组织的手艺人组成了许多新行会。八名行会会长中，有三名来自大行会，三名来自小行会，两名来自新行会。达成上述协议后，米歇尔·兰多以一种罕见的谦逊态度辞去了行政长官职务。米歇尔·兰多辞职后，起义的主要权力落到发起起义的萨尔韦斯特罗·德·美第奇政党手中，但该政党并没有办法控制起义的进程，因为萨尔韦斯特罗·德·美第奇已淡出公众视野。虽然萨尔韦斯特罗·德·美第奇只是后来美第奇家族的远亲，但他的事业把家族姓氏与大众事业联系起来，并且为家族后来的政策提供了线索。萨尔韦斯特罗·德·美第奇的政党领导权落入了由贝内代托·阿尔贝蒂、托马索·斯特罗齐和乔治·斯卡利组成的三人小组手中。

贝内代托·阿尔贝蒂是一位很温和的政治家，但他的两个助手托马索·斯特罗齐和乔治·斯卡利都是野心勃勃的煽动家。托马索·斯特罗齐和乔治·斯卡利效仿阿尔比齐家族的恶行，并且利用佛罗伦萨排挤法来打压对手。1382年，因被指控作伪证，乔治·斯卡利的一个仆人被捕，从而爆发了不可避免的反抗。托马索·斯特罗齐逃离佛罗伦萨，但乔治·斯卡利相信民众起义是善意的，决定进行反抗。营救仆人的行动失败后，乔治·斯卡利被神父抓住。民众还未来得及起义，乔治·斯卡利就被处死了。一场反革命推翻了1378年的所有变革成果。由议会组成的巴利亚废除了新行会，并且规定以后的行会由大行会选出的四名教士和小行会选出的四名教士组成。行政长官总是从大行会里产生，因此大行会必然获得了多数席位。阿尔比齐家族和其他流亡者被召回。

1382年以后的五十年里，佛罗伦萨被一个不断缩小的寡头家族统治着。起初，大行会恢复了对行政长官职位的实际垄断。后来，大行会的某些成员获得了完全的认可。政府几乎不再是一个共和国，这为萨尔韦斯特罗·德·美第奇的专制主义铺平了道路。1387年，无可指责的领袖贝内代托·阿尔贝蒂被流放。一个新的选举提名人袋子里装满了大行会追随者的名字，另一个袋子里则装着大行会的主要领袖的名字。从袋子中抽取两名行会会长，即博尔塞利诺行会会长。六名行会会长来自大行会，只有两名选自小行会。1393年，寡头政治领袖马索·德利·阿尔比齐担任行政长官，并且采取进一步的措施来巩固统治。如果要选出一个不受统治者欢迎的总督，就要选出另一个人来接替他的位置，尽管总督仍从先验官中选出。这需要从选举提名人袋子中取出三个而不是两个先验官。在无须征得议会同意的前提下,总督被允许征募军队,征缴税款,这引起了手工业者的抗议。抗议者跑到维耶里·德·美第奇的府邸,请他作为领袖去声讨马索·德利·阿尔比齐。维耶里·德·美第奇是萨尔韦斯特罗·德·美第奇的亲戚,拒绝了抗议者的提议。运动也最终被镇压了。1397年,美第奇家族的两名成员参与的另一场叛乱也被镇压下去。此时,佛罗伦萨占统治地位的寡头政治,比以往任何时候都更加稳固。

寡头政治时期,佛罗伦萨共和国的最大特点是对外关系的活跃性和侵略性。1342年之前,佛罗伦萨共和国已经获得了超出其康塔多疆域的很大领土,然而这些领土的大部分都在伴随着驱逐雅典公爵引发的骚乱而消失。寡头政治对佛罗伦萨的最大贡献,就是恢复了托斯卡纳北部的统治地位。1350年到1368年,佛罗伦萨共和国拥有普拉托、皮斯托亚、沃尔泰拉、圣米尼亚托和几个较小的城镇。1387年,重要的阿雷佐被安茹公爵路易二世的副官昂盖朗·德·库西卖给了佛罗伦萨人。此后的几年,阻击吉安·加莱亚佐·维斯孔蒂

吉安·加莱亚佐·维斯孔蒂

侵略的令人绝望的战争阻碍了佛罗伦萨共和国的发展。吉安·加莱亚佐·维斯孔蒂扬言要把托斯卡纳和伦巴第纳入自己的统治之下。正是在这场战争中，约翰·霍克伍德指挥佛罗伦萨军队与米兰军队作战。1394年，约翰·霍克伍德去世后，佛罗伦萨共和国一度陷入极度危险中。为了争取独立，佛罗伦萨人采取了不同寻常的策略，即向德意志人求助，并且敦促帕拉廷选帝侯鲁珀特三世发动对米兰勋爵吉安·加莱亚佐·维斯孔蒂的战争。其中，帕拉廷选帝侯鲁珀特三世曾反对波希米亚国王瓦茨拉夫四世，并且被选为罗马人民的国王。德意志军队在布雷西亚战役中的失败，使佛罗伦萨陷入了前所未有的困境。1402年，吉安·加莱亚佐·维斯孔蒂的突然去世，不仅使佛罗伦萨人免遭米兰军队的入侵，还得以恢复之前的领土扩张政策。接下来的二十年，比萨、科尔托纳和里窝那成为佛罗伦萨共和国的领土。

　　14世纪，意大利北部的威尼斯共和国和热那亚共和国这两个实力强大的海上共和国之间斗争更加明显。自十字军远征开始，威尼斯共和国和热那亚共和国就一直是黎凡特商业和政治的竞争对手。起初，威尼斯人占据优势。1204年，第四次十字军远征转而进攻东罗马帝国。在爱琴海岛屿和海岸，威尼斯人占据了统治地位。然而，1261年，热那亚人进行了报复，帮助土耳其人推翻了拉丁帝国（即罗马尼亚帝国），并且在君士坦丁堡建立了米凯尔·帕里奥洛加斯政权。作为回报，热那亚共和国得到了佩拉郊区的加拉塔要塞，在这里可以向罗马帝国的统治者发号施令。对地中海多个海峡的控制使热那亚人几乎垄断了黑海贸易，克里米亚的卡法港成为意大利东部最繁荣的港口之一。比萨共和国，曾经是与热那亚共和国一样甚至更强大的共和国，在1284年的梅洛里亚海战中，它失去了所有海上优势。接下来的一个世纪，威尼斯共和国和热那亚共和国在平等的条件下竞争，财富和海上实力几乎势均力敌。途经黑海和君士坦丁堡的大部分北方贸易都在热那亚共和国进行；威尼斯则保留了尼格罗蓬特、克里特岛和其他岛屿，在途经小亚细亚和埃及的另外两条东方贸易通道上占有优势。热那亚共和国时刻准备抓住一切机会与威尼斯共和国争夺南部的贸

法马古斯塔

易。占领希俄斯岛，为热那亚共和国在爱琴海提供了宝贵的港口资源。1291年，阿卡沦陷后，塞浦路斯成为重要的商业中心，也成为热那亚共和国和威尼斯共和国之间冲突的多发地。人民和吕西尼昂的统治家族都支持威尼斯共和国，但热那亚人为了维护自己的利益发动了战争。1373年，占领法马古斯塔后，在塞浦路斯，热那亚共和国占据了上风。在非洲海岸，热那亚共和国还成功地建立了贸易定居点。再往西，热那亚人仍然拥有巨大的优势。占领科西嘉，增强了热那亚人的海上力量，尽管他们在与阿拉贡人争夺撒丁岛时暴露了自己与加泰罗尼亚人的敌意。加泰罗尼亚是继威尼斯共和国和热那亚共和国之后，地中海的第三大海上力量。在欧洲大陆上，那些把热那亚共和国限制在一条狭长的海岸线上、阻碍领土扩张的山脉，也起到了保护热那亚人不受欧洲大陆敌人侵犯的作用。同时，自与维罗纳领主马斯蒂诺·德拉·斯卡拉的战争以来，威尼斯共和国就一直受到邻国，尤其是匈牙利国王和帕多瓦领主的敌视。如果这些国家与热那亚共和国结盟，威尼斯共和国就有被切断海上和陆地供应的危险。热那亚与威尼斯这两个东西共和国间的力量并没有达到平衡，相反，最终的局势决定性地向有利于威尼斯共和国的方向发展。14世纪初,威尼斯共和国颁布了一部宪法。这部宪法无论多么狭隘或者有其他缺陷,其最大的优点就是稳定不变。1355年,虽然马林·法利尔的所谓阴谋导致威尼斯共和国总督被处死,但这只是证明了地方长官无力抵抗十人委员会。在意大利,热那亚是所有城市中最动荡、最混乱的城市之一。很长一段时间,多里亚家族、菲耶斯基家族、斯皮诺拉家族和格里马尔迪家族间纠纷不断。打着皇帝派和教皇派的旗帜,热那亚共和国掩饰家族间的妒恨。1339年,厌倦了四大家族这些小集团,热那亚人任命杰

处死马林·法利尔

出公民西蒙娜·博卡内格拉为总督，成为热那亚的主要长官。按照佛罗伦萨共和国和其他托斯卡纳公社的方式，贵族被剥夺了政治权力。然而，在热那亚共和国，彻底剥夺贵族政治权力被证明是完全错误的。贵族继续指挥热那亚共和国的陆军部队和海军部队，从而维持在国家中的主导地位。贵族将自己无法担任的职务授予平民拥护者阿多尔尼和弗雷戈西。很长一段时间，根据各自贵族赞助人之间的权力波动，阿多尔尼和弗雷戈西在总督职位上彼此接替。正如菲利普·德·科米纳告诉我们的，"尽管热那亚共和国的贵族自己不能担任总督，但他们可以任命这个职务"。因此，热那亚共和国继续受到各派系纷争的干扰。当公民寻求和平时，热那亚共和国能采取的唯一办法就是将国家自由献给外国统治者——有时献给米兰总督，有时献给法兰西国王。

在卡法港，热那亚商人试图把威尼斯人排除在与外族人有利可图的自由贸易之外，导致黑海的多次摩擦，最终引发两国之间的公开战争。威尼斯共和国得到了东罗马帝国皇帝约翰六世·坎塔库泽努斯和阿拉贡国王佩德罗四世的支持。约翰六世·坎塔库泽努斯不喜欢在佩拉岛上使用热那亚语，而佩德罗四世则正与热那亚共和国争夺撒丁岛的领土。1352年，尼科洛·皮萨尼率领一支

约翰六世·坎塔库泽努斯

阿拉贡国王佩德罗四世

由威尼斯、希腊和加泰罗尼亚船组成的强大舰队,向帕加尼诺·多里亚将军保卫的佩拉发起进攻。在狭窄的博斯普鲁斯海峡,盟军无法充分利用兵力优势。一场猛烈的风暴使三国联合舰队陷入混乱;盟军间的误伤人数超出了敌军的杀伤人数。尼科洛·皮萨尼被迫撤退。帕加尼诺·多里亚虽然取得了胜利,但遭受了巨大的损失,最终被热那亚共和国总督安东尼奥·格里马尔迪取代。1353年,因在黎凡特的利益少于盟友,阿拉贡人坚持将战争转移到撒丁岛海岸。在卡利亚里外海,威尼斯人和加泰罗尼亚人取得了彻底胜利。安东尼奥·格里马尔迪好不容易才逃了出来,把这场灾难的消息带到热那亚共和国。在这次遭遇战中,尼科洛·皮萨尼元气大伤,不敢贸然进攻热那亚共和国。为了得到米兰的援助,惊慌失措的热那亚人把城市统治权让给了乔瓦尼·维斯孔蒂。作为还击,威尼斯与欧洲大陆上米兰的对手结盟,但斗争仍在海上进行。安东尼奥·格里

乔瓦尼·维斯孔蒂

马尔迪战败后,帕格尼诺·多里亚恢复了指挥权,再次把战争转移到地中海东部海域。1354年,经历了一场平淡无奇的战役后,在萨皮恩扎的庇护下,尼科洛·皮萨尼率领军队退到摩里亚海岸的伦格港过冬。1354年11月4日,在波多伦戈,威尼斯人遭到多利亚人的突袭,舰队被彻底歼灭。萨皮恩察岛战役是这场斗争中最具决定性的。随之而来的是马林·法利尔的阴谋和死亡,威尼斯人在内忧外患的情况下,于1355年与热那亚共和国达成了和平协议。威尼斯共和国承认了所有在黑海的让步要求;热那亚共和国在北方贸易中保持了优势。

接下来的二十年,热那亚共和国和威尼斯共和国彼此保持和平。1356年,成功地摆脱米兰控制后,热那亚各派系重新开始争斗。威尼斯则卷入了一场与匈牙利国王路易一世的战争:达尔马提亚失守,特雷维索勉强保住。1364年,克里特岛起义被镇压后,威尼斯又与帕多瓦伯爵弗朗切斯科一世·达·卡拉拉发生了不间断的斗争。这些事件迫使威尼斯人在东方维持和平政策,甚至1373

萨皮恩察岛战役

年在塞浦路斯爆发的战争,也只是激起了威尼斯人的口头抗议。然而,东罗马帝国事件最终迫使威尼斯共和国和热那亚共和国重新开始敌对状态。东罗马帝国皇帝约翰五世曾许诺把岩石嶙峋的忒涅多斯岛划给威尼斯,尽管这个岛控制着赫勒斯蓬特海峡的入口。热那亚人认为这对他们在佩拉岛的安全构成了威胁,于是在君士坦丁堡组织了一场宫廷革命,让安德罗尼柯·帕里奥洛加斯推翻祖父东罗马帝国皇帝约翰五世,成为东罗马帝国皇帝约翰七世。作为回报,约翰七世将特内多斯拱手让给了热那亚共和国。不过,总督拒绝承认约翰

东罗马帝国皇帝约翰五世

第 8 章　14 世纪的意大利(1313 年到 1402 年)　249

七世的权威,并且把他的所有职责移交给了威尼斯人。这是威尼斯与热那亚重燃战火的直接原因。

1378年,在安齐奥角,韦托尔·皮萨尼打败了热那亚舰队,击退了在亚德里亚海抢劫威尼斯商人的海盗。1379年5月7日,在波拉港度过了整个冬天的韦托尔·皮萨尼遭遇另一支由卢西亚诺·多里亚指挥的热那亚军队。在随后的战斗中,愤怒的威尼斯人将韦托尔·皮萨尼彻底击败,判处他六个月的监禁,并且剥夺他五年的指挥权。卢西亚诺·多里亚战死;彼得罗·多里亚继任,带领胜

卢西亚诺·多里亚战死

攻打基奥贾

利的热那亚舰队到达威尼斯共和国的潟湖。基奥贾是潟湖通向黑海的主要入口之一。在经过顽强的抵抗后,基奥贾被攻陷,通往威尼斯共和国的道路也被打开了。继续急攻很可能会取得成功,但彼得罗·多里亚更喜欢缓慢且可靠的封锁战术。在这方面,彼得罗·多里亚期望得到弗朗切斯科一世·达·卡拉拉的帮助。因为弗朗切斯科一世·达·卡拉拉热切地期盼有机会羞辱强大的威尼斯共和国,并且着手阻止威尼斯共和国从陆地上运送军用物资。威尼斯人从未经历过这样的困境,但市民顽强抵抗。威尼斯水域的每艘船都配备了装备和人员;水手的偶像韦托尔·皮萨尼从监狱里释放出来,担任首席指挥官。卡洛·泽诺被信使从东方召回,他在与威尼斯第二舰队的战争开始时被派往黎凡特。在韦托尔·皮萨尼的指挥下,威尼斯共和国守住了,逐渐把热那亚人赶回了他们的大本营基奥贾。在基奥贾,韦托尔·皮萨尼决定封锁通向大海的主要出口,把热那亚人围困起来。满载着石头的船沉在了通向布龙多洛、基奥贾和马拉莫科的航道中,如此一来,原本计划封锁威尼斯共和国的热那亚军队被封锁了。冬天的暴风雨中,韦托尔·皮萨尼的部队几乎没有足够的力量来维持封锁。如果热那亚援军赶到,韦托尔·皮萨尼只能被迫撤退;威尼斯共和国将再次面临严峻的危险。对最终失败的风险,威尼斯领袖认识十分清醒,甚至讨论了放弃已占领岛屿和将军队移至克里特岛的可能性。1380年1月1日,威尼斯人在远处看到了帆船。当帆船靠近时,威尼斯人看到期待已久的"泽诺"号。"泽诺"号舰队的到来决定了被封锁在基奥贾的热那亚人的命运。围城军队挫败了一切强行通过或在他们与大海之间的低洼屏障开凿运河的努力。1380年6月24日,热那亚军队被迫全部投降。

  基奥贾沦陷意味着威尼斯共和国战胜了比自己强大的热那亚共和国。威尼斯共和国取得了辉煌且长久的胜利。热那亚共和国的商业优势只能靠海上优势来维持,但海上力量还未从当时遭受的打击中恢复过来。此外,热那亚人还不得不面对从预期的胜利到耻辱的失败这样一个突变带来的失望、家族间的不和及米兰公国积极政策下的威胁。1396年,面对重重困难,通过接受法兰西国王查理五世的宗主权和承认查理五世对城市的管辖,热那亚人试图渡过难关。接下来的一个世纪里,热那亚共和国成为法兰西王国与米兰公国争夺的焦点。随着独立性的消失,热那亚共和国的辉煌逐渐逝去。

  威尼斯共和国不得不为战争的胜利付出不止一次的惨重代价。在东部,威尼斯共和国和热那亚共和国之间的战争是自杀性的。在相互的嫉妒中,它们完全忘记了维护东罗马帝国对抗土耳其的共同利益。威尼斯和热那亚之间的斗争是奥斯曼帝国力量迅速增长的主要原因之一。奥斯曼帝国的力量迅速增长对两个相互争斗的国家来说都是致命的。随着热那亚共和国的衰落,威尼斯共和国在东方得到的利益越多,它就越有可能输给正在崛起的奥斯曼帝国;而且在离威尼斯越近的地方,这场斗争的代价就越大。根据1381年的《都灵和约》,威尼斯共和国必须将达尔马提亚割让给匈牙利王国,放弃特内多斯岛和特雷维索及意大利大陆上的其他财产,这曾引起过战争。在与斯卡利格的竞争中,威尼斯获得的一切再次付之东流。特雷维索被割让给哈布斯堡的利奥波德二世是为了牵制弗朗切斯科一世·达·卡拉拉，因为弗朗切斯科一世·达·卡拉拉的扩张政策对威尼斯共和国来说十分危险。然而，在德意志，利奥波德二世有太多事情要做，他对意大利的领土并没有兴趣。五年后的1386年，利奥波德二世把特雷维索、费尔特雷和塞内达一起卖给了弗朗切斯科一世·达·卡拉拉。因此，弗朗切斯科一世·达·卡拉拉获得了通往阿尔卑斯山脉口通道的控制权，而正是这条通道使威尼斯共和国对马斯蒂诺·德拉·斯卡拉发动了战争。威尼斯共和国再次被迫参与到意大利北部的政治活动中来。要想使卡拉拉家族蒙羞，有一个显而易见的办法，那就是邀请维斯孔蒂家族来干涉此事，因为维斯孔蒂家族想要兼并帕多瓦以称霸伦巴第。这种政策也有同样明显的危险，即米兰公国领主是一个比帕多瓦领主更强大的邻居。要了解威尼斯共和国在这一困境中采取的行动，有必要回顾一下米兰公国的历史。

14世纪初，米兰公国的领主地位受到托雷家族和维斯孔蒂家族的争夺。1312年，海因里希七世授予马泰奥·维斯孔蒂帝国神父头衔，从而维斯孔蒂家族的统治地位得以确立。在马泰奥·维斯孔蒂的众多家族成员中，有四个儿子

托雷家族纹章

维斯孔蒂家族纹章

值得一提,他们是曾统治过米兰的加莱亚佐一世·维斯孔蒂、卢基诺·维斯孔蒂、斯特凡诺·维斯孔蒂和乔瓦尼·维斯孔蒂。1327年,斯特凡诺·维斯孔蒂去世,生前他并未获得任何权力,但他的子女后来继承了一定的权力。1322年,马泰奥·维斯孔蒂的长子加莱亚佐一世·维斯孔蒂继承父亲的王位。1327年,加莱亚佐一世·维斯孔蒂被罗马人民的国王路易四世废黜。1328年,在皮斯托亚遭围攻,加莱亚佐一世·维斯孔蒂驾崩。1329年,加莱亚佐一世·维斯孔蒂的儿子阿佐内·维斯孔蒂收回了米兰主权,并且获得帝国神父头衔。阿佐内·维斯孔蒂被证明是一位成功的统治者。通过连续加入对抗波希米亚国王约翰一世和马斯蒂诺一世·德拉·斯卡拉的联盟,阿佐内·维斯孔蒂扩大了在伦巴第中部大部分地区的权力。1339年,阿佐内·维斯孔蒂英年早逝,叔父卢基诺·维斯孔蒂继承了米兰、贝加莫、布雷西亚、克雷莫纳、洛迪、皮亚琴察、维切利、诺瓦拉的爵位,并对帕维亚拥有部分主权。除了这些领土,1346年,卢基诺·维斯孔蒂增添了帕尔马;1347年,增添了托尔托纳、亚历山德里亚和阿斯蒂。这些领土的西边是蒙费拉侯爵和萨伏依伯爵的领地;这些领土的东边则被威尼斯共和国和四个教会公国割裂开来,其中四个教会公国分别由曼图亚的贡扎加、费拉拉的埃斯泰、维罗纳和维琴察的·德拉·斯卡拉及帕多瓦的卡拉拉四个小家族统治。1349年,卢基诺·维斯孔蒂驾崩后,领地传给了弟弟乔瓦尼·维斯孔蒂。乔瓦尼·维斯孔蒂加入了教会,并且从教皇本尼狄克十二世那里得到了封地——米兰大主教辖区。尽管是教会的一员,乔瓦尼·维斯孔蒂却毫不犹豫地以牺牲教皇职位为代价来扩大自己的权势。1350年,乔瓦尼·维斯孔蒂劝诱博洛尼亚领主佩波利家族割让米兰公国。家族领地从伦巴第延伸到意大利中部给当时的人们留下了深刻的印象,并且彻底改变了维斯孔蒂家族的地位。它标志着与教皇长期对峙的开始,并且让佛罗伦萨共和国和托斯卡纳公社各自的独立状态受到威胁。1353年,在与威尼斯共和国的海战中,热那亚共和国战败;利古里亚共和国暂时屈服于米兰公国的统治。这是激进的乔瓦尼·维斯孔蒂最后的重大胜利。1354年,乔瓦尼·维斯孔蒂突然驾崩。

马泰奥二世·维斯孔蒂

加莱亚佐二世·维斯孔蒂

维斯孔蒂家族现在以斯特凡诺·维斯孔蒂的三个儿子马泰奥二世·维斯孔蒂、加莱亚佐二世·维斯孔蒂和贝尔纳博·维斯孔蒂为代表。他们将叔父乔瓦尼·维斯孔蒂的领土平分了,但把米兰和热那亚这两个主要城市保留在联合统治之下。1355年,马泰奥二世·维斯孔蒂被弟弟加莱亚佐二世·维斯孔蒂和贝尔纳博·维斯孔蒂暗杀,领地也被两个弟弟平分。总的来说,加莱亚佐二世·维斯孔蒂和贝尔纳博·维斯孔蒂的共同统治是非常和谐的,尽管他们后来分开居住。贝尔纳博·维斯孔蒂住在米兰;加莱亚佐二世·维斯孔蒂则住在帕维亚。很少有比这两兄弟国内统治流传下来的画面更令人厌恶的了。在文豪夸张的粉饰下,两兄弟用铁棒统治着臣民。根据固定的每日程序,国家罪犯不是被立即处决,而是被公开拷打四十天。即使在那个年代,狩猎法也是极其严厉的。一个农民因为杀了一只野兔,就被贝尔纳博·维斯孔蒂的猎犬吃掉了。尽管这两位嗜血的暴君来自一个暴发户家族,在领土上没有任何公认的或合法的头衔,却被允许通过与欧洲最显赫的王朝通婚而结盟。贝尔纳博·维斯孔蒂与加莱亚佐二世·维斯孔蒂是当时最富有的统治者。财富甚至使国王对他们统治的残酷和他们卑贱的出身视而不见。贝尔纳博·维斯孔蒂把女儿维里迪斯·维斯孔蒂嫁给了哈布斯堡公爵利奥波德三世,后来利奥波德三世在森帕赫战役中阵亡。加莱亚佐二世·维斯孔蒂儿子吉安·加莱亚佐·维斯孔蒂与法兰西国王约翰二世之女伊莎贝拉联姻,从而得到了香槟的韦尔蒂;加莱亚佐二世·维斯孔蒂把女儿维奥兰特·维斯孔蒂嫁给了英格兰国王爱德华三世的次子克拉伦斯公爵莱昂内尔的安特卫普。

尽管联姻使维斯孔蒂家族在意大利北部的君主中占有独特的地位,但贝尔纳博·维斯孔蒂与加莱亚佐二世·维斯孔蒂的统治并不是一帆风顺的。1356年,热那亚共和国国内发生起义,摆脱了米兰公国的控制,重获自由。枢机主教

约翰二世之女伊莎贝拉

阿尔沃诺斯致力于恢复教皇在教皇国中的权威，组织了一个联盟，成员包括北方的君主贡扎加家族、德拉·斯卡拉家族、蒙费拉侯爵，以及所有那些嫉妒维斯孔蒂家族统治地位的人。在一个叫雅各布·布索拉里支持共和的修道士鼓励下，帕维亚恢复了两年的独立，但1359年被迫向加莱亚佐二世·维斯孔蒂投降。从维斯孔蒂家族手中，阿斯提、诺瓦拉、科莫和其他西部城市一度被蒙费拉侯爵夺走。更严重的损失是在博洛尼亚，乔瓦尼·维斯孔蒂任命的总督乔瓦尼德奥莱焦并不承认贝尔纳博·维斯孔蒂和加莱亚佐二世·维斯孔蒂的权威。1360年，贝尔纳博·维斯孔蒂试图迫使乔瓦尼德奥莱焦屈服。乔瓦尼德奥莱焦把博洛尼亚拱手让给了枢机主教阿尔沃诺斯。似乎在一段时间内，教皇使节阿尔沃诺斯的成功和乌尔班五世回到罗马，使加莱亚佐二世·维斯孔蒂的统治超越伦巴第的界限变得毫无希望。然而，1368年阿尔沃诺斯去世。1370年，乌尔班五世又回到阿维尼翁。罗马涅反对教皇统治的大规模起义恢复了维斯孔蒂家族一度失去的优势。然而，受益于这些变化的并不是贝尔纳博·维斯孔蒂，而是家族中一个新的、更有名的成员吉安·加莱亚佐·维斯孔蒂。

1378年是意大利历史上多事的一年。加莱亚佐二世·维斯孔蒂驾崩后，家族自治权留给独子吉安·加莱亚佐·维斯孔蒂。年轻的米兰勋爵吉安·加莱亚佐·维斯孔蒂害怕叔父贝尔纳博·维斯孔蒂的野心。贝尔纳博·维斯孔蒂很可能也想牺牲侄子吉安·加莱亚佐·维斯孔蒂来扶持自己的孩子。吉安·加莱亚佐·维斯孔蒂以非常虔诚和温和的姿态统治着帕维亚，使叔父贝尔纳博·维斯孔蒂认为他不足为惧。在消除了叔父贝尔纳博·维斯孔蒂所有怀疑之后，吉安·加莱亚佐·维斯孔蒂以邀请访问为幌子把叔父贝尔纳博·维斯孔蒂从米兰骗了出来，关进监狱一直到死。1385年，吉安·加莱亚佐·维斯孔蒂把叔父贝尔纳博·维斯孔蒂的领土和自己的领土重新统一起来。比起父亲加莱亚佐二世·维斯孔蒂的统治，吉安·加莱亚佐·维斯孔蒂有过之而无不及，加上意志顽强和深谋远虑，权势煊赫一时。就性格而言，吉安·加莱亚佐·维斯孔蒂胆小如鼠，一点声响都会激起他巨大的恐惧，这在意大利暴君中很少见，但缺乏勇气并没有阻碍他的野心。吉安·加莱亚佐·维斯孔蒂的财富使他吸引了当时最有能力的雇佣兵。从雇佣兵那里，吉安·加莱亚佐·维斯孔蒂买到了一种罕见的忠诚。吉安·加莱亚佐·维斯孔蒂是法兰西的伊萨贝拉的丈夫。1389年，吉安·加莱亚佐·维斯孔蒂将女儿瓦伦蒂娜·维斯孔蒂嫁给了法兰西国王查理六世的弟弟奥尔良公爵路易一世，从而拉近了与法兰西国王查理六世的关系。瓦伦蒂娜·维斯孔蒂不仅把阿斯蒂作为嫁妆带到奥尔良家族，而且最终继承了米兰公国的王位。这对欧洲产生了极其重大的影响。1395年，从罗马人民的国王瓦茨拉夫四世那里，吉安·加莱亚佐·维斯孔蒂正式获得了米兰公国的世袭权，成功地弥补了维斯孔蒂家族权势上的一个重大缺失。

瓦伦蒂娜·维斯孔蒂

吉安·加莱亚佐·维斯孔蒂的远大抱负是在意大利北部建立一个王国。当时的形势非常有利,吉安·加莱亚佐·维斯孔蒂几乎成功地实现了自己的目标。那不勒斯和教会自然会反对这样的计划,但当时教会正处于分裂的阵痛中,那不勒斯是安茹第一家族与第二家族的内乱发生地。在独立受到直接威胁的三个主要共和国中,热那亚共和国最无能为力。佛罗伦萨共和国被锡耶纳、佩鲁贾、托斯卡纳和罗马涅等其他公社的嫉妒牵制,威尼斯共和国此时还有比米兰更虎视眈眈的敌人,而且佛罗伦萨的某些贵族被收买,很有可能导致共和国的灭亡。神圣罗马帝国在软弱的瓦茨拉夫四世手中,法兰西王国同样在软弱的查理六世手中,两人纷纷与维斯孔蒂家族结盟。在意大利,似乎既没有外部干预的风险,也没有内部有效抵抗的危险。

吉安·加莱亚佐·维斯孔蒂的第一个任务是消灭东伦巴第。弗朗切斯科一世·达·卡拉拉和安东尼奥·德拉·斯卡拉之间的争斗给了吉安·加莱亚佐·维斯孔蒂机会。吉安·加莱亚佐·维斯孔蒂向两位王公都提供了援助,但最终与弗朗切斯科一世·达·卡拉拉于1387年签订了一项条约。根据该条约,维罗纳归吉安·加莱亚佐·维斯孔蒂所有,维琴察归弗朗切斯科一世·达·卡拉拉所有。实际上,两个城市都极易被吉安·加莱亚佐·维斯孔蒂的军队占领,因为曾经辉煌的德拉·斯卡拉家族已经没落了。不过,之前的米兰统治者既保住了维琴察,也保住了维罗纳。弗朗切斯科一世·达·卡拉拉意识到与吉安·加莱亚佐·维斯孔蒂和谈只会加速维琴察和维罗纳的沦陷,但为时已晚。在与匈牙利、热那亚的战争中,威尼斯共和国曾遭受到弗朗切斯科一世·达·卡拉拉不遗余力的打击,因此急于惩罚这个与自己作对的邻居。尽管扩张米兰领土的危险显而易见,威尼斯共和国还是同意分割弗朗切斯科一世·达·卡拉拉的领土。抗拒威尼斯与米兰的联合是没用的;1388年,帕多瓦被迫屈服于米兰人的统治,特雷维索和马尔凯被移交给威尼斯共和国。在伦巴第,吉安·加莱亚佐·维斯孔蒂的统治地位无可争议。剩下的萨伏依、蒙费拉、曼图亚、费拉拉等地的王公,由于种种原因,都变成吉安·加莱亚佐·维斯孔蒂温顺的封臣。

1389年，托斯卡纳和罗马涅内部纷争不断。吉安·加莱亚佐·维斯孔蒂乘虚而入，将注意力转向托斯卡纳和罗马涅。锡耶纳、佩鲁贾和罗马涅的一些小贵族都加入了对抗佛罗伦萨的联盟，因为佛罗伦萨的陷落将有利于确保米兰的霸主地位。然而，在这个危险的时刻，佛罗伦萨的寡头政治忠实地为共和国服务。约翰·霍克伍德被征召到佛罗伦萨服役。阿马尼亚克伯爵被收买，带了一批法兰西军队来帮助佛罗伦萨共和国。吉安·加莱亚佐·维斯孔蒂与意大利杰出的雇佣兵队长雅各布·达尔·韦尔梅、法奇诺·卡内等进行接触，凭着人数优势，他们的军队可能会获得最终的胜利。阿马尼亚克伯爵被击败并杀害。这场灾难迫使已经占领伦巴第的阿达河流域的约翰·霍克伍德不得不选择艰难且冒险的撤退。然而，北部地区一个完全意想不到的逆转打破了米兰的和平。在帕多瓦失陷后，年轻的弗朗切斯科一世·达·卡拉拉和他的父亲雅各布二世·达·卡拉拉一起被囚禁，但他们成功地逃脱了。经历了惊心动魄的逃亡

弗朗切斯科一世·达·卡拉拉

和最浪漫的欧洲游历后，弗朗切斯科一世·达·卡拉拉成功地从佛罗伦萨和巴伐利亚获得了补给。1390年6月，带着少数追随者，弗朗切斯科一世·达·卡拉拉从布伦塔河床进入帕多瓦。市民欢迎弗朗切斯科一世·达·卡拉拉的归来，从而米兰的统治被推翻。帕多瓦革命对吉安·加莱亚佐·维斯孔蒂造成沉重打击，迫使他从托斯卡纳撤回部分军队，并且在1392年决定推迟南部扩张计划。最终，吉安·加莱亚佐·维斯孔蒂和弗朗切斯科一世·达·卡拉拉签订了一项条约：在臣服米兰公国的前提下，帕多瓦仍属于弗朗切斯科一世·达·卡拉拉；佛罗伦萨共和国要放弃对伦巴第的干预；吉安·加莱亚佐·维斯孔蒂则要放弃对托斯卡纳的干预。

1392年，吉安·加莱亚佐·维斯孔蒂和弗朗切斯科一世·达·卡拉拉间表面的和平中夹杂着不断的摩擦。1397年，最终和平被短暂的敌对状态打破了。1398年的另一个条约结束了敌对状态。通过外交手段和阴谋诡计，吉安·加莱亚佐·维斯孔蒂继续实施扩张计划。1394年，比萨发生了一场革命。雅各布一世·阿皮亚尼获得比萨统治权，而他在米兰的税收是出了名的高。1398年，为换取皮翁比诺公国，雅各布一世·阿皮亚尼的儿子盖拉尔多·阿皮亚尼把比萨卖给了吉安·加莱亚佐·维斯孔蒂。1396年，热那亚自愿向法兰西王国投降，才避免了类似的命运。1399年锡耶纳、1400年佩鲁贾和阿西西试图通过接受米兰的统治来摆脱混乱。在任何地方，共和主义的自由似乎都注定要让位于专制主义的发展。1400年，在米兰的资助下，保罗·吉尼吉成为卢卡领主。1401年，乔瓦尼·本蒂沃利奥成为博洛尼亚的主人。佛罗伦萨周围的领土正在被一步步侵吞，为保卫自由而结成的联盟完全瓦解。1394年，约翰·霍克伍德去世，他为米兰取得的卓越功绩无人匹及。1400年，德意志诸侯废黜了无能的瓦茨拉夫四世，把罗马王权交给了帕拉廷选帝侯鲁珀特三世。鲁珀特三世率兵入侵意大利。然而，无论是在战术上还是在纪律上，德意志军队都无法与意大利雇佣兵匹敌。1401年10月24日，在布雷西亚战役中，德意志军队被雅各布·达尔·韦尔梅率领的雇佣兵彻底击败。

在乔瓦尼·本蒂沃利奥被迫投降时,佛罗伦萨最后的希望破灭了。1402年7月,乔瓦尼·本蒂沃利奥转而反对米兰,而博洛尼亚人欢迎一位外国君主代替他们的暴君。然而,死神的介入粉碎了人类的反抗未能阻止的野心。1402年9月3日,因患鼠疫,时年五十五岁的吉安·加莱亚佐·维斯孔蒂驾崩。意大利北部的王国也随之一起灭亡。

第9章

教皇和神圣罗马帝国的分裂

(1378年到1414年)

精彩看点

德意志君主制的衰落——德意志面临的危险——查理四世的政策——教皇格列高利十一世返回罗马——1378年，乌尔班六世当选——克莱门特七世当选——1378年到1417年的天主教会大分裂——德意志城镇——城镇和贵族间的敌意——1387年到1389年城镇战争——1389年《埃格尔和约》——继承匈牙利和波兰——1387年西吉斯蒙德在匈牙利王国继承王位——瓦茨拉夫四世在德意志遭到反对——波希米亚问题——法兰西王国与天主教会大分裂——瓦茨拉夫四世与查理六世会谈——1400年，神圣罗马帝国的天主教会大分裂——敌对罗马人民的国王——宗教会议的观点——两个教皇间的妥协——枢机主教抛弃教皇本尼狄克十三世——欧洲的态度——1409年比萨宗教会议——三位教皇分裂教会——教皇亚历山大五世——约翰二十三世当选——鲁珀特三世驾崩——西吉斯蒙德当选——摩拉维亚的约布斯特当选——摩拉维亚的约布斯特驾崩——西吉斯蒙德的第二次当选——西吉斯蒙德和约翰二十三世——康斯坦斯宗教会议召集令

1378年，德意志陷入混乱的无政府状态；旧的国家体制开始瓦解，新的国家体制不可避免地产生。1378年，中世纪世俗权力和教会权威的代表查理四世和格列高利十一世相继逝世。在教皇和皇帝这两个普遍要求实行国家统治的主体中，前者无疑更强大。教皇拥有巨大的财政收入和令人钦佩的管理制度；而皇帝两者都没有，他统治基督教世界的主张不再被承认。在意大利，即使帝国的宗主权被认为是一种合法的形式，但很少有人关注它。随着它依附的神圣罗马帝国名存实亡皇权的消失，德意志君主制逐渐瓦解。神圣罗马帝国的领土被占领或被分裂，几乎不存在中央行政及司法管辖权。皇帝拥有的权力建立在独立于王权之外的领土权力之上，名义上的封臣——神职人员、世俗诸侯、骑士和市民——享有实际的独立性。如果封臣彼此斗争，他们就会像独立的国家一样坚持斗争到底。如果皇帝介入争端，那么他就是一个党派而不是一个仲裁者。当时，德意志没有像英格兰王国那样能有效地表达各阶层利益的议会组织；也没有像法兰西王国百年战争那样的民族情感使德意志君主制获得优势，粉碎敌对势力的野心。

14、15世纪，德意志分裂日益严重，几乎不可避免地失去了国家的一切特征。当德意志分崩离析时，外国势力会趁机占领这些"碎片"。在东南部，东罗马帝国的废墟上，土耳其人逐渐建立自己的政权，并且扬言要向多瑙河流域上

雅盖隆家族纹章

游推进,进入德意志南部的心脏地带。再往北,在波兰雅盖隆家族的控制下,一个强大的斯拉夫王国建立起来,似乎注定来消灭德意志人通过日耳曼骑士团的影响而取得的辉煌。在卢森堡家族的统治下,波希米亚的斯拉夫王国几乎成了德意志的统治中心,并且反抗神圣罗马帝国皇帝和教皇的统治。胡斯派的胜利比任何其他事件都更清楚地表明,德意志现存制度腐朽且无用。在北方,卡尔马联盟把三个斯堪的纳维亚国家置于同一君主的统治之下,并且威胁要剥夺德意志汉萨同盟在北方水域的优势地位。北方水域的优势是由吕贝克及其盟友战胜丹麦国王瓦尔德马三世而取得的。在南方,瑞士邦联倾向于摆脱对神圣罗马帝国名义上的依赖;斯瓦比亚和莱茵河上的其他联盟不太可能效仿瑞士邦联。在西方,德意志的衰弱已使法兰西王国可以吞下强大的阿尔勒古国的一部分,尽管法兰西王国与英格兰王国进行了一段时间的战争。瓦卢瓦王朝的勃艮第公爵抢占一个又一个神圣罗马帝国的领地引发了德意志一个新的、更加紧迫的危机。勃艮第公爵曾一度沿着莱茵河成功地建立一个中央王国，削弱甚至阻碍了德意志对西欧发展的影响力。

作为14世纪英明的统治者，查理四世清楚地认识到形势的严峻性，并且采取了补救措施。德意志要么将地方独立与为共同利益而采取的联合行动结合起来组成一个联邦，要么将如此大片的领土统一起来，组成一个单一家族，成为一个新领土君主国的核心。查理四世将这两种补救措施同时进行，把联合权力和特权授予选帝侯，从而为联邦组织奠定了基础。同时，查理四世使卢森堡家族成为德意志最强大的家族，并且使它能够像卡佩家族为法兰西王国做的那样为德意志服务。完全否认查理四世的政策是普遍犯的错误；他的权宜之计被证明是永久性的，最终目标却从未实现。因此，德意志领土上的君主政体并没有建立起来，其拥有的统一是联邦制的。15世纪到18世纪，真正使德意志团结起来的并不是联邦制度，而是由查理四世建立的哈布斯堡家族的领土权力。像卢森堡家族的继承人一样，在德意志，哈布斯堡家族占据了独特的地位。查理四世的政策产生了超乎想象的深远影响，但这些影响是由别人而不是他自己的后代建立的。

由于教皇都住在阿维尼翁，查理四世未能有效控制教会体系，这也是他统治力遭到削弱的一个明显根源。某种程度上，通过本人提名，查理四世获得罗马人的国王的地位，并且被教皇提名为神圣罗马帝国皇帝候选人。然而，查理四世发现，只要教皇对德意志的政治干涉仍受法兰西王国影响，就有必要抵制教皇干涉。显然，查理四世的职责和兴趣在于恢复罗马的教皇地位，因为只有在罗马他才能行使公正的权力。查理四世曾劝说教皇乌尔班五世将住处迁往罗马，但后来乌尔班五世迅速返回罗纳河岸阿维尼翁居所让他的希望落空。1377年，查理四世再次成功地说服了格列高利十一世离开阿维尼翁，前往永恒之城——罗马。

然而，教皇和枢机主教都觉得罗马太动荡了，不适合居住，又准备返回阿维尼翁。此时，格列高利十一世的去世，迫使在梵蒂冈举行秘密会议选举新教皇。暴徒包围了宫殿，要求选出罗马教皇。虽然大多数枢机主教都是法兰西人，但内部有分歧，害怕市民暴动。作为妥协，枢机主教选择了一位那不勒斯人——巴里大主教乌尔班六世。枢机主教对自己的决定几乎没有什么信心，开始纷纷乔装逃跑，并且将选举新教皇的消息散布出去。这一事实足以证明，选举并非完全是强制性的，只要民众表现出默许，枢机主教就会一致认可乌尔班六世。

不过，民众和枢机主教的短暂和平被打破了。乌尔班六世从来没有当过枢机主教；大多数选举人也不认识他。此外，乌尔班六世是个脾气暴躁、举止粗鲁的人，不顾反对或劝告，急于行使自己意外获得的教皇权力。枢机主教原本希望找到一个顺从和感恩的傀儡，却发现自己面对的是一位宣布将与教会的主要神父一起开始改革的主人。乌尔班六世以最粗鲁的方式来平息抗议，并且宣布将永远不会回到阿维尼翁。许多枢机主教失望、愤怒地离开罗马，前往阿纳尼。在法兰西王国和那不勒斯王国的支持下，枢机主教宣布：因为受到暴民的恐吓，乌尔班六世的当选无效。1378年9月20日，枢机主教选举了一位激进的神职人员日内瓦的罗伯特接替枢机主教阿尔沃诺斯，成为意大利教皇军队的指挥官。反对乌尔班六世的人称日内瓦的罗伯特为克莱门特七世。克莱门特七世的当选，引发了持续四十年的教会大分裂。

在意大利，神圣罗马帝国皇帝查理四世目睹了天主教会大分裂的一系列事件，十分懊恼，毫不犹豫地支持教皇乌尔班六世，并且敦促欧洲各国抵制教会恢复法语书写的决定。然而，1378年11月29日，查理四世驾崩，一位原本可能阻止天主教会大分裂进程的政治家倒下了。查理四世的儿子和继承人瓦茨拉夫四世继承了父亲的政策，但他太年轻了，而且事实证明，他也没有能力发挥如同父亲那般的影响力。瓦茨拉夫四世威胁说，如果那不勒斯女王乔安娜一世不放弃支持克莱门特七世的事业，就封禁她的王权。瓦茨拉夫四世的威胁之所以更加可怕，是因为那不勒斯人自己也偏爱同乡乌尔班六世，这更加剧了教会的分裂。在那不勒斯已无容身之所，于是克莱门特七世和他的枢机主教离开意大利前往阿维尼翁。在阿维尼翁，克莱门特七世得到了法兰西人的支持，不久又得到了西班牙卡斯蒂尔王国、阿拉贡王国和纳瓦拉王国的承认。德意志、英格兰王国和大多数北方王国都效忠于乌尔班六世，并且效忠于继任者博尼法斯九世、因诺森特七世和1406年当选的格列高利十二世。克莱门特七世一直活到1394年，继任者是西班牙的彼得罗·弗朗切斯科·奥尔西尼，即本尼狄克十三世。

教会分裂并不是罗马人民的国王瓦茨拉夫四世必须面对的唯一困难。像其他国家一样，德意志封建体系中的社会和政治关系取决于土地所有权。德意志的城镇发展改变了封建制度。城镇的经济收益在于工业而不是农业，因此，城镇居民维护和平的渴望与贵族土地所有者的军事习惯、传统相矛盾。在英格

本尼狄克十三世

兰王国和法兰西王国，君主通过接受新兴城镇的庇护和帮助及城镇自治发展，来获得自身的利益。神圣罗马帝国皇帝路易四世统治时期，德意志曾一度颁布过类似的政策。然而，因在意大利的经历，查理四世对城镇不信任，怀疑它们争取的独立并不能加强德意志的君主制政体。在《1356年金玺诏书》中，查理四世故意限制城镇发展，同时赋予选帝侯很大的权力。然而，在有生之年，查理四世限制城镇发展的政策并未完全取得成功。1370年，北方的汉萨同盟城镇已经发展到权力的顶峰。查理四世发现亲自去吕贝克安抚汉萨同盟城镇民众是明智之举。南方城镇则在乌尔姆的领导下成立了士瓦本联盟，打败了好战的维尔滕堡伯爵埃伯哈德，迫使查理四世恢复它们在《1356年金玺诏书》中被剥夺的联盟权利。

　　查理四世驾崩和软弱任性的瓦茨拉夫四世即位，使各城镇得以采取更大胆的措施。1381年，在施派尔，莱茵河沿岸的城镇缔结了士瓦本联盟。联盟的目标不仅是共同防御，还要"鞭笞和惩罚共同的敌人"。士瓦本联盟包括七十二个城镇，可以提供一万个士兵的军事力量。这支部队绝不是士瓦本联盟唯一的或最有效的武器。通过修改公民身份的形式，士瓦本联盟吞并了附近的村庄，从而立即剥夺了领主的收入及其领土。土地所有者如果想要挽回损失，能做的只能是破坏自己的财产。难怪诸侯对一种似乎有可能与之匹敌的力量增长感到不满，但最直接受到城镇威胁的阶层是骑士。骑士的主要日常活动是战争和掠夺，但城镇坚决制止并破坏他们的上述活动。骑士单枪匹马，无力对抗平民的力量，被迫结成联盟以保护自己，如著名的狮子联盟。骑士和诸侯之间几乎没有什么感情可言，但阶级偏见和社会关系往往会把他们拉拢，共同对付一个既憎恨又蔑视的敌人。这一系列事件引发了德意志的阶级大战。

　　瓦茨拉夫四世既没有能力，也没有经验来处理这样的问题，他的大部分精力被与弟弟西吉斯蒙德的家族争端和教会争斗占据了。瓦茨拉夫四世唯一的权宜之计是成立包括诸侯和城镇在内的和平维护联盟。通过这种方法，瓦茨拉夫四世成功地推迟了战争，但并没有阻止战争。哈布斯堡王朝的奥地利公爵利奥波德三世与瑞士的争端使事态急剧恶化。瑞士邦联不同于士瓦本联盟或莱茵河城镇联盟，既包括城镇也包括村庄。1385年，有人提议与士瓦本联盟结盟，森林州最初拒绝参与此事，只有伯尔尼、苏黎世、楚格和卢塞恩等城镇加入了结盟。森帕赫战役的胜利主要是由农民赢得的；士瓦本联盟城镇没有提供任何援助。然而，奥地利公爵利奥波德三世，这位皇权利益捍卫者的倒台，被士瓦本联盟城镇视为一场胜利，自然而然地助长了城镇的骄纵和自命不凡。1387年，一触即发的战争终于爆发了。实际的敌对行动中，除了战争规模，没有什么值得注意的。这场战争不过是一个贵族和一个过于强大的城镇之间过去经常发生的无数次争斗的同时爆发而已。只要城镇市民保持守势，就会胜利，贵族和骑士的军队就会被击退。在胜利的鼓舞下，城镇联盟决定离开各自的城池，入侵宿敌维尔滕堡伯爵埃伯哈德的领土。然而，德意志城镇没有阿尔卑斯山脉农民那样的士兵，也没有瑞士人那样的地理优势。在野外，士瓦本联盟城镇的部队被德意志封建骑兵打得片甲不留。1388年8月24日，在多芬根，士瓦本联盟军队惨败。士瓦本联盟军队的弱点已经显而易见，他们可以抵抗侵略，但不能进攻。在沃尔姆斯，士瓦本联盟军队也遭受惨败，损失严重。士瓦本联盟重要的新成员纽伦堡，被维尔滕堡伯爵埃伯哈德攻陷。

当然，在这场战争中，贵族的胜利是不彻底的。贵族虽然在战场上取得了胜利，但仍像以前一样无法进行围城行动。贵族的防御力量使城镇能够在平等的条件下缔结《埃格尔和约》。根据这项和约，双方所有联盟都将被废除；所有城镇和贵族之间的纠纷都将通过仲裁来解决。为此在士瓦本、法兰克尼亚、巴伐利亚和莱茵河流域各省任命了四名专员处理此事。此外，每个委员会由四个贵族、四个公民和一个由皇帝任命的主席组成。显然，虽然城镇联盟被打败了，但它们并没有完全失败，而是与对手取得了平等的地位。实际上，战争的真正重要性在于给德意志君主制带来的耻辱。瓦茨拉夫四世既没能阻止战争，也没能影响战争的进程。和平维护联盟只是一个地方代表组织，因此中央集权只是名义上的。

当德意志内部因城镇战争而动荡不安时,卢森堡家族在东部取得了重要的领地。1382年,匈牙利国王兼波兰国王兼那不勒斯安茹家族统治者路易大帝驾崩,留下寡妇波斯尼亚的伊丽莎白和两个女儿安茹的玛丽亚和安茹的雅德维加。尽管对女性统治存在天生的偏见,但生前路易大帝还是说服臣民承认了女儿安茹的玛丽亚和安茹的雅德维加的继承权。离路易大帝最近的男性继承人是杜拉佐的查理,他正与法兰西国王查理五世的弟弟、安茹公爵路易一世争夺那不勒斯王位。路易大帝女儿安茹的玛丽亚是查理四世次子西吉斯蒙德的未婚妻,得到匈牙利人的承认,但西吉斯蒙德急切地希望未来的妻子还能获得波兰王冠。波兰人越来越多地受斯拉夫民族情感的影响,不愿意继续与匈牙利联盟或接受德意志统治者,坚持要为安茹的玛丽亚的妹妹安茹的雅德维加选一个丈夫。1385年,安茹的雅德维加前往波兰。1386年,安茹的雅德维

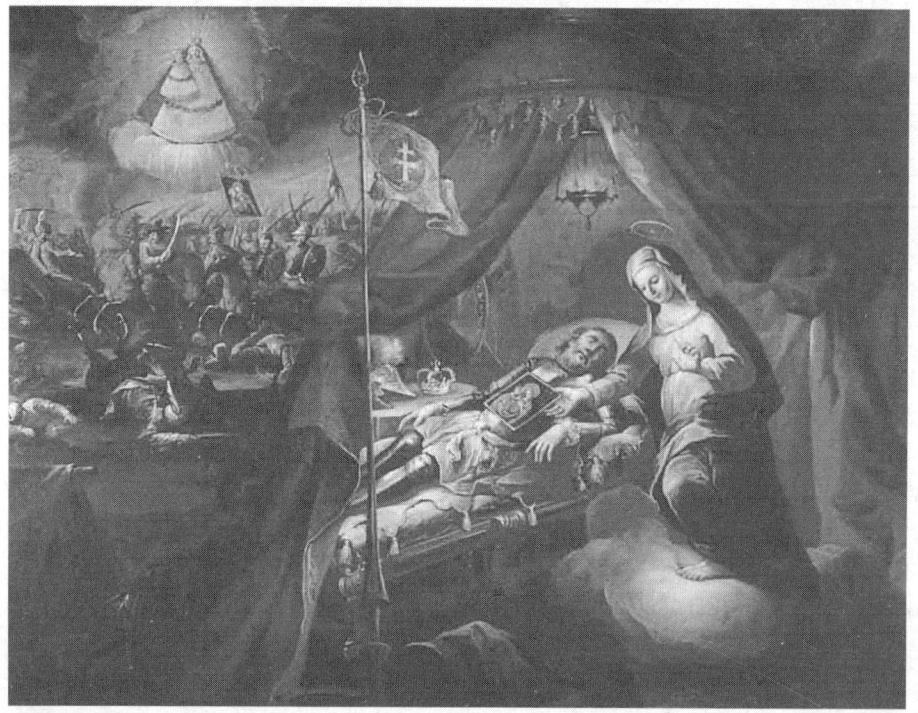

路易大帝驾崩

瓦迪斯瓦夫二世·雅盖沃

加嫁给了天主教名为瓦迪斯瓦夫的立陶宛大公雅盖沃，后称为瓦迪斯瓦夫二世·雅盖沃。在雅盖隆家族的统治下，在德意志东北部，波兰和立陶宛建立了一个强大的斯拉夫国家，导致日耳曼骑士团的衰落。因为日耳曼骑士团接受了基督教义，从此不能再宣称进行十字军远征了。

在波兰没有讨到任何便宜的西吉斯蒙德，也差点失去了匈牙利王国。已故国王路易大帝的遗孀波斯尼亚的伊丽莎白不愿将权力交给野心勃勃的未来女婿西吉斯蒙德，试图解除安茹的玛丽亚与西吉斯蒙德的婚约，并且让安茹的玛丽亚与一位法兰西王子结婚。然而，匈牙利贵族突然反对波斯尼亚的伊丽莎白的计划，把王位让给了在那不勒斯即位的杜拉佐的查理。杜拉佐的查理接受了这个提议,并且于1385年在达尔马提亚登陆。突如其来的危险迫使波斯尼亚的伊丽莎白向西吉斯蒙德求助。1385年10月,西吉斯蒙德匆匆举行了拖延已久的婚礼,然后急忙召集军队保卫妻子安茹的玛丽亚的匈牙利王冠。为了筹钱,西吉斯蒙德把勃兰登堡的大部分财产典当给了堂哥①摩拉维亚的约布斯特。匈牙利王国发生的事件瞬息万变。1386年2月,在稳固了王权后,那不勒斯国王查理

安茹的玛丽亚

---

① 西吉斯蒙德父亲查理四世是摩拉维亚的约布斯特父亲摩拉维亚藩侯约翰·亨利哥哥,所以摩拉维亚的约布斯特是西吉斯蒙德的堂哥。——译者注

波斯尼亚的伊丽莎白和安茹的玛丽亚被捕

三世^①被波斯尼亚的伊丽莎白的使者暗杀。以女儿安茹的玛丽亚的名义,波斯尼亚的伊丽莎白恢复了威信,不再需要女婿西吉斯蒙德的帮助,立刻与女婿反目。克罗地亚贵族决心为查理三世报仇,抓住了波斯尼亚的伊丽莎白和安茹的玛丽亚,将她们带到了诺维格勒要塞。当要塞被包围时,波斯尼亚的伊丽莎白被处死,安茹的玛利亚也面临着同样被处死的命运。在普遍的无政府状态下,匈牙利贵族决定将王位授予西吉斯蒙德。1387年,西吉斯蒙德加冕,成为匈牙利国王。不久,西吉斯蒙德释放了妻子安茹的玛丽亚。西吉斯蒙德的即位为卢森堡家族增加了一个新的省,同时建立了匈牙利和波希米亚之间至今仍存在的家族联系。

---

① 即上文提到的杜拉佐的查理。——译者注

占领匈牙利非但丝毫没有巩固卢森堡家族在德意志的地位，反倒增加了人们对其急速扩张领土的嫉妒。最初代表巴伐利亚、法兰克尼亚和士瓦本等德意志公国的西方诸侯，憎恨把权力移交给一个财产主要集中在东方、甚至有些完全不在德意志的王朝。从维特尔斯巴赫家族手中，查理四世夺走了皇权。这是引起德意志西部的诸侯对东部的瓦茨拉夫四世强烈抗议的罪魁祸首，而不满者也并非没有更实质的抗议理由，那就是瓦茨拉夫四世对天主教会大分裂的不作为。在城镇战争中，瓦茨拉夫四世优柔寡断的做法让诸侯十分厌恶。埃格尔和谈之后，瓦茨拉夫四世实际上已经退出了德意志政坛。德意志陷入无政府状态。即使在德意志东部，瓦茨拉夫四世也遭受了重大的困难和屈辱。

与继任者瓦茨拉夫四世相比，查理四世拥有这两种支持力量：第一是波希米亚人的热情忠诚；第二是卢森堡家族无可争议的领导地位，两个弟弟卢森堡伯爵瓦茨拉夫一世和摩拉维亚藩侯约翰·亨利从来没有冒险违背过查理四世的意愿。然而，在瓦茨拉夫四世的统治下，波希米亚既没有查理四世那般深受臣民爱戴的威望，也没有臣民拥戴的好政府。人们越来越感到，由一位德意志王子用德意志的方法来统治一个斯拉夫民族是极其可耻的。尽管波兰王国与德意志有着长期且亲密的联系，但在雅盖沃的领导下，波兰与立陶宛之间的民族感情，在波希米亚王国开始变得强烈起来。瓦茨拉夫四世本人并非不受欢迎，随着时间的推移，他那粗鲁的举止和鲁莽的性格，逐渐转变为暴食和酗酒，在下层阶级中似乎引起了某种程度上的支持。然而，不顾后果的放纵导致瓦茨拉夫四世犯下严重的政治错误：毫不掩饰地蔑视、疏远神职人员，以及对宠臣的偏袒激怒了贵族。1387年，各处相继发生多次起义。瓦茨拉夫四世的亲戚非但没有帮助他，反倒让他处境更加艰难。卢森堡家族的邪恶天才摩拉维亚的约布斯特是瓦茨拉夫四世的堂哥，以自私、狡诈和对道德准则的完全漠视出名，影响了15世纪的意大利人。利用西吉斯蒙德的财政困难，摩拉维亚的约布斯特取得了勃兰登堡的领土，但他还希望通过败坏瓦茨拉夫四世的名声，进一步为自己赢得波希米亚王国和神圣罗马帝国的权力。1394年，摩拉维亚的约布斯特领导了一场贵族起义，抓捕了瓦茨拉夫四世，并且将其监禁。卢森堡家族忠诚的成员格尔利茨的约翰成功解救了瓦茨拉夫四世，却被瓦茨拉夫四世以极其忘恩负义的方式于1396年毒害。虽然一心一意地追求自己的目标，但西吉斯蒙德不像摩拉维亚的约布斯特那样愤世嫉俗、自私自利，对自己家族的尊严和利益或多或少地还是有些尊重。然而，为了保卫自己的匈牙利王国不受土耳其人侵犯，西吉斯蒙德没有给瓦茨拉夫四世任何真正的帮助或指导。1396年，在尼哥波利，瓦茨拉夫四世率领的一支庞大的十字军被巴雅泽一世的军队打得落荒而逃。如果不是帖木儿统治下的鞑靼人的推进，东欧可能将会由获胜的土耳其苏丹①统治。

尼哥波利战役

---

① 伊斯兰国家统治者的称号。——原注

波希米亚丑闻和卢森堡诸侯间的争斗似乎使德意志西部的诸侯相信,瓦茨拉夫四世并不值得重视,也不值得尊敬。1395年,瓦茨拉夫四世授予意大利北部勇猛的皇帝派领袖吉安·加莱亚佐·维斯孔蒂米兰公爵头衔,让西方诸侯更加不满。1398年,诸侯终于找到机会,借由瓦茨拉夫四世对天主教会大分裂不作为而不再效忠。当时欧洲最有影响力的巴黎大学反对天主教会大分裂。起初,法兰西政府让巴黎大学保持沉默,但渐渐地法兰西国王查理六世也开始同意巴黎大学的观点,因为支持一个分裂的罗马教会的教皇代价很大。除了法兰西人提供的维持自己及其教廷的开销外,教皇几乎一无所有。当西班牙人彼得罗·弗朗切斯科·奥尔西尼被选为教皇克莱门特七世的继任者时,公众的热情慢慢降温。在巴黎大学校长皮埃尔德阿伊、让·热尔松的指导下,查理六世及其大臣决心通过中立的方式来结束天主教会大分裂,即通过不再效忠的方式迫使两个敌对教皇放弃职位,然后重新选举一位教皇来统一教会。为了实施这一计划,罗马教皇博尼法斯九世的支持者必须同时采取行动,其中最尊贵的是罗马人民的国王鲁普雷希特三世。

皮埃尔德阿伊

让·热尔松

法兰西国王查理六世

瓦茨拉夫四世似乎继承了卢森堡家族对法兰西一贯的依赖，曾与博尼法斯九世就任命美因茨大主教一事发生过争斗。1398年，在兰斯，瓦茨拉夫四世与查理六世会面，讨论这个时代最紧迫的问题，其中一位是酒鬼，另一位则精神错乱。两人的私人交往可能会有一定的启发性。有一次，受法兰西国王查理六世的邀请，瓦茨拉夫四世前去参加宴会。当勃艮第公爵、伯利公爵去迎接瓦茨拉夫四世时，发现他已经吃完饭，正醉醺醺地躺在桌子下面。会谈的结果是，双方基本达成了一项正式协议：查理六世应敦促本尼狄克十三世辞职，而瓦茨拉夫四世则必须要求博尼法斯九世辞职。

帕拉廷选帝侯警告道，如果瓦茨拉夫四世拒绝支持为他加冕的教皇博尼法斯九世，那么臣民将不再受其约束。兰斯会见促使一项深思熟虑的计划得以

博尼法斯九世

迅速实施。尽管博尼法斯九世小心翼翼地避免激怒密谋反对他的诸侯，但他并非不愿意支持瓦茨拉夫四世在德意志的对手，从而将瓦茨拉夫四世置于死地。七名选帝侯中有两名属于卢森堡家族，分别代表波希米亚和勃兰登堡，而萨克森公爵则置身事外。1400年，在兰施泰因，其他四位领地在莱茵河接壤的选帝侯会面，下令废除瓦茨拉夫四世的王位，选举他们中的一位——帕拉廷选帝侯鲁珀特三世为罗马人民的国王。然而，和1378年执拗的枢机主教一样，莱茵河选帝侯没有权力执行罢免令。这一行动的唯一结果就是在神圣罗马帝国内部与教会内部制造了分裂。

与瓦茨拉夫四世相比，鲁珀特三世是一位聪明、英明的统治者。如果再具备一些军事能力，那么鲁珀特三世也许就会获得彻底的胜利。瓦茨拉夫四世继续与家族中的亲戚争斗不休。匈牙利的一次叛乱中，瓦茨拉夫四世的手下将西吉斯蒙德囚禁了五个月。如果那不勒斯国王拉迪斯拉斯没有和安茹家族的路易二世竞争的话，那么鲁珀特三世或许可以像父亲在1385年做的那样，把杜拉佐家族强制收归匈牙利王国。然而，卢森堡诸侯面临的困境还不足以让鲁珀特三世从中获利。鲁珀特三世入侵波希米亚王国，实际上到达了布拉格，在那里得到摩拉维亚的约布斯特和不满的贵族的大力支持。然而，遭遇了第一次轻微的挫折后，鲁珀特三世就放弃侵略波希米亚。当西吉斯蒙德从囚禁中逃脱，并且接替他无能的哥哥瓦茨拉夫四世管理波希米亚王国时，鲁珀特三世失去了良机。后来，鲁珀特三世试图通过击败瓦茨拉夫四世的支持者吉安·加莱亚佐·维斯孔蒂来取得间接胜利。因此，鲁珀特三世希望恢复德意志在意大利的影响力，也希望从博尼法斯九世那里得到神圣罗马帝国的皇冠。虽然佛罗伦萨共和国和所有反对这位米兰暴君吉安·加莱亚佐·维斯孔蒂的人都答应提供人手和资金，但鲁珀特三世入侵意大利比入侵波希米亚王国还失败。1401年10月21日，在布雷西亚城下，鲁珀特三世的军队被吉安·加莱亚佐·维斯孔蒂的雇佣兵彻底击溃，退回德意志。这成为欧洲的笑柄。鲁珀特三世的失败促使瓦茨拉夫四世计划前往意大利，为推迟已久的加冕礼做准备。西吉斯蒙德答应护送瓦茨拉夫四世前往。为了挫败这一阴谋，博尼法斯九世敦促那不勒斯国王拉迪斯拉斯入侵匈牙利，但没能成功。1402年9月3日，吉安·加莱亚佐·维斯孔蒂驾崩的消息传出后，瓦茨拉夫四世不得不放弃前往意大利的加冕计划。从这时起，敌对神圣罗马帝国的国王不再互相攻击，而是一个在西方，一个在东方，各自服从各自的教皇。德意志人习惯了消极地行使皇权，因此，鲁珀特三世和瓦茨拉夫四世两位皇帝造成的帝国分裂几乎没有引起德意志的兴趣，也没有带来什么不便。

对欧洲来说，教会的分裂更加重要，尽管分裂者并不比皇帝更有气势。教皇的地位必然会因本尼狄克十三世与博尼法斯九世的争斗而动摇，两人都声称有权行使神圣的教皇权威，但人类的暴躁易怒让他们互相咒骂。对这样的景象，不信教的人被嘲笑、被讽刺，宗教人士感到震惊。当时的评论认为，很长一段时间，基督徒有一位世俗的神，原谅了人类犯下的罪。然而，现在人类有两

第 9 章 教皇和神圣罗马帝国的分裂（1378 年到 1414 年）

位这样的神,如果一位神不原谅他们犯下的罪,他们就去信奉另一位。这场旷日持久的丑闻迫使人们改变了对教皇权力的看法,并且认为这种权力的存在不是为了自身,而是为了整个教会。如果这种权力被严重滥用,教会就有义务为受难的信徒伸张主张。因此,"和解"的思想产生,并且在15世纪上半叶支配着其他所有教会观念。"以总议会为代表的教会权力高于教皇,正如全体教会高于任何个体成员一样",这一想法得到了各大学的鼎力支持,尤其是巴黎大学、牛津大学和布拉格大学。神圣罗马帝国的分裂和巴黎大学的突出地位,使法兰西王国在敦促召开宗教会议以结束教会无政府状态方面处于核心地位。1398年,法兰西王国采取了中立政策,包围阿维尼翁,并且监禁了本尼狄克十三世。然而,当没有其他国家效仿法兰西王国的做法时,反对勃艮第公爵约翰的奥尔良公爵路易一世开始支持本尼狄克十三世的事业,从而引发了一系列反抗。1402年,令巴黎大学大为懊恼的是,法兰西国王查理六世释放并重新支持本尼狄克十三世。查理六世前往普罗旺斯海岸,在罗马城与对手奥尔良公爵路易一世谈判。最后,两位罗马教皇因诺森特七世和格列高利十二世当选的条件是:一旦对方辞职,另一方也必须退出。

  格列高利十二世与本尼狄克十三世达成协议,两位教皇承诺不再任命新的枢机主教,并且于1407年在萨沃纳再次会面。对格列高利十二世来说,协议可能言不由衷,因为有强大的势力在阻止协议的执行。格列高利十二世年事已高,也许没有什么野心,但他的亲戚急于从他的地位上升中得到好处,而他又太软弱,不能不顾及那些亲戚的意愿。此外,在因诺森特七世的支持下,那不勒斯国王拉迪斯拉斯几乎成了罗马城的最高统治者。因此,拉迪斯拉斯乐于维持分裂。因在阿维尼翁存在政敌,罗马教皇因诺森特七世一定会支持那不勒斯国王拉迪斯拉斯反对安茹家族占有那不勒斯;不过,在萨沃纳,受法兰西王国影响选出的新教皇格列高利十二世则一定会支持安茹公爵路易二世。欧洲王公不希望法兰西王国恢复1305年到1378年在教会事务上的优势地位,但如果允许法兰西王国带头结束教会分裂的话,肯定就会是这种结果。因此,两位教皇之间的谈判仍然是荒诞且徒劳的。格列高利十二世的统治范围北至卢卡，本尼狄克十三世南至斯佩齐亚，但两人仍未能达成会面。莱奥纳尔多·布鲁尼形象地说："一个像陆地动物一样，拒绝接近大海；另一个则像一只水兽，不肯离开海岸。"

然而，欧洲诸侯不会让自己的利益因两位年老教皇的自私拖延而牺牲。1407年，在法兰西王国，本尼狄克十三世的主要支持者奥尔良公爵路易一世被暗杀。随后，在大学派的劝说下，查理六世收回了对奥尔良公爵路易一世的支持。在巴黎大学的建议下，本尼狄克十三世颁布诏令将法兰西主教逐出教会，

奥尔良公爵路易一世被暗杀

但诏书被烧毁了。这一大胆举动使本尼狄克十三世下定决心不再信任法兰西王国了,于是逃到了家乡鲁西永的佩皮尼昂。与此同时,意大利也发生了一件大事。因支持的教皇固执地拒绝履行曾许下的誓言,枢机主教普遍感到厌恶。虽然与教皇素未谋面,但枢机主教之间走动频繁,经常一起商议重大事情。因此,大多数枢机主教抛弃了教皇本尼狄克十三世,把自己置于佛罗伦萨共和国的保护之下,并且在比萨召开了一次全体宗教会议。

枢机主教派代表前往比萨寻求欧洲各国的支持,得到法兰西王国和英格兰王国的大力支持。西班牙王国仍然被动地效忠于本尼狄克十三世,而德意志当时则处于分裂状态。瓦茨拉夫四世从未做过任何事情来执行1398年向法兰西国王查理六世承诺的中立政策,但他同意支持全体宗教会议,前提是自己作为罗马人民的国王的头衔得到正式承认。鲁珀特三世仍然顽固地效忠罗马教皇格列高利十二世,尽管他的许多主要支持者倾向于支持枢机主教的事业。在意大利国内,那不勒斯国王拉迪斯拉斯表明了决心,并且派军队占领罗马来维护自己的利益。遭到普遍背弃,两位教皇各自召集宗教会议以安抚民意,但很少有教士参加。与这些安抚民意的会议相比,比萨宗教会议显得尤为重要。

1409年3月25日,比萨宗教会议召开。出席会议的代表可分为两派:大多数人,包括召集会议的枢机主教在内,希望结束分裂,恢复教会的原有组织;另一些,如皮埃尔德阿伊、让·热尔松等开明神职人员希望利用这个特殊的机会对教会进行改革,使类似的丑闻不再发生。因此,比萨宗教会议的方案可简单地总结为团结和改革。大家一致同意先解决更紧迫的团结问题,但为了安抚改革者,同意在对教会进行全面改革之前,不应该再有分裂。此后,事情进展缓慢下来,两派的意见也没有产生任何冲突。比萨宗教会议还起草、公开宣读了对两位教皇的指控,并且传唤格列高利十二世和本尼狄克十三世到会申辩。第三次传讯未到之后,比萨宗教会议宣布两位教皇不听教会命令,并且剥夺了他们的教会职位和权力。值得注意的是,教皇不是仅仅因为公共利益,或者因为未通过正式选举产生而被废黜;而是对两位教皇提出了不同的指控,并且比萨宗教会议声称有权对他们进行取证和惩罚。对欧洲来说，宪法政府的原则在教会中得到了应用，就像英格兰王国在爱德华二世和理查德二世事件中实施的那样，这是一个新奇的景象。经过十一天的商议，1409年6月26日，枢机主教决定选举米兰大主教亚历山大五世为教皇。教会改革问题则被巧妙地推迟到1412年召开的新宗教会议中审议。1409年8月7日，比萨宗教会议宣布解散。

无论如何，在完成教会改革方案最重要的部分后，比萨宗教会议解散了，但教会的分裂还远未结束。格列高利十二世和本尼狄克十三世都不承认比萨宗教会议及其程序的合法性。的确，质疑革命性的、没有先例的程序合法性并不困难。比萨宗教会议并没有强制执行命令的权力，只要教皇能找到愿意支持他们的诸侯，就能坚持自己的头衔。比萨宗教会议唯一的不同之处在于，以前有两位相互竞争的教皇，现在变成了三位。

亚历山大五世

教皇亚历山大五世的任期只持续了十个月。在此期间，从拉迪斯拉斯手中，亚历山大五世成功地夺回了罗马，所用的办法是承认路易二世对那不勒斯的主权而使内战重新打响。亚历山大五世唯一的措施是颁布试图解决一场支持托钵修会旧争端的诏令。亚历山大五世本人是方济各会修士，承认修士有接受忏悔和主持圣礼的全部权利。这份诏令引起了教区神职人员和巴黎大学的强烈反对，因为他们的权利被这些修士侵犯了。与方济各会矛盾根深蒂固的巴黎大学一开始还对亚历山大五世的当选表示欢迎，现在却驱逐了所有方济各会修士，并且要求修士放弃诏令授予的特权。

1410年5月，在普遍的反对声中，亚历山大五世去世了。枢机主教推选神父雇佣兵巴尔达萨雷·科萨为继任者，即约翰二十三世。在保护宗教会议和恢复

约翰二十三世

罗马城秩序方面，教皇约翰二十三世做出了巨大贡献，似乎是抵抗那不勒斯的拉迪斯拉斯威胁唯一可信任的人。然而，约翰二十三世并不自视甚高，甚至也并不受人尊敬。把一个放纵的士兵提升到教会的最高地位，这本身就是基督教界的丑闻，几乎和天主教会大分裂一样荒诞。

比萨宗教会议的明显失败似乎给它的支持者带来了耻辱，并且使那些本来无动于衷的人有理由采取行动。然而，鲁珀特三世的立场不会改变。亚历山大五世去世没几天，鲁珀特三世就于1410年5月18日驾崩了。鲁珀特三世的驾崩迫使西方选民进行新的皇帝选举。十年的选举经历让选民相信推翻卢森堡家族十分困难。如果没有其他候选人，卢森堡家族似乎也可以被接受。现在，卢森堡还有三位候选人：瓦茨拉夫四世，仍然声称自己是罗马人民的国王；西吉斯蒙德，最近在匈牙利的成功统治为其赢得了很大的声誉；还有雄心勃勃的约布斯特，在摩拉维亚继承了勃兰登堡和劳西茨。在关于教会的重大问题上，三位候选人的立场截然相反：瓦茨拉夫四世和约布斯特承认比萨宗教会议，但西吉斯蒙德从未放弃支持格列高利十二世。四位支持过鲁珀特三世的莱茵河选帝侯对教会问题也存在分歧。特里尔大主教和帕拉廷选帝侯都是罗马教皇格列高利十二世的拥护者，而美因茨大主教和科恩大主教则支持亚历山大五世及其继任者。对教会问题的分歧影响选举的投票情况。1400年，四位莱茵河选帝侯中，没有人支持瓦茨拉夫四世，美因茨大主教和科恩大主教支持摩拉维亚的约布斯特，而另外两人则支持西吉斯蒙德。

西吉斯蒙德有很多地方值得支持：他成为波斯尼亚的真正统治者，让塞尔维亚人承认匈牙利的宗主权；还削弱了达尔马提亚的大部分势力，并且倾向于立一位那不勒斯国王。因此，西吉斯蒙德可以为德意志提供最有效的保护，使其免受土耳其人的侵扰。作为波希米亚王位的继承者，西吉斯蒙德似乎是日耳曼和斯拉夫日益增长的敌意的唯一调解者。由于不能亲自前往德意志，西吉斯蒙德把自己的事业托付给勃兰登堡选帝侯腓特烈一世。在尼哥波利战役中，勃兰登堡选帝侯腓特烈一世救过西吉斯蒙德的命，后来成为西吉斯蒙德最亲密

勃兰登堡选帝侯腓特烈一世

的顾问。尽管西吉斯蒙德名声显赫,但如果只获得两张选票,当选的机会依然很小,况且摩拉维亚的约布斯特很可能投自己一票。为了摆脱这一困境,西吉斯蒙德决定拒绝接受在勃兰登堡向堂哥摩拉维亚的约布斯特作的承诺,要求行使投票权。西吉斯蒙德任命勃兰登堡选帝侯腓特烈一世为自己的代理人。1410年9月1日,勃兰登堡选帝侯腓特烈一世与四位莱茵河选帝侯一起出现在法兰克福。西吉斯蒙德的最后一步让摩拉维亚的约布斯特措手不及。摩拉维亚的约布斯特决心支持瓦茨拉夫四世的事业,这样可以在瓦茨拉夫四世驾崩后确保自己的选举权。因此,摩拉维亚的约布斯特和萨克森伯爵鲁道夫三世以没有空缺为由拒绝参加会议。选帝侯美因茨大主教和科恩大主教竭尽全力拖延选举。然而,1410年9月20日,帕拉廷选帝侯和特里尔大主教拒绝再等下去,严格地完成了所有惯例形式,审查并批准了勃兰登堡选帝侯腓特烈一世的代理人权力，并且宣布西吉斯蒙德通过选举。根据《1356年金玺诏书》的规定，这次选举毫无疑问是合法的。

西吉斯蒙德昔日的许多对手急于弥补曾犯下的错误，纷纷讨好西吉斯蒙德。摩拉维亚的约布斯特承认瓦茨拉夫四世为神圣罗马帝国皇帝；作为回报，瓦茨拉夫四世承认摩拉维亚的约布斯特拥有勃兰登堡，并且承诺让波希米亚人推选约布斯特为罗马人民的国王。1410年10月，法兰克福举行了新一轮选举。五名选帝侯亲自或委托代理人投票支持摩拉维亚的约布斯特为罗马人民的国王。因此，罗马人民的国王选举事件第二次步教会事件的后尘：罗马教皇选举的分裂之后，紧接着是罗马人民的国王选举的分裂。1409年，第三位教皇约翰二十三世被选出。1410年，出现了非常独特的景象：同一家族的三位候选人约布斯特、西吉斯蒙德、瓦茨拉夫四世都声称拥有世界上最高的世俗权力。这清楚地证明中世纪的观念与15世纪欧洲的情况已不相适应。

然而，出现三位罗马人民的国王只是暂时的。西吉斯蒙德正准备攻击摩拉维亚的约布斯特时，1411年1月18日，约布斯特突然驾崩。他的两个弟弟摩拉维亚的约翰·索比斯劳和摩拉维亚的普罗科普与瓦茨拉夫四世、西吉斯蒙德之间达成协议。西吉斯蒙德夺回了摩拉维亚的约布斯特继承的勃兰登堡封地，并且把它的管理权交给了勃兰登堡选帝侯腓特烈一世。摩拉维亚臣服于波希米亚王国，从那以后就再没有与之分离过。至于帝国皇帝选举，瓦茨拉夫四世同意把自己的选票投给西吉斯蒙德，条件是其头衔必须得到承认，而且拥有成为神圣罗马帝国皇帝的优先权。

通过改变对教会问题的态度和放弃支持格列高利十二世的事业，西吉斯蒙德换取了美因茨大主教和科恩大主教的支持。1411年7月21日，第三次选举在法兰克福举行，原计划投给摩拉维亚的约布斯特的五张选票全都投给了西吉斯蒙德。帕拉廷选帝侯和特里尔大主教没有参与此事，因为他们拒绝诋毁之前选举的合法性。

事实上，西吉斯蒙德现在是罗马人民唯一的国王，因为瓦茨拉夫四世除了

菲利波·马里亚·维斯孔蒂

波希米亚事务，什么也不想做。在新职位上，西吉斯蒙德表现出一贯的作风：雷厉风行，随时准备从一个远大的计划转向另一个远大的计划。西吉斯蒙德首先向入侵达尔马提亚的威尼斯人宣战，1413年休战后又进入意大利，从维斯孔蒂家族手中重新征服伦巴第。然而，西吉斯蒙德发现菲利波·马里亚·维斯孔蒂的势力已经牢固地建立起来，不易推翻。约翰二十三世继续前任教皇亚历山大五世与路易二世的联盟及与那不勒斯国王拉迪斯拉斯的战争。1411年5月19日，在罗卡-塞卡，那不勒斯国王拉迪斯拉斯战败，迫使西吉斯蒙德签订了一项条约，放弃支持格列高利十二世；约翰二十三世也放弃支持安茹家族的事业。然而，拉迪斯拉斯有更远大的目标，不仅要保住自己那不勒斯国王的头衔，还要统一意大利。因此，拉迪斯拉斯要占领夹在那不勒斯和北方公国、共和国之间的教皇国。约翰二十三世一解散雇佣兵，拉迪斯拉斯就恢复了敌意，占领了罗马，并且迫使约翰二十三世到佛罗伦萨避难。在这一困境中，约翰二十三世急切地四处寻找支持。约翰二十三世最明显的盟友是西吉斯蒙德，因为西吉斯蒙德有自己的理由阻止拉迪斯拉斯的扩张，但前提是教皇约翰二十三世在德意志某个城市召集宗教会议以结束天主教会大分裂。约翰二十三世清楚地意识到这样做对自己的地位是十分危险的，努力想把会议地点改到阿尔卑斯山脉以南的某个小镇。

面对西吉斯蒙德坚定的立场和自己迫在眉睫的危险，教皇约翰二十三世最终发出1414年11月1日在康斯坦斯举行宗教会议的召集令。在这个可怕的日子

康斯坦斯宗教会议

到来之前，1414年8月6日拉迪斯拉斯驾崩使教皇约翰二十三世从当前困境中解脱出来，并且对自己过于草率地默许西吉斯蒙德而感到后悔。显然，西吉斯蒙德取得了重大胜利，把法兰西君主从欧洲教会改革运动的领导地位上赶了下来。如果西吉斯蒙德能把康斯坦斯宗教会议引向一个正确的方向，将为恢复神圣罗马帝国尊严和德意志王权的威望做出很大贡献。这不禁让人想起了早期神圣罗马帝国皇帝奥托大帝和亨利三世，两位帝王曾同时统治过教会和国家。

第10章

胡斯运动和康斯坦斯宗教会议

(1409年到1418年)

精彩看点

康斯坦斯宗教会议面临的问题——胡斯运动——胡斯运动的政治方面——德意志人离开布拉格——扬·胡斯参加康斯坦斯宗教会议——康斯坦斯宗教会议——康斯坦斯宗教会议的党派——神职人员的党派——扬·胡斯被监禁——对约翰二十三世的攻击——约翰二十三世的逃离——西吉斯蒙德的胜利——约翰二十三世下台——扬·胡斯被处死——西吉斯蒙德缺席期间的康斯坦斯宗教会议——西吉斯蒙德的旅行——康斯坦斯宗教会议的分歧——1417年11月11日马丁五世当选为教皇——1418年5月康斯坦斯宗教会议解散

同比萨宗教会议一样，康斯坦斯宗教会议有两个非常明显的问题需要解决：一是恢复教会统一；二是改革派对教皇和成员的改革措施。当时的情况还迫使康斯坦斯宗教会议解决第三个问题，即最广泛意义上的改革——不仅应包括教皇和等级关系的体制变化，还应包括教义和仪式的重要改革。比萨宗教会议上未论及的第三个问题，由所谓的波希米亚胡斯派提出。最基本的问题是那些在基督教会后来的大多数争论中最微不足道的问题。当时的基督教义与现在记录的基督教义到底有没有区别呢？如果有区别，那么这种区别是社会发展的必然结果，还是易犯错误的人滥用权力和盲目改革造成的结果呢？教会是基督教真正的根基，也是基督精神的传承者。因此，教会相信和教导的就是基督教的真正教义，而教会的形式和仪式是信仰的必要辅助。另外，改革家还从《圣经》中寻找教会生活和行为的基本准则。任何违反这些准则的行为，无论在哪一方面，都很可能是有害的。

　　从起源上来看，胡斯运动既是一场本土的宗教运动，也是一场外来的宗教运动。与英格兰王国一样，教区神父和托钵修会之间的纠纷催生了波希米亚宗教改革。托钵修会直接依赖于教皇，不受普通主教的管辖，很快他们就认为自己高于教区的神职人员。主教通常支持自己的追随者，而修士则常常在教皇那里找到强大的盟友。这场长期争斗的结果是：人们学会了质疑教职人员的权威。14世纪，改革派导师利用了波希米亚人的质疑精神，其中最著名的有康拉德·瓦尔德豪泽、克雷蒂尔的米莱茨和亚诺的马蒂亚斯。他们抨击教会的堕落、僧侣和修士的恶行、高级神职人员的贪财与世俗。然而，改革者之间没有任何凝聚力，直到扬·胡斯的出现，改革的凝聚力才得到改善。很大程度上，扬·胡斯的系统改革思想来自他的著名的英语老师约翰·威克里夫。布拉格查理大学有一项规定，那就是文科学士不仅要在自己学校上课，还必须系统学习布拉格查理大学、巴黎大学或牛津大学著名教授的教学内容。瓦茨拉夫四世的妹妹波希米亚的安妮与英格兰国王理查二世的婚姻，促使英格兰王国和波希

扬·胡斯

约翰·威克里夫

米亚王国之间交流频繁。许多波希米亚学生，尤其是扬·胡斯的朋友、追随者布拉格的杰罗姆，在牛津完成了部分课程，带着约翰·威克里夫的论文或口头教学的记录，回到了波希米亚。和波希米亚的改革家一样，一开始，约翰·威克里夫就同修士争斗，谴责他们的恶习。与阿维尼翁教皇的争斗，约翰·威克里夫提出攻击教皇权威的极端主张。渐渐地，约翰·威克里夫开始质疑教会的一些最重要的信条，尤其是圣餐变体论。起初，扬·胡斯不愿接受约翰·威克里夫的全部论断，但后来慢慢认同约翰·威克里夫的论断。最后，扬·胡斯成为波希米亚宗教派的领袖，因为他公开承认自己是英格兰改革派的拥护者。

重要的是，胡斯运动既有世俗的一面，也有宗教的一面。波希米亚是一个斯拉夫民族国家。几个世纪以来，斯拉夫人和日耳曼人之间一直存在着冲突。曾经有一段时间，沿着波罗的海南岸，斯拉夫人一路征战，几乎到达北海。然而，后来受到马扎尔人的侵扰，斯拉夫人无法自治，逐渐被以萨克森公爵、勃兰登堡侯爵、汉萨同盟和日耳曼骑士团为代表的德意志人征服或向东驱赶。14世纪晚期，德意志向东驱赶马扎尔人的过程中遭遇了一次严重的、在某种程度上是永久性的挫折。毫无疑问，导致这一结果的主要原因是波兰雅盖隆王朝的国王在与条顿骑士团的战争中获胜。然而，胡斯运动同样属于斯拉夫人反抗的一部分，并且在一段时间内几乎和波兰的胜利一样直接地促成了斯拉夫人的成功抵抗。扬·胡斯出身贫寒，生于胡西内茨，深受人民的同情。扬·胡斯不失时机地把自己和自己的学说与民族事业联系起来。为了实现这个目标，在布拉格查理大学，扬·胡斯获得了成功，并且在那里获得了崇高的地位。布拉格查理大学成立于查理四世统治下的波希米亚盛行时期，从一开始就吸引了大批德语教师和学生，而且比任何一所纯粹的德意志大学都要大得多、有名得多。布拉格查理大学和巴黎大学一样，主要存在四个民族：波希米亚人、波兰人、巴伐利亚人和撒克逊人。波兰大学在克拉科夫建校后，布拉格的波兰民族主要由西里西亚、波美拉尼亚和普鲁士的德意志人组成。因此，布拉格查理大学实际上是由两个民族组成的：德意志人和波希米亚人，前者人数是后者的三倍。在所有由各国投票决定的问题中，如四个国家行政职位空缺的选举中，德意志人可投三票，而波希米亚人只能投一票。在布拉格查理大学，政治、宗教的差异使斯拉夫与德意志的民族矛盾日益加剧。波希米亚人的自卑与不满也越来越强烈，最终引发了两个民族间的争斗。在宗教问题上，这场争斗很激烈。大学里的大多数保守派教徒都是德意志人，他们谴责约翰·威克里夫的异教学说。一位德语教师提出了许多宗教命题，而这些命题被认为是约翰·威克里夫提出的，因此这位德语教师受到了伦敦教会法院的谴责。尽管谴责遭到扬·胡斯和波希米亚支持者的反对，但大学里大多数人投票认为约翰·威克里夫的教义是异端的，并且禁止他的相关教学活动。当时，瓦茨拉夫四世支持反叛的枢机主教，但又认为自己对教会的干预不应该因为被指控在自己的领土上存在异教学说而被削弱，所以起初倾向于支持多数派。然而，当向大学审批比萨宗教会议时，瓦茨拉夫四世发现波希米亚人已做好默许的准备，而德意志人则大多站在罗马教皇一边。此时，所谓的"三票之争"正处于高潮。作为同胞事业的捍卫者，扬·胡斯挺身而出。为了推动教会政策，扬·胡斯劝诱瓦茨拉夫四世介入大学的宗教争论。1409年1月，瓦茨拉夫四世颁布了一项法令，规定此后波希米亚人应该有三张选票，三次执政机会，而其他国家只有一次。德意志人强烈抗议，因无法获得赔偿而决定离开布拉格。路上到处是移民。据估计，每天大概有两千个德意志人离开布拉格。

德意志人离开布拉格是一个重要的历史事件。六十年来，布拉格一直是德意志的统治中心、皇帝的居所、一流大学的所在地。学生、德意志商人等使布拉格成为一个商业中心和知识中心。然而，这一切在1409年戛然而止。在德意志城镇中，布拉格失去了原有的重要性。因从波希米亚来的流亡者，其他大学实力增强；在莱比锡，许多流亡的人建立了一所新的大学。德意志受到一种巨大的思想冲击。这种冲击非但没有因失去布拉格这个知识和商业中心而减弱，反倒得到加强。对波希米亚来说，大量波希米亚人流亡到莱比锡造成的后果同样重要。在波希米亚王国，德意志势力受到了打击。这对它两个世纪后的进一步发展是致命的。与此同时，曾经阻碍新教义传播的"大坝"也被拆除了。人们开始迅速接受约翰·威克里夫或扬·胡斯的教导。这不仅表明这片土地已为宗教学说传播做好了准备，而且表明这个国家对外国人的强烈不相容。

随着德意志人的离去，波希米亚人对比萨宗教会议的所有反对都结束了，但宗教争端还远未得到解决。虽然人们倾向于认为扬·胡斯是民族事业的捍卫者，但在上层阶级中仍然有一个由神职人员组成的庞大保守派坚决反对教义改革。亚历山大五世颁布了一项教令，要求布拉格大主教取缔异教邪说，公开焚毁约翰·威克里夫的著作。1412年，宗教争斗激化。曾向那不勒斯国王拉迪斯拉斯宣战的教皇约翰二十三世试图通过出售赎罪券来筹集资金。像一个世纪后的马丁·路德一样，扬·胡斯强烈抗议这样的不公正行为，在广场上焚烧了教皇诏令。布拉格爆发了骚乱，波希米亚内战一触即发。瓦茨拉夫四世说服扬·胡斯到乡下去休息一段时间，才将骚乱暂时平息。同时，西吉斯蒙德成功地诱导约翰二十三世召集宗教会议来安抚自己未来的王国，并且邀请扬·胡斯参加。朋友警告扬·胡斯，如果接受邀请，就会有危险。然而，扬·胡斯急于在宗教会议上陈述自己的观点。当得到西吉斯蒙德对他人身安全的保证后，1414年11月3日，扬·胡斯到达康斯坦斯。

康斯坦斯宗教会议是世界历史上著名的宗教会议之一，以成员的数量和名声、目标的重要性，以及其记录的戏剧性而与众不同。康斯坦斯宗教会议就像是中古和现代两个新旧世界的交汇。我们还发现康斯坦斯宗教会议上未被完全接受的观点影响了随后几个世纪的发展。与此同时，康斯坦斯宗教会议本身及其仪式使我们仿佛回到了神圣罗马帝国时期，那时教会和国家还未合二为一，那时基督教与统一的神圣罗马帝国拥有几近相同的权力。在康斯坦斯，中世纪所有宗教和政治思想似乎都受到了考验。如果康斯坦斯宗教会议为旧的宗教体系定罪，那就再也没有比这更适合的时间节点来划分中世纪和现代历史的了。然而，判决为无罪，或者至少部分无罪；经过修改，旧的宗教体系还可以延续一个世纪。不应忘记，康斯坦斯宗教会议不仅涉及教会事务，还牵扯到很大的世俗利益。诸侯、贵族、枢机主教和主教都出席了。会议不仅可以被看作是教会的一次大集会，还是中世纪神圣罗马帝国的一次大集会。

在促成康斯坦斯宗教会议召开的过程中，比任何人都积极，其利益与会议的成功密切相关的人，就是罗马人民的国王、未来的神圣罗马帝国皇帝——西吉斯蒙德。他急于结束教会分裂，召开教会改革会议，以防止再次发生类似的丑闻。不过，西吉斯蒙德这样做的动机并不仅仅是对教会的无私奉献，他希望恢复神圣罗马帝国的威望，并且通过扮演基督教世界的世俗领袖和争端仲裁者来满足对权力的欲望。重要的是，西吉斯蒙德希望恢复德意志君主制的权威，结束诸侯的无政府主义独立。教会分裂就是无政府主义独立的例证和结果。在实现这一目标的过程中，西吉斯蒙德遇到了"自由"和贵族利益的捍卫者，代表者是美因茨大主教、哈布斯堡王朝的蒂罗尔伯爵腓特烈四世。大主教拿骚的约翰极力影响并延长神圣罗马帝国的分裂，他是约翰二十三世的坚定支持者，没有兴趣参加康斯坦斯宗教会议，只是想挫败罗马人民的国王西吉斯蒙德的计划。因此，拿骚大主教约翰最后一个接受西吉斯蒙德的建议。蒂罗尔伯爵腓特烈四世是奥地利公爵利奥波德三世的幼子，父亲在与瑞士人的战争中死于森帕赫。蒂罗尔伯爵腓特烈四世继承了父亲利奥波德三世在蒂罗尔和士瓦本的财产与土地。领地邻近康斯坦斯使他成为康斯坦斯宗教会议上一位有权势的人物。蒂罗尔伯爵腓特烈四世的家族是卢森堡家族在德意志东部的主要竞争对手，而他本人似乎与西吉斯蒙德有个人恩怨。除了反对蒂罗尔伯爵腓特烈四世，西吉斯蒙德还反对帕拉廷选帝侯路易斯三世，尽管路易斯三世已经完全放弃了父亲鲁珀特三世反对卢森堡家族的政策。西吉斯蒙德第三个反

蒂罗尔伯爵腓特烈四世

对的是昔日盟友、德意志民族情感最重要的代表——霍亨索伦家族的勃兰登堡选帝侯腓特烈一世。勃兰登堡选帝侯腓特烈一世已经在勃兰登堡恢复了秩序，并且希望通过西吉斯蒙德的统治权来强化勃兰登堡的秩序。

康斯坦斯宗教会议神职人员中最著名的是教皇约翰二十三世。在意大利的困境迫使约翰二十三世发出了宗教会议召集令。然而，随着会议时间的临近，约翰二十三世越发不安。约翰二十三世唯一的目的就是保住自己的教皇职位，但他意识到，如果自己阻碍恢复教会统一，无论是西吉斯蒙德还是枢机主教，都会毫不犹豫地把他赶下台。因此，约翰二十三世与西吉斯蒙德的对手美因茨选帝侯、蒂罗尔伯爵腓特烈四世结盟，不遗余力地在西吉斯蒙德和康斯坦斯宗教会议之间制造分歧。

聚集在一起的神职人员大致可分为两派：改革派、保守派或极端保守派。改革派不赞成对教会进行任何极端的改革，比保守派更激烈地反对约翰·威克里夫和扬·胡斯的学说。改革派期望贵族式而非民主式的改革。改革派无意削弱教会的权威；但在教会内部，改革派希望消除严重的教会体制弊端，加强等级制度，反对教皇。改革派的主要论点是：总议会拥有甚至超过教皇的最高权力，要定期举行会议。通过这种方式，教皇的专制主义将受到教会内部某种寡头议会的限制。保守派主要由枢机主教和意大利教士组成。保守派不希望改变保证他们享有物质利益的体制。保守派的目的，正如在比萨宗教会议上做的那样，是要恢复教会的统一，挫败或至少推迟任何教会改革计划。

1414年11月5日，康斯坦斯宗教会议召开。这场会议只是形式上的，一个月内没有任何真正的结果。与此同时，波希米亚正统派代表跟随扬·胡斯来到康斯坦斯，对这位改革者扬·胡斯提出了一系列令人生畏的指控。约翰二十三世立刻发现这是一个使西吉斯蒙德卷入康斯坦斯宗教会议的良机。约翰二十三世巧妙地使自己处于幕后，让枢机主教冲锋在前。扬·胡斯被枢机主教叫到面前，但他不顾受到的指控，宣称自己只对总议会负责。最终，枢机主教还是把扬·胡斯送进了监狱。听到扬·胡斯的人身安全被如此无礼地忽视后，一结束

西吉斯蒙德加冕

亚琛的加冕典礼，西吉斯蒙德就立刻动身前往康斯坦斯。1414年12月25日，西吉斯蒙德到达康斯坦斯，要求立即释放扬·胡斯。约翰二十三世为自己开脱，把责任推给了枢机主教。枢机主教以镇压异教邪说的职责进行抗议。西吉斯蒙德怒不可遏，离开康斯坦斯宗教会议，踏上归途。约翰二十三世为自己诡计的成功而欢欣鼓舞。然而，西吉斯蒙德的昔日盟友，尤其是勃兰登堡选帝侯腓特烈一世，力劝约翰二十三世不要为了一个异教徒而牺牲德意志和基督教世界的利益。勃兰登堡选帝侯腓特烈一世将个人名誉寄托在康斯坦斯宗教会议的成功上，最终赢得了胜利。西吉斯蒙德被劝服回到康斯坦斯，但扬·胡斯仍然是阶下囚。从这一刻起，约翰二十三世陷入了深深的绝望。

约翰二十三世的处境变得更糟了，因为康斯坦斯宗教会议参照大学的程序，不是在大会上，而是分别在各个国家进行宗教问题讨论。因此，约翰二十三世失去了从参加会议的意大利教士人数上获得优势的希望。意大利、法兰西、德意志和英格兰四个国家自行组织起来。在后三个国家中，约翰二十三世也没有获得支持。令他气愤的是，人们并不是把他当作合法的教皇来对待，而是把他当作分裂教会的三名教皇之一，自己的退位仅仅是恢复统一的必要条件。当试图逃避人们要求的退位时，约翰二十三世的人格又遭到了无可辩驳的指控。为了消除敌意，约翰二十三世宣布，如果其他两位教皇辞职，自己也准备辞职。尽管蒂罗尔伯爵腓特烈四世进行了激烈的抗议，说自己只服从约翰二十三世，不服从其他教皇；尽管西吉斯蒙德及其支持者都未因此而态度缓和，约翰二十三世的承诺还是受到了热烈欢迎。选举新教皇被再次提到议程上来。

　　约翰二十三世不得不实行最后的权宜之计。如果约翰二十三世离开康斯坦斯，宗教会议可能会陷入致命的混乱。在最坏的情况下，约翰二十三世可以选择反对康斯坦斯宗教会议，就像格列高利十二世和本尼狄克十三世反对比萨宗教会议一样。盟友蒂罗尔伯爵腓特烈四世准备帮助约翰二十三世，于是在城墙外安排了一场比武会。正当这引起了公众的兴趣时，约翰二十三世乔装成一个马夫从康斯坦斯逃了出来，逃到了蒂罗尔伯爵腓特烈四世的一座坚固城堡——沙夫豪森城堡。

　　目前来看，约翰二十三世似乎不太可能达到自己的目的。听到约翰二十三世逃跑的消息后，康斯坦斯宗教会议陷入混乱。暴徒冲进教皇约翰二十三世的住宅，将财物洗劫一空。意大利和奥地利的教士准备离开康斯坦斯；康斯坦斯宗教会议正处于解散的边缘。然而，西吉斯蒙德的积极干预成功地避免了康斯坦斯宗教会议的解散。西吉斯蒙德恢复了城市的秩序，劝说教士留下来，并且迅速采取措施惩罚那些叛逆的封臣。勃兰登堡选帝侯腓特烈一世领导一支武装力量，成功地俘获了约翰二十三世和蒂罗尔伯爵腓特烈四世。被公开羞辱后，蒂罗尔伯爵腓特烈四世承诺把自己的领土交给宗主国德意志，以换取他的性命。自霍亨斯陶芬王朝以来，德意志从未出现过这种行使皇权的情况。1415年4月30日，西吉斯蒙德选择了这个幸运的日子，将勃兰登堡选区移交给勃兰登堡选帝侯腓特烈一世，从而在选举团中获得了一位强有力的支持者。因此，西吉斯蒙德建立了一个王朝，注定要在德意志历史上扮演重要角色，并且最终建立了一个新的德意志帝国。

约翰二十三世逃亡失败，不仅决定了自己的命运，还使西吉斯蒙德在康斯坦斯宗教会议和德意志获得了更权威的地位。1415年5月29日，康斯坦斯宗教会议毫不犹豫地着手正式罢免教皇约翰二十三世。由于比萨宗教会议上罢免的两位教皇在康斯坦斯宗教会议上从未被承认，现在教会已经没有了教皇。然而，康斯坦斯宗教会议并没有急于填补教皇空缺，转而镇压异教，审判扬·胡斯。

1415年6月5日、7日和8日，康斯坦斯宗教会议三次听取了扬·胡斯的申辩。扬·胡斯的教义中，没有什么比他的论点更能激起强烈的批判，即一位神职人员，无论是教皇还是教士，都是因犯了不可饶恕的罪孽才丧失职务的。指控者非常狡猾地引诱扬·胡斯把这条教义推广到世俗君主身上，这足以离间西吉斯蒙德和扬·胡斯。经过三天的审判，西吉斯蒙德第一个宣布同意对扬·胡斯

审判扬·胡斯

烧死扬·胡斯

的定罪,审判扬·胡斯的最后一道障碍被移除了。1415年7月6日,在城外的草地上,扬·胡斯被活活烧死。

扬·胡斯的死结束了康斯坦斯宗教会议第一个也是最多事的时期。在这七八个月的时间里,西吉斯蒙德和改革派似乎取得了显著的成功,这要感谢将宗教会议的参会者按国家进行分组。西吉斯蒙德违背了对扬·胡斯的诺言,从而取得了胜利。因此,在随后的波希米亚骚乱中,西吉斯蒙德付出沉重的代价。然而,当时,这些都没能被预见到,西吉斯蒙德兴高采烈地实施着自己的下一步计划。借鉴比萨宗教会议的经验，康斯坦斯宗教会议谨慎地不太相信纸制法令。约翰二十三世不仅被免职，而且成了囚犯。格列高利十二世曾有条件地答应过辞职，现在支持者少得可怜。本尼狄克十三世仍然坚定地效忠西班牙王国。除非西班牙王国放弃支持本尼狄克十三世，否则结束教会分裂的可能性依然很小。西吉斯蒙德自愿承担这项任务，提议英格兰王国和法兰西王国之间应避免争端，调解勃艮第和阿马尼亚克之间的矛盾，协调波兰国王和条顿骑士团之间的和平谈判。如果西吉斯蒙德能够在欧洲争端中充当一般的调停人，那么这将是帝国思想的复兴。康斯坦斯宗教会议强烈赞成西吉斯蒙德的提议，并且决定把所有重要的问题都推迟到西吉斯蒙德回来后再讨论，以显示对他的忠诚。这个决定实际上是被遵守的，在西吉斯蒙德离开的十八个多月里(1415年7月15日至1417年1月27日)，康斯坦斯宗教会议只审议了两个重要的议题：一个是对布拉格的杰罗姆的审判，这仅仅是扬·胡斯审判的必然结果，并且以类似的判决结束；另一个棘手的议题是，对让·珀蒂著作的谴责。让·珀蒂是一名勃艮第的拥护者，曾为奥尔良公爵路易一世谋杀案辩护。谴责让·珀蒂的领导者是博学且雄辩的巴黎大学校长让·热尔松。然而，这件事完全成了一个党派问题，加上勃艮第公爵约翰的影响力很大，以致康斯坦斯宗教会议只能一致谴责专制主义合法的学说。让·热尔松在这件事上的行动使人们对他产生敌意，以至在会议结束后，他不敢再冒险返回法兰西王国，因为当时法兰西王国完全处在勃艮第和英格兰王国统治下。

西吉斯蒙德的旅行是不可能在这里叙述的，尽管充满了西吉斯蒙德冲动的性格和西方各国藐视帝国皇帝的例证。不过，这次旅行提供了确凿的证据表明：无论康斯坦斯宗教会议多么欢迎世俗领袖的权威，中世纪的帝国复兴计划都会因民族感情发展得太过强烈而没有一丝成功的机会。当然，这次旅行西吉斯蒙德还是实现了一些直接的目标，取得了一些成绩。虽然西吉斯蒙德没能劝诱本尼狄克十三世退位，但教皇间的诡辩与争斗耗尽了本尼狄克十三世支持者的耐心。1415年12月，纳博讷的一次会议上，西班牙王国同意放弃支持本

英格兰国王亨利五世

尼狄克十三世，转而支持康斯坦斯宗教会议。然而，西吉斯蒙德雄心勃勃的其他计划无果而终，非但没有阻止英法之间的战争，反倒促成了英格兰国王亨利五世和勃艮第公爵约翰结盟。虽然西吉斯蒙德这么做是希望把和平强加给法兰西王国，结果却使英法战争更具灾难性和持久性。

1417年1月27日，当西吉斯蒙德再次在康斯坦斯出现时，他发现德意志和康斯坦斯宗教会议的情况都变糟糕了。勃兰登堡选帝侯腓特烈一世回到自己的领地，受到臣民的热烈欢迎。蒂罗尔伯爵腓特烈四世又开始千方百计地企图释放约翰二十三世。在金钱问题上，西吉斯蒙德与曾经的忠实支持者帕拉廷选帝侯路易斯三世发生争吵。莱茵河流域的四位选帝侯似乎有可能组成一个联盟来反对西吉斯蒙德，就像他们在1400年反对瓦茨拉夫四世那样。不幸的是，在康斯坦斯宗教会议中，西吉斯蒙德失去了影响力。西班牙各王国联合之后，西班牙的教士来到康斯坦斯，他们组成了宗教会议上的第五个国家代表组（前四个为：意大利、法兰西、德意志和英格兰），为教会保守派加强了力量。在康斯坦斯宗教会议上，英法战争引发了两国间的争吵。法兰西人放弃他们曾经拥护的事业。因此，西吉斯蒙德只能依靠英格兰人和德意志人。引起康斯坦斯宗教会议混乱的一个至关重要的问题是：优先选举新教皇，还是商定教会改革方案？保守派认为，如果没有选出教皇，就不能说教会存在；在教会的正常体系恢复之前，任何改革都无效。此外，有人敦促说，除非充分承认总议会的至高无上地位，否则就不可能进行改革；在教皇职位空缺期，某些问题更容易讨论和解决；如果改革达成一致，新教皇可能承诺接受改革，而立即选出的教皇可能会阻止所有改革。党派分歧严重，几乎不可能达成一致的协议。西吉斯蒙德被公开谴责犯有异端罪，而他反过来又威胁要以叛变罪监禁枢机主教。然而，天平逐渐倒向改革派。德意志一些重要的主教被收买，改变了投票。英格兰王国代表的领袖，索尔兹伯里主教罗伯特·哈勒姆在关键时刻去世；枢机主教萨默塞特第二伯爵亨利·博福特促使英格兰人支持新教皇选举。大家一致认为康斯坦斯宗教会议应立即选出新教皇，然后再着手进行改革工作。然而，西吉斯蒙德及其政党能获得的唯一让步是在1417年10月颁布了一项法令，要求在五年内召开另一次宗教会议，在七年内召开第三次会议，之后每十年定期召开一次会议。

在新教皇选举中，康斯坦斯宗教会议决定从三十名代表中选出二十四名枢机主教，每个国家六名。1417年11月8日，会议秘密举行。1417年11月11日，选举枢机主教奥多·科隆纳为教皇，并且称他为马丁五世。即使是落选的政党也无法抑制对在分裂四十年后恢复统一的普遍热情，但他们对改革事业最终命运的担心是完全有必要的。当选后不久，马丁五世就指责康斯坦斯宗教会议反对教皇决定的行为不虔诚。正如让·热尔松说的那样，这样的宣言实际上否定了比萨宗教会议和康斯坦斯宗教会议的决议，包括教皇本人的选举。康斯坦斯宗教会议成员强烈呼吁教皇马丁五世应履行选举前商定的决议。然而，马丁五世手里有一个武器，那是宗教会议自己提供的。正是国家的分裂导致了约翰二十三世的灭亡，也正是这种分裂破坏了教会改革的前景。如今，马丁五世起草了几份简短的改革条款，作为独立的协约分别提供给法兰西王国、德意志和英格兰王国。对教皇来说，这是一个危险的权宜之计，因为它似乎暗示着国家教会的独立存在，但达到了立竿见影的效果。对马丁五世来说，康斯坦斯宗教会议已经没有什么工作要做了，于是1418年5月他解散了宗教会议。马丁五世动身前去意大利，那里有一项艰巨的任务正等着他。

随着约翰二十三世的逃亡，罗马教皇的权威宣告终止。1414年，西吉斯蒙德提出让教皇在德意志某个城市住下来，但马丁五世明智地拒绝了。1421年，在科隆纳家族的支持下，马丁五世重新入住罗马。那时，几乎所有教会分裂的痕迹都消失了。格列高利十二世去世了；在佛罗伦萨，约翰二十三世也去世了；本尼狄克十三世仍然孤立无援、无能为力地坚守在佩尼斯科拉要塞。

第11章

胡斯战争和巴塞尔宗教会议

(1419年到1449年)

精彩看点

西吉斯蒙德与德意志——扬·胡斯在波希米亚的党派——反对胡斯运动的十字军远征——波希米亚的胜利（1420年到1422年）——波希米亚王国与波兰王国——德意志尝试改革——1427年，第四次十字军远征——1427年改革——1431年，第五次十字军远征——1431年，召集巴塞尔宗教会议——巴塞尔宗教会议的程序——巴塞尔宗教会议与教皇尤金四世的争斗——教皇尤金四世妥协——巴塞尔宗教会议与波希米亚人的协约——波希米亚内战——1434年利潘战役——波希米亚人承认西吉斯蒙德的权威——巴塞尔宗教会议的改革活动——巴塞尔宗教会议的分裂——巴塞尔宗教会议与希腊人谈判——教皇尤金四世与巴塞尔宗教会议的公开争斗——1438年到1439年费拉拉或佛罗伦萨宗教会议——法兰西王国和德意志的态度——1438年，颁布《布尔日国事诏书》——1439年，颁布《美因茨国事诏书》——1439年尤金四世下台——费利克斯五世当选教皇——巴塞尔宗教会议声望的衰退——尤金四世的胜利——罗马人民的国王与罗马教皇尤金四世的和解——1449年巴塞尔宗教会议结束——教会会议改革运动的失败改革派在康斯坦斯宗教会议的最终失败，摧毁了西吉斯蒙德恢复德意志君主制的所有计划。尽管已有宏伟的计划，但西吉斯蒙德还是很受打击，最终调整了计划。结束康斯坦斯宗教会议后，西吉斯蒙德致力于个人和家族的利益，保卫匈牙利王国，反对土耳其人，继承波希米亚王国。几乎和哥哥瓦茨拉夫四世一样，西吉斯蒙德完全放弃了德意志和德意志人的利益。因此，西吉斯蒙德与勃兰登堡选帝侯腓特烈一世之间的友谊逐渐破裂。勃兰登堡选帝侯腓特烈一世一生的任务是恢复德意志的统一，使其免受内部分裂和外来攻击。西吉斯蒙德放弃了这一共同事业，并且调整了策略，但没有改变初衷。到目前为止，西吉斯蒙德一直在努力使德意志统一在君主制之下，但这是不可能的，因为他不愿意承担治理国家的责任。勃兰登堡选帝侯腓特烈一世被迫计划建立一个独立于君主制的联邦政府，也许还会与君主制为敌。在波希米亚事件中，建立联邦政府的必要性显得越来越明显。

在波希米亚王国，扬·胡斯的死讯激起了一场愤怒的风暴，加剧了民众对德意志的敌意。西吉斯蒙德被视为一个做伪证的卖国贼，也是扬·胡斯谋杀案的当事人。即使是行动迟缓的瓦茨拉夫四世也有同样的愤怒，痛骂弟弟西吉斯蒙德破坏了自己的稳妥行动计划，命令今后任何波希米亚人都不得在外国法庭上露面，并且对要求为扬·胡斯之死报仇的党派给予特别照顾。扬·胡斯出

扬·杰式卡

生村庄胡西内茨领主尼古拉和杰出的军事领袖扬·杰式卡领导胡斯派在波希米亚王国取得了巨大的胜利。他们提出的主要教义是两种宗教的共融，认为普通信徒和神职人员一样有权在圣餐礼中接受圣杯。因此，作为一个宗教团体，胡斯派接受饼酒同领派的观点。尽管在这个问题上和在对德意志的敌意及其对德意志人的影响上是一致的，胡斯派内部仍存在分歧。温和派（也被称为"圣杯派"）支持渐进式改革，并且希望将政治问题与宗教问题区分开来。温和派也被称为布拉格人，因为在波希米亚首都布拉格和布拉格查理大学，温和派力量最强大。1420年，温和派的要求被写进了《布拉格四条款》，成为该派公开的信条：第一，完全的传教自由；第二，所有基督徒都有权享受圣餐；第三，禁止神职人员参与世俗事务和持有财产；第四，神职人员犯罪应受世俗的惩罚。另一派是激进的民主党，被称为塔波尔派。像英国的罗拉德派一样，塔波尔派把社会问题和宗教问题混为一谈，鼓吹共和甚至共产理论。

1419年，瓦茨拉夫四世的驾崩给胡斯派与教会正统派拥护者之间的争斗增添了新的麻烦。显然，王位的继承人是卢森堡家族唯一幸存的男性——西吉斯蒙德。然而，西吉斯蒙德被认为对扬·胡斯的死负有不可推卸的责任。西吉斯蒙德继承王位的要求必然会遭到拒绝，或者只有在非常苛刻的条件下才会被接受。当时，西吉斯蒙德正在参加一场土耳其战争，于是他把波希米亚王国交给瓦茨拉夫四世的遗孀巴伐利亚的索菲娅。西吉斯蒙德很快与土耳其人达成休战协议，开始着手建造新的波希米亚王国。勃兰登堡选帝侯腓特烈一世敦促西吉斯蒙德采取和解政策，挑拨胡斯派内部的温和派反对塔波尔派，并且通过在宗教事务上做出一些让步来争取胡斯派温和派的支持。西吉斯蒙德渴望得到教皇马丁五世的支持，但马丁五世坚决反对任何对教义的异端篡改。教皇的大多数德意志顾问虽极力主张对臣民做出让步，但让步将会使臣民在未来变得傲慢和不顺从。因此，勃兰登堡选帝侯腓特烈一世的宗教让步建议被驳回。1420年3月，马丁五世对胡斯派发动了一场十字军远征，而德意志将组建一支军队来进行这场宗教战争，没有比这更糟糕的决定了。

波希米亚的党派分歧立刻得到了调和，所有阶层联合起来，一起抵抗共同的敌人，而且这种抵抗取得巨大的成功。扬·杰式卡被证明是一流的统帅，不仅使军队具有常备军的凝聚力和纪律性，还开创了中世纪战争史上的一个新纪元。尤其值得一提的是，战争中对大炮与辎重车的使用。大炮和辎重车形成了一个可移动的堡垒,防御力和进攻力同样强大。反对扬·杰式卡的德意志军队是来自各个国家的封建征兵,没有共同的兴趣或热情,也不遵守共同的纪律或听命于共同的指挥官。1420年、1421年和1422年,在一场场战役中,德意志人一败涂地。一位同时代的人说,德意志人对异教徒深恶痛绝,但德意志人不敢攻打他们,甚至不敢直视他们。

1422年,第三次十字军远征失败后,波希米亚王国被放任自主发展了五年。1421年,胡斯出生村庄胡西内茨领主尼古拉去世;1424年,扬·杰式卡被瘟疫夺去了生命。激进派的领导权移交给了几乎没有能力的胡斯派军事指挥普罗科普。随着外部危险的消除,各党派团结在一起的纽带也就被打破了。旧的分裂和争斗重新出现,国家成为恐怖内战的牺牲品。通过把王位让给波兰国王雅盖沃,波希米亚人试图来确认斯拉夫民族反对德意志的共同利益。然而,雅盖沃担心与异端分子结盟而危及自己的地位。尽管雅盖沃的弟弟科里布特曾

瘟疫夺去了扬·杰式卡的生命

被派往波希米亚，但在德意志边境建立强大的斯拉夫君主制的机会还是被错过了。

与此同时，接连的惨败给德意志蒙上了一层挥之不去的阴影。布雷西亚战役充分暴露了德意志军队的弱点。然而，镇压胡斯派的失败证明了德意志的军事体系和政治制度一样腐朽。像勃兰登堡选帝侯腓特烈一世这样比较爱国的诸侯，不得不考虑进行大刀阔斧的改革。恢复君主制的权威是解决混乱最有效的办法，但对西吉斯蒙德的普遍不信任使这一点很难实现。霍亨索伦家族与卢森堡家族的古老联盟已经结束。1422年，阿斯坎尼家族最后一位萨克森选帝侯阿尔伯特三世去世，没有留下继承人。过去，西吉斯蒙德可能对增加领土和提升对主要支持者的政治影响力等机会兴趣盎然。然而，自康斯坦斯宗教会议以来，情况发生了变化。霍亨索伦家族的主张被忽视了；西吉斯蒙德把空缺的选帝侯授予了韦廷家族的萨克森选帝侯腓特烈一世，这标志着西吉斯蒙德与勃兰登堡选民之间的最后决裂。在试图修改德意志宪法的过程中，萨克森选帝侯腓特烈一世发现自己与赞助人西吉斯蒙德背道而驰。1422年，在纽伦堡的一次会议上，有人提议组建一支由雇佣兵组成的军队来代替封建军队，并且通过征收百分之一的帝国税来支付这笔费用，这就是所谓的"百分之一便士"。然而，城镇的人反对这个计划，他们担心自己将不得不支付这笔钱，而诸侯会把钱装进自己的口袋。1424年，选帝侯之间形成了一个类似于首领联合的紧密联盟。对这种公然无视权威的做法，西吉斯蒙德十分愤怒，准备与勃兰登堡选帝侯腓特烈一世及其支持者开战。当战争爆发的消息传来时，曾经一直满足于守势的胡斯派已开始入侵邻近的德意志省。教皇马丁五世受到鼓舞，为十字军远征的成功做出进一步努力，任命英格兰国王亨利六世的叔叔贝德福德公爵约翰为教廷使节，来加强德意志的军事力量。1427年4月，在法兰克福的一次会议上，以往的军队招募模式被废弃，实行每二十个成年男性抽签选择一个的方式。本希望以这种方式来消除省级间的嫉妒，但仍成了致命冲突的来源。勃兰登堡选帝侯腓特烈一世将担任总司令，但财政困难依然存在。提议的

教皇马丁五世　　　　　　　　　　　　　　　　贝德福德公爵约翰

税种没有一项能够通过,最后不得不求助于教皇马丁五世批准的十分之一税和对犹太人征收的人头税。

1427年征募的军队是历次十字军远征中规模最大的,但结果令人大失所望。当得知普罗科普及令人畏惧的塔波尔派即将到来时,十字军仓皇而逃。逃散途中,十字军士兵遇见了贝德福德公爵约翰。贝德福德公爵约翰恳求士兵返回,但无人听从。盛怒之下,贝德福德公爵约翰把帝国的旗帜撕成碎片,扔在地上用脚踩。然而,这一切都是徒劳的。完全无视作为教廷使节的贝德福德公爵约翰,士兵惊慌失措地逃窜。

这次失败是迄今为止十字军经历过的最可耻的失败。在这一背景下,新会议在法兰克福召开,并且迅速采取了影响广泛的改革措施。定期征收个人所得税,而一般的人头税则根据社会等级逐步增加。由此产生的收入由地方代表征收,然后交付给中央政权,但这个中央政权并不是德意志的君主制政权。

军队的两位总司令贝德福德公爵约翰和勃兰登堡选帝侯腓特烈一世将得到九人委员会的协助。该委员会由六名选帝侯各提名一人和三名帝国城市代表组成。九人委员会被授权招募新军队，或者征收额外税收。这样的安排相当于罢免了西吉斯蒙德，将权力移交给这个九人委员会。然而，改革只不过是纸上谈兵，分裂的力量太强大了，很难被战胜。改革所需的资金严重不足，因此，既无法招募军队，也无法筹集到装备。勃兰登堡选帝侯腓特烈一世被迫采取一贯赞成的谈判策略，因为他清楚地看到，对波希米亚的每一次入侵都增强了极端派的力量，而解决问题的唯一希望在于将温和派拉到德意志阵营来。然而，西吉斯蒙德的犹豫不决、德意志诸侯间的不和及教皇的固执让谈判一拖再拖。

1429年，贝德福德公爵约翰受命领导一次新的十字军远征，但他发现有必要派遣自己征召的法兰西服役军队来解除国内反对者的武装。教皇马丁五世非常愤怒，但无能为力。1430年，马丁五世让朱利安·塞萨里尼代替贝德福德公爵约翰成为枢机主教。1431年，根据1427年制定的招募原则，一支德意志军队集结起来。1431年8月，德意志军队越过边境，在陶斯城墙下扎营。然而，当普罗科普赶来应战的消息传来时，曾经的恐慌袭上士兵心头，他们再次仓皇而逃。随着所谓第五次十字军远征中陶斯战役的失败，用武力粉碎胡斯派的最后一次努力宣告结束。这场战争已持续十二年，并且给出了令人信服的证据，证明了地方分裂的危害。然而，两个世纪过去了，德意志人仍然没有意识到国家的责任和利益。从这一刻起，恢复东欧和平的唯一希望就被寄托在下一次宗教会议上。

康斯坦斯宗教会议最重要的法令之一就是规定了未来议会的程序。尽管马丁五世对这一安排抱有极大的怀疑，但不敢完全置之不理。第一次会议在1423年召开，先是在帕维亚，接下来在锡耶纳。参加会议的只有意大利教士，他们很容易控制。会议结束时，没有通过任何重要法令，只有1431年的巴塞尔宗教会议通过的重要法令。随着时间的迫近，马丁五世开始对阿尔卑斯山脉那边的另一次宗教会议充满恐惧。然而，欧洲的情况太混乱，允许波希米亚胡斯派异教传播的危险太大了。冒着疏远德意志的风险,马丁五世改变了会议地点。1431年2月1日,马丁五世下令宗教会议将于1431年3月4日召开,并且任命枢机主教朱利安·塞萨里尼为代表主持会议。1431年2月20日,马丁五世辞世,留下继任者尤金四世面对未来的危险和困难。

很少有教士在指定的日子出现在巴塞尔。然而,德意志人在陶斯的失败突然使巴塞尔宗教会议变得非常重要,因为它提供了缔结和平条约的唯一契机。

尤金四世

1431年9月，枢机主教朱利安·塞萨里尼从波希米亚来到巴塞尔。从那时起，参会人数迅速增加。巴塞尔宗教会议召开的程序与方式是首先要考虑的。参会者决定放弃在康斯坦斯宗教会议时采取的按国籍分组讨论的做法，理由是国家间的嫉妒会削弱会议的团结。巴塞尔宗教会议将被分成四个代表团，由每个国家的代表组成。每一个代表团都要审议一个单独的议题：一是恢复和平；二是教义和信仰事项；三是教会改革；四是宗教会议的一般事务。一个代表团讨论完一件事后，决议将被提交给全体总会议，由代表团进行投票。如果投票结果相同，将重新组成代表团，并且重新讨论这个议题。十二人委员会负责代表团的人员组成及选举权审核问题。一开始，十二人委员会就采取了扩大选举人员组成的思路，使议会开始具有一定的民主性质。康斯坦斯宗教会议中，大主教和大学要员是主要的力量，而在巴塞尔宗教会议中，权力则落在了大众神职人员的手中。

巴塞尔宗教会议最紧迫的任务是与获胜的胡斯派进行谈判。在枢机主教朱利安·塞萨里尼的建议下，巴塞尔宗教会议决定邀请波希米亚人派代表到巴塞尔。这在罗马引起了极大的不满，因为罗马人对来自波希米亚危险的感觉并没有那么强烈，而对任何与被逐出教会的异教徒打交道的偏见才是最强烈的。教皇尤金四世远不如前任马丁五世那样谨慎、有政治家风度，他决定马上制止波希米亚人派代表参加巴塞尔宗教会议。1431年12月18日，尤金四世发布诏令解散巴塞尔宗教会议，并且决定十八个月后在博洛尼亚召开另一次宗教会议。在巴塞尔宗教会议的和平讨论气氛中，这份诏令像炸弹一样爆炸，根本没有想到教皇可能会对此感到不快。沮丧过后，枢机主教朱利安·塞萨里尼决定进行抵抗，因为他深信，巴塞尔宗教会议的解散将导致德意志的彻底分裂和胡斯派的胜利，他于是写了一封真诚的信来说明自己的立场。西吉斯蒙德和所有热爱和平的诸侯都大力支持巴塞尔宗教会议。因此，巴塞尔宗教会议能够坚决反对教皇尤金四世的诏令。1432年2月，巴塞尔宗教会议决定，未经大会同意不得解散。1432年4月，教皇尤金四世和枢机主教被要求在三个月内前往巴塞尔。

一种新的分裂似乎要出现了,不是像以前那样在敌对的教会领袖之间,而是在教会本身和它的领袖之间。这是在宗教会议和君主之间的权力争斗,教会和国家之间矛盾难以调和。

最终,因为世俗利益的压力和他在意大利遇到的困难,教皇尤金四世被迫做出让步。1432年,西吉斯蒙德来到罗马,接受教皇尤金四世授予的帝国皇冠,并且拒绝放弃巴塞尔宗教会议的事业,因为西吉斯蒙德希望巴塞尔宗教会议能确保自己在波希米亚王国迟来的认可。1433年,因对家乡威尼斯的偏爱,尤金四世卷入一场与菲利波·马里亚·维斯孔蒂的争斗。在科隆纳家族的帮助下,米兰雇佣兵包围了罗马。尤金四世狼狈地逃到佛罗伦萨,躲过牢狱之灾。在这种情况下,教皇尤金四世很难战胜反对自己的巴塞尔宗教会议。于是,在1433年12月,尤金四世放弃了不对等的抵抗,宣布巴塞尔宗教会议是一个合法的会议,并且承认会议确定的法令。

教皇尤金四世的妥协及时地增加了巴塞尔宗教会议与波希米亚人谈判的重要性和权威性。在与尤金四世的争斗中,谈判一直没有中断过。1432年年底,波希米亚代表参加巴塞尔宗教会议,并且与会议发言人就《布拉格四条款》争论了三个月。谈判代表中包括普罗科普本人,他既是一位令人尊敬的神学家,也是一位令人敬畏的将军。由于朱利安·塞萨里尼性情温和,争论以一种理性的辩论方式进行。虽然在巴塞尔宗教会议上没有达成明确的协议,但一致同意选出代表前往布拉格进行进一步谈判。在布拉格,经过不懈的努力,一个基本相互妥协的《协约》达成了。关于圣餐杯的重大问题,巴塞尔宗教会议不得不让步,让波希米亚人和摩拉维亚人同时领受。巴塞尔宗教会议虽然名义上承认了传教的自由,但补充说,神职人员必须由他们所属的教会上级任命,必须服从主教的权威。根据上帝的律法和祖先的法令,神职人员会因犯罪而受到惩罚。在教会财产问题上,巴塞尔宗教会议赢得了胜利。教会拥有、管理可继承财产的权利得到充分承认,而他人干涉这一权利将被视为亵渎神明。

《协约》远非一项权威性的条约,但非常重要,得到了一直渴望恢复和平

利潘战役

与秩序的波希米亚贵族和温和派的认可。此外，塔波尔派和其军队坚决谴责《协约》中的条款，由此争斗演变成公开的战争。

1434年4月，在利潘，塔波尔派遭遇了和他们在同一学校学习战术的人。塔波尔派士兵被引诱出了战车堡垒，而一队骑兵则切断了他们的退路。普罗科普被杀害，他所向披靡的军队几乎全军覆没。随着胡斯派这个极端政党的垮台，德意志君主制恢复道路上的主要障碍被清除了。然而，贵族并不打算无条件地臣服西吉斯蒙德。

贵族要求完全赦免，并且将所有拒绝接受两种圣餐观点的人排除在公职之外。西吉斯蒙德认为无论如何都必须假装服从，于是在1436年8月，他正式进入布拉格。胡斯运动对欧洲的影响可能已经结束，但这并不是说波希米亚真的被平定了，也不是说胡斯学说已经被抛弃，而是说中欧普遍采用这些学说的危险性已经消失。只要胡斯派受到民族力量的热情支持，他们就是不可抗拒的，而他们的失败是因内部不和造成的。

1434年，巴塞尔宗教会议的权威和声誉达到顶峰。对此，尤金四世只能听之任之。巴塞尔宗教会议与波希米亚人的谈判并没有产生一个明确的条约，但导致了温和派与极端派的分裂。极端派的失败使和平解决触手可及。在这样的背景下，巴塞尔宗教会议不遗余力地执行改革教会的任务。一系列法令的制订显示出人们对教皇专制统治的强烈厌恶。教皇的财产被宣布为非法，这意味着教皇任命圣职赞助人的权利被剥夺。法令建议设立教区和省会，禁止主教向罗马教廷上诉。然而，这些措施被1435年6月的一项法令大胆地超越了。该法令禁止主教向教皇支付辖区的第一年圣职收入。法令剥夺了教皇的主要收入来源，引发了枢机主教和教廷官员的强烈抗议。然而，当时，尤金四世仍在罗马流亡，没有足够的力量去抵抗这项法令。因此，尤金四世不得不接受，同时要求以国家捐款的方式给予他一定补偿。尤金四世的优柔寡断促使巴塞尔宗教会议进一步攻击教皇的权力。各分会选举主教不受限制的权利得到了承认；所有教皇的嘉奖都取消了；宗教会议向教皇的请求也被宣布为异端。

极端的改革措施对巴塞尔宗教会议的团结是致命的。人们认为，许多法令是因法兰西王国和德意志对意大利在教会中占优势地位的反感而制订的。同时，主教和其他显贵越来越不信任在人数上占多数的下层神职人员。改革可能从教皇开始，但不可能就此止步。波希米亚谈判处于关键阶段时，朱利安·塞萨里尼和其他温和派人士曾一度支持巴塞尔宗教会议，现在却倾向于支持教皇的事业。不断壮大的教皇派找到了一位活跃且肆无忌惮的领袖——塔兰托主教。教皇派的目的是在教皇和巴塞尔宗教会议之间挑起一场不可调和的争斗。此外，改革派和反意大利派以虔诚和博学的阿尔勒枢机主教为首，他既是教皇的劲敌，也是尤金四世的私敌。改革派中另一位注定在巴塞尔宗教会议和基督教界的历史上发挥重要作用的人是埃内亚·西尔维奥·皮科洛米尼，他是锡耶纳人，曾随费尔莫主教到过巴塞尔，后来又当过几位主教的秘书。埃内亚·西尔维奥·皮科洛米尼以雄辩的口才、纯正的拉丁风格和外交才能而闻名于世。埃内亚·西尔维奥·皮科洛米尼加入了改革派。然而，没有人怀疑埃内亚·西尔维奥·皮科洛米尼有什么坚定的信念，而那些知道他生性随和、喜欢寻欢作乐的人也不会指望他有一天会成为教会的领袖。在议会的两个极端党派之间，还有一个温和派，由西班牙人塞哥维亚的约翰领导，但人数不多，并不十分重要。

巴塞尔宗教会议内部的争斗及与教皇尤金四世之间日益激化的矛盾，都随其与希腊人的谈判而达到顶点。东罗马帝国皇帝约翰八世实际上并没有与奥斯曼土耳其人交战，但他总感觉土耳其人正从四面八方包围过来，并且觉得土耳其人不可避免地要进攻君士坦丁堡。绝望中，约翰八世向西欧寻求援助，

东罗马帝国皇帝约翰八世

并且准备以牺牲希腊教会的独立性作为代价。东方教会与西方教会联合起来的想法一直为教皇看好，尤金四世更热切着手处理这个问题，因为这有利于尤金四世战胜令人憎恨的巴塞尔宗教会议。然而，希腊人充分意识到西方教会的分歧，并且分别向巴塞尔宗教会议和教皇派遣使节。因此，谈判权归属成为竞争的焦点。巴塞尔宗教会议提议派遣一支舰队将希腊教士运送到海岸，并且支付他们在巴塞尔逗留期间的所有费用。为了筹集履行这些承诺所需的资金，巴塞尔宗教会议篡夺了教皇的特权，并且对那些愿意为教会联盟做出贡献的人发放赎罪券。然而，尤金四世则向欧洲诸侯发表了一份请愿书，列举了巴塞尔宗教会议的种种恶行，并且许诺为了希腊人的利益，将在意大利的某个城市举行另一次宗教会议，以帮助教会实行改革。

此外，在巴塞尔宗教会议上，希腊问题引发了激烈的争论。教皇使节提议，为了方便希腊人，巴塞尔宗教会议应该在佛罗伦萨或威尼斯境内的乌迪内召开。温和派建议帕维亚减少对教皇的依赖，得到了开始转向教皇派的埃内亚·西尔维奥·皮科洛米尼的支持。然而，极端派均不接受这两项提议。阿尔勒大主教提议，宗教会议应继续在巴塞尔召开，或者如果希腊人愿意，换到阿维尼翁。辩论出现了许多不得体的举动，要想制止"可敬的神父"相互施暴很困难。反对教皇派的议案得到了五分之三以上票数。然而，第二天早晨，人们发现这份议案仅仅是一份摘要，取而代之的是由少数教皇派签署并盖章的法令。这一大胆的诡计被认为是塔兰托大主教所施。对此，人们愤怒至极。塔兰托大主教明智地逃到意大利。在意大利，尤金四世奖赏了塔兰托大主教，封他为枢机主教。当得知希腊人已被说服接受教皇的邀请参加在意大利举行的宗教会议时，大多数人的愤怒并没有减少。巴塞尔宗教会议被迫采取最极端的措施来败坏教皇尤金四世的名声。1437年7月，教皇和枢机主教被召集到巴塞尔长达六十天，以解释对他们的指控。1437年10月1日，尤金四世因不服从命令而被宣布藐视巴塞尔宗教会议。1437年9月18日，教皇尤金四世发布了一份诏令解散巴塞尔宗教会议，并且召集在费拉拉举行宗教会议以加强教会间的团结。1438年年初,朱利安·塞萨里尼和所有害怕巴塞尔宗教会议极端措施的人都已经翻越阿尔卑斯山脉逃跑了。

1438年,尤金四世主持了在费拉拉召开的宗教会议。瘟疫爆发后,会议地点又转移到了佛罗伦萨。几个月来,就教会之间的两大主要分歧,人们展开辩论,但徒劳无益。到目前为止,讨论中最突出的话题是"和子说大论战"。和子说是拉丁教会在尼西亚宗教会议已有教义的基础上加上去的,而希腊教会从来没有采纳过。其他分歧包括在圣礼中使用有酵或无酵面包、炼狱教义和教皇至尊地位等。作为请愿机构,希腊教会最终被迫接受罗马人对这四个问题的看法,但罗马人对此并不心悦诚服。佛罗伦萨宗教会议起草了两教会联合的法令。1439年7月6日,尤金四世开始庆祝自己辉煌的胜利。然而,就结果而言,庆祝胜利还为时过早。国内,希腊人拒绝接受希腊代表的决定,并且大声疾呼遭到背叛。东罗马帝国皇帝约翰八世也没有得到任何帮助来弥补自己招致的不受欢迎。西欧内部发生致命的分裂,几乎未注意到君士坦丁堡的安全。希腊教会和拉丁教会的联合仅仅是一纸空文而已。

当教皇尤金四世追随者抛弃巴塞尔宗教会议,朱利安·塞萨里尼被阿尔勒大主教任命为巴塞尔宗教会议主席时,教皇尤金四世和巴塞尔宗教会议之间的争斗已不可避免。争斗的结果只能由世俗国家对一方的支持来决定。巴塞尔宗教会议主要向德意志和法兰西王国寻求支持,因为宗教会议的大多数成员都来自这两个国家。然而,德意志和法兰西王国非但没有积极支持巴塞尔宗教会议的事业,反倒似乎更倾向于利用分裂来实现它们自己国家的教会独立。

1438年,法兰西神职人员会议接受了著名的《布尔日国事诏书》,这是加利利教会自由的基础。为了法兰西王国的特殊利益,诏书规定的大部分法令用于反对巴塞尔宗教会议中教皇对教会实施的权力。法兰西王国开始从与勃艮第王国和英格兰王国的长期战争中复苏。《布尔日国事诏书》提供了一个最大的好处,那就是避免法兰西王国的财富流失,从而充实了教皇的金库。1437

年，在德意志，西吉斯蒙德驾崩。选帝侯和主要的诸侯开始在巴塞尔宗教会议和教皇之间采取严格的中立政策。

法兰西王国采取的政策诱导了世俗诸侯和神职人员。美因茨议会颁布了几乎相当于《布尔日国事诏书》的《德意志国事诏书》。《美因茨国事诏书》废除了教职人员首年收入上交教皇的规定，废除了教皇保留的特权，组织了省级和教区的宗教会议。1439年，马丁五世通过康斯坦斯宗教会议提倡的国教概念让教会变得四分五裂。

暂时失去支持，遭到意大利明显成功的反对，并没有使巴塞尔宗教会议的议员平静下来。尽管温和派强烈反对，巴塞尔宗教会议还是继续指控尤金四世的异端和分裂主义。1439年6月25日，尤金四世被正式罢免。

新教皇选举已不可阻挡。因为阿尔勒大主教是巴塞尔宗教会议唯一的枢机主教，所以会议决定由三十二名会议代表来协助他进行新教皇的选举。由于财政困难，巴塞尔宗教会议必须选出一位能够支付会议费用的教皇。在第五次选票复查中发现，二十六票投给了萨伏依公爵阿马德乌斯八世，也就是教皇费利克斯五世。一开始，费利克斯五世就辜负了选举人的期望。虽然妻子勃艮第的玛丽去世后费利克斯五世一直过着隐居的生活，并且积累了一笔可观的财富，但他并不打算用自己的私人资金来维持自己的生活和宗教会议的开支，而是要求以教皇的名义来获得财政收入。巴塞尔宗教会议被迫违背自己的法令，给费利克斯五世五分之一的教会财政收入，为期一年。这一措施肯定会疏远所有支持巴塞尔宗教会议的人，因为他们期望减少教职税。事实上，教职税只在萨伏依领土内缴纳。综上所述，选举费利克斯五世为教皇对各方都是非常不利的。

这次选举让那些希望巴塞尔宗教会议采取实质性改革措施的人们感到失望。只要是与教皇费利克斯五世发生争端，巴塞尔宗教会议就会有某些原则受到威胁，可能会促使人们对一方或另一方给予有力的支持。然而，在最后的行动中，巴塞尔宗教会议仅仅是恢复了一种个人分裂，而欧洲已经对此极度厌

费利克斯五世

倦。费利克斯五世当选后，巴塞尔宗教会议继续存在了九年，但它的数量和影响力每年都在缓缓下降，甚至还与教皇反对派发生过争斗。1444年，费利克斯五世离开巴塞尔，定居洛桑。

　　因对手费利克斯五世犯的错误，尤金四世最终取得了胜利。尤金四世唯一要做的就是获得当时欧洲各国的支持。居住在佛罗伦萨时，使节成功地恢复了尤金四世罗马教皇的至高无上的地位。1443年，尤金四世重返罗马，他小心翼翼地避免出现在1433年让自己付出巨大代价的意大利政治错误，甚至将主要对手菲利波·马里亚·维斯孔蒂也拉拢到自己这边。法兰西王国对尤金四世的承认是由教皇以支持安茹家族在那不勒斯的事业换来的。然而，当那不勒斯战争以阿拉贡国王阿方索五世的胜利而告终时，尤金四世巧妙地在不背叛法兰西王国的情况下改变了立场，从而打消了意大利人对他的反对。英格兰王国和西班牙王国对分裂主义不感兴趣，也没有支持费利克斯五世的动机。如今就只剩下了公开宣布中立政策的德意志了。在罗马人民的国王和诸侯被说服前，教皇权威的复兴是不完整的。埃内亚·西尔维奥·皮科洛米尼独立完成实现教皇尤金四世与德意志间和解。

西吉斯蒙德驾崩后，女婿哈布斯堡家族的奥地利大公阿尔布雷希特五世成为罗马人民的国王。然而，1439年10月27日，阿尔布雷希特五世即位两年后就驾崩了。1440年，另一位哈布斯堡家族成员——施蒂里亚公爵兼卡林西亚公爵腓特烈三世当选为罗马人民的国王。腓特烈三世是奥地利大公阿尔布雷希

奥地利大公阿尔布雷希特五世

施蒂里亚公爵兼卡林西亚公爵腓特烈三世

拉迪斯劳斯·波斯图穆斯

特五世幼子拉迪斯劳斯·波斯图穆斯的监护人。一处理好东方的家族事业，腓特烈三世就于1442年来到亚琛加冕，并且着手解决分裂问题。来自巴塞尔宗教会议和尤金四世的使节已经出现在德意志议会面前，但他们长时间的争论并没有产生任何决定，依然是中立的结果。1442年，腓特烈三世来到巴塞尔，收服了埃内亚·西尔维奥·皮科洛米尼。埃内亚·西尔维奥·皮科洛米尼深信巴塞尔宗教会议的事业和反对教皇尤金四世没有前途，于是决定给予尤金四世一些帮助，以赢得赦免和晋升。1445年，埃内亚·西尔维奥·皮科洛米尼促成主人腓特烈三世和教皇尤金四世达成和解。腓特烈三世承诺恢复德意志对罗马教皇的服从。作为回报，尤金四世许诺给腓特烈三世皇帝称号，允许他获得某些主教和圣职的任命，并且从教会的收入中给予他大量的财富。这是一项不光彩的条约，尽管谈判是秘密进行的，但尽人皆知。德意志诸侯对这种背叛感到愤怒，并且坚决维护自己的独立性，不让腓特烈三世掌权。特里尔选帝侯和科尔恩选帝侯及一些选举人领袖决定，作为对腓特烈三世行为的抗议，他们坚持费利克斯五世的教会原则。于是，中立政策被放弃；在教会分裂问题上，德意志出现了两个党派。糟糕的是，在与罗马人民的国王腓特烈三世签订条约的鼓舞下，1446年2月，尤金四世发布了一项法令，宣布剥夺科尔恩大主教和特里尔大主教指控异教徒和叛徒的权力。这种鲁莽的行为似乎使和解变得不可能。然而，埃内亚·西尔维奥·皮科洛米尼能应付这种局面。选帝侯提出了过分的要求：教皇尤金四世应该撤回对科尔恩大主教和特里尔大主教的指责；同时确认1439年的国事诏书，承认巴塞尔宗教会议的至高无上权威，并且于1447年在德意志召集一次新的宗教会议。埃内亚·西尔维奥·皮科洛米尼前往罗马，说服尤金四世答应恢复科尔恩大主教和特里尔大主教的职位，并且对选举要求做出了态度温和的答复。之后，埃内亚·西尔维奥·皮科洛米尼又作为教皇特使前往德意志，贿赂美因茨大主教放弃选帝侯联盟。为了安抚德意志人的骄纵，埃内亚·西尔维奥·皮科洛米尼毫不犹豫地修改了教皇的答复。通过这些手段，埃内亚·西尔维奥·皮科洛米尼避免了一次公开的决裂，并且不顾科隆大主教和特里尔大主教的抗议，诱导法兰克福议会同意了条款。于是，带着罗马议会的使节，埃内亚·西尔维奥·皮科洛米尼赶回罗马，向教皇尤金四世解释他的行为，并且为之辩护。然而，埃内亚·西尔维奥·皮科洛米尼发现尤金四世已奄奄一息，为了避免新选举可能带来的麻烦，有必要加快处理这件事。临时协约已达成，在德意志诸侯同意的前提下，一次新的宗教会议将在德意志某个城镇召开。总的来说，新宗教会议的最高地位得到承认，从而避免了对巴塞尔宗教会议的提及。国事诏书和教职人员首年收入上交教皇的规定暂时得到承认，直至最终一致的规定被提出。1447年2月19日，尤金四世接受了这些条

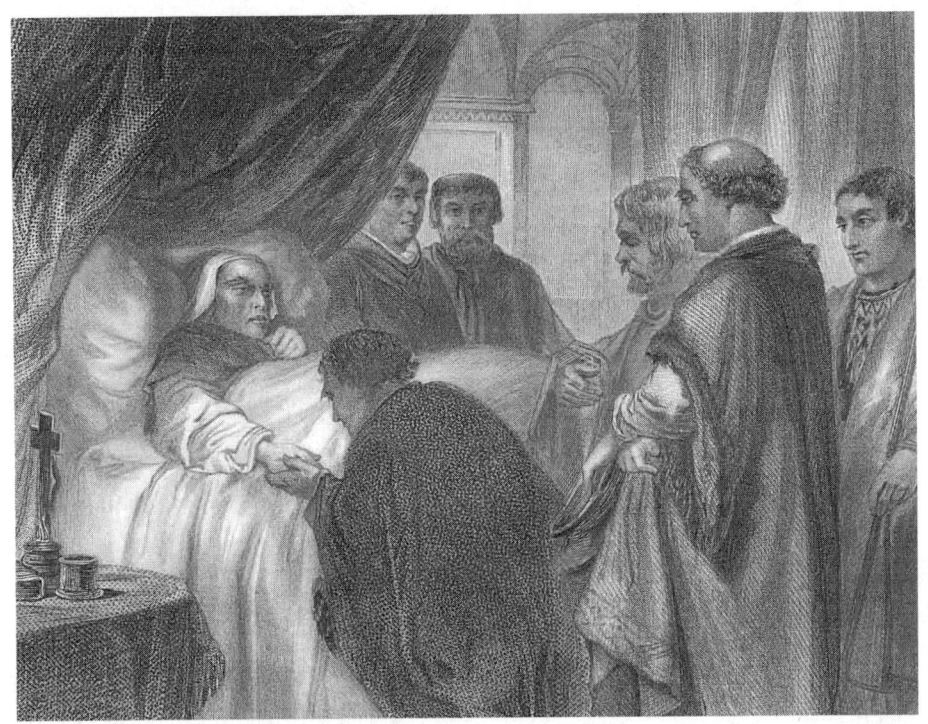

尤金四世去世

款。1447年2月23日，尤金四世便去世了。尤金四世的继任者是著名的学者和收藏家萨尔扎纳的托马斯，被称为教皇尼古拉五世。通过谈判，不满的诸侯分别被说服了。当固执的特里尔大主教被诱导承认尼古拉五世时，德意志对教皇的反对宣告结束。基于1447年的临时条款，最后的协约在1448年签订。关于宗教会议的相关条款被接受，但在其他方面教皇获得了更大的优势，恢复了教职人员首年收入上交教皇的规定，很大程度上还废除了国事诏书对教皇寻求庇护的限制。

最后，腓特烈三世只剩下摆脱快要解散的巴塞尔宗教会议了。巴塞尔宗教会议只剩下几位来自萨伏依的主教和一些地位低下的神职人员。腓特烈三世向地方法官发出解散巴塞尔宗教会议的命令。流亡的成员继续前往洛桑，在法兰西国王的调解下，他们与教皇费利克斯五世达成了协议。费利克斯五世从未接受过世俗君主的朝拜，因此放弃了教皇头衔，以换取枢机主教的头衔。阿尔勒大主教回到自己的住所，受到人们热情的欢迎，并于1450年去世，一个世纪后被克莱门特七世追封为圣徒。

巴塞尔宗教会议结束了教会大分裂丑闻引发的教会改革运动。巴塞尔宗教会议的失败不是因为缺乏可行的目标，也不是因为信徒在会议中犯了错误，而是因为它不适应当时的形势。几个世纪以前，也许有可能对教会进行改革，同时保持其统一。然而，15世纪，教会改革太晚了，因为政治上的分裂甚至导致了教会上的分裂。《马丁五世协约》认可《布尔日国事诏书》和《美因茨国事诏书》。这比总宗教议会凌驾于教皇之上的理论更有说服力。16世纪的宗教改革运动是一系列反对教皇统治的全国性起义，它的成功归于政治条件和利益的协调。

宗教改革运动的失败带来了教皇权威的复兴。马丁五世教会统治时期开始的反抗似乎在尼古拉五世统治时结束。1450年，在罗马举行的大庆典是教皇胜利的恰当庆祝。然而，这是一次付出极大代价而获得的胜利。教皇既没有从经历的种种磨难中获得智慧，也没有学会宽容。在继续践踏个人自由精神的同时，教皇对世俗统治的贪得无厌引发了种种丑闻。从道德角度看，这些丑闻要比腐朽的分裂主义争斗更加引人注目。16世纪的宗教改革为康斯坦斯宗教会议和巴塞尔宗教会议的失败一雪前耻。

第12章

15世纪的米兰公国与威尼斯共和国

(1402年到1494年)

精彩看点

米兰公国的混乱——罗马涅和托斯卡纳的损失——威尼斯共和国征服维罗纳和帕多瓦——威尼斯共和国和西吉斯蒙德之间的战争——菲利波·马里亚·维斯孔蒂——菲利波·马里亚·维斯孔蒂恢复米兰公国——威尼斯共和国的党派——佛罗伦萨共和国的请求——威尼斯共和国与米兰公国的战争——弗朗切斯科·布索内·达·卡尔马尼奥拉被处死——菲利波·马里亚·维斯孔蒂驾崩——米兰公国继承问题——米兰公爵弗朗切斯科一世·斯福尔扎——弗朗切斯科·福斯卡里的下台与去世——威尼斯共和国与土耳其帝国——1463年到1479年的土耳其战争——1482年到1484年威尼斯共和国与费拉拉公国交战——威尼斯共和国征服塞浦路斯——威尼斯共和国对领土的贪得无厌——威尼斯共和国的衰落——弗朗切斯科一世·斯福尔扎在米兰——弗朗切斯科一世·斯福尔扎与法兰西王国的关系——加莱亚佐·马里亚·斯福尔扎——萨伏依的博纳摄政时期——卢多维科·斯福尔扎——卢多维科·斯福尔扎向法兰西王国请求援助

1402年，吉安·加莱亚佐·维斯孔蒂驾崩，米兰公国陷入无政府的混乱状态。吉安·加莱亚佐·维斯孔蒂把米兰公国留给了两个儿子：吉安·马里亚·维斯孔蒂和菲利波·马里亚·维斯孔蒂。在母亲卡泰丽娜·维斯孔蒂的监护下，吉安·马里亚·维斯孔蒂和菲利波·马里亚·维斯孔蒂分别统治着帕维亚和米兰。然而，寡居的米兰公爵夫人卡泰丽娜·维斯孔蒂完全不能行使丈夫吉安·加莱亚佐·维斯孔蒂留给自己的权力。曾经对吉安·加莱亚佐·维斯孔蒂异常忠诚的雇佣兵抓住机会为自己建立了君主国。这些雇佣兵几乎占领了伦巴第的每一个城市，并且试图独立。在米兰公国，因试图平息混乱，卡泰丽娜·维斯孔蒂的残酷行为激起了一场暴动。1404年，卡泰丽娜·维斯孔蒂被囚禁，后被毒死。在公民议会的辅佐下，吉安·马里亚·维斯孔蒂掌管了米兰公国。然而，吉安·马里亚·维斯孔蒂把父亲吉安·加莱亚佐·维斯孔蒂的残忍和放荡发挥到了极致，大肆折磨臣民，以满足他那可怕的欲望。最终，昔日效忠吉安·加莱亚佐·维斯孔蒂的杰出将军法奇诺·卡内恢复了米兰公国表面上的秩序。吉安·加莱亚佐·维斯孔蒂驾崩后，法奇诺·卡内成为亚历山德里亚、托尔托纳和其他西部城镇的主人。法奇诺·卡内曾在帕维亚担任菲利波·马里亚·维斯孔蒂的摄政官，如今他把吉安·马里亚·维斯孔蒂贬为臣民。法奇诺·卡内去世后，米兰贵族阻止吉安·马里亚·维斯孔蒂恢复统治权，并且在1412年暗杀了他。

伦巴第的混乱自然导致了吉安·加莱亚佐·维斯孔蒂兼并南方的计划失败。1403年,博洛尼亚和佩鲁贾重新成为教皇国的一部分,消除了教皇博尼法斯九世对吉安·加莱亚佐·维斯孔蒂的敌意。1404年,锡耶纳恢复了自由共和制;以独立邦君的身份,保罗·圭尼吉继续统治卢卡。比萨是米兰公国征服的最重要的城市,由吉安·加莱亚佐·维斯孔蒂传给了私生子加布里埃莱·马里亚·维斯孔蒂。然而,加布里埃莱·马里亚·维斯孔蒂发现自己无法应对比萨叛乱和佛罗伦萨进攻的双重危险。为了得到热那亚的法兰西总督让·勒曼格尔二世的帮助,加布里埃莱·马里亚·维斯孔蒂成为法兰西王国的封臣。然而,不到一年,加布里埃莱·马里亚·维斯孔蒂就与法兰西国王查理六世发生争执,原因是法兰西王国的政策不再敌视佛罗伦萨共和国。让·勒曼格尔二世和加布里

让·勒曼格尔二世

埃莱·马里亚·维斯孔蒂目睹了比萨主权卖给佛罗伦萨共和国的奇怪景象，因此相互产生了敌意。然而，比萨人拒绝承认让·勒曼格尔二世与加布里埃莱·马里亚·维斯孔蒂的权威，并且于1405年重新宣布独立。佛罗伦萨的寡头统治者迅速抓住了期盼已久的机会。经过几个月的顽强抵抗，1406年10月9日，在严密的封锁下，比萨共和国投降。随着比萨共和国的衰落，佛罗伦萨共和国朝着后来托斯卡纳大公国的进程迈出了第一步。

然而，米兰公国暂时衰落显著的结果是威尼斯人在东伦巴第的永久统治。这一事件对威尼斯共和国和意大利都产生了非常重大的影响。吉安·加莱亚佐·维斯孔蒂驾崩后，各邦君纷纷抓住机会争取自由和进行领土扩张；弗朗切斯科·诺韦洛·达·卡拉拉便是其中一位。1390年，弗朗切斯科·诺韦洛·达·卡拉拉收复了帕多瓦，并且在米兰公国的庇护下宣布独立。后来，弗朗切斯科·诺韦洛·达·卡拉拉与德拉·斯卡拉家族的幸存成员联合夺取了维罗

弗朗切斯科·诺韦洛·达·卡拉拉

纳。1404年,弗朗切斯科·诺韦洛·达·卡拉拉摆脱盟友,独占了维罗纳。弗朗切斯科·诺韦洛·达·卡拉拉从维罗纳向维琴察进军,但市民把维琴察爵位让给了威尼斯共和国。在米兰,米兰公爵夫人卡泰丽娜·维斯孔蒂遇到了困难,她向威尼斯共和国请求援助。收到维琴察和米兰的援助请求,加上威尼斯对卡拉拉家族的敌意由来已久,威尼斯人同意施以援手。威尼斯共和国同意帮助米兰公爵夫人卡泰丽娜·维斯孔蒂,条件是割让阿迪杰河以东的所有米兰领土。卡泰丽娜·维斯孔蒂接受了这个苛刻的条件。1404年6月,威尼斯共和国向帕多瓦宣战;维琴察向威尼斯人敞开了大门。1405年,维罗纳和帕多瓦被迫投降。弗朗切斯科·诺韦洛·达·卡拉拉被带走,在威尼斯的监狱中死去。

威尼斯共和国收复了在基奥贾战争中失去的领土,并且大大扩展了疆域。不仅特雷维索、菲尔特和贝卢诺,还有巴萨诺、维罗纳、维琴察和帕多瓦都臣服于威尼斯共和国。不久,威尼斯共和国又从匈牙利国王西吉斯蒙德手中夺回了14世纪失去的达尔马提亚。因与西吉斯蒙德发生争斗,教皇博尼法斯九世鼓动拉迪斯劳继承父亲匈牙利国王查理二世的王位。1402年,拉迪斯劳在达尔马提亚的扎拉登陆,由教皇使节加冕为国王。然而,拉迪斯劳早年成功之后,紧接着就遭受到挫折。想到父亲查理二世之前的命运,拉迪斯劳对王位心灰意冷,于是回到了那不勒斯。然而,他并不是不愿意与强大的对手竞争。1409年,拉迪斯劳把自己在达尔马提亚的领地卖给了威尼斯共和国。这导致威尼斯共和国与西吉斯蒙德的长期战争。1411年,拉迪斯劳被承认为罗马人民的国王,他渴望在意大利获得荣誉和权威。1411年,拉迪斯劳的军队占领了费尔特雷和贝卢诺,但在帮威尼斯共和国作战时被卡洛一世·马拉泰斯塔在野外击败。1413年,双方暂时达成停战协定,西吉斯蒙德得以将注意力集中在教会问题和康斯坦斯宗教会议上。然而,达尔马提亚的拥有权仍然是一个有争议的话题。1418年,战火重燃。当时,西吉斯蒙德因扬·胡斯被处决在波希米亚引起的抗议而困扰。因此,威尼斯军队几乎没有遇到什么有效的反抗。1421年,弗留利和几乎整个达尔马提亚海岸都在威尼斯人的统治下。

此时，米兰公国发生了一件重要的事。哥哥吉安·马里亚·维斯孔蒂被杀后，菲利波·马里亚·维斯孔蒂从以前默默无闻的生活中走了出来，显示出自己并非不适合接替父亲吉安·加莱亚佐·维斯孔蒂的王位。菲利波·马里亚·维斯孔蒂以怯懦的性格将自己几乎完全隐藏在众人的视野外，其实他兼备不易察觉的操纵阴谋的能力，以及发现和利用他人军事才能的能力。只有两个性格上的缺陷使菲利波·马里亚·维斯孔蒂无法取得与吉安·加莱亚佐·维斯孔蒂同样的成功：一是目标不坚定，一时的挫折有时会让他放弃唾手可得的东西；二是根深蒂固的多疑，他常常会把那些忠心耿耿的人推到对手的阵营，而使自己陷入极度危险中。如果统治者对得胜将军的不信任甚至超过了对失败的恐惧，那么统治者还想得到将军的效忠，那几乎是不可能的。

菲利波·马里亚·维斯孔蒂的第一步行动是迎娶比自己大二十岁的法奇诺·卡内的遗孀贝亚特里切·拉斯卡里斯·迪·滕达。通过这种方式，菲利

贝亚特里切·拉斯卡里斯·迪·滕达

波·马里亚·维斯孔蒂获得了亚历山德里亚、托尔托纳、诺瓦拉和维切利领地,并且控制了法奇诺·卡内数量众多、纪律严明的军队。在这些军队的帮助下,菲利波·马里亚·维斯孔蒂成为米兰公国的统治者,为哥哥吉安·马里亚·维斯孔蒂报了仇。一旦得到地位,菲利波·马里亚·维斯孔蒂就毫不犹豫地抛弃了恩人法奇诺·卡内的遗孀贝亚特里切·拉斯卡里斯·迪·滕达,因为她年龄太大,不适合做自己的妻子。进攻米兰时,菲利波·马里亚·维斯孔蒂注意到了弗朗切斯科·布索内·达·卡尔马尼奥拉的勇气和行为,把这名皮埃蒙特士兵培养成了军队统帅,并且雇佣他去征服那些曾经由父亲吉安·加莱亚佐·维斯孔蒂统治过的城市。自吉安·加莱亚佐·维斯孔蒂驾崩后,一个又一个篡夺政权的暴君被迫投降。1421年,米兰公国从西边的皮埃蒙特一直延伸到东边的阿迪杰河沿

弗朗切斯科·布索内·达·卡尔马尼奥拉

线。即使是在1411年从法兰西王国统治下解放出来的热那亚,在拒绝承认菲利波·马里亚·维斯孔蒂宗主权的长期斗争中,也被迫臣服。

当威尼斯共和国向东部成功扩张时,西部边境的一个邦君声称自己要占有新近获得的最有价值的领土。因此,威尼斯共和国不得不解决有史以来最严重的问题之一。伴随着一系列的领土扩张,大陆上的权力落到了威尼斯共和国的手里,这是共和国保护贸易路线和食物供应来源的必然结果。到目前为止,威尼斯共和国还没有刻意去开拓领土。如今,威尼斯最迫切的利益得到了保证,于是就产生了这样一个问题:威尼斯是否能够或者愿意在它1421年达到的那个辉煌时期止步不前?在这个问题上形成了两大政党,在15世纪余下的时间里把威尼斯分成了两部分。1414年到1423年,作为保持海上霸权地位的唯一手段,米兰总督托马索·莫塞尼戈敦促维持现状。这对保护威尼斯共和国东部压倒性的利益至关重要。作为米兰在伦巴第崛起的公开对手,威尼斯共和国进入意大利政坛,将不可避免地导致黎凡特落入土耳其人之手。如果威尼斯共和国失去了其商业地位,就只能通过雇佣外国人代替自己的公民来获得和保持领土主权。通过雇佣外国人来维护领土主权并不能为威尼斯共和国带来经济上的富足和政治上的强大。同时,以威尼斯总督弗朗切斯科·福斯卡里为首的许多年轻贵族强调威尼斯共和国在大陆上不容置疑的利益,并且确信米兰公爵永远不会放弃对维罗纳和帕多瓦的所有权。这些年轻贵族还激烈地争辩说,目前威尼斯占领的西部边疆毫无安全可言。一个国家要么前进,要么后退,而侵略往往是其唯一的防御手段。然而,年轻贵族的政策与其说是受到这些论点的鼓舞,不如说是受到领土扩张贪婪本能的驱使,而这种贪婪已成为强大的意大利的主导力量。

1423年,佛罗伦萨共和国相继派出大使向威尼斯共和国寻求援助来反对米兰公爵,使米兰总督托马索·莫塞尼戈和威尼斯总督弗朗切斯科·福斯卡里之间的矛盾达到了顶点。菲利波·马里亚·维斯孔蒂重启了父亲吉安·加莱亚佐·维斯孔蒂对托斯卡纳和罗马涅的侵略计划。佛罗伦萨共和国被迫参加战

托马索·莫塞尼戈

争以捍卫自己的独立,但它的军队遭受一次次失败。除了北方共和国的干预,似乎没有什么能阻止菲利波·马里亚·维斯孔蒂的进攻,于是向威尼斯请求援助变得越来越迫切。1423年,第一位大使遭到托马索·莫塞尼戈的拒绝。然而,1423年,托马索·莫塞尼戈去世,对手弗朗切斯科·福斯卡里取代了他的位置。尽管如此,威尼斯各党派仍旧势均力敌,不愿对战争进行决定性的干预。佛罗伦萨使节的态度从祈求变成威胁。如果威尼斯共和国不提供帮助,佛罗伦萨共和国将通过加入米兰公国来寻求自身的安全。"如果我们(佛罗伦萨共和国)拒绝帮助热那亚共和国,热那亚共和国就让菲利波·马里亚·维斯孔蒂做他们君主;如果你(威尼斯共和国)拒绝帮助我们(佛罗伦萨共和国),佛罗伦萨共和国就让菲利波·马里亚·维斯孔蒂做意大利人的国王。"关键时刻,弗朗切斯科·布索内·达·卡尔马尼奥拉应请求来到佛罗伦萨,宣称:除非把威尼斯人赶出伦巴第，否则菲利波·马里亚·维斯孔蒂是不会满意的。弗朗切斯科·布索内·达·卡尔马尼奥拉曾引起菲利波·马里亚·维斯孔蒂的嫉妒和怀疑，最终被耻辱地解除雇佣关系。然而，利用这样一位杰出将军来对付其前雇主，形势开始转向弗朗切斯科·福斯卡里政党一边。1425年年末，佛罗伦萨共和国决定加入对米兰公爵的公开战争。

战争初期，威尼斯共和国取得了显著的成功。1426年，威尼斯共和国占领布雷西亚。1426年12月，通过一项正式条约，菲利波·马里亚·维斯孔蒂确认割让布雷西亚。然而，条约只是争取时间和集结兵力的一种手段。1427年，战火重燃。当时著名的三名雇佣兵——弗朗切斯科一世·斯福尔扎、尼科洛·皮奇尼诺和卡洛一世·马拉泰斯塔——指挥米兰军队。1427年10月2日，在马克洛迪奥，弗朗切斯科·布索内·达·卡尔马尼奥拉取得了辉煌胜利。1428年，菲利

马克洛迪奥战役

波·马里亚·维斯孔蒂再次通过移交贝加莫和布雷西亚而实现了和平。因此，在两次战役中，威尼斯共和国的疆界从阿迪杰河一直延伸到阿达河。然而，对这样的结果，菲利波·马里亚·维斯孔蒂很不满意，因为对手离米兰很近。1431年，战争再次爆发。弗朗切斯科·布索内·达·卡尔马尼奥拉得到了丰厚的报酬，并且承诺继续为威尼斯共和国服务。然而，如今威尼斯共和国不得不面对雇佣兵带来的危险。一开始，威尼斯共和国就采取了把本地两位贵族送到军营当总督的做法。名义上，本地贵族负责粮食供应，但真正职责是密切监视雇佣兵队长的行动。弗朗切斯科·布索内·达·卡尔马尼奥拉引起了雇主菲利波·马里亚·维斯孔蒂的怀疑。除了马克洛迪奥战役，弗朗切斯科·布索内·达·卡尔马尼奥拉几乎没有亲自参与战争，他关心自己的利益甚于威尼斯的利益。按照职业礼节，弗朗切斯科·布索内·达·卡尔马尼奥拉不付赎金就释放俘虏，并且公开地和米兰公爵进行单独谈话，似乎不愿太过分地去压垮一个曾效劳过、以后还可能再次效劳的邦君。尽管如此，只要雇佣兵能够打胜仗，威尼斯的寡头就会把恐惧和怀疑藏在心底。然而，1431年，事情发生了一系列的逆转。弗朗切斯科一世·斯福尔扎在松奇诺大获全胜，而波河上的威尼斯人舰队因弗朗切斯科·布索内·达·卡尔马尼奥拉的失败而被摧毁。失败被视为背叛的证据，十人委员会决定对此予以惩戒。

  十人委员会以其特有的表里不一和行事果断而闻名。弗朗切斯科·布索内·达·卡尔马尼奥拉被邀请到威尼斯去讨论下一次竞选活动。十人委员会热情的接待打消了弗朗切斯科·布索内·达·卡尔马尼奥拉的顾虑。然而，弗朗切斯科·布索内·达·卡尔马尼奥拉很快就被从皇宫投入监狱，经秘密审判后裁定有罪。1432年5月5日，弗朗切斯科·布索内·达·卡尔马尼奥拉被处死。在15世纪雇佣兵辉煌的历史中，处决弗朗切斯科·布索内·达·卡尔马尼奥拉是最有名的事件之一。弗朗切斯科·布索内·达·卡尔马尼奥拉没有做过任何不符合雇佣兵行业传统的事，但至少有一个国家大胆地提出了鲜明的证据，表明不会允许雇佣的将军获得独立。威尼斯试图从这一危险的困境中解脱出来。一个太过显赫、太过成功的将军可能会危及威尼斯共和国的自由。然而,将来要说服最有能力的人去为一个随时准备施加严厉惩罚的国家效力变得十分困难。

弗朗切斯科·布索内·达·卡尔马尼奥拉死后,战争持续了九年。佛罗伦萨与威尼斯结盟。菲利波·马里亚·维斯孔蒂的注意力不仅集中在伦巴第,还集中在托斯卡纳。这对威尼斯共和国来说,未尝不是一件好事,因为威尼斯共和国不止一次濒临失去布雷西亚和维罗纳的边缘。幸运的是,威尼斯共和国的统治比米兰公国宽松;臣民坚决支持新主人菲利波·马里亚·维斯孔蒂反对旧主人弗朗切斯科·福斯卡里。因弗朗切斯科一世·斯福尔扎的行动,这场斗争变得复杂起来。他自始至终都是我行我素,并且根据自己的个人利益加入一方或另一方。弗朗切斯科一世·斯福尔扎迫使菲利波·马里亚·维斯孔蒂把女儿比安卡·玛丽亚·维斯孔蒂嫁给自己,为其在伦巴第建立公国打下基础。弗朗切斯

比安卡·玛丽亚·维斯孔蒂

科一世·斯福尔扎终于达到了目的。因弗朗切斯科一世·斯福尔扎代表威尼斯共和国介入，布雷西亚长期被围。1441年的和平确保了威尼斯共和国对布雷西亚和贝加莫的占领。1441年，威尼斯共和国驱逐了拉韦纳的波伦塔家族，并且占领了这座城市，使威尼斯共和国向南走向教皇国，为与教皇的长期斗争埋下伏笔。

菲利波·马里亚·维斯孔蒂被迫把女儿比安卡·玛丽亚·维斯孔蒂和克雷莫纳、庞特雷蒙里的爵位一起交给弗朗切斯科一世·斯福尔扎。菲利波·马里亚·维斯孔蒂并不喜欢自己的女婿弗朗切斯科一世·斯福尔扎，而是害怕他，所以想要毁掉他。然而，像菲利波·马里亚·维斯孔蒂一样，弗朗切斯科一世·斯福尔扎是个诡计多端的人，他打败了尼科洛·皮奇尼诺及其两个儿子弗朗切斯科·皮奇尼诺和雅各布·皮奇尼诺，并且诱导威尼斯共和国、佛罗伦萨共和国与米兰公国重新开战。在威尼斯共和国军队的帮助下，弗朗切斯科一

雅各布·皮奇尼诺

世·斯福尔扎把岳父菲利波·马里亚·维斯孔蒂弄得十分狼狈。菲利波·马里亚·维斯孔蒂必须对弗朗切斯科一世·斯福尔扎的一切要求让步。1447年8月13日，正当弗朗切斯科一世·斯福尔扎准备离开雇主，以获得米兰公国继承权时，菲利波·马里亚·维斯孔蒂的死讯传来。

菲利波·马里亚·维斯孔蒂驾崩后，维斯孔蒂家族再无男性继承人。关于继承问题，有三个间接继承人，一个是菲利波·马里亚·维斯孔蒂女婿弗朗切斯科一世·斯福尔扎；另一个是菲利波·马里亚·维斯孔蒂姐姐瓦伦蒂娜·维斯孔蒂的丈夫奥尔良公爵路易一世；还有一个是菲利波·马里亚·维斯孔蒂姨妈[①]维里迪斯·维斯孔蒂的孙子施蒂里亚公爵腓特烈三世。然而，这些继承人的继承权都没有任何法律效力，因为瓦茨拉夫四世的授命只承认男性血缘关系的继承。米兰市民理所当然地认为专制统治已经结束，恢复了共和政府。这些事件引起了威尼斯人极大的兴趣。二十多年来，威尼斯人几乎不断地与米兰人交战。然而，自1428年以来，他们在伦巴第没有得到一平方米的领土。利用菲利波·马里亚·维斯孔蒂驾崩后的混乱，弗朗切斯科·福斯卡里和追随者成功地建立起威尼斯共和国的优势地位。从提倡的政策来看，这是一个致命的决定。如果让米兰公国建立起来，几年之内，臣服于米兰的城市就会疏远米兰或发生叛乱，而从米兰公国的困境中，威尼斯共和国就会渔翁得利。威尼斯人的仓促进攻迫使新成立的米兰公国向弗朗切斯科一世·斯福尔扎求援。然而，弗朗切斯科一世·斯福尔扎对米兰公国的独立和威尼斯共和国的野心都十分危险。弗朗切斯科一世·斯福尔扎承担了保卫米兰、对抗威尼斯的任务，并且表现出了同样的敏捷和能力。弗朗切斯科一世·斯福尔扎在卡萨尔马焦雷摧毁了威尼斯人在波河上的舰队，又在卡拉瓦乔大败威尼斯军队。

威尼斯人迈出了错误的一步，他们试图弥补，但结果越来越糟。威尼斯人

[①] 施蒂里亚公爵腓特烈三世父亲是奥地利公爵欧内斯特，奥地利公爵欧内斯特母亲是维里迪斯·维斯孔蒂，维里迪斯·维斯孔蒂是菲利波·马里亚·维斯孔蒂母亲卡泰丽娜·维斯孔蒂的姐姐。——译者注

同弗朗切斯科一世·斯福尔扎签订了一项条约：弗朗切斯科一世·斯福尔扎保证把克雷马和阿达河上的吉亚拉交还给威尼斯共和国，条件是威尼斯不得反对弗朗切斯科一世·斯福尔扎的计划。这位老谋深算的将军现在率领他得胜的军队转而反对曾效力的威尼斯共和国，而威尼斯人对这种突如其来的叛变毫无准备。一个又一个城市不得不打开城门。1450年，米兰投降，承认弗朗切斯科一世·斯福尔扎为公爵。如今，威尼斯人意识到了自己行为的愚蠢，发现在懦弱的菲利波·马里亚·维斯孔蒂的统治下对付米兰已经够困难的了。然而，如果将米兰公国交给弗朗切斯科一世·斯福尔扎，威尼斯共和国就没有机会在伦巴第扩张自己的疆域了。威尼斯人下定决心，要在弗朗切斯科一世·斯福尔扎还没有确立权威前，发动一场战争来推翻他。然而，在随后的战争中，威尼斯共和国失败了。君士坦丁堡陷落的悲惨消息迫使他们把注意力从意大利转到东方受侵害的利益上。1454年，在洛迪，威尼斯共和国和米兰公国达成和平协议。威尼斯共和国放弃了最近征服的领地，西部边疆也恢复到1428年的版图。

半个世纪以来，威尼斯共和国和米兰公国在伦巴第的领土扩张问题上的相互竞争，使威尼斯的历史与米兰的历史紧密相连。随着洛迪和谈，这种"亲密"的联系中断了四十年。在米兰，斯福尔扎王朝根基牢固，威尼斯共和国除了保留布雷西亚和贝加莫无计可施。有一段时间，威尼斯共和国对伦巴第的兴趣被搁置，因为它必须面对土耳其向东推进的棘手问题。在弗朗切斯科·布索内·达·卡尔马尼奥拉早期辉煌的岁月，弗朗切斯科·福斯卡里的政策是那么引人注目，但结果惨淡无比。威尼斯人忘记了兼并贝加莫和布雷西亚，只记得克雷马已经失守，而在他们为之战斗的时候，君士坦丁堡也陷落了。有一段时间，对总督弗朗切斯科·福斯卡里怀有敌意的政党找到了一种通过其儿子雅各布·福斯卡里攻击的方法。1445年，雅各布·福斯卡里因受贿被流放。1447年，弗朗切斯科·福斯卡里的祈祷者为雅各布·福斯卡里的归来而祈祷。然而，1450年，当时判刑的其中一位法官遭谋杀。雅各布·福斯卡里被十人委员会告发。尽管没有真正的证据指控他，酷刑也没能让他招供，但他还是被再次流放了。雅各布·福斯卡里意识到自己是无辜的，竭力想要逃脱，却轻率地与土耳其人和弗朗切斯科一世·斯福尔扎交往。受叛国罪的指控，雅各布·福斯卡里被流放到威尼斯，再次遭受可怕的折磨后被送回了坎迪亚，于1457年在那里去世。这些事件使年迈的总督弗朗切斯科·福斯卡里失去了理智，因玩忽职守被十人委员会要求退位。当弗朗切斯科·福斯卡里走下宫殿台阶时，即使是因长期害怕遭到谴责而压抑感情的威尼斯人也禁不住窃窃私语。1457年11月1日，弗朗切斯科·福斯卡里去世。据说，弗朗切斯科·福斯卡里听到了宣布继任者当选的钟声。弗朗切斯科·福斯卡里曾为威尼斯共和国尽职尽忠三十四年，将威尼斯共和国提升至意大利各邦国中权力最崇高的地位。弗朗切斯科·福斯卡里遭遇彻底的背叛。自我保护的本能推动了威尼斯寡头政治的发展，使每一位威尼斯人都影响着共和国的命运。

当这些事件在国内进行的时候，威尼斯共和国对东方事务异常感兴趣。君士坦丁堡陷落后，东罗马帝国无法再作为土耳其帝国和威尼斯共和国领地之

弗朗切斯科·福斯卡里被罢免后离开

间的缓冲地带。威尼斯共和国目前有两条道路可选择：要么取代君士坦丁堡，成为基督教对抗异教徒的堡垒；要么通过与征服者签订有利的条约来确保威尼斯商业在东方的延续。弗朗切斯科·福斯卡里提倡的是英雄主义政策，而他的对手则主张更加谨慎和自私的政策。最终，因弗朗切斯科·福斯卡里的声望下降，土耳其获胜。1454年4月，弗朗切斯科·福斯卡里与奥斯曼帝国苏丹穆罕默德二世签订了一项条约：支付每年一次的贡品后，威尼斯人被允许保留东部港口和其他财产，并且在临时的安全保障下继续黎凡特贸易。君士坦丁堡的一个地区被指定为威尼斯商人的居住地，由威尼斯的地方长官管理。支持这一条约的充分理由是，能使威尼斯共和国再次打击宿敌热那亚共和国。一段时间以

奥斯曼帝国苏丹穆罕默德二世

约翰·胡尼奥迪

来,热那亚人以各种方式帮助土耳其人,并且得到了贸易特权作为回报。然而,穆罕默德二世发现买通潜在敌人要比支付约定的服务费用更便宜。

有几年的时间,威尼斯共和国受益于1454年条约,并且放弃援助挣扎中的巴尔干或希腊基督徒。然而,土耳其人的征服范围太广,速度太快,不能不引起严重的疑虑。尽管约翰·胡尼奥迪对贝尔格莱德进行了救济,但塞尔维亚还是被削弱了。在没有进行强烈抵抗的情况下,瓦拉几亚和波斯尼亚就被占领了。只有阿尔巴尼亚,在英勇的斯坎德培统治下,通过与穆罕默德二世极力的斡旋,加强了独立地位。土耳其军队越过地峡^①进入摩里亚,并且装备了一支舰队,准备征服莱斯沃斯和爱琴海的其他岛屿。威尼斯人对此感到无比震惊。

---
① 地峡指连接两块陆地之间的狭长地形。——译者注

最强烈的战争反对者不得不承认,纸面条约对约束像穆罕默德二世这样肆无忌惮的征服者来说毫无用处。此时,教皇庇护二世竭力鼓动西欧诸国加入十字军反对土耳其人。威尼斯共和国确信,进一步维持和平已不可能;如果教皇庇护二世能够以宗教的名义争取到同盟,威尼斯共和国成功的可能性将会大增,但希望注定要落空。1464年,庇护二世前往安科纳欢迎十字军士兵,并且进行祈福活动。威尼斯舰队是基督教世界为响应教皇庇护二世的要求而提供的唯一有效力量。

威尼斯共和国进行了长达十六年的战争,这绝不是其历史上最不英勇的一幕。就像1470年尼科洛·卡纳莱没能拯救尼格罗蓬特那样,威尼斯的指挥官

教皇庇护二世

在为别的国家效力时瞻前顾后，因为他们效忠的国家不仅不给下属自由，还倾向于把作战失败当作叛国罪来予以惩罚。总的来说，这场战争的交战双方一开始就势均力敌。然而，战争只能有一个结果。穆罕默德二世动用了土耳其帝国所有外交手段来阻止意大利各诸侯国进行联合。再加上威尼斯共和国也不那么受欢迎，其他国家只会袖手旁观、哀叹不幸。的确，斯坎德培是被劝诱撕毁与穆罕默德二世条约的。穆罕默德二世不得不允许威尼斯军队进驻克鲁贾和斯库塔里要塞。然而，1468年年初，斯坎德培去世，把儿子吉恩·卡斯特里奥二世的监护权和领土留给了盟友威尼斯共和国，这被证明是一笔致命的遗产。削减摩里亚领土后，一支土耳其军队进入阿尔巴尼亚，包围了斯库塔里。安东尼奥·洛丹英勇地保卫了这座堡垒。穆罕默德二世参与了小亚细亚战争，围城战不得不升级。然而，胜利只是暂时的。1478年，阿尔巴尼亚再次被入侵；克鲁贾被占领了；尽管斯库塔里击退了所有进攻，但还是被严密地封锁了。由于长期的艰苦奋战，威尼斯共和国疲惫不堪。1479年，君士坦丁堡和谈结束了战争。威尼斯共和国放弃了斯库塔里、克鲁贾、尼格罗蓬特、利姆诺斯岛及在摩里亚的财产，但被允许保留在君士坦丁堡的黎凡特贸易及领地，并且支付了十五万金币的首付赔款和每年一万金币的进贡。1481年，穆罕默德二世驾崩，他的儿子巴耶济德二世继承了穆罕默德二世的王位，使威尼斯共和国在东部脱离了迫在眉睫的危险。

　　土耳其战争对威尼斯共和国产生了消极的影响。在威尼斯的东方领土上，更有抱负和进取精神的威尼斯贵族找到了施展才能和精力的机会，但在国内引起了极大的怀疑。威尼斯贵族现在不得不把注意力转向意大利的政治，敦促国家以牺牲邻国为代价，为黎凡特的损失寻求赔偿。从这时起，威尼斯的政策制定者变得比以往任何时候都更加自私和贪婪，由此激起的敌意最终催生了康布雷同盟。威尼斯共和国入侵伦巴第仍然受到斯福尔扎家族的阻挠。因此，威尼斯共和国必须通过攻击一些较弱的公国来寻找突破。

　　盐生产问题引发的争端，为威尼斯共和国入侵费拉拉公国提供了一个理想的借口。费拉拉公国对此次入侵无能为力;威尼斯军队很快占领了罗维戈和邻近的领土。然而,威尼斯共和国无端的侵略行为激起了其他国家的不满;那不勒斯、米兰和佛罗伦萨组成了一个联盟,以维持力量的平衡,对抗威尼斯共和国和教皇的企图。擅长军事指挥的卡拉布里亚公爵阿方索二世对费拉拉公国施以援手,而教皇西克斯图斯四世抛弃了不考虑教皇利益的盟友威尼斯共和国。1484年,威尼斯共和国不得不签订《巴尼奥洛和约》。除了罗维戈,威尼斯将占领的其他领地悉数归还费拉拉公国。

教皇西克斯图斯四世

卡塔里娜·科尔纳罗

与此同时，威尼斯共和国幸运地在东方占领了一些领土，抵消了与土耳其战败造成的损失。塞浦路斯的最后一位国王詹姆斯二世娶了一位威尼斯夫人卡塔里娜·科尔纳罗。为了提升卡塔里娜·科尔纳罗的地位，威尼斯共和国正式接纳她为国家的女儿。1473年，詹姆斯二世驾崩。作为寡妇卡塔里娜·科尔纳罗和孩子詹姆斯三世的监护人，威尼斯共和国立即介入塞浦路斯事务。在威尼斯人的保护和控制下，卡塔里娜·科尔纳罗统治了塞浦路斯好几年。然而，1488年，在引诱与胁迫下，卡塔里娜·科尔纳罗宣布退位。法马古斯塔升起了圣马克旗。卡塔里娜·科尔纳罗被允许保留女王头衔，住在阿索洛，过着奢华的生活。直到1508年战争爆发，卡塔里娜·科尔纳罗前往威尼斯避难，于1510年驾崩。

然而，威尼斯人对领土的贪得无厌并没有因吞并塞浦路斯而得到满足。除非塞浦路斯代替威尼斯向土耳其人进贡，否则不会长久地保留下来。从与费拉拉公国的战争中，威尼斯共和国吸取了许多失败的教训，于是将领土扩张方向调整至意大利。如果要扩展西部边界，斯福尔扎家族必然会从米兰出发予以抵抗；如果要在南方获得领土，就必须打破维持均势的那不勒斯、米兰和佛罗伦萨三方联盟。威尼斯共和国首先惩罚1483年抵抗自己的那不勒斯的阿拉贡家族，使其在未来无力对付自己。如何才能实现这些目标？1493年，外国干预那不勒斯内政令威尼斯共和国找到解决之法。许多那不勒斯贵族不满斐迪南一世和阿方索二世的残酷统治，来到威尼斯寻求推翻阿拉贡暴君的最佳方

斐迪南一世

法兰西国王查理八世

法。元老院建议那不勒斯贵族邀请法兰西国王查理八世代表安茹家族宣称对那不勒斯的统治权。那不勒斯贵族采纳了这个建议,于1494年发出邀请。那不勒斯贵族的动机是显而易见的,利用法兰西入侵来削弱阿拉贡家族,使三国联盟陷入混乱。在随后的动乱中,威尼斯保持中立以确保自身安全,可以用援助那不勒斯换取阿普利亚港,从而巩固其在亚德里亚海的优势地位。此外,米兰公国的领土为奥尔良公爵路易一世所有。一旦法兰西人进入意大利,米兰公国必会将长期阻止向克雷莫纳或米兰进军的萨福尔扎王朝推翻,或者至少使其变得相对束手无策。这样的计划与期望是冷血、自私、精明的,也很快成为现实。查理八世第一次成功之后,威尼斯共和国转而反对法兰西王国,并且接收了奥特朗托、布林迪西和阿普利亚的其他港口,作为帮助恢复那不勒斯阿拉贡

法兰西国王路易十二

切萨雷·博尔贾

家族的回报。奥尔良公爵路易二世成为法兰西国王路易十二后,开始进攻米兰公国统治者卢多维科·斯福尔扎,并且通过割让克雷莫纳和阿达河上的吉亚拉而收买了威尼斯联盟。

切萨雷·博尔贾的失败使威尼斯共和国吞并了教皇国很大一部分,而且没有意大利联盟的干涉。然而,几年后,复仇的欲望把曾经遭受威尼斯共和国掠夺的国家联合起来,攻击它们共同的敌人。威尼斯共和国的毁灭并不是康布雷同盟造成的,而是由于自己无法控制的原因。与土耳其人签订的任何条约都不能恢复黎凡特贸易的繁荣。大西洋沿岸的人们开始努力寻找一条通往东方的独立路线。1486年,巴塞洛缪·迪亚兹绕过了合恩角;1498年,瓦斯科·达·伽马继续向印度进发。三个半世纪以来，地中海不再是主要的商业通道，而变成一个很大的内海。威尼斯共和国的繁荣昌盛随着其所处环境的改变而结束。

　　威尼斯共和国和米兰公国之间几乎没有直接的联系，直到查理八世入侵才使两国再次走到了一起。《洛迪条约》为弗朗切斯科一世·斯福尔扎争取了时间，让其在新获得的公爵领地中占据一席之地。弗朗切斯科一世·斯福尔扎取得了成功，正如他不择手段获得权力一样。一开始，弗朗切斯科一世·斯福尔扎就下定决心要击垮邦君。和平，而不是战争，成为他政策的主要目标。在科西莫·德·美第奇的帮助下，弗朗切斯科一世·斯福尔扎与佛罗伦萨共和国建立了友好的关系。只要弗朗切斯科一世·斯福尔扎或其后代还掌握着权力，佛罗伦萨共和国就不会反对他们。威尼斯共和国吸取教训后，将注意力转移到

科西莫·德·美第奇

东方。教皇还有很多工作要做，以维持他们最近在教皇国恢复的权威。意大利另一个重要的邦国是那不勒斯。作为一名军事领导人，弗朗切斯科一世·斯福尔扎在那不勒斯的政治中发挥重要作用。弗朗切斯科一世·斯福尔扎曾是安茹家族的捍卫者，当胜利最终落在阿方索二世手中时，弗朗切斯科一世·斯福尔扎在阿普利亚和阿布鲁齐的财产也被剥夺了。作为米兰公爵，弗朗切斯科一世·斯福尔扎渴望与那不勒斯国王阿方索二世搞好关系。然而，弗朗切斯科一世·斯福尔扎所有利益现在都与安茹家族对那不勒斯的主张抵触。因此，安茹家族很可能支持奥尔良公爵路易二世对米兰的统治权。为了巩固那不勒斯和米兰之间的联盟，安茹家族安排了一桩政治联姻。那不勒斯国王阿方索一世的孙子阿方索二世与弗朗切斯科一世·斯福尔扎的女儿伊波利塔·玛丽亚·斯福尔扎订婚；弗朗切斯科一世·斯福尔扎的儿子加莱亚佐·马里亚·斯福尔扎将迎娶萨伏依的博纳。1458年，那不勒斯国王阿方索一世驾崩后，安茹家族再次试图占领那不勒斯公国。然而，弗朗切斯科一世·斯福尔扎衷心支持已故国王阿方索一世儿子那不勒斯国王斐迪南一世，并且在物质上帮助他捍卫王位。

幸运的是，弗朗切斯科一世·斯福尔扎与阿拉贡家族联盟并没有导致与法兰西王国的严重决裂。1458年，法兰西王国恢复了对热那亚共和国的宗主权。1460年，卡拉布里亚公爵约翰二世正式从热那亚共和国航行到那不勒斯公国，以维护父亲那不勒斯国王勒内一世的事业。然而，挫败安茹家族野心的著名行动之一，就是1461年弗朗切斯科一世·斯福尔扎鼓动热那亚人起义成功。在这个关键时刻，法兰西国王查理七世驾崩，继任者路易十一不仅不喜欢安茹家族的人，还公开承认自己是弗朗切斯科一世·斯福尔扎的崇拜者和模仿者。1464年，路易十一签订了一项条约。根据该条约，萨沃纳镇和热那亚共和国上所有法兰西王国拥有主权的领土都被割让给了米兰公爵弗朗切斯科一世·斯福尔扎。1464年年末，弗朗切斯科一世·斯福尔扎成功地将利古里亚共和国置于其统治之下。1465年，路易十一受到公益同盟挤压时，弗朗切斯科一世·斯福尔扎不仅给长子加莱亚佐·马里亚·斯福尔扎攻击波旁公爵约翰二世提供很大

法兰西国王路易十一

的支持，还无偿建议路易十一应该分别满足敌人提的要求来分化、消灭他们。法兰西历史让我们看到，路易十一是如何成功地遵循了弗朗切斯科一世·斯福尔扎的建议。

1466年3月，弗朗切斯科一世·斯福尔扎驾崩；在没有遭到任何反对的情况下，加莱亚佐·马里亚·斯福尔扎获得米兰公国的继承权。维持对外关系的是西莫内塔，他曾是弗朗切斯科一世·斯福尔扎的大臣。加莱亚佐·马里亚·斯福尔扎与路易十一的妻妹①萨伏依的博纳的婚姻拉近了米兰公国与法兰西王国

---

① 路易十一的第二任妻子萨伏依的夏洛特是萨伏依的博纳的姐姐。——译者注

的关系。的确，1475年，查理一世日益强大的势力一度吸引了米兰与勃艮第结盟。然而，得知米兰公爵弗朗切斯科一世·斯福尔扎在格兰森战役中第一次失利的消息后，加莱亚佐·马里亚·斯福尔扎急忙投向法兰西联盟。加莱亚佐·马里亚·斯福尔扎在米兰肆无忌惮的残酷统治，说明了不受约束的权力对一个软弱且充满激情的人产生的负面影响。维斯孔蒂家族的许多人都嗜血成性；加莱亚佐·马里亚·斯福尔扎还喜欢纵欲，这玷污了米兰最高贵家族的荣誉。推翻专制统治的唯一办法就是反抗，而古典学问的复兴往往通过布鲁图什、哈摩狄斯和亚里士多德的言说来美化专制。三位年轻的贵族吉罗拉莫·奥尔贾蒂、卡洛·维斯孔蒂、安德烈亚·兰普尼亚尼决心通过杀死暴君加莱亚佐·马里亚·斯福尔扎来赢得永恒的名声。对意大利人来说，亵渎神明没什么可怕的。1476年12月26日，在圣斯蒂芬教堂，加莱亚佐·马里亚·斯福尔扎被这三位年轻贵族用匕首刺死。然而，人们早已习惯屈从，不赞成反叛。卡洛·维斯孔蒂和安德烈

加莱亚佐·马里亚·斯福尔扎被三位贵族刺死

吉安·加莱亚佐·斯福尔扎

亚·兰普尼亚尼当场被杀，遭受了可怕的折磨后，吉罗拉莫·奥尔贾蒂被处决，他是以古罗马人的坚忍刚毅精神来忍受那可怕折磨的。

加莱亚佐·马里亚·斯福尔扎留下了年少的儿子吉安·加莱亚佐·斯福尔扎。母亲萨伏依的博纳摄政时期，吉安·加莱亚佐·斯福尔扎被封为米兰公爵，但真正的权力掌握在西莫内塔手中。西莫内塔成功地克服了摄政遇到的第一个困难：热那亚起义被镇压；已故公爵加莱亚佐·马里亚·斯福尔扎弟卢多维科·斯福尔扎和阿斯卡尼奥·斯福尔扎想要驱逐他们的嫂子萨伏依的博纳，也都被西莫内塔流放了。然而，1479年，事情出现了完全意想不到的变化。弗朗切斯科一世·斯福尔扎曾支持佛罗伦萨和那不勒斯联盟，只要这两个国家关系友好，西莫内塔就还奉行同样的政策。然而，帕齐家族的阴谋不仅使佛罗伦萨卷入了与教皇西克斯图斯四世的争斗，还使佛罗伦萨卷入了与那不勒斯的战争。在西莫内塔的领导下，萨伏依的博纳坚持佛罗伦萨联盟，并且准备派遣军队去帮助洛伦佐·德·美第奇。那不勒斯国王斐迪南一世决心阻止米兰的介入。在热那亚，斐迪南一世挑起了一场新叛乱，并且成功地把米兰守军从城堡中赶走了。同时，斐迪南一世敦促年轻的米兰公爵吉安·加莱亚佐·斯福尔扎的叔父卢多维科·斯福尔扎继续进攻摄政的萨伏依的博纳。在反对西莫内塔的官员的协助下，卢多维科·斯福尔扎和吉安·加莱亚佐·斯福尔扎设法回到了米兰，推翻了西莫内塔，并且于1480年在帕维亚将其处死。卢多维科·斯福尔扎是弗朗

洛伦佐·德·美第奇

切斯科一世·斯福尔扎的儿子，现在顺利地完成了自己的计划。为了结束母亲萨伏依的博纳的摄政，年轻的米兰公爵吉安·加莱亚佐·斯福尔扎宣布成年，而卢多维科·斯福尔扎则以侄子吉安·加莱亚佐·斯福尔扎的名义组建了自己的政府。

帮助侄子吉安·加莱亚佐·斯福尔扎获得米兰公国的统治权后，卢多维科·斯福尔扎加强了与那不勒斯国王斐迪南一世的联系。斐迪南一世现在和洛伦佐·德·美第奇和解了。因此，三国同盟得以恢复，并且能够果断地干预费拉拉战争。年轻的吉安·加莱亚佐·斯福尔扎娶了那不勒斯国王阿方索二世的女儿、那不勒斯国王斐迪南一世的孙女阿拉贡的伊莎贝拉。如果卢多维科·斯福尔扎的野心满足于实际的统治，一切就都好办了，但他决心取代侄子吉安·加莱亚佐·斯福尔扎在公国的统治。如果必要的话，卢多维科·斯福尔扎会以不正当的手段除掉吉安·加莱亚佐·斯福尔扎。这样的计划肯定会遭到那不勒斯统治者的坚决反对。卢多维科·斯福尔扎没有冒险公开决裂，而是设法保护自己不受敌视。吉安·加莱亚佐·斯福尔扎对叔叔卢多维科·斯福尔扎第一次露出不信任的迹象是在费拉拉战争中。当时，卢多维科·斯福尔扎的疏漏使威尼斯得以逃脱，并且在《巴格诺洛条约》中获得了相对有利的条件。当阿拉贡的伊莎贝拉公开向父亲那不勒斯国王阿方索二世和祖父那不勒斯国王斐迪南一世抱怨丈夫吉安·加莱亚佐·斯福尔扎被其叔父卢多维科·斯福尔扎如何对待时，事情变得更糟了。后来，卢多维科·斯福尔扎迎娶贝亚特里切德埃斯特为妻。阿拉贡的伊莎贝拉嫉妒贝亚特里切德埃斯特，因为贝亚特里切德埃斯特住在宏伟的宫殿，而阿拉贡的伊莎贝拉被迫生活在贫困和半囚禁的环境中。这一切使伊莎贝拉怒不可遏。

那不勒斯统治者自然支持伊莎贝拉和丈夫吉安·加莱亚佐·斯福尔扎的事业。卢多维科·斯福尔扎也意识到公开的争斗不能拖延太久，必须通过结盟来巩固自己无论是在意大利国内还是国外的地位。威尼斯共和国并不是一个可以无私支持米兰公国的可靠力量。佛罗伦萨共和国是斯福尔扎家族忠实的盟友。

然而，1492年，洛伦佐·德·美第奇驾崩，他的儿子皮耶罗二世·德·美第奇表现出一种危险的倾向，倾向于支持那不勒斯的事业，而不是卢多维科·斯福尔扎的事业。绝望中，卢多维科·斯福尔扎决心到法兰西王国求助。卢多维科·斯福尔扎早已与法兰西国王查理八世建立了联系。1490年，卢多维科·斯福尔扎再次将热那亚共和国征服后，同意将其置于法兰西国王查理八世的宗主权之下。1493年，在威尼斯共和国的建议下，那不勒斯的流亡者催促查理八世攻击那不勒斯。获悉这一情况后，卢多维科·斯福尔扎派遣一名大使来支持这一呼吁，并且承诺与那不勒斯的流亡者合作。实际上，卢多维科·斯福尔扎不希望法兰西人征服那不勒斯，但希望在米兰和南方王国之间有一支法兰西军队，同时他要以公爵的身份取代侄子吉安·加莱亚佐·斯福尔扎。一旦达到目的，卢多维科·斯福尔扎就确信有能力使自己和意大利摆脱法兰西王国这个不再需要的盟友。虽然卢多维科·斯福尔扎很狡猾，但做得太过分了。的确，吉安·加莱亚佐·斯福尔扎驾崩的正是时候；卢多维科·斯福尔扎获得了吉安·加莱亚佐·斯福尔扎以前从未获得的帝国授勋而成为公爵，而且法兰西人的入侵阻止了那不勒斯方面的一切反对。然而，奥尔良公爵路易二世也在进入意大利的法兰西人中，他抓住机会宣称自己是瓦伦蒂娜·维斯孔蒂的后裔，是米兰公国的主人。卢多维科·斯福尔扎暂时成功地击败了奥尔良公爵路易二世，因为奥尔良公爵路易二世并没有得到法兰西国王查理八世的支持。不过，1498年，奥尔良公爵路易二世成为法兰西国王路易十二。路易十二一即位就把斯福尔扎家族赶出米兰。当作为囚犯被关在洛什城堡时，卢多维科·斯福尔扎有足够的时间来忏悔自己目光短浅地向法兰西请求援助的政策。1508年，在洛奇城堡，卢多维科·斯福尔扎去世。

第13章

那不勒斯和15世纪的教皇国

> 精彩看点
>
> 教皇国和那不勒斯国王拉迪斯劳——马丁五世——马丁五世回到罗马——那不勒斯的继承问题——马丁五世的统治——教皇尤金四世的麻烦——安茹家族和阿拉贡人之间的那不勒斯战争——教皇尤金四世的晚年——尼古拉五世——加理多三世——庇护二世——曼图亚会议——那不勒斯战争——庇护二世在安科纳去世——保罗二世——西克斯图斯四世的裙带关系——教皇西克斯图斯四世与佛罗伦萨的斗争——那不勒斯与费拉拉、威尼斯的关系——罗马的混乱——因诺森特八世——那不勒斯贵族起义——亚历山大六世当选

博尼法斯九世是天主教会大分裂时期最有能力和最成功的罗马教皇,他出售罗马教区职权,即对城市中夺权的领主行使教皇权威的权力。这既是明智之举,也是必要之举。我们可从这一事实看出教皇世俗权威的下降。尽管这一交易似乎使暴力和叛乱行为合法化,但一定程度上充实了教皇的金库。权力购买本身就是承认教皇拥有这些权力,反过来这些权力有朝一日也可以用来对付购买者。通过各种手段,博尼法斯九世来增强其权力,诱使罗马公民邀请他到首都罗马居住。公民对教皇财富的贪求与对教皇统治的嫉妒一样强烈,从而破坏了共和自由的基础。1399年,博尼法斯九世帮助那不勒斯国王拉迪斯劳战胜了安茹家族的路易二世。作为回报,拉迪斯劳帮助教皇博尼法斯九世镇压了罗马邦君来势凶猛的起义。吉安•加莱亚佐•维斯孔蒂驾崩后,博尼法斯九世成功地恢复了米兰公爵统治下的博洛尼亚、佩鲁贾和阿西西等城市的教皇职位。然而,博尼法斯九世给继任者留下了一个非常严重的问题。那不勒斯拉迪斯劳的王冠要归功于教皇的支持,但拉迪斯劳的计划是以牺牲教皇权力为代价扩大王国,甚至把教皇国纳入自己的统治之下。拉迪斯劳第一次试图在罗马煽动叛乱,目的是从这场斗争中获利。拉迪斯劳驱逐因诺森特七世,并且洗劫了梵蒂冈。1405年,罗马公民很快就与教皇博尼法斯九世达成协议,因为他们发现除了博尼法斯九世的统治,唯一的选择就是臣服于那不勒斯国王拉迪斯劳。1407年，格列高利十二世离开罗马，打算与本尼狄克十三世协商结束天主教会大分裂。然而，那不勒斯国王拉迪斯劳并不希望分裂结束，因为教会继续分裂不仅有助于自己的侵略计划，还可以加强自己在那不勒斯的地位。教会能否统一起决定性作用的力量是法兰西王国，而法兰西王国对意大利任何成功的干预都将导致第二安茹家族夺取那不勒斯。1408年，那不勒斯国王拉迪斯劳占领了罗马，成为教皇国实际上的统治者。然而，在某种程度上，拉迪斯劳的计划并没有成功。以罗马被占领为借口，格列高利十二世拒绝召开宗教会议。然而，枢机主教抛弃了格列高利十二世，与本尼狄克十三世的枢机主教一起，在比萨举行了一次宗教会议。通过入侵托斯卡纳，拉迪斯劳来驱散宗教会议的尝试遭到佛罗伦萨的抵抗，从而失败。比萨宗教会议开始推翻现有的两个教皇，并且选举博洛尼亚的教皇使节彼得·菲拉格斯为新教皇亚历山大五世。亚历山大五世既有接受过雇佣兵的训练，又有枢机主教工作的经验，承担起了恢复罗马和惩罚仍支持格列高利十二世的邦君的任务。1410年年初，亚历山大五世收复罗马。1410年5月，亚历山大五世去世。巴尔达萨雷·科萨被选为继任者，成为教皇约翰二十三世。1411年，胜利地进入罗马后，约翰二十三世的第一个行动就是派遣一支由布拉乔·达·蒙托内、穆齐奥·阿滕多洛·斯福尔扎和其他著名将军领导的强大军队去支持在那不勒斯的安茹公爵路易二世。1411年5月19日，路易二世大军在罗卡-塞卡取得大捷，但他没有乘胜追击，使拉迪斯劳得以集结军队从而反败为胜。绝望的路易二世放弃了这项事业。穆齐奥·阿滕多洛·斯福尔扎抛弃了路易二世和约翰二十三世。1412年，穆齐奥·阿滕多洛·斯福尔扎与拉迪斯劳和解。拉迪斯劳放弃支持格列高利十二世的事业；穆齐奥·阿滕多洛·斯福尔扎则承诺与路易二世断绝关系。然而，拉迪斯劳无意维持和平状态，当准备工作一完成，就在1413年再次进军罗马。约翰二十三世仓皇逃往佛罗伦萨。这场毁灭性的灾难迫使约翰二十三世向西吉斯蒙德求助，最终导致了康斯坦斯宗教会议的召集和教皇约翰二十三世不光彩的下台。在宗教会议开始之前的1414年8月，那不勒斯国王拉迪斯劳就驾崩了，王冠

穆齐奥·阿滕多洛·斯福尔扎

留给了姐姐乔安娜二世。随着拉迪斯劳的驾崩,将教皇国纳入那不勒斯统治之下的计划也一起破灭。罗马公民将穆齐奥·阿滕多洛·斯福尔扎及其军队驱逐出城,欢迎教皇约翰二十三世使节的回归。

马丁五世当选为教皇最终使教会恢复了统一,但这位新教皇的前途非常黯淡。显然,马丁五世的任务是恢复教皇在过去一百年中已丧失殆尽的权威和影响。要做到这一点,马丁五世必须先找到一个住所,在那里他将比前任更安全,并且不必听从世俗统治者的命令。西吉斯蒙德劝马丁五世住在德意志的某个城市,而法兰西人则欢迎他去阿维尼翁。然而,马丁五世本身就是罗马人,除了在世界古都罗马,他不肯在其他地方安家。不管对错,马丁五世认为自己国家的世俗统治是确保教皇独立的必要条件。为了实现这一点,马丁五世必须恢复并巩固意大利的教皇国,这一决心决定了15世纪教皇的历史。教皇越来越专注于世俗权力的扩张,即使他们的精神权威被削弱了。裙带关系和其他邪恶行为是追求世俗利益的必然结果;愤怒和疏远的反抗变得不可避免。

然而，马丁五世要实现在罗马定居的愿望，还有许多困难要克服。约翰二十三世离开康斯坦斯宗教会议，使教皇国陷入了长期的无政府状态。那不勒斯的影响仍然很大，但那不勒斯的政策制定已不再受拉迪斯劳的坚强意志指导。拉迪斯劳的姐姐、继任者乔安娜二世缺乏政治才能，沉溺于肉欲的放纵，并且极易受心上人的指使。由于乔安娜二世的无能，那不勒斯的命运主要落到了两位著名的雇佣兵手中——布拉乔·达·蒙托内和穆齐奥·阿滕多洛·斯福尔扎。在那不勒斯国王拉迪斯劳统治期间，因与那不勒斯事务的联系，布拉乔·达·蒙托内和穆齐奥·阿滕多洛·斯福尔扎形成敌对关系。与拉迪斯劳吵架后，布拉乔·达·蒙托内投奔教皇约翰二十三世，被约翰二十三世任命为博洛尼亚的行政长官。拉迪斯劳驾崩后，布拉乔·达·蒙托内占领了自己的故乡佩鲁贾，并且着手从教皇国中建立一个私人公国。1417年，穆齐奥·阿滕多洛·斯福尔扎下台离开那不勒斯后，布拉乔·达·蒙托内包围了圣安杰洛城堡，成为罗

圣安杰洛城堡

马实际统治者。这一事件迫使马丁五世与乔安娜二世、穆齐奥·阿滕多洛·斯福尔扎结盟，并且于1419年签订了一项条约。根据该条约，那不勒斯将恢复所有被教皇国占领的领土。然而，乔安娜二世和穆齐奥·阿滕多洛·斯福尔扎之间的争斗使这项条约失去了所有重要性。无奈之下，马丁五世决定通过鼓励王国内部的争斗来分散那不勒斯的注意力。

乔安娜二世没有子嗣，因此，那不勒斯的王位继承问题引起了激烈的争斗。拉迪斯劳的对手安茹公爵路易二世1417年驾崩后，路易二世的长子路易三世急于争取教皇的支持来继承那不勒斯王位。马丁五世和穆齐奥·阿滕多洛·斯福尔扎宣布承认路易三世为王位继承人。然而，对这种教皇安排自己王位继承人的行为，乔安娜二世十分愤怒，转向了另一个家族，而这个家族与她自己家族的争斗比安茹家族与她家族的争斗要古老得多。1416年，阿方索五世成为西西里国王，他不太可能拒绝通过占领那不勒斯来显著增加自己在地中海的权力。阿方索五世急切地接受了成为乔安娜二世继承人的提议，并且劝诱布拉乔·达·蒙托内反对穆齐奥·阿滕多洛·斯福尔扎。因此，那不勒斯爆发内战，这给教皇马丁五世提供了一个千载难逢的机会。

离开康斯坦斯宗教会议后，马丁五世一直居住在佛罗伦萨，于1420年9月前往罗马。在罗马，马丁五世决心结束混乱，巩固教皇的统治根基。那不勒斯的士兵疲惫不堪，加上1424年布拉乔·达·蒙托内和穆齐奥·阿滕多洛·斯福尔扎相继去世，马丁五世免受来自意大利南方的任何干预。有段时间，阿方索五世停止与马丁五世的争斗；乔安娜二世又同意承认安茹公爵路易三世为自己的继任者。路易三世驾崩后，佩鲁贾及其布拉乔·达·蒙托内的其他属地都归附了教皇马丁五世。在罗马，科隆纳家族的支持是马丁五世力量的源泉，尽管科隆纳家族的地位提高肯定会给马丁五世的继承问题带来困难。教皇一旦获得了世俗统治权，就可以自由地把注意力转向教会的日常事务。根据康斯坦斯宗教会议法令，马丁五世必须在锡耶纳召集第一次宗教会议。马丁五世将锡耶纳宗教会议处理得很巧妙，有效避免了教皇权力的进一步受限。马丁五世把自己置于镇压胡斯运动的领导地位,任命了一位教皇使节来领导军队对抗异端分子,力图恢复中世纪十字军远征时期的教皇地位。然而,十字军精神在欧洲已经消亡。波希米亚人的接连胜利挫败了教皇马丁五世的计划。1431年2月20日,巴塞尔宗教会议召开前夕,郁郁寡欢的马丁五世去世。

尤金四世被一致推选为马丁五世的继任者,他的教皇任期长达十六年之久。尤金四世一上任就着手剥夺科隆纳家族在罗马通过马丁五世获得的优势地位。然而,尤金四世只有与奥尔西尼家族结盟才能做到这一点。因此,尤金四世调解了罗马贵族之间的旧怨。这是教皇的利益和职责所在。即位教皇后不久,尤金四世就和巴塞尔宗教会议发生了激烈的争斗。尤金四世授予西吉斯蒙德皇位,并且试图以此将西吉斯蒙德从巴塞尔宗教会议中分离出来,但完全失败了。糟糕的是,尤金四世对家乡威尼斯的支持使其卷入了与米兰公爵菲利波·马里亚·维斯孔蒂的争斗中。1433年,尤金四世的不幸似乎达到顶点。米兰人的敌意和国内的不满迫使尤金四世乔装改扮后逃离罗马,到佛罗伦萨寻求庇护。这一连串灾难让尤金四世对巴塞尔宗教会议采取一种更谦卑的态度。当时,巴塞尔宗教会议正与波希米亚人进行谈判,其权威似乎完全取代了教皇。

此时,那不勒斯的继承纠纷引发了一场旷日持久的战争。1434年,安茹公爵路易三世驾崩后,乔安娜二世又立了一份新遗嘱,宣布继承人是路易三世的弟弟安茹的勒内。1435年2月2日,那不勒斯女王乔安娜二世驾崩。阿方索五世立即站出来,反对安茹的勒内继承王权,于是那不勒斯的贵族分成安茹和阿拉贡两派。教皇尤金四世不可能在这场与自身利益密切相关的斗争中保持中立,一开始就宣称那不勒斯王国是封地,而封地在教皇封臣的世系消失后就沦为宗主国。然而,尤金四世很快放弃了这一主张,恢复了支持安茹的勒内的正常政策。起初,事态似乎决定性地向有利于安茹家族的方向发展。与安茹的勒内并肩作战的一支热那亚舰队,在蓬扎岛赢得了一场决定性的海战,俘虏了阿方索五世。然而,在与菲利波·马里亚·维斯孔蒂的一次私人会见中,阿方索五世使菲利波·马里亚·维斯孔蒂相信,无论是加强与威尼斯结盟的教皇地位,还是在意大利南部建立法兰西势力，都是不明智的。通过游说，阿方索五世不仅获得释放，而且为自己的王朝和米兰公爵之间的持久联盟奠定了基础。从那时起，战争的胜利就朝着有利于阿拉贡人的方向逐步转变，尽管直到1442年，安茹的勒内才最终放弃了这场战争，阿方索五世才被正式承认为那不勒斯国王。阿方索五世的即位使那不勒斯和西西里的王冠重新统一，这两地自1282年西西里晚祷以来就一直处于分裂状态。

安茹的勒内

到目前为止，教皇尤金四世面对的只有失望和失败。在与巴塞尔宗教会议的谈判中，尤金四世取得了表面上的胜利，因为他说服了希腊人在一个敌对的宗教会议中进行东西方教会联盟的谈判。巴塞尔宗教会议地点先是在费拉拉，后来又在佛罗伦萨。会议上达成的条约遭到了希腊公众的反对。因此，从一连串的谈判中，尤金四世几乎没有得到任何好处，均以失败告终。然而，尤金四世后来的教皇生涯比一开始成功得多。教皇尤金四世离开罗马后，虽然公民声称罗马恢复了共和自由，但实际上罗马并没有长久地享有这种自由。1435年，好战的枢机主教乔瓦尼·维泰列斯基成功占领罗马，作为教皇使节，他采取了严厉且残酷的措施。尤金四世怀疑乔瓦尼·维泰列斯基图谋在教皇国建立私人权力。1440年，乔瓦尼·维泰列斯基被监禁后死亡，或死于毒药，或死于与绑架者斗争中受的创伤。卢多维科·特雷维桑接替了乔瓦尼·维泰列斯基的位置，他

卢多维科·特雷维桑

阿方索五世

教皇尼古拉五世

用同乔瓦尼·维泰列斯基一样的方法来维持其权威。1443年，尤金四世离开佛罗伦萨，安然无恙地回到罗马，公开承认阿方索五世的称号，从而获得了那不勒斯的支持。然而，他最大的胜利是通过埃内亚·西尔维奥·皮科洛米尼与德意志开始谈判，最终导致了巴塞尔宗教会议的失败和蒙受耻辱。1447年2月23日，尤金四世去世时，实际上最终的谈判已经结束，但条约仍未签署。

托马索·帕伦图切利继承了教皇职位，成为教皇尼古拉五世。作为古代文学学者，尼古拉五世赢得了很大的声誉。虽然尼古拉五世是一位勤奋的手稿和艺术品收藏家，但不是一位原创学者，他的赞助使罗马一度成为人文主义文化的中心。尼古拉五世最大的成就是作为梵蒂冈图书馆的奠基者。作为一名政治家，尼古拉五世表现出的能力和兴趣不及他的文学成就，但他是一位真诚的和平爱好者，能够保持前任教皇尤金四世晚年赢得的地位。尼古拉五世与德意志签订了协约，结束了由巴塞尔宗教会议引发的起义。1450年，尼古拉五世为了庆祝统一的恢复和安抚罗马人，举行了一场盛大的庆典，将欧洲的财富带到永恒之城罗马,尽管1451年这场盛典被证明是一个著名的反对教皇世俗权威的阴谋。斯特凡诺·波尔卡罗是罗马贵族,对古代文学的热爱赢得了尼古拉五世的好感。然而,文学研究让斯特凡诺·波尔卡罗,像之前的科拉·迪·里恩佐一样,对共和自由产生了狂热的崇拜。当斯特凡诺·波尔卡罗试图用自己的观点鼓动人们时,教皇尼古拉五世毫不犹豫地将他流放到了博洛尼亚。后来,斯特凡诺·波尔卡罗秘密返回罗马,策划了一场阴谋,囚禁了教皇尼古拉五世和枢机主教,并且恢复了罗马共和国,由自己担任保民官。四百多人参与了这场阴谋,他们的命运只有死亡。斯特凡诺·波尔卡罗和九名追随者被囚禁在圣安杰洛城堡,未经审判就被处决了。过了几天,其他涉嫌谋反的人也被相继处死。严厉的惩罚浇灭了企图恢复罗马自由的最后希望。教皇尼古拉五世的统治因阴谋失败而得到加强。然而,斯特凡诺·波尔卡罗的名字,像科拉·迪·里恩佐的名字一样,长久地受到人们的爱戴。危机刚刚过去,就传来穆罕默德二世占领君士坦丁堡的消息。1453年,神圣罗马帝国在欧洲早已失去了普遍的权威,但罗马教皇仍声称代表基督教世界的统一。因此,教皇如果消失可能会带来一场灾难。因此,异教徒获得巨大的胜利,教皇受到了极大的耻辱。尼古拉五世没有能力处理这样一个棘手的问题,即为了共同抵抗土耳其人而加入欧洲各国利益冲突的联盟。由于无法想出任何切实可行的方案,尼古拉五世陷入绝望,于1455年去世。

  尼古拉五世去世后,教皇的人选落在了枢机主教亚丰索·波吉亚身上,他成为教皇加理多三世。加理多三世是阿拉贡的巴伦西亚人,在与阿方索五世谈判时已获得枢机主教之职。虽然七十多岁,但加理多三世有足够的能力来敦促欧洲联盟对抗土耳其人。1456年,匈雅提·亚诺什将穆罕默德二世从贝尔格莱德的城墙上击退。得知这个胜利的消息,加理多三世十分高兴。然而,加理多三世的教皇地位最值得注意的是他卷入了严重的裙带关系丑闻。15世纪,裙带关系是教皇世俗目标的自然结果。只要教皇还是基督教世界的活跃领袖,他的精力就会完全用来实现自己的世俗目标。不同于其他邦君,教皇无法将权力传

加理多三世

给下一代,而且对年事已高的人来说统治时间非常短暂。因此,教皇受到巨大的诱惑,以牺牲教会或邻近邦君为代价来培植自己的亲属,从而把世俗邦君通过正常世袭继承能带来的那些好处授予自己的家族。加理多三世有三个外甥,都是妹妹乔弗雷·兰科尔·伊·埃斯克里瓦的儿子。三个年轻人的兴趣得到了舅舅加理多三世的大力支持。有两个被任命为枢机主教,引起了学院和罗马舆论的轩然大波。其中一个,罗德里戈·德·波吉亚成为臭名昭著的教皇亚历山大六世。加理多三世的另一个外甥佩德罗·德·波吉亚被封为斯波莱托公爵,并且担任教会的正义行政长官和罗马长官。

加理多三世去世前，那不勒斯发生了一些重大事件。经过长期的战争，阿方索五世终于坐上了王位。战胜菲利波·马里亚·维斯孔蒂也使阿方索五世的个人魅力大增，从而赢得了臣民的爱戴。阿方索五世的宫廷不仅富丽堂皇，还广罗了一大批受皇室资助来到那不勒斯的著名学者。然而，1458年6月，阿方索五世驾崩，这预示着意大利南部王朝斗争的重新开始。由于阿方索五世没有合法的继承人，阿拉贡和西西里岛的王位应该传给他的弟弟约翰二世，但阿方索五世生前就极力声称拥有那不勒斯的处置权，并且要将其作为私人财产留给私生子斐迪南一世。起初，那不勒斯人并不喜欢这种安排，因为这会使他们失

约翰二世

去与阿拉贡和西西里岛的联系。显然，一个私生子继承王位必然会遭到安茹家族的反对，而且阿拉贡的其他合法家族也声称对那不勒斯拥有同样的管理权。斐迪南一世获得教皇加理多三世的认可就变得十分重要。因此，加理多三世趁机宣称教皇拥有那不勒斯的处置权。然而，不知是出于教皇昔时与安茹家族的联盟，还是在那不勒斯事件中寻求新手段来推荐自己外甥的原因，教皇加理多三世拒绝了斐迪南一世的请求，并且声称要以无主教皇领地来处理那不勒斯王国事宜。1458年8月6日，还未能有效地反对新国王之前，加理多三世就去世了。

新教皇的选择落在了15世纪杰出的诗人和历史学家埃内亚·西尔维奥·皮科洛米尼身上，他采用了维吉尔的绰号"庇护"一词作为自己的教皇名，称作庇护二世。埃内亚·西尔维奥·皮科洛米尼年轻时过着快活且不太体面的生活，他是小说《欧律阿洛斯和卢克雷蒂娅》的作者，也是邦君的爱情知己。在巴塞尔宗教会议上，文学和演讲才能使埃内亚·西尔维奥·皮科洛米尼获得了公认的卓越地位，这是他第一次获得政治上的荣誉。然而，当巴塞尔宗教会议的事业开始衰落时，埃内亚·西尔维奥·皮科洛米尼又开始效忠于神圣罗马帝国皇帝腓特烈三世。到目前为止，在促成德意志与教皇和解方面，埃内亚·西尔维奥·皮科洛米尼发挥了十分重要的作用。因为这些贡献，尼古拉五世将锡耶纳作为主教辖区奖赏给埃内亚·西尔维奥·皮科洛米尼，并且封他为枢机主教。升任教皇后，庇护二世决心消除任何与罗马霸权相抗衡的迹象，为此竭尽全力领导一场反对土耳其人的著名的十字军运动。庇护二世的职业生涯充满了奇特的矛盾性。人们常常把他青春期的肆无忌惮、早年的男子汉气概与他当教皇时表现出的严肃与热情做对比。庇护二世自己也充分意识到这种不协调，在著名的声明中，他敦促臣民抛弃曾经的埃内亚·西尔维奥·皮科洛米尼，代之以教皇庇护二世。

由于和平对任何针对土耳其人的行动都是绝对必要的，庇护二世的第一个行动就是推翻前任教皇加理多三世的政策，承认斐迪南一世是那不勒斯事实上的国王,尽管他小心地避免在法律权利问题上做出任何正式的决定。1459年,在曼图亚,庇护二世召集西方诸侯召开会议,满怀信心地希望他的雄辩能像11世纪的隐修士彼得一样有效。在指定的日期,只有庇护二世及其追随者出现在曼图亚。焦急的庇护二世把会议延迟了一个月后,几位大使和德意志诸侯、意大利邦君来了,议会宣布开始。然而,庇护二世很快发现自己的希望过于乐观;在对土耳其人进行了慷慨激昂的谩骂之后,大会无果而终。曼图亚会议失败的原因,无须深究。各国的发展、各自的利益往往相互冲突,这破坏了中世纪十字军远征成为可能的一切条件。当时也有一些特殊的原因,使庇护二世很难得到真正的支持者。因为庇护二世承认斐迪南一世为那不勒斯国王,安茹家族的主权受到了忽视,法兰西人对此十分愤怒。作为回应,庇护二世拒绝承认《布尔日国事诏书》。尽管庇护二世在会议上对土耳其人大肆谩骂,似乎取得了辩论上的胜利,但他承认斐迪南一世为那不勒斯国王并不利于与法兰西王国建立良好关系。作为庇护二世的可靠赞助人,腓特烈三世因庇护二世拒绝支持自己对匈牙利王位的要求而对庇护二世十分不满。最终,匈牙利王位落到了匈雅提·亚诺什之子马蒂亚斯·科菲努斯之手。在德意志,反对教皇的精神仍然存在。反教皇精神既是和解运动的起因,也是和解运动的结果。庇护二世选择这个时机,从曼图亚发出了"谴责诏书"来激怒那些持有反教皇精神的德意志诸侯,并且谴责从罗马主教到全体议会今后发出的任何呼吁都是可憎的异端邪说。

此时,那不勒斯爆发了战争,这是教皇庇护二世极力避免的。为反抗斐迪南一世的严酷统治,那不勒斯的贵族向安茹家族求助。安茹的勒内不愿放弃在普罗旺斯的奢侈生活。然而,安茹的勒内的儿子洛林公爵约翰二世——名义上的卡拉布里亚公爵,比父亲安茹的勒内更有能力,也更有野心。卡拉布里亚公爵约翰二世从臣属于法兰西王国的热那亚出发,驶向那不勒斯海岸,很快就有大批拥护者加入。那不勒斯的敌对行动对庇护二世的十字军计划是致命的。尽管庇护二世极力避免与法兰西王国争斗,但他不能收回对斐迪南一世的支持,并且进一步通过弗朗切斯科一世·斯福尔扎的影响来插手阿拉贡事务。弗朗切斯科一世·斯福尔扎担心南方安茹家族的胜利可能会鼓励奥尔良公爵路易一世争得米兰的主权。然而，尽管有教皇庇护二世和弗朗切斯科一世·斯福尔扎的帮助，斐迪南一世的事业并没有成功。1460年7月7日，在萨尔诺，卡拉布里亚公爵约翰二世取得重大胜利；他的将军雅各布·皮奇尼诺成功地击败了阿拉贡军队。然而，接下来的一年里，卡拉布里亚公爵约翰二世的命运发生了决定性的转变。法兰西国王查理七世驾崩后，王位传给了路易十一。路易十一是弗朗切斯科一世·斯福尔扎的狂热崇拜者，但对安茹家族的亲戚十分反感。热那亚已经脱离了法兰西王国的控制，不久路易十一就同意把他对热那亚的所有权移交给米兰公爵弗朗切斯科一世·斯福尔扎。因带来的人员和金钱不足，卡拉布里亚公爵约翰二世未能从法兰西王国获得援助。1462年，支持者开始反对卡拉布里亚公爵约翰二世，并且抛弃了他。1464年，卡拉布里亚公爵约翰二世被迫放弃自己的事业，回到了法兰西王国。卡拉布里亚公爵约翰二世短暂且冒险的职业生涯充满了意外，他试图惩罚路易十一，因此加入了公益同盟。战争结束后，卡拉布里亚公爵约翰二世继续与阿拉贡家族斗争，并且加入了加泰罗尼亚人对阿拉贡国王胡安二世的反抗。1470年，卡拉布里亚公爵约翰二世在反抗胡安二世的斗争中战死。1473年，卡拉布里亚公爵约翰二世唯一的儿子洛林公爵尼古拉一世去世，普罗旺斯的勒内家族再无男嗣。安茹家族的男性继承人只剩安茹的勒内和侄子①安茹公爵查理四世。勒内的女儿安茹的约朗德和安茹的玛格丽特分别嫁给了沃代蒙伯爵腓特烈二世和英格兰国王亨利六世。1471年，在蒂克斯伯里，安茹的玛格丽特失去了唯一的儿子威斯敏斯特的爱德华。安茹的约朗德有一个儿子，以他外公勒内的名字命名，叫作勒内二世。勒内二世负责保卫洛林公国，抵御勃艮第公爵大胆查理的进攻。1480年，安茹的勒内去世时，剥夺了外孙勒内二世的继承权，而把继承权传给了侄子安茹公爵查理四世。1481

---

① 那不勒斯国王路易二世既是安茹公爵查理四世的祖父，也是安茹的勒内的父亲，所以安茹公爵查理四世是安茹的勒内的侄子。——译者注

安茹的约朗德

安茹的玛格丽特

英格兰国王亨利六世

勒内二世

威斯敏斯特的爱德华被杀

年,安茹公爵查理四世去世,并无子嗣。法兰西国王路易十一趁机占领了普罗旺斯和巴尔。后来,查理八世继承了安茹家族王位,不仅在法兰西王国与意大利的关系上,而且在欧洲的国际政治上,都开创了一个新纪元。

那不勒斯战争期间,对十字军远征,庇护二世已不抱希望,凭着特有的聪明才智和自信,他设计了一套新方案以确保战胜土耳其人。这一方案未引起欧洲各国统治者的关注,但可能对异教对手土耳其人会更加有效。庇护二世起草并向穆罕默德二世寄出了一封长信,敦促穆罕默德二世成为一名基督徒,并且承诺在此条件下承认他拥有东罗马帝国,就像之前的教皇把西罗马帝国交给查理曼大帝一样。据我们所知,对这个独特的建议,穆罕默德二世没有做出任何回应。然而,斐迪南一世的胜利平息了那不勒斯的混乱,而威尼斯对土耳其在希腊及其列岛的继续侵略感到越来越不安。这些都促使教皇庇护二世重新开启战争计划。1463年,庇护二世与威尼斯人、匈牙利国王马蒂亚斯·科菲努斯结盟,重申了对十字军远征的规劝,并且宣布他打算亲自率领十字军远征。1464年,庇护二世来到十字军远征的会合地——安科纳。庇护二世再次遭遇了巨大的失望。安科纳的十字军士兵都是一些一无所有的冒险家,他们希望从教皇的财富中获利。1464年8月12日,威尼斯舰队接近港口,庇护二世被带到窗口见证舰队的驶入。这是庇护二世最后一次的努力。1464年8月14日,庇护二世去世,去世时他眼睛凝望着东方,用最后一口气敦促十字军远征。庇护二世的一生性格对比鲜明:作为埃内亚·西尔维奥·皮科洛米尼,他无忧无虑,不受道德上的束缚,忠实地代表了他生活的那个时代;而作为庇护二世,他热情、阴郁、多情,仿佛是中世纪死而复生的幽灵。

教皇保罗二世的统治短暂且相对平庸。保罗二世是威尼斯巴尔博家族的一员,他的当选似乎巩固了教皇和威尼斯共和国之间的联盟,因为庇护二世曾经就是依靠这个联盟来抵抗土耳其进攻的。然而,对庇护二世计划的失败,保罗二世没有提出太多抗议,只是默许。尽管通过敦促匈牙利与波希米亚的异教徒乔治·波迪布兰德开战,甚至让东方贵族形成联盟,保罗二世始终无法有效地对抗异教徒。保罗二世的名声与所谓的迫害人文主义者有关,因为他囚禁了一些不负责任地谈论恢复共和国的罗马学院成员。然而,把国内监督的简单措施当作一项明确且深远的政策,或者作为尼古拉五世对赞助信的反应,显然很荒谬。由于编年史家巴尔托洛梅奥·普拉蒂纳对自己痛苦的夸大和事件重要性的记述,保罗二世囚禁人文主义者事件受到了广泛关注。保罗二世是文艺复兴时期真正的教皇,他更多地从理智的角度而非宗教的角度看待事物,他公开袒露自己的身体,渴望拥有教皇福尔摩苏斯的美名。此外,保罗二世还是一位

保罗二世

珠宝和雕刻品收藏家。总之,保罗二世任期内并没有犯下令继任者教皇西克斯图斯四世声名狼藉的严重罪行。

西克斯图斯四世很可能作为教皇极端堕落的典型而被代代相传。15世纪,教皇开始染指一切既得利益。切萨雷·博尔贾更加明目张胆的罪行确保了亚历山大六世的教皇地位。西克斯图斯四世无视道德的所作所为,仿佛一个世俗统治者。这在尼科洛·马基雅维利的书中被描述为这个时代的特征。在此之前,还没有哪位教皇如此不计后果地利用自己的职位来提拔亲属,并且利用亲属来加强其世俗权力。西克斯图斯四世的三个侄子是他兄弟[1]拉斐罗·德拉·罗韦雷的儿子。长侄莱奥纳尔多·格罗索·德拉·罗韦雷被任命为罗马总督,并且娶了那不勒斯国王斐迪南一世的女儿焦万纳德阿拉戈纳为妻。朱利亚诺·德拉·罗韦雷在家族中最有才干、最有活力,由叔叔西克斯图斯四世抚养成人,并且因叔叔当上了圣伯多禄锁链堂的枢机主教。在打败两位候选教皇后,朱利亚诺·德拉·罗韦雷以尤利乌斯二世的身份获得了罗马教皇的三重冕。第三个侄子乔瓦尼·德拉·罗韦雷接替哥哥莱奥纳尔多·格罗索·德拉·罗韦雷成为罗马总督,西克斯图斯四世为他娶了乌尔比诺公爵费代里科·达·蒙太费尔特罗的女儿焦万纳·达·蒙太费尔特罗为妻。因这桩婚事,在下一代人的努力下,乌尔比诺公国落到了罗韦雷家族手中。然而,教皇西克斯图斯四世最宠爱的是自己姊妹[2]比安卡·德拉·罗韦雷的两个儿子皮耶罗·里亚里奥和吉罗拉莫·里亚里奥。二十五岁时,皮耶罗·里亚里奥被任命为枢机主教,并且获得了包括佛罗伦萨大主教在内的许多任命,因此从教会获得了丰厚的收入。在舅舅西克斯图斯四世即位后,皮耶罗·里亚里奥只活了三年。然而,在那段时间里,皮耶罗·里亚里奥声色犬马、纸醉金迷的生活震惊了欧洲。在教皇国内提拔非宗教信徒吉罗拉莫·里亚里奥产生了持久的影响。吉罗拉莫·里亚里奥用

---

[1] 因无法确定拉斐罗·德拉·罗韦雷出生时间,故此处用兄弟。——译者注
[2] 因无法确定比安卡·德拉·罗韦雷是西克斯图斯四世的姐姐还是妹妹,故此处用姊妹。——译者注

卡泰丽娜·斯福尔扎

教皇的财富为自己购买伊莫拉爵位,娶了加莱亚佐·马里亚·斯福尔扎的女儿卡泰丽娜·斯福尔扎为妻。1480年,奥尔德拉菲王朝灭亡后,西克斯图斯四世为吉罗拉莫·里亚里奥赢得了弗利城公爵的头衔。多年来,教皇西克斯图斯四世的所有政策都是为了扩大吉罗拉莫·里亚里奥的势力。然而,这个青年证明自己并不比哥哥皮耶罗·里亚里奥更配当教皇。1488年,弗利人起义,杀死了吉罗拉莫·里亚里奥。吉罗拉莫·里亚里奥的遗孀卡泰丽娜·斯福尔扎的英勇抵抗才使吉罗拉莫·里亚里奥的家族得以延续了一段时间。

西克斯图斯四世显然打算扩大世俗权力,并且滥用它来扩大外甥吉罗拉莫·里亚里奥的权力,这引起了邻国的担忧,尤其是洛伦佐·德·美第奇统治下的佛罗伦萨。为了扫除佛罗伦萨这个障碍，西克斯图斯四世和外甥吉罗拉莫·里亚里奥实施了著名的帕齐阴谋，企图推翻美第奇家族的统治。西克斯图斯四世声称自己对暗杀计划一无所知，但他一定知道不流血是不可能取得成功的，对同谋的否认只是为了挽回教廷声誉。这场阴谋差一点就达到目的：朱利亚诺·德·美第奇在佛罗伦萨大教堂被杀；洛伦佐·德·美第奇受了重伤，幸免于难。主要的同谋者，包括比萨大主教在内，都成了众怒之下的牺牲品。因计划失败而感到愤怒，西克斯图斯四世将佛罗伦萨人逐出教会，因为佛罗伦萨人

朱利亚诺·德·美第奇在佛罗伦萨大教堂被杀

迫害了教会的一位贵族。后来，西克斯图斯四世与那不勒斯国王斐迪南一世结成联盟，推翻了佛罗伦萨共和国。加莱亚佐·马里亚·斯福尔扎去世后，米兰公国陷入混乱，而威尼斯共和国还在与土耳其进行战争；佛罗伦萨共和国失去了天然盟友威尼斯共和国和米兰公国。1479年，佛罗伦萨面临严重危机。然而，洛伦佐·德·美第奇不仅化解了危机，而且巧妙地利用这种局势加强了自己的权威。冒着巨大的风险，洛伦佐·德·美第奇前往那不勒斯，成功地与斐迪南一世进行了和平谈判。起初，西克斯图斯四世倾向于继续战斗，但1480年土耳其军队占领奥特兰托对意大利构成了严重的威胁，固执的西克斯图斯四世被迫与对手妥协，撤回了对佛罗伦萨的教会逐出令。

土耳其的入侵迫使那不勒斯国王斐迪南一世和儿子卡拉布里亚公爵阿方索二世从托斯卡纳撤出军队，把注意力集中到收复奥特兰托上。对意大利来说，幸运的是，1481年5月3日，穆罕默德二世驾崩。一场关于土耳其继承权的内部争斗导致了入侵者的撤退，使那不勒斯的统治者轻而易举地就赢得了军事上的胜利。然而，那不勒斯和教皇间的联盟已经完全解散；西克斯图斯四世一如既往地焦躁不安，毫不犹豫地组成了一个新的联盟。这注定会对意大利产生重大的影响。1479年，威尼斯共和国与土耳其人签订了《君士坦丁堡条约》，渴望从意大利领土上获得其在东方损失的补偿。1482年，就费拉拉的埃尔科莱一世德埃斯特废奴问题，罗马教皇和威尼斯共和国毫无顾忌地结成联盟，这是史无前例的。罗马教皇和威尼斯共和国结盟危及意大利的权力平衡，导致那不勒斯、佛罗伦萨和米兰之间的敌对联盟形成。西克斯图斯四世很快发现，自己从与威尼斯共和国的新联盟中一无所获。威尼斯共和国从费拉拉公国夺取了罗维戈，但显然不打算把战利品的任何一部分分享给吉罗拉莫·里亚里奥。同时，那不勒斯军队进入教皇国并威胁到罗马；教皇的不当行为可能导致另一次宗教会议的召开。西克斯图斯四世的政策完全是利己的，为了避免危险，他毫不犹豫地突然彻底改变了立场。1483年，西克斯图斯四世与那不勒斯、费拉拉讲和，驱逐了扰乱意大利和平的威尼斯人，并且准备夺取威尼斯在教皇领土

费拉拉公爵埃尔科莱一世德埃斯特

内获得的城市。然而，西克斯图斯四世因自己的贪得无厌再次失望了。威尼斯以《巴格诺洛条约》巧妙地结束了这场战争。战争中，唯一的输家是不幸的费拉拉公爵埃尔科莱一世德埃斯特，而西克斯图斯四世发现自己没有得到任何好处，恼怒不已。1484年8月12日，西克斯图斯四世在懊恼中辞世。

在罗马，西克斯图斯四世的教皇权威就像他的外交关系一样起伏不定。各大家族，尤其是科隆纳家族，反对提拔教皇的三个侄子，因而招致了西克斯图斯四世的愤怒。一场旷日持久的内战爆发了。贵族与教皇的外国敌人结盟，时而与佛罗伦萨结盟，时而与那不勒斯或威尼斯结盟。在这场战争中，西克斯图斯四世将冷血、残忍、背叛展示得淋漓尽致。洛伦佐·科隆纳交出了西克斯图斯四世敌人的堡垒马里诺城堡，条件是必须回到科隆纳家族。西克斯图斯四世"履行了诺言"，把洛伦佐·科隆纳的尸体送回了科隆纳家族。洛伦佐·科隆纳的母亲出现在教皇的法庭上，把儿子洛伦佐·科隆纳的头颅拿出来，喊道："看，教皇是怎样信守诺言的！"这幅生动的画面描绘了教皇西克斯图斯四世为了一时的野心而放弃信守诺言，导致了罗马的严重衰落。西克斯图斯四世的死讯一传出，科隆纳家族就领导了一场起义，洗劫了吉罗拉莫·里亚里奥的宫殿，并且把追随者赶出了罗马。

因诺森特八世的性格被一些史学家描绘得过于黑暗。然而，因诺森特八世是第一位认可自己孩子的教皇，但孩子们似乎是在他接受圣职之前出生的，而

因诺森特八世

且对孩子们的爱护并没有使其卷入让前任教皇和继任教皇蒙羞的丑闻中。安圭拉公国是因诺森特八世为儿子弗兰切斯凯托·奇博购买的,但弗兰切斯凯托·奇博更感兴趣的是获得金钱而非权力。父亲因诺森特八世去世后,弗兰切斯凯托·奇博的第一步就是把自己的领土卖给维尔吉尼奥·奥尔西诺。因诺森特八世自己对政治也没有什么能力和兴趣,大部分时间都处于昏睡状态。洛伦佐·德·美第奇是对虚弱的教皇因诺森特八世施加主要影响的人之一,他把女

因诺森特八世之死

马达莱娜·德·美第奇

儿马达莱娜·德·美第奇嫁给了弗兰切斯凯托·奇博。作为交易的一部分，洛伦佐·德·美第奇为儿子乔瓦尼·德·美第奇在十四岁时获得了枢机主教的职位。正是在因诺森特八世的统治下，洛伦佐·德·美第奇在教廷上获得了一份职业，从而使美第奇家族出现了两位教皇利奥十世和克莱门特七世，并且能够利用教会的力量来压制家乡人民争取自由。

因诺森特八世执行教皇职务遇到的最大困难与那不勒斯息息相关。自1464年卡拉布里亚公爵约翰二世撤退后，那不勒斯国王阿方索五世的私生子斐迪南一世就无可争议地继承了那不勒斯王位。1465年，雅各布·皮奇尼诺，这位在战争中令人生畏的雇佣兵，被斐迪南一世和弗朗切斯科一世·斯福尔扎引诱到那不勒斯处死。在雅各布·皮奇尼诺与西克斯图斯四世结盟对抗洛伦佐·德·美第奇的时候,斐迪南一世成功地把对教皇宗主国的敬意降低到每年赠送一匹白马。外部的危险使斐迪南一世不得不实行专制,取消封建贵族的独立性。由于土耳其人从奥特兰托撤退,斐迪南一世儿子卡拉布里亚公爵阿方索二世获得了与其不匹配的军事声誉。从那时起,卡拉布里亚公爵阿方索二世开始辅佐父亲斐迪南一世。在儿子阿方索二世的影响下,斐迪南一世的统治愈加残暴。1485年,贵族决定起义反抗。因诺森特八世支持贵族的事业,而一向敌视阿拉贡家族的威尼斯也予以暗中相助。贵族决定恢复安茹王朝的统治,邀请安茹的勒内的外孙洛林公爵勒内二世到意大利来继承他祖先长期以来为之奋斗的王位。然而,贵族的反抗以彻底的失败告终。无论是佛罗伦萨还是米兰,都不会同意这种扰乱意大利正常关系的行为。那不勒斯统治者的军事力量势不可当;卡拉布里亚公爵阿方索二世第二次率领军队攻打罗马。为了结束教皇和同盟者的灾难,安茹的勒内在法兰西法庭上宣称对普罗旺斯拥有继承权,但结果大失所望,还错失了获得那不勒斯的机会。然而,仅仅是法兰西入侵的威胁就足以促使斐迪南一世和卡拉布里亚公爵阿方索二世向安茹的勒内妥协。教皇又像从前一样得到贡品,因此而被收买;那不勒斯的贵族被剥夺了获得援助的希望,但被承诺给予完全的大赦。对诚信的漠视打破了大赦承诺,这正是15世纪意大利政治的特征。回到那不勒斯的贵族被囚禁起来,再也没有人见过他们。唯一幸存下来的是那些不愿相信自己全力推翻的统治者而宁愿选择流亡的人。幸存者急切地等待着一个机会,能够立即为同伴报仇雪恨,并且收回自己被没收的领土。1493年,机会终于来了。洛伦佐·德·美第奇去世,卢多维科·斯福尔扎与那不勒斯之间的关系日益疏远;意大利和平的主要保障已不复存在。根据威尼斯的建议,那不勒斯的流亡者向法兰西国王查理八世而不是洛林公爵勒内二世请求进行干预。在法兰西法庭做出最终裁决之前,1494年1月25日,斐迪南一世驾崩了。卡拉布里亚公爵阿方索二世不得不独自面对因自己的暴力和暴政而造成的危险。

1492年，教皇因诺森特八世去世，没能目睹那不勒斯历史上的这场新危机。最有可能当选的教皇候选人是卢多维科·斯福尔扎的弟弟阿斯卡尼奥·马里亚·斯福尔扎和西克斯图斯四世的侄子朱利亚诺·德拉·罗韦雷。然而，阿斯卡尼奥·马里亚·斯福尔扎和朱利亚诺·德拉·罗韦雷谁也不可能获得必要的多数支持，最后阿斯卡尼奥·马里亚·斯福尔扎接受贿赂后转为支持加理多三世的外甥罗马枢机主教最富有的候选人罗德里戈·德·波吉亚。众所周知，加理多三世有好几个亲生孩子，有他当教士时出生的，还有他做枢机主教时出生的，这似乎完全被忽视了。大量的金钱和承诺确保了罗德里戈·德·波吉亚的当选，于是他获得了亚历山大六世的称号。教皇亚历山大六世必须解决的第一

教皇亚历山大六世

个重大问题是即将到来的那不勒斯斗争。尽管教皇亚历山大六世对阿斯卡尼奥·马里亚·斯福尔扎负有义务,并且与阿拉贡家族关系密切的奥尔西尼家族为敌,但1493年亚历山大六世还是与斐迪南一世结盟。教皇亚历山大六世发誓要抵抗在一段时间内给教皇带来了严重危险的法兰西入侵。然而,最终的情况表明:亚历山大六世本人及后来的教皇尤利乌斯二世要把世俗的权力建立在比先前教皇能建立的更牢固基础之上。

THE CLOSE OF THE MIDDLE AGES

中世纪的终结
1273——1494

［英］理查德·洛奇 著
姜学龙 译

中国出版集团公司
华文出版社

第14章
美第奇家族统治下的佛罗伦萨共和国

精彩看点

佛罗伦萨共和国的寡头政治——佛罗伦萨共和国与菲利波·马里亚·维斯孔蒂的战争——1427年的土地登记制度——1430年,佛罗伦萨共和国攻占卢卡——1433年,驱逐美第奇家族——1434年,佛罗伦萨共和国召回美第奇家族——科西莫·德·美第奇的统治特点——1458年政变——卢卡·皮蒂——科西莫·德·美第奇的外交政策——皮耶罗一世·德·美第奇和他的对手——1466年危机——美第奇反对派的失败——洛伦佐·德·美第奇即位——宪法修订——外交政策——那不勒斯的疏远和与西克斯图斯四世的争斗——帕齐家族的阴谋——洛伦佐·德·美第奇与那不勒斯和教皇权威的战争——1478年、1479年战争——洛伦佐·德·美第奇前往那不勒斯——1480年宪法修正——洛伦佐·德·美第奇的晚年——洛伦佐·德·美第奇去世的重要性——皮耶罗二世·德·美第奇不计后果的行为佛罗伦萨民主政治的领导者为1378年短暂的胜利付出了沉重的代价。1382年的一场暴力冲突恢复了阿尔比齐家族领导下的寡头政治。接下来的五十年里，占主导地位的派系小心地操控着公民宪法这一奇怪的政治体制，以维持其统治地位。在佛罗伦萨历史上，虽然这五十年不是最著名的时期，但毫无疑问是辉煌的时期之一。在寡头家族的领导下，佛罗伦萨共和国坚决且英勇地抵抗了吉安·加莱亚佐·维斯孔蒂的入侵。直到1402年吉安·加莱亚佐·维斯孔蒂驾崩，佛罗伦萨共和国才从几乎注定的屈服中解脱出来。当米兰自治领土瓦解时，佛罗伦萨共和国抓住机会从中获利很多。1406年，比萨城——拥有重要河口阿尔诺，顽强抵抗后被迫投降。随后，佛罗伦萨共和国与那不勒斯进行了长期战争。从战争中，佛罗伦萨获得了重要城镇科尔托纳。1421年，为加强商业贸易，罗马从热那亚购买了第二大港口里窝那。

很长一段时间里，胜利派的活跃领袖和佛罗伦萨有影响力的政治家是马索·德利·阿尔比齐，他是皮耶罗·德利·阿尔比齐的侄子，在14世纪的政党斗争中表现非常突出。1382年，马索·德利·阿尔比齐结束流放回国，在不同时期担任过国家的大部分要职。1393年担任行政长官时，马索·德利·阿尔比齐采取严厉的措施彻底击败了民主派。然而，除了对不幸的阿尔贝蒂家族及其支持者表现出的严酷，马索·德利·阿尔比齐还表现出了一位统治者具备的明智和宽容。1417年，马索·德利·阿尔比齐驾崩，在某种程度上，他的位置由儿子里纳尔多·德利·阿尔比齐继承。虽然里纳尔多·德利·阿尔比齐显示出可贵的勤劳和正直，但谨慎和洞察力都远不如父亲马索·德利·阿尔比齐。这两个人世袭的显赫地位，使佛罗伦萨人习惯于后来美第奇家族建立起来的伪专制统治。然而，里纳尔多·德利·阿尔比齐从未像科西莫·德·美第奇和洛伦佐·德·美第奇那样享有绝对的优势。像里纳尔多·德利·阿尔比齐一样有影响力的领导人是尼科洛·达·乌扎诺，他经常被同时代的人称为政党领袖。尼科洛·达·乌扎诺似乎是一位贵族统治的忠实拥护者；很大程度上因他的阻挠，阿尔比齐家族没有真正成为佛罗伦萨的主人。在智慧和洞察力方面，尼科洛·达·乌扎

尼科洛·达·乌扎诺

诺享有很高的声誉。1432年，尼科洛·达·乌扎诺去世。这对一贯主张中庸的党派来说是致命的打击。

尽管寡头政府为国家服务，但未能成功地避免人们的不满和敌意。佛罗伦萨人强烈拥护平等，这从抽签填充政府职位空缺的体系中就可略见一斑。统治家族的统治远比一位暴君的统治更能激发对平等思想的拥护。较小的公会和较低的阶层因被排除在政府之外而心生怨恨；许多富有的公民发现自己同样遭受冷落，还招致占统治地位派别的不满。此外，政府激进外交政策的代价很大；税收的重担，一如佛罗伦萨一贯的情形，落在反对者身上比落在政府的支持者身上更重。渐渐地，反对的原因越来越多，并且与美第奇家族联系越来越紧密。1378年，萨尔韦斯特罗·德·美第奇领导人民进行反抗运动，但他个人并没有从短暂的胜利中获益。1393年，当马索·德利·阿尔比齐的严厉措施激起民愤时，起义者向萨尔韦斯特罗·德·美第奇的亲戚维耶里·德·美第奇求助。正是维耶里·德·美第奇的温和建议制止了叛乱。然而，在15世纪的第二个十年里，美第奇家族的另一个分支——乔瓦尼·德·美第奇——被认为是那些执政党反对派的领袖。乔瓦尼·德·美第奇是一位银行家和货币兑换商，他的生意非常成功，即使不是在意大利，他也应该是佛罗伦萨最富有的公民。乔瓦尼·德·美第奇利用财富来扩大声望，他非常小心地避免采取任何可能让政府对自己不利的行动。1421年，乔瓦尼·德·美第奇被选为行政长官，而尼科洛·达·乌扎诺希望取消这一危险的任命。然而，乔瓦尼·德·美第奇对民众的控制，尤其是对较小行会的控制，使其平安无事地度过了两个月的任期。1429年，乔瓦尼·德·美第奇去世，留下两个儿子——一个是后来成为佛罗伦萨统治者的科西莫·德·美第奇，另一个是老洛伦佐。

一旦寡头政府成功，被推翻的可能性就很小。然而，1421年起，寡头政府的信用开始逐步下降。在菲利波·马里亚·维斯孔蒂的统治下，米兰重新获得统一，对佛罗伦萨构成了严重的威胁。自卫的迫切责任迫使佛罗伦萨共和国再次开始为生存而进行艰苦卓绝的斗争。1424年，潘多尔福三世·马拉泰斯塔指挥下的佛罗伦萨军队在扎戈纳拉战役中惨败。人们绝望地向威尼斯共和国请求援助,弗朗切斯科·布索内·达·卡尔马尼奥拉的介入使佛罗伦萨共和国免于毁灭。然而,威尼斯共和国瓜分了战利品。联盟的扩张在佛罗伦萨一点也不受欢迎。寡头政治的权力建立在其成功的外交政策之上,而令人担忧和不满预示了一场战争必然失败。

占统治地位的派别采取了两项重要措施以期恢复声望。战争的巨额开支引起了人们对过去任意征税的不满。1427年,为了使征税依据更加公平,佛罗伦萨实施土地登记制度。根据尼科洛·马基雅维利的观点,土地登记制度之

尼科洛·马基雅维利

所以被接受是受到乔瓦尼·德·美第奇的影响。每一个公民都要向辖区总督报告从各种来源获得的全部收入；隐瞒不报的财产将被没收；对固定资本征收百分之七的税；所有税收记录汇编成四本书。从此以后，对税收的评价将由这四本书来决定，而不是取决于某个人的政治立场和观点。随着商业界的财富迅速波动，每三年就会制定一个新的章程。这对统治集团来说明显不利，可能会削弱他们的一致意见，但在一段时间内有助于平息公众的怨言。现在，里纳尔多·德利·阿尔比齐提出了一个恢复本党信誉的新方案。

自卡斯特鲁乔·卡斯特拉卡尼时代起，佛罗伦萨共和国就一直存有兼并卢卡的野心。当时，保罗·圭尼吉统治卢卡，在最近的战争中他站在米兰一边。以此为借口，里纳尔多·德利·阿尔比齐打算进攻卢卡。尼科洛·达·乌扎诺指出了进攻卢卡的风险，但里纳尔多·德利·阿尔比齐并没有听从。乔瓦尼·德·美第奇驾崩后，他的儿子科西莫·德·美第奇支持里纳尔多·德利·阿尔比齐的建议。这种情况下的行为使人怀疑里纳尔多·德利·阿尔比齐预见了冒险的失败，甚至不惜以国家为代价来毁灭对手。1430年，战争爆发。里纳尔多·德利·阿尔比齐被任命为指挥官，负责指挥军队围攻卢卡。这场战争既没有成功，也有失公正，它的失败最终对执政党是致命的。里纳尔多·德利·阿尔比齐被污蔑为贪得无厌的人，不得不放弃指挥权。米兰公爵菲利波·马里亚·维斯孔蒂也卷入了战争，当时最著名的两位雇佣兵弗朗切斯科一世·斯福尔扎和尼科洛·皮奇尼诺为他效力。在战场上遭受了严重的挫折之后，佛罗伦萨人果断地接受了神圣罗马帝国皇帝西吉斯蒙德的调停，并且在1433年实现了和平，一切都恢复到战前的状态。

然而，任何条约都无法恢复佛罗伦萨共和国以前的状况。1432年，尼科洛·达·乌扎诺去世，其政党失去了强有力的支持，也消除了对政党行为的缓和作用。科西莫·德·美第奇一度比父亲乔瓦尼·德·美第奇更有野心，但没有父亲乔瓦尼·德·美第奇那般谨慎。当时，科西莫·德·美第奇和里纳尔多·德利·阿尔比齐公开宣称是争夺统治地位的对手。里纳尔多·德利·阿尔比齐意识到自己势力越来越弱,决定诉诸暴力。1433年9月,里纳尔多·德利·阿尔比齐的支持者组成执政团,传唤科西莫·德·美第奇到地方法官面前,经商议,将科西莫·德·美第奇关进了监狱。人们曾一度认为科西莫·德·美第奇会被处死,但他父亲乔瓦尼·德·美第奇积蓄的财富让他逃过一劫;面对金钱的诱惑,审判官无法做到铁面无私。多数人决定对科西莫·德·美第奇从轻量刑。科西莫·德·美第奇被流放到帕多瓦长达十年,他的弟弟老洛伦佐被流放到威尼斯五年。科西莫·德·美第奇和老洛伦佐大多数杰出的追随者都被流放。在佛罗伦萨,美第奇家族被禁止担任任何职务。

1433年10月,科西莫·德·美第奇被流放;里纳尔多·德利·阿尔比齐的胜利似乎已成定局。佛罗伦萨的一场政变已经开始。人们聚集在广场上,并且批准了对革命委员会的任命。然而,由于经验丰富的党派人士疏忽大意,里纳尔多·德利·阿尔比齐未能为革命委员会争取到把竞选候选人的名字装进袋子的权利。其结果是,里纳尔多·德利·阿尔比齐的地位被大大削弱。由于土地登记制度没有被废除,里纳尔多·德利·阿尔比齐所在的政党内部出现了分裂,一部分人倾向于支持政变。军事失败造成公众疏远阿尔比齐家族,这只能通过一些显著的成功才能消除。1434年,佛罗伦萨卷入了菲利波·马里亚·维斯孔蒂和教皇在罗马涅的战争。菲利波·马里亚·维斯孔蒂的军队再次在战场上被击败;盟友犹金四世被赶出罗马,不得不寻求庇护。在这一蹶不振的时刻,一场意外事件导致了1434年9月佛罗伦萨执政团的形成。这对美第奇家族是极其有利的。

受到地方行政长官怀有敌意的传唤后,里纳尔多·德利·阿尔比齐带领八百名士兵前往,无法与提供调解的犹金四世进行面谈,从而失去了战胜对手的有利时机。这种拖延被证明是致命的。人们拿起武器,包围了广场;而执政团则从乡下征召了武装的农民。为了当时占上风党派的利益,议会成立了一个执政团。美第奇家族被召回,并且宣布其有资格担任政府职务。里纳尔多·德利·阿尔比齐和儿子及大约七十名拥护者被逐出了佛罗伦萨共和国,很少有人再回来。听闻这场突如其来的革命后,1434年10月6日,在威尼斯的科西

科西莫·德·美第奇回到佛罗伦萨

莫·德·美第奇回到了佛罗伦萨。在接下来的三个世纪里,佛罗伦萨共和国的历史与美第奇家族的历史紧密相连。

1433年和1434年的戏剧性事件使科西莫·德·美第奇的地位不仅在一生中得以保留,而且在一段时间内成为一种世袭财产。然而,佛罗伦萨宪法没有任何明显的重大变化。旧的裁判法院及议会继续存在,并且履行其原有职能。科西莫·德·美第奇极其小心地避免露出任何专制的外在迹象,仍然住在原来的住处,衣着和生活方式与臣民毫无区别。和被击败的对手一样,科西莫·德·美第奇把自己置身于一群同盟者的护卫之中,巧妙地把他们的利益与自己的利益联系起来。表面上看,这种寡头政治与它取代的政府并无两样,实际上至少有两点差异:一方面,由于大量的财富积累和广泛的国外关系,科西莫·德·美第奇得以对追随者和国家实行比马索·德利·阿尔比齐和里纳尔多·德利·阿尔比齐更强有力的控制;另一方面,在科西莫·德·美第奇统治下崛起的有影响力家族,并不像阿尔比齐家族那样只代表一个阶层的利益。美第奇家族从未忘记,他们最初的崛起要归功于对民主平等的拥护;他们小心翼翼地避免与暴民的偏见发生任何不必要的冲突。即使是变相的专制,其目的也是消灭阶级,这一点在科西莫·德·美第奇的政策中可以清楚地看到。科西莫·德·美第奇把几个家族从较小的公会转到较大的公会,从而弱化了曾经大小公会间的明显区别。科西莫·德·美第奇甚至还设法废除了取消旧贵族资格的规定,因为历史上的市政当局就是在这些旧贵族的努力下建立起来的。

不难看出,科西莫·德·美第奇是通过什么方法来维护自己手中的权力的。他要实现两个主要的目标:必须防止更重要的职位落入不满者之手;必须减少不满者的人数,使他们明白反对的艰难、危险及顺从带来的好处。科西莫·德·美第奇宣称自己的统治是仁慈的,并且总是小心翼翼地把严厉的政策托付给追随者去执行。然而,科西莫·德·美第奇的政策实际上是一种惩罚。阿尔比齐家族及其同盟者受到了严厉的对待,不仅被驱逐,而且流放地不断改变,他们在意大利像野兽一样被到处追捕。难怪阿尔比齐家族的爱国主义让位于复仇的欲望,他们与米兰公爵菲利波·马里亚·维斯孔蒂结盟,反对自己的家乡。然而,1440年的安吉亚里战役摧毁了阿尔比齐家族所有的希望,

安吉亚里战役

叛国让他们受到更加残酷的惩罚。佛罗伦萨的财政部门也没有逃离同样的结局。1427年的土地登记制度被废除，任意的税收评估制度被恢复，使科西莫·德·美第奇能够奖励追随者，惩罚反对者。吉安诺佐·曼内蒂是一位无辜的学者，唯一的过错就是自己的声望，被要求缴纳十三万五千弗罗林[①]的税款，并且只能通过自愿流放来避免破产。人们常说，科西莫·德·美第奇使用赋税，就像北方诸侯使用匕首一样，是为了除掉异己。

在政府部门管理上，科西莫·德·美第奇使用了理论上人民主权论最终得到践行的革命机制。1434年，科西莫·德·美第奇召回美第奇家族的执政团，并且从议会获得了改革国家的全部权力。1439年、1444年、1449年和1454年，执政团每五年更换一次。巴利亚中最重要的一项举措是任命了十名监督官来监督将符合任职条件的人的名字装进袋子。这本身就是一个十分充分的保证，即保证地方行政长官不会反对美第奇家族。为了确保这一点，由监督官每两个月进行一次行政长官和行会会长的选举。由此可见，选举不是用抽签的方法，而是用人为操作的方法。随着时间的推移，这种长时间偏离正常程序的选举引起了人们的抱怨。因目前有充分的理由避免城市出现任何分裂，科西莫·德·美第奇做出了让步。1455年，前一年更换的巴利亚被废除，重新开始使用执政团的名称。这种让步与其说是真的，不如说是表面上的；因为这些袋子是最近才重新装上的，三年之后才需要更换。当时，美第奇党派的优势地位是稳固的，而且在优势地位结束之前，可以采取措施来延长它。然而，1458年1月的执政团提议恢复土地登记制度，这在某种程度上证明了复兴自由的意义。科西莫·德·美第奇的追随者力劝其采取有力的措施来挫败这项剥夺他们财产的计划，但科西莫·德·美第奇并不是不愿意让追随者依赖自己，只是允许严格和公正的评估制度得以恢复罢了。

像科西莫·德·美第奇这样的政府面临着一个非常明显的危险，亲密的联

---

① 14世纪英国金币，价值6先令8便士。——译者注

盟之间可能会产生嫉妒和敌意。科西莫·德·美第奇有意把盟友安排在重要的位置；盟友中的一个或多个可能会利用经验提升自己，并且从科西莫·德·美第奇的控制中解脱出来。科西莫·德·美第奇晚年，这种危险就出现了，在他儿子皮耶罗一世·德·美第奇统治时期也出现了同样的问题。1458年，这已成为一个严重的问题：共和自由的复兴该走多远？那不勒斯国王阿方索五世驾崩，消除了过去三年持续和解政策的一个重大动机。卢卡·皮蒂是科西莫·德·美第奇最年长、最亲密的追随者之一，被任命为行政长官，可采取任何果断行动。他采取了谨慎的预防措施以控制通往广场的道路，敲响了广场的大钟后，

皮耶罗一世·德·美第奇

卢卡·皮蒂

议会开始。一个由三百五十名公民组成的巴利亚，连同现有的执政团，被赋予了充分的权力。监督官被任命来填补袋子中被选举人名单；一个永久性的委员会成立，负责监控公民。具有讽刺意味的是，它向公民宣布，从今以后，这些先行者应该被称为自由先行者，而不是先验官。尼科洛·马基雅维利认为，选择"自由先行者"这个称谓是为了弥补他们失去的权力。

在这次改革中，科西莫·德·美第奇非常谨慎，避免任何直接参与。在暴民的眼里，获胜的政治家是卢卡·皮蒂，这让科西莫·德·美第奇黯然失色。怀揣着巨大的野心，卢卡·皮蒂开始在阿尔诺河的南面建造宏伟的宫殿，这就是

皮蒂宫

后来托斯卡纳大公爵的住处,现在世界上著名的神殿之一皮蒂宫;这座宫殿的知名度已超过卢卡·皮蒂的任何政治成就。科西莫·德·美第奇大概相信卢卡·皮蒂不会有什么真正的危险,所以也没有试图改变或纠正大众的印象。只要自己的影响没有受到损害,科西莫·德·美第奇就不在乎谁表面上拥有至高无上的地位。

科西莫·德·美第奇是一位能力出众的银行家,除了在佛罗伦萨的政治地位,他还是许多外国宫廷的重要人物。科西莫·德·美第奇巧妙地扮演了两个角色:利用金钱来加强对佛罗伦萨政策的控制;利用政治影响力来扩大自己的生意。在外交事务上而不是在国内事务上,科西莫·德·美第奇显示出自己是佛罗伦萨真正的统治者。科西莫·德·美第奇不仅延续了阿尔比齐家族与威尼斯的联盟关系,还接手了阿尔比齐家族与菲利波·马里亚·维斯孔蒂的斗争。只要米兰公爵菲利波·马里亚·维斯孔蒂威胁到佛罗伦萨的独立,特别是当菲利波·马里亚·维斯孔蒂支持被流放的阿尔比齐家族事业时,科西莫·德·美第奇就无法在不受阿尔比齐家族反对的情况下背离佛罗伦萨的传统政策。然而,1447年,菲利波·马里亚·维斯孔蒂的驾崩和米兰公国的建立给了科西莫·德·美第奇更多的机会,他必须在伦巴第的威尼斯扩张和米兰军事力量的建立之间做出选择。科西莫·德·美第奇毫不犹豫地选择了后者,这极大地影响了意大利后来的历史。科西莫·德·美第奇从佛罗伦萨得到的财政和其他援助,使弗朗切斯科一世·斯福尔扎在1450年获得米兰爵位,并且在1454年与威尼斯共和国签订《洛迪条约》。

1458年,那不勒斯国王阿方索五世驾崩后,在与那不勒斯国王斐迪南一世的对抗中,安茹家族再次提出对那不勒斯拥有继承权。这对意大利产生了另一个同样重要的问题。尽管佛罗伦萨因其教皇派传统和商业利益而与法兰西王国关系密切,但科西莫·德·美第奇坚决支持斐迪南一世,并且敦促弗朗切斯科一世·斯福尔扎也这样做。科西莫·德·美第奇的态度再次扭转了局面。一段时间内,这种平衡始终没有被打破。科西莫·德·美第奇有生之年看到了卡拉布里亚公爵约翰二世下台,这使斐迪南一世在接下来的三十年里免受严重的攻击。通过科西莫·德·美第奇在这两次重大危机中的行动,我们可以认为他是那不勒斯、米兰和佛罗伦萨三国同盟的真正缔造者,而他的孙子洛伦佐·德·美第奇在以后的岁月里对这三国同盟的运用则更加高明。

1464年,科西莫·德·美第奇驾崩,儿子皮耶罗一世·德·美第奇继承了家族领导权。皮耶罗一世·德·美第奇已到中年,身体虚弱,比父亲科西莫·德·美第奇只多活了五年,但这五年是值得注意的,因为美第奇党派内部出现了巨大的分裂。一段时间内,细心的观察者一定看到了内部分裂的不可避免性。科西莫·德·美第奇四个有名的追随者是卢卡·皮蒂、迪奥蒂萨尔瓦·内罗尼、安杰洛·阿恰约奥利和尼科洛·索代里尼,他们不愿像尊敬科西莫·德·美第奇那样来对待皮耶罗一世·德·美第奇。幸运的是,四人的态度不一致,因个人野心,他们时常争吵。尼科洛·索代里尼是一位热衷于民主的人,不想贬低

迪奥蒂萨尔瓦·内罗尼

皮耶罗一世·德·美第奇来抬高自己的地位。迪奥蒂萨尔瓦·内罗尼是一位有能力的领导者，但缺乏个人勇气，宁愿使用阴谋和宪法的方法，而不是暴力。逐渐地，两个公开相互反对的政党建立了起来，反美第奇派被称为"圣乔治"，因为卢卡·皮蒂的宏伟宫殿就建在圣乔治山上。美第奇家族的住所位于阿尔诺河以北的平坦处。因此，皮耶罗一世·德·美第奇的追随者被称为"阿尔诺"。

1465年，双方进行了第一次较量，反对派提议废除1458年的巴利亚和恢复抽签式的职位选派方法。皮耶罗一世·德·美第奇谨慎从事，没有反对这个提议，表面上表示同意。1458年11月，第一次抽签后，尼科洛·索代里尼当选为行政长官。领导人之间的不团结导致这次抽签没有带来任何好处。尼科洛·索代里尼在1458年12月月底下台，没有对宪法做任何进一步的修改。1459年，党派斗争扩展到外交政治。在米兰公国建立过程中，佛罗伦萨起到了很大的作用，威尼斯从未忘记或原谅佛罗伦萨做过的事。如今,弗朗切斯科一世·斯福尔扎已去世,鲁莽的加莱亚佐·马里亚·斯福尔扎即位,他有可能推翻一个长期阻碍威尼斯在伦巴第扩张的王朝。然而,要推翻斯福尔扎家族,首先必须推翻美第奇家族。因此,"圣乔治"派的领袖向威尼斯共和国示好,尽管外交政策的彻底逆转可能会损害佛罗伦萨共和国的利益。威尼斯人太过谨慎,不愿与一个可能失败的派别结盟,而且威尼斯共和国当时还面临着土耳其战争的威胁。不过,如果用匕首或革命除掉皮耶罗一世·德·美第奇,那么将得到威尼斯雇佣兵巴尔托洛梅奥·科利奥尼和费拉拉公爵博尔索德埃斯特弟弟埃尔科莱一世德埃斯特军队的帮助。

费拉拉公爵博尔索德埃斯特

皮耶罗一世·德·美第奇对这些计划了如指掌，因此，把父亲科西莫·德·美第奇留下的与米兰和那不勒斯的联盟关系拉得更近。皮耶罗一世·德·美第奇的儿子洛伦佐·德·美第奇第一次接触外交是被派往斐迪南一世的大使馆。埃尔科尔·德埃斯特向皮斯托亚进军的消息使事态进一步升级。皮耶罗一世·德·美第奇从卡雷吉使馆匆匆赶到佛罗伦萨，幸亏洛伦佐·德·美第奇警惕和敏锐，他们才躲过了一场伏击。加莱亚佐·马里亚·斯福尔扎出兵援助佛罗伦萨，来自美第奇家族领地的农民武装起来并被带进了城市。在皮蒂宫里，尼科洛·索代里尼召集了二百人。内战似乎不可避免，但根据一项默示协议，内战被推迟到1466年8月月底新执政团的选举。财富势力或者谋略能力使美第奇家族占据优势。1466年9月1日，一位执政长官和致力于各自利益的数位行会会长就职了。1466年9月2日，大钟把人们召集到广场上参加议会。皮耶罗一世·德·美第奇的武装追随者控制着每一个入口，而那些获得许可的反对者太少或太胆小而无法让人听到他们的声音。执政团提出的许多法案均以鼓掌通过。接下来的十年里，传道者均由执政团指定。迪奥蒂萨尔瓦·内罗尼、安吉洛·阿恰约奥利和尼科洛·索代里尼被驱逐。卢卡·皮蒂被收买了，或者被说服了，离开了同伙，被允许留下来。然而，卢卡·皮蒂的虚张声势不得人心，余生都在无足轻重的地位上度过。卢卡·皮蒂的巨大宫殿一直没有完工，直到16世纪才由美第奇家族完成。

外国干预的危险仍然存在。被流放到西西里的迪奥蒂萨尔瓦·内罗尼违抗命令，回到了威尼斯，决定执行1466年安排的计划。为了这些流亡者的利益，巴尔托洛梅奥·科利奥尼将进行一项表面上为了私人利益的行动。1467年春，埃尔科尔·德埃斯特和罗马涅的几位邦君也加入了迪奥蒂萨尔瓦·内罗尼的行列。那不勒斯和米兰的后备军被派去支援佛罗伦萨，而佛罗伦萨的军队由乌尔比诺公爵费代里科·达·蒙太费尔特罗统率。意大利虽有大量的军队游行，但很少正面参与战斗，饶有兴趣地观望着战役的进展。人们认为佛罗伦萨的命运危在旦夕，但交战双方都没有获得决定性优势。美第奇家族能够避免失败就

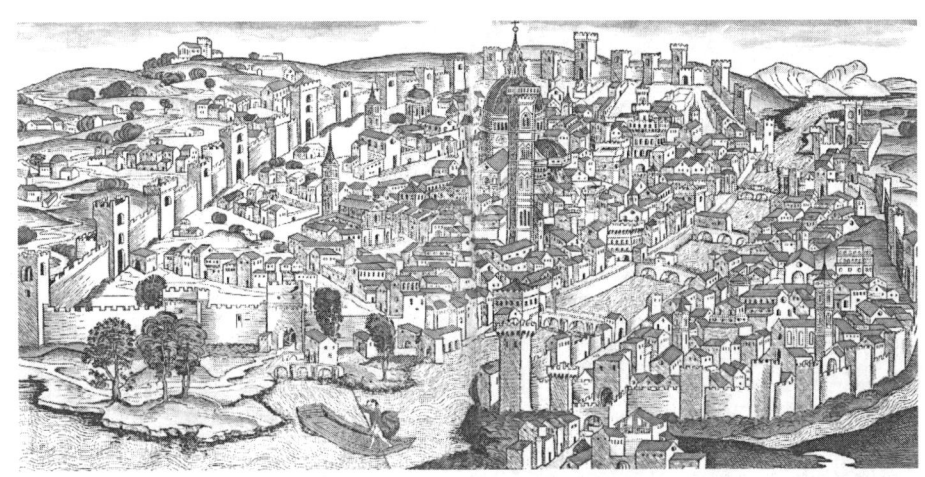

佛罗伦萨

足够了；而流亡者只有取得重大胜利才有希望。1468年，教皇保罗二世主持了和平谈判，维持了现状。流亡者失去了回到佛罗伦萨的所有希望。1474年，尼科洛·索代里尼在德意志去世；1482年，迪奥蒂萨尔瓦·内罗尼在罗马去世；安吉洛·阿恰约奥利躲进了那不勒斯的一座迦太基修道院。

1466年和1467年的斗争消除了人们对美第奇家族地位的所有疑虑。反对派及其支持者的全部目的就是要把美第奇家族推翻，但他们的企图失败了。美第奇家族没有任何头衔，但就像自诩为公爵或伯爵一样，他们显然是佛罗伦萨的统治者，这一点在1469年12月2日皮耶罗一世·德·美第奇去世后就很清楚了。尼科洛·索代里尼哥哥托马索·索代里尼在1466年危机中保持了忠诚，召开了主要公民的非正式会议。托马索·索代里尼提议，应该邀请洛伦佐·德·美第奇来行使科西莫·德·美第奇和皮耶罗一世·德·美第奇曾行使过的权力，但洛伦佐·德·美第奇当时只有二十一岁，因此还没有达到在共和国担任任何地方官的法定年龄。一个代表团被选中来执行这个提议；假意推辞后，洛伦佐·德·美第奇接受了提议。

上述行为表明，洛伦佐·德·美第奇完全意识到随着事态的变化应该采取什么样的立场。迄今为止，美第奇家族一直满足于与佛罗伦萨家族通婚，从而

克拉丽斯·奥尔西尼

承认两家族间的地位平等。作为统治者，洛伦佐·德·美第奇必须找一位外国新娘结婚，于是他娶了罗马贵族雅各布·奥尔西尼的女儿克拉丽斯·奥尔西尼。虽然洛伦佐·德·美第奇对艺术和文学表现出兴趣，并且鼓励人们娱乐，但他希望按照意大利公国熟悉的方式建立一个宫廷。在与洛伦佐·德·美第奇的交往中，佛罗伦萨人表现出了一种顺从，甚至奴性，这在科西莫·德·美第奇和皮耶罗一世·德·美第奇的时代是从来没有出现过的。

　　共和国内君主制势力的增长，某种程度上解释了洛伦佐·德·美第奇执政早期所做或试图进行的众多无名的宪法改革。宪法改革的主要目标是确保君主对执政团的绝对控制。1470年，有人提议执政团每年由一个四十五人的新团体选出；新团体成员自1434年美第奇家族回归后就开始执行选举职责。这一计划被谴责为企图使这座城市屈从于四十五位暴君，从而未能在百人议会中获得通过。然而，1471年，洛伦佐·德·美第奇以另一种方式实现了对执政团的控制。现有的监督团与执政团成员联合组成一个常设委员会，提议名字将以勉强的多数票通过，而不是通常的三分之二。同时，旧的人民委员会和公社的立法职能暂停十年。很难估计这些变化的确切意义，但它整体上缩小了各家族中重要职务的继承范围。家族成员继承着更重要的官职，这肯定会引起不满。在不满者中，我们发现了帕齐家族，一个致力于商业的古老贵族，如今在商业和政治上都成了美第奇家族的对手。

事实证明，佛罗伦萨内部的不满并不十分可怕，除非这种不满被佛罗伦萨外交关系上的困境强化。科西莫·德·美第奇把米兰和那不勒斯视为佛罗伦萨的正式盟友，把威尼斯视为佛罗伦萨的危险对手和美第奇家族统治的坚定反对者，而把教皇权威视为一股变化的力量，因为教皇更替频繁，需要仔细地观察与判断。洛伦佐·德·美第奇一直在祖父科西莫·德·美第奇身边长大，积攒了足够的外交经验。然而，由于年轻人的自私和自负，洛伦佐·德·美第奇并不反对为自己做一些实验性的尝试。如果能与教皇和威尼斯建立友好关系，洛伦佐·德·美第奇的地位可能会比以往任何时候都更加稳固，并且可能在意大利各国的关系中充当调解人，甚至仲裁者。1471年，西克斯图斯四世当选为教皇，洛伦佐·德·美第奇作为佛罗伦萨特使亲自前往祝贺。回国时，洛伦佐·德·美第奇不仅确认了自己在罗马的银行特权，还被任命为罗马教皇收入的接收人。这是一笔丰厚的收入。与此同时，洛伦佐·德·美第奇开始了与威尼斯的谈判，于1474年接见了托马索·索代里尼使团，并且最终促成了威尼斯共和国、米兰公国和佛罗伦萨共和国结盟。

然而，威尼斯共和国、米兰公国和佛罗伦萨共和国之间的新联盟关系是通过疏远那不勒斯王国换来的。斐迪南一世认为威尼斯是那不勒斯王国和其家族的宿敌。只要美第奇家族把自己的利益与他的利益等同起来，斐迪南一世就会一直拥护美第奇家族在佛罗伦萨的权力。然而，米兰、佛罗伦萨与威尼斯之间建立友好互解关系，可能会使那不勒斯陷入孤立，斐迪南一世必须从别处寻求支持。西克斯图斯四世已经同意将那不勒斯的贡品减为正式礼物。随着那不勒斯和教皇西克斯图斯四世之间的联系越来越紧密，西克斯图斯四世和洛伦佐·德·美第奇之间的关系也变得越来越冷淡。这场争斗的起因是佛罗伦萨反对吉罗拉莫·里亚里奥的扩张。洛伦佐·德·美第奇拒绝支付购买伊莫拉的钱，于是西克斯图斯四世把教皇收入接收人的职位从美第奇家族转给了帕齐家族。这场争斗很快就恶化了。西克斯图斯四世无视洛伦佐·德·美第奇的意愿，任命弗朗切斯科·萨尔维亚蒂为比萨大主教。佛罗伦萨人则拒绝承认弗朗切斯科·萨尔维亚蒂为比萨大主教，转而支持卡斯泰洛的维泰利家族，并且在许多方面表现出反对罗马涅教皇计划的倾向。一段时间内，这场争斗似乎不太可能导致什么严重的后果。然而，1476年，加莱亚佐·马里亚·斯福尔扎的去

弗朗切斯科·萨尔维亚蒂

世及摄政王萨伏依的博纳政府的明显弱点,让美第奇家族的反对者果断地采取了行动。这一行动比米兰支持佛罗伦萨时更大胆。

1477年,吉罗拉莫·里亚里奥和弗朗切斯科·德·帕齐在罗马开始讨论如何推翻阻碍他们的美第奇家族。1478年年初,计划已初具雏形。弗朗切斯科·萨尔维亚蒂和佛罗伦萨的家族负责人雅各布·德·帕齐已同意参与计划。据说,教皇西克斯图斯四世和那不勒斯国王斐迪南一世将给予积极的支持,但他们对实现期望目标的实际手段不承担任何责任。暗杀是意大利政治中一种公认的武器,没有它,显然很难在佛罗伦萨引发一场革命。西克斯图斯四世也许会辩解说,自己对这个计划一无所知,但从道义上讲,这种辩解毫无价值。如果美第奇家族在佛罗伦萨不受欢迎,反对者就有可能组织一场叛乱,通过议会推翻他们。然而,在佛罗伦萨并没有广泛的不满,帕齐家族在下层和富裕阶层中都没有强大的追随者。因此,帕齐家族决定杀死洛伦佐·德·美第奇和他的弟弟朱利亚诺·德·美第奇,并且相信由此会产生混乱和外国干涉。以乔瓦尼·巴蒂斯塔·达·蒙特塞科为首的雇佣兵被招募来执行两项直接任务——谋杀洛伦佐·德·美第奇和朱利亚诺·德·美第奇及逮捕治安官。尽管由于不可避免的延误而使人灰心丧气,但没有人背叛这一计划,这充分说明了策划者的忠诚。实际上,最大的困难是必须同时暗杀洛伦佐·德·美第奇和朱利亚诺·德·美第奇,以防止其中一人收到另一人的警告而有所防备。除非洛伦佐·德·美第奇和朱利亚诺·德·美第奇都被除掉,否则这个计划将以失败而告终。最后,美第奇家族为枢机主教拉法埃莱·里亚里奥举行了一场宴会,这提供了理想的暗杀机会。然而,朱利亚诺·德·美第奇身体不太舒服,未能出席。暗杀时间和地点只能改变。1478年4月26日,这天是星期日,洛伦佐·德·美第奇和朱利亚诺·德·美第奇要到天主教堂做礼拜,于是主祭的高台成为暗杀的地点。地点的改变引起了意想不到的困难。乔瓦尼·巴蒂斯塔·达·蒙特塞科曾发誓要杀死洛伦佐·德·美第奇,但他拒绝在教堂里执行刺杀任务以免亵渎圣物,于是两名教士替代他执行刺杀任务。新选的这两位教士虽然勇气可嘉,但缺乏士兵那样的力量和技能。当小圣坛的钟声响起时,朱利亚诺·德·美第奇被击倒;弗朗切斯科·德·帕齐做出最后的致命一击。然而,洛伦佐·德·美第奇只是肩膀受了伤,在混战中成功地逃到了圣器收藏室。在那里,洛伦佐·德·美第奇的朋友关上了铜门,将谋杀者挡在了门外。谋杀者在其他地方也失败了。大主教弗朗切斯科·萨尔维亚蒂曾到宫里去监督逮捕正义行政官和先验官的工作,他异常的举止引起了人们的怀疑,从而被逮捕。雅各布·德·帕齐在街上列队行进,高喊"自由",但人们支持美第奇家族而发出"帕勒!帕勒"的呼喊声,最终雅各布·德·帕齐被人们抬到了宫殿。当朱利亚诺·德·美第奇去世的消息传来时,比萨大主教弗朗切斯科·帕齐和其他几名囚犯立即被从窗户上吊起来,帕齐家族及其同伙也受到了严厉的报复。娶了洛伦佐·德·美第奇姐姐比安卡·德·美第奇的古列尔莫·帕齐是帕齐家族中唯一逃脱的人。在修道院避难的两名教士被暴徒从避难所拖出来,被残忍地杀害了。乔瓦尼·巴蒂斯塔·达·蒙特塞科逃离佛罗伦萨后被逮捕回来,他提供了教皇西克斯图斯四世参与阴谋的证据,随后就被处决了。其中一个凶手成功地到达了君士坦丁堡,但即使在那里,美第奇家族的复仇之手也能到达。1479年,穆罕默德二世将凶手移交给了佛罗伦萨。在佛罗伦萨,凶手与同犯被处死。

在佛罗伦萨,一切危险都结束了。这次暗杀的懦弱性质使公众舆论支持美第奇家族;朱利亚诺·德·美第奇的死,使幸存下来的洛伦佐·德·美第奇得到了更多的爱戴,也使他失去了一个可能的对手。阴谋者的命运对潜在的不满者起到了明显的警示作用。然而,洛伦佐·德·美第奇的胜利,激怒了因他鲁莽政策而疏远的外国敌人。洛伦佐·德·美第奇打破了米兰和那不勒斯之间以佛罗伦萨为纽带的三重联盟,把意大利分为北方联盟和南方联盟。现在,帕齐阴谋的失败使这一切发生了冲突。西克斯图斯四世和那不勒斯国王斐迪南一世都有充分的理由要求推翻洛伦佐·德·美第奇。此外,帕齐家族的失败使洛伦佐·德·美第奇更加令人生畏,这就使西克斯图斯四世和斐迪南一世推翻他的理由更加充分了。在吉罗拉莫·里亚里奥的敦促下,西克斯图斯四世对

处死帕奇阴谋的参与者

大主教弗朗切斯科·帕齐的被处决和神父的被谋杀表示愤怒，呼吁佛罗伦萨人驱逐洛伦佐·德·美第奇。这样一来，洛伦佐·德·美第奇将成为对手罪行的替罪羊。公民拒绝放弃他们的领袖，并且公开了乔瓦尼·巴蒂斯塔·达·蒙特塞科的供词。西克斯图斯四世封锁城门，准备开战。乌尔比诺公爵费代里科·达·蒙太费尔特罗领导下的教皇军队和卡拉布里亚公爵阿方索二世领导下的那不勒斯军队向南托斯卡纳进军，接壤的锡耶纳为入侵者提供了方便的行动基地。佛罗伦萨向盟友求助，得到了吉安·雅各布·特里武尔齐奥治下的米兰和米兰多拉公爵加莱奥托一世·皮科治下的威尼斯的帮助。埃尔科尔·德埃斯特被任命为共和国的总司令。法兰西王国的介入给佛罗伦萨带来了巨大的希望；路易十一派遣菲利普·德·科米纳前往意大利，用外交手段来帮助洛伦佐·德·美第奇。

1478年，敌强我弱的情况下，佛罗伦萨进行了一次令人称赞的抵抗。波焦因佩里亚莱的防御工事挡住了通往佛罗伦萨防守最弱的道路；当失望的入侵者向东转到基亚纳山谷时，刚刚完成占领蒙泰圣萨维诺的初步行动，冬天就阻断了进攻。然而，1479年的战役中，命运决定性地背离了佛罗伦萨。斐迪南一世巧妙组织的米兰革命不仅迫使米兰军队撤退，还通过用加莱亚佐·马里亚·斯福尔扎的统治代替萨伏依的博纳的统治的方式使米兰暂时脱离了佛罗伦萨联盟。土耳其人进攻斯库塔里，威尼斯陷入困境，既要维护君士坦丁堡的和平，又要避免在意大利采取任何军事行动。糟糕的是，法兰西王国不会提供援助。几百支法兰西长矛的威胁远远超过教皇明知不会举行的宗教会议带来的威胁。佛罗伦萨孤立无援，面临着毁灭性打击。瘟疫在城内爆发；波焦因佩里亚莱防御工事被攻陷。雇佣兵的笨拙战术拯救了这座城市，使佛罗伦萨免于耻辱的投降。从某种意义上来说，佛罗伦萨共和国是在代替洛伦佐·德·美第奇承受这些痛苦和风险，而在无法忍受的压力下忠诚的市民可能会屈服。洛伦佐·德·美第奇的处境非常艰难，但他通过一项追随者和辩护者都一致认为是英勇的事业，寻求并找到了一条摆脱困境的道路。

1479年12月，洛伦佐·德·美第奇前往那不勒斯大使馆。雅各布·皮奇尼诺的命运足够说服人们相信斐迪南一世不值得信任，要使人们相信洛伦佐·德·美第奇此次到来的风险比表面上看起来更低也很难。毕竟，斐迪南一世最初是洛伦佐·德·美第奇的亲密朋友。虽然从那时起斐迪南一世就与洛伦佐·德·美第奇产生了矛盾，但斐迪南一世也许可以通过恢复以前的谅解来修复他们的关系。事实证明，为了同威尼斯建立更好的关系而疏远那不勒斯不值得，洛伦佐·德·美第奇很愿意为自己的错误赎罪。那不勒斯和教皇之间的联盟并不是建立在坚实的基础之上。洛伦佐·德·美第奇指出，教皇西克斯图斯四世只关注他侄子吉罗拉莫·里亚里奥领地和权力的扩张；为了给吉罗拉莫·里亚里奥一个公国，西克斯图斯四世已经准备将奥尔德拉菲家族驱离弗利；强大的教皇国世俗权力绝不会让那不勒斯受益。关于美第奇家族与法兰西王国的关系，存在着一个最终的定论。对斐迪南一世及其儿子卡拉布里亚公爵阿方索二世来说，安茹家族主张的复兴是一场永远的噩梦，但这很可能证明阿拉贡家族将在佛罗伦萨联盟中找到他们王位的坚固堡垒。

　　无论如何，不管危险与否，洛伦佐·德·美第奇前往那不勒斯很成功。1480年，带着和平条约，洛伦佐·德·美第奇回到佛罗伦萨。当然，这并不是一个非常光荣的协议。洛伦佐·德·美第奇同意将佛罗伦萨的南部地区割让给锡耶纳。在罗马教皇西克斯图斯四世的控制下，罗马涅的盟友并没有准备收复战争中被热那亚的弗雷戈西占领的北方堡垒萨尔扎纳。然而，任何事情都比战争的继续要好，洛伦佐·德·美第奇被当成国家的救星。当人们发现那不勒斯军队并不急于离开托斯卡纳，阿方索二世显然是在利用锡耶纳的党派纷争，以便在锡耶纳站稳脚跟时，这引起了短暂的反对。然而，土耳其人的介入将阿方索二世的计划打乱，奥特兰托被占领迫使阿方索二世和他的军队撤退以保卫他们自己的领土。即使是固执的教皇也被迫屈服于异教徒，西克斯图斯四世不再坚持认为洛伦佐·德·美第奇应该再次去罗马，那将是一次更屈辱、也许更危险的旅行。最终，西克斯图斯四世收回了将佛罗伦萨逐出教会的教令。

阴谋者失败了，国外的敌人也失败了，推翻美第奇家族的企图失败了，美第奇家族的力量从而得到加强。1480年，洛伦佐·德·美第奇成功地对宪法进行了重要的修改，这使他的余生免于遭受更大的攻击。值得注意的是，当时必须颁布革命法令，但洛伦佐·德·美第奇没有像以往那样利用议会。对宪法修正的建议是由执政团提出的，并且以一般方式通过三次会议得以通过。执政团提名了一个由三十人组成的委员会，这三十人将任命一个由二百一十人组成的更大委员会，后来扩大到二百五十八名成员，组成了有权立法并决定候选人名单的临时巴利亚。为了获得广泛的影响，除了特别指定的两个家族，没有一个家族的成员超过三人。还有一个更重要的规定，那就是执政团提名的三十人还要提名另外四十人，和他们一起组成一个永久性的委员会或参议院，即所谓的七十人委员会。这七十人终身任职，通过推选新委员来填补职位空缺。从七十人中选择一些人成立两个重要的执行委员会：地方战时执行委员会和城市监察执行委员会。其中地方战时执行委员会代替了战时通常任命的八人或十人的临时委员会，城市监察执行委员会负责城市监督管理。七十人委员会并没有废除任何旧的裁判法院和议会，仍然继续作为一种奖励支持者的重要手段。然而，新旧机构长时间并置，势必会破坏佛罗伦萨的稳定性。正是由于佛罗伦萨制度不稳定，才导致美第奇家族处于一种不正常的、不明确的地位。不可避免的是，由两个常务委员组成的七十人委员会逐渐将每两个月更换一次的官员任命实权收归到自己手中。

　　过去三年的斗争给了洛伦佐·德·美第奇一个非常深刻的教训。洛伦佐·德·美第奇年轻时在治国方面犯的错误受到了及时的惩罚，这对他是宝贵的锻炼。接下来的十二年里，佛罗伦萨的内部历史平淡无奇，这一事实本身就是统治者能力的最好证明。摆脱了对国内反对派的恐惧，洛伦佐·德·美第奇可以把注意力集中在外交事务上，从而成为意大利重要的政治家。沿袭祖父科西莫·德·美第奇留下的良好传统，洛伦佐·德·美第奇认为与那不勒斯一方结盟，再和米兰进行另一方结盟，可使威尼斯和罗马教皇的攻击性倾向受到制衡，同时还可避免外国干预的危险。费拉拉战争中，尽管对卢多维科·斯福尔扎的叛逃十分懊恼，洛伦佐·德·美第奇仍然拯救埃斯特家族免于灭亡。卢多维科·斯福尔扎不仅使威尼斯逃脱了应得的惩罚，还保留了罗维戈波河平原地区。1485年，那不勒斯出现了更加严重的困难。在教皇因诺森特八世的支持下，那不勒斯叛乱者支持安茹家族恢复对那不勒斯的统治。佛罗伦萨对阿拉贡家族毫无好感，但与法兰西王国有着许多紧密的联系。幸运的是，上诉的对象是安茹的勒内，而不是查理八世。因此，洛伦佐·德·美第奇可以在不公开违反法兰西王国联盟的情况下支持斐迪南一世的事业。在处理这些高瞻远瞩的问题时，洛伦佐·德·美第奇从未忽视佛罗伦萨的直接利益；利用锡耶纳的党派纷争，洛伦佐·德·美第奇收回了1480年割让的大部分领土。洛伦佐·德·美第奇不仅从热那亚夺回了萨尔扎纳，还在那里修建了邻近的彼得拉桑塔和萨扎内拉堡垒，从而在亚平宁山脉的山脊上为佛罗伦萨开辟了一条坚固的边界。只要有适当的驻军，佛罗伦萨共和国就能够阻止法兰西国王查理八世的入侵。

在洛伦佐·德·美第奇生命的最后几年里，那不勒斯和米兰之间日益疏远的关系造成了一个新的重大的政治问题。在不引起斐迪南一世和阿方索二世敌意的情况下，卢多维科·斯福尔扎无法在其侄子吉安·加莱亚佐·斯福尔扎的米兰公国实施自己的计划。作为联盟的中间国，佛罗伦萨肩负着在两个盟友之间进行调解的责任。这是一项需要洛伦佐·德·美第奇动用所有机智、经验和耐心才能完成的任务，尽管最终能否成功避免冲突值得怀疑。然而，佛罗伦萨方面的极端谨慎在某种程度上阻止了法兰西王国对意大利的干预；否则，整个欧洲的历史进程可能会被改变。然而，1492年当意大利的命运摇摇欲坠时，洛伦佐·德·美第奇去世了。在这个关键时刻，洛伦佐·德·美第奇的去世，可与其他事件——发现美洲、征服格拉纳达、选举教皇亚历山大六世——相提并论，这使1492年成为欧洲历史上值得纪念的年份之一。

关于佛罗伦萨宪法已经说得够多了，这足以表明美第奇家族的权力并非建立在牢固的基础上，他们背后没有军事力量，没有专制政权必须依赖的任何安全保障。美第奇家族之所以能统治佛罗伦萨，一方面是由于美第奇家族提供了公民宪法缺乏的稳定元素；另一方面是由于他们对意大利和欧洲各王国保持着诚信，并且具有影响力；但最重要的是由于他们能够设法调解各方利益，从而赢得绝大多数公民的效忠。一旦觉得自己的利益、共和国的安全被美第奇家族的优势威胁时，佛罗伦萨人就会让这个家族的优势消失，这正是洛伦佐·德·美第奇儿子皮耶罗二世·德·美第奇给佛罗伦萨人留下的印象。皮耶罗二世·德·美第奇抛弃了一切公民平等的伪装，尽情地摆出一位出身高贵统治者的架势和自命不凡。皮耶罗二世·德·美第奇的傲慢令大多数市民反感，他也没有努力争取与父亲洛伦佐·德·美第奇关系亲密的那些显赫家族的支持。皮耶罗二世·德·美第奇犯的最大的错误是在外交关系上，他的母亲克拉丽斯·奥尔西尼和妻子阿方西娜·奥尔西尼都是奥尔西尼人。在外国亲戚的影响下，皮耶罗二世·德·美第奇放弃了父亲洛伦佐·德·美第奇的中立立场，无条件地与那不勒斯统治者结盟。这一行为产生了双重后果，首先使佛罗伦萨人更加恼火，虽然他们对科西莫·德·美第奇或皮耶罗一世·德·美第奇的智慧深信不疑，认为坚持那不勒斯联盟符合他们的利益，但从未真正拥护过那不勒斯联盟。其次，与那不勒斯结盟的行为驱使着卢多维科·斯福尔扎不顾一切地向法兰西王国求助，并且直接导致了查理八世的入侵。对法兰西人的入侵，皮耶罗二世·德·美第奇表现得既懦弱又无能，没有采取任何措施来保护亚平宁山脉的防御通道来抵御入侵者。当法兰西人到达比萨时，皮耶罗二世·德·美第奇以投降来消除法兰西人的敌意，这比与法兰西王国结盟的极端做法更具毁灭性。佛罗伦萨人的耐心已消耗殆尽，而皮耶罗二世·德·美第奇选择了逃亡，家人被驱逐。数年的抗争之后，佛罗伦萨才恢复了共和国的独立。

第15章

法兰西王国的勃艮第人和阿马尼亚克人

精彩看点

未成年的查理六世——封建主义及其反对力量——巴黎起义——干涉佛兰德斯——罗斯贝克战役——"暴发户"新贵族的统治——查理六世的精神错乱——党派纷争的起因——勃艮第公爵腓力二世——奥尔良公爵路易一世——"无畏的约翰"——奥尔良公爵路易一世遭谋杀——勃艮第人和阿马尼亚克人——理查二世与英格兰王国的关系——1410年爆发内战——巴黎的卡博什人——1413年阿马尼亚克人的胜利——英格兰入侵法兰西——阿夫勒尔沦陷——阿金库尔战役——法兰西王国党派争斗持续——英格兰军队进攻诺曼底——勃艮第人攻占巴黎——鲁昂沦陷——双方会谈——"无畏的约翰"被谋杀——1420年《特鲁瓦条约》——法兰西王国北部战争——亨利五世和查理六世驾崩——贝德福德公爵约翰和查理七世——法兰西王国的分裂——1423年到1424年战争——格洛斯特与勃艮第的争斗——查理七世时期的宫廷内斗——勃艮第在荷兰的扩张——围困奥尔良——圣女贞德出现——1429年法兰西王国的胜利——圣女贞德被俘——圣女贞德被审判和处死——战争的特点——贝德福德和勃艮第的决裂——特雷莫耶的沦陷——1435年《阿拉斯条约》

1380年，查理五世的驾崩开启了法兰西王国历史上最具灾难性的时期。年轻的查理六世当时只有十一岁，政权落到了三位叔叔安茹公爵路易一世、贝里公爵约翰和勃艮第公爵腓力二世，以及姑父①纳瓦拉国王卡洛斯二世的手中。四位公爵虽然代表王室贵族或头戴百合花的公爵等新阶层，但他们很快就明显地代表各自家族的利益，而不是与他们有血缘关系的王室。与那些旧封建贵族一样，通过继承、婚姻或王权授予，四位公爵获得了土地，并且表现出很大的自私性。他们掌握王权，但并不想提升这种权力，只是为了自己和贵族同胞的利益滥用它，这对法兰西王国来说是一个重要的事实。

　　各地封建势力都在进行最后的垂死斗争，以反对那些注定要推翻它们的力量，维持封建统治。在德意志，士瓦本封建城镇与贵族交战，而瑞士人也在备战，并且在森帕赫战役中取得巨大胜利。在英格兰王国，罗拉德派教士鼓动并组织了因对社会不满而发起的1381年动乱。这场动乱与肯特郡领主瓦特·泰勒有关。在佛兰德斯，根特人正在发动一场反抗佛兰德斯伯爵路易二世的运动。虽然成功将布鲁日从市镇联盟中分离出来，但佛兰德斯伯爵路易二世发现根特民兵比封建征兵更有优势，因此不得不向宗主国法兰西国王查理六

---

① 查理六世的姑姑瓦卢瓦的琼嫁给纳瓦拉国王卡洛斯二世。——译者注

世请求援助。14世纪,消息传播的速度比以往任何时候都要快,共同阶层利益意识开始把不同国家的人们团结起来,正如共同宗教利益在两个世纪后把人们团结起来一样。德意志和英格兰王国的事件,以及佛兰德斯的更多事件,影响了法兰西王国的舆论和行动。巴黎和其他城镇的市民并没有忘记1356年和1357年取得的短暂胜利。1380年,西欧的普遍动荡又刺激市民进行新的运动,而此时巴黎政府的频繁更迭使市民的不满情绪愈演愈烈。

即使是在查理五世统治时期,税收负担也曾引起市民很大的抱怨。临终之际,这位英明的国王——查理五世承诺废除最近征收的商品税。然而,查理五世的弟弟安茹公爵路易一世需要钱来满足自己的欲望。安茹公爵路易一世是查理五世年龄最大的弟弟,贪婪无比,竟偷了王冠上的珠宝和查理五世为儿子查理六世积攒的财宝。后来,查理五世不得不又签发照常征收税款的命令。巴黎市民奋起反抗。惊恐万状的摄政王安茹公爵路易一世下令撤销自腓力四世以来征收的所有税收。这一让步仅换来了一年的和平。1382年年初,当摄政王安茹公爵路易一世忙于镇压鲁昂起义时,又有人试图征收销售税。市民再次拿起武器进行反抗,由于最常用的武器是锤子,所以起义民兵当时被称为"锤兵"。起义一开始,市民在街道上设置了路障;法兰西政府再次做出让步。1382年5月,起义民兵被承诺大赦,但他们需向法兰西政府交纳十万法郎以表示感激之情。

安茹公爵路易一世一直是摄政大臣的精神领袖,与巴黎起义民兵和谈是他最终决定的举措。路易一世的目的是为远征意大利筹集资金。1382年,路易一世前往那不勒斯声讨卡洛三世。离开前,路易一世把主要的权力交给了勃艮第公爵腓力二世。腓力二世曾用富庶的朗格多克省来收买他无能的哥哥贝里公爵约翰。到目前为止,法兰西政府一直拒绝向佛兰德斯伯爵路易二世提供任何援助。1382年5月2日,在布鲁日城外,冈蒂人的胜利使佛兰德斯伯爵路易二世陷入了极大的困境。此时,菲利普·范·阿特韦尔德比父亲雅各布·范·阿特韦尔德更有权势,他不仅是根特的最高统治者,还自称是整个佛兰德斯的摄政王。胜利后，菲利普·范·阿特韦尔德开始围攻奥德纳尔德，这是宫廷和佛兰德斯贵族最后的堡垒。如果任由这座城市沦陷，市民的胜利将非常彻底。根特与巴黎交往密切，足以引起法兰西统治者的疑虑。况且，勃艮第公爵腓力二世对此事也很感兴趣，因为他的妻子玛格丽特三世是佛兰德斯伯爵路易二世的继承人。勃艮第公爵腓力二世必须代表一个不久就会属于自己的领地发动进攻，因为法兰西贵族正急于镇压这场给诸侯国树立坏榜样的公民起义。

一支庞大的封建势力被召集起来，前去解救奥德纳尔德。年轻的国王查理六世本人对军事事务非常感兴趣，亲自陪同军队前往。在接连胜利的鼓舞下，满怀信心的佛兰德斯人开始进攻一支实力更强大、装备更精良的军队。在罗斯贝克战场上，佛兰德斯人被法兰西军队从两翼合围，几乎全军覆没。在一

罗斯贝克战役

人们发现了菲利普·范·阿特韦尔德的尸体

堆尸体里,人们发现了菲利普·范·阿特韦尔德的尸体。一次快攻后,根特沦陷。法兰西人对胜利非常满意,很快就撤军了。主要的受难者不是战败的佛兰德斯人,而是巴黎的"锤兵"。凯旋的军队势不可当,最近起义的大多数领导人均已战死,城门被推倒,城市的自由被剥夺。

随着对资产阶级的镇压,反对摄政王的活动似乎都结束了,但1388年发生了一场戏剧性的革命。查理六世宣布自己成年,把摄政的三位叔叔安茹公爵路易一世、贝里公爵约翰、勃艮第公爵腓力二世和姑父纳瓦拉国王卡洛斯二世打发到了各自的领地里去,把政府托付给那些效劳过父亲查理五世的旧臣。接下来的四年里,以查理六世叔叔和姑父为代表的贵族被轻蔑地称为"新贵",他们与查理六世并驾齐驱地统治着法兰西王国。1392年,事情突然发生了非同寻常的变化。查理六世皇家大臣中最能干的是王室总管奥利维耶·德·克利松——贝特朗·杜·盖克兰的追随者和同乡，与布列塔尼公爵约翰四世有过节，多次在巴黎大街上遭到布列塔尼公爵约翰四世的暗杀。

查理六世勃然大怒，率领军队向布列塔尼进发，誓要报仇雪恨。然而，查理六世的身体已被放荡的生活和长期的权力斗争削弱了。旅途中，查理六世变得非常疯狂，不得不强行约束自己。从那以后，查理六世又活了三十年，虽然有时头脑还算清醒，但从未完全恢复过来。通常来说，查理六世在夏秋的温暖月份里最难受，在冬春的寒冷月份里会有所恢复。如果查理六世的精神错乱是彻底的和永久性的，那么这对法兰西王国可能会更好，因为那样的话，必须为摄政做准备。事实上，法兰西政府还是以查理六世的名义进行的。众所周知，即使在最佳状态时，查理六世也会失去意志力，任由别人掌控。这些情况导致了权力的争夺，并且在随后的半个世纪里给法兰西王国带来了无尽的灾难。

勃艮第公爵腓力二世迅速利用这一机会恢复了自己四年前被迫放弃的权力，但这样做激起了查理六世弟弟奥尔良公爵路易一世的强烈仇恨。奥尔良公爵路易一世大声疾呼，说自己被叔父勃艮第公爵腓力二世从王位上赶了下来。随着时间的推移，著名的勃艮第派和阿马尼亚克派之间的斗争逐渐形成，这分散了法兰西王国的注意力，使其极易遭受其他国家的入侵。详细地描述成功和失败的频繁起伏毫无用处且令人厌烦，但重要的是要清楚地了解这两个对手的立场，以及他们的争端涉及的利益。

勃艮第公爵腓力二世是法兰西国王约翰二世最年轻、最受宠爱的儿子，两人曾在普瓦捷被俘过。1361年，勃艮第公爵腓力一世去世后，为了奖励儿子腓力二世的勇敢和忠诚，约翰二世将勃艮第公国授予了他。然而，这个家族的高明之处在于幸运的婚姻。查理五世为弟弟勃艮第公爵腓力二世促成了与玛格丽特三世的婚姻。玛格丽特三世是佛兰德斯伯爵路易二世唯一的孩子。佛兰德斯伯爵路易二世还掌管阿图瓦、讷韦尔、勒泰勒和勃艮第。1384年，佛兰德斯伯爵路易二世去世后，通过妻子玛格丽特三世，腓力二世继承了上述领地，立刻成为欧洲最富有、最有权势的公爵之一。查理五世促成这桩婚事的目的是要把这些封地，尤其是佛兰德斯公国与法兰西王国更紧密地联系起来，但最终的结果恰恰相反，勃艮第公国与法兰西王国的联系被削弱了。比封建关系和家庭关系更加牢固的商业利益，倾向于把佛兰德斯从法兰西王国割裂出来，附属于英格兰王国。不是佛兰德斯追随勃艮第公国，而是勃艮第公国追随佛兰德斯。虽然勃艮第公爵是法兰西王国的第一贵族，而佛兰德斯伯爵是双重贵族，但腓力二世发现自己越来越脱离法兰西王国，不得不扮演着外国独立王子的角色。重要的是，佛兰德斯和勃艮第的部分地区是帝国封地，与法兰西王国没有法律上的必然联系。随着时间的推移，脱离法兰西王国的想法在勃艮第公国中被广泛传播。1385年，腓力二世与巴伐利亚公爵路易四世儿子阿尔贝特一世缔结了重要的双重联姻。巴伐利亚公爵阿尔贝特一世儿子威廉二世即后来的荷兰伯爵威廉六世将娶腓力二世的女儿勃艮第的玛格丽特；而腓力二世的长子讷韦尔伯爵约翰将娶巴伐利亚公爵阿尔贝特一世的女儿巴伐利亚的玛格丽特。腓力二

荷兰伯爵威廉六世

讷韦尔伯爵约翰

查理六世与巴伐利亚的伊萨博联姻

世促成查理六世与维特尔斯巴赫家族另一分支的公主——巴伐利亚的伊萨博联姻，不仅加强了两个公国之间的联盟，还给法兰西王国带来极大的利益。之后，这两代人将维特尔斯巴赫家族的财产传给了勃艮第家族。另一处帝国封地布拉班特，由腓力二世妻子玛格丽特三世的姨妈[①]掌管，1406年传给了腓力二世的次子勒泰勒伯爵安东尼，最终又传到了勃艮第家族的主要分支手中。瓦卢

---

① 布拉班特的让娜是玛格丽特三世母亲布拉班特的玛格丽特的姐姐，所以布拉班特的让娜是玛格丽特三世的姨妈。——译者注

瓦公爵逐渐吞并了邻近的省，这给后来被称为荷兰王国或低地国家带来了表面上的政治团结。

　　与叔父腓力二世和对手相比，年轻的奥尔良公爵路易一世的前途和领地所有权都微不足道。奥尔良公爵路易一世的远大抱负是纠正这种明显的不平等，因此，不顾新贵阶层的抗议，一有机会他就诱使哥哥查理六世把领地割让给自己。通过授予或购买，查理六世的弟弟路易获得了奥尔良公国，成为奥尔良公爵路易一世。查理五世许诺决不把昂古穆瓦的一部分佩里戈尔及瓦卢瓦、德勒和布卢瓦部分城邦从王权中割裂出去。1386年，奥尔良公爵路易一世与吉安·加莱亚佐·维斯孔蒂的女儿瓦伦蒂娜·维斯孔蒂成婚。瓦伦蒂娜·维斯孔蒂的嫁妆为一百万法郎。这场婚姻名义上为奥尔良公爵路易一世的后代赢得了米兰，但实际上只获得了伦巴第的阿斯蒂镇和香槟的韦尔蒂郡。奥尔良公爵路易一世甚至和叔父腓力二世竞争荷兰领土。1401年，奥尔良公爵路易一世同意从罗马人民的国王瓦茨拉夫四世手中买下卢森堡，但这被证明是一次失败的交易，最终卢森堡被并入勃艮第。在这场斗争中，奥尔良公爵路易一世获得优势的手段并不光彩，他成为巴伐利亚的伊萨博的情夫。通过这种方式，奥尔良公爵路易一世不仅获得了巴伐利亚的伊萨博的支持，还获得了其对不幸丈夫查理六世仍然施加的影响力。

　　1404年，腓力二世去世后，其次子勒泰勒伯爵安东尼继承了布拉班特公爵夫人乔安娜在布拉班特公国和林堡公国的领地，娶了神圣罗马帝国皇帝查理四世的孙女格尔利茨的伊丽莎白。除了讷韦尔、勒泰勒，腓力二世和玛格丽特三世的全部遗产都传给了长子"无畏的约翰"。此外，"无畏的约翰"还继承了法兰西王国党内斗争的领袖地位。1396年，在著名的尼科波利斯战役中，"无畏的约翰"被土耳其人俘虏；因在尼科波利斯战役中表现出的勇气，他赢得了"无畏王"的称号。"无畏的约翰"在政治上表现出和在战场上一样的冲动，并且犯下了罪行，最终被人暗杀。像当时所有政治家一样，"无畏的约翰"试图通过联姻来巩固自己的地位，他把长女讷韦尔的玛格丽特嫁给了法兰西王太子路

埃诺的杰奎琳

易,让侄子^①布拉班特公爵约翰四世迎娶埃诺的杰奎琳——"无畏的约翰"的妹夫^②荷兰伯爵威廉六世之女。

1407年,奥尔良公爵路易一世在巴黎遭暗杀。后来几经犹豫,"无畏的约翰"承认自己是谋杀的策划者,并且为自己辩护。这一行为非但没有结束这场争斗,反倒成为内战的导火索。奥尔良公爵路易一世的儿子奥尔良公爵查理一世、韦尔蒂伯爵菲利普、昂古穆瓦伯爵约翰认为替父报仇是一种神圣的责任,他们获得了所有勃艮第反对者的支持。由于年轻且缺乏经验,实际的领导权落在阿马尼亚克伯爵伯纳德七世手中,最终使勃艮第反对派失去了昔日的名声。

---

① 即"无畏的约翰"的弟弟布拉班特公爵安东尼之子。——译者注
② "无畏的约翰"的妹妹勃艮第的玛格丽特嫁给了荷兰伯爵威廉六世。——译者注

伯纳德七世是年轻的奥尔良公爵查理一世的岳父[1]，是法兰西国王查理六世唯一幸存的叔父贝里公爵约翰的女婿[2]。

　　党派之争起源于纯粹的个人权力之争，但逐渐吸收了法兰西王国社会、政治和宗教冲突的所有因素。奥尔良公爵路易一世是封建独立与特权的捍卫者，他的政党，尤其是在他去世后，包括了法兰西王国大多数贵族。奥尔良公爵路易一世一直支持理查二世反对亨利四世；支持瓦茨拉夫四世反对其竞争对手

理查二世

---

[1] 伯纳德七世的女儿阿马尼亚克的邦妮嫁给了奥尔良公爵查理一世。——译者注
[2] 伯纳德七世娶了贝里公爵约翰的女儿贝里的邦妮。——译者注

亨利四世

普法尔茨选帝侯鲁珀特三世；支持阿维尼翁教皇反对大分裂中的中立政策。在这些争端中，勃艮第人被迫支持奥尔良公爵路易一世的对手。勃艮第人为金融经济而大声疾呼，并且鼓励市政自由发展。亨利四世成功篡夺王位后，勃艮第人受在佛兰德斯利益的驱使，与亨利四世保持着良好的关系。在分裂问题上，勃艮第人主张"割让的方式"，因此获得了巴黎大学派的支持。通过鼓励奥尔良、蒙彼利埃和图卢兹的敌对学派，奥尔良人疏远了奥尔良公爵路易一世领导的这个强大集团。巴黎大学对勃艮第表现出绝对的忠诚。索邦神学院的领袖之一让·皮蒂为了证明"无畏的约翰"谋杀奥尔良公爵路易一世是正当的，在辩护中强词夺理地罗列了所有有利于"无畏的约翰"的证据。然而，对那些拥有良知的教授来说，这太过分了。在康斯坦斯，巴黎大学校长让·格尔森强烈谴责让·皮蒂的言论，因此招致了"无畏的约翰"的强烈敌意。勃艮第人的强大力量在于巴黎人的热情支持。1409年，通过恢复1383年废除的市政机构，"无畏的约翰"报答了支持自己的巴黎市民。

这场战争不仅具有社会意义，而且具有地理意义。法兰西王国的西部和南部属于阿马尼亚克人，北部和东部则由勃艮第人统治。这种对立由来已久，其基础是种族上的巨大差异。在西南部，最强大的人是罗马化的凯尔特人；而在东北部，日耳曼人或法兰西人占优势。很长一段时间，特别是在阿尔比十字军之后，南方已成为北方的附庸。在阿马尼亚克党派中，南方一直在努力摆脱北方强加给自己的枷锁。

因此，法兰西王国内战的意义应避免过于精确和教条的计算，只能粗略地进行估计。把阿马尼亚克人说成是贵族，把勃艮第人说成是平民或资产阶级，在某种程度上具有误导性。斗争双方没有明确的特征和政策。然而，形势和暂时的紧急情况迫使双方在任何可能的地方寻求盟友，而盟友只能通过至少公开表示对其利益的忠诚来获得。这个时代充满了矛盾，这使人们更难以做出明确的区分。勃艮第公爵腓力二世是巴黎市政特权的捍卫者；在佛兰德斯，他的第一个任务就是限制城市独立。当遭到反对时，腓力二世慷慨陈词，反对铺张浪费，并且向人民许诺免除税收；但腓力二世生活奢侈，在位期间的花销并不低于他的对手，驾崩时债台高筑。为了孩子能从腓力二世那里继承遗产，玛格丽特三世不得不接受丈夫腓力二世破产的残酷事实。显然，奥尔良公爵路易一世是反对封建主义的拥护者；他又是文艺复兴的信徒，是推翻中世纪封建主义思想新学说的支持者。在这方面，奥尔良公爵路易一世几乎可以与同时代的英格兰人格洛斯特公爵、汉弗莱相提并论。

对法兰西王国来说，幸运的是，在这场争斗的初期，英格兰王国几乎没有什么危险的举动。1381年，理查二世统治下的少数民众因对社会不满而起义，后来由于政党和个人的妒忌，几乎最终引发了一场大规模的内战。最终，理查二

理查二世与瓦卢瓦的伊莎贝拉联姻

世把政权掌握在自己手中后,暂时平息了事端,开始准备实施凶狠的报复,并且准备建立专制政权,但这一专制政权最终导致其下台。理查二世统治期间,与法兰西王国的战争日渐减弱。停战协定经常达成和停战期不断延长,在名义上的敌对期间,双方都没有进行任何重要的军事行动。1396年,理查二世访问巴黎,并且与查理六世之女瓦卢瓦的伊莎贝拉订婚。1399年,通过革命,亨利四世获得英格兰王位,与布列塔尼公爵约翰四世的遗孀纳瓦拉的琼成婚挑起了敌意,并且与蒙特福特家族重新建立联系。蒙特福特家族曾给英格兰人提供过进入法兰西王国的便捷通道。起初,亨利四世的王座并不稳固,发生了接连不断的叛乱,他根本没有时间也没有兴趣采取侵略性外交政策。直到法兰西王国各党派之间出现不可调和的矛盾,英格兰王国适时介入,两国之间的敌对状态才结束。

奥尔良公爵路易一世被杀，使法兰西王国其他诸侯感到愤怒，也使他们感到害怕。1408年，"无畏的约翰"惩罚了反抗主教的列日公民。不管失去丈夫奥尔良公爵路易一世的瓦伦蒂娜·维斯孔蒂如何可怜地恳求，"无畏的约翰"仍然被允许通过女婿法兰西王太子路易来保留对政府的最高控制权；王太子路易现在被任命为父亲查理六世的代理人；年轻的奥尔良公爵查理一世和弟弟韦尔蒂伯爵菲利普、昂古穆瓦伯爵约翰不得不忍受与杀害他们父亲奥尔良公爵路易一世的凶手"无畏的约翰"正式和解的耻辱。直到1410年，推翻勃艮第王朝统治的第一个联盟才成立，其中包括贝里公爵约翰、西西里岛名义上的统治者安茹公爵路易二世、奥尔良公爵路易一世的儿子奥尔良公爵查理一世、韦尔蒂伯爵菲利普、昂古穆瓦伯爵约翰及克莱蒙特、阿朗松和阿马尼亚克的伯

昂古穆瓦伯爵约翰

爵。先前是勃艮第盟友的布列塔尼公爵约翰五世也加入了联盟，因为"无畏的约翰"的女儿伊莎贝尔嫁给了彭蒂耶夫伯爵奥利维尔·德·沙蒂永-布洛瓦，所以布卢瓦家族的权力就转移到了彭蒂耶夫伯爵奥利维尔·德·沙蒂永-布洛瓦身上。要追溯战争的实际进展，或列举偶尔休战而缔结的空洞条约，那将花费太长时间。两派都成功地向英格兰王国寻求援助。1411年，英格兰王国援助了勃艮第人，而1412年英格兰王国又援助了勃艮第人的对手。英格兰王国对双方都进行援助，并不像人们以为的那样，是由于政治上想要延长法兰西王国内战的愿望，而是因英格兰王国政党的更迭导致的。1411年，当勃艮第联盟结束时，威尔士亲王亨利①和博福特家族的亨利·博福特掌权。1412年1月，威尔士亲王亨利和亨利·博福特的影响力被一个不为人知的阴谋削弱。亨利·博福特辞去枢机主教职务，而引起父亲英格兰国王亨利四世不快的威尔士亲王亨利也退出了宫廷。政府落入大主教托马斯·阿伦德尔和亨利四世次子克拉伦斯公爵托马斯之手，二人改变了之前的外交政策。克拉伦斯公爵托马斯亲自指挥远征军援

亨利·博福特

托马斯·阿伦德尔

---

① 即后来的英格兰国王亨利五世。——译者注

助阿马尼亚克人。然而，除了破坏诺曼底和吉耶纳的部分地区，克拉伦斯公爵托马斯没有取得任何成就。

这场斗争的主要目标是阿马尼亚克人占领巴黎，因为巴黎是勃艮第势力的大本营。1411年，克拉伦斯公爵托马斯开始围攻巴黎。由于自卫的紧急需要，市民中的下层阶级暂时占了上风，他们是勃艮第最热心的拥护者，由强大的屠夫行会领导。一个负责剥皮的屠夫卡博什当选为首领，他的同伙因此被称为卡博什人。两年来，卡博什人在这座城市里几乎是呼风唤雨，他们的历史具有与众不同的特征。一方面，卡博什人的统治因巴黎暴行而蒙羞；另一方面，在他们的领导人中，一些德才兼备的人清楚地看到了法兰西王国遭受的行政罪恶。1413年5月25日，著名的《卡博什法令》被颁布，包括二百五十八条，它受到了不止一位杰出历史学家的热烈赞扬，被认为是一项明智且有远见的改革措施。然而，《卡博什法令》的起草者几乎没有按照它的精神行事，而且《卡博什法令》的存在时间很短，基本上没有什么实际的重要性。

卡博什人残害巴黎居民

阿马尼亚克人进入巴黎

卡博什人的恐怖统治在上层市民中引起了强烈不满。阿马尼亚克人趁机进入巴黎。1413年9月,《卡博什法令》被废除,所有职位都移交给胜利派的成员。法兰西王太子路易加入了以前对手阿马尼亚克人阵营,这使阿马尼亚克人能够声称他们是在以国王的名义和利益治理国家。1414年,阿马尼亚克人发动了进攻,把"无畏的约翰"赶出了一个又一个城镇,甚至入侵了阿图瓦。进攻阿拉斯之前的一项条约使巴黎及王后巴伐利亚的伊萨博、法兰西王太子路易的臣民都落入阿马尼亚克人之手。"无畏的约翰"因失败而懊恼,失去了原有的政治影响力。受佛兰德斯人利益驱使,"无畏的约翰"重新与英格兰王国建立友好关系。早在1411年还是威尔士亲王时,亨利五世就倾向于帮助勃艮第人。

当时法兰西王国的政治形势使英格兰国王亨利五世禁不住重新发动战争的诱惑,放弃了父亲亨利四世曾经奉行的和平政策。1415年,亨利五世正式宣布拥有法兰西王国主权,并且围攻了阿夫勒尔。对此,阿马尼亚克人并未感到失望,因为贵族间的争斗在阿马尼亚克人中间很强烈。如果能战胜英格兰侵略者，阿马尼亚克人就能彻底战胜勃艮第人。在康斯特布尔的阿尔布雷的指挥下，一支封建军队匆匆集结，而巴黎和其他公社提出的援助遭到了傲慢的拒绝。预期的成功是为了某一党派利益，而不是为了国家。然而，贵族的军事能力明显弱于他们的排挤能力。

1415年9月22日，阿夫勒尔被迫投降。对英格兰人来说，这是很大的收获。尽管阿夫勒尔的防御能力不如加来，但它更适合于进攻。阿夫勒尔是通往诺曼底的关键，而加来的优势在于它的孤立性。围城期间，英格兰军队也遭受了沉重的打击，他们在返回英格兰或在阿夫勒尔过冬之间犹豫不定。然而，亨利五世相信敌人已变得无能且四分五裂，决定带领大约一万五千人的军队穿过一个敌对国来到加来。索姆河上的桥梁已被拆毁。英格兰军队向布兰奇塔克浅滩进发，爱德华三世曾在克雷西战役之前渡过这个浅滩。一名俘虏宣称，渡口有六千名士兵把守。英格兰军队转而向南寻找另一个渡口。英格兰军队勘察了一个又一个地方，但发现都行不通，在发现一些沼泽浅滩前，军队已经到达了内勒。英格兰军队就这样逃脱了掉进陷阱的危险。然而，连续行军将他们带到了法兰西军队的南部。法兰西军队以压倒性的数量优势挡住了英格兰军队通往加来的道路，因此，双方唯有决一死战。

1415年10月25日，阿金库尔战役中，泥泞的土地、法兰西贵族肆意的违抗命令及弓箭手差劲的射技，使英格兰军队异常轻松地获得胜利。亨利五世下令大肆屠杀俘虏。因此，法兰西王国的损失大大增加。在被杀的人中有康斯特布尔的阿尔布雷、阿朗松公爵约翰一世及"无畏的约翰"的两个弟弟布拉班特公爵安东尼和讷韦尔伯爵腓力二世。"无畏的约翰"本人拒绝加入对手阵营，他的两个弟弟布拉班特公爵安东尼和讷韦尔伯爵腓力二世当时只是碰巧赶到并承担了战败被杀的后果。死里逃生的囚犯中，最重要的是年轻的奥尔良公爵查理一世和布列塔尼公爵约翰五世的弟弟阿瑟·德·里什蒙。就亨利五世而言，除了继续撤退，在法兰西王国并没有立即获得优势。亨利五世急忙赶到加来，在那里登船返回了英格兰王国。

阿金库尔战役

为了荣耀，阿马尼亚克人不得不忍受战败带来的一切耻辱。巴黎人公开为他们的压迫者蒙受的耻辱而欢欣鼓舞，并且准备欢迎"无畏的约翰"。"无畏的约翰"向巴黎一路挺进，已经到达拉尼，但他失去了年轻时候的那种活力。阿马尼亚克的伯纳德七世在最近的事件中没有起到任何作用，他从南方赶到拉尼，并且立即采取措施压制市民对勃艮第人的同情。阿马尼亚克的伯纳德七世来得正是时候。1415年12月18日，因生活放荡而疲惫不堪的吉耶讷公爵路易斯去世。王位继承人现在是图赖讷公爵约翰，他是勃艮第人的后代。如果当时"无畏的约翰"能够成功到达巴黎，那么他控制巴黎政府将势在必得。然而，"无畏的约翰"失去了机会，在四个月按兵不动之后就撤退了。敌人嘲笑"无畏的约翰"，称他为"拉尼的约翰"。

1416年，英格兰军队并没有卷土重来，因为亨利五世的注意力全放在外交上。西吉斯蒙德离开了康斯坦斯，公开表示打算结束妨碍宗教会议工作的这次国际争端。然而，西吉斯蒙德对法兰西王国和英格兰王国的访问并没有取得预期的效果。两次访问的主要成果是西吉斯蒙德与亨利五世结盟，并且使亨利五世与"无畏的约翰"之间有了更好的谅解。在阿金库尔战役中，两个弟弟布拉班特公爵安东尼和讷韦尔伯爵腓力二世去世后，"无畏的约翰"发现很难再与英格兰王国保持任何联盟关系。与此同时，阿马尼亚克人在巴黎继续实行恐怖统治。公民被解除了武装，街道上的锁链和路障被拆除。一个严格的监控系统使政府能够发现和惩罚任何反抗企图。卡博什人的暴行与对手不相上下，所有野蛮行径不需要任何借口。阿马尼亚克人遇到了一个困难，那就是图赖讷公爵约翰在瓦朗谢讷的勃艮第公爵"无畏的约翰"手里。1417年4月，图赖讷公爵约翰死得很蹊跷，人们怀疑这是阿马尼亚克人的阴谋。唯一幸存的查理王子是路易二世的女婿[①]，他是在对勃艮第人的极度敌意中长大的，并且受到母亲巴伐利亚的伊萨博的极大影响。清醒的时候，查理六世注意到了妻子巴伐利

---

① 查理王子娶了那不勒斯国王路易二世的女儿安茹的玛丽为妻。——译者注

亚的伊萨博臭名昭著的不端行为，对她产生了怨恨。巴伐利亚的伊萨博对这种侮辱感到愤怒，与"无畏的约翰"结盟，并且在他的帮助下逃离了图尔。这鼓励了勃艮第人进行新的努力。巴伐利亚的伊萨博声称，查理六世在位期间，自己将担任丈夫查理六世的摄政王。在亚眠，巴伐利亚的伊萨博和"无畏的约翰"建立了一个委员会和议会，反对巴黎的那些"王位篡夺者"。法兰西王国的内战是在北方各省的一系列局部战斗中进行的，交战的每一方都因残酷的暴行而名誉扫地。

法兰西王国内战再次爆发后，1417年，亨利五世趁机再次进军诺曼底。除了在卡昂，亨利五世几乎没有遇到任何抵抗。与布列塔尼公爵约翰五世的停战协定，使亨利五世在法兰西王国西北部获得了稳固的控制权。外国入侵迫使法兰西王国各派之间进行谈判。1418年5月，一项协定将要达成之际，被阿马尼亚克及其残暴的盟友坦内吉·杜·查特尔撕毁。这是巴黎人无法忍受的。

市民高喊着"勃艮第和平"的口号。巴黎大门被打开，欢迎勃艮第骑兵入城。阿马尼亚克人被市民抓住并处死，但皇太子查理[①]成功地逃到默伦，与曾经坚守巴士底狱但失败的坦内吉·杜·查特尔及其追随者会合。巴黎革命给了勃艮第人在北方的优势地位，但皇太子查理在普瓦捷设立了委员会和议会。

革命的结果之一是把国防的重担强加给了"无畏的约翰"。巴黎人虽然是勃艮第人，但仍是法兰西人，他们的呼声迫使"无畏的约翰"对英格兰人采取措施。"无畏的约翰"护送精神失常的国王查理六世从圣但尼带走了军旗，并且在博韦安营扎寨，但没有做任何事情来解救鲁昂。1419年1月19日，鲁昂最终被迫投降。作为英王属地，诺曼底建立了一个系统化的政府。

鲁昂沦陷的消息唤起了法兰西的民族精神。巴黎和普瓦捷的两个议会联合起来，共同抵御外敌，要求国内和平。1419年5月14日，为期三个月的停火协议达成。然而，英格兰军队的胜利仍在继续，蓬图瓦兹的沦陷对巴黎构成了严重

---

① 即后来的法兰西国王查理七世。——译者注

"无畏的约翰"被杀

威胁。迫在眉睫的危险迫使敌对派系联合起来共同商定,皇太子查理和"无畏的约翰"之间应举行一次和谈,以最终解决所有分歧。

这对极端的阿马尼亚克人来说是一个巨大的打击,他们害怕失去权力,担心勃艮第人的复仇。坦内吉·杜·查特尔和同伙决定采取孤注一掷的行动,来结束一切和平的前景。1419年9月10日,蒙特罗桥上,"无畏的约翰"被皇太子查理的追随者奸诈地暗杀了。查理六世本人是否事先知道这一阴谋值得怀疑,但他与谋杀犯不断交往,谋杀事件发生后也就不可避免地成为同谋。

"无畏的约翰"之死对法兰西王国来说是致命的,它使迅速分裂的勃艮第派重新团结起来,并且暂时使民族的一切感情屈从于复仇的欲望。年轻的勃艮第公爵腓力三世认为是皇太子查理暗杀了父亲"无畏的约翰",发誓让皇太子查理永远坐不上法兰西的王位。巴伐利亚的伊萨博从来没有爱过自己的小儿子皇太子查理,毫不犹豫地加入勃艮第公爵腓力三世与英格兰人的紧密联盟。1420年5月21日的《特鲁瓦条约》将皇太子查理排除在继承权之外,规定亨利五世应娶瓦卢瓦的凯瑟琳为妻,他和他的后代应成为查理六世的继承人,而亨利五世应在岳父①查理六世在世时成为摄政王。担任摄政王后,亨利五世将诺曼底和其他所有英格兰征服地区重新统一到法兰西王国,并且发誓遵守法兰

勃艮第公爵腓力三世

---

① 亨利五世娶了查理六世的女儿瓦卢瓦的凯瑟琳为妻。——译者注

西王国的法律和习俗。对把法兰西纳入英格兰统治的提议,巴黎人无力进行任何抵抗,因为它已被勃艮第的拥护者控制,并且面临着来自蓬图瓦兹英格兰人的进攻危险。

《特鲁瓦条约》是与法兰西王国的一个派别签订的,而不是与整个法兰西王国签订的。为了实现这一条约,必须强迫阿马尼亚克人投降。此时,阿马尼亚克人得到了卢瓦尔河以南几乎所有省的支持,并且控制了卢瓦尔河以北的一些要塞。削弱阿马尼亚克人是英格兰王国和勃艮第人的首要任务。一些阿马尼亚克人控制的省很快就投降了。然而,默伦坚持了四个月,随着1420年战役的结束才沦陷。听到这些失败的消息,亨利五世不得不回到英格兰王国。1421年3月23日,克拉伦斯公爵托马斯留下指挥军队,在安茹的博热,他被法兰西和苏格兰联军击败并杀害。皮卡第发生了支持皇太子查理的起义。亨利五世的归来使英格兰军队重获胜利。当勃艮第公爵腓力二世在皮卡第镇压不满者时,英格兰人包围了法兰西北部阿马尼亚克人的主要据点——莫城。随着1422年3月

博热战役

亨利五世的葬礼

22日莫城的投降,卢瓦尔河以北盟军的优势地位得到了保证。在雇佣兵的带领下,一些冒险家留下来掠夺这个国家。此时,已经没有任何有组织的军事力量能够抵抗英格兰军队了。

1422年8月31日,当英格兰军队准备过河时,三十六岁的亨利五世因痢疾驾崩。1422年10月21日,不幸的查理六世驾崩,臣民流下了眼泪,因为查理六世从来没有统治过他们,所以也就从来没有压迫过他们。查理六世的家人都没有参加葬礼,唯一的送葬者是贝德福德公爵约翰,他现在是不到一岁的亨利六世的摄政王。亨利六世被庄严地宣布为法兰西王国和英格兰王国的国王。

1422年后的几年里，法兰西王国有两位国王——亨利六世，由叔叔贝德福德公爵约翰代表，首都是巴黎；查理七世，一个二十岁的青年，住在布尔日。《特鲁瓦条约》完全改变了查理七世的立场，他不再仅仅是一位肆无忌惮、名誉扫地的派别首领，而是一项民族事业的领袖，这洗去了蒙特罗谋杀案的污点。然而，除了亨利五世，当时几乎还没有一个法兰西民族征服过诺曼底，这其中肯定有一种民族情结使然。勃艮第公爵腓力二世拥有法兰西王国一半以上的财产，可能相对来说没有这种民族情结，但他的法兰西臣民有。斗争的结果一开始就注定了，因为所有长期的影响都是支持查理七世反对英格兰王国的。只有两件事才能确保查理七世取得胜利：第一件就是民族情结必须用火焰点燃，这是圣女贞德做的；第二件是勃艮第必须与英格兰分离，这迟早不可避

圣女贞德

免,既是由于利益的冲突,也是由于腓力二世的追随者给他带来的压力。亨利六世能够戴上法兰西王冠,一方面是由于勃艮第联盟,另一方面是由于民族团结的感情在一段时间内被国内的纷争和其给国家带来的苦难压倒。这一双重基础一旦瓦解,英格兰王国的实力就会随之下降,之所以能持续这么长时间,是由于两国领导人的不同。贝德福德公爵约翰是一位英勇的士兵和高明的外交家,在法兰西无人能与之匹敌。历史学家对查理七世的公正评价可能很低,而在关于查理七世的最新传记中,作者让我们相信查理七世是国王美德的典范。然而,这些美德是在逆境中发展起来的。当查理七世获得皇室头衔时,还太年轻,没有太多的从政经验,而且接受的训练对他也十分不利,容易遭受到臣民暴力犯罪行为的伤害。查理七世本人并不是个懦夫,但不喜欢战争,也不喜欢公开露面。布尔日和普瓦捷这两座重要城市的臣民仍然对查理七世忠心耿耿,但查理七世更喜欢洛什和希农这两座更适宜居住的城市。查理七世有优秀的顾问,在普瓦捷建立了议会和议事厅,由那些在1418年离开巴黎机构的最有能力的成员组成。战争期间,只要有建立一个文官政府的机会,那就一定会办得很好。然而,要对付这些文职顾问,必须借助像坦内吉·杜·查特尔这样残暴的冒险者,但查理七世太过软弱,既无法免除这些冒险者的职务,也无法掌控他们。文职顾问的逐渐消失使查理七世终于从阿马尼亚克派中解脱出来,并且为法兰西王国做出了卓越的贡献。然而,在统治的前七年,查理七世不得不用谦逊的手段来对付强大的力量。

在地理上,法兰西王国差不多被平均地划分开。巴黎、法兰西岛、诺曼底、皮卡第、香槟和所有勃艮第领地,连同西部的吉耶纳和加斯科涅,都承认了亨利六世。缅因和安茹是两派斗争的战场。当时缅因和安茹公爵路易三世不在意大利,正在努力争取那不勒斯的继承权。路易三世的母亲是阿拉贡的约兰德。阿拉贡的约兰德是查理七世的岳母①,在宫廷里是一位很有影响力的人

---

① 查理七世娶了阿拉贡的约兰德女儿安茹的玛丽。——译者注

奥尔良公爵查理一世被关在英格兰的伦敦塔

物。查理七世继承父亲查理六世驾崩前控制的省——图赖讷、多芬、贝里和普瓦图。奥尔良公爵查理一世被关在英格兰,但奥尔良人非常忠诚于他们的公爵查理一世,奥弗涅、里昂、波旁、朗格多克、吉耶纳和加斯科涅的东部也是如此。布列塔尼公爵约翰五世则摇摆不定,与查理七世和奥尔良公爵查理一世都关系密切。布列塔尼公爵约翰五世娶了查理七世的姐姐法兰西的琼,母亲纳瓦拉的琼是英格兰国王亨利四世的第二任妻子。布列塔尼公爵约翰五世的家庭对英格兰王国负有很大的义务,但他的臣民大多反对英格兰联盟;他的弟弟阿瑟·德·里什蒙曾是亨利五世在阿金库尔战役中的囚犯。阿马尼亚克人的领导者企图在布列塔尼发起一场支持彭蒂耶夫伯爵奥利维尔·德·沙蒂永-布洛瓦的叛乱，这一愚蠢的企图改变了约翰五世的态度。1423年，约翰五世承认亨利六世的王位，并且与贝德福德公爵约翰、勃艮第公爵腓力二世签订了条约。与此同时，通过迎娶勃艮第公爵腓力三世的妹妹勃艮第的安妮，贝德福德公爵约翰试图加强勃艮第和英格兰之间的联系。普罗旺斯、萨伏依、洛林三省虽不是法兰西王国的领土，但多年来，它们的地理位置一直影响着法兰西王国的政治。

勃艮第的安妮

普罗旺斯属于安茹公爵路易三世，迟早会支持查理七世。萨伏依公爵阿马德乌斯八世保持中立，并且试图扮演调解人的角色。洛林公爵查理二世是一位狂热的勃艮第拥护者，1418年，他被"无畏的约翰"任命为治安官。从那以后，阿拉贡的约兰德说服洛林公爵查理二世把女儿洛林的伊莎贝拉嫁给了她的次子安茹的勒内。

  有一段时间，大规模的战役几乎没有，只有两场战役值得一提。北部的一些地方，尤其是吉斯和伊夫里，支持查理七世，而皮卡迪则时刻准备反抗查理七世。在法兰西王国反对英格兰王国的战争中，作为法兰西王国的永久盟友，苏格兰王国为法兰西王国提供了重要的援助。苏格兰人布肯伯爵约翰·斯图亚特被任命为法兰西治安官，而道格拉斯伯爵阿奇博尔德·道格拉斯被封为图赖讷伯爵，他带来了许多雇佣兵。1423年，在克勒旺，英格兰人和勃艮第人击败了法兰西和苏格兰联军。1424年，一场更重要的战役爆发了。虽然英格兰军队

克勒旺战役

韦尔讷伊战役

包围了伊夫里,但驻守部队被全力解救。贝德福德公爵约翰亲自在韦尔讷伊与增援部队会合,把英格兰军队打得一败涂地。布肯伯爵约翰·斯图亚特、阿奇博尔德·道格拉斯和一些法兰西贵族被杀;缅因完全沦陷,皮卡第剩余的堡垒守军也被迫投降。

就在这个时候,贝德福德公爵约翰的计划搁浅并受到了威胁,因为他的弟弟格洛斯特公爵汉弗莱鲁莽自私,几乎与勃艮第彻底决裂了。勃艮第公爵腓力三世最大的目的,就是要把家族两个支系在荷兰的领土据为己有。荷兰伯爵威廉六世去世后,荷兰、埃诺和西兰岛传给了唯一的女儿埃诺的杰奎琳。勃艮第公爵腓力三世的另一个叔叔，布拉班特公爵安东尼去世后，留下两个儿子，约翰四世（其父布拉班特公爵安东尼去世后，成为布拉班特公爵）和腓力一世（其兄约翰四世去世后，成为布拉班特公爵）。勃艮第公爵腓力三世把埃诺的杰奎琳嫁给了布拉班特公爵约翰四世，从而把这两个家族合二为一。然而，他们的婚姻并不和谐，埃诺的杰奎琳逃离了丈夫布拉班特公爵约翰四世，向格洛斯特公爵汉弗莱求助。当得知格洛斯特公爵汉弗莱实际上已经娶了埃诺的杰奎琳，并且从教皇本尼狄克十三世那里获得了特许时，勃艮第公爵腓力三世勃

埃诺的杰奎琳与布拉班特公爵约翰四世的婚礼

然大怒。接着是一场漫长且复杂的争斗。格洛斯特公爵汉弗莱掌管了妻子埃诺的杰奎琳的领土，并且与支持布拉班特公爵约翰四世的勃艮第公爵腓力三世进行了殊死搏斗。贝德福德公爵约翰陷入绝望，为了安抚勃艮第公爵腓力三世，放弃了鲁瓦、蒙迪迪尔和佩罗讷等皮卡第城镇，并且允许勃艮第公爵腓力三世吞并勃艮第的欧塞尔和梅肯两郡。幸运的是，除了性格鲁莽、暴躁，格洛斯特公爵汉弗莱还很善变，为了迎娶埃莉诺·科巴姆，抛弃了妻子埃诺的杰奎琳。勃艮第公爵腓力三世可以自由地与堂弟①布拉班特公爵约翰四世商量，而不必受英格兰人的干涉。然而，格洛斯特公爵汉弗莱继续给贝德福德公爵约翰

格洛斯特公爵汉弗莱与埃莉诺·科巴姆

---

① 勃艮第公爵腓力三世父亲"无畏的约翰"是约翰四世父亲布拉班特公爵安东尼哥哥。——译者注

制造麻烦。贝德福德公爵约翰和叔叔亨利·博福特吵得很凶,不得不回到英格兰王国。从1425年12月到1427年春,贝德福德公爵约翰一直在英格兰王国进行和平使者的任务。

格洛斯特公爵汉弗莱的行为迫使勃艮第公爵腓力三世与查理七世达成协议,并且放弃英格兰王国。这条道路上的障碍已因坦内吉·杜·查特尔和其他同谋者在蒙特罗遭暗杀而扫除。勃艮第公爵腓力三世宣布永远不会原谅杀害父亲"无畏的约翰"的凶手,与勃艮第的谈判使阿拉贡的约兰德和查理七世足智多谋的顾问遭受驱逐。治安官的职位交给了阿瑟·德·里什蒙,从而使布列塔尼公爵约翰五世承认了查理七世的权威。查理七世现在可以宣称不再是阿马尼亚克的捍卫者,而是一个民族的统治者,与勃艮第和解似乎是这种变化自然而然、不可避免的结果。然而,因查理七世的性格弱点,所有法兰西爱国者的希望都暂时破灭了。查理七世年轻时总是受宠臣皮埃尔·德·贾克的操控。皮埃尔·德·贾克的妻子玛格丽特·德·波塞勒是"无畏的约翰"的情妇,她被雇来劝诱"无畏的约翰"到蒙特罗赴约。隐藏着这样的目的,皮埃尔·德·贾克自然会尽其所能阻挠与勃艮第的谈判。诺曼底战役失败后,阿瑟·德·里什蒙返回布尔日,对拯救法兰西王国失败感到愤怒无比。查理七世的宠臣皮埃尔·德·贾克在夜里被捉住,草草审判后就被淹死了。下一位新宠臣遭到了凶狠的治安官阿瑟·德·里什蒙的暗杀。查理七世不敢惩罚暴力行为,但他拒绝宽恕或信任暴力行为的煽动者阿瑟·德·里什蒙。恐吓失败后,阿瑟·德·里什蒙尝试一种新的方法来达到目的,介绍一位新宠臣乔治·特雷莫耶给查理七世。接下来的六年里,乔治·特雷莫耶成为查理七世及法兰西王国的邪恶天才,在宫廷里大权在握,但他背叛了恩人阿瑟·德·里什蒙,认为自己的升迁是应得的。阿瑟·德·里什蒙被逐出了布尔日,他的党羽和亲信之间爆发了一场小规模的内战。法兰西王国的情况似乎比以往任何时候都更令人绝望,与勃艮第和解失败。糟糕的是,布列塔尼公爵约翰五世孤军作战。1427年年底,布列塔尼公爵约翰五世与英格兰人达成协议,成为亨利六世的封臣。

通过不懈的外交努力，贝德福德公爵约翰成功地消除了前进道路上的困难。现在，亨利五世不仅同意亨利·博福特担任枢机主教，还同意他离开英格兰王国，去领导一场讨伐波希米亚胡斯派的十字军远征。格洛斯特公爵汉弗莱和勃艮第之间的争斗，因汉弗莱的新婚姻和埃诺的杰奎琳的合法丈夫布拉班特公爵约翰四世于1427年去世而终止。布拉班特公爵约翰四世的领地传给了弟弟布拉班特公爵腓力一世。腓力三世也许不是一位忠诚的盟友，只要允许随意吞并荷兰的各个省，他就绝不会犹豫半分。腓力三世与埃诺的杰奎琳的战争一直持续到埃诺的杰奎琳在荷兰、海纳特和西兰岛承认腓力三世为自己的继承人，并且授予腓力三世在这些省的直接管理权。卢森堡在格尔利茨的伊丽莎白手中，她是腓力三世叔叔布拉班特公爵安东尼的遗孀。格尔利茨的伊丽莎白与勃艮第家族没有血缘关系，她自己家族的一些成员本应继承公爵领地，但腓

布拉班特公爵腓力一世

力三世最终还是成功地占领了卢森堡,并且从格尔利茨的伊丽莎白那里买来了那慕尔。荷兰唯一不受勃艮第统治的省是海尔德兰公国和列日、乌得勒支主教辖区。

这样,勃艮第平定了下来。对手格洛斯特公爵汉弗莱抛弃埃诺的杰奎琳的愚蠢行为,以及布拉班特公爵约翰四世的去世,鼓舞着贝德福德公爵约翰对法兰西王国采取新的行动。1428年,贝德福德公爵约翰得到了索尔兹伯里伯爵指挥的军队的增援,并且计划展开一场大规模的战役,这不是过去四年里持续的地方性拥护者间的小规模战役。贝德福德公爵约翰决心围攻法兰西南部的要地——位于卢瓦尔河转弯处的奥尔良。占领奥尔良将牵涉到图赖讷、贝里和普瓦图的投降,而普瓦图正是查理七世王国的心脏地带。围城的重要性得到充分的认识,无论是进攻还是防御,交战双方都全力以赴。英格兰军队人数不多,不足以形成完全的封锁,但他们逐渐逼近。法兰西人试图切断由约翰·法斯托尔夫爵士护送的大量补给品,但法兰西军队在鲱鱼战役中失败了。这场小

鲱鱼战役

冲突似乎决定了奥尔良这座城市的命运。被围困的法兰西人派特使去见勃艮第公爵腓力三世，表示如果英格兰人撤退，法兰西人就投降。腓力三世急切地希望贝德福德公爵约翰接受自己的提议，但贝德福德公爵约翰回答说，不会再让别人去抢自己前期的战果。腓力三世非常气愤，命令部队撤退，由此英格兰—勃艮第同盟遭受第二次打击。

法兰西王国危在旦夕，查理七世却什么都没有做。乔治·特雷莫耶不允许查理七世和治安官谈妥条件，而苏格兰王国也无法及时赶到拯救奥尔良。在此危难之际，圣女贞德在希农出现了。在这样一个简洁的叙述中，不可能公正地描述圣女贞德的一系列戏剧性事件。我们能做的就是把主角圣女贞德的故事讲出来，而不去讨论她声称的超自然指引，也不去对她那非凡的性格和广泛的影响做过多的阐释。朝臣做了很大的努力把圣女贞德赶出王室。然而，圣女贞德已经给老百姓留下深刻的印象，并且对阿拉贡的约兰德影响很大。最终，圣女贞德与查理七世会面，承认查理七世是合法的国王，从而赢得了王室的信任。尽管查理七世从未向任何人表达过自己的疑虑，但他对这件事并非不感到奇怪。

经过一段时间的耽搁，1429年4月29日，圣女贞德率领一支强大的力量进入奥尔良。1429年5月4日，对英格兰阵地的进攻开始了；1429年5月8日，围城战开始。圣女贞德亲自把这个好消息告诉了在洛什的查理七世，并且坚持要查理七世同她一起到兰斯举行国王加冕典礼，因为查理七世还没有举行过加冕典礼。懒惰的国王和朝臣不愿意在这片长期被敌人占领的土地上进行漫长又危险的行军，但圣女贞德坚持己见。令欧洲吃惊的是，法兰西军队突然变得不可战胜。1429年6月18日，在什鲁斯伯里伯爵约翰·塔尔博特和约翰·法斯托尔夫爵士的领导下，大批英格兰军队在帕泰被击溃，一个又一个城镇向前进的法兰西军队敞开大门。在特鲁瓦，英格兰军队决心坚守阵地，但法兰西军队第一次攻城时，特鲁瓦人就揭竿而起，内外夹击迫使英格兰军队投降。1429年7月16日，兰斯收复；1429年7月17日，按照惯例举行了查理七世的加冕仪式。

圣女贞德率领援军到达奥尔良

圣女贞德进入奥尔良,受到奥尔良居民的欢迎

进军兰斯的大胆和成功给人留下了深刻的印象。圣女贞德声言要立即向巴黎进军,如果成功的话,巴黎很可能就会沦陷。因此,贝德福德公爵约翰陷入绝望。在诺曼底,反对英格兰统治的人越来越多,巴黎人的忠诚受到了质疑。为了得到一支军队,贝德福德公爵约翰不得不与枢机主教亨利·博福特达成协议。根据协议,为胡斯战争而集结的军队被转移到别处,对查理七世发动战争,这使马丁五世十分愤怒。为了保住巴黎,贝德福德公爵约翰不得不求助于勃艮第公爵腓力三世,并且通过让出莫城和任命一名勃艮第拥护者担任市长来换取支持。幸运的是,法兰西摄政大臣的阵营中出现了背叛和分裂。乔治·特雷莫耶和同伙急于破坏圣女贞德对查理七世的控制。大家都知道,圣女贞德曾劝乔治·特雷莫耶和治安官达成协议,把乔治·特雷莫耶从奸诈的谋士手中解救出来。谋士认为,法兰西的胜利将以他们自己的覆灭为代价。尽管年轻的领袖,如奥尔良公爵查理一世同父异母的弟弟让·德·迪努瓦,对圣女贞德十分忠诚,但年长的指挥官对被一个女孩控制感到愤怒。圣女贞德发现自己必须对付经常发生的阴谋,而且查理七世就是阴谋策划者之一。令查理七世永远感到羞耻的是,自己变成对付圣女贞德的帮凶。与勃艮第的谈判无疾而终,这为贝德福德公爵约翰和亨利·博福特的拖延提供了借口,他们调来军队保卫巴黎。然而,诺曼底起义迫使贝德福德公爵约翰向北撤退。圣女贞德最后成功地说服了王室军队前进。贡比涅、桑利斯和博韦相继投降。在博韦,主教皮埃尔·科雄因英格兰拥护者的身份被驱逐,他注定要为此报仇雪恨。然而,在圣丹尼斯,查理七世拒绝承担任何进一步的风险,尽管他的做法可能会促使巴黎人奋起反抗。圣女贞德失去了所有耐心,用一支志愿军进攻防御工事,但第一次就被击退了。圣女贞德回到圣丹尼斯,提议越过塞纳河,在其右岸发动新的进攻。令圣女贞德惊骇的是,这座桥已被王室议会下令摧毁了。要对付这种卑鄙的背叛是不可能的。查理七世撤退到卢瓦尔河,解散了圣女贞德的军队。圣女贞德好不容易才获准去进攻卢瓦尔河上的一些小地方,但打了几场胜仗,就被命令从拉沙里泰撤了回来。查理七世的大臣毫不掩饰地松了一口气。

尽管有这些痛苦与失望，查理七世的事业在1429年还是取得了巨大的进步，他挫败了奥尔良的进攻，收复了香槟和布里大部分地区。为此，北方人民蛰伏的忠诚受到了突然的刺激。这些成功也为勃艮第和英格兰之间的联盟注入了新的活力。腓力三世不再是亨利六世的忠实支持者，他也不准备默许查理七世的胜利，因为那是在没有他帮助的情况下获得的。此外，腓力三世对领土的贪欲一点也不知足，他知道，随着英格兰人陷入困境，援助的价值将会增加。贝德福德公爵约翰愿意用香槟来换取腓力三世的援助。的确，香槟已不再由英格兰人控制，而腓力三世不得不接受它，从法兰西人手中夺回它。对腓力三世来说，香槟很重要，因为它将把腓力三世的两个主要领地——佛兰德斯和勃艮第公国——联合起来。1430年，腓力三世派勃艮第军队再次包围了贡比涅。作为昔日珍贵的战利品，贡比涅受到威胁的消息把圣女贞德从不作为中唤醒了。没有得到查理七世的授权，圣女贞德就召集了一小群忠实的追随者，投身于被围困城市的反击之中，这是她最后一次参战。圣女贞德率领的一次突击被击

贡比涅之围

圣女贞德受伤被俘

退了，她还没来得及反败为胜就被包围了。1430年5月24日，在贡比涅的一次小冲突中，圣女贞德被勃艮第公国俘获。

从英格兰人的观点来看，仅仅抓捕圣女贞德是不够的；她给人们留下的印象必须抹去，她本人也必须名誉扫地，受到惩罚。那个时代的迷信和圣女贞德自己提出的对超自然力量的夸张控制，同样使人联想到对异端和巫术的指控。圣女贞德的敌人很自然地认为这些力量不是来自天上，而是来自撒旦。自诩为当时最高学府的巴黎大学，是第一个迫害圣女贞德的地方。他们要求在宗教裁判所之前对圣女贞德进行审判。宗教裁判所是教皇因诺森特三世在法兰西建立的，但后来就被人遗忘了。然而，牛津大学还没有完全在英格兰的掌控之下，他们有更合适的手段来对付圣女贞德。圣女贞德被俘的瓦兹河岸就在博韦的辖区内；鲁昂辖区主教是皮埃尔·科雄，一个被教区流放的人，一个野心勃勃的人，在贝德福德听候差遣。皮埃尔·科雄要求把犯人移交给他管辖，并且与波希米亚国王约翰一世及其宗主国进行了必要的谈判。平时，腓力三世也许更愿意保留这样一份珍贵的"奖品"，但住在布拉班特和林堡的堂弟腓力一世刚刚去世，他急于要继承王位。腓力三世的家族分支内维尔家族强烈要求分割遗产；贝德福德公爵约翰的介入可能是决定性的，因此，必须避免与英格兰人发生任何争斗。这笔交易很快就谈妥了，波希米亚国王约翰一世把圣女贞德带到阿图瓦，交给了宗主国，并且把法兰西的战利品卖给外国人的耻辱交易留给了勃艮第公爵腓力三世。1430年11月，这桩可耻的交易完成了。在审判的细节中，既有枯燥的经院哲学，也有恣肆的暴行，在此没有必要深入探讨。主审法官是博韦主教皮埃尔·科雄，自始至终听从贝德福德公爵约翰和枢机主教亨利·博福特的引导。1431年5月30日，在鲁昂的旧市集广场上，圣女贞德这位殉道者被烧死。

战争仍在继续。虽然盟军俘虏了最可怕的对手圣女贞德，但收效甚微。即使是贡比涅也成功地度过了六个月的围困。一支盎格鲁-勃艮第军队在香槟被击败了，腓力三世很是懊恼。在诺曼底，英格兰军队取得了一些胜利，但都被梅伦的失利抵消了。1431年，香槟、皮卡第、阿托伊斯和勃艮第再次燃起战火。描述那些通常只有无关紧要的部队参加的无数次小冲突和围攻是乏味且无益的。圣女贞德去世后，士兵解除了野蛮天性的一切约束。大多数军队首领都是唯利是图的冒险家，他们参加战斗，不是出于对某一方的忠诚，而是因为士兵只能靠掠夺来维持生活。法兰西军队的暴行是查理七世成功的最大障碍。各地的人民都倾向于回归对法兰西军队的忠诚，但人们犹豫是否要把自己的生命和财产托付给这些捍卫者。关于洛林继承权的重要争论使战争复杂化。1431年，洛林公爵查理二世去世后，女婿安茹的勒内已是巴尔公爵，继承了查理二

枢机主教亨利·博福特审问圣女贞德

圣女贞德被处以火刑

世的领地,但查理二世侄子①沃代蒙伯爵安东尼坚决反对,并且坚持认为洛林是自己的封地。查理七世派人去帮助安茹的勒内,而腓力三世则支持沃代蒙伯爵安东尼。1431年7月,安茹的勒内被俘,勃艮第人取得了彻底的胜利,但洛林人对沃代蒙伯爵安东尼怀有敌意。最终,安茹的勒内与沃代蒙伯爵安东尼妥协。安茹的勒内恢复了自由,沃代蒙家族也回到自己的领地,条件是沃代蒙伯爵安东尼的儿子沃代蒙伯爵腓特烈二世娶安茹的勒内的女儿安茹的约兰德为妻。

贝德福德公爵约翰充分意识到,英格兰的事业已在法兰西王国节节败退。为了激发巴黎人的忠诚,贝德福德公爵约翰把年轻的亨利六世带到巴黎加冕,这是他对兰斯加冕典礼的回答,但这并没有产生预期的效果。法兰西人感到愤慨的是,仪式的主要部分是由枢机主教亨利·博福特主持的,并没有由当地的教士主持。法兰西人抱怨税收没有减免,囚犯也没有释放。更严重的是,勃艮第对巴黎的疏远。1432年,贝德福德公爵约翰的妻子勃艮第的安妮去世。巴黎人非常喜欢勃艮第的安妮,但并不喜欢摄政王贝德福德公爵约翰。此外,勃艮第的安妮一直是丈夫贝德福德公爵约翰和哥哥勃艮第公爵腓力三世矛盾的调解人。不幸的是,不到五个月,贝德福德公爵约翰就另找了一位新娘——卢森堡的雅克塔,她是圣波尔伯爵彼得一世的女儿。对这桩婚事,腓力三世万分气愤,因为作为勃艮第的封臣,卢森堡的雅克塔并未征得自己的同意。枢机主教亨利·博福特试图促成贝德福德公爵约翰和腓力三世之间的和解,但没有成功。贝德福德公爵约翰和勃艮第公爵腓力三世被劝诱到圣奥马尔,但没有进行会面,两人的争斗也从未停止。

此时,法兰西王宫里也发生了重大事件。查理七世越来越厌恶独揽朝政大权的乔治·特雷莫耶。阿拉贡的约兰德组织了一场推翻查理七世的阴谋。乔治·特雷莫耶被关了起来,直到他的权力被削弱变得不再那么令人生畏为止。查理七世听到这个消息很害怕,但得知可怕的阿瑟·德·里什蒙不在时,又得到

---

① 洛林公爵查理二世是沃代蒙伯爵安东尼父亲沃代蒙伯爵腓特烈一世的哥哥。——译者注

了安慰。与对国家事业的忠诚相比,阿瑟·德·里什蒙粗俗的外表和粗暴的手段就显得微不足道了。直到1434年,查理七世才同意与治安官阿瑟·德·里什蒙和解。从此,法兰西王国开启了一个新时代。在阿拉贡的约兰德的指导下,王室议会进行了改革,为一些资产阶级大臣留出了一定的空间,后来的王国重组就是为这些大臣准备的。甚至查理七世本人也开始表现出不同寻常的精力,这种变化可能受到了情妇阿格尼丝·索雷尔的影响。历史学家总是不厌其烦地坚持认为,法兰西王国在15世纪的救赎应归功于两个女人,一个是圣人,另一个是罪人。

贝德福德和勃艮第之间的争斗,以及查理王朝对积怨和妒忌的镇压,消除了迄今为止妨碍查理七世和勃艮第腓力三世和解的最明显的困难。经过艰苦的谈判,双方同意于1435年7月在阿拉斯召开会议。如果英格兰人接受合理

阿格尼丝·索雷尔

的条件，腓力三世将尽其所能恢复王国的和平，那么大会的必然结果是极易预见的。亨利·博福特和英格兰使节拒绝了法兰西人要求亨利六世放弃法兰西王位的要求，并且离开了阿拉斯。剩下的事就全交给了腓力三世，因为他有资格按自己的要求去办事。请求赦免的是宗主国法兰西王国，批准赦免的是封臣国勃艮第公国。虽然腓力三世为自己和继承人得到了索姆河上的欧塞尔、迈森，但在一定条件下可能被查理七世赎回；阿拉贡的约兰德的继承人对布洛涅的继承权一直存有争议。此外，腓力三世将从对查理七世的尊敬和服从中解脱出来。如果查理七世先驾崩，查理七世的继任者就要向腓力三世致敬；但如果腓力三世先驾崩，腓力三世的继承人将成为查理七世的封臣。在这些过分的条件下，腓力三世同意忘掉过去一切恩怨，也就是父亲"无畏的约翰"的死。实际上，对腓力三世父亲"无畏的约翰"的死，查理七世供认不讳，并且与英格兰人早已结成防御同盟。1435年9月21日，查理七世和腓力三世签署《阿拉斯条约》，结束了勃艮第人和阿马尼亚克人之间的长期不和。1435年9月14日，贝德福德公爵约翰去世了。贝德福德公爵约翰活得够久了，目睹了大厦地基的坍塌，并且为之竭尽了全力。

第16章

法兰西王国君主制的复兴

精彩看点

1435年到1436年英格兰王国的灾难——巴黎沦陷——查理七世的大臣——1439年法令——布拉格党——组建常备军——英格兰王国的党派——1449年战火再起——收复英格兰统治的法兰西各省——查理七世的晚年——查理七世与太子路易的争斗——查理七世与勃艮第公爵腓力三世的关系——路易十一即位——路易十一的性格与政策——路易十一的首要举措——贵族对路易十一的疏离——路易十一与大胆查理的争斗——1465年公益同盟战争——《孔伦条约》——列日起义——路易十一收复诺曼底——佩罗讷会谈——法兰西王国、勃艮第公国与英格兰王国的关系——治安官圣波尔伯爵卢森堡的路易——法兰西王国与勃艮第公国之间再燃战火——贝里公爵瓦卢瓦的查理去世——1472年大胆查理改变政策——大胆查理侵吞德意志的领土——路易十一煽动敌人反对大胆查理——1475年爱德华四世侵略法兰西王国——圣波尔伯爵卢森堡的路易的命运——1476年大胆查理与瑞士邦联的战争——大胆查理去世——路易十一占领勃艮第——佛兰德斯人的行动——马克西米利安一世迎娶勃艮第的玛丽——1482年《阿拉斯条约》——路易十一的成就——法兰西的安妮摄政——继承布列塔尼——那不勒斯问题贝德福德公爵约翰之死和《阿拉斯条约》的签订是具有决定性意义的事件。英格兰王国在法兰西王国北部的势力曾一度依赖于勃艮第同盟，而这一同盟如今已无可挽回地失去了。腓力三世并没有答应积极援助查理七世，而且很可能遵守一个有利可图的中立原则。英格兰人对腓力三世的中立态度十分生气，他们侮辱查理七世的使臣，虐待居住在英格兰的法兰西臣民，想尽一切办法破坏佛兰德斯人的贸易。结果，不仅腓力三世被迫与之前的同盟英格兰王国为敌，而且迄今为止作为勃艮第与英格兰之间纽带的佛兰德斯市民也主动承担起战争的全部责任。勃艮第与英格兰王国的决裂既改变了法兰西王国北方各省的军事力量平衡，也改变了民众的情绪。诺曼底爆发起义，连亨利五世第一次征服的哈弗勒也向法兰西军队敞开了大门。勃艮第的治安官控制着法兰西岛的许多坚固堡垒，并以他们的公爵腓力三世反抗查理七世为榜样。1436年，治安官阿瑟·德·里什蒙强大到了足以攻击巴黎。

巴黎市民曾是勃艮第王国的拥护者，而非英格兰王国的；但他们最近因镇压措施而疏远了勃艮第王国。现在法兰西人控制着通往巴黎日常食物供应的水路，对饥荒的恐惧迫使巴黎市民采取行动。城门向治安官打开了，人群欢呼着"和平！国王和勃艮第公爵"。在巴士底避难后，英格兰驻军被允许体面地离开。议会和其他权力机构都回到了原住所，巴黎再次成为法兰西王国的首都。

巴黎的陷落似乎预示着英格兰在法兰西的统治即将崩溃。然而，这种普遍的期望落空了，战争又继续了十七年。许多因素共同阻碍了法兰西军队的发展。勃艮第公爵腓力三世提供的援助远没有预期的那么有效。腓力三世第一次对英格兰人对待他的方式感到愤愤不平，发誓要进行一次猛烈的报复。1436年，腓力三世率领一支庞大的军队攻陷加来，但军队大部分是佛兰德斯人，从来就不擅长侵略战争，在勃艮第统治下的相对和平时期，他们失去了大部分的军事才能。甚至在格洛斯特增援部队到来之前，围攻就已在一片混乱中失败了。

这一耻辱性的失败使腓力三世深感懊恼，与布鲁日公社的一次争斗转移了他对战争的注意力，促使腓力三世在1439年为了荷兰与英格兰人签订停战协定。比失去这样一个强大盟友更严重的是，法兰西王国的国力颓败和士气低落。近三十年来，法兰西王国经历了一场残酷的战争，内战、外敌入侵的恐怖和一些国家自身无法避免的灾祸交织在一起。法兰西最强大的军事力量是由阿马尼亚克最初招募的雇佣兵组成的。对法兰西王国来说，雇佣这些人被证明是一场灾难。除了指挥官，雇佣兵不承认任何权威，他们对指挥官的忠诚只能通过掠夺来换取，这些掠夺可以让他们贪婪地向朋友和敌人进行勒索。为了迫使不幸的农民交出他们的钱财，雇佣兵施加可怕的酷刑，这是恐怖成为常态的那个时代令人反感的事件之一。受害者称雇佣兵为"剥皮者"，这已几乎成为一个时代特有的称谓。法兰西王国的人口递减，同时遭受掠夺，英格兰人占领时期的各省受害最严重。英法双方的财政困难是战争持续的主要原因。当然，大规模的军事行动无法进行，所谓的战斗只是小规模的冲突。一支两千人的部队就可称得上是强大的军队了。孤立的雇佣兵领袖在这里打一仗，或者在那里占领一个城镇，只是为他们雇佣的士兵获取战利品，而不是为了获得任何决定性的优势。对这些雇佣兵指挥官来说，战争结束意味着毁灭和忘却，他们决不急于看到这样的结局。

为了使法兰西王国做好把外国侵略者赶出国土的最后准备，必须对那些曾经为查理七世统治时期创造真正荣耀的行政体制进行改革。历史上，查理

让·布罗

七世以"最好的行政服务"闻名于世。法兰西国内的进步主要应归功于大臣，而不是国王。阿瑟·德·里什蒙和让·德·迪努瓦完成了艰巨的任务，将自由松散的士兵转变为皇家控制下的纪律部队。加斯帕尔·布罗和让·布罗两兄弟改进了法兰西的大炮，使之成为欧洲最好的大炮，并且在此后的一个世纪一直保持卓越地位。然而，查理七世著名的顾问是布尔日商人雅克·柯尔。因与黎凡特人贸易获得巨额财富，雅克·柯尔的影响力越来越大。到目前为止，意大利和加泰罗尼亚的城市在地中海还没有真正可与之匹敌的对手。雅克·柯尔把马赛与威尼斯、热那亚和巴塞罗那相提并论。当国家财政空虚，几乎不可能通过征

雅克·柯尔

税来充实国库时，雅克·柯尔为查理七世提供军费，使其能够继续战争。作为回报，查理七世让雅克·柯尔担任王室的司库。在这一职位上，雅克·柯尔积极参与了法兰西王国金融管理的改革，特别是恢复了在战乱中遭受毁灭性贬值的货币体系。

到目前为止，最重要的一项统治措施是1439年由奥尔良总督府颁布的《武装部队法令》。《武装部队法令》序言部分指出了立此法令的目的是"纠正和制止长期以来游击部队任意压榨人民的暴行。以后若无皇家执照，谁也不可私自招募军队。所有的军长都要由国王任命，由国王决定士兵的人数和武器。掠夺是明令禁止的，而对军队的管辖权则掌握在王室法官的手中"。此外，《武装部队法令》还对军饷进行了重要的财政改革。贵族被禁止在领地上征收土地税，土地税必须向国王缴纳。因此，查理七世每年可收入一百八十万利弗。《武装部队法令》中没有规定土地税永久地向国王缴纳，也没有赋予确定税收比例的权力，却规定土地税的永久性是为了在必要时为国家的军事力量提供经费支持。查理七世的继任者认为，未经授权他们有权征收土地税，并且在不需要征得任何同意的情况下有权增加土地税。法兰西人对此默许是由于他们经历的苦难。长期的战争和游击部队可怕的剥削使人民疲惫不堪，他们渴望巩固君主制，唯有如此才能寻求恢复和平与秩序。奥尔良总督府的行动使国王获得了对国家力量和财政收入的绝对控制，使君主制在法兰西王国拥有了专制政权。英格兰人可能认为有序的政府和国家独立是以牺牲宪法自由为代价的，但它至少是可能的；如果英格兰人也处在这样的困境中，也会以相同的代价换取同样的和平与秩序。

尽管人民已接受王室权力的加强，但法兰西贵族敏锐地发现这会给他们的世袭特权带来危险。1439年，《武装部队法令》明确剥夺了法兰西贵族三种重要的权力：向自己的领地征税；在自己的权力下维持军队；进行私人战争。这导致王室军队对其镇压。在君主制变得过于强大之前，必须立即采取行动。1440年，在波旁公爵夏尔一世·德·波旁和阿朗松公爵约翰二世的领导下，一场可怕的阴谋活动形成了。法兰西王国几乎所有的大贵族都参与其中，除了忙于自己事务的勃艮第公爵腓力三世，还有国王查理七世的妻兄①安茹的勒内和缅因伯爵查理，甚至连让·德·迪努瓦也被维护其阶级利益的欲望诱惑，放弃了王室的事业。乔治·特雷莫耶从默默无闻中脱颖而出，抓住最后的机会来推翻可恨的治安官，来破坏这个国家。密谋主导者是太子路易②，他曾和父亲查理七世吵过架，理由是母亲安茹的玛丽被父亲查理七世的情妇阿格尼丝·索雷尔侮辱。太子路易那永不满足的野心，使其在政府中占有一席之地。和许多其他王位继承人一样，太子路易以王子的身份参与了反对查理七世的事业。起义的

---

① 安茹的勒内和缅因伯爵查理是查理七世妻子安茹的玛丽的哥哥。——译者注
② 即后来的法兰西国王路易十一。——译者注

贵族被称为布拉格党,加上最近在波希米亚发生的骚乱,乍一看起义似乎是不可战胜的,尤其是当游击部队首领都加入起义中来的时候。然而,查理七世表现出了出人意料的能力和决心,人民团结在他的一边,反对国家利益的贵族联盟瞬间瓦解。为了逃避惩罚,许多首领背叛了同伴,太子路易被流放。

对布拉格党的镇压使法兰西政府能够采取必要的步骤来执行1439年颁布的《武装部队法令》。1445年,法兰西王国建立了一支十五个连队的军队,每个连队的队长都由国王亲自挑选。每个连队有一百名持矛士兵,每位持矛士兵需要六人予以配合,即一名步兵、一名侍从、三名弓箭手和一名佩带短刀的步兵。这样,这支军队的总人数为九千人。每个队长任命时都要宣誓:"我对上帝和我们的女王发誓,我将维护正义,决不掠夺;我将坚决惩罚那些被指控有罪的罪犯;我将尽我最大能力救死扶伤。"这九千人是一支骑兵部队。三年后,即1448年的一项法令又设立了一支步兵部队。每个教区都要用公共费用来供养一名弓箭手。和平时期,他的生活费由教区承担;但服役时,他将从国王那里得到报酬。他们被称为"自由"弓箭手,因为国王免除了他们的地税和其他义务。除了这些军队,法兰西国王还有苏格兰卫队,他们是在查理七世统治初期与苏格兰的紧密联系中建立起来的,并且在1445年最终成立。还有高效的兄弟连——炮兵连和工兵连。这些军事改革完美地契合其目的,这从两方面得到了证明:一是完全停止了军事暴行;二是法兰西军队在打击敌对行动时取得了异常迅速的胜利。

当法兰西王国忙于这些改革和与《布尔日国事诏书》有关的教会争端时,英格兰王国却陷入内部纷争——玫瑰战争。格洛斯特公爵汉弗莱和枢机主教亨利·博福特之间的私人争斗是这场持久的党派斗争的起因。《阿拉斯条约》签订后,亨利·博福特及其支持者清楚地认识到,征服法兰西王国是不可能的,缔结和平条约是保护从亨利五世和贝德福德公爵约翰那里获得的部分行省的唯一手段。在狂热的暴徒的支持下,格洛斯特公爵汉弗莱极力反对和谈,坚持进行战争。很大程度上,两派的斗争分散了英格兰王国在1436年到1444年漫长战争中的精力。1441年,"和平派"成功解救了奥尔良公爵查理一世。自阿金库尔战役以来,奥尔良公爵查理一世就一直是一名囚犯,被囚禁期间创作的诗歌给他带来了慰藉,使他在文学史上获得了崇高的地位。三年后,即1444年,在"和平派"的领导下,萨福克公爵威廉·德拉波尔逐渐取代年老的枢机主教亨利·博福特,成功地达成了二十二个月的停战谈判,并且协商了亨利六世与安茹的勒内女儿安茹的玛格丽特之间的婚姻。婚礼于1445年举行,但在英格兰王国极不受欢迎。安茹的玛格丽特不仅没有带来嫁妆,还把安茹和梅恩交给了叔叔缅因州伯爵查理。安茹从来没有被彻底征服过,但缅因一直在英格兰人手中,州府勒芒仍有英格兰驻军。

由于害怕民众的愤怒爆发,萨福克公爵威廉·德拉波尔尽其所能使协议保密并推迟执行。然而,1448年,在休战数次延长之后,法兰西人的耐心耗尽了,一小股军队向缅因州府勒芒挺进,迫使英格兰驻军撤退。停战又延长了两年,但无法达成永久的条约,敌对行动的再次爆发是迟早的事。此时,法兰西

亨利六世与安茹的玛格丽特的婚礼

王国已完成内部重组的工作,而英格兰王国则毫无准备,被各种派系纷争搞得筋疲力尽。在这种情况下,英格兰王国主动挑起争斗是愚蠢的。然而,萨福克和博福特家族意识到,缅因的投降已使他们疏远了公众舆论,他们希望通过强有力的行动来解除反对派的武装,因此将勒芒的英格兰守军驻扎在诺曼底和布列塔尼边界上。

1449年3月24日,当停战协定仍然有效的时候,英格兰军队进攻并占领了富热尔的布雷顿镇。这一行动既不合时宜,又非常奸诈,不仅给了查理七世延续战争的借口,还疏远了布列塔尼公爵弗朗西斯一世。这位年轻的公爵对英法

布列塔尼公爵弗朗西斯一世

萨默塞特公爵埃德蒙·博福特与法兰西使者就投降事宜进行谈判

两国曾一度持友好的中立态度。弗朗西斯一世向宗主国求助。查理七世派兵进攻诺曼底。法兰西军队节节胜利，两个月内，攻占二十多个城镇。当鲁昂被围时，法兰西市民英勇反抗，包围了要塞里的英格兰守军。1449年10月19日，英格兰守军长官萨默塞特公爵埃德蒙·博福特被迫投降。1449年年底，除了海岸上的几个地方，英格兰人几乎失去了整个诺曼底。1450年，诺曼底海岸的几个地方也被占领。在英格兰王国，突如其来的军事失败激起了一阵义愤。奇切斯特主教亚当·莫林斯在朴次茅斯遇刺。萨福克公爵威廉·德拉波尔被亨利六世

萨福克公爵威廉·德拉波尔在海上被杀

流放，在海上被杀。杰克·凯德的叛乱只是普遍不满情绪的一个突出表现。约克公爵约克的理查从爱尔兰王国回来后，英格兰内战一触即发。然而，不管如何以之前的政府管理不当来为国内动乱进行辩护，都不足以保住英格兰昔日统治的法兰西各省。法兰西人从诺曼底把注意力转向了吉耶纳，南部的战役和北部一样迅速且成功。1451年8月26日，巴约讷投降。在法兰西王国，除了加来和邻近的吉讷和哈姆要塞，英格兰人一无所有。法兰西王国与英格兰王国有着长期的商业往来，但与查理七世的统治相比，法兰西人对英格兰人的统治更加刻骨铭心，这导致了1452年波尔多起义。什鲁斯伯里伯爵约翰·塔尔博特（又称老塔尔博特）率领一支英格兰军队前往波尔多。1453年7月17日，在卡斯蒂永战役中，老塔尔博特受挫并被杀，波尔多随后也被迫投降。

尽管通过恢复统一、独立和王国的相对秩序享有荣耀，但查理七世的晚年生活与幸福背道而驰。查理七世青年时代形成的阴郁、多疑的性格，随着年龄的增长越来越严重。1450年，情妇阿格尼丝·索雷尔去世后，查理七世整天

老塔尔博特被杀

与其他情妇在一起,远离政治。面对忠诚的大臣雅克·柯尔,查理七世表现出了之前对圣女贞德时表现出的那种玩世不恭的忘恩负义。许多朝臣嫉妒商人的影响,"像雅克·柯尔一样富有"几乎成了当时的一句谚语。所有对雅克·柯尔的指控,从通奸到毒害阿格尼斯·索雷尔,都是捏造出来的,目的是要毁灭他。雅克·柯尔的财产被没收了,在经过一场难以令人信服的审判之后,王室的仁慈将他的死刑减为终身监禁。雅克·柯尔从监狱逃了出来。在意大利,雅克·柯尔被尼古拉五世任命为教皇的战舰指挥官,谋划对土耳其人的战争。1456年,雅克·柯尔去世,并没来得及在军事领域一展拳脚。

雅克·柯尔被判终身监禁

统治后期，查理七世最大的问题是与大儿子路易之间的争斗。镇压布拉格党之后，父子俩出现了暂时的和解。太子路易回到宫廷。然而，查理七世对儿子始终有疑心。1446年，太子路易的另一个阴谋东窗事发，查理七世再次将他流放。从此，争斗变得不可调和，父子俩再也没有见过面。接下来的十年里，太子路易把自己的封地当作一个独立的公国来管理，在格勒诺布尔建立了自己的议会，在瓦朗斯建立了自己的大学。太子路易的宫廷成为所有不满王室政府者的避难所。为了加强对父亲查理七世的反抗，太子路易与萨伏依公爵路易一世缔结了亲密的同盟，并且娶了萨伏依公爵路易一世的女儿萨伏依的夏洛特为妻。查理七世与太子路易的争斗臭名昭著。教皇、阿拉贡国王和卡斯蒂尔国王

萨伏依的夏洛特

都曾提出过调解，但均徒劳而终。最终在1456年，查理七世派遣达玛丁伯安托万·德·夏巴纳率领军队迫使太子路易投降。太子路易自己没有足够的军事力量，而岳父萨伏依公爵路易一世拒绝冒险帮助他。无奈之下，太子路易逃到弗朗什-孔泰，投靠了勃艮第公爵腓力三世。在布拉班特，腓力三世隆重地接待了他，并且在热纳普为他安排了住所。太子路易在热纳普一住就是五年。

自从签订《阿拉斯条约》和徒劳无益地围攻加来以来，腓力三世几乎没有参与过法兰西王国的任何事务。腓力三世听任人民起义被镇压下去，把英格兰人赶出法兰西王国，没有帮助任何一方，尽管法兰西君主制对自己构成威胁。这些年来，腓力三世最感兴趣的是自己统治领土的扩张。佛兰德斯公民发现很难捍卫自由，因为统治者可以利用许多其他省的资源来对付他们。1437年布鲁日的起义被残酷镇压。1448年，更严重的叛乱在根特爆发，市民向查理七世求助。然而，由于重新发动对英格兰王国的战争，查理七世无暇干预。孤立无援的情况下，甘托瓦人进行了殊死抵抗。直到1453年，哈弗尔战役惨败，才使甘托瓦人投降。即使在那时，腓力三世也同意给予这些强大的对手十分宽松的谈判条件。这次胜利后，腓力三世又获得了卢森堡领地，这是在婶婶①格尔利茨的伊丽莎白去世后，反对拉迪斯劳斯·波斯图穆斯而取得的。拉迪斯劳斯·波斯图穆斯的母亲卢森堡的伊丽莎白是神圣罗马帝国皇帝西吉斯蒙德的女儿。尽管统治的领土广阔且富有，但腓力三世还是意识到自己有两个严重的弱点：一是各省之间没有社会或政治上的统一，只是通过服从共同的统治者而团结在一起；二是在地理上，各省被分成两个不同的单元。在荷兰和勃艮第之间有香槟和洛林，而腓力三世对这两个省没有任何法律权限。如果腓力三世要从北方首都布鲁塞尔到南方住所第戎，不得不经过外国的、可能是敌对的领土。

查理七世完全意识到在法兰西东部和东北部边境建立实际上独立的国家对法兰西君主制造成的危害。《阿拉斯条约》将查理七世晚年对法兰西领地宗

---

① 格尔利茨的伊丽莎白是腓力三世的叔叔布拉班特公爵安东尼的遗孀。——译者注

哈弗尔战役后，甘托瓦人投降

主权一直搁置，甚至驾崩时都没能恢复。当所属国强大到足以藐视宗主国的权威时，查理七世也是无能为力的。紧迫的危险是，腓力三世占领了皮卡迪最坚固的地方，使查理七世感觉到危险逼近巴黎。查理七世曾两次试图行使《阿拉斯条约》中保留的索姆河沿岸城镇权力，但都遭到了拒绝。法兰西和勃艮第势力之间的公开斗争不可避免，但查理七世厌倦战争，在他统治期间不允许有任何战争爆发。即使腓力三世如此招摇地欢迎反叛的太子路易，查理七世也不愿背离自己的和平政策。当听说自己那野心勃勃的儿子路易在布鲁塞尔受到接待时，查理七世表现出了一种冷酷的幽默感，说："腓力三世正在喂养一只狐狸，这只狐狸有朝一日会把他当鸡吃掉。"

当得知父亲查理七世于1461年7月22日驾崩的消息时，太子路易还在热纳普。据说，查理七世怀疑食物中有毒，所以活活把自己饿死了。很有可能的是，他那可疑的胆怯是由不幸的查理六世遗传下来的一种精神错乱的外部表征。在太子路易在兰斯举行的加冕典礼和正式进入巴黎的仪式上，腓力三世扮演了重要的角色。的确，根据《阿拉斯条约》，腓力三世确实为了自己的法兰西封地向路易十一表示了敬意。然而，在这种情况下，这种敬意似乎有点讽刺意味。在人们的眼中，腓力三世是强有力的保护者，他名义上的宗主国是他的亲信。太子路易虽然继承查理七世的王位，被称为路易十一，但仍然被看作是布拉格党的首领，勃艮第公爵领地的逃亡客人。路易十一最初的行动似乎符合过去指导他行动的原则，他把贝里公国作为封地送给了弟弟瓦卢瓦的查理。腓力三世的儿子和继承人大胆查理管理诺曼底所有重要省。布列塔尼公爵弗朗西斯二世获得了下塞纳河和卢瓦尔河之间地区的管理权。路易十一父亲查理七世的忠实仆人让·德·迪努瓦被解雇了；达玛丁伯爵安托万·德·夏巴纳被关进了监狱。这些职位就这样被授予了那些支持路易十一反对已故国王查理七世的追随者。法兰西的封建贵族似乎终于找到了一位为他们的利益，而不是为国王的利益去治理国家的国王。实际上，路易十一统治的历史充满封建贵族痛苦、失望的记忆。

路易十一也许是15世纪历史上人们十分熟悉的人物,他的性格一直是通过菲利普·德·科米纳来描述的;肖像画则由沃尔特·斯科特爵士向英格兰读者描绘。路易十一是新式君主的模范,是尼科洛·马基雅维利在一篇系统论述中提出的意大利式治国方略的精明学生。根据乔治·夏特兰的说法,路易十一是"宇宙蜘蛛";"他的阴谋诡计形成了一张以自己为中心的大网。不允许任何对道德、骄傲或仁慈的考虑妨碍他达到目的。路易十一一生勤奋不止,对人性的弱点有着敏锐的洞察力。"没有人比路易十一更费力气去争取一个可能对他有益或有害的人。路易十一唯一的缺点就是说话刻薄,对不守规矩者的纵容常常使其陷入困境。路易十一生性多疑,虽愿意听取别人的意见,但最终还是按自己的想法行事;仆人必须是自己的工具,因为在路易十一看来,独立就是背叛。路易十一什么也不忘记,什么也不原谅,甚至能掩饰自己的愤怒。用菲利普·德·科米纳的话来说,"路易十一是贵族的敌人,尽管贵族的力量可能超过路易十一,但路易十一天生就是平民的朋友"。这句话不能被误解,路易十一并不是为了提升下层阶级或扩大他们的自由而压迫贵族。对路易十一来说,市政独立就像贵族特权一样可恨。一切都要服从国王。路易十一统治时期的卓越成就是中央集权战胜了法兰西的分裂倾向。资产阶级的个别成员是他最喜欢利用的人。对阶级本身,路易十一什么也不需要做,因为人民意识到生活在一个强大君主制度的统治下,会比在一个自私的、分裂的贵族阶层统治下更好。

菲利普·德·科米纳告诉我们路易十一是"最聪明的国王,能够扭转因错误举措而造成的困局"。统治初期,路易十一的错误举措并不少见。为了得到梦寐以求的权力,路易十一采取了大胆的行动,这导致他树敌很多,但路易十一并没有停下来考虑这些强大的政敌联合起来可能会给自己带来危险。路易十一开始统治时的复仇精神,很快让位于增加权力的坚定目标。路易十一没有通过预期的税收减免来安抚人民,而是对葡萄酒的销售征收了新的费用。路易十一废除了《布尔日国事诏书》,这激怒了教士,因为在过去的二十三年里,《布尔日国事诏书》使法兰西教会获得了很大程度的独立地位。然而,路易十一强烈的权威感阻碍了教皇权力的恢复。路易十一统治后期,教会的无政府状态盛行。罗马教廷认为《布尔日国事诏书》无效,但巴黎议会的行为好像《布尔日国事诏书》仍然有效一样。根据不同的需要,路易十一调整自己的行为来安抚教皇和臣民。

路易十一统治的主要不满来自封建贵族,他颁布法令规定:打猎是王权所有,禁止私人设有猎区。这条法令引起了贵族的强烈反感。对贵族来说,打猎不仅是生活的主要内容,而且是地位的象征。大公尤其觉得委屈,波旁公爵夏尔一世·德·波旁被剥夺了吉耶纳的统治权,他曾在这里滥用职权。路易十一和布列塔尼公爵弗朗西斯二世争论不休,焦点是对公国的效忠,以及弗朗西斯二世对未分配福利收入的权力范围。弗朗西斯二世与爱德华四世开始谈判,试图恢

波旁公爵夏尔一世·德·波旁

爱德华四世

大胆查理

复盎格鲁-勃艮第同盟。发现这些计划后,为了自卫,路易十一被迫从大胆查理手中收回诺曼底管理权。与此同时,为了削弱大胆查理的权力,路易十一给了他适当好处,并且在勃艮第宫廷里挑起内乱。在流放的五年里,路易十一与腓力三世宠臣——克罗伊的安东尼和希迈的约翰建立了亲密的关系。

克罗伊的安东尼和希迈的约翰的日益增长的权势及与路易十一的结盟,唤醒了大胆查理的仇恨。在这个问题上,大胆查理和父亲腓力三世争吵很激烈。大胆查理离开布鲁塞尔并在荷兰定居下来。大胆查理的缺席使路易十一在克罗伊的安东尼和希迈的约翰的帮助下,说服了腓力三世同意赎回索姆镇,并且获得了约定的四十万克朗①。对自己遗产的缩减和法兰西边境的扩张,大胆查理更加愤怒。1464年的事件使大胆查理得以反败为胜。据说,路易十一的一个密使曾在荷兰密谋绑架大胆查理。虽然这可能毫无根据,但促成了腓力三世和儿子大胆查理之间的部分和解。路易十一向布拉班特派出大使谴责谎言,要求谎言的制造者投降,但法兰西大法官言辞非常专横,唤醒了腓力三世的骄傲与自负之心,不仅要求遭到拒绝,甚至连与法兰西利益一致的宠臣克罗伊的安东尼都被羞辱一顿后驱逐出法庭。如今,腓力三世年事已高,身体虚弱,听任鲁莽的儿子大胆查理掌管政府大权。大胆查理,无论是同时代的人,还是子孙后代,都一致称他为"无畏王"或"莽汉"。对路易十一的计划来说,这是一次严重的打击。大多情况下,大胆查理是一位独立的王子,而不是法兰西的附庸。在两种身份下,通过鼓励封建大贵族的独立来削弱法兰西的君主制是大胆查理的利益所在。以后几年里,大胆查理奉行的政策,用他自己的话说就是:"我要六位国王,而不是一位!"

1465年,与勃艮第的联合鼓舞了头戴百合花的公爵采取积极措施反对君主制。波旁公爵让二世·德·波旁是这场阴谋主要的组织者,他是布列塔尼公爵弗朗西斯二世和大胆查理这两位最有权势联盟之间的谈判代表。协调一致后,波旁公爵让二世·德·波旁派贝里公爵瓦卢瓦的查理,一个十九岁的青年前往布列塔尼,将扮演路易十一本人在布拉格叛乱中充当的角色。让·德·迪努瓦和大多数被路易十一草率打发的查理七世时期的忠臣聚集到弗朗西斯宫廷。一封以贝里公爵瓦卢瓦的查理名义起草的公开信或宣言写给勃艮第公爵腓力三世。南方联盟在声明中谴责路易十一的暴虐统治对人民的福利是有害的。这种用公共精神来掩盖私人目的的宣言,足以使他们获得"公益同盟"的称号。路易十一意识到危险的来临,试图增强自己的力量予以反击。萨伏依公爵阿马德乌斯九世是路易十一的妹夫②。路易十一割让热那亚以换取弗朗

---

① 一种面值为5先令或25便士的英格兰王国硬币,现在仅作为纪念品铸造。——译者注
② 萨伏依公爵阿马德乌斯九世娶了路易十一的妹妹瓦卢瓦的约兰德。——译者注

洛林公爵约翰二世

沃里克伯爵理查德·内维尔

切斯科一世·斯福尔扎的援助。然而，这破坏了那不勒斯安茹家族的事业，洛林公爵约翰二世渴望复仇，率领意大利和瑞士的雇佣兵来帮助公益同盟。英格兰王国本能为路易十一提供比其他任何国家都更有效的援助，但没有那样做。路易十一赢得了沃里克伯爵理查德·内维尔——一位显然无所不能的国王缔造者的支持，他希望在沃里克伯爵理查德·内维尔的帮助下，诱使爱德华四世与法兰西联姻。然而，爱德华四世更喜欢圣波尔伯爵卢森堡的路易的外甥女①伊丽莎白·伍德维尔。圣波尔伯爵卢森堡的路易正在指挥勃艮第军队入侵皮卡第。这桩婚姻对沃里克伯爵理查德·内维尔和路易十一的利益都是一个打击。路易十一发现自己在法兰西几乎被孤立起来，多菲内对自己很忠诚，

---

① 伊丽莎白·伍德维尔母亲卢森堡的雅克塔是圣波尔伯爵卢森堡的路易的姐姐。——译者注

而舅舅①缅因伯爵查理则在布列塔尼边境上与叛军作战。在巴黎,路易十一安抚了市民,但大多数城镇都在观望,看哪一方会更强大。这种情况下,路易十一觉得把一切都押在巴黎的忠诚上是危险的,于是决定进攻,而不是坐以待毙。部分皇家军队优先支持当地领主,但大部分的人忠于路易十一。拥有训练有素、装备精良的部队是路易十一的一大优势,因为这支正规部队比那些匆匆招募来的雇佣兵要强得多。路易十一的第一次回击是反对波旁公爵让二世·德·波旁,因为他是最强大的对手。在取得很大的进展时,路易十一听说大胆查理正向巴黎逼近。路易十一本希望避免两军正面交战而进入首都巴黎,但偶然或者是背叛使两军遭遇,双方一决高下已不可避免。蒙特赫里战役是一

蒙特赫里战役

---

① 缅因伯爵查理为路易十一母亲安茹的玛丽的哥哥,所以缅因伯爵查理为路易十一的舅舅。——译者注

次小冲突，双方都没有显示出任何军事能力。双方军队的左翼都遭到直接的攻击，因此谁也没有获胜。大胆查理声称自己的军队占领了那片土地，自己取得了胜利，但实际上他损失更大。路易十一进入巴黎，这是他取得的唯一实际成果。不久之后，来自西北的贝里公爵瓦卢瓦的查理、布列塔尼公爵弗朗西斯二世及来自东南的洛林公爵约翰二世都加入公益同盟。在公爵人数上，路易十一明显处于劣势。然而，由于相互的妒忌和个人利益冲突，公爵之间产生分歧，协调一致的行动很难达成。因为迫切需要增加兵力来保卫巴黎赖以生存的塞纳河、马恩河和约讷河的河谷，路易十一不得不远征诺曼底。不过，这样做巴黎会面临危险，于是路易十一又带着一万两千人的军队和给养回到了巴黎。按照弗朗切斯科一世·斯福尔扎的建议，路易十一试图通过单独谈判来分裂对手。然而，有一个要求，那就是把诺曼底的管理权还给贝里公爵瓦卢瓦的查理，路易十一坚决拒绝。诺曼底不仅是最大、最富有的公国，还可连接并牵制两个最强大的敌对公国布列塔尼和勃艮第。如果诺曼底、布列塔尼、勃艮第这三个公国团结在一起，巴黎就会失去对它们的控制。虽然三个公国联合是路易十一谈判的绊脚石，但鲁昂已经背信弃义地向对手路易十一投降了。

路易十一立刻决定，既然灾祸已经造成，最好还是结束目前的战争，把希望寄托在将来的机会上，以便挽回损失。1465年10月，条约在孔伦起草，最终在圣莫代福塞签署。"公众的福利变成个人的福利。"公爵们一开始提出的那些目标，没有人去执行。路易十一的行为显然是站不住脚的，对《布尔日国事诏书》只字不提。最重要的条款是索姆归还给勃艮第公国，在大胆查理和直系继承人去世后及诺曼底割让给贝里公爵瓦卢瓦的查理之前，不得再赎回。几乎公益同盟的每位成员都得到了路易十一的一些让步。布列塔尼公爵弗朗西斯二世将拥有蒙特福特和埃塔普勒及他关于教会收入的所有权，圣波尔伯爵卢森堡的路易被封为治安官，洛林公爵约翰二世在洛林得到一定的财产，安茹家族的事业由原本的军费来支持，查理七世的旧臣都恢复了地位。百合花王子似乎赢得了对君主制的彻底胜利。

路易十一知道需要等待时机。公益同盟的成功，彻底瓦解了将联盟军队团结在一起的纽带，它们团结在一起是不可抗拒的。如果彼此分离，路易十一就有希望夺回失去的东西。早在巴黎被围时，路易十一那敏锐的眼睛就已经察觉到了联盟成员间那深藏的妒忌，这将给他一个报复的机会。路易十一早已为勃艮第军队谋划了一块可占领之地。荷兰的心脏地带坐落着列日教会公国，由其主教作为帝国的封臣来统治。地理位置决定了将其吞并或完全独立都是不可能的。和现在一样，当时的列日以铁制品闻名于世，而且是中世纪欧洲最民主的公社。富裕的工匠不断反抗主教的统治。勃艮第公爵腓力三世的政策是支持主教，帮助主教对付反叛的臣民，以维持对主教的控制。列日主教路易斯·德·波旁是一位放荡的青年，完全听命于舅舅[①]勃艮第公爵腓力三世，因为他的主教头衔就是叔父给的。市民向法兰西王国寻求援助，因为法兰西王国是他们农产品的主要市场。战争一开始，路易十一就在列日组织起义。当工匠得到勃艮第军队在蒙特尔赫里完全溃败的谎报后，起义就发动了。迪南是列日教会公国的第二城市，墙上挂着大胆查理的肖像，并且写着"私生子"的字样，这引起了腓力三世的极度不满。《孔伦条约》签订之后，大胆查理带领军队进入列日平息混乱，并且惩罚这种侮辱行为。然而，为时已晚，大胆查理无法再采取任何行动。在迫使列日接受"可怜的和平"之后，大胆查理暂时放弃了入侵迪南的事业，但限制了迪南的自由，大胆查理在1465年冬天解散了军队。1466年，入侵重新开始，年迈的腓力三世随军亲征，以享受复仇的乐趣。迪南被夷为平地，列日因违反条约被迫缴纳巨额罚款，并且交出五十名有名望的市民作为人质。尽管发生了这些逆转，列日市民仍然顽强地抵御外部侵略，并且坚信法兰西会提供援助。1467年6月15日，腓力三世去世后，大胆查理成为勃艮第公爵，领导了对列日长达一年之久的远征。在圣特隆城下，一场顽强的战斗以勃艮第人的胜利告终。列日仍被围困，遭到分裂和恐吓的市民最终同意投降。列

[①]　路易斯·德·波旁的母亲勃艮第的阿格尼丝是勃艮第公爵腓力三世的妹妹，所以勃艮第公爵腓力三世是路易斯·德·波旁的舅舅。——译者注

列日遭大胆查理的军队洗劫

日城墙被夷为平地，城市的自由体制被废除。大胆查理的成功给人留下了深刻的印象。根特在他"高调进驻列日"时起义，赢得了更多的特权，并且及时以妥协来安抚大胆查理。当时，法兰西王国封建独立的领导者大胆查理，似乎有可能在自己的领土上建立专制政府。

当大胆查理第一次征战列日时，路易十一就抓住机会挽回了自己的损失。《孔伦条约》一缔结，贝里公爵瓦卢瓦的查理和布列塔尼公爵弗朗西斯二世就一起出发去占领诺曼底。然而，因战利品的分配问题，胜利的同盟军争吵不休。懦弱的贝里公爵瓦卢瓦的查理对盟友布列塔尼公爵弗朗西斯二世的自命不凡感到愤怒，因为盟友抢占了诺曼底公国中最有价值的地方。路易十一立即利用了这场争斗，和愤怒的布列塔尼公爵弗朗西斯二世在卡昂签订条约，并且派遣皇家军队进驻鲁昂。后来，这两位"事后诸葛亮"类型的公爵消除了之间的分歧，决定在布列塔尼设法夺回因他们的愚蠢而失去的东西。他们向英格兰国王爱德华四世和大胆查理请求援助，而路易十一清醒意识到了这种联盟的危险性。在随后错综复杂的谈判中，路易十一打出了两张王牌。其中一张是路易十一在英格兰获得了沃里克伯爵理查德·内维尔的支持，尽管沃里克伯爵理查德·内维尔当时的影响力正在减弱，甚至无法阻止大胆查理与约克的玛格丽特的婚姻，但他的影响力还足以在一段时间内阻止英格兰王国对法兰西王国采

约克的玛格丽特

取任何积极的干预行动。正如我们看到的，路易十一能够通过在列日挑起不满来阻碍勃艮第的行动。路易十一的最高目标是把勃艮第和布列塔尼分开，而且他不断地提出：如果大胆查理愿意让他来全权处理布列塔尼公爵弗朗西斯二世和贝里公爵瓦卢瓦的查理的事务，他就放弃列日的事业。然而，大胆查理太精明了，不会同意这种单方面的交易。路易十一被迫使出了另一个诡计。1468年，路易十一贿赂了弟弟贝里公爵瓦卢瓦的查理和布列塔尼公爵弗朗西斯二世，让他们在没有与大胆查理商量的情况下单独签订了一份条约。然后，路易十一迅速将他们背信弃义的事实告诉了大胆查理，相信两人定会受到大胆查理的惩罚。使节没能成功地与大胆查理进行和谈。路易十一决定运用自己的外交手段解决问题。

听说法兰西国王路易十一从封臣那里得到了无条件的安全保护，还冒险在佩罗讷不顾个人安危，进行了一次会谈时，欧洲那些有经验的政治家都大吃一惊。然而，由于过度自信和对大胆查理能力的轻视，路易十一又踏出了"错误的一步"。大胆查理完全忘记了路易十一的密使正在重新点燃列日叛乱的余烬。当大胆查理还是路易十一在佩罗讷的客人时，有消息传来，市民抓住了主教，并且野蛮地杀害了几个分教会的成员。大胆查理非常愤怒，他那些谨慎的顾问努力劝阻他不要对领主路易十一采取措施。路易十一的父亲查理七世曾被指控谋杀了勃艮第公爵无畏王约翰。无畏王约翰的孙子大胆查理很可能不会因为去杀一位法兰西国王而退缩。路易十一现在被软禁，只有同意大胆查理提出的一切条件，才能摆脱危险处境。路易十一不得不蒙受耻辱，陪同勃艮第军队第四次远征列日，并且参与摧毁这座城市的行动。路易十一的主要错误是过于自信。如果大胆查理要求把诺曼底归还给贝里公爵瓦卢瓦的查理，路易十一几乎不可能拒绝。然而，大胆查理没有忘记1468年年初布列塔尼公爵弗朗西斯二世的所作所为，更急于通过与法兰西国王路易十一重新结盟来巩固自己的地位，而不是削弱路易十一的权力。大胆查理没有选择诺曼底，而是要求将香槟和布里割让给路易十一的弟弟贝里公爵瓦卢瓦的查理。脱离了布列塔尼，

大胆查理与被软禁的路易十一

贝里公爵瓦卢瓦的查理很难不成为大胆查理的工具。同时，在一位顺从的盟友手中，这些省将会把荷兰和最初的勃艮第属地连接起来。路易十一不得不向大胆查理妥协。然而，在摆脱困境之前，路易十一敏捷的头脑里已经想出了一种躲避危险的方法。在与大胆查理的临别谈话中，路易十一随口提出了一个问题，说他的弟弟贝里公爵瓦卢瓦的查理也许会拒绝接受大胆查理提供的封地，并且问大胆查理该怎么办。大胆查理不假思索地回答说，如果那样，他必须让路易十一来满足贝里公爵瓦卢瓦的查理的要求。路易十一把这些草率的话当作权威，单独与贝里公爵瓦卢瓦的查理进行协商。路易十一刚安全回到法兰西王国，就把吉耶纳公国让给了弟弟贝里公爵瓦卢瓦的查理。比起香槟，吉耶纳是一个更富裕、更重要的省，对法兰西王室来说是一个更大的损失。然而，吉耶纳与两位危险的王位竞争对手勃艮第公爵大胆查理和布列塔尼公爵弗朗西斯二世的领地相距较远。同时，路易十一知道，单凭弟弟贝里公爵瓦卢瓦的查理构不成任何威胁。贝里公爵瓦卢瓦的查理接受了路易十一的贿赂。因此，佩罗讷条约中最重要的条款从未生效。

用吉耶纳代替香槟，使路易十一从佩罗讷不合时宜的访问中解脱出来，但并没有消除他前进道路上的巨大困难。勃艮第公国和布列塔尼公国一如既往的强大和独立，获得法兰西王国所有希望限制王权的封建贵族的支持。糟糕的是，勃艮第公国和布列塔尼公国可以求助于英格兰国王爱德华四世，而爱德华四世最近却把妹妹约克的玛格丽特嫁给了大胆查理，这足以证明英格兰王国对法兰西王国的彻底疏远。显然，对路易十一来说，使自己免于英格兰王国一方的危险极其重要，而且目前的事态似乎更有利于他的计划。曾经拥护哥哥爱德华四世的克拉伦斯公爵乔治·金雀花娶了沃里克伯爵理查德·内维尔的大

克拉伦斯公爵乔治·金雀花

女儿伊莎贝尔·内维尔为妻,而沃里克伯爵理查德·内维尔现在和爱德华四世完全决裂了。对沃里克伯爵理查德·内维尔和女婿克拉伦斯公爵乔治·金雀花来说,爱德华四世仍然非常强大。1470年,沃里克伯爵理查德·内维尔和克拉伦斯公爵乔治·金雀花不得不到法兰西王国寻求庇护。路易十一抓住机会促成了表妹①安茹的玛格丽特和那个曾经毁了兰开斯特事业之人沃里克伯爵理查德·内维尔的和解。沃里克伯爵理查德·内维尔的二女儿安妮·内维尔嫁给了命途多舛的威尔士亲王威斯敏斯特的爱德华。威尔士亲王威斯敏斯特的爱德华是约克家族的前领袖,曾致力于重振兰开斯特家族。这样一种非凡的、意想

沃里克伯爵理查德·内维尔跪在安茹的玛格丽特面前表示臣服。安茹的玛格丽特与其和解

---

① 路易十一母亲安茹的玛丽是安茹的玛格丽特的父亲安茹的勒内的妹妹,因此安茹的玛格丽特为路易十一的表妹。——译者注

葡萄牙的伊莎贝拉

不到的联合,在英格兰王国轻而易举地引起了一场革命。从监狱里出来后,亨利六世又当了几个月的国王。在妹夫大胆查理的领地勃艮第公国,爱德华四世寻求安全与帮助。大胆查理发现自己被这些事件弄得左右为难。因为母亲葡萄牙的伊莎贝拉是支持兰开斯特家族的冈特的约翰的后裔,所以大胆查理在宫廷里庇护了兰开斯特家族的许多重要贵族。最近的事件迫使冈特的约翰与爱德华四世结盟,但这是由政策而不是善意决定的。如果亨利六世的复职是永久性的,那么大胆查理就有希望获得兰开斯特贵族的支持,这样就不会受沃里克伯爵理查德·内维尔和安茹的玛格丽特的法兰西军队控制。同时,爱德华四世是大胆查理的内兄[①]，而且现在爱德华四世是在勃艮第避难。如果大胆查理与爱德华四世断绝关系，那么一旦爱德华四世夺回王位，大胆查理就再也没有希望得到英格兰人的帮助了。大胆查理以当时特有的方式摆脱了这个困境，公开宣称自己对兰开斯特家族的忠诚，但私下里，大胆查理帮助爱德华四世返回英格兰王国。克拉伦斯公爵乔治·金雀花对恢复兰开斯特王朝毫无兴趣，而兰开斯特的支持者对沃里克伯爵理查德·内维尔的敌意又难以掩饰。这一切使爱德华四世接连战胜了敌对联盟的两大主要成员。1471年4月14日，内维尔家族在巴尼特被摧毁，沃里克伯爵理查德·内维尔被杀。三个星期后，即1471年5月5

沃里克伯爵理查德·内维尔在巴尼特被杀

---

① 爱德华四世将妹妹约克的玛格丽特嫁给了大胆查理。——译者注

蒂克斯伯里战役

日，安茹的玛格丽特及其追随者在蒂克斯伯里遭遇了致命的挫败。威尔士亲王威斯敏斯特的爱德华及其父亲亨利六世的去世使兰开斯特家族几乎灭亡，只剩下了博福特家族的私生子可作为继承人。由此，约克王朝及其众多男性代表的持久性勉强得到了保证。

爱德华四世的决定性胜利对路易十一来说是一个打击。因为在1470年，路易十一卷入了与大胆查理的新敌对行动之中。这在很大程度上要归因于圣波尔伯爵卢森堡的路易，他自公益同盟战争以来一直是法兰西宫廷中有影响力的人物。圣波尔伯爵卢森堡的路易的地位在许多方面都是非凡的，他是大胆查理的封臣，他的世袭领地中大部分位于或靠近皮卡第公国，这是法兰西和勃艮第利益斗争最激烈的地方。圣波尔伯爵卢森堡的路易不仅是法兰西国王路易十一的仆臣，还是皇家常备军的总司令。这种双重关系的不协调在最近的事件中已清楚地彰显出来。1466年，作为勃艮第的封臣，圣波尔伯爵卢森堡的路易参加了反对迪南和列日的运动。1467年，圣波尔伯爵卢森堡的路易担任法兰西大使馆负责人。法兰西大使馆曾建议路易十一放弃将列日作为大胆查理与布列塔尼公爵弗朗西斯二世断交的代价。圣波尔伯爵卢森堡的路易和路易十一的妻妹[①]萨伏依的玛丽结了婚，并且把外甥女伊丽莎白·伍德维尔嫁给了英格兰国王爱德华四世。治安官圣波尔伯爵卢森堡的路易的地位变得愈加重要和反常。在欧洲政治中，野心勃勃的圣波尔伯爵卢森堡的路易扮演了一个独立的掌权者角色，他认为维持自己角色的最好办法就是延长法兰西王国和勃艮第公国之间的冲突。战争不仅增加了圣波尔伯爵卢森堡的路易作为法兰西王国治安官的权力和重要性，而且使他能够通过自己的地位，在两个对手之间保持一种平衡。法兰西王国和勃艮第公国的两位公爵也许都恨他、怕他，但二者联合起来反对他的可能性极小。双方都必须争取圣波尔伯爵卢森堡的路易的支持，因为圣波尔伯爵卢森堡的路易有权力按照自己的利益和政策支持任何一方。

　　1470年，圣波尔伯爵卢森堡的路易说服路易十一出兵收复索姆镇，并且以国王的名义占领了亚眠和圣昆廷。大胆查理吓了一跳，由于缺少常备军，他很难对付法兰西国王路易十一的任何突然行动。大胆查理还受到封臣圣波尔伯爵卢森堡的路易及其同僚的逼迫：只要大胆查理把女儿勃艮第的玛丽嫁给吉耶纳的查理，圣波尔伯爵卢森堡的路易及其同僚就会支持他。对此，大胆查理愤怒无比。大胆查理不打算在选择女婿时屈服于胁迫，因为女儿勃艮第的玛丽的婚姻会给自己带来财富。大胆查理的固执迫使治安官圣波尔伯爵卢森堡的路易和贵族表面上对路易十一保持忠诚，但真正的目的是把路易十一逼入困

[①] 萨伏依的玛丽为路易十一妻子萨伏依的夏洛特妹妹。——译者注

境，接受他们的条件。大胆查理收复亚眠的尝试以失败告终。1471年4月，英格兰王国的关键性斗争最终导致了休战，被占领的城镇由爱德华四世控制。约克家族的胜利似乎有可能使天平向勃艮第公国一方倾斜。然而，爱德华四世坚决反对法兰西提出的太子婚姻计划。法兰西太子查理①在1470年出生，他是一个体弱多病的孩子。如果法兰西太子查理夭折，贝里公爵瓦卢瓦的查理会再次成为王位继承人，并且有可能继承巨大的勃艮第领地，这对英格兰王国的利益将会造成毁灭性的打击。然而，爱德华四世宁愿放弃路易十一而支持勃艮第公爵大胆查理。路易十一对英格兰政策的失败感到灰心丧气，不再相信任何人的忠诚，更喜欢利用外交手段，而不是重新发动一场几乎没有什么胜算的战争。因此，路易十一与大胆查理谈判了六个月，提出收复亚眠和圣康坦，并且放弃报复圣波尔伯爵卢森堡的路易，条件是大胆查理必须放弃与贝里公爵瓦卢瓦的查理、布列塔尼公爵弗朗西斯二世的一切联系。1472年春，大胆查理最终宣布接受这些条件，但私下里向贝里公爵瓦卢瓦的查理、布列塔尼公爵弗朗西斯二世保证，同意这项条约只是为了收回自己的领地，并没有打算抛弃他们。当然，路易十一也没那么容易上当。

得到弟弟贝里公爵瓦卢瓦的查理病入膏肓的消息，路易十一巧妙地推迟了最后的协议，直到1472年5月24日，贝里公爵瓦卢瓦的查理去世的消息传来。当然，有传言说，这次事件一定是事先策划好的而不是偶然发生的。路易十一大获全胜，根本无须去理会这种毫无根据的怀疑。路易十一重新得到了吉耶纳。路易十一派军队到布列塔尼，与大胆查理缔结的条约瞬间被撕毁了。大胆查理被愤怒和失望冲昏了头脑，虽然停战协定还没有到期，他还是越过索姆河，进入法兰西王国领地。内勒被野蛮地攻陷，这在15世纪的法兰西历史上实属罕见。然而，大胆查理的军事能力远不如他的义愤，经过一段时间的进攻，他被迫撤退，并且在1472年11月停战。奇怪的是，这次停战协议比许多正式的

---

① 即后来的法兰西国王查理八世。——译者注

和平条约更持久。休战协议不时被续签，大胆查理和路易十一再也没有公开进行过战争。

贝里公爵瓦卢瓦的查理去世被证明比活着更重要。1465年，百合花王子联盟几乎摧毁了法兰西君主制。从那以后，路易十一的一部分精力就一直用在防止这个联盟的复兴上。大胆查理一如既往地敌视路易十一，但不得不改变策略来推翻路易十一。到目前为止，大胆查理主要关心的是法兰西事务。在人们看来，大胆查理是一位强大的诸侯，他领导着封建主义势力，压制着宗主国的权威。后来，大胆查理改变了策略，把主要精力从法兰西王国身上转到德意志各地上，设法在莱茵河流域建立一个与法兰西王国竞争的王国，这个王国在财富和权力上可能超过法兰西王国，甚至可能为大胆查理赢得王位。对路易十一来说，危险也许同样巨大，但大胆查理这次行动的性质与以往完全不同，对付它需要完全不同的办法。在法兰西王国，君主制取得了决定性的胜利，这一点得到了当时两位最敏锐智者的承认。一位是大胆查理的封臣和亲密顾问菲利普·德·科米纳，在佩罗讷就认识了路易十一。1472年秋，菲利普·德·科米纳抛弃了宗主国法兰西王国，开始效忠大胆查理。菲利普·德·科米纳在15世纪最重要的历史著作中描述了国王路易十一的性格和事业。另一位是莱斯坎公爵奥代德艾迪，他曾是贝里公爵瓦卢瓦的查理和布列塔尼公爵弗朗西斯二世的可靠顾问。此外，精明的加斯孔也毫不费力地得到了新主人大胆查理的赏识，被授予"科曼日"伯爵的头衔。

1472年之前，大胆查理已朝着德意志领土扩张方向迈出了重要的一步。自1439年以来，外奥地利大公西吉斯蒙德一直统治着哈布斯堡王朝最初的士瓦本属地阿尔萨斯和布赖斯高。西吉斯蒙德是外奥地利大公腓特烈四世的儿子，在康斯坦斯宗教会议的早期阶段，他发挥了重要作用。和祖先一样，西吉斯蒙德也卷入了与瑞士邦联成员的一场争斗中，并且于1468年签署了一项条约，承诺向瑞士邦联支付大额赔款。由于无法从自己的财力中筹到这笔钱，西吉斯蒙德向大胆查理提出了请求。大胆查理同意提供这笔钱，前提是要以阿尔萨斯和布赖斯高两地作为担保。财力薄弱的西吉斯蒙德几乎不可能偿还大胆查理这笔钱。于是,大胆查理把阿尔萨斯和布赖斯高两地当作自己的财产,委托彼得·冯·哈根巴赫管理。1472年,反对路易十一的战争结束后,大胆查理开始贪婪地侵吞德意志的土地,最终导致了自己的毁灭。1473年,作为海尔德兰公国父子争端的仲裁人,大胆查理为自己攫取了有争议的公国。1473年,安茹的勒内的孙子洛林公爵尼古拉一世去世,外孙①沃代蒙伯爵勒内二世继承洛林公国和安茹家族及沃代蒙的所有权。对大胆查理来说,洛林公国有着特殊的重要性,因为它位于大胆查理统治的北方和南方领土之间。虽然大胆查理无权干涉,但还是囚禁了年轻的沃代蒙伯爵勒内二世。释放条件是沃代蒙伯爵勒内二

洛林公爵尼古拉一世

---

① 沃代蒙伯爵勒内二世是安茹的勒内女儿洛林的约兰德的儿子。——译者注

世必须放弃四个要塞，以保证勃艮第军队能自由通过洛林。此时，大胆查理正与神圣罗马帝国皇帝腓特烈三世举行谈判，让勃艮第公国成为一个王国，并且打算将自己收购的萨伏依、普罗旺斯和几个邻近的地区都划归勃艮第公国。腓特烈三世接受了大胆查理的贿赂，太子马克西米利安一世将迎娶眼前这片广大领土未来的女继承人。在特里尔，大胆查理安排了一次会见，他带来了准备好的王冠。然而，腓特烈三世一向谨小慎微、胆小怕事，被这位野心勃勃贵族的

马克西米利安一世

虚张声势吓住了。腓特烈三世想出一个计划，要替堂弟①西吉斯蒙德夺回阿尔萨斯。因此，晚上腓特烈三世乘小船沿着摩泽尔河溜走了，让大胆查理成了欧洲的笑柄。然而，这种羞辱并没有削弱大胆查理的野心。1474年，大胆查理又开始了一项新的事业。科隆大主教普法尔茨的鲁普雷希特被分会和臣民罢免，向勃艮第公爵大胆查理请求援助。大胆查理抓住机会在莱茵河中部获得了几乎与列日主教公国同样多的优势。作为大主教的支持者，大胆查理率领一支庞大的军队进入科隆，镇压反叛臣民，包围莱茵河上黑森伯国的堡垒诺伊斯，并且任命黑森伯爵威廉一世弟弟威廉二世为教区长官。

　　围攻诺伊斯是大胆查理的重大失误之一。大胆查理从来没有表现出任何围城作战的才能，整整一年，他不得不面对一座最终无法攻克的城市。在这几个月里，敌人能够肆无忌惮地攻击大胆查理的领土边界地区，因为大胆查理失去了削弱主要对手路易十一的有利机会。顾问经常敦促路易十一阻止勃艮第公爵大胆查理的扩张，恢复直接的敌对状态，但路易十一倾向于一种更微妙的政策，即让对手大胆查理在远征中耗尽力量，而自己暗中鼓动德意志诸侯和那些因大胆查理的扩张而利益受损的人们进行抵抗。其中就包括瑞士邦联的主要成员，他们一直与哈布斯堡家族就阿尔萨斯领土问题争斗不休，而且勃艮第公爵大胆查理就是他们强大的邻居。如果不破坏瑞士邦联的独立性，勃艮第公爵大胆查理向南的扩张几乎不可能完成。彼得·冯·哈根巴赫是大胆查理任命的阿尔萨斯地方长官，他的暴虐统治引起了士瓦本所有城镇的强烈不满，而现在联邦中的伯尔尼州在要求赔偿方面表现得十分积极。路易十一抓住机会取得了一次引人注目的外交胜利，诱导西吉斯蒙德要求大胆查理收复哈布斯堡领地阿尔萨斯，并且使自己与瑞士人、大胆查理和解。1474年3月30日，永久契约规定西吉斯蒙德放弃联盟领土内的所有哈布斯堡王朝的领地，南方联盟应支持收回已许诺给大胆查理的各省。士瓦本的主要城镇提供了必要的金

---

① 腓特烈三世的父亲施蒂里亚公爵恩斯特是西吉斯蒙德的父亲外奥地利大公腓特烈四世的哥哥。——译者注

处死彼得·冯·哈根巴赫

钱来赎回抵押领土，但大胆查理对归还要求不予理睬，入侵了阿尔萨斯，并且于1474年5月9日将彼得·冯·哈根巴赫处死。这之后，人们有充分的理由来反对大胆查理，于是联盟中形成了一支强大的队伍，由伯尔尼的尼古拉·冯·迪斯巴赫领导，他们认为最安全的防御方法是预先准备进攻。腓特烈三世被劝诱使用自己的权力来敦促与勃艮第的战争。1474年10月，联盟军与路易十一签订了一项条约。随后，路易十一公然挑衅大胆查理，并且入侵弗朗什-孔泰。在入侵诺伊斯之前，大胆查理就得到了这些消息，但他拒绝放弃围攻。为了保护自己在南方的利益，大胆查理采取的唯一措施就是与萨伏依公爵夫人、摄政王瓦卢瓦的约兰德缔结紧密的联盟。瓦卢瓦的约兰德是路易十一的妹妹，她毫不犹豫地断绝了萨伏依和法兰西王国的亲密联盟，甚至利用自己的影响力把加莱亚佐·马里亚·斯福尔扎驱逐出法兰西王国，并且安排米兰公国和勃艮第公国结盟。然而，萨伏依公爵夫人瓦卢瓦的约兰德第一个行动就是扩大瑞士邦联的侵略范围。1475年春，格朗松、穆尔滕和萨伏依其他地区落入了瑞士邦联的手中。大约在同一时间，在路易十一的诱导下，洛林公爵勒内二世拒绝了最近与大胆查理签订的条约，并且入侵卢森堡公国。此时的联盟非常强大，路易十一派人去觐见神圣罗马帝国皇帝腓特烈三世，建议重新划分勃艮第，原本属于法兰西的行省归路易十一所有，而原本勃艮第上的德意志封地归腓特烈三世所有。然而，谨慎的腓特烈三世不愿实施如此意义深远的计划，他回答道："在熊未死之前，宁愿不去谋皮。"

大胆查理的处境非常危险，实际上对抗的是瑞士邦联成员、西吉斯蒙德、洛林公爵勒内二世及帝国军队，起因是他无理由干涉科隆事务而被疏远。然而，大胆查理知道这些敌人都是路易十一挑唆的，如果能击垮主要对手，那么这个充满敌意的联盟肯定会分崩离析。1475年，大胆查理得到一个可以对法兰西王国造成致命打击的绝妙机会。多年来，布列塔尼公爵弗朗西斯二世和其他反对法兰西君主的人一直在努力鼓动英格兰军队入侵法兰西王国，他们终于得偿所愿了。打击了内维尔和兰开斯特两大贵族后，爱德华四世稳固地登上了英格兰王位，决心重启亨利五世雄心勃勃的计划，在勃艮第公国的帮助下，让自己成为法兰西王国的国王。1474年，爱德华四世与大胆查理达成协议：大胆查理将得到香槟和一些更小的地区作为奖励，并且从法兰西王国的宗主权中完全解放出来。1475年夏，一支庞大的英格兰军队被派往加来。大胆查理终于从诺伊斯撤退，并且与神圣罗马帝国皇帝腓特烈三世达成协议，由教皇对科隆争端进行仲裁。1475年5月1日，勃艮第公国和法兰西王国之间的停战协定日期到了，但大胆查理拒绝了路易十一的一切请求，拒绝了停战协定的延期。然而，大胆查理希望的一切是注定要失败的，因为他自作主张从诺伊斯派军队惩罚洛林公爵勒内二世，爱德华四世对此非常懊恼。曾答应英格兰人进入圣昆廷的圣波尔伯爵卢森堡的路易此时紧闭大门，并且向逼近的英格兰军队开火。1475年的法兰西君主政体比1415年时要强大得多。爱德华四世精明地意识到，与大胆

路易十一与爱德华四世在佩克格尼进行谈判

查理这样的盟友为伍，征服法兰西王国根本不可能。此外，把握住英格兰军队挫败的时机，路易十一毫不迟疑地开始与爱德华四世在索姆河的佩克格尼进行谈判。爱德华四世同意撤军，并且答应将女儿约克的伊丽莎白嫁给法兰西王太子查理。作为交换，爱德华四世得到了一大笔赔偿金。对爱德华四世的背信弃义行为，大胆查理感到愤怒，但他的谴责显然是自私的，也是不合理的。大胆查理被迫重新与路易十一休战。

虽然圣波尔伯爵卢森堡的路易成功地在皮卡第维持了五年的独立地位，但英格兰入侵的失败和法兰西与勃艮第之间和平关系的恢复对他来说是致命的。1472年，法兰西与勃艮第的敌对状态的结束让圣波尔伯爵卢森堡的路易深感失望，但他仍然相信自己有能力挑唆双方，相信法兰西与勃艮第之间的相互嫉妒不会让它们联合起来对付自己。一段时间内，圣波尔伯爵卢森堡的路易的预测是正确的。1472年，有人提议路易十一和大胆查理应该联合起来惩罚治安官圣波尔伯爵卢森堡的路易，但这个计划失败了，因为路易十一和大胆查理互不信任。1475年，这个提议被重新提出。圣波尔伯爵卢森堡的路易最近的行为及他与爱德华四世的关系，使大胆查理强烈地想要惩罚圣波尔伯爵卢森堡的路易的背叛和欺骗行为，尤其是爱德华四世将自己与圣波尔伯爵卢森堡的路易来往的信交给了路易十一。大胆查理要把圣昆廷、哈姆和博安及圣波尔伯爵卢森堡的路易掌握的所有封地都交给路易十一，条件是路易十一必须答应逮捕圣波尔伯爵卢森堡的路易，并且在八天内惩罚他，或者将他交给腓特烈三世。听到这个消息后，圣波尔伯爵卢森堡的路易决定投靠大胆查理而不是路易十一，部分原因是他认为大胆查理的报复心没那么强，部分原因是他的领土掌握在大胆查理手中以后，再给自己施加任何惩罚，大胆查理都不会有什么好处。包围南锡时，大胆查理的大臣传话说治安官圣波尔伯爵卢森堡的路易已被控制。急于避免在洛林遭到法兰西人的反对，大胆查理下令：如果南锡能坚持到1475年11月24日以后，他们就把圣波尔伯爵卢森堡的路易交给法兰西人；但如果在1475年11月24日之前，南锡被法兰西人占领，他们就要把圣波尔伯爵卢森堡的路易抓起来。几天后，南锡才投降。大胆查理开始意识到命令太草率了，圣波尔伯爵卢森堡的路易在与法兰西的战争中或许对自己还有些用处。然而，大胆查理推迟移交的指令来得太迟了，勃艮第大臣中许多人对圣波尔伯爵卢森堡的路易怀有个人恩怨，按时遵守了原来的命令。路易十一并不是不愿意表明，无论地位、王室关系或显赫的官职都不能挽救一个反抗王权的人，而圣波尔伯爵卢森堡的路易的叛国罪已有了确凿的证据。1475年12月19日，圣波尔伯爵卢森堡的路易在巴黎被处决。

  1475年年底，大胆查理似乎正处于权力的顶峰，与路易十一和腓特烈三世相处融洽。自从根特投降以来，大胆查理在荷兰没有遭到臣民的反对。圣波尔的陷落恢复了大胆查理在皮卡第的绝对优势。显然，萨伏依和米兰对大胆查理是忠诚的，几乎是顺从的。年老的普罗旺斯公爵安茹的勒内一直不喜欢沃代蒙家族，表示愿意剥夺自己唯一幸存外孙洛林公爵勒内二世的继承权，把王位传给大胆查理。重要的是，征服洛林后，大胆查理终于成功地统一了王国的两个主要部分，并且决定让南锡成为现在似乎已在他掌握之中的勃艮第王国首都。大胆查理的当务之急是收复阿尔萨斯，惩罚瑞士人，不仅因为他们帮助恢复了西吉斯蒙德领地，而且因为他们袭击了自己的领土和盟友领土。大胆查理的军队在对诺伊斯的长期围攻和随后对洛林的征服中疲惫不堪。然而，大胆查理的资源，无论是在人力还是财力上，都比对手要优越得多，因此，他最终取得胜利几乎无可置疑。战争开始时，瑞士人是腓特烈三世和路易十一的盟友，但现在被抛弃了。1476年2月，大胆查理翻过汝拉山脉，将瑞士人赶出萨伏依占领区。格朗松是纳沙泰尔湖附近的一个小镇，曾被奥兰治家族作为萨伏依的封地而控制，后被勃艮第人占领，守军被处死。同盟军到达后，进攻立即开始。大胆查理命令一部分军队撤退到平原，因为在那里可以使用骑兵。然而，撤退变成惊慌失措的溃逃，瑞士人紧追不舍。1476年3月2日，瑞士人取得了彻底的胜利。瑞士人收复格朗松，占领了勃艮第军营，并且缴获了大量大炮。耻辱的失败令大胆查理十分难堪，也动摇了盟友的忠诚。曾经信誓旦旦要将继承权传给大胆查理的普罗旺斯公爵勒内，现在却将普罗旺斯继承权移交给了法兰西国王路易十一。加莱亚佐·马里亚·斯福尔扎开始与路易十一和谈，就连瓦卢瓦的约兰德也开始考虑与哥哥路易十一和解的可能性。然而，只要大胆查理还能帮助萨伏依人收复失地，就不可能遭到萨伏依人的抛弃。一次失败的战役是不能摧毁勃艮第的力量的。几周后，一支新的军队在洛桑集结起来，大胆查理向穆尔滕进军。穆尔滕是伯尔尼人从萨伏依公爵阿马德乌斯九世的弟弟罗蒙伯爵萨伏依的雅克手中夺取的。瑞士人不顾伯尔尼人的警告，匆忙地重新集结了军队。1476年6月22日，穆尔滕城墙下展开了一场势均力敌的拉锯战。最终，瑞士人击溃勃艮第军队的侧翼，获得了决定性的优势；而勃艮第军队的固执只

格朗松战役

战败后,大胆查理逃离穆尔滕

会加重其损失。大胆查理损失了近乎三分之二的军队，盟友最后的撤离，加上臣民对大胆查理的不满，使重新开始战斗变得毫无希望。在法兰西国王路易十一的调停下，萨伏依与瑞士和解，格朗松、穆尔滕和沃代蒙等其他城镇成为瑞士邦联的一部分。在蓬塔利耶附近，大胆查理陷入了阴郁的孤独。人们担心他会失去理智，因为他咒骂厄运，厄运使强大的自己在卑鄙的对手面前变得如此卑微。洛林失陷的消息让大胆查理从撤退中惊醒过来。在穆尔滕战役中，年轻的洛林公爵勒内二世加入了瑞士人的队伍，并且在胜利后继续征募军队，收复了南锡。

大胆查理急忙召集了第三支军队，尽管天气寒冷，他还是开始了对这座命中注定要成为首都的城市南锡进行第二次围攻。人数不多的守军没能抵抗住这次进攻，但洛林公爵勒内二世请求瑞士人的帮助。瑞士人派了两万名士兵前来支援。大胆查理非常信任的意大利雇佣兵由坎波巴索伯爵率领。坎波巴索伯爵是那不勒斯人，因依附于安茹家族而被流放。现在，洛林公爵勒内二世是洛林家族的合法继承人。坎波巴索伯爵被迫抛弃了大胆查理，转而支持自己最初

南锡战役

发现大胆查理的尸体

应该效忠的洛林家族。这种背信弃义使大胆查理处境十分危险,他不得不在被围困和继续与瑞士救援部队战斗之间进行选择。然而,大胆查理顽强的性格不允许自己退缩。1477年1月5日,在与自己曾经轻视的德意志联邦第三次较量中,英明神武的勃艮第公爵大胆查理战死。

在过去的十二个月里,路易十一始终关注着事态的发展,起初是焦虑不安,后来则是全神贯注。自即位以来,路易十一一直被大胆查理的敌意及其带来的危险困扰。现在,路易十一的劲敌大胆查理已被一个意想不到的、显然不对等的对手杀死了。大胆查理死后留下了巨额遗产,唯一的继承人是年仅二十一岁的未婚姑娘勃艮第的玛丽。皇家议会讨论了各种各样的计划,讨论怎样才能最好地利用这种有利的偶发事件。一个非常明显的计划是促成勃艮第的玛丽和法兰西太子查理之间的婚姻,但有反对的意见。太子查理刚满八岁,就已经和英格兰公主约克的伊丽莎白订了婚,而爱德华四世既不可能原谅对女儿约克的伊丽莎白的侮辱,也不可能默许法兰西王室接收勃艮第的遗产。另一种方案是把勃艮第的玛丽嫁给法兰西的贵族血统,如昂古莱姆伯爵查理,这可能会遭到反对,因为这样建立的新王朝可能会和继承的王朝一样充满危险和不忠。无论是必要的还是权宜之计,路易十一决定把这两种婚姻作为自己的筹码,同时采取占领那些可以不经法兰西抵抗就能获得的勃艮第领土。大胆查理的权力复兴是可以阻止的,而德意志诸侯国的联合也可以通过分割

勃艮第的玛丽

已故公爵大胆查理拥有的封地来获得。路易十一的应变力确保了很大程度的成功，德意志诸侯国联盟尚未做出任何准备来抵抗。路易十一对索姆镇拥有不容置疑的所有权，因为索姆镇的继承权仅限于男性，而勃艮第公爵领地可以被合理地称为"没收的封地"。然而，佛兰德斯、阿图瓦和弗朗什-孔泰是通过一位女继承人来到勃艮第家族的。因此，勃艮第的玛丽的继承权不容置疑。尽管有这样的考虑，也考虑到弗朗什-孔泰是帝国封地，但路易十一还是继续兼并。最终，弗朗什-孔泰和勃艮第都屈从于法兰西的统治。路易十一的军队从皮卡第自愿地回到它原来的属地，进入阿图瓦，并且成功地占领了阿图瓦的首都阿拉斯。

占领阿图瓦把法兰西人带到了勃艮第最富有、最重要的属地边境——佛兰德斯。佛兰德斯人，尤其是住在根特的勃艮第的玛丽的居民，在未来统治者这个问题上的政策截然不同，而且反对未经他们的参与就选定未来的统治者。他们曾痛恨勃艮第人的统治，痛恨大胆查理及其父亲勃艮第公爵腓力三世任命的大臣。只要他们的君主仅仅是佛兰德斯的一个伯爵，佛兰德斯人就享有很大程度上的独立和自治，但在过于强大的瓦卢瓦王朝统治下，他们失去了这些。因此，佛兰德斯人乐意勃艮第公国被占领，不反对进一步削弱勃艮第的玛丽的遗产。然而，他们不愿意勃艮第公国被法兰西王国吞并，路易十一的侵略措施遭到了佛兰德斯人的强烈反对。当发现大胆查理留下的勃艮第神父正在与法兰西国王路易十一单独谈判时，佛兰德斯人不顾勃艮第的玛丽的强烈恳求，将神父抓住并处死。根特人的计划是把勃艮第的玛丽嫁给冈德尔的阿道夫。因虐待父亲冈德尔公爵阿诺尔德，这个年轻的怪物被囚禁并剥夺了继承权。现在冈德尔的阿道夫被释放，并且被派往图尔奈对抗法兰西人。令勃艮第的玛丽大为宽慰的是，在解救图尔奈的一次战役中，冈德尔的阿道夫战死。

冈德尔的阿道夫战死和抵抗法兰西入侵的必要性，迫使甘托瓦人重新考虑把勃艮第的玛丽嫁给哈布斯堡王朝腓特烈三世的儿子马克西米利安一世。自父亲大胆查理去世后，勃艮第的玛丽对路易十一的行为感到委屈和害怕，但

勃艮第的玛丽与马克西米利安一世的婚礼

她并不反对这个建议。婚礼于1477年8月举行。这场婚姻不仅使路易十一进一步瓜分勃艮第遗产的计划落空，还迫使他为已占领的那些省而战。马克西米利安一世以一贯的急躁态度，准备接受妻子勃艮第的玛丽的领地，但受到金钱的匮乏（菲利普·德·科米纳称马克西米利安一世的父亲腓特烈三世是"他那个时代最小气的人"）和佛兰德斯人的阻挠。利用大胆查理去世后政府虚弱的机会，佛兰德斯人试图恢复佛兰德斯昔日的独立性。

1482年，勃艮第的玛丽去世，留下了两个年幼的孩子腓力和玛格丽特。这对马克西米利安一世是一个巨大的打击，他在荷兰已经没有任何正式的权力，只有各省的庄园主承认他是两个孩子的监护人。在这种情况下，马克西米利安一世不得不和路易十一达成《阿拉斯条约》，并且将争夺的大部分领土都让给了路易十一。法兰西太子查理将与马克西米利安一世和勃艮第的玛丽的女儿玛格丽特订婚，阿图瓦和弗朗什-孔泰将作为嫁妆，并且玛格丽特将作为未来的王后在法兰西王国长大。《阿拉斯条约》没有提及索姆镇和勃艮第公爵领地，因此，它默认路易十一拥有对这些省的合法权利。爱德华四世有充分的理由认为这项条约是既有害又侮辱人的，但无法以实际行动来表达不满。1483年，爱德华四世驾崩。随后的动乱使英格兰王国无法对欧洲大陆进行任何干预。虽然《阿拉斯条约》看似是路易十一政策的重大胜利，但它对法兰西君主制的永久好处并不大。阿图瓦和弗朗什不久就又脱离了法兰西王国；荷兰对哈布斯堡王朝的吞并及后来对哈布斯堡王朝的进一步扩张，使法兰西王国陷入了比勃艮第公爵大胆查理施加的更大危险之中。然而，由此引起的斗争，与前一次斗争并不相同。西班牙和奥地利的哈布斯堡家族比腓力三世或大胆查理的权力更强大，但对法兰西王国来说，哈布斯堡家族完全是外国人，他们与支持瓦卢瓦-勃艮第王朝的法兰西贵族和政党没有任何传统的或家族的联系。瓦卢瓦-勃艮第王朝与哈布斯堡家族的竞争加强了法兰西民族的团结。

  与勃艮第公国的关系是法兰西国王路易十一统治时期重点要关注的。路易十一引人注目的成就莫过于击败了大胆查理，并且吞并了大胆查理的大部分领土。当然，路易十一还获得了其他成功。1462年，通过支持阿拉贡国王胡安二世反抗加泰罗尼亚人，路易十一获得了鲁西永和塞尔达涅的割让权，并且在一段时间内把法兰西王国的边境延伸到了比利牛斯山脉。对法兰西王室来说，安茹的遗产几乎和勃艮第公国一样是一笔意外之财。1476年，大胆查理战败后，安茹的勒内便立刻背弃了大胆查理。路易十一成功地从舅舅[①]安茹的勒内那里继承了领地。起初因为安茹的勒内无子嗣继承其领地，就将领地移交给了侄子[②]缅因的查理。1480年，安茹的勒内和缅因公爵查理相继去世，路易十一从而获得了安茹和缅因，以及巴尔公国和普罗旺斯的帝国封地。从法兰西君主政体的观点来看，路易十一对大封臣施加了明显的压力。在统治初期，这

[①] 路易十一的母亲安茹的玛丽为安茹的勒内的妹妹。——译者注
[②] 缅因的查理的父亲缅因伯爵查理为安茹的勒内弟弟。——译者注

些大封建主义大胆地把反对路易十一与反对君主制政体的事业联系在一起。阿朗松公爵约翰二世一直被囚禁到1476年去世。阿马尼亚克伯爵查理一世,这位不安分的南方贵族领袖,在他的主城莱克图尔遭到了袭击,死在了被攻占的萨克城。阿马尼亚克伯爵查理一世的堂弟①内穆尔公爵雅克德·阿马尼亚克曾是路易十一年轻时最喜欢的伙伴,后来因为背叛行为两次被赦免,经历了可怕的折磨后,于1477年被处决。对与王室关系更密切的贵族,路易十一采取了预

处决内穆尔公爵雅克德·阿马尼亚克

---

① 内穆尔公爵雅克德·阿马尼亚克的父亲伯纳德·德阿马尼亚克是查理一世的父亲约翰四世的弟弟,他们相继成为阿马尼亚克伯爵。——译者注

皮埃尔二世·德·波旁　　　　　　　　　　　　　法兰西的安妮

防措施，以确保他们的忠诚或打压他们的反抗。公益同盟战争之后，波旁公爵约翰二世放弃了进一步的反抗。波旁公爵约翰二世的弟弟和继承人皮埃尔二世·德·波旁娶了路易十一的长女法兰西的安妮，但附带条件是：如果波旁家族没有留下男性继承人，那么波旁将传给路易十一。对奥尔良公爵路易[①]来说，太子查理死后继承王位的人应该是路易十一的女儿法兰西的让娜，但她身体残疾，被认为不太可能继承王位。

---

① 即后来的法兰西国王路易十二。——译者注

尽管路易十一的统治在许多方面对法兰西王国有利，但他显然太自私，并不受民众的欢迎。1483年8月，路易十一驾崩，王位传给了唯一的儿子查理，即查理八世。由于查理八世太年轻，无法统治国家，所以实际的政府由姐姐法兰西的安妮接管。法兰西的安妮继承了父亲路易十一的许多才能，也继承了他对权力的热爱，但她的地位并不稳固，不得不采取一些路易十一绝对不会采用的措施来获得支持。1484年1月，总议会召开了会议，乡村地区代表第一次参加了第三等级的选举。到目前为止，第三等级的代表只包括城镇代表。虽然承认摄政王法兰西的安妮，但各领地显示出对已故国王路易十一专制统治的明显敌意。除此之外，代表要求每两年定期会晤一次。然而，在税收方面，总议会完全失去了有效的控制，没有权力要求特许权，而且国王在处理冤假错案方面保留了绝对的自由裁定权。对摄政王法兰西的安妮来说，最大的威胁是一个由奥尔良公爵路易领导包括布列塔尼公爵弗朗西斯二世在内的贵族联盟，因为奥尔良公爵路易认为自己被排除在摄政之外是一个错误。南部邦联有可能得到理查三世的支持，理查三世有充分的理由把国民的注意力引到一场外国战争上，也有充分的理由把注意力引到洛林公爵勒内二世身上，因为洛林公爵勒内二世有充分的理由收回他外祖父安茹的勒内的领地巴尔省和普罗旺斯。在对付对手方面，摄政王法兰西的安妮表现出了非凡的能力。为了防止英格兰人的干涉，1485年，亨利·都铎①（他的母亲玛格丽特·博福特女领主是博福特家族的最后一位成员）被鼓动参与将都铎王朝推上王位的事业。洛林公爵勒内二世欣然接受巴尔领地，在他看来，获得普罗旺斯将是一场有意被延长的诉讼，并不会对自己有害。与此同时，被剥夺了外援的公爵无力抵抗王权。击败布雷顿家族后，奥尔良公爵路易把一个囚犯带到布尔日，因为他发现与查理八世和解对自己很有利。

1488年9月9日，布列塔尼公爵弗朗西斯二世去世，蒙特福特家族再无男性

---

① 即后来的英格兰国王亨利七世。——译者注

布列塔尼的安妮

继承人，一个独立的大省交给了弗朗西斯二世的女儿布列塔尼的安妮。利用如此重要的一位女继承人自然具有巨大的政治利益。1490年，摄政王法兰西的安妮想趁机获得布列塔尼王位，但痛苦地得知年轻的女公爵布列塔尼的安妮将优先嫁给罗马人民的国王马克西米利安一世。自勃艮第的玛丽去世之后，马克西米利安一世成为鳏夫。没有经过王室的同意，摄政王法兰西的安妮宣布这桩婚姻无效，并且派遣军队进入布列塔尼。布列塔尼的安妮被迫投奔查理八世。马克西米利安一世受到了双重伤害，他不仅被剥夺了迎娶布列塔尼的安妮的权利，而且自己的女儿玛格丽特（自1482年起作为未来的王后在法兰西接受教育）也被送了回来。虽然马克西米利安一世所在之地距离布列塔尼很遥远，一时难以使人望而生畏，但为了占领布列塔尼，马克西米利安一世采取冒险行动是值得的。因为查理八世的孩子和布列塔尼的安妮的父母都已去世,所以在布列塔尼公国与法兰西王国完成统一之前,有两次联姻必须完成。

国王查理八世的婚礼是摄政王法兰西的安妮的最后成就,她的摄政在弟弟查理八世接管政府后结束。法兰西的安妮嫁给皮埃尔二世·德·波旁后,成为波旁公爵夫人。1493年,那不勒斯流亡者应邀前来拜访查理八世,提出只要查理八世承认流亡者对那不勒斯的主权,他们就承认查理八世对普罗旺斯的主权。这给法兰西政府带来了一个全新的问题。摄政王法兰西的安妮和老议员坚决反对这个计划。然而,查理八世本人及其年轻的助手都被意大利的未来弄得眼花缭乱,而卢多维科·斯福尔扎的支持似乎让查理八世看到了成功的希望。冒险离开法兰西王国之前,查理八世有必要确保王国不受邻国的威胁。英格兰国王亨利七世,作为布列塔尼的安妮的拥护者,被1492年的《埃塔普勒和约》收买了。1493年1月,《巴塞罗那条约》规定将鲁西永和塞尔达涅归还给阿拉贡国王斐迪南二世。1493年5月23日,马克西米利安一世的敌意被《桑利斯条约》和割让阿图瓦、弗朗什消除,这是马克西米利安一世之女玛格丽特的嫁妆。1494年9月,查理八世开始了阿尔卑斯山脉之旅。恢复了的法兰西君主制将用于一项谁也无法预见其结局的事业,而这项事业注定要在欧洲历史上开辟一个新时代。

第17章

德意志与哈布斯堡家族的皇帝

精彩看点

德意志的分裂与衰败——哈布斯堡家族——继承匈牙利和波希米亚王国——1438年阿尔布雷希特五世当选——阿尔布雷希特五世驾崩——腓特烈三世当选——勃兰登堡藩侯腓特烈一世去世——腓特烈三世的性格——腓特烈三世遭到德意志的反对——德意志对教皇权力的敌意——腓特烈三世与瑞士邦联——蒂罗尔公爵西吉斯蒙德——继承奥地利、匈牙利和波希米亚——拉迪斯劳斯——1456年解救贝尔格莱德——拉迪斯劳斯驾崩——马蒂亚斯·科菲努斯与乔治·波迪布兰德的当选——匈牙利和波希米亚间的战争——腓特烈三世与勃艮第公国——腓特烈三世的晚年在法兰西王国、英格兰王国和西班牙王国这三个欧洲大国的历史上，15世纪是国家统一和君主政体发展的决定性时期。在法兰西王国，阿马尼亚克人和勃艮第人的内乱，以及与英格兰人的长期斗争，为查理七世和路易十一的统治铺平了道路。在英格兰王国，随着强大的都铎王朝的建立，玫瑰战争结束了。在西班牙王国，反摩尔人的十字军远征点燃了民族情绪，而斐迪南二世和卡斯蒂尔女王伊莎贝拉一世的联姻则导致了西班牙王国在查理一世和腓力二世的专制统治下大肆扩张。某种程度上，德意志的历史与其邻国的历史相似，德意志的无政府状态和混乱，正如查理六世治下的法兰西王国和亨利六世治下的英格兰王国一样引人注目。15世纪前十年的分裂既说明了一度强大的德意志君主制的弱点，也加剧了它的衰落。然而，在德意志，没有找到解决政治和社会分裂的方法，没有一位统治者像查理四世那样，有足够的力量和决心把不确定的宗主国转变成为君主制属地。相反，神圣罗马帝国的权威明显下降，在腓特烈三世统治期间达到最低点。一时冲动的西吉斯蒙德曾一度努力恢复皇帝派的传统。1415年，西吉斯蒙德似乎取得了很大进步，他使骄傲的奥地利公爵腓特烈四世变得卑微，并且以勃兰登堡选帝侯的头衔来回报霍亨索伦家族腓特烈四世对自己的忠诚。然而，西吉斯蒙德的帝国野心与康斯坦斯的改革派事业紧密相连，改革派的失败使西吉斯蒙德灰心丧气。从那时起，西吉斯蒙德放弃了德意志的利益，致力于波希米亚王国和匈牙利王国的事务。团结在西吉斯蒙德周围的康斯坦斯改革派要努力建立一个新的德意志中央政府，取代腐朽的君主制，但被他们的领袖西吉斯蒙德抛弃了。1427年，康斯坦斯改革派一系列可耻的失败，给了胡斯派机会来完成一些尝试性的改革。由一个帝国税收系统、一支帝国军队和一个常务代表委员会来行使行政权力，这是西吉斯蒙德允许的。然而，计划中的改革以失败告终，因为民族意识还不足以克服国家和阶级自私的独立性。最后两次反波希米亚人的十字军远征比之前几次更让德意志蒙受耻辱。

　　德意志的分裂是许多罪恶和严重危险的根源。对意大利的依赖让德意志地位卑微，即使是与德意志关系最密切、维斯孔蒂统治下的米兰公国，也即将移交给斯福尔扎家族，而斯福尔扎家族甚至认为申请帝国授职仪式都是不值得的。阿尔卑斯山脉以北的里昂和多菲内早已被法兰西王国吞并。15世纪末之前，普罗旺斯被法兰西王国占领，现在它和洛林由同一个法兰西家族统治。萨伏依独立于法兰西王国，但与德意志的联系并不紧密。德意志高地旧联盟，也被称为瑞士邦联，把对帝国忠诚当作一种抵制哈布斯堡家族吞并的手段，联邦各州纷纷摆脱外部控制而获得自由。15世纪末，瑞士邦联的大部分州均已获得独立。弗朗什-孔泰由勃艮第公爵腓力三世统治，他接连吞并了低地国家的许多帝国领地。斯堪的纳维亚诸国一度因卡尔马联盟而强大起来，现在正开始收复失地。汉萨同盟，这个德意志在波罗的海和北海利益的捍卫者，也不再处于鼎盛时期。在东北部，因波兰和立陶宛的联合，日耳曼骑士团遭受致命的打击。自1410年的坦嫩贝格战役以来，他们就一直在与强大的雅盖隆王朝进行着一场看似无望的战斗。德意志诸侯已充分认识到，长期的波希米亚战争使斯拉夫人反抗德意志入侵的情绪高涨。1434年，极端的胡斯派被自己的同胞击败了；反德意志的民族独立情绪几乎和以前一样强烈。在东南部，一场更可怕的危险正在逼近，土耳其人已经在巴尔干半岛站稳了脚跟，并且威胁要横扫多瑙河流域。匈牙利是德意志边境上唯一的坚实守卫者；如果匈牙利人的抵抗失败了，德意志军队也不太可能有能力去镇压扬·杰式卡那些装备简陋的追随者，他们也不太可能去抵抗所向披靡的土耳其士兵。

上述现状造成德意志中央政权不可避免地走向衰弱。尽管这种弱势持续存在，德意志还是逃过了一些似乎不可避免的极端灾难。过于积极地建立强制性联盟可能会造成国家的分裂。就像意大利一样，德意志可能只是一个地理上的概念。德意志并未完全分裂，仍保留了一些团结的象征，部分是由松散的联邦维系着，但这种维系力量十分薄弱，几乎不值得将其完全破裂；部分是由哈布斯堡家族为获得德意志世袭地位而采取的一系列措施维系着。鉴于斯拉夫人和土耳其人带来的威胁，对德意志来说，最重要的是控制西吉斯蒙德统治下的波希米亚和匈牙利边境国家。1437年，西吉斯蒙德驾崩，卢森堡家族再无男性继承人，家族中只有两位女性代表——西吉斯蒙德的女儿卢森堡的伊丽莎白，嫁给了奥地利大公阿尔布雷希特五世；他的侄女①格尔利茨的伊丽莎白，她是布拉班特公爵安东尼的遗孀。

尽管奥地利大公阿尔布雷希特五世可能会通过妻子卢森堡的伊丽莎白继承卢森堡遗产，但当代最乐观的观察家也几乎无法预测，哈布斯堡王朝是否会给德意志带来哪怕是部分的拯救。自鲁道夫一世及其直接继承者阿尔布雷希特一世第一次家族扩张以来，哈布斯堡家族的权力和声望已明显下降。造成这种局面的部分原因是与瑞士邦联的战争失利，部分原因是1370年哈布斯堡家族两兄弟阿尔布雷希特三世和利奥波德三世对哈布斯堡领土的瓜分。阿尔布雷希特三世占领了奥地利大公国，利奥波德三世占领了家族的其他领地——士瓦本、施蒂里亚、卡林西亚、卡尔尼奥拉和蒂罗尔。奥地利公爵阿尔布雷希特三世的家族分支是后来的统治者阿尔布雷希特四世和阿尔布雷希特五世。利奥波德三世分支的历史就不那么简单了。利奥波德三世在1386年著名的森帕赫战役中阵亡，把领土留给了四个儿子——威廉、利奥波德四世、恩斯特

---

① 西吉斯蒙德是格尔利茨的伊丽莎白父亲格尔利茨公爵约翰的哥哥。——译者注

恩斯特　　　　　　　　　　　　　　　　　　　　　　　　　　　　玛索维亚的辛堡

和腓特烈四世，由他们共同统治。然而，分裂再次出现了，最后幸存的两个儿子恩斯特和腓特烈四世分享了遗产。恩斯特是施蒂里亚家族的创始人，由于他的体力惊人而被称为"铁人"。据说，恩斯特与玛索维亚的辛堡的婚姻将"哈布斯堡嘴唇"基因带进了家族。1424年，恩斯特去世后，两个儿子腓特烈三世和阿尔布雷希特六世成为施蒂里亚、卡林西亚和卡尔尼奥拉的联合统治者。与此同时，曾在康斯坦斯宗教会议的早期阶段起着重要作用的腓特烈三世得到了蒂罗尔和士瓦本领地，但1415年被神圣罗马帝国皇帝西吉斯蒙德没收。然而，帝国的权力还不足以使这种惩罚永久化。1417年，在臣民的支持和帮助下，腓特烈三世收复了失地。腓特烈三世活到1493年，留下年轻的儿子马克西米利安一世继承王位。

西吉斯蒙德驾崩引发了三个重大问题。第一，它消灭了一个拥有帝国皇冠近一个世纪的王朝，并且开启了两个王国国王继承王位的时代，这两个王国对德意志来说至关重要，一方面是在与斯拉夫人的关系上，另一方面是在与土耳其人的关系上。第二，卢森堡家族在帝国的东部边疆建立了独特的领土势力，能否被其他家族保留值得怀疑。第三，在匈牙利，几乎没有人反对奥地利公爵阿尔布雷希特五世即位，他在土耳其战争中以勇敢和睿智而闻名。然而，即位前，阿尔布雷希特五世必须承诺，如果帝国皇权授予他，他必须拒绝。这一规定表明，匈牙利人多么不重视与德意志的关系。在波希米亚，阿尔布雷希特五世已经把自己和正统派联系在一起，并且可以从中得到支持。然而，胡斯派仍然占人口的大多数，坚决反对阿尔布雷希特五世。这不仅因为宗教上的原因，还因为阿尔布雷希特五世的即位将延续德意志人的统治，并且与胡斯派认为波希米亚王权是由选举产生的观点背道而驰，其结果必然是内战的重新爆发。阿尔布雷希特五世被党羽接受并即位，而胡斯派则通过把王冠交给波兰国王瓦迪斯瓦夫三世的弟弟卡齐米尔四世来获得斯拉夫人的普遍支持。

与此同时，皇位选举已迫在眉睫。因胡斯战争的灾难而活跃起来的改革派依然存在，仍然由霍亨索伦的腓特烈三世领导。如果改革派能够控制选举，或许就有可能重新实行西吉斯蒙德早年推行的政策。他们的愿望是要选出这样一位王子，他的利益是在德意志境内而不是在德意志境外，并且他愿意为了大众的福利而牺牲任何个人或家族的利益。改革派提出的候选人是霍亨索伦的腓特烈三世，他在勃兰登堡为结束德意志分裂而进行的改革活动树立了榜样。然而，大多数德意志诸侯很少受到爱国主义思想的影响，他们把独立看得比团结重要得多。自1417年起，西吉斯蒙德就忽视了德意志，忙于处理波希米亚和匈牙利的事务。这对德意志诸侯来说并没有什么可抱怨的。德意志诸侯把目光转向奥地利公爵阿尔布雷希特五世，他似乎与西吉斯蒙德晚年的地位完全相同。阿尔布雷希特五世的直接目标远在帝国之外，因此他不太可能干涉君主的独立,同时,在东方追求自己的利益可能会间接地给德意志带来不少好处。另一个对阿尔布雷希特五世有利的、也许是决定性的论据是,他在教皇和议会之间的斗争中采取了中立的政策。1438年3月,选举团举行会议时,阿尔布雷希特五世获得了绝对多数的支持。同时,勃兰登堡的腓特烈三世也优雅地退出了候选人资格,这使阿尔布雷希特五世在选举中获得全票。这次选举在当代或以后的叙述中都不会占很大比重,但它的重要性毋庸置疑。1806年神圣罗马帝国灭亡之前,除了18世纪的一段短暂时期,哈布斯堡家族实际上一直保持着帝国皇冠的世袭继承权。在哈布斯堡家族的统治下,德意志变成一个松散且无效的联邦,靠传统、习惯、家族优势维系。在追求自身利益时,哈布斯堡家族表现出了非凡的精明与坚持。奥托家族和霍亨斯陶芬家族建立的君主制已不复存在。1438年之后,皇帝派的传统成为一个时代错误,选择权在哈布斯堡家族和霍亨索伦家族间徘徊。值得注意的是,当哈布斯堡帝国已走到尽头时,当罪恶的分裂顽疾自我治愈时,当哈布斯堡家族未能填补王位空缺时,选举霍亨索伦家族成员为王便成了为恢复德意志统一而做出的第一次尝试。

阿尔布雷希特五世勉强地接受了成了罗马人民的国王,但从未去过德意志,甚至连加冕仪式都没有举行。阿尔布雷希特五世的第一份事业是与对手卡齐米尔四世争夺波希米亚的领土。在德意志军队的帮助下,阿尔布雷希特五世围攻了胡斯派的重要据点塔博尔。年轻的波希米亚贵族波杰布拉迪的乔治率兵突围,击破了围攻。虽然阿尔布雷希特五世在西里西亚比较成功,那里有很多德意志人,但当他听到土耳其人入侵塞尔维亚并威胁到匈牙利的消息时,波希米亚人的命运仍然不可捉摸。派代表与波兰协商停战后,阿尔布雷希特五世急忙去应付土耳其人的入侵,但完全没能解救斯梅代雷沃。在泰斯沼泽山谷,士兵感染了痢疾,大批死亡。阿尔布雷希特五世也得了痢疾,他急忙赶回家,希望能再次见到首都维也纳和妻子卢森堡的伊丽莎白。在途中,阿尔布雷希特五世得知自己在波希米亚的事业因背信弃义而受到损害。巴塞尔委员会选举费利克斯五世为教皇,从而恢复了天主教会的大分裂状态。土耳其人正向匈牙利的重要城市贝尔格莱德进军。1439年10月27日，灾难或毁灭似乎即将从四面八方降临，阿尔布雷希特五世到达维也纳郊外时被疾病压垮了。阿尔布雷希特五世驾崩似乎使大家更加迷惘，不仅是帝国再次失去了一位皇帝，而且最近建立起来的奥地利、匈牙利和波希米亚的联系也在还没有来得及获得任何力量之前就瓦解了，是否还会恢复非常值得怀疑。阿尔布雷希特五世和卢森堡的伊丽莎白只有两个女儿奥地利的安妮和奥地利的伊丽莎白，阿尔布雷希特五世驾崩时卢森堡的伊丽莎白已经怀孕了。孩子出生前，任何世袭权的问题都必须暂时搁置。在讨论阿尔布雷希特五世的私人领地发生的一系列错综复杂的事件之前，先讨论一下皇帝选举和德意志通史或许会更清楚一些。

卢森堡的伊丽莎白

奥地利的伊丽莎白

1438年的选举时间太短，不可能给政党的平衡带来任何明显的变化。当时占主导地位的原则在1440年得到了重新确认，并且得到了强调。在选举阿尔布雷希特五世的过程中，选举人可能会以某种力量争辩，把皇权交给了实力最强的候选人。阿尔布雷希特五世是已故皇帝西吉斯蒙德的合法继承人，他是一位有权势的王子。阿尔布雷希特五世不仅是奥地利大公，还曾在匈牙利和波希米亚当过国王，尽管在波希米亚遭到了反对，但他比对手腓特烈三世更有资格当选皇帝。此外，阿尔布雷希特五世的个性和过去的成就也为他赢得了普遍的尊敬。这些论点都不能支持施蒂里亚的腓特烈三世，他是由支持阿尔布雷希特五世的选举人提名的。在父亲奥地利公爵恩斯特的领地施蒂里亚、卡林西亚和卡尔尼奥拉，腓特烈三世只是和弟弟阿尔布雷希特六世共同统治。他还不到二十四岁，所以人们对他的性格和能力知之甚少，而且他既没有精力，也缺乏办事能力。然而，选举人只想要一位徒有虚名的皇帝，上述这些考虑对他们来说毫无意义。1440年2月2日，腓特烈三世以五票对两票当选为罗马人民的国王。与他竞争的候选人是由勃兰登堡藩侯腓特烈一世提名并支持的黑森的刘易斯。事态的发展使勃兰登堡藩侯腓特烈一世确信，面对韦廷家族的嫉妒和敌意，他和他的家族成员都没有成功的机会。

这次选举的投票几乎是勃兰登堡第一位霍亨索伦选举人的最后一次公开行动，他再次得到了人们的尊重。1440年，四十七人委员会成立，用以选出波希米亚国王。十票由几位选帝侯平分，三十七票给了勃兰登堡藩侯腓特烈一世。然而，腓特烈一世太老了，早已没有任何野心，拒绝了当选。1440年9月20日，腓特烈一世去世，留下的领土由四个儿子"炼金术士"约翰、腓特烈二世、阿尔布雷希特三世、腓特烈三世统治。自从在尼科波利斯战役中救了西吉斯蒙德，将近五十年来腓特烈一世一直在德意志政治中扮演着重要的角色。腓特烈一世成功过，也失败过，但总能获得别人的尊敬，因为他既有杰出的才能，又有纯洁的动机。腓特烈一世是最后一位强大帝国传统的拥护者，尽管亨利七世在位期间，神圣罗马帝国传统已经消亡。西吉斯蒙德曾一度为帝国传统的复兴而努力，腓特烈一世恰巧在西吉斯蒙德代表的思想遭到彻底颠覆的那一年去世。腓特烈一世远不止是中世纪历史的捍卫者，他还是现代普鲁士的真正缔造者。普鲁士已成为一个复兴的德意志民族的中心。因此，在某种程度上，腓特烈一世成功地实现了其作为一位卓越的缔造者毕生致力于推进的各项事业。

  腓特烈三世当了五十三年的罗马人民的国王，几乎和酗酒的瓦茨拉夫四世一样无能，但他的不作为与其说是由于无能，不如说是由于目标明确。一位德意志的编年史家把腓特烈三世描述成一个英俊、体格健壮、头脑敏捷、性情温和的人，他特别喜欢和平与宁静。腓特烈三世甚至连打猎都不喜欢，最喜欢的是建筑和收集宝石。许多人认为他是个懦夫，与他同时代的菲利普·德·科米纳称他是"有史以来最小气的人"。然而，在另一篇文章中，菲利普·德·科米纳也承认，与人打交道的长期经验给了腓特烈三世智慧，这是千真万确的。腓特烈三世没有政治家那种希望控制事态发展的精力和决断力，但有自制力，有一种愉快的自信，认为耐心和拖延会带来机会，不管事情看起来多么绝望。腓特烈三世怯懦的名声源于他在感到无法面对困难时的逃避习惯。1451年，当受到奥地利和施蒂里亚同时崛起的威胁时，腓特烈三世任由叛军为非作歹，自己却匆忙前往意大利接受帝国的皇冠。1473年，腓特烈三世在蒂罗尔与渴望获得王室头衔的大胆查理进行了闻名于世的会面，他既不愿意答应，也不愿意直接拒绝，趁着夜色逃到了科隆。这种权宜之计并不是很体面，也不是有才能的政治家取得的任何重大胜利，但有效地避免了致命的灾难。在德意志，腓特烈三世受到了王权改革的威胁，甚至还受到了被罢免的威胁，最终他还是战胜了对手。在世袭的领土上，腓特烈三世遭受了许多屈辱。奥地利的大部分地区，包括首都维也纳在内，曾一度落入匈牙利人之手。然而，腓特烈三世驾崩时的哈布斯堡家族比他即位时要强大。自1370年以来，一直被瓜分的家族领地，在施蒂里亚这支人的手中逐渐恢复了统一。腓特烈三世的儿子马克西米利安一世和勃艮第的玛丽的婚姻，使哈布斯堡家族进入欧洲显赫的家族之列，并且为未来更加卓越的地位铺平了道路。

德意志在一位玩忽职守统治者的统治下，自然没有多少历史。腓特烈三世在位期间，有近三十年固执地在自己的国土上与世隔绝，从未到过德意志的任何其他地方。恳求或威胁都不能使腓特烈三世参加议会和重要问题的辩论。在统治期间的首要问题——教皇犹金四世和巴塞尔宗教会议之间的争斗中，腓特烈三世对国家利益和他人对自己的偏见表现出了愤世嫉俗的漠视。教皇犹金四世急于废除1439年给予德意志教会一定程度上独立的国事诏书。腓特烈三世接受了教皇犹金四世的贿赂，与教皇犹金四世签订了一项秘密条约，并且利用埃内亚·西尔维奥·皮科洛米尼的外交手段来分裂和拉拢王公和选举人。腓特烈三世只与犹金四世达成初步协议，犹金四世就去世了，后来与尼古拉五世达成了最后的协约。当君士坦丁堡在土耳其进攻前陷落的消息传来时，腓特烈三世的行为并非那么奸诈和自私。教皇和皇帝，作为基督教世界的联合元首，是抵抗异教徒入侵的天然领袖。当个人和领土利益受到威胁，腓特烈三世表现出了强烈的主动性，并且认为这比他的高贵义务更重要。尼古拉五世急忙向新十字军发出规劝。埃内亚·西尔维奥·皮科洛米尼决心唤起德意志的尚武精神。然而，腓特烈三世把自己关在房间里，哀叹人类命运的不确定性。1453年，德意志议会在拉蒂斯邦召开。1454年，德意志议会在法兰克福召开，但腓特烈三世还是不肯露面。皇帝不在场的情况下，议会无法做出任何决定。对这种优柔寡断的不作为，人们表达了强烈的愤慨。特里尔大主教雅各布·冯·西尔克从来没有原谅腓特烈三世背叛德意志教会的行为，带头反对腓特烈三世。与雅各布·冯·西尔克结盟的是帕拉廷选帝侯胜利者腓特烈一世，他取代了昔日监护的侄子[①]帕拉廷选帝侯菲利普，但神圣罗马帝国皇帝腓特烈三世从未承认他的篡权。人们讨论了腓特烈三世的免职问题，并且建议勃艮第公爵腓力三世作为继任者。最终，1455年，一个更实际的方案被提了出来，建立了一个中央行政机构，皇帝如果不能出席，可以任命一名代表出席。议会

---

① 菲利普的父亲帕拉廷选帝侯路易四世是腓特烈一世的哥哥。——译者注

中选举人占多数,目的是平息混乱。通过向教士和俗人征收帝国税来增加财政收入。采取措施保卫神圣罗马帝国不受土耳其人的侵略。然而,这个计划落空了。腓特烈三世反对消极的抵抗,而特里尔大主教雅各布·冯·西尔克更关心的是为自己争取权力和声望,而不是进行任何真正的改革。1456年,穆罕默德二世包围了贝尔格莱德。堡垒的陷落会使多瑙河上游的整个山谷向土耳其人敞开。后来,这场危机被化解,不是靠皇帝或诸侯的努力,而是靠匈牙利士兵的英勇和军事才能。

与反对腓特烈三世相伴而来的是对教皇的敌意。诸侯遗憾地回顾了1439年的《国事诏书》,羡慕法兰西人仍然保留《布尔日国事诏书》。1455年,尼古拉五世的去世和加里斯都三世的继任给了一个控诉罗马教廷的机会。选帝侯提议在德意志的某个城市召集一个新的宗教会议,着手进行巴塞尔宗教会议

土耳其人包围贝尔格莱德

未能完成的教会改革工作。与此同时，帝国政府的改革再次被提上议程，腓特烈三世被召去参加宗教会议。然而，诸侯的意志已经不再统一了，勃兰登堡选帝侯腓特烈二世的弟弟阿尔布雷希特三世曾与帕拉廷选帝侯胜利者腓特烈一世发生过争吵，现在作为皇帝腓特烈三世的支持者挺身而出。特里尔大主教雅各布·冯·西尔克去世了，继任者站在了腓特烈三世一边。反对派领导人仍然威胁要废黜腓特烈三世，但他们已失去多数支持。腓特烈三世的不作为巧妙地阻挠了行政改革的计划，从而使德意志的分裂成为历史。腓特烈三世的胜利也给教皇带来了成功。教会经常以土耳其十字军为借口征收十分之一税，但钱都进了教皇自己的金库。德意志一半的救济金实际上是由教廷提供的。1458年，埃内亚·西尔维奥·皮科洛米尼继任加里斯都三世成为教皇，世称庇护二世。1460年，庇护二世给了与他早年关系密切的教会改革派致命的一击。庇护二世的教皇诏书宣称，任何教皇对议会裁决的上诉都是不虔诚和异端的。从那时起直到16世纪一个新时代的开始，德意志内部对教皇的反对都是软弱的、断断续续的。

家族中不断发生麻烦事，为腓特烈三世对德意志的不作为提供了一个十分充分的借口。腓特烈三世不仅要应付反对派弟弟阿尔布雷希特六世和施蒂里亚贵族，还要在1439年叔叔外奥地利大公腓特烈四世去世后担任年幼的蒂罗尔公爵西吉斯蒙德的监护人，以及处理由阿尔布雷希特五世驾崩引发的严重问题。作为西吉斯蒙德的监护人，腓特烈三世必须管理蒂罗尔和士瓦本，而士瓦本使他与瑞士人发生了冲突。很长一段时间里，嫉妒一直存在于乡村各邦和像苏黎世这样的城市联盟成员之间。这一点在1436年托根堡伯爵腓特烈七世去世时达到了顶点。托根堡伯爵腓特烈七世的遗产由皇帝、瑞士邦联和苏黎世共同继承。当公民占领了大部分有争议的领土时，以施维茨为首的其余联盟军拿起武器，强迫公民交还占领的领地。正是在这次事件中扮演的重要角色，使施瓦兹人在整个瑞士邦联中声名鹊起。苏黎世对这一羞辱愤愤不平，于是退出了瑞士邦联，并且向作为皇帝并代表哈布斯堡家族的腓特烈三世求助。腓特烈三世无法抗拒对托根堡宣称主权的诱惑，他也无法收回瑞士人从叔叔外奥地利大公腓特烈四世那里夺走的阿尔高，因为腓特烈三世当时正在和皇帝西吉斯蒙德争斗。1442年，战争爆发。尽管有腓特烈三世的帮助，苏黎世还是再次被瑞士邦联军队包围。由于无法从自己的领土上调遣更多的部队，腓特烈三世采取了权宜之计，用法兰西雇佣兵来对付他的德意志臣民。当时，查理七世刚从与英格兰的战争中解放出来，非常高兴摆脱这些雇佣兵，因为雇佣兵已经成为法兰西王国的诅咒。腓特烈三世派遣了近两万名而不是五千名所谓的"阿马尼亚克人"，在太子马克西米利安一世的指挥下入侵士瓦本。这支庞大的军队向苏黎世发起围攻时，几百名瑞士人试图挡住他们的去路。在圣雅各布战场上，即德意志境内的德摩比利（又称为温泉关），瑞士士兵被彻底歼灭。然而，几百名瑞士士兵的牺牲赢得了英雄主义的美赞；侵略者遭受了惨重的损失，急忙停战，退至阿尔萨斯。

1445年，塞姆皮雷等人被劝说撤离了苏黎世。在德意志，突袭的恐怖已被遗忘很久了。腓特烈三世给臣民带来了这样的苦难，但并没有从中得到任何好

围攻苏黎世

处。瑞士人比以往任何时候都更加坚决地抵抗令人憎恨的哈布斯堡王朝，直到最后一刻。战争一直持续到1450年，苏黎世脱离奥地利联盟。腓特烈三世不得不放弃堂弟蒂罗尔公爵西吉斯蒙德的监护权。此时，西吉斯蒙德已成为蒂罗尔和士瓦本地区的独立统治者。西吉斯蒙德后来的历史可以简单地追溯一下，他经常与瑞士人争斗，因为瑞士人给他的人力和金钱都不够。1469年，西吉斯蒙德把自己在士瓦本的领地抵押给了大胆查理。就像对哈布斯堡家族一样，士瓦本对勃艮第公爵来说是致命的财产。通过调和瑞士和蒂罗尔公爵西吉斯蒙德的争端，狡猾的路易十一取得了重大的外交胜利，并且煽动二者发动战争来反对彼此强大的邻居。在格朗松和莫拉特接连战败后，1477年，大胆查理在南锡城墙前倒下。蒂罗尔公爵西吉斯蒙德收回了士瓦本，但他没有孩子，1496年去世之前，又把自己的领土交给了腓特烈三世。自此，所有哈布斯堡家族的领土都在腓特烈三世的手里重新统一了。

　　阿尔布雷希特二世继承了奥地利、匈牙利和波希米亚，这在东方引起了一系列的纠纷，也给腓特烈三世制造了许多麻烦。1440年2月22日，阿尔布雷希特二世的遗孀卢森堡的伊丽莎白生下了一个儿子拉迪斯劳斯。在奥地利，男性继承的规则不容置疑。婴儿拉迪斯劳斯立即得到承认，并且被置于腓特烈三世的监护之下。然而，在波希米亚和匈牙利，哈布斯堡家族的统治既不同寻常又不受欢迎。因此，继承问题不可能那么容易得到解决。在匈牙利，没有绝对的继承规则，女性继承者也不受习俗或法律的排斥。西吉斯蒙德能称帝，得益于他与路易大帝之女匈牙利的玛丽的婚姻和女儿卢森堡的伊丽莎白与波希米亚国王阿尔布雷希特二世的婚姻。可以断定，实际上，卢森堡的伊丽莎白才是合法的女王。匈牙利主要的目标是抵御土耳其人。为了巩固王国，贵族迫使卢森堡的伊丽莎白向波兰国王瓦迪斯瓦夫三世表露爱意，并且把匈牙利的王冠给波兰国王瓦迪斯瓦夫三世。儿子拉迪斯劳斯一出生，卢森堡的伊丽莎白就拒绝了婚约，让自己的孩子当上了匈牙利国王。然而，卢森堡的伊丽莎白没有足够的力量来执行自己的意志。1442年，卢森堡的伊丽莎白去世时，波兰国王瓦迪斯瓦

瓦迪斯瓦夫三世战死

夫三世在匈牙利得到了普遍的认可。1444年,在与土耳其人的瓦尔纳战役中,瓦迪斯瓦夫三世战死。1445年,匈牙利人又承认年幼的拉迪斯劳斯为国王,但拉迪斯劳斯仍然是腓特烈三世监护下的未成年人。由于不允许外国人管理他们的王国,1446年,匈牙利人把总督的职位交给了在土耳其战争中赢得了卓越声誉的约翰·匈雅提。与此同时,波希米亚王国却在走自己的国家发展之路。作为波希米亚王国人数最多、权力最大的政党,饼酒同领派拒绝承认基于世袭权或王朝条约的诉求,坚持进行选举。饼酒同领派很可能会选择波兰国王瓦迪斯瓦夫三世,如果他还没有被匈牙利人接受的话。波希米亚王国与匈牙利王国的关系,并不比与奥地利公国的关系更好。王位交给了腓特烈三世,但遭到了拒绝。最后决定推选拉迪斯劳斯为国王,并且委托会议的少数派摄政。这一继承协议未能在竞争各方之间产生任何的调解作用。乌尔里希·冯·罗森贝格领导的罗马天主教徒，希望与德意志及教皇达成彻底和解。饼酒同领派发现了有能力的领导人乔治·波迪布兰德，他们坚决维护国家独立，并且与巴塞尔宗教会议签订协议进行宗教和解。一场旷日持久的内战以饼酒同领派的胜利和1452年乔治·波迪布兰德被任命为波希米亚长官而告终。

名义上，哈布斯堡家族在匈牙利和波希米亚的统治，被拉迪斯劳斯在承认父亲阿尔布雷希特二世领土的前提下延长了。实际上，这种联系几乎没有任何力量，因为每个国家都会不顾其他国家的利益而来安排自己的事务。腓特烈三世作为拉迪斯劳斯的监护者，几乎没有带来什么好处。匈牙利王国和波希米亚王国都不允许腓特烈三世有任何权威。甚至在奥地利，施蒂里亚政府也极不

乔治·波迪布兰德

欢迎腓特烈三世。奥地利贵族和约翰·匈雅提都迫切地要求把拉迪斯劳斯从外界的监护中释放出来,让他本人来照顾自己的臣民。另外,乔治·波迪布兰德不希望因一个年轻国王的出现而危及自己的权威,因为他可能会受到年轻国王的影响。1451年,奥地利和施蒂里亚同时爆发起义,而腓特烈三世选择此时前往罗马,从教皇手中接过皇冠。腓特烈三世试图让叛军彻底失败,并且带走了拉迪斯劳斯。1452年3月19日的加冕礼注定要成为在帝国古都罗马举行的最后一次加冕礼。当回到德意志时,腓特烈三世发现他的缺席只会激怒对手,这

腓特烈三世在罗马加冕

让他很反感。奥地利贵族入侵施蒂里亚，并且在诺伊施塔特对腓特烈三世发动了进攻。腓特烈三世再也无法抗拒，1452年9月同意把拉迪斯劳斯交给采列伯爵乌尔里希二世。最终，乌尔里希二世成功地把拉迪斯劳斯带回了维也纳。

从被保护者一跃成为奥地利公爵、匈牙利国王和波希米亚国王，拉迪斯劳斯似乎有辉煌的前途。那时拉迪斯劳斯已经十三岁了，后来只活了多灾多难的五年。匈牙利和波希米亚仍然在约翰·匈雅提和乔治·波迪布兰德的管控之下。在乌尔里希二世的挑唆之下，拉迪斯劳斯参与了与两个摄政王约翰·匈雅提和乔治·波迪布兰德的争斗。君士坦丁堡的陷落和土耳其人迫在眉睫的危险

采列伯爵乌尔里希二世

卡皮斯特拉诺的约翰的布道激发人们的斗志

迫使双方暂时和解，那时尚不确定这位年轻的国王能否成功地维护个人权威。1456年，穆罕默德二世率领一支庞大的军队包围了贝尔格莱德。土耳其船驶上多瑙河，以阻止任何试图通过多瑙河解救驻军的企图。如果任由这座重要的堡垒失守，匈牙利和德意志东南部将面临入侵的危险。一时间，一种类似当年十字军远征的热情，被一位热情的方济各会修士卡皮斯特拉诺的约翰的布道激发。约翰·匈雅提接过了由神父雄辩的口才召集的杂牌军的指挥权，一支由木筏和小船组成的船队已经准备就绪。在穆罕默德二世的眼皮底下，土耳其船被击毁，救援部队得以进入贝尔格莱德。然而，穆罕默德二世拒绝承认自己的失败。由于无法再次进行封锁，穆罕默德二世决定用强攻来占领贝尔格莱德这座堡垒。尽管防御者进行了英勇的抵抗，但工事还是被人数众多的土耳其

土耳其人攻下一处防御工事

军队逐个击破。正当土耳其新月旗要升起来宣布胜利的信号时,约翰·匈雅提和卡皮斯特拉诺的约翰发起了最后一次反攻。土耳其人被赶出城墙,他们的营地被攻陷并烧毁。1456年7月22日傍晚前,穆罕默德二世的军队向索菲亚撤退,留下两万人在战场上。解救贝尔格莱德是一项重大的成就,但两位领导人付出了生命的代价。1456年8月11日,约翰·匈雅提死于高烧。1456年10月23日,卡皮斯特拉诺的约翰去世。

乌尔里希二世对匈牙利摄政王约翰·匈雅提之死感到高兴,因为扫除了他前进道路上的一个对手。然而,约翰·匈雅提留下了两个儿子,拉迪斯劳斯·匈雅提和马蒂亚斯·科菲努斯,他们继承了父亲约翰·匈雅提的声望,渴望在国家中占有父亲那样的地位。不幸的是,乌尔里希二世的阴谋导致了拉迪斯劳斯·匈雅提和马蒂亚斯·科菲努斯的毁灭。由于不知道自己的阴谋被发现,乌尔里希二世陪同年轻的国王拉迪斯劳斯去参观被营救的堡垒贝尔格莱德。刚到贝尔格莱德,他们就发现被包围了。乌尔里希二世被拉迪斯劳斯·匈雅提抓了起来,遭受背叛的谴责之后被处死。拉迪斯劳斯很精明,掩饰自己的愤怒,假装宽恕了凶手,但他只是在等待时机。1457年年初,拉迪斯劳斯一回到佩斯,就把拉迪斯劳斯·匈雅提抓了起来,并且以谋杀乌尔里希二世的罪名对他进行了审判和处决。拉迪斯劳斯·匈雅提的弟弟马蒂亚斯·科菲努斯逃到维也

处死拉迪斯劳斯·匈雅提

纳，又从那里去了布拉格。1457年11月23日，在布拉格正准备与查理七世的女儿瓦卢瓦的玛格达莱娜举行婚礼之际，拉迪斯劳斯突然死亡。如此悲惨的事件，给欧洲留下了深刻的印象。拉迪斯劳斯太年轻了，被认为不能为政府过失负责，而英俊的面庞和讨人喜欢的举止总是使他受到欢迎。在维也纳，人们听到这个消息，都感到十分悲伤，自然而然地怀疑年轻的国王拉迪斯劳斯遭到了谋杀。拉迪斯劳斯在布拉格被谋杀，仿佛犯罪证据确凿。德意志人对斯拉夫人的厌恶和罗马天主教对异教徒的憎恶共同构成了对乔治·波迪布兰德的指控。不久，人们详细地讲述了毒药是如何使用的，它对不幸的受害者有什么影响，以及医生是如何被波希米亚摄政王乔治·波迪布兰德收买的。不过，这些故事没有丝毫根据。拉迪斯劳斯毫无疑问死于鼠疫或黑死病，这种病在14世纪和15世纪不时给欧洲带来巨大的灾难。

拉迪斯劳斯之死

几年内，奥地利、匈牙利和波希米亚之间的联盟第二次瓦解。由于拉迪斯劳斯没有留下后代，联盟关系似乎不可能得到延续。拉迪斯劳斯统治的三个国家分别代表了不同的家族。在奥地利，拉迪斯劳斯是阿尔布雷希特家族分支的最后一员，他的去世使哈布斯堡家族的施蒂里亚分支占了上风。在匈牙利，拉迪斯劳斯通过外祖父西吉斯蒙德，成为安茹家族的最终后裔，安茹家族统治匈牙利长达一个半世纪。在波希米亚，通过母亲卢森堡的伊丽莎白，拉迪斯劳斯代表了卢森堡家族。关于拉迪斯劳斯王位的继承人问题，根据家族协议，奥地利传给了哈布斯堡王朝三位幸存的王子：腓特烈三世、腓特烈三世的弟弟阿尔布雷希特六世、前两位的堂弟蒂罗尔公爵西吉斯蒙德。这样的安排引起了争端，直到1463年阿尔布雷希特六世去世，腓特烈三世才结束了争端，用金钱收买了蒂罗尔公爵西吉斯蒙德，建立了奥地利公国的统一政府。在匈牙利，人们决定无视所有世袭继承权，通过自由选举来继承王位。1458年1月24日，议会选举约翰·匈雅提幸存的儿子马蒂亚斯·科菲努斯为国王，因为他在解救贝尔格莱德时功绩卓越，成为民族英雄。在波希米亚，人们对王朝或条约的要求也表现出类似的蔑视。1458年3月2日，乔治·波迪布兰德当选为国王，这体现了波希米亚日益增长的民族情绪。这两次选举意义非凡，实际上是一场反对家族安排的人民抗议。家族安排不顾国家利益，经常导致外国统治者的统治。人民权利、国王候选人国籍的实际主张及论功绩而非出身的选举思想，都是对欧洲国王和王公既得利益的沉重打击。

哈布斯堡家族在匈牙利和波希米亚统治的终结，令腓特烈三世极度失望，他曾希望在这些王国里接替拉迪斯劳斯。和往常一样，腓特烈三世的努力与其野心不相称。经过一番徒劳的挣扎，他不得不承认对手的成功。共同的利益使这两位新国王走到了一起，而马蒂亚斯·科菲努斯与乔治·波迪布兰德女儿波杰布拉迪的凯瑟琳的婚姻，似乎成为亲密且持久的联盟的基础。这个联盟将对欧洲具有很大的价值，并且将对土耳其的侵略构成一个强大的制衡。在恢复混乱的波希米亚秩序方面，乔治·波迪布兰德显示出了高超的政治才能。

匈牙利国王马蒂亚斯·科菲努斯

马蒂亚斯·科菲努斯很快就证明,自己继承了父亲约翰·匈雅提很大一部分的军事才能。不幸的是,宗教分歧阻碍了两位君主的协调行动,他们在当时的君主中没有任何优势。马蒂亚斯·科菲努斯是一名教会正统派成员,而岳父乔治·波迪布兰德则是土生土长的饼酒同领派,并且一直致力于维护1433年宗教法令。然而,巴塞尔宗教会议强行要求对胡斯派进行让步,历任教皇都急于通过撤销这些让步来恢复信仰和宗教仪式的一致性。1462年,在十字军复兴热情的鼓舞下,庇护二世冒险废除了1433年宗教法令和继任者保罗二世。1466年,庇护二世颁布法令,将乔治·波迪布兰德定为异教徒。教皇这些措施的后果是在波希米亚重新点燃了一场宗教战争。布雷斯劳成为反叛的天主教联盟中心。然而,乔治·波迪布兰德有能力顶住国内的反对。在神圣罗马帝国皇帝腓特烈三世的默许下,教皇庇护二世着手争取匈牙利国王马蒂亚斯·科菲努斯的积极援助。马蒂亚斯·科菲努斯不同情异端邪说。1464年,妻子波杰布拉迪的凯瑟琳死后,他很想为自己赢得波希米亚的王冠,并且得到反抗土耳其人的德意志人的积极支持。1468年,战争爆发。尽管偶尔取得胜利,马蒂亚斯·科菲努斯却没有获得多少荣誉或实质性的优势。事实上,敌对的主要结果是剥夺了马蒂亚斯·科菲努斯获得波希米亚的希望。在匈牙利入侵的驱使下,乔治·波迪布兰德寻求波兰的支持,并且推荐波兰国王卡齐米日四世儿子乌拉斯洛二世为自己的继任者。这项建议没有遭到议会的反对。选择乌拉斯洛二世,调和了民族感情。乌拉斯洛二世的母亲是阿尔布雷希特二世和卢森堡的伊丽莎白的小女儿奥地利的伊丽莎白,这使人们满足于对这个古老家族挥之不去的、唯一的忠诚

波兰国王卡齐米日四世

之情，毕竟卡齐米日四世之子乌拉斯洛二世的身体里流淌着查理四世的血脉。1471年，乔治·波迪布兰德驾崩。尽管遭受马蒂亚斯·科菲努斯的极力排挤，乌拉斯洛二世还是成功地获得了波希米亚王位。

马蒂亚斯·科菲努斯有充分的理由怀疑，盟友腓特烈三世曾支持过自己的候选人资格。因为在统治后期，腓特烈三世几乎一直与奥地利敌对。有一段时间，腓特烈三世很乐意用一笔钱支付给可怕的邻居来买回被征服的领土，而

乌拉斯洛二世

不是用武力。整整十年，腓特烈三世的注意力都集中在大胆查理去世前后的一些重大事件上。腓特烈三世最大的愿望是把大胆查理的女儿勃艮第的玛丽嫁给儿子马克西米利安一世，但经常对此失望。1473年，腓特烈三世逃避了大胆查理对皇室头衔的迫切要求。在接下来的一年里，腓特烈三世不得不建立一支帝国军队，以解救遭围攻的勃艮第诺伊斯。腓特烈三世小心翼翼地避免实际的敌对行动，拒绝了路易十一为了共同敌人的领土划分而提出的巧妙建议，利用自己的影响力引发了大胆查理和瑞士人之间的战争。大胆查理和瑞士人将士瓦本哈布斯堡家族的古老领地归还给了腓特烈三世。大胆查理在诺伊斯战败并去世。最终，腓特烈三世找到了机会。迫于路易十一的自私侵略，勃艮第的玛丽与马克西米利安一世缔结了这场争论已久的婚姻，并且把勃艮第的巨大遗产传给了丈夫马克西米利安一世，尽管1482年《阿拉斯条约》使一些省脱离了路易十一的控制。

  这一显著的胜利之后，随之而来的是同样明显的羞辱。与匈牙利的战争再次爆发，马蒂亚斯·科菲努斯占领了奥地利及施蒂里亚和卡林西亚的大片地区。1485年，维也纳被迫投降。腓特烈三世被赶出了维也纳，作为一个帝国托钵僧，被迫从德意志一个修道院流浪到另一个修道院。然而，腓特烈三世从来没有失去乐观的心态和对未来的信心，拒绝让马克西米利安一世签订使奥地利领土永久割让的条约，坚持要等待事态的好转。1486年，腓特烈三世诱导选帝侯选举儿子马克西米利安一世为罗马人民的国王，从而确保了帝国的尊严在家族中得以延续。1490年，马蒂亚斯·科菲努斯驾崩，没有留下合法继承人来继承匈雅提家族的遗产。腓特烈三世和马克西米利安一世都没能确保王位的继承，匈牙利人把王位让给了波希米亚国王乌拉斯洛二世。尽管雅盖隆政权的扩张本身就令人不快，但统治者的更迭使哈布斯堡家族得以挽回损失。1491年，乌拉斯洛二世被迫签署了《普雷斯堡条约》。根据该条约，马蒂亚斯·科菲努斯所有占领的领土都得以恢复。条约还规定，一旦马蒂亚斯·科菲努斯没有男性继承人，他的领土将移交给哈布斯堡家族。在一系列的机缘巧合下，这种情况实际上在接下来的四十年里出现了。然而,勒索匈牙利国王马蒂亚斯·科菲努斯使马克西米利安一世在西方蒙受了极大的耻辱。多年前,马克西米利安一世的代理人、女儿奥地利的玛格丽特与法兰西国王查理八世订婚,被迫将她的人和领地交给查理八世。如今奥地利的玛格丽特被抛弃,回到父亲马克西米利安一世身边。1493年,查理八世让出阿图瓦和弗朗什-孔泰来安抚自己受伤的对手马克西米利安一世,因为查理八世认为这是他远征意大利的必要准备。1492年,马克西米利安一世从西吉斯蒙德手中收复了蒂罗尔和阿尔萨斯,所以腓特烈三世在此期间看到了哈布斯堡自治领土不仅统一到了一个家族手中,还得到了很大的拓展。马克西米利安一世从父亲腓特烈三世手中争取了几乎一切的权力。1493年8月19日,腓特烈三世驾崩的消息传来时,人们对这激动人心的事件并无多大兴趣。多年来,腓特烈三世把五个元音字母作为一个神秘的符号刻在他所有建筑物、书籍和装饰物上,似乎它们的意义是"奥地利是宇宙的中心",或者在德语中是"Erdreich ist CEsterreich unterthan"。隐含的预言从来没有真正实现过,但比同时代人能预见到的更接近现实。这一结果很大程度上是由腓特烈三世长期在位的耐心和十分卑鄙的外交促成的。

第18章

汉萨同盟和斯堪的纳维亚王国

精彩看点

德意志的城镇——南方与北方城镇的区别——国外德意志商人工会——波罗的海和北海贸易——商业贸易对城镇关系的影响——吕贝克和汉堡联盟——汉萨同盟的起源——丹麦国王埃里克六世入侵——丹麦的衰落——汉萨同盟的复兴——维斯比被占领——汉萨同盟与瓦尔德马尔四世的第一次战争——1362年汉萨同盟远征带来的灾难——暂时的和平——第二次丹麦战争——汉萨同盟的胜利——《施特拉尔松德条约》——汉萨同盟达到鼎盛时期——查理四世与汉萨同盟——瓦尔德马尔四世驾崩——玛格丽特一世和卡马尔联盟——丹麦与荷尔斯泰因的战争——波美拉尼亚的埃里克下台——巴伐利亚的克里斯托弗——瑞典脱离卡尔马联盟——克里斯蒂安一世收复瑞典——石勒苏益格和荷尔斯泰因——瑞典独立——汉萨同盟的逐步衰落

回顾14世纪，德意志人既不自豪，也不满意。14世纪没有产生像奥托大帝、腓特烈一世或腓特烈二世那样的英明统治者，却充斥着神圣罗马帝国皇帝路易四世及其与住在法兰西王国教皇之间时断时续的争斗。查理四世狡猾、冷血，很少得到别人的理解或欣赏，他的政策没有产生明显的效果。酗酒无能的瓦茨拉夫四世最终下台并导致了教会分裂，使德意志的实力和声望明显下降。意大利统治者之位和阿尔勒王国的王冠赋予持有者一种名义上的尊严，就像神圣罗马帝国皇冠赋予皇帝的尊严一样不真实。德意志的王权更加稳固，但缺乏有效的权威。罗马人民的国王的影响力更多地取决于私人领地而不是罗马人民的国王地位，罗马人民的国王的主要兴趣是扩大家族而非扩大王权。罗马人民的国王不能强迫强大的诸侯服从，更不能保卫王国的遥远边疆。尽管中央政府无能为力，但有两点使德意志的事业获得了辉煌的胜利。与德意志西北部接壤的是挪威、瑞典和丹麦的斯堪的纳维亚王国，其中丹麦离德意志最近，而且在很长一段时间内最强大。丹麦人是德意志人血统，几代人以来一直承认罗马人民的国王的统治权。然而，由于逐渐与自己种族的南方成员分离，丹麦人的利益和偏见又在很多方面都是反德意志的。丹麦国王克努兹六世拒绝效忠罗马人民的国王。腓特烈一世对萨克森公国的破坏摧毁了德意志北部抵御丹麦侵略的最有效的堡垒。地理位置使丹麦人拥有波罗的海控制权。从丹麦国王瓦尔德马尔二世到丹麦国王瓦尔德马尔四世,不止一位国王寻求将波罗的海控制权转变为绝对的霸权的途径。对一项可能给德意志带来灾难性后果的计划进行抵制的,不是对波罗的海重要性漠不关心的皇帝,而是著名的德意志北部城镇联盟,即汉萨同盟。汉萨同盟的动机既不是爱国主义,也不是民族意识,而是对贸易利益的自私追求。然而,汉萨同盟的行动把德意志从严重的危险中拯救出来。德意志的远东地区存在着更大的麻烦。9世纪,整个波罗的海南部海岸都居住着斯拉夫人,取代了早期的德意志定居者。10世纪,德意志人开始了一场长期的斗争,他们要把这些外来移民赶走,或者至少要让被征服的斯拉夫人臣服并接受基督教。由于两场大饥荒,萨克森的威尔士人和勃兰登堡的阿斯坎尼人在13世纪很大程度上完成了这项任务。就维斯杜拉河而言,德意志人的优势是通过移民的引进和城镇的发展而建立起来的。然而,在维斯杜拉河以东,涉及宗教、政治和商业利益的斗争仍在继续。皇帝完全不作为。在几乎无人帮助的情况下,日耳曼骑士团向立陶宛和利沃尼亚发动了一场十字军远征,扩展基督教义和德意志文明。当时整个德意志还很虚弱,处于无政府

早期的斯拉夫人

状态。汉萨同盟和条顿骑士团这两个截然不同的集团，以及南部同样不同的瑞士邦联，在很多方面都是当时德意志弱小、无政府状态的最有趣的体现。

德意志城镇比意大利境内的几个共和国发展缓慢，也从未达到同样的独立或名声。然而，二者的历史在很多方面相似。它们都把自治归咎于中央政府的软弱，把经济繁荣归功于贸易的发展。在意大利共和国制造或收集的商品被分配到整个中欧商业路线经过的德意志南部，赋予了乌尔姆、拉蒂斯邦、奥格斯堡和纽伦堡等城镇重要的地位。在北方，人们沿着波罗的海和北海海岸进行着一种几乎同样有利可图的贸易，这种贸易几乎完全由德意志商人垄断。北方水手在捕鱼业中找到了另一种财富来源，这在教会对禁食有严格规定的中世纪尤为重要。贸易和渔业的结合给北方的不来梅、汉堡、吕贝克、罗斯托克、但泽等城镇带来了繁荣。德意志北部和南部之间坐落着重要的城市科隆，傍莱茵河谷而居，在南部贸易中表现活跃，并且在与英格兰王国和其他北海沿岸国家的贸易中占有很大的份额。不过，真正的南北交汇点是在佛兰德斯的布鲁日，来自欧洲各地的商贾云集于此，交换货物。

14世纪是德意志城镇发展的黄金时代，这一时期，城镇的财富和政治重要性高于其他任何时期。然而，在北方和南方之间有一些显著的和值得注意的区别：南方城镇有许多共同的利益，它们不得不抵制领土上诸侯对城市独立日益增长的嫉妒；它们渴望平息混乱和私人战争；明显的动机促使城镇反对在道路和河流上征收过高的通行费；为通行者提供安全保障。这些需求，特别是需要警察采取措施制止抢劫或勒索赔偿，使城镇不时地结成联盟。然而，比共同利益更强烈的是城镇之间相互的嫉妒，这些联盟没有一个能持久。南方城镇的主要目的是独立和孤立。北方城镇的敌对意识同样强烈，但在许多方面，危险和困难更大，因此有一种更强烈的团结冲动。德意志的邻国文明程度低，经济落后，这使北方城镇比南方城镇拥有更大的政治影响力，而南方城镇必须与强大且高度发达的政体打交道。因此，南方城镇除了短期和既得利益，不可能永远结合在一起；而北方城镇逐渐形成一个联盟，尽管在许多方面起到了错误的调节作用,但联盟赋予了成员远远超过他们通过单独行动能获得的重要地位,甚至使城镇在一段时间内对欧洲北部政治发挥了主导作用。

  中世纪时,"汉萨"这个词有一定的重要性。最早的用法中,"汉萨"是乐队或军队之意。后来,才有了"团结"或"联合"的意思,尤其是为了商业目的联合。"汉萨"也用来指上级机关对进行贸易的许可收取的费用。当德意志诸侯狮子亨利希望在新占领的吕贝克镇鼓励贸易时,便授权外国商人往来吕贝克镇"不纳税也不收税"。不过,它最常见的意义是协会或行会。汉萨是商业行会,汉斯胡斯是行会会馆。基于这个意义,汉萨被用于指德意志北部的城镇联盟。城镇联盟这个名字本身就说明了一个重要的事实:城镇联盟起源于一个或多个贸易联盟。

德意志诸侯狮子亨利

中世纪的整个社会和经济生活都以交往原则为主导。村庄社区或庄园是最熟悉的例证,还有教会的内部组织。在城镇社区,我们发现了同样的情况。从事手工业者,必须加入行会;从事商业者,必须加入行会或汉萨。个人是无能为力的,只有通过与他人的联合,才能获得行动能力和对行动的保护。把现代协会与中世纪时期的联盟做任何比较都是肤浅的,并且极易产生误导性。现代协会的成立是为了追求利益和发挥重要作用,而中世纪时期的联盟的建立是一种时代的必然,是迫于当时社会实际状况而不得不建立的。二者最基本的区别在于早期国家行动的范围非常有限。在中世纪,联盟履行了欠发达国家既没有意愿也没有能力承担的大部分职责。

如果国内商人需要协会,那么到国外旅行的商人同样需要。中世纪很少有佣金代理人,商人必须亲自监督货物的运输和销售。陆路运输的危险性很大,但海上运输往往危险性更大。海盗几乎和陆地上的强盗一样多,而且更难对付。航海的危险是一个非常严重的问题,因为水手没有罗盘来指引航向,船主也没有保险制度来承担风险。难怪商人会将大量的旅行见闻记录下来,以避免危险和灾难的再次发生。然而,当商人到达一个陌生的国度时,联合的必要性会变得更加迫切。处理货物通常要花很长时间;由于冬季旅行被认为是不可能的,所以经常需要在国外得上几个月。因此,商人联合起来,共同获得市场收益:不仅是供个人住宿的旅馆,还有供货物装卸的仓库和供船停泊的港口。这些"仓库"成为商人组成的联盟或汉萨的中心。中世纪的法律体系给了人们另一种结合的冲动。早期的法律是个人的,而不是领地的,并不适用于领地上的所有人。外国人虽然不全是目无法纪,与本地人相比,却处于很大的劣势。外国商人之间的任何争端必须由他们自己解决,并且由自己的法律来裁定。在与当地人的纠纷中,外国商人很难获得公正,除非他们能在国家内部获得一些强有力的支持。为了进行贸易,外国商人需要特权和让步。个人不容易获得这些特权和让步,所有这些考虑都迫使商人采用联盟组织。领导汉萨的是长老或市议员,他们在成员中执行司法,为共同利益举行集会,并且代表社区与外部世界进行磋商。这个组织越有效率，商人就越能从他们必须打交道的社区获得特权，特别是贸易上的关税减免。新来者只有在获得汉萨的许可后才能享有这些特权，为此他必须得到会员的同意并支付一定的费用。

北方商业活动的两个主要地区是波罗的海和北海，二者之间仅通过分隔岛屿和斯堪的纳维亚半岛的狭窄海峡相连。波罗的海贸易的中心是哥特兰岛的首都维斯比。12、13世纪，维斯比地理位置重要，并且十分繁荣，许多商人定居于此。虽然维斯比仍是瑞典王国的一部分，但它实际上已成为德意志的一个城镇。因此，维斯比的德意志居民和历史更久的商人联盟之间产生了一个重要的区别。商人联盟只是为了贸易而来，从维斯比扩展东部贸易，其中最重要的是诺夫哥罗德，它成为与俄罗斯贸易往来的中心。13世纪，维斯比在波罗的海的优势地位受到了威胁，因为其他一些城镇发展迅速，并且已经为德意志从最西部波罗的海沿岸的斯拉夫移民手中夺回了领土。尽管吕贝克、罗斯托克、维斯马、施特拉尔松德和格赖夫斯瓦尔德这些城镇被称为"文德城镇"，但在人口和性质上它们完全是德意志式的。其中，由于在特拉沃河的有利地位和得到的有效赞助，吕贝克从一开始就发挥了突出的作用。北海有三个德意志商人常去的外国市场，分别是挪威的卑尔根、英国的伦敦和佛兰德斯的布鲁日，它们都成立了具有显著重要性的汉萨同盟。很长一段时间里，大部分的北海商人来自科隆，科隆在西部和维斯比在东部一样占主导地位。然而，其他城镇成为科隆的竞争对手，特别是易北河上的汉堡和威悉河上的不来梅。甚至从威斯特伐利亚的索斯特、多特蒙德和明斯特等内陆城镇而来的商人也会前往海岸，租用船将货物运往英格兰或挪威。

不可避免的是，国外德意志商人联盟对商人本国也会产生显著的影响。这些商人只是偶尔寄居在国外，生活的大部分时间还是待在本国家里。重要的是，大多数德意志北部城镇的议会成员几乎完全由商人组成。工匠被排斥在外，被人瞧不起。如同佛罗伦萨和其他意大利历史上扮演重要角色的城镇一样，在德意志城镇里，也几乎找不到拥有土地的贵族。因此，城镇议会的政策是以其成员的商业利益为指导的。外国汉萨同盟,如果不能得到想要的东西,就会向成员来自的城镇请求支持。因此,商人在贸易中紧密地联系在一起,他们的城镇自然会为了共同的利益而相互合作。这种促进贸易和保护渔业的联合行动,极大地推动了城镇联盟的形成。波罗的海和北海形成两个或两个以上的独立集团。北海的城镇倾向于聚集在科隆或汉堡周围;而波罗的海的城镇围绕维斯比或吕贝克形成了一两个联盟。然而,当波罗的海的城镇开始侵占北海贸易时,当吕贝克开始争论科隆在西部的首要地位时,德意志北部的发展进入了一个新时代,并且开始争夺维斯比在东部地区的首要地位。激烈的斗争发生在伦敦。自英格兰国王艾塞雷德二世统治以来,德意志商人一直活跃在这里。艾塞雷德二世的一条法律规定:"法律面前,皇帝的人应该和我们一样被

英格兰国王艾塞雷德二世

平等对待。"早期的商人大多来自科隆,正是科隆人在英格兰创造了第一个德意志汉萨同盟。其他商人必须通过向科隆的汉萨同盟支付费用来获得经营许可。渐渐地,汉萨同盟扩大到允许来自莱茵河和威斯特伐利亚的大多数商人加入。然而,其他地区的人发现很难被接纳,吕贝克商人决心打破科隆的垄断。在这场斗争中,吕贝克商人得到了汉堡的支持。汉堡已是科隆的劲敌,而且在与英格兰王国的贸易中占有更有利的地位。当申请人有钱有势时,从英格兰政府那里获得让步并不难,因为政府在保护外国商人方面有金钱利益。1266年和1267年,汉堡和吕贝克被允许在科隆的模式下建立自己的汉萨同盟。两个城镇的汉萨同盟没有建立在伦敦,而是建立在德意志人最喜欢的东海岸港口林恩。爱德华一世早期,三个独立的汉萨同盟被融合成一个阿勒曼尼汉萨,成员被英格兰人称为伊斯特林人,后来也被称为厄斯特林人。

所有德意志商人在英格兰王国联合起来组成一个汉萨同盟,从多个方面来说,这都是非常重要的事件。它标志着波罗的海和北海贸易商之间的联盟,这使德意志北部所有城镇首次结成联盟成为可能。由于这一同盟是吕贝克和汉堡共同发起的,传统上认为,这两个城市的联盟是汉萨同盟的起源。为了在波罗的海和北海之间进行自由贸易,同盟必须确保通过海峡的狭窄航道畅通。这些地区主要由丹麦人控制,当时丹麦不仅控制着日德兰半岛和新西兰岛,还控制着现在瑞典的南部各省。地理优势使丹麦人能够关闭海峡或对通过的船征收通行费。此外,13、14世纪,鲱鱼业的最大中心是位于海湾东侧的斯卡尼亚海岸。在这里,丹麦人经常对在捕鱼季节涌向斯卡尼亚海岸的德意志商人和水手造成损害。因此最迫切的需求之一是保护德意志北部城镇海峡和渔业,防止丹麦人侵扰。这使距离海峡最近的两个城镇成为波罗的海和黑海间的天然屏障——吕贝克是日德兰半岛东部的屏障,而汉堡则是日德兰半岛西部的屏障。这两个城镇相距不远。最坏的情况是,海峡被堵塞,商人可以在任何一个港口卸货,由陆路运到另一个港口,然后从那里继续他们在波罗的海或北海的航程。这两个城镇最早结盟的目的是确保从一个城镇到另一个城镇的运输畅通。基于这样一个出发点，在英格兰王国和佛兰德斯公国，吕贝克和汉堡采取了共同行动。

难怪其他城镇倾向于与吕贝克、汉堡结盟，因为它们能够而且确实为一项共同的事业提供服务。14世纪晚期，我们可以在德意志北部的城镇中找到充分的联合痕迹，因此把这个日期确定为汉萨同盟的起源日期是合理的。吕贝克是其中比较活跃的一个，与文德城镇和其他波罗的海城镇有着密切的联系。这些城镇已经因接受吕贝克律法而联合在一起，因此吕贝克占据了更有利的地位。对德意志商人来说，拥有一个共同解决争端的法律体系具有明显的优势，因为在这个体系中，他们中的任何一方都可能不时地卷入其中。尽管维斯比反对，吕贝克还是成功地使大多数东方商人采用了其法典。因此，在有限的范围内获得的霸权，鼓舞着吕贝克去领导一个宏大的联盟。吕贝克向其他城镇发出邀请，派代表讨论共同关心的问题，并且在城里举行许多早期会议。1284年，挪威提出的伤害申诉，导致罗斯托克城镇联盟关闭与挪威的所有进出口贸易通道，直到获得赔偿为止。罗斯托克城镇联盟进一步决定，如果不来梅拒绝接受其他城镇的决定，它将停止与不来梅的一切往来。1293年，来自萨克森和波罗的海的城镇代表召开会议，决定从此以后，所有来自诺夫哥罗德的申诉都应提交给吕贝克裁决。维斯比反对这项决议，但只得到了里加和奥斯纳布吕克两个城镇的支持。1300年，吕贝克召开佛兰德斯商业纠纷审议大会，从莱茵河河口到里加湾，所有德意志北部的城镇都被邀请参加。

14世纪初，国外德意志商人联盟失去了其独立性，并且受到城镇的控制。然而，城镇之间由此产生的联合在许多方面还不完整。没有什么比一个联盟对其成员负有永久义务更重要的了。当有任何需要解决的问题出现时，会议才会偶尔举行。代表的城镇数目也有很大的差别，视情况而定，无论是一般性的，还是地方性的。在德意志北部贸易社区分布的大片区域内，有许多较小的城镇组合，这些城镇通过过去的联合行动、普通法的使用或共同货币的协议或仅仅是地域的连续性而连接起来。这些小联盟比一般联盟更古老，也更稳定。事实上，这样一个广泛的联盟很难说是建立起来的。就发展而言，它只与商业有关，没有任何政治意义。一些城镇是自由的帝国直属城镇，如吕贝克在狮子亨利的统治下变成了自由的帝国城市，而大多数城镇则受制于某个领地领主。在这种情况下，为了政治目的而建立有效的联盟是不可能的。14世纪早期的历史已说明了这一点。1307年，受到近邻荷尔斯泰因伯爵约翰一世和荷尔斯泰因伯爵格哈特一世的威胁，吕贝克向丹麦国王埃里克六世求援，实际上承认了丹麦的宗主权。这个位于波罗的海沿岸最繁荣的德意志城市采取的行动表明，市民中几乎不存在任何民族主义情绪。丹麦国王埃里克六世鼓起勇气，试图恢复瓦尔德马尔二世在波罗的海沿岸的优势地位，这种优势地位在1227年的博恩霍

丹麦国王埃里克六世

夫战役中被推翻。为了实现目标，埃里克六世必须征服文德城镇。罗斯托克和维斯马被迫投降，只有施特拉尔松德成功地抵抗了丹麦人。令人吃惊的是，这些城镇之间互不援助。整个事件证明，城镇间的联盟仅限于保护商业利益。只要丹麦国王埃里克六世放弃对德意志商业的任何攻击，这些德意志城镇就没有共同的行动机制。尽管如此，政治独立性的丧失，似乎也削弱了以任何方式共同行动的能力。吕贝克投降后的几年里，我们没有找到德意志北部城镇联合的任何迹象。在没有任何来自国内市政当局的援助或控制的情况下，外国商人再次各自保护各自的利益。

然而，城镇的衰落几乎导致了正处于发展中的汉萨同盟解体，这种衰落和恢复丹麦在波罗的海的优势地位一样短暂。丹麦国王埃里克六世曾试图完成一项超出个人能力或国家能力范围之外的任务。他的奢侈和鲁莽的政策迫使其通过售卖土地和特权来获取支持，结果丹麦一个贵族的壮大成为国王日后的一大障碍。1319年，埃里克六世驾崩，留下弟弟克里斯托弗二世来面对昔日他需要解决的困境。克里斯托弗二世发现自己无法抵抗外国的进攻和国内的叛乱。整个丹麦要么被本地贵族占领，要么被德意志侵略者占领；而斯卡尼亚及其邻近省则被瑞典国王马格努斯四世占领。作为马格努斯三世的孙子，马格努斯四世还获得了挪威的王冠。

1332年，克里斯托弗二世在流放中驾崩。此后的八年里，丹麦的君主制几乎消失殆尽。丹麦的突然衰落使文德城镇恢复了独立，也恢复了联盟的活动。克里斯托弗二世的统治和之后北方的无政府状态及混乱，使保护贸易路线和渔港的任务比以往任何时候都更加紧迫。1330年到1360年，我们发现越来越多的城镇代表定期开会。也正是在这些年中，汉萨这个名字，以前只用于英格兰和其他国家的商业联盟，现在也被用于城镇联盟。1358年，"所有德意志的汉萨城镇"召开了一次大会，并且邀请科隆、维斯比、勃兰登堡、萨克森、威斯特伐利亚、普鲁士和利沃尼亚等城镇参加。早在1352年，瑞典国王马格努斯四世就说过"海上城镇的商人，叫作汉斯兄弟"。"议会的法令对所有会员都有约束力,如果德意志汉萨的任何城镇拒绝遵守这一点,该城镇将永远脱离德意志汉萨,并且被永远剥夺特权。"自1284年与挪威发生争斗以来一直被排斥在外的不来梅,大约在这个时候重新加入联盟。在维护所有德意志北部商人利益的更广泛联盟中,我们发现了明显的证据。汉萨同盟被公认地分为三部分:在吕贝克领导下的文德和撒克逊城镇构成一部分;另一部分是由哥特兰岛、利沃尼亚和瑞典的东部德意志人定居地组成,维斯比是首都;而威斯特伐利亚和普鲁士的城镇则围绕着科隆,形成了一个奇特且难以解释的同盟组合。1347年达成一项协议,每年由同盟中三分之一的人选举两名行会长老来管理位于布鲁日的德意志商人仓库。因此,到14世纪中叶,我们发现汉萨同盟已经有了一个明确的组织,尽管它的职能仍然局限于贸易,没有严格的政治性质。不过,不久后发生的一系列事件,使汉萨同盟的稳定性受到考验,并且使它在政治上比以往更加重要。

在克里斯托弗二世驾崩后的八年里,丹麦没有国王。1340年,克里斯托弗二世最小的儿子瓦尔德马尔四世承担了夺回父亲领土的任务。瓦尔德马尔四世得到了几个文德城镇的援助。这些城镇对延长无政府状态不感兴趣,它们想抓住机会获得特权以作为援助的酬劳。1360年,当瓦尔德马尔四世从瑞典国王马格努斯四世手中夺取斯卡尼亚省时,那些文德城镇甚至心平气和地看着。因为文德城镇发现,成功使瓦尔德马尔四世变得不像昔日那么容易对付了,他们不得不为续期捕鱼权而支付一大笔钱。1361年,在丹麦舰队到达哥特兰岛,洗劫富庶的维斯比古镇时,文德城镇与丹麦还是完全和平的关系。古老的传统认为掠夺的贪欲导致了这次袭击。后来的作家认为,这只不过是瑞典与斯卡尼亚之争的继续,或者不过是瓦尔德马尔四世打算利用哥特兰岛的中心位置,来实施瓦尔德马尔二世和埃里克六世的宏伟计划。

当令人震惊的消息传来时,汉萨同盟城镇的代表聚集在格赖夫斯瓦尔德,商讨瓦尔德马尔四世的行动给汉萨同盟带来的全新问题。维斯比隶属于瑞典王国,因此瓦尔德马尔四世公开的敌对行为是针对瑞典的。维斯比也是德

瑞典国王马格努斯四世

意志贸易的中心，它的财富是由德意志人创造的，它还是汉萨同盟的主要城镇之一。人们本能地而不是理性地认为，不可能让瓦尔德马尔四世的行动在不引起强烈不满的情况下得到默许，汉萨同盟必须承担新的职责来证明其存在的合理性。汉萨同盟通过了一项法令，禁止与丹麦一切贸易往来，然后休会，以便有时间与瑞典国王马格努斯四世及其儿子哈康六世进行谈判。自1350年以来，哈康六世接替父亲马格努斯四世的王位，一直是挪威的独立国王。1361年9月7日，汉萨同盟召开了第二次会议，决定联合瑞典、挪威和荷尔斯泰因与丹麦开战，并且第一次由所有城镇以每磅四便士的出口税形式征收同盟税，直至1362年的米迦勒节为止。

汉萨同盟城镇答应给两千名士兵提供必要的船，瑞典和挪威答应了。1362年4月，在吕贝克市长约翰·维滕贝格的指挥下，汉萨同盟舰队驶向海湾。瑞典的分遣队没有出现,但德意志人被盟友说服,放弃了对哥本哈根的进攻计划,包围了斯卡尼亚海岸的坚固堡垒赫尔辛堡。瓦尔德马尔四世和丹麦舰队突袭并击沉了汉萨同盟的一些船,带走了剩余的货物和船员。约翰·维滕贝格不得不放弃围攻,回到家中,为失败付出生命的代价。这场灾难既可怕又出乎意料,各城镇都认为自己很幸运,能在1362年11月达成为期十四个月的停火协议。在此期间,贸易得以恢复,丹麦国王瓦尔德马尔四世也不再收取任何新的税费。然而,并没有安全保障让瓦尔德马尔四世来遵守承诺,特别是当他成功地离间了汉萨同盟城镇的盟友时。马格努斯四世和哈康六世从未希望与丹麦作战,这实际上是瑞典委员会里的那些贵族的工作。委员会安排了哈康六世和荷尔斯泰因伯爵尼古拉女儿伊丽莎白之间的婚姻,但瓦尔德马尔四世在她去瑞典的途中将其抓获,并且一直囚禁。1363年,瓦尔德马尔四世说服哈康六世娶自己的女儿丹麦的玛格丽特,从而奠定了瑞典、丹麦、挪威三国未来联盟的基础。这桩婚姻对汉萨同盟是个沉重的打击,似乎使汉萨同盟处于解散的边缘。文德城镇在战争中最活跃,如果战争成功,它们将成为主要的受益者;但战争失败了,因此这场灾难的主要责任不可避免地落在文德城镇身上。普鲁士的城镇拒绝支付出口关税,因为居民认为,城镇同盟是为了保护海湾安全,但现在海湾受到的保护比以往任何时候都少。我们根本不必明说,吕贝克及其邻近城镇花了更多的钱,也损失了更多的钱,而实际上它们的损失不仅包括钱,还包括人。

  如果不是要表现出政治家的谨慎和温和,那么瓦尔德马尔四世可能会永久地削弱甚至摧毁汉萨同盟,因为这是他前进道路上的主要障碍。如果那些更遥远的城镇相信他们战败后在丹麦水域还会获得像以前一样多的利益,那么它们就不会再坚持加入这个既昂贵又无用的联盟。瓦尔德马尔四世急于剥夺德意志商人自埃里克六世时代以来,由于丹麦的衰弱而获得的一切特权。这种危险使汉萨城镇的人们团结在一起,尽管他们彼此之间灰心丧气,争吵不休。1363年年末,在休战期满之前,瓦尔德马尔四世开始了前往欧洲主要宫廷

丹麦的玛格丽特

的长途旅行。在离开期间,丹麦议会同意延长休战。然而,在德意志商人能够接受的条件下,几乎不可能维持任何永久的和平。当瑞典发生的事件迫使丹麦人缓和苛刻的要求时,汉萨同盟城镇是否会让步或冒险恢复敌对状态仍值得怀疑。长期以来,瑞典贵族一直被马格努斯四世软弱的政府疏远,他们憎恨失去斯卡尼亚和哥特兰岛。1363年政策的改变激起了瑞典贵族的义愤。当时荷尔斯泰因联盟被抛弃,哈康六世娶了丹麦的玛格丽特为妻。1364年,瑞典贵族宣

梅克伦堡公爵阿尔伯特二世（右）与儿子阿尔伯特（左）

布废黜马格努斯四世，梅克伦堡公爵阿尔伯特二世和马格努斯四世妹妹瑞典的尤菲米娅的次子阿尔伯特取而代之。贵族忽略了瑞典国王阿尔伯特的哥哥梅克伦堡公爵亨利三世，因为他娶了瓦尔德马尔四世的另一个女儿丹麦的英格博格，而瑞典人不想再与丹麦人有任何瓜葛。随后爆发了内战，马格努斯四世和哈康六世的军队战败，哈康六世被俘。瑞典大部分地区承认了阿尔伯特的权威。当瓦尔德马尔四世旅行归来时，发现自己的计划被这场瑞典革命挫败了，于是决定与女婿哈康六世联手推翻新王朝。1365年9月，为了准备这场战争，瓦尔德马尔四世与汉萨同盟城镇签订了《沃丁堡条约》。《沃丁堡条约》批准了通过海峡的贸易自由和德意志在斯卡尼亚海岸的特权，但期限只有六年。这显然是一种休战，而不是真正的条约。双方都不满意《沃丁堡条约》的条款。丹麦王国和德意志在波罗的海不可避免的利益之争只是被推迟了而已。

1366年7月，瓦尔德马尔四世与梅克伦堡公爵阿尔伯特二世签订条约，证明自己攻击瑞典国王阿尔伯特是完全出于自私的动机。作为正式割让哥特兰岛和其他较大领土的回报，瓦尔德马尔四世放弃了马格努斯四世和哈康六世的事业，并且同意承认和支持阿尔伯特及其继任者对瑞典剩下省的继承权。这一无原则的政策使丹麦达到了自瓦尔德马尔二世以来的权力巅峰。在成功的鼓舞下，瓦尔德马尔四世毫不犹豫地撕毁了最近与汉萨同盟城镇签署的《沃丁堡条约》。1367年，几艘德意志船在海峡被扣押和掠夺，在捕鱼季节前往斯卡尼亚海岸的船被征收更多的通行费。甚至在以前的战争中几乎没有参与的西南边陲城镇也认为这些暴行不可容忍，要求采取积极措施来保护贸易和工业。这次决定性的会议不像往常那样在波罗的海的一个城镇举行，而是在科隆举行，这是具有重要意义的，因为汉萨同盟全体一致通过了一项决议。1367年11月，汉萨同盟决定与丹麦国王瓦尔德马尔四世开战。如果任何城镇脱离了共同的事业，"其居民和商人不得与德意志的汉萨城镇有任何往来，不得向其购买任何货物或向其出售任何货物；他们在任何港口都没有入境或出境的权利，也没有提货权或卸货权"。征收了一年的新出口税，筹集的钱将按每个城镇提供的装备比例分配给各个城镇。为了避免上次战役后的争斗，明确规定，任何城镇的任何伤亡或损失都不应向其他城镇索要赔偿。战争获得的所有特权或其他好处都应平等地属于汉萨同盟的所有成员。

1368年，瓦尔德马尔四世不得不面对一群可怕的敌人。瓦尔德马尔四世与梅克伦堡公爵阿尔伯特二世签订的条约毫无效果，因为瑞典人拒绝为新王朝牺牲自己的利益，也不愿交出规定的领土。因此，瓦尔德马尔四世不得不重新与哈康六世结盟，并且与瑞典国王阿尔伯特交战。在大陆上，梅克伦堡和荷尔斯泰因都站在汉萨同盟一边。日德兰半岛的贵族本来就处于叛乱的边缘，而现在瓦尔德马尔四世又挑起了与汉萨城镇的新一轮战争。面对这些危险,瓦尔德马尔四世采取了非同寻常的行动。1368年4月,瓦尔德马尔四世把所有积蓄的财宝装上了一艘船,驶往波美拉尼亚,让议会在他离开时来治理丹麦王国。两年的时间里,瓦尔德马尔四世从一个宫廷流浪到另一个宫廷,而他的领土被敌人一块又一块地侵占。瓦尔德马尔四世离开后不久,汉萨同盟的船队就出现在这片海域,并立刻进攻哥本哈根。这座城市被占领并摧毁,要塞被德意志军队占领。胜利的商人从新西兰岛转到斯卡尼亚。1368年年末,除了难以攻下的赫尔辛堡,所有要塞都落入汉萨同盟军手中。冬季到来时,汉萨同盟决定继续将部队留在战场上,并且将出口税延长一年。

1369年,赫尔辛堡在一次顽强的抵抗后投降,丹麦人也受到荷尔斯泰因和梅克伦堡的进攻,开始与汉萨城镇谈判。挪威国王哈康六世签订了一项停战协定,确认了德意志商人在挪威王国里的所有权利和特权。1370年5月24日,《施特拉尔松德条约》结束了丹麦战争。《施特拉尔松德条约》规定:十五年中,斯卡尼亚海岸的所有城堡和要塞都归汉萨同盟所有;汉萨同盟将斯卡尼亚三分之二的财政收入用来支付城堡的维护费用。上述条款将海湾及其渔业的控制权从丹麦移交给汉萨同盟。作为返回丹麦王国的条件,瓦尔德马尔四世不得不承认《施特拉尔松德条约》。如果瓦尔德马尔四世不承认《施特拉尔松德条约》中的特权和让步,在没有经得汉萨城镇同意之前,未来的丹麦国王是不可能登上王位的。

第二次丹麦战争是汉萨同盟历史上的一个重要时期。在北欧,汉萨同盟不仅成为一个有影响力的联盟,而且它的整个性质也发生了重要的变化。迄今为止,汉萨同盟一直是一个商业联盟,主要负责扩大和加强贸易特权,解决贸易争端。1377年,科隆会议的决议使这个商业联盟扩展成了一个政治和军事联盟。从表面上看,这个联盟只是暂时的,而且是为了实现一个直接的目标——保护狭窄的水域不受暴行和压迫。然而,成功给汉萨同盟带来的新义务使科隆法令比通过时设想的更具有永久的重要性。汉萨同盟占领的海峡两岸城堡受到了《施特拉尔松德条约》的承认。密切注意斯堪的那维亚王国的变化与挣扎是十分必要的,这种必要性在卡尔玛联盟之后显得更加紧迫,并且迫使汉萨同盟维持恒定的武装力量准备,继续收取联盟税收用于军事。在《施特拉尔松德条约》签订后的几年里,有许多新城镇申请加入汉萨同盟,它们不仅不得不接受旧的贸易条件,还不得不接受科隆会议规定的更严格的义务。因此,汉萨同盟比战前更加团结,组织更加严密。汉萨同盟召开会议更加频繁,会议时间更长,事务也更繁忙。每年仲夏都有大会,也有频繁的省级会议,特别是文德城镇的会议,它们继续保持着汉萨同盟中最具影响力的中心地位。不仅是汉萨同盟的外部活动更活跃,而且它开始关心城镇成员的内部事务。14世纪,商人在市政府中的优势地位受到德意志工匠的威胁,就像在佛罗伦萨和其他南方城镇一样。汉萨同盟的起源和目标本质上都是重商主义的,自然而然地使自己成为旧寡头政治的捍卫者。1374年,在不伦瑞克发生了反对统治委员会的起义。委员会的一些成员被处死,其余的被流放。因此,不伦瑞克被正式驱逐出汉萨同盟,其商人被排除在汉萨同盟控制的所有市场之外。这种商业上的驱逐现在变成一件可怕的武器,不伦瑞克人必须对他们的反抗行为做出一些补偿,才能重新回到汉萨同盟。战胜瓦尔德马尔四世凸显了汉萨同盟更大的团结力和更强的影响力。然而,我们必须记住,汉萨同盟宪法存在若干缺陷和弱点。从斯海尔德河到芬兰湾,这些城镇分布得非常广泛,商业竞争几乎必然会引起嫉妒,这使汉萨同盟的利益和目的完全统一几乎不可能。所有城镇的代表从未参加过任何集会。事实上,在任何特定日期都很难精确地列举出参加汉萨同盟会议的成员。有时几个城镇会联合起来把权力交给了一个代表,但没有一个城镇认为自己必须参加这种会议。代表经常会宣布,他们不能仓促地同意任何一项建议,必须把这个问题提交给各自的城镇议会,因此就产生了不确定性和延误性。不过,主要的缺点是,汉萨同盟的成员资格不够,也不可能是城镇唯一的政治义务。同盟中的大多数城镇服从于一些直接的权威,通常是一个领地的领主。因此,城镇需要双重忠诚,但这两者可能会发生冲突。领主可能会允许他们的城镇通过加入汉萨同盟来获得贸易特权,但同时领主不太可能同意任何削弱他们权威的行为。在这样的情况下,汉萨同盟城镇能一直团结在一起真是奇迹。

《施特拉尔松德条约》签订后,汉萨同盟的地位和重要性都有所提高,这一点可以从神圣罗马帝国皇帝查理四世的行动中得到体现。正如《1356年金玺诏书》所示,查理四世不赞成建立城镇同盟,也不赞成迅速发展的市政独立。瓦尔德马尔四世是查理四世的私人朋友。在最近的战争中,查理四世不止一次地试图利用自己的影响力来代表丹麦国王瓦尔德马尔四世。1373年,查理四世从维特尔斯巴赫家族的最后一位勃兰登堡选帝侯巴伐利亚公爵奥托五世手中获得了勃兰登堡。因此,查理四世对德意志北部的政治产生了新的兴趣。查理四世现在急于与汉萨同盟和解,希望获得汉萨同盟给予他统治城镇的新特权。1375年,查理四世离开布拉格前往吕贝克,在那里他受到了隆重的接待。按照习惯,查理四世在讲话开始时用了"我的主人"这样的词来感谢市民的盛情款待。当市长摇了摇头,表示不赞成这样的头衔时,查理四世继续说道:"你们是贵族!古老的帝国档案证明吕贝克是神圣罗马帝国的五个主要城镇之一,吕贝克的城市议员也是帝国议员,不用等待许可就可以进入帝国议会。"编年史家得意扬扬地补充道,这五个主要城镇是罗马、威尼斯、比萨、佛罗伦萨和吕贝克。

《施特拉尔松德条约》签署后,欧洲北方全面恢复了和平。瓦尔德马尔四世回到了丹麦王国,与梅克伦堡公爵阿尔伯特二世签订了一项条约,收复了梅克伦堡征服的地区。1371年,瑞典和挪威之间的长期斗争结束了。在马格努斯四世和哈康六世放弃对瑞典王室的所有要求的情况下,阿尔伯特同意释放马格努斯四世,并且让他每年都有收入,直到他死后三年。北方最紧迫的问题是丹麦国王瓦尔德马尔四世继承问题。瓦尔德马尔四世唯一的儿子洛兰岛公爵克里斯托弗于1363年去世,因此瓦尔德马尔四世是家族的最后一个男性。他的两个女儿中,长女丹麦的英格博格嫁给了瑞典国王阿尔伯特的哥哥梅克伦堡公爵亨利三世，小女儿丹麦的玛格丽特嫁给了挪威国王哈康六世。因此，有两个孩子可以选择：一个是丹麦的英格博格和梅克伦堡公爵亨利三世的儿子阿尔伯特，另一个是哈康六世和丹麦的玛格丽特的儿子奥拉夫。瓦尔德马尔四世承认阿尔伯特为自己的继承人，并且得到查理四世和强大的荷尔斯泰因伯爵尼古拉的支持。然而，丹麦人并没有忘记克里斯托弗二世时德意志侵略者的统治。当瓦尔德马尔四世于1375年驾崩时，五岁的奥拉夫被选为继任者。根据条约权利和实际权力，汉萨同盟城镇有权对这一决定发表意见，他们似乎更希望丹麦和挪威能够联合，而不是扩大梅克伦堡家族已经足够强大的势力。奥拉夫二世

奥拉夫二世

得到了汉萨同盟的认可,而奥拉夫二世的第一个行动就是确认了《施特拉尔松德条约》的条款。

1380年,挪威国王哈康六世驾崩。奥拉夫二世继承父亲哈康六世的挪威王冠。奥拉夫二世少年时期,母亲丹麦的玛格丽特统治着挪威和丹麦。1386年,丹麦的玛格丽特发现有必要将石勒苏益格割让给荷尔斯泰因伯爵尼古拉,因为石勒苏益格是丹麦的封地。在其他方面,丹麦的玛格丽特的统治非常成功。1387年,丹麦的玛格丽特的儿子奥拉夫二世驾崩后,丹麦人和挪威人邀请她来继任。与此同时,丹麦的玛格丽特也收到了瑞典王室的邀请。梅克伦堡公爵阿尔伯特二世用土地和官职来回报他的德意志追随者,这激起了瑞典贵族的强烈不满,因为贵族的权力远远超过了国王的权力。征服这个混乱的王国被证明是一件相对容易的任务。1389年,在法尔雪平,阿尔伯特二世被彻底打败了。在七年的监禁之后,阿尔伯特二世只有通过退位才能获得自由。在梅克伦堡军队的支援下,斯德哥尔摩坚持了几年。著名的维塔利安兄弟会,最初是为了救济海盗而成立的,后来变成波罗的海一个令人生畏的海盗组织。维塔利安兄弟会对贸易的干涉促使汉萨同盟城镇采取了有利于玛格丽特一世的调解措施。玛格丽特一世成为斯堪的那维亚三个王国挪威、丹麦、瑞典的女王,她最大的愿望是使三国联盟永久化。由于自己没有幸存的孩子,玛格丽特一世收养了姐姐丹麦的英格博格的外孙波美拉尼亚的埃里克。1397年,玛格丽特一世召集斯堪的那维亚三国到卡尔马开会,诱导三国同意一个正式的联合法案。三国在同一位国王的统治下不可逆转地联合起来,王位继承人的选举仅限于波美拉尼亚的埃里克的后裔。每个国家保留自己的法律和制度,但与外国签订的条约对所有国家都有约束力。这种安排有一个明显的缺陷,没有成立任何选举机构。如果每个王国都能选择一个国王,即使是在单一家族的范围内,他们的选择也不会落在同一个人身上。

15世纪是北欧历史上的一个动荡时期,但它的事件远不如14世纪的事件那么有趣,也远不如14世纪的事件那么重要。有两个大问题在争论:卡尔马联

玛格丽特一世为波美拉尼亚的埃里克加冕

盟能否持久及汉萨同盟城镇是否可以保持统一行动或维持它赋予的北方优势。这两个大问题在14世纪都存在疑问，但最终都得到了否定的回答。斯堪的那维亚半岛上的三个王国彼此之间没有深厚的感情，而其中两个国家中，一个强大的贵族阶层获得了一定程度的独立。要维持这三个国家的联合，要么需要非凡的运气，要么需要非凡的能力，而玛格丽特一世的继任者波美拉尼亚的埃里克两者都不具备。即使是"联邦女王"玛格丽特一世自己在晚年也犯了一个严重的错误。1404年，石勒苏益格世袭封地的荷尔斯泰因伯爵格哈德六世去世后，玛格丽特一世让格哈德六世的儿子亨利成为荷尔斯泰因伯爵，即亨利四世。然而，在先前胜利的鼓舞下，玛格丽特一世禁不住诱惑，又想要摆脱1386年做的交易，获得石勒苏益格的王位。玛格丽特一世代表丹麦提出了对公国的各种要求，但绍恩堡坚决支持格哈德六世的儿子荷尔斯泰因伯爵亨利四世。这场斗争持续了三十年。在此期间，大多数北德意志邦都卷入其中。1412年，玛格丽特一世突然驾崩，波美拉尼亚的埃里克继承了玛格丽特一世的王位。波美拉尼亚的埃里克的性格中混杂着固执和暴力。罗马人民的国王西吉斯蒙德被请求来解决争端，西吉斯蒙德两次做出正式决定，支持波美拉尼亚的埃里克。然而，正如以前不止一次发生的那样，汉萨同盟比罗马人民的国王更重视国家利益。与荷尔斯泰因关系密切的汉堡，从一开始就支持绍恩堡家族。逐渐地，吕贝克和其他汉萨同盟城镇也卷入了反对波美拉尼亚的埃里克的战争中。各城镇的干预，加上瑞典的骚乱，扭转了局面。1435年，荷尔斯泰因伯爵阿道夫八世被承认为石勒苏益格公爵，他早在1428年就继承了哥哥荷尔斯泰因伯爵亨利四世的财产。

　　征战荷尔斯泰因不仅没有成功，还使波美拉尼亚的埃里克陷入了严重的国内危机。瑞典和挪威需要国王的持续关注，却无人问津。在丹麦，波美拉尼亚的埃里克只能通过大量的让步来诱使贵族在不感兴趣的战争中服役，这进一步削弱了王室的权威。在所有王国里，税收的增加和货币的贬值引起了不满。另一个不满来自波美拉尼亚的埃里克对其亲戚的偏爱，以及他公开表示希望堂弟[①]博吉斯拉夫九世来继承王位。1434年，瑞典达拉纳的农民发动第一次起义，但波美拉尼亚的埃里克成功地安抚了贵族领袖卡尔·克努松，并且任命他为王国元帅。然而，波美拉尼亚的埃里克对政府职责的忽视已经到了不能容忍的地步。1439年，波美拉尼亚的埃里克被丹麦议会正式罢免。由于其他两个王国都没有丝毫支持波美拉尼亚的埃里克的意愿，这一举动使斯堪的纳维亚的三个王国的王座变得空空如也。被废黜后，波美拉尼亚的埃里克又活了二十年，但他再也没有机会挽回失去的尊严。

1439年，丹麦人将王位授予巴伐利亚的克里斯托弗，他的母亲波美拉尼亚的凯瑟琳是波美拉尼亚的埃里克的妹妹。巴伐利亚的克里斯托弗的第一个

巴伐利亚的克里斯托弗

---

① 博吉斯拉夫九世的父亲波美拉尼亚公爵博吉斯拉夫八世是波美拉尼亚的埃里克的父亲波美拉尼亚公爵瓦尔迪斯拉夫七世的弟弟。——译者注

行动就是通过确认荷尔斯泰因伯爵阿道夫八世的公国为世袭封地,来解决石勒苏益格的争端问题。丹麦的行为对其他王国没有约束力,但巴伐利亚的克里斯托弗大肆贿赂卡尔·克努松和神职人员,换取了瑞典国会的接受。与其他国家相比,挪威对波美拉尼亚的埃里克的敌意要小一些,因此挪威也被劝说以邻国瑞典为榜样。1442年,在三个斯堪的那维亚王国,巴伐利亚的克里斯托弗得到承认,卡尔马联盟继续延续了一代。1446年,巴伐利亚的克里斯托弗与勃兰登堡的多罗西娅结婚,巩固了自己的地位。1448年1月,巴伐利亚的克里斯托弗突然驾崩,没有留下子嗣来延续巴伐利亚王朝。

随着巴伐利亚的克里斯托弗驾崩,卡尔马联盟的分裂似乎不可避免。三个王国中谁也没有明显的继承人,也不可能联合起来找到同一继承人。瑞典和丹麦是第一个采取行动的国家,双方都丝毫不关心对方的行动。在瑞典,有

勃兰登堡的多罗西娅

阿道夫八世拒绝称王

一个敌视卡尔马联盟的强大政党。1448年6月,暴民组织的游行导致仓促选举卡尔·克努松为王,多年来他一直是瑞典王国最有权势和最富有的贵族。与此同时,丹麦人把王位让给了荷尔斯泰因伯爵兼石勒苏益格公爵阿道夫八世。然而,阿道夫八世拒绝称王,建议选择姐姐绍恩堡的黑尔维希的儿子克里斯蒂安为王,因为克里斯蒂安可以声称自己是埃里克五世的后代,而埃里克五世是埃里克六世的父亲。克里斯蒂安接受了王位,成为丹麦国王克里斯蒂安一世,条件是将政府的主要控制权交给贵族议会。此外,克里斯蒂安一世还必须通过一份正式文件来支付舅舅阿道夫八世的赡养费,并且保证石勒苏益格公国或日德兰半岛南部"永远不会合并或并入丹麦王国,这两个地方的主人只能是一

卡尔·克努特松离开居住的城堡，去特隆赫姆选举新国王

人"。挪威不如丹麦、瑞典那样充满活力和独立自主，在国王选举上，丹麦和瑞典都进行了长期的争斗。实际上，在特隆赫姆，卡尔·克努特松取得了王位，成为瑞典国王卡尔八世·克努特松。然而，支持丹麦联盟的政党更强大。1450年8月，议会颁布了丹麦和挪威永久联盟的法令。

丹麦和挪威在奥尔登堡王朝的统治下保持统一，直到1815年瑞典与丹麦合并。如果克里斯蒂安一世放弃重建瑞典的想法，情况可能会更好。然而，卡马尔联盟不会在不引起长期且疲惫斗争的情况下解体。许多瑞典贵族嫉妒卡尔八世·克努特松被提升为王室成员。乌普萨拉大主教领导了一个反对派，呼吁丹麦王国进行干预，而克里斯蒂安一世无法抗拒获得第三个王冠的诱惑。

1457年，卡尔八世·克努特松被迫逃往但泽。克里斯蒂安一世在乌普萨拉加冕，他的儿子约翰被承认为他的继承人。这一成功之后是另一个引人注目的胜利。1459年，石勒苏益格公爵兼荷尔斯泰因伯爵阿道夫八世去世，绍恩堡家族主要分支无男性继承人。克里斯蒂安一世可以对空置的郡和公国提出双重要求。作为舅舅阿道夫八世在女性方面的最近亲属，克里斯蒂安一世争辩说，石勒苏益格作为丹麦的封地，在家族无男性继承人的问题上具有欺骗性。另外，绍恩堡领主纷纷声称自己是石勒苏益格公爵兼荷尔斯泰因伯爵阿道夫八世最近的男性继承人，并且指出克里斯蒂安一世曾在1448年立下的誓言：石勒苏益格永远不应与丹麦王室合并。在石勒苏益格和荷尔斯泰因保持统一的条件下，绍恩堡领主可以自由地选举家族中的任何成员，却不必拥护获选者为丹麦国王。1460年3月，绍恩堡领主只接受克里斯蒂安一世的公爵和伯爵头衔，因为他们被金钱收买了。1479年，神圣罗马帝国皇帝腓特烈三世将荷尔斯泰因从一个郡提升为一个公国，并且正式给克里斯蒂安一世授衔。

克里斯蒂安一世

幸运之神突然将奥登堡家族推上了北方领土势力的绝对优势地位。在此之前,没有一位统治者成功地将三个斯堪的纳维亚王国与大陆上的两个较大的省联合起来。然而,克里斯蒂安一世的真正力量与他的外表并不相称。他以许诺特权来收买每个王国,但削弱了自己的权威。特别是在瑞典,克里斯蒂安一世的王位只是名义上的。瑞典人强烈的民族感情反对卡尔马联盟,因为尽管有平等的规定,但卡尔马联盟使他们的国家不过是丹麦的一个省。乌普萨拉大主教与卡尔八世·克努特松的争斗使克里斯蒂安一世获得了王位,而实际上大主教比国王更有权力,因此争论不可避免。1467年,卡尔八世·克努特松被赦免,重新获得王权。1470年,卡尔八世·克努特松驾崩,他的外甥老斯滕·斯图雷被封为瑞典摄政王。克里斯蒂安一世率领军队企图强迫老斯滕·斯图雷屈

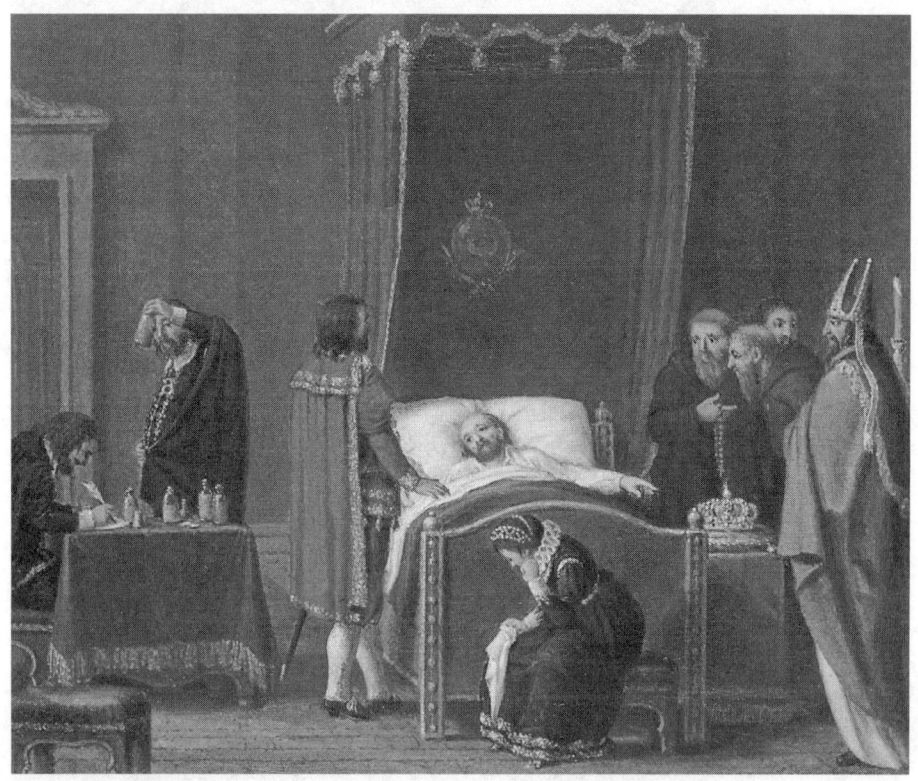

卡尔八世·克努特松临终之际

苏格兰国王詹姆斯三世（左）与丹麦的玛格丽特（右）

服，但被彻底击败，并且被赶出王国。在接下来的半个世纪里，经历了斯图雷家族几代人的统治，瑞典实现了真正的独立。

丹麦并非唯一从克里斯蒂安一世手中丢失的王国。从10世纪起，奥克尼群岛和设得兰群岛就一直在丹麦的控制之下。1469年，克里斯蒂安一世的女儿丹麦的玛格丽特嫁给了苏格兰国王詹姆斯三世。丹麦向苏格兰国王詹姆斯三世许诺，这两个群岛将作为丹麦的玛格丽特嫁妆的担保。由于这一保证从未兑现，这些岛屿被割让给了苏格兰王国。1481年，克里斯蒂安一世驾崩，长子约翰继承了领地。丹麦国王约翰被迫将石勒苏益格和荷尔斯泰因与弟弟腓特烈一世分开，并且发动了一场不成功的战争，镇压争取迪特马尔申独立的农民。这一系列行动削弱了国王约翰的力量。因此，虽然约翰有一段时间能够收复瑞典并继承王位,但无法继续统治王国。1500年,老斯滕·斯图雷恢复了政府。老斯滕·斯图雷去世后,斯万特·斯图雷成为继任者。下一任丹麦国王克里斯蒂安二世孤注一掷地投身卡马尔联盟的恢复,并且在"斯德哥尔摩惨案"中表现出巨大的残忍,最终导致古斯塔夫斯·瓦萨领导瑞典独立。

对汉萨同盟来说,15世纪是一段困难且紧张的时期。卡尔马联盟本身对德意志北部城镇构成了严重威胁,从斯堪的那维亚统治者那里勒索的特权实际上等于垄断了沿海的贸易和捕鱼权。一个真正强大的统治者具有的明显利益和责任将迫使他放弃对臣民自由的限制。幸运的是,卡尔马联盟只是名义上

丹麦国王克里斯蒂安二世

的。文德城镇的政策是稳定的，目的是在斯堪的纳维亚统治者的道路上设置障碍，并且鼓励各省独立。由于历代国王的软弱和瑞典人对卡尔马联盟的强烈反对，这一政策取得了成功，汉萨城镇得以在一段时间内保持其在北方政治和商业上的优势。尽管如此，整个15世纪在汉萨同盟的历史上却是一个衰落的时期，联合政府从一开始就存在的弱点越来越明显。外部竞争，尤其是与英格兰的竞争，是摩擦不断增加的来源。14世纪，在英格兰的进出口贸易中，德意志人仍占绝大多数。15世纪，英格兰当地商人决心要战胜享有特权的外国人。亨利七世统治时期，英格兰人不仅与佛兰德斯和挪威，还与波罗的海沿岸的国家进行大量的直接贸易。15世纪，北方贸易的平衡发生了显著的变化。起初，汉萨同盟的大部分西部城镇都在北海进行贸易，而东部城镇则在北海和波罗的海进行贸易。15世纪，西部的城镇，尤其是荷兰的城镇，开始侵占波罗的海贸易，并且与吕贝克、罗斯托克、施特拉尔松德、但泽展开竞争。西方和非波罗的海的商人日益增长的重要性，是由两个既无法预见，也无法控制的变化促成的。一个多世纪以来，群居的鲱鱼使斯卡尼亚海岸成为最受欢迎的避暑胜地。因此，这里成了欧洲最大、最赚钱的捕鱼业所在地。15世纪中叶，鱼类的栖息地发生了一次突如其来的、令人费解的变化，这种变化不止一次地影响到北方各州的社会和经济关系。鲱鱼不再大批进入波罗的海，而是转移到荷兰海岸。汉萨同盟城镇为斯卡尼亚的优越地位奋斗了这么长时间，取得了这么大的成功，但这一切马上变得几乎毫无价值了。然而，荷兰人的收获是用文德城镇和其他波罗的海城镇的损失来衡量的。此外，15世纪末，伟大的地理发现开始，欧洲水域的主要贸易路线转移到外围海洋。这对波罗的海沿岸的城镇和地中海沿岸的城镇同样是致命的。

商业上的嫉妒和完全独立的利益增长迫使荷兰城镇采取独立的政治行动，最终导致与汉萨同盟的联系切断。因此，国王埃里克发动为了占领汉萨同盟主要城镇石勒苏益格的战争。当时，石勒苏益格由荷尔斯泰因支持；荷兰人则援助国王埃里克，以争夺国王在斯堪的那维亚王国的首席商会会费。吕贝克及其临时同盟试图将这些会费保持在自己的手中。此外，我们还必须记住，在勃艮第瓦卢瓦公爵的统治下，荷兰变得不那么具有德意志传统了。"附庸国与帝国之间并没有正式决裂，仍受帝国新统治者的控制，指导附庸国的行为以达到自己的目的"，这指出了汉萨同盟的根本弱点，并且导致了汉萨同盟在接下来的一个半世纪中逐渐解体。如果德意志能够成为一个统一的王国，那么汉萨同盟作为德意志共同利益的捍卫者，可能会长久存在下去。然而，德意志变成一个非常松散的领地诸侯联盟。在这样一个国家里，根本没有任何活跃和高效的城镇联盟空间。当地诸侯不允许自己领地内的市民有足够的独立性来成为汉萨同盟的成员。随着各省之间的联系更加紧密，一些城镇不再效忠于汉萨同盟，而是被束缚在作为诸侯臣民的直接职责上。这个渐进的过程摧毁了汉萨同盟。一些帝国直属城市，如吕贝克、汉堡和不来梅，保留汉萨城镇的名字直到20世纪，但这个名字是用来表达独立而非联合。

第19章
条顿骑士团和波兰

精彩看点

条顿骑士团的建立——德意志人和斯拉夫人——条顿骑士被邀请到普鲁士——征服普鲁士——骑士团与教皇的争斗——骑士团向普鲁士的完全转移——征服波美雷利亚——条顿骑士团达到权力的顶峰——波兰联盟和立陶宛——条顿骑士团与波兰的战争——坦嫩贝格战役——条顿骑士团的衰落——内战和波兰入侵——1466年《第二次托伦和约》——条顿骑士团的终结——圣剑骑士团的终结

带领军队参加第三次十字军远征时，神圣罗马帝国皇帝腓特烈一世在小亚细亚驾崩。1189年，德意志军队支离破碎，只有一小部分军队到达巴勒斯坦参与了对阿克里的围攻。由于不习惯当地气候，围城的德意志士兵患病大批死亡。人们抱怨说，在当时如此落后的医疗条件下，德意志士兵的疾病未能得到很好的治疗。在吕贝克和不来梅一些虔诚商人的帮助下，逐渐形成了把士兵和护士的职能结合起来的军事团体。圣玛丽日耳曼骑士团的大部分规章制度是从医院骑士团或圣约翰骑士团那里借鉴来的，但它们的一些军事规章制度是从更著名的圣殿骑士团那里借鉴来的。1191年，新的十字军骑士团收到了教皇克莱门特三世的确认信，第一长官把总部设在十字军攻陷的阿克里。像圣殿骑士团和医院骑士团一样，从虔诚的捐助者那里，条顿骑士团接受了大量的礼物和捐赠，并且在西欧获得了大量财产。然而，十字军的热情在西方已经开始衰退。在这场十字军远征运动中，德意志人并未取得像罗马人那样重要的地位。如果条顿骑士团的活动仅限于巴勒斯坦，那么它的存在就不太可能长久。因此，在成立后的四十年里，条顿骑士团为自己的军事活动提供了一个新领域。

12世纪末，在波罗的海以南的斯拉夫民族中，基督教的德意志文明获得了巨大的发展。西南部的波希米亚和波兰，这两个斯拉夫人的前哨，已经以某种形式向罗马人民的国王臣服。两个王国中最繁荣的城镇都聚集了大量的德意志移民;一些边境省,如西里西亚,德意志人已在其人口中占大多数。在西北部,"狮子亨利"和"大熊阿尔布雷希特一世"征服了文德城镇;吕贝克和其他城镇深受德意志文化影响,成为德意志的商业中心;梅克伦堡和波美拉尼亚设立了主教辖区。然而,从维斯瓦河谷到芬兰海湾,有一片广阔且贫瘠的土地,交替分布着沙质的荒地和积水的沼泽。在那里,许多斯拉夫民族,如普鲁士人、立陶宛人、爱沙尼亚人和利沃尼亚人,仍过着原始生活,从事狩猎、放牧和基本的农业耕作。他们保留了异教信仰和古老的习俗,邻近的民族认为他们跟野人差不多。10世纪,布拉格的圣阿达尔贝特在向普鲁士人宣讲福音时,曾目睹了

布拉格的圣阿达尔贝特

马索维亚公爵康拉德一世

一名殉道者的死亡。从那以后,波罗的海东部地区就有了一个名义上的主教辖区,但主教从未冒险在自己的教区居住过。

13世纪,人们努力在这些东斯拉夫人中传播基督教。1200年,里加主教成立圣剑骑士团,以迫使利沃尼亚人接受基督信仰。不久之后,奥利瓦的熙笃会修道士克里斯蒂安,开始在普鲁士人中传播福音,并且被教皇因诺森特三世授予普鲁士主教头衔。马索维亚公爵康拉德一世声称对库尔姆的边境地区拥有主权,答应给予克里斯蒂安积极的帮助。事实证明,这项任务超出了康拉德一世和里加主教的能力。普鲁士人奋起反抗入侵者,摧毁了他们的定居点,并且在库尔默兰和马佐夫舍放火、放箭。这场基督徒和异教徒斯拉夫人之间的战争为条顿骑士团进入普鲁士提供了机会。1226年,马索维亚公爵康拉德一世的使节出现在意大利的骑士团团长面前，提出如果该骑士团愿意保护马索维亚公爵康拉德一世不受普鲁士人侵犯，就把库尔默兰让给骑士团。

当时的骑士团团长赫尔曼·冯·萨尔扎是神圣罗马帝国皇帝腓特烈二世的亲密顾问，他曾把帝国的黑鹰作为条顿骑士团的旗帜，在南欧的政治中有着举足轻重的地位。赫尔曼·冯·萨尔扎具有同样的精力和远见，赞成在欧洲北部建立一个新的基督教国家，因为在北方可以获得比在圣地支持一项失败的事业更大的安全与荣誉。然而，在没有足够报酬的情况下，赫尔曼·冯·萨尔扎不打算参加康拉德一世或普鲁士主教的战斗，他采取了最艰苦卓绝的预防措施，在注定要成为教会未来家园的地方，维护教会的独立统治。对波罗的海诸省的命运，腓特烈二世几乎一无所知，也不太关心。因此，赫尔曼·冯·萨尔扎很

赫尔曼·冯·萨尔扎

容易就说服腓特烈二世接受了对库尔姆的授命，并且在后来征服了普鲁士。接下来，腓特烈二世与康拉德一世和奥利瓦的熙笃会修道士克里斯蒂安签订条约，最初的联盟因宗主权要求而打破。1234年，教皇格列高利九世被说服，宣布把异教徒的土地划归为圣彼得祖业，并且授予条顿骑士团名义上的贡品。

1231年，第一支骑士团进入普鲁士，开始征服各地。尽管人数不多，但骑士团的武器先进，纪律严明，比反对他们的游牧部落有更大的优势。骑士团每征服一地，便建立一座堡垒来加强服从并作为进一步行动的基地。因此，在最初的几年里，索恩、库尔姆和马林韦尔德相继建成，并且驻扎了大量骑士团士兵。1237年，圣剑骑士团同意与条顿骑士团结成紧密联盟，成为条顿骑士团的一个从属分支，但保留了很大的自治权。因此，异教徒受到了来自两边攻击的威胁——西边来自维斯杜拉山谷，东北来自里加和利沃尼亚海岸。然而，骑士的迅速成功激起了嫉妒和反对。对在自己的边境和波罗的海之间建立一个德意志国家，波兰人感到愤怒，政治和种族上的反感很快就在宗教上压倒了最初的联盟。对把库尔默兰割让给野蛮的普鲁士人，康拉德一世深感后悔，而主教奥利瓦的克里斯蒂安被教会的独立地位疏远，竭尽所能在被征服的地区宣扬自己的优越性。然而，罗马教皇仍然相信骑士团的忠诚，认为他们是顺从的封臣。凡是愿意虔诚地参加十字军远征反对异教徒的人，都得到了通常的宽恕。大批新兵被劝诱入伍，为骑士效力，以确保他们暂时的繁荣和未来的救赎。其中最有名的是奥地利领主波希米亚国王普热米斯尔·奥托卡二世，他是13世纪中期最有权势的德意志诸侯。1255年，普热米斯尔·奥托卡二世率领一支庞大的骑士团军队进入普鲁士。柯尼斯堡就是纪念波希米亚国王普热米斯尔·奥托卡二世。

然而，征服普鲁士并非没有困难和挫折。1260年，斯拉夫人组织了一场大起义。在接下来的十年里，骑士面临着失去一切的危险。不过，他们顽强的决心最终占了上风。1280年，普鲁士再次被迫屈服了。惨烈的斗争严重地减少了本来就很稀疏的人口。为了增加人口，条顿骑士鼓励德意志农民和市民来此定居。征服普鲁士是德意志的胜利，也是基督教的胜利。斯拉夫人不得不接受征服者的宗教和语言。

13世纪末，十字军运动面临巨大的考验。1291年，阿克里的陷落标志着试图恢复西方基督教圣地的最终失败。骑士团因其不成功而名誉扫地。虽然骑士团失去了民众的支持，但他们的巨额财富激起了当时君主的贪欲。教皇的地位已从因诺森特三世时期的高位跌落，被迫成为王室破坏者的帮凶和代理人。圣殿骑士团先是遭到法兰西国王腓力四世和教皇克莱门特五世的迫害，后来又遭到镇压。圣约翰骑士团逃过了镇压的命运，撤到罗得岛，并且把该岛作为基督教的堡垒，抵御伊斯兰教会势力的入侵。条顿骑士团的地位和它们的前辈一样不稳固，而且在一段时间内，他们的对手变得愈加强大。

后来，条顿骑士团团长把司令部从阿克里搬到了威尼斯。1309年，克莱门特五世向骑士团发布国事诏书，骑士团做出了务实且有效的回应，那就是把全部精力集中在波罗的海沿岸进行的工作上，这是证明自身力量的唯一方法。对骑士团来说，相距遥远的克莱门特五世表现出来的敌意是无用的，因为骑士团可以通过与德意志建立紧密的联盟来加强自己的力量。毫无疑问，骑士放弃了在欧洲南部的居所，放弃了在那里享有的巨大财富和影响力，将自己扎根于北部一个偏远且未开化的地区，这是一种巨大的牺牲。如果骑士想逃脱毁灭，就别无选择。1309年，骑士团团长又将住所从威尼斯搬到了马林堡，后来这里成为条顿骑士团的总部。

条顿骑士团断绝了与巴勒斯坦的一切联系，将精力集中在征服普鲁士上，并且取得了许多重要成果。到目前为止，骑士与教皇保持的密切联系被削弱了，他们与德意志和神圣罗马帝国之间的联系却更紧密了。亨利七世急忙向骑士提供保障，并且确认他们的权利和特权。一直以来，条顿骑士团以教会的名义征服各地，现在他们的胜利是为了德意志的扩张。在一段时间内，这些胜利与条顿骑士团日益增强的团结和力量相称。1311年，条顿骑士团巧妙地利用了勃兰登堡和波兰之间的争端，占领了维斯瓦左岸的波美雷利亚，那里有重要城市但泽。这次领土征服极大地加强了骑士团在其西部或德意志边境的地位。与此同时，这次领土征服还引发了与波兰长期且绝望的斗争，最终给波兰带来了无尽的灾难。征服表明了条顿骑士团态度的改变，最终导致了与教皇的争斗不休。条顿骑士团征服的目标已经变成政治性的而非宗教性的，它们不再仅仅专注于强迫异教徒皈依，而是转向以牺牲其信奉基督教的邻邦为代价进行自我扩张。

13世纪，教皇曾是条顿骑士团的热心支持者。14世纪，教皇却站在波兰一边。教皇对上巴伐利亚公爵路易四世的大力支持及教皇居住在阿维尼翁远离德意志，削弱了骑士团的教会力量。与波兰的第一次战争以骑士团的胜利告终。1343年，波兰国王卡齐米尔三世签订了《卡利什条约》。根据该条约，卡齐

波兰国王卡齐米尔三世

第 19 章 条顿骑士团和波兰　615

米尔三世确认了将波美雷利亚和维斯瓦山谷附近其他有争议的领地割让给条顿骑士团。1346年,丹麦将其自古就拥有的爱沙尼亚省主权移交给条顿骑士团。现在条顿骑士团几乎占领了波罗的海东南部的全部斯拉夫领土,只有立陶宛人仍然顽强地保持着异教徒身份和独立地位。1351年到1382年,条顿骑士团团长温里希·冯·克尼普罗德统治期间,条顿骑士团对立陶宛发动了一场很成功的战争。这些年里,条顿骑士团正处于其力量的顶峰,严重影响着勃兰登堡家族在北方的统治地位。随着阿斯坎尼家族的灭亡及北方领土在维特尔斯巴赫和卢森堡侯爵手中迅速转移,勃兰登堡家族已不复当年的辉煌。1370年,波

温里希·冯·克尼普罗德

匈牙利国王路易大帝加冕为波兰国王

兰国王卡齐米尔三世的外甥①匈牙利国王路易大帝继承了王位。上巴伐利亚公爵路易四世对波兰贵族的反德意志情绪并不认同，也不愿动用军队保护立陶宛的异教徒农民。对活跃且有抱负的北欧青年来说，骑士团已经成为公认的好战派。在众多为基督教事业奉献的盟友中，有富有冒险精神的波希米亚国王约翰一世，他在普鲁士的沼泽中失去了视力；还有英格兰国王亨利四世，他是冈特的约翰的儿子，后来在英格兰王位上建立了兰开斯特家族。

1382年，温里希·冯·克尼普罗德去世后，紧接着是匈牙利国王和波兰国王路易大帝驾崩。对斯拉夫强烈同情的波兰贵族决定结束与匈牙利的联盟关系和外国国王的统治。路易大帝的小女儿雅德维加被邀请继承波兰王位，但她不得不向立陶宛大公雅盖沃求援。雅盖沃同意通过接受基督教来与雅德维加成婚并获得王位。1387年，雅盖沃接受洗礼，加冕为瓦迪斯瓦夫二世·雅盖沃。

---

① 波兰国王卡齐米尔三世的妹妹波兰的伊丽莎白的儿子是匈牙利国王路易大帝。——译者注

在瓦迪斯瓦夫二世·雅盖沃统治下的立陶宛王朝使波兰王国达到了权力的顶峰，这对条顿骑士团的利益造成了致命的打击。条顿骑士团的两个最大敌人立陶宛和波兰之间的争斗，不止一次地给骑士团带来了军事和外交上的胜利。然而，后来，为了一个共同的目标，立陶宛和波兰团结在了一起。立陶宛人现在接受了他们的邻国和盟国的信仰，这动摇了条顿骑士团对异教徒进行十字军远征构想的基础。现在普鲁士已被基督教国家包围，再无进行宗教战争的借口了。外国的王公贵族不太可能对这一场纯粹的政治斗争产生很大的兴趣。无法指望欧洲援军，条顿骑士团不得不用雇佣兵来充实自己的军队。

  三百多年来，德意志一直在稳步地征服斯拉夫民族，把他们往东驱赶，或使他们受到德意志势不可当的影响。在汉萨同盟和条顿骑士团的影响下，波罗的海几乎变成"德意志海"。然而，15世纪，斯堪的纳维亚人和斯拉夫人的行动都对斯拉夫民族有利。正如卡尔马联盟给汉萨城镇带来了严重的危险，立陶宛和波兰的紧密联盟也威胁到了条顿骑士团的切身利益。在波希米亚王国，对德意志统治地位的反对表现在胡斯运动和布拉格查理大学内部的争斗上。然而，在普鲁士，斯拉夫人获得了持久的胜利，尽管扬·杰式卡和普洛科普领导的德意志十字军胜利给当时的欧洲留下了深刻的印象。

  1409年，一场不可避免的斗争彻底改变了条顿骑士团的处境。1410年，在众多北方战争中，规模最大的是在坦嫩贝格战场上的交锋。在这场可怕的战役之后，未来的胡斯派领袖扬·杰式卡为族人而战，人数上的优势使波兰和立陶宛军队取得了决定性的胜利。骑士团团长及其骑士在战斗中倒下，普鲁士完全听凭征服者的摆布。然而，瓦迪斯瓦夫二世·雅盖沃的进军被马林堡要塞士兵的英勇抵抗阻碍。1411年，瓦迪斯瓦夫二世·雅盖沃签署了《托伦和约》，同意放弃除一个地区之外的所有征服领地；这个地区只允许在他有生之年被割让。因此，条顿骑士团的毁灭也被推迟了半个世纪。

  坦嫩贝格战役的失败，如果不是伴随着条顿骑士团内部日益衰落的状况，其结果可能不会那么致命。好战的僧侣可能会给条顿骑士团提供强大的

坦嫩贝格战役

战斗力量，但他们不太可能成为令人满意的民政管理者。普鲁士最大的困难是统治者和被统治者之间没有任何实质性的共同利益。起初，德意志定居者注定让骑士作为自己的保护者来反对当地居民。随着时间的推移，新一代德意志人在这里长大，原德意志人和斯拉夫人之间的仇恨逐渐冷却，两国人民更紧密地融合在一起，进行工业、贸易和社会生活往来。然而，这种日益紧密的融合对统治秩序来说是危险的，因为它剥夺了条顿骑士团对德意志人的管理权，而这部分德意志人原本是支持骑士团对他们进行管理的。骑士自己，被牧师的独身誓言束缚，无法培养出国家和人民的世袭继承者。每一代骑士都来自其他地区，必须重新学习政府管理工作。此外，骑士大部分来自德意志南部，习惯甚至语言等许多方面都不同于那些在城镇和村庄定居的德意志平民。尽管骑士团的纪律守则十分严格，但很多骑士团成员并非与世隔绝，而是忙于战争和管理工作，经常与各国来宾来往，他们有时很难执行那些苛刻的守则。圣殿骑士团成员受到了许多违背道德和信仰的指控，并且受到了相应的惩罚。骑士不受家庭感情、私人财产和家庭生活的限制。如果他们能够抵制住生活方式和对臣民的专制权威诱惑,那他们就是超人了。在普鲁士,条顿骑士团试图建立宪政体系。骑士团团长的权威受到了限制,总团长的决定必须得到他的分团团长同意,但地方骑士团团长有很大程度上的独立性。骑士无法从他们统治的人那里获得建议和信息,甚至无论是来自德意志还是来自斯拉夫普鲁士贵族,都被排除在政府纳言范围之外。坦嫩贝格战役之后,人们试图建立一种具有代表性的议会制度,以在抵抗侵略时赢得大众的同情。然而,这只是骑士团团长的专断行为,违反了禁止神父接受外行人指导的规定。条顿骑士团与逐利的商人之间缺乏沟通,影响着经济政策的制定。领土内重要的城镇——但泽、埃尔宾、梅默尔、索恩、库尔姆和柯尼斯堡——都非常繁荣。除了梅默尔,其他城镇都是汉萨同盟的成员。总而言之,一种明智的本能促使骑士与汉萨同盟保持着紧密的关系。汉萨同盟有力地捍卫了德意志在西波罗的海的事业。因此,汉萨城镇与骑士团之间利益冲突的危险性比预期要小。骑士自己也从事贸易,尤其是琥珀贸易;他们仿效统治者的做法,设法规范市场,为自己带来利益。这种做法引起了职业商人的嫉妒和敌意。骑士模仿汉萨同盟的行动被证明是灾难性的。为了继续对丹麦的战争,汉萨城镇在每个港口对所有出口货物征收关税。为准备波兰战争,条顿骑士团也征收了类似的税,并且努力使其成为永久的收入来源,但征税对条顿骑士团非常不利。汉萨同盟是为所有德意志商人的共同利益而战,要求商人缴纳税款做出贡献是合理的。然而,在骑士团正在进行的这场战争中,商人本身并没有什么明显的利益。雇佣军队所必需的重税引起了这样一个问题,即骑士团政府是否值得支付这笔费用?贵族、市民和农民逐渐相信:十字军远征立陶宛及长期征战波兰绝不可能给他们带来福祉。1440年,一些贵族和二十一个城镇联合起来组成了一个"普鲁士联盟",以捍卫自由权利和共同利益。"普鲁士联盟"虽然没有公然违抗条顿骑士团的行为,却是一个国中之国,与旧政府的冲突是迟早的事。当冲突真的发生时,条顿骑士团的外国敌人很可能利用普鲁士联盟来达到其目的。

随着臣民越来越疏远,条顿骑士团被迫以越来越严厉的手段来维持权力。骑士谴责臣民是叛徒，但他们自己也没有更好的理由被认为是爱国者。条顿骑士不是土生土长的普鲁士人，对普鲁士的事业没有那种天生的奉献精神，只能在他们出生后的早期教育中予以培养。遗憾的是，骑士对骑士团的忠诚不太可能代替对家乡的热爱。1410年，保卫马林堡的英雄海因里希·冯·普劳恩因贡献很大而被推选为骑士团团长。几年后，海因里希·冯·普劳恩因违背宪章而被正式罢免。懊恼的他毫不犹豫地与波兰国王瓦迪斯瓦夫二世·雅盖沃展开了危险的谈判，最终，海因里希·冯·普劳恩死在了监狱里。这种情况绝不是孤立的。事实上，很多骑士都是普鲁士联盟的秘密成员。条顿骑士团衰落并不是什么新闻，令我们称奇的是它的统治如此成功，时间如此长久。

海因里希·冯·普劳恩

15世纪，波兰政府内部分裂，臣民间的敌意日益增长，战争复燃只会带来更多的灾难。多年来，一系列卑微的让步避免了战争带来的灾难。然而，这些让步被理解为软弱的表现，自然会助长战争复燃。最终，内战的爆发加速了这场最后的灾难。普鲁士联盟越来越公开地反对条顿骑士团的统治，并且决心采取坚决的措施来消除这种不满情绪。1453年，神圣罗马帝国皇帝腓特烈三世被劝诱谴责普鲁士联盟，条顿骑士团全副武装去执行帝国法令。结果是可以预见的，普鲁士联盟宣布放弃对条顿骑士团的一切效忠，并且把普鲁士的宗主权交给了波兰国王卡齐米尔四世。卡齐米尔四世接受了这个提议，亲自率领一支军队帮助普鲁士联盟进行抵抗，并且宣布普鲁士成为其附属国。十二年来，不幸的普鲁士王国注定要遭受内战和外敌入侵的种种磨难。尽管困难重重，骑士还是进行了与他们军事声誉相称的抵抗。1457年，骑士团团长被迫离开了马林堡要塞，他的七十位前任团长曾在这里居住了一个半世纪。在柯尼斯堡东部的城堡里，骑士找到了暂时的避难所。在同样的困难时期，这里将成为普鲁士国王未来的家。虽然波兰人节节胜利，但马林堡依然英勇且顽强地抵抗了三年，拖延了波兰军队的前进时间。骑士团团长不断向腓特烈三世和德意志诸侯请求援助，反对这些斯拉夫侵略者。1402年，西吉斯蒙德把勃兰登堡的诺伊马克交给了条顿骑士团，但腓特烈二世在1455年将它卖掉了。

然而，祈祷和贿赂同样不能激发诸侯的民族感情，因为他们早已不再关心任何事情，只关心自己的领土利益。1466年，条顿骑士团最终战败屈服，签署《第二次托伦和约》。整个西普鲁士和波美雷利亚，包括但泽、索恩、埃尔宾和库尔姆等城镇，都割让给了波兰，维斯瓦山谷再次落入斯拉夫人之手。东普鲁士以柯尼斯堡为首都，由骑士团控制，但它将作为波兰的封地。对世俗君主的所有忠诚统统被抛弃，骑士团与德意志的关系正式宣告结束。未来的骑士团团长将对波兰国王表示敬意，并且在波兰议会中坐在国王的左手边。

昔日的辉煌消失后，条顿骑士团命运会怎样？这一点不必详述。圣剑骑士拒绝从属于一个不再是诸侯的团长，他们接受了利沃尼亚和埃斯顿尼亚的独立统治。雅盖沃家族从一个胜利走向另一个胜利。当卡齐米尔四世儿子乌拉斯洛二世于1471年和1490年分别当选为波希米亚国王和匈牙利国王时，雅盖沃家族在东欧的优势地位得到了确立。抵抗波兰这样强大的王国似乎不切实际。然而，骑士仍然抱着恢复独立的想法，他们拒绝一切把骑士团团长和波兰君主制结合起来的建议，采取了从德意志北部的家族中选出几任首领的政策，希望贵族支持骑士团对普鲁士王国的事业。因此，1498年骑士团选择了萨克森公爵腓特烈，1512年选择了勃兰登堡霍亨索伦家族的阿尔布雷希特。有一段时间，马克西米利安一世答应提供援助，这使骑士团很受鼓舞。然而，哈布斯堡家族总是把家族的利益置于德意志的国家利益之上。1516年，为了让孙子斐迪南一世继承匈牙利和波希米亚的王位，马克西米利安一世与雅盖沃王朝统治者签

斐迪南一世

订了一项条约,并且缔结双重婚姻联盟。霍亨索伦家族的阿尔布雷希特的希望完全破灭了。在愤怒和绝望中,霍亨索伦家族的阿尔布雷希特决定放弃对教会和帝国的忠诚。1525年,霍亨索伦家族的阿尔布雷希特接受了新教信仰,确认将西普鲁士割让给波兰,并且接受东普鲁士为自己及其继承人的世袭公国。少数顽固的骑士拒绝承认骑士团长霍亨索伦家族的阿尔布雷希特行为的合法性,但实际上当时条顿骑士团已经解散。一个世纪后,经过艰苦努力建立起来的普鲁士王国残余部分,落到了勃兰登堡选帝侯主要家族手中,并且以"君主政体"自称。在后来的时代,君主政体已成为统一德意志的至高无上权力。

圣剑骑士团又存在了几年,最后也遭遇了同样的终结命运。1561年,最后一位骑士团团长戈特哈德·克特勒发现不可能保持独立,便模仿霍亨索伦家族的阿尔布雷希特,为自己建立了库尔兰公国,作为波兰的附属国。利沃尼亚和爱沙尼亚的其余部分则作为不和的祸根被抛给了敌对的波罗的海诸国——波兰、丹麦、瑞典和俄罗斯。随之而来的斗争值得注意,不仅因为它导致了瑞典在波罗的海取得暂时优势,也因为瑞典国王古斯塔夫二世·阿道夫、卡尔十世·古斯塔夫和卡尔十二世的成就,还因为这场战争为俄罗斯首次成为欧洲强国提供了机会。

第20章

伊比利亚半岛上的基督教国家

精彩看点

摩尔战争结束——卡斯蒂尔王国的行政体制——卡斯蒂尔王国的混乱——阿方索十一世与摩尔人的战争——佩德罗一世——亨利二世——约翰一世——亨利三世——约翰二世——阿尔瓦罗·德·卢纳——亨利四世——卡斯蒂尔女王伊莎贝拉一世——阿拉贡的行政体制——阿拉贡王国和西西里岛——向阿拉贡人让步——彼得四世的统治——西西里岛让步——存在争议的继承权——阿方索五世和那不勒斯王国——阿拉贡王国和纳瓦拉王国的关系——约翰二世和比亚纳亲王查尔斯——加泰罗尼亚叛乱——1479年之后的纳瓦拉王国——卡斯蒂尔-阿拉贡联盟——斐迪南二世和伊莎贝拉一世的政府——西班牙宗教裁判所——卡斯蒂尔人征服格拉纳达王国——葡萄牙地理发现——巴塞洛缪·迪亚兹发现绕过好望角到达印度的航线——克里斯托弗·哥伦布发现美洲——划分新大陆

13世纪中叶是西班牙历史上的一个重要转折点。到目前为止，基督教国家一直在进行一场持续不断的十字军远征，以驱逐或征服8世纪以来控制了几乎整个伊比利亚半岛的摩尔人。然而，1236年科尔多瓦和1248年塞维利亚的沦陷及1266年穆尔西亚领土的减少，把摩尔人逼到了他们在格拉纳达王国的最后一个据点，在相对和平的状态下保留了将近两个半世纪。西班牙南部军事活动的停止是基于如下原因：首先，格拉纳达非常原生态，生活在这里的人们比沦陷地区的人们更加原始；其次，摩尔人的宿敌现在数量减少了。葡萄牙被塞维利亚和加的斯切断了与异教徒的所有直接联系；阿拉贡同样被卡斯蒂尔的穆尔西亚孤立。与摩尔人领地接壤的唯一一个王国是卡斯蒂尔，但卡斯蒂尔的注意力被内部纷争和外国利益分散了。宗教战争结束的一个结果是，西班牙历史失去了它迄今拥有的统一性。因此，我们有必要遵循其各组成国的独立历史。各国统一后，伊比利亚半岛的历史也就失去了许多它原本的重要性。内部纷争的记录、王朝革命及犯罪流血事件填补了西班牙历史，特别是卡斯蒂尔编年史。如果这些历史不是西班牙在16世纪欧洲崛起的前奏，都不值得保留。

自1230年起，卡斯蒂尔与莱昂永久合并，成为西班牙最大的王国，并且最终主宰西班牙。卡斯蒂尔王国是在长期的宗教战争中形成的，这给国家体制留下了永久的影响。当国王以军事领袖的身份掌权时，贵族和城市也在斗争中获得了很大的独立，而这场斗争往往更多地依赖于突然袭击，而非大规模的军事行动。神职人员，作为反对异教徒的宗教热情的传道者，比欧洲其他任何国家拥有的权力都大。当国家的努力因外部危险的减少而变得放松时，敌对势力之间的斗争就不可避免了。虽然胜利最终取决于君主制，但这是很久以后才确定的结果。国民议会，或称为"科尔特斯"，由三个阶层组成——神职人员、贵族和公民——其重要性因时而异。然而，与任何正式的宪法约束相比，王权更容易遭受武装抵抗的危险。大贵族在自己领地里是独立的，他们可以在彼此之间的私人纷争中，甚至在与国王的战争中，命令封臣效忠于他们。为了维护自己的权利和抵抗贵族的侵犯，城镇要求并行使了组成武装联盟的权利。国王是幸运的，因为利益的冲突和相互的嫉妒阻止了各阶层之间的共同行动，而这些阶层的攻防能力实际上非常强大。

1252年到1284年，阿方索十世统治卡斯蒂尔王国，他在历史上被称为"智者"，但这个绰号是因为他拥有非凡的学识而非统治能力。阿方索十世统治的唯一领土穆尔西亚，是阿拉贡军队为他赢得的。阿方索十世放弃了对摩尔人的战争，徒劳地试图获得帝国的尊严，这正是阿方索十世在大空位时代与英格兰对手康沃尔的理查德争论的。阿方索十世晚年，以及继任者桑乔四世和斐迪南四世的统治，都受到了王位继承争议的困扰。1275年，阿方索十世的长子斐迪南·德·塞尔达去世，留下两个儿子，阿方索·德拉·塞尔达和费尔南多·德拉·塞尔达，被称为塞尔达亲王。根据现代观念，他们的世袭权利无可争议。然而，在中世纪，人们常常认为血缘关系比亲属关系更能说明问题。在这方面，阿方索十世的次子卡斯蒂尔的桑乔被认为是父亲的合法继承人，他成功地驱逐了被封为塞尔达亲王的侄子。然而，在卡斯蒂尔王国，塞尔达亲王有很多党羽，一场旷日持久的斗争随之展开。阿拉贡国王和葡萄牙国王也卷入其中。1305年，一项条约结束了这场战争。根据条约，塞尔达亲王得到了大量的索赔而来的土地。然而，这个条约引起的混乱并不是那么容易平息的。卡斯蒂尔的

阿方索十一世

两位国王,斐迪南四世和阿方索十一世,年龄很小时就登上了王位。在两位国王统治的早期,总有少数邪恶的人反对他们。在这件事上,卡斯蒂尔王国几乎和后来的苏格兰王国一样不幸,两个国家的命运也非常相似。贵族之间展开了私人战争,而国王则变成臣民之间的支持者,而不是仲裁者。事实上,维持秩

第20章 伊比利亚半岛上的基督教国家 629

序的主要力量并不是由君主提供的,而是由1295年三十四个卡斯蒂尔城镇组成的海尔曼达德[1]提供的。

卡斯蒂尔王国经历了近七十年的无政府状态后,摩尔人乘虚而入,努力恢复他们失去的权力。1339年,非斯的埃米尔阿布·哈卡姆率领一支庞大的军队穿越直布罗陀海峡,与格拉纳达的统治者联合包围了塔里法。危险的迫近对卡斯蒂尔王国的无政府状态产生了改善效果。阿方索十一世与反叛的臣民、葡萄牙国王阿方索四世和解,并且迎娶了葡萄牙国王阿方索四世女儿葡萄牙的玛丽亚。后来,为了美丽的埃莉诺·德·古兹曼,阿方索十一世抛弃了妻子葡萄

葡萄牙的玛丽亚

---

[1] 西班牙文的音译,原意为"兄弟会"。中世纪西班牙城市公社结成的同盟。12世纪初开始出现,初为临时性的组织,后逐渐成为常设机构。——译者注

萨拉多战役

牙的玛丽亚。1340年,阿方索十一世向塔里法进军,在萨拉多战役中取得了首次大捷。这是近一个世纪以来卡斯蒂尔国王的第一次胜利。彬彬有礼的王室历史编年史家告诉我们,在一场夺去二十万穆斯林生命的战斗中,只有二十名基督徒丧生。无论如何,阿布·哈卡姆被赶回非洲是可信的。1344年,阿方索十一世占领了阿尔赫西拉斯,希望通过控制直布罗陀海峡来取得战争的成功。这将阻断任何从非洲向格拉纳达摩尔人的进一步增援。然而,1350年,阿方索十一世患黑死病驾崩；围攻计划随即停止。西班牙历史上，无论是阿方索十一世个人性格的缺陷，还是他少年与成年统治时期的王国混乱，都没有他战胜异教徒引人注目。

佩德罗一世拥有"残酷者"这个绰号再合适不过了。人们曾无数次试图粉饰卡斯蒂尔的彼得的品格，但都徒劳无功。卡斯蒂尔的彼得是阿方索十一世唯一的儿子。在父亲阿方索十一世统治时期，卡斯蒂尔的彼得和母亲葡萄牙的玛丽亚过着低调的隐居生活，因为阿方索十一世所有恩宠都倾注在情妇埃莉诺·德·古兹曼和她众多孩子身上。亨利是幸存的私生子中最大的一个，他被封为特拉斯塔马拉伯爵，他的双胞胎弟弟法德里克·阿方索是圣地亚哥骑士团团长。在儿子卡斯蒂尔的彼得上台后，皇太后葡萄牙的玛丽要求儿子为自己长期忍受的侮辱报仇雪恨，这很正常。1351年，佩德罗一世处死了埃莉诺·德·古

埃莉诺·德·古兹曼临刑前与儿子告别

处死埃莉诺·德·古兹曼

兹曼,并且在后来亲手谋杀了她的两个儿子。特拉斯塔马拉伯爵亨利在流放中寻求安全,首先在葡萄牙,然后在法兰西王国。对曾向法兰西王国求援的波旁的布朗什的态度,明显表明佩德罗一世的残忍本性。佩德罗一世公开地和情妇玛丽亚·德·帕迪利亚住在一起。当波旁的布朗什拜访时,佩德罗一世甚至拒绝见面。后来,在巨大的压力下,佩德罗一世与波旁的布朗什结婚,但很快又回到情妇玛丽亚·德·帕迪利亚的怀抱。从未做过妻子的新娘波旁的布朗什被关

波旁的布朗什被毒杀

进了单独的监狱,最后被毒死。1356年,佩德罗一世平定了贵族叛乱,并且对战败的贵族进行了血腥的报复。在这激动的时刻,佩德罗一世嗜血成性,几近疯狂。然而,在很长一段时间里,佩德罗一世在臣民中很受欢迎。他将精力聚集在人民不太喜欢的贵族和犹太人身上,他有时表现出粗鲁的善良,喜欢粗俗的滑稽表演,赢得了一些人的掌声,这就解释了为什么佩德罗一世在努力争取私生子的继承权时几乎没有遇到反对意见。1362年,佩德罗一世向科尔特斯庄严宣誓,并且得到托莱多大主教的支持。佩德罗一世成为玛丽亚·德·帕迪利亚的合法丈夫已有十年之久。顺从的科尔特斯承认玛丽亚·德·帕迪利亚的孩子是王位的合法继承人。然而，这注定不会得到执行。在西班牙王国和意大利，私生子不像在北方国家那样被认为是继承的致命障碍。在阿拉贡国王彼得和法兰西国王查理五世那里，特拉斯塔马拉伯爵亨利找到了支持者，因为他们都有理由与卡斯蒂尔国王佩德罗一世争斗。卡斯蒂尔国王佩德罗一世正准备撕毁《布雷蒂尼条约》，与英格兰人重新开战，却不愿让贝特朗·杜·盖克兰在西班牙的土地上训练为法兰西服务而组建的军队。1365年，一支庞大的军队越过比利牛斯山脉进入阿拉贡王国。1366年，特拉斯塔马拉伯爵亨利登上了卡斯蒂尔王座。佩德罗一世逃到波尔多去恳求黑太子爱德华、英格兰国王爱德华三世的帮助，并且成功地说服了爱德华三世提供援助。1367年，纳赫拉战役中，曾经赢得普瓦捷战役久经战场的佩德罗一世军队，比贝特朗·杜·盖克兰只受过短暂训练的新兵更有实力。佩德罗一世重登王座，但他对帮助过自己的英格兰王国并不感恩，对自己的臣民也残忍无比。无论是黑太子爱德华还是他的军队，都没能从他们在西班牙的战役中完全恢复过来。从1369年开始的几年里，查理五世几乎把英格兰人驱逐出法兰西。不过，背叛者的运气并不比被背叛者好。佩德罗一世盟友离开后，特拉斯塔马拉伯爵亨利回到了卡斯蒂尔，并且在法兰西王国的帮助下赢得了蒙铁尔战役。在一次私人会谈中，这两个同父异母的兄弟打了起来，特拉斯塔马拉伯爵亨利将匕首刺进佩德罗一世的胸口，为母亲埃莉诺·德·古兹曼报了仇。佩德罗一世和玛丽亚·德·帕迪利亚幸存的两个孩子卡斯蒂尔的康斯坦丝和卡斯蒂尔的伊莎贝拉留在了波尔多，分别嫁给了英格兰国王爱德华三世的两个儿子——冈特的约翰和兰利的埃德蒙。

将佩德罗一世刺杀后，特拉斯塔马拉伯爵亨利（即位后称亨利二世）第二次登上了卡斯蒂尔的王位，但他的麻烦还远远没有结束。亨利二世的王位受到两位候选人的威胁——葡萄牙国王斐迪南一世和冈特的约翰。斐迪南一世的祖母卡斯蒂尔的比阿特丽斯是桑乔四世的女儿，而1362年科尔特斯承认冈特的约翰妻子卡斯蒂尔的康斯坦丝的合法性和权利。葡萄牙国王斐迪南一世与亨利二世的关系更近,而且在当时,他是一位更强大的对手。然而,法兰西王国的援助使亨利二世得以攻击里斯本,并且强迫斐迪南一世签订和平条约。疾病缠身的爱德华三世把与法兰西的战争指挥权交给冈特的约翰。因此,亨利二世可以立刻去攻击对手,通过派遣卡斯蒂尔舰队切断英格兰和加斯科涅之间的直接联系,以报答查理五世的援助。

就这样,在暴风雨中开始的统治,在完全的和平中结束。1379年,亨利二世把王冠交给儿子卡斯蒂尔的约翰,即约翰一世。即位后,约翰一世发出了与

亨利二世

阿朱巴罗塔战役

葡萄牙重新开战和向兰开斯特家族索赔的信号。1385年，在阿朱巴罗塔战役中，葡萄牙军队取得了决定性胜利。1386年，冈特的约翰亲自来到阿朱巴罗塔，支持妻子卡斯蒂尔的康斯坦丝的事业，将女儿兰开斯特的菲莉帕嫁给了葡萄牙国王约翰一世。随后，冈特的约翰和葡萄牙国王约翰一世指挥联军入侵卡斯蒂尔王国，并且占领孔波斯泰拉。卡斯蒂尔人并不想接受一个外国家族。在事业上，冈特的约翰一直遭遇不顺，而且行事犹豫不决，被劝诱抛弃了女婿葡萄牙国王约翰一世。1387年，冈特的约翰单独与卡斯蒂尔人缔结了一份和约。兰开斯特的凯瑟琳是冈特的约翰和卡斯蒂尔的康斯坦丝的独生女，嫁给了卡斯蒂尔国王约翰一世的长子亨利三世。亨利三世是第一个获得阿斯图里亚斯亲王头衔的王位继承人。

亨利三世还是个孩子的时候，父亲约翰一世突然从马上掉下来摔死了。事实证明亨利三世是卡斯蒂尔历史上英明的国王之一。亨利三世坚持要收回已经落入贵族手中的土地，以维持更稳定的王国秩序。通过与兰开斯特的凯瑟琳的婚姻，亨利三世战胜了与他争夺王位的对手，从而维持与葡萄牙的和平相处，因为葡萄牙王后兰开斯特的菲莉帕是兰开斯特的凯瑟琳同父异母的姐姐。

不幸的是，亨利三世的健康状况一直不佳。1406年，年仅二十七岁的亨利三世驾崩了，留下一个两岁的男孩约翰二世继承王位。事实证明，约翰二世统治早期比较有序和成功。摄政权由母亲兰开斯特的凯瑟琳和叔叔阿拉贡国王斐迪南一世共同掌握。斐迪南一世非常受人尊敬，后来在卡斯蒂尔人的普遍支持下，取代了侄子约翰二世。然而，斐迪南一世十分忠诚，1412年登上阿拉贡王位后，继续给嫂子兰开斯特的凯瑟琳提供诚实无私的建议与帮助。

然而，事实证明，斐迪南一世完全不值得为约翰二世管理王国操心。约翰二世不喜欢打仗，也不喜欢处理公事，他完全听信圣地亚哥骑士团团长兼卡

亨利三世

约翰二世

阿尔瓦罗·德·卢纳

斯蒂尔治安官阿尔瓦罗·德·卢纳，并且受其控制。阿尔瓦罗·德·卢纳并非一般的宠臣，他被认为是国家最成功的骑士，具有巨大的个人魅力和非凡的政治才能。阿尔瓦罗·德·卢纳决心增加国王的权力，因为国王的权力掌握在他自己手中。阿尔瓦罗·德·卢纳取得了不小的成功，践踏贵族特权，并且把科尔特斯代表减少到来自主要城市的十七人。阿尔瓦罗·德·卢纳政府虽然专制，但不利于秩序维护。君主专制主义可能受到欢迎，但臣民专制主义肯定会激起那些自认为在法律上地位平等者的不满。卡斯蒂尔国王约翰二世的统治充满了一系列的阴谋和叛乱。从卡斯蒂尔国王约翰二世的堂兄阿拉贡国王约翰二世那里，卡斯蒂尔的不满者得到了强大的帮助。然而，治安官阿尔瓦罗·德·卢纳军事才能和骑士才能一样卓越，没有一个卡斯蒂尔叛乱者或外国敌人有足够的力量来推翻他。阿尔瓦罗·德·卢纳最终的垮台是因为卡斯蒂尔国王约翰二世的忘恩负义。对自己在国家中无足轻重的地位感到愤怒，约翰二世的第二任妻子葡萄牙的伊莎贝拉开始挑拨约翰二世和治安官阿尔瓦罗·德·卢纳的关系。1453年，一次拙劣的审判之后，治安官阿尔瓦罗·德·卢纳被处死。

1454年，约翰二世驾崩，这给卡斯蒂尔王国带来了更大的麻烦。约翰二世留下了三个孩子——第一任妻子阿拉贡的玛丽的儿子卡斯蒂尔的亨利、第二任妻子葡萄牙的伊莎贝拉的儿子卡斯蒂尔女王伊莎贝拉一世和阿斯图里亚斯亲王阿方索。卡斯蒂尔的亨利继承了父亲约翰二世的王位，成为亨利四世，

处死阿尔瓦罗·德·卢纳

贝尔特伦·德拉·奎瓦

亨利四世

他是卡斯蒂尔最无能的国王,在内心和身体上虚弱无比,臣民称他为"无能亨利"。几位大臣有志填补空缺的治安官职位。最终,治安官一职由贝尔特伦·德拉·奎瓦担任。贝尔特伦·德拉·奎瓦徒有其表,没有任何治安官应有的真正品质。据说,这位英俊的宠臣得到了亨利四世王后葡萄牙的乔安娜的爱慕,从而增强了对亨利四世的影响力。私生女的出生非但没有让亨利四世丑闻增加,反倒提升了他的名声。1465年,对宠臣贝尔特伦·德拉·奎瓦的嫉妒和对亨利四世无能的厌恶,国内激起了一场可怕的叛乱。在阿维拉,叛军举行了正式的仪式,将一名打扮成国王模样的傀儡赶下台。王位被授予亨利四世同父异母弟弟阿斯图里亚斯亲王阿方索,理由是阿方索是葡萄牙的乔安娜的私生子。1468年,阿方索去世。卡斯蒂尔王国的内战还没有结束。

卡斯蒂尔女王伊莎贝拉一世继承了母亲葡萄牙的伊莎贝拉的品质,而不是父亲约翰二世的品质。她的智慧超越了其年龄,拒绝削弱自己的领地,并且让自己的事业与反对君主制叛乱联系在一起。同时,卡斯蒂尔女王伊莎贝拉一世坚决不承认侄女[①]葡萄牙皇后乔安娜的合法性。卡斯蒂尔女王伊莎贝拉一世强迫亨利四世签订了一项条约，承认自己是亨利四世的合法继承人。因此，1468年，叛军被迫放下武器。1469年，卡斯蒂尔女王伊莎贝拉一世与阿拉贡王位继承人斐迪南二世结束了她最重要的婚姻。一旦下台的直接危险消除，亨利四世就推翻与卡斯蒂尔女王伊莎贝拉一世签订的条约，确保女儿乔安娜的继承权。然而，1474年，亨利四世驾崩，没有实现自己的目标，他同父异母的妹妹卡斯蒂尔女王伊莎贝拉一世继承了王位。现在，乔安娜的事业得到了叔叔阿斯图里亚斯亲王阿方索的支持，但卡斯蒂尔女王伊莎贝拉一世成功地巩固了自己赢得的

卡斯蒂尔女王伊莎贝拉一世

阿拉贡王位继承人斐迪南二世

---

① 葡萄牙皇后乔安娜的父亲亨利四世是卡斯蒂尔女王伊莎贝拉一世的哥哥。——译者注

王位。卡斯蒂尔女王伊莎贝拉一世的即位，以及随后阿拉贡和卡斯蒂尔王权的合并，开启了伊比利亚半岛历史上一个新的、更加辉煌的时代。

阿拉贡王国由阿拉贡、加泰罗尼亚和巴伦西亚三个公国联合而成。三公国联邦非常松散，因为每个公国都小心翼翼地保留着自己的法律和制度，并且排斥引入任何统一管理制度的企图。阿拉贡王国君主制的权力比邻近的卡斯蒂尔王国更受限制。大贵族的特权非常广泛，几乎可以与国王平起平坐。维护这些特权的愿望，在大贵族中间产生了一种完全不同寻常的利益和政治行动的统一性。斐迪南二世表达了这两个王国的不同之处，他说："分裂阿拉贡贵族和团结卡斯蒂尔贵族一样困难。"在独立的精神上，市民与贵族相差不远。在沿海的加泰罗尼亚，这种精神更加强烈。阿拉贡科尔特斯（议会）的城镇代表制可以追溯到1133年，比卡斯蒂尔做出类似的让步早三十三年，比英格兰建立任何常规的中央代表制要早一个多世纪。科尔特斯并非整个阿拉贡王国的议会，三个公国各自有其科尔特斯（议会），在各自的边界内拥有最高的管辖权、立法权和征税权。与卡斯蒂尔王国和法兰西王国一样，巴伦西亚公国、阿拉贡公国的议会由三个阶层组成：神父、贵族和公民。不过，阿拉贡公国的议会由四个阶层组成。除了神职人员和城镇代表，世俗贵族被分成两个不同的阶层：一是大贵族，有亲自或通过代理参加议会的权利；二是赋予骑士身份的小直属封臣、绅士和小佃主。在最高司法机构，阿拉贡王国有一个独特的制度，一直吸引着历史学家的兴趣。起初，法官只是作为法院议会的主席，没有特别重要的政治职能。然而，随着时间的推移，法官变成调停人，并且最终成为君主和臣民之间所有争端的最高仲裁者。在这个职位上，法官既被视为保管人，又被视为宪法传统和自由的捍卫者。因其历任负责人的品格，这一职务的尊严得到加强。阿拉贡历史上许多事例表明，法官一方面坚决反对专制，另一方面坚决反对无序与混乱。值得注意的是，法官对议会的责任由挑选小贵族或骑士来体现，而大贵族总是被排除在最高司法职位之外。

阿拉贡国王詹姆斯一世是勇敢的征服者，他结束了漫长的摩尔人战争，吞

詹姆斯一世征服巴利阿里群岛

并了巴利阿里群岛，完成了王国的扩张。长期以来，巴利阿里群岛是穆斯林海盗和巴伦西亚公国的所在地。1266年，詹姆斯一世征服穆尔西亚，并且以罕见的忠诚把它交给了卡斯蒂尔国王阿方索十世，因为他是以卡斯蒂尔的名义发动的战争。这些胜利的结果是，詹姆斯一世的继任者彼得三世从国内持续的战争压力中解脱出来，能够将注意力转向意大利的事件上。彼得三世娶了西西里国王曼弗雷德之女西西里的康斯坦丝为妻，西西里的康斯坦丝被认为是那不勒斯和西西里岛霍亨斯陶芬家族的继承人。然而，在1282年著名的西西里晚祷事件中，彼得三世对法兰西人的屠杀，是否会产生任何实际结果值得怀疑。为了免受西西里国王查理一世的报复，西西里岛居民以王冠为代价向阿拉贡国王彼得三世求援。由此引发了对那不勒斯安茹统治者、教皇和法兰西国王组成联盟的长期战争，这是彼得三世统治后期、继任者阿方索三世和詹姆斯二世统治时期突出的事件。在法兰西王国和意大利的历史中，这些战争已经提及，没有必要再赘述。要记住的是，按照1295年博尼法斯八世缔结的条约，詹姆斯二世娶了那不勒斯国王查理二世之女安茹的布兰奇为妻，接受撒丁岛，并且放弃西西里岛的主权。然而，西西里人拒绝接受他们没有发言权的条件，把王位让给了詹姆斯二世的弟弟腓特烈三世，并且在1295年成功地让腓特烈三世登上了王位。因此，西西里岛被阿拉贡家族较年轻的一个分支控制住了，而这个分支家族的灭亡又使西西里岛回到了家族主支上。几年后，詹姆斯二世凭借条约从热那亚人和比萨人手中夺取了撒丁岛，将弟弟腓特烈三世从王国中驱逐出去。当时，腓特烈三世已无力治理这个王国了。撒丁岛始终与阿拉贡王国、西班牙王国保持统一，直到1714年《拉施塔特条约》将其割让给奥地利王国，1720年《伦敦条约》又将其国王头衔移交给萨伏依公爵。

意大利战争对阿拉贡的历史不无影响。那些战争是为了家族的利益，而不是王国的利益。阿拉贡人被要求为一个他们并不特别关心的事业提供金钱、人员和船，他们对此非常不满。因此，阿拉贡国王被迫做出让步来安抚臣民。这远远超出了同时代其他国家统治者做出的任何牺牲。1283年，彼得三世颁布《一般特权法案》，可与英格兰王国的《大宪章》媲美。《一般特权法案》保障了公共和个人自由，对其频繁重申足以证明它的价值。然而，四年后的1287年，阿方索三世颁布了著名的《联合特权法案》，这实际上走向了一个危险的极端。依据《联合特权法案》，如果君主试图侵犯臣民的特权，臣民就有权拿起武器反抗君主。反抗常常是抗击压迫的唯一有效保障，但用法案来保障臣民反抗的权利是有害的，也是不必要的。《联合特权法案》给贵族提供了一件可怕的武器，他们总能以反对专制为借口来掩饰对各自利益的自私追求。

阿拉贡国王彼得四世是第一位从君主制的过度限制中解放出来的国王。彼得四世吞并了巴利阿里群岛。自1374年以来，该群岛一直由阿拉贡国王詹姆斯一世的小儿子詹姆斯二世及其后裔以马霍卡国王的名义进行统治。詹姆斯二世并没有打算放弃巴利阿里群岛，但经过长时间抗争后还是被迫屈从于专横的彼得四世，让出了巴利阿里群岛。吞并巴利阿里群岛之后，彼得四世企图根据个人意愿来解决阿拉贡王位的继承问题。1347年，彼得四世只有一个女儿阿拉贡的康斯坦丝,王位的假定继承人是他弟弟乌赫利伯爵詹姆斯一世。在阿拉贡王国,没有法律或习俗把女性排除在继承权之外。不过,人们对男性继承人有一种强烈的偏见,他们通常比女继承人更受青睐,尽管女继承人在继承关系上更近。彼得四世试图为女儿阿拉贡的康斯坦丝争取一个解决方案。在贵族中,詹姆斯二世的专横统治引起了一场可怕的反抗,这不仅给了彼得四世一个有利的时机,还造就了一个强大的领袖乌赫利伯爵詹姆斯一世。叛乱分子要求享有1287年《联合特权法案》赋予的权利。在萨拉戈萨,他们成立了一个联盟,并且提出了他们的要求。起初,彼得四世大吃一惊,被迫装出顺从的样子。乌赫利伯爵詹姆斯一世突然去世,同时代的人认为是被他哥哥彼得四世在一群加泰罗尼亚人的协助下毒死的。因此,局势向有利于彼得四世的方向转变。1348年,彼得四世指挥军队在埃皮拉战场战胜叛军,并且亲手将写有《联合特权法案》的羊皮纸撕碎。因此,《联合特权法案》被取消,君主制获得了很大的胜利。贵族成为唯一的直接受害者。事实上,彼得四世并没有试图限制大众的任何自由,法官权威在他的统治中通过授予法官终身职位而更加稳固。

  彼得四世晚年忙于在卡斯蒂尔王国与佩德罗一世作战,在撒丁岛与热那亚人作战,以及镇压詹姆斯三世的叛乱,以夺回父亲阿方索四世的马略卡王国。随着两个儿子约翰和马丁的出生,王位继承权问题也消除了。他们的统治值得注意的主要是西西里岛与阿拉贡王国的重新结盟。自詹姆斯二世否定彼得四世的权威之后,西西里岛就和阿拉贡王国分开了。自1302年以来,西西里岛一直由詹姆斯二世弟弟腓特烈三世的后裔和平地占有着。随着家族男性继承人的去世,一位女继承人西西里的玛丽亚继承了王位,她是西西里国王腓特烈三世的女儿,阿拉贡国王彼得四世的外孙女[①]。1392年,西西里的玛丽亚嫁给了表弟[②]马蒂诺一世——马丁一世唯一的儿子。在父亲马丁一世的支持下,马蒂诺一世获得了西西里岛的王位。1409年,马蒂诺一世英年早逝,西西里岛又由父

---

① 西西里的玛丽亚是阿拉贡国王彼得四世女儿阿拉贡的康斯坦丝所生。——译者注
② 西西里的玛丽亚母亲阿拉贡的康斯坦丝是马蒂诺一世父亲马丁一世的姐姐。——译者注

马蒂诺一世

亲马丁一世统治。因此,马丁一世在世的最后一年里,同时是阿拉贡和西西里的国王。

马蒂诺一世驾崩不仅把西西里岛的王冠留给阿拉贡国王马丁一世,还引发了阿拉贡王国继承权的争议。马丁一世是彼得四世唯一幸存的男性后裔,1410年他驾崩时,还没有任何关于王位继承人的安排。如果坚持男性后裔来继承王位,那么最明显的继承人是乌赫利伯爵詹姆斯二世,他的祖父是阿方索四世的次子乌赫利伯爵詹姆斯一世。最近的先例都将女性继承人排除在外,但马丁一世倾向让阿拉贡国王约翰一世的女儿阿拉贡的约兰德继承王权。因此,男性能

卡斯蒂尔摄政王斐迪南一世

否通过母系亲属关系获得继承权,仍是悬而未决的问题。在众多候选人中,有两位最突出——安茹家族路易二世和约翰一世女儿阿拉贡的约兰德的长子路易三世、约翰二世年少时卡斯蒂尔摄政王斐迪南一世。其中斐迪南一世的母亲是彼得四世的女儿阿拉贡的埃莉诺。毫无疑问,乌赫利伯爵詹姆斯二世是最近的、最明显的继承人，但他太轻率且自负了，引起了阿拉贡人的反对，最终被排除在外。后来，从阿拉贡王国的三个公国议会中任命了一个联合委员会来调查王位继承先例。两年的过渡期后，1412年联合委员会奇怪地选择了卡斯蒂尔摄政王斐迪南一世。毫无疑问，斐迪南一世的世袭关系比其他两位王位继承对手要远得多。

因此，特拉斯塔马拉这个幸运家族，尽管其起源是不合法的，却为阿拉贡和卡斯蒂尔王国提供了一位国王。经过一代又一代人的努力，特拉斯塔马拉家族得以将那不勒斯王国和纳瓦拉王国增加到家族的财产中。在阿拉贡王国，斐迪南一世没有像在卡斯蒂尔王国那样，显示出他的非凡才能。斐迪南一世长子阿方索五世更多与意大利的历史而不是西班牙历史相关联。阿方索五世继承了父亲斐迪南一世在西西里岛、撒丁岛和阿拉贡的遗产，并且于1423年被那不勒斯女王乔安娜二世收养，从而打开了他继承那不勒斯王国的前景。然而，恶毒的乔安娜二世很快改变了主意，剥夺了阿方索五世的继承权，又收养了路易三世。通过母亲阿拉贡的约兰德，路易三世可以比阿方索五世更有权利得到阿拉贡王位。乔安娜二世改变收养人的做法引发了阿拉贡家族和第二安茹家族之间的长期战争，并且在乔安娜二世统治的最后十二年和驾崩后的八年时间里持续不断。最终，战争以阿方索五世的胜利而告终。在那不勒斯，阿方索五世平静地统治着这个国家，直到1458年驾崩。由于没有留下合法子嗣，阿拉贡、西西里岛和撒丁岛传给了弟弟约翰二世，但那不勒斯王国被移交给私生子斐迪南一世。半个世纪后，两个西西里王国才由斐迪南二世重新统一。

当阿方索五世忙于在意大利的战争中争夺那不勒斯王冠时，他的弟弟约翰二世却成功地与纳瓦拉王国建立了亲密的关系。长期以来，这个包括比利牛斯山脉两岸领土的纳瓦拉王国和法兰西王国的关系比和西班牙王国的关系更密切。通过纳瓦拉女王胡安娜一世和法兰西国王腓力四世的联姻，纳瓦拉与法兰西王权结合在一起。卡佩家族直系成员去世后，纳瓦拉王国再次获得独立。当瓦卢瓦的腓力六世登上法兰西王位时，纳瓦拉王国把王位传给了合法继承人路易十世的女儿胡安娜。1329年，胡安娜和丈夫埃夫勒伯爵腓力一起加冕。法兰西历史上，在与爱德华三世的战争中，胡安娜和埃夫勒伯爵腓力的儿子卡洛斯二世扮演了重要角色，尽管不是很值得称道。继承了父亲卡洛斯二世的王位后，卡洛斯三世把更多的注意力放在艺术和文学上，而不是政治上，并且保持了王国的平稳运行。卡洛斯三世女儿、女继承人布兰卡一世嫁给了阿拉贡国王约翰二世，后来他们的孩子斐迪南二世继承了王位。

卡洛斯三世

比亚纳亲王查尔斯

在有生之年，布兰卡一世以自己的权力统治着纳瓦拉王国。1441年，布兰卡一世驾崩，儿子比亚纳亲王查尔斯继承了纳瓦拉王位。显然，出于对母亲布兰卡一世意愿的尊重，他放弃了从父亲阿拉贡国王约翰二世那里继承王室头衔。通常情况，要是查尔斯继承父亲在阿拉贡和纳瓦拉的头衔，不会出现什么特别的困难。然而，1447年，约翰二世与卡斯蒂尔海军上将法德里克·恩里克斯·门多萨女儿胡安娜·恩里克斯结婚。胡安娜·恩里克斯是一个有着同样精力和抱负的女人，说服丈夫约翰二世将纳瓦拉的管理权交给自己。通过许多顾问，比亚纳亲王查尔斯提醒父亲约翰二世，这个王国是自己的合法领地，并且敦促父亲抵制这种对其权威的侵犯。因此，约翰二世、胡安娜·恩里克斯和比亚纳亲王查尔斯之间引发了一场斗争。博蒙特和埃格勒蒙特的纳瓦拉家族，就像罗马的奥尔西尼家族和科隆纳家族一样,彼此都是敌对的。他们高兴地找到了一个发动战争的借口。博蒙特家族与比亚纳亲王查尔斯关系更密切。因此,埃格勒蒙特家族不得不支持比亚纳亲王查尔斯的父亲约翰二世。1452年,在艾瓦尔,约翰二世的军队取得了胜利,比亚纳亲王查尔斯被父亲约翰二世囚禁。不久之后,比亚纳亲王查尔斯就被释放了。然而,他的权力被自己的失败摧毁,地位也因1452年胡安娜·恩里克斯生下一个儿子而变得更糟。这个孩子就是后来的斐迪南二世。胡安娜·恩里克斯对约翰二世的影响是无限的,几乎没有掩饰想让儿子斐迪南成为继承人的意图。1458年,不幸的比亚纳亲王查尔斯前往那不勒斯,寻求伯父阿方索五世的建议和帮助。然而,阿方索五世于1458年驾崩。比亚纳亲王查尔斯的父亲约翰二世不再是哥哥阿方索五世的副手,现在是阿拉贡国王。1460年,比亚纳亲王查尔斯冒险回到纳瓦拉王国,一番虚假的欢迎后,他被关进了莱里达监狱。因为没有对比亚纳亲王查尔斯提出任何指控,这种严重的不公正激起了热爱自由的加泰罗尼亚人的反抗。起义

被囚禁的比亚纳亲王查尔斯

比亚纳亲王查尔斯中毒身亡

迅速蔓延到其他省。卡斯蒂尔国王亨利四世对阿拉贡王位继承人产生了浓厚的兴趣。约翰二世发现向这种普遍的压力屈服是明智的。比亚纳亲王查尔斯被释放，并且被任命为加泰罗尼亚总督，但他还没来得及施展管理才华，就被毒杀了。

虽然毒杀比亚纳亲王查尔斯使约翰二世得以终生占有纳瓦拉王国，但这增加了约翰二世统治王国的难度。加泰罗尼亚人重新发动起义，要为比亚纳亲王查尔斯报仇，把胡安娜·恩里克斯和儿子斐迪南围困在赫罗纳城堡里。由于无法获得其他帮助，约翰二世被迫向路易十一求援，承诺用鲁西永和塞尔达涅两省来支付路易十一的援助费用。法兰西军队解除了赫罗纳围困，但加泰罗尼亚人仍在顽强抵抗，甚至推举安茹的勒内为王。安茹的勒内是阿拉贡国王约翰一世的外孙。年迈的安茹的勒内厌恶各种风险或努力，派儿子卡拉布里亚公爵约翰二世与阿拉贡土地上的家族进行斗争。在这场反对那不勒斯国王卫冕的战争中，卡拉布里亚公爵约翰二世几乎陷入绝望之中，眼睛失明，并且1448年失去了深爱和信任的妻子玛丽·德·波旁。然而，卡拉布里亚公爵约翰二世顽强地坚持着，这是值得的。1470年，卡拉布里亚公爵约翰二世去世。1472年，巴塞罗那的陷落标志着加泰罗尼亚的覆灭。1479年，阿拉贡国王约翰二世驾崩后，给斐迪南留下了一笔遗产，但鲁西荣和塞尔达涅的失陷使这笔遗产严重缩水。1493年，查理八世又将鲁西荣和塞尔达涅两地收复，从而阻止了阿拉贡或西西里岛向那不勒斯统治者提供援助的可能。

死亡最终将约翰二世对纳瓦拉王国的牢牢控制分离。在约翰二世与第一任妻子布兰卡一世生的三个孩子比亚纳亲王查尔斯、纳瓦拉的布兰卡和纳瓦拉的埃莉诺中，除了嫁给富瓦伯爵加斯东四世的纳瓦拉的埃莉诺比父亲约翰二世活得长，比亚纳亲王查尔斯、纳瓦拉的布兰卡均比父亲约翰二世早去世。比

富瓦伯爵加斯东四世

纳瓦拉的布兰卡

亚纳亲王查尔斯是被父亲约翰二世毒死的,纳瓦拉的布兰卡是被妹妹纳瓦拉的埃莉诺毒死的,纳瓦拉的埃莉诺只比父亲约翰二世多活了几个星期。孙子弗朗西斯·菲伯斯继承了纳瓦拉女王埃莉诺的王位,但于1483年驾崩。后来,弗朗西斯·菲伯斯妹妹纳瓦拉的凯瑟琳把纳瓦拉王国传给了阿尔伯特家族。从这个家族手中,斐迪南二世夺取了比利牛斯山脉脚下西班牙境内的纳瓦拉领地。剩下部分则因波旁家族的安托万·德·波旁与纳瓦拉女王胡安娜三世的婚姻而划归波旁家族,后来被他们的儿子亨利四世继承,最终纳入法兰西王国领地。1659年,鲁西永和塞尔达涅最终被合并成一个州,比利牛斯山脉最终成为两个独立州之间的分界线。这似乎是大自然的意愿,尽管历史总是阻挠这一意愿。

因1474年卡斯蒂尔女王伊莎贝拉一世和1479年阿拉贡国王斐迪南二世的加入，卡斯蒂尔-阿拉贡联盟奠定了西班牙王国的基础，并且为西班牙在欧洲的短暂统治开辟了道路。然而，诸侯国的联合仅仅是个人的，在某些方面甚至比1603年苏格兰国王詹姆斯六世成为英格兰国王后，英格兰王国和苏格兰王国的紧密程度还要小。伊比利亚半岛上的几个大国并不是一个整体，仍然是不同的单元，个个都有自己的民族特色、法律、机构、生活及集体意识。卡斯蒂尔-阿拉贡联盟的这种不完美是后来西班牙历史的一个基本事实，标志着西班牙与更加强大的邻国法兰西王国之间的本质区别，也是导致西班牙在后来的岁月里无可挽回地迅速且明显衰落的主要原因。然而，尽管有种种缺陷，卡斯蒂尔-阿拉贡联盟是西班牙摆脱中世纪孤立状态的必要条件。各诸侯国之间的不和谐导致了皇权的崛起，而西班牙的强弱同样与君主制的命运息息相关。如果没有阿拉贡的力量，伊莎贝拉一世就不可能镇压卡斯蒂尔贵族争取独立的混乱。查理五世也不可能镇压各个公社，使国民议会瘫痪。如果没有卡斯蒂尔军队，腓力二世也绝不敢践踏阿拉贡的自由。

西班牙历史的辉煌时期，甚至斐迪南二世和伊莎贝拉一世统治的大部分时期，都超出了本书的范围，本书只会涉及这些君主的早期成就。卡斯蒂尔女王伊莎贝拉一世的主要职责是打击卡斯蒂尔贵族的独立，结束在哥哥卡斯蒂尔国王亨利四世软弱统治下混乱的无政府状态。为了达到这个目的，伊莎贝拉一世找到了一个现成的办法——利用市民阶层由来已久享有的特权。1476年，卡斯蒂尔女王伊莎贝拉一世提议成立圣赫尔曼达（或称为圣友会），并且在国家议会中获得通过。圣赫尔曼达的任务是在广泛的范围内提供一支公民警察部队，由中央军管理，由卡斯蒂尔所有城市的代表组成，每年召开一次会议。公民警察部队由两千名骑兵组成的小分队和随行弓箭手组成，负责执行地方官员和最高法院的裁决。贵族抗议这项措施是违宪的，但抗议恰恰证明了圣赫尔曼达存在的价值和效力。此外，其他措施陆续被制订，如取消曾经给予贵族的大量土地和钱财，摧毁作为"钱财搜刮中心"的贵族城堡，将阿方索十世统治以来颁布的无数法律也编纂成法典等。卡拉特拉瓦、阿尔坎塔拉和圣詹姆斯等地的骑士团团长，由于权力太大，不能安全地委托给臣民，所以一直空缺，附属于国王。由此可见，强大的君主是臣民物质利益的开明保护者。税收改革、货币改革及消除卡斯蒂尔和阿拉贡之间的商业往来壁垒，都促进了贸易和工业的发展。据估计，从伊莎贝拉一世1474年即位到1504年驾崩，卡斯蒂尔王室的收入增加了三十倍，而且没有加重人民的负担。

即使最英明的统治者也有缺点，而伊莎贝拉一世的缺点是对异教的极端憎恨和对统一宗教的狂热。毫无疑问，伊莎贝拉一世的影响主导了宗教裁判所的引入。1478年，宗教裁判所由西克斯图斯四世的《公牛诏书》授权，于1483年在托尔克马达的任期内开始运作。宗教裁判所可以被视为统一西班牙宗教的

托尔克马达

第一个机构,它延伸到阿拉贡王国,激起了许多热爱自由的人的反对。事实证明,斐迪南二世的钢铁意志不可抗拒。宗教迫害的最初结果之一是1492年驱逐犹太人。据说,约有二十万犹太人因宗教统一而被逐出西班牙。这是一项残酷的措施,但它并不像某些作家描述的那样是灾难性的。作家似乎忘记了,紧随其后的并不是西班牙立即衰落,而是一段史无前例的繁荣。

在伊比利亚半岛上,摩尔人统治的最终结束,向世界首次公开证明了一个新的强国已在西班牙崛起。过去两百年来,卡斯蒂尔王国内部混乱,积贫积弱,最明显的例证就是格拉纳达王国的长期存在。在他们边境上建立一个统一且高效的国家,对摩尔人来说是致命的。战争开始于1481年,持续了十年。1491年11月25日,交战双方在摩尔人首都格拉纳达签署投降协议。协议给予摩尔人一定的自由,凡是和平地服从基督教统治的人,都享有行使宗教和维护法律权威的权利。这或许是摩尔人英勇抵抗应得的。不幸的是,这些条款没有得到卡斯蒂尔政府的遵守。七年的平静之后,卡斯蒂尔政府突然要求摩尔人在皈

格拉纳达城主向伊莎贝拉一世和斐迪南二世投降

依基督教和流放之间做出选择。那些皈依基督教的摩尔人，不得不在流放的摩尔人和充满敌意的卡斯蒂尔人之间的夹缝中生存。1609年，在西班牙最不能承受失去这些无辜且勤劳的摩尔人时，疯狂的法令驱逐了他们。

在地理发现和扩张这一宏伟的运动中，西班牙受到邻国葡萄牙的影响，并且在一定程度上受其引导。一开始，葡萄牙是反抗西班牙基督教的国家之一，与其他小国家或王国没有本质区别。经过长期的斗争，葡萄牙人逐渐产生了一种类似于民族意识的共同心理，首先是为了保护自己的存在不受摩尔人侵犯，然后是为了抵抗被卡斯蒂尔王国吞并。考虑到地理和种族，葡萄牙被卡斯蒂尔王国吞并似乎不可避免。

卡斯蒂尔王国第一次吞并葡萄牙以阿方索一世的胜利而告终，阿方索一世由葡萄牙郡伯爵变成葡萄牙国王；第二次吞并结束的标志是1385年阿勒祖巴洛特战役的胜利及英明的若昂一世开始统治葡萄牙。正是在若昂一世统治时期，葡萄牙开始对探索非洲西海岸感兴趣。这注定会给这个小王国带来财富和声誉。若昂一世的第四个儿子恩里克王子是著名的航海家。受自信的信念鼓舞，他认为有可能绕着非洲航行，把威尼斯人和热那亚人通过黎凡特与印度的间接贸易获得的巨大收益转移到葡萄牙。恩里克王子的梦想在他有生之年没有实现，但他的努力促成了后来的实现。四十年来，恩里克王子积极进行非洲探险。正是由于非洲探险，恩里克王子在某些情况下意外发现了圣托港、马德拉及后来发现卡斯蒂尔的加那利群岛、亚速尔群岛、怀特角或卡沃布兰科和佛得角。一旦绕过了非洲宽阔的西北部，就很容易到达几内亚海岸。1460年，恩里克王子去世阻碍了航海发现的进程，但并没有阻止它的发展。人们发现非洲出产一种非常有价值的商品——奴隶，而葡萄牙对这种利润丰厚但令人沮丧的奴隶贸易非常感兴趣，这进一步刺激了葡萄牙人频繁地航行到非洲西海岸。可以肯定，不久以后，一些更有冒险精神的水手受到引诱，有意或无意地延长航程。此外，随着15世纪的推进，寻找一条通往印度新航线的冲动越来越强烈。黎凡特逐渐被土耳其人控制。小亚细亚海岸、君士坦丁堡相继落入土耳其人手中。威尼斯人和热那亚人从阿拉伯商队那里购买东方产品的黎凡特、君士坦丁堡和小亚细亚海岸等地区，可能会对基督教商人关闭，而且这种可能性日益增长。欧洲不能放弃对人们来说几乎已成为必需品的商品，也不能以西方国家失去稀少贵金属供应为条件来购买这些商品。

发现直接到达印度的海上航线将获得丰厚奖励，这使航海竞赛变得越来越激烈。在这场欧洲航海竞赛中，多亏了恩里克王子，葡萄牙一马当先，并且当之无愧地赢得了丰厚的奖励。1486年，巴塞洛缪·迪亚兹到达了阿尔哥亚湾，终于绕过了非洲之角，并且给了这个角一个恰如其分的名字：托尔门福索角，意味暴风雨之角。尽管葡萄牙国王若昂二世很有先见之明，但不太熟悉情况，坚持称它为"好望角"。十二年后的1498年，瓦斯科·达·伽马完成了从里斯本到卡利卡特的连续航行。

此时，卡斯蒂尔王国也试图参与到这个时代的重大航海活动中来。根据1479年的条约，葡萄牙以放弃加那利群岛为条件，得到了过去和未来探索非洲海岸的确认书。因此，西班牙被禁止在航海家恩里克王子指出的通往印度的航线上与葡萄牙竞争。一位进入卡斯蒂尔服役的热那亚水手克里斯托弗·哥伦布提出了向西航行到亚洲的路线。1492年，克里斯托弗·哥伦布的第一次著名的航行把他带到陆地上，他误认为这是印度的一部分。实际上，克里斯托弗·哥伦布发现了美洲的新大陆，但他错误地将美洲新大陆命名为西印度群岛。

发现美洲和绕过好望角到达印度，是15世纪最重大的事件，也是中世纪和后期历史的分水岭。航路新发现使人们直面新问题、新观念、新利益，直接引发了西班牙和葡萄牙之间的频繁摩擦。这是当代政治家想要极力避免的。1493年，亚历山大六世颁布《公牛诏书》，在亚速尔群岛以西一百里格（旧长度单位）处画了一条假想的线，把线以西的国家划给西班牙王国，把线以东的国家划给葡萄牙王国。1494年，西班牙和葡萄牙两国签订了《托德西利亚斯条约》，修改了《公牛诏书》的划分，将分界线向西移动了大约一百七十里格，从而使葡萄牙后来对巴西拥有殖民权。然而，两位发现新大陆的先驱者妄自尊大，

瓦斯科·达·伽马抵达印度的卡利卡特

独霸所有果实，不久就激起了北方诸国的强烈抵制，因为北方国家的地理位置同样适合于海洋贸易。当1580年西班牙吞并葡萄牙时，反对单一垄断的斗争变得更加激烈。正是通过航海获得的殖民利益，甚至超过了宗教的差异，引发了英格兰、荷兰与西班牙的长期战争，最终导致了西班牙国力衰退。

第21章
东罗马帝国和奥斯曼土耳其人

精彩看点

1261年后的东罗马帝国——米海尔八世和安德罗尼科二世——加泰罗尼亚大联盟——东罗马帝国内战——奥斯曼土耳其人——奥尔汗一世领导下的奥斯曼人征服东罗马帝国——向土耳其帝国进贡男童——约翰五世·帕里奥洛格斯和约翰六世·坎塔库泽诺斯——塞尔维亚国王史蒂芬·杜尚征服东罗马帝国的部分领土——君士坦丁堡再次陷入混乱——欧洲的土耳其人——东罗马帝国的封臣制——土耳其人征服北欧——土耳其人首次围攻君士坦丁堡——1402年安哥拉战役——奥斯曼人恢复权力——约翰八世·巴列奥略的统治——穆拉德二世与匈牙利的战争——乔治·卡斯特里奥蒂·斯坎德培统治下的阿尔巴尼亚——穆罕默德二世攻取君士坦丁堡——穆罕默德二世征服塞尔维亚、瓦拉契亚和波斯尼亚——穆罕默德二世征服东罗马帝国——穆罕默德二世与威尼斯共和国开战——穆罕默德二世征服其他领土——1481年,穆罕默德二世驾崩声称代表古罗马帝国的两个大国都在13世纪灭亡了，这一点也不奇怪。霍亨斯陶芬王朝的覆灭及大空位时代，标志着西罗马帝国的真正终结。从此以后，西罗马帝国不过是德意志的一个虚弱的王权，对意大利有着一种较弱的宗主权。1204年，第四次十字军远征攻陷东罗马帝国首都君士坦丁堡。1261年，所谓的东罗马帝国复兴，不过是君士坦丁堡被一位之前统治过尼西亚的王子收复而已。尽管神圣罗马帝国的传统仪式被小心翼翼地保持着，但米海尔八世及其继任者的统治根本不能称为神圣罗马帝国。它最多是一个希腊化的帝国或以拜占庭为首都的帝国，领土比几个西方王国还小。在欧洲，所谓的"神圣罗马帝国"只拥有君士坦丁堡及邻近的鲁米利亚和哈尔基季基半岛；在北部和西部，它被保加利亚和塞尔维亚的独立王国包围。摩里亚的大部分被分成小块，由法兰西人或威尼斯人统治。威尼斯共和国还拥有重要的科孚岛、克里特岛和埃维亚岛，而爱琴海的许多小岛则由威尼斯家族统治。在小亚细亚，米海尔八世成功地保留了西海岸大部分地区，以及黑海沿岸的几个城镇。然而，半岛的其余部分，除了黑海东南角的一小块领地，即所谓的特拉比松帝国，都掌握在以哥念的土耳其苏丹手中。没错，米海尔八世自己及其后来脆弱的继任者，也取得了一些领土，特别是在摩里亚，但这些都被相等的领土损失抵消了。1291年，圣约翰骑士团被逐出阿克里，在克里特岛住了几年。1310年，骑士团占领了罗德岛及其附近小岛。在与土耳其人的战争中，热那亚人做出了巨大的贡献，他们要求得到足够的让步作为回报。因此，热那亚人不仅接受佩拉或加拉塔的郊区，还在此加强防御以对抗希腊皇帝。在克里米亚的卡法、顿河的河口亚速，热那亚人建立自己的政权以保护黑海贸易的垄断地位，还占领了莱斯沃斯岛和希俄斯岛。

追溯东罗马帝国在两个世纪里的悲惨命运是一项非常沉重的任务。这两个世纪不是统治者丰功伟绩的历史及其臣民的英雄史，而是邻国的侵犯史和君士坦丁堡军民的反侵略史。这一时期的希腊历史中，几乎没有一件事能引起人们的兴趣或值得关注，但神圣罗马帝国的衰弱是奥斯曼土耳其帝国迅速崛起的一个突出原因，这是历史上的重大事件之一。在君士坦丁堡，除了宫廷中不断上演的猜忌和阴谋诡计及关于宗教教条细微问题的幼稚讨论，几乎没有别的历史可记载。最近建立的拉丁帝国激起了希腊人对罗马天主教的仇恨，同时让他们意识到自己的弱点——米海尔八世统治下教会和国家在管理上的保守与迟钝。希腊人以罗马人的名义为荣，坚持没有军事力量的帝国政府形式；他们保留了罗马法典，没有系统的司法管理，并且以教会的正统为傲。在这个教会中，神职人员被剥夺了所有教会的独立性，仅仅是宫廷的封臣。芬利曾描述道："这样的社会只能衰弱，尽管它可能会慢慢衰弱。"

在西欧，拉丁帝国的灭亡轰动一时。有一段时间，米海尔八世不得不担心有人企图恢复它。作为教皇的拥护者，安茹的查理一世从霍亨斯陶芬家族手中夺取了那不勒斯和西西里岛。查理一世两次发誓要带领军队横渡亚得里亚海。1267年，西西里国王查理一世与被流放的鲍德温二世签订了《维泰博条约》。1281年，查理一世与威尼斯共和国、教皇马丁四世签订了《奥尔维耶托条约》。在危难之中，作为希腊皇帝，米海尔八世不得不采取权宜之计，促成东罗马帝国与拉丁教会进行联合，以此寻求与教皇的和解。然而，米海尔八世的优柔寡断并不受臣民欢迎。结果也证明这种联合完全没有必要。那不勒斯国王的两个计划都失败了。其中一个计划是1267年进攻康拉丁，另一个计划是1282年镇压

安德罗尼科二世

西西里晚祷者。这些事件使米海尔八世1282年驾崩后，给儿子安德罗尼科二世留下了未受削弱的统治权。安德罗尼科二世是主教期望的迷信且胆怯的保守派，他的人品比大多数东方暴君要好得多，却是位毫无建树的无能统治者。在1282年到1328年的漫长统治期间，安德罗尼科二世做了三件使东罗马帝国濒临灭亡的事。1261年以后的希腊皇帝统治着一个人口相对稀少且不好战的国家，需要依赖雇佣兵来进行防御或发动侵略战争。

1303年，安德罗尼科二世得到了当时欧洲最好的军队为其效力。安茹家族与阿拉贡家族间长达二十年的西西里岛争夺战，以后者的胜利而结束。西西里国王腓特烈一世急切地想摆脱来自加泰罗尼亚和阿拉贡其他省的雇佣兵。这些雇佣兵曾帮助腓特烈一世获得王位，现在却可能是麻烦和障碍的来源，因为安茹家族与阿拉贡家族之间的战争已经结束。在杰出的冒险家罗杰·德·弗洛的领导下，雇佣兵组成了加泰罗尼亚大联盟，向东罗马帝国行进。如果领导得当，这些军队可能会利用塞尔柱王朝领土的解体，为巴列奥略王朝赢得小亚细亚。然而，安德罗尼科二世无法完成如此雄心勃勃的事业。因此，加泰罗尼亚大联盟的兵力都浪费在小规模的行动上了。当因拖欠雇佣兵军饷而引

杰·德·弗洛与他领导的雇佣兵来到君士坦丁堡

罗杰·德·弗洛被杀害

发兵变时,安德罗尼科二世不顾一切地试图通过暗杀雇佣兵崇拜的指挥官罗杰·德·弗洛来恐吓他们。发誓要报仇的加泰罗尼亚雇佣兵,将矛头转向他们的雇主安德罗尼科二世,把派来对付他们的军队打得溃不成军。在接下来的几年里,雇佣兵靠着从安德罗尼科二世不幸的臣民手中夺取战利品,过着奢侈又闲散的生活。驱离雇佣兵根本不可能,直到1310年被雅典公爵雇佣,他们才离开了安德罗尼科二世的领土。

安德罗尼科二世的最后几年被一场内战笼罩,这场内战几乎和他与外国雇佣兵的战争一样具有灾难性。安德罗尼科二世的孙子安德罗尼科三世,是一个很有能力但生性恶毒的年轻人。1321年,因没有被父亲米海尔九世任命为联合皇帝,安德罗尼科三世煽动叛乱。战争时断时续,父子双方还曾几次尝试和解,但均徒劳无果。1328年,以约翰六世·坎塔库泽诺斯为代表的临时军队取得了彻底胜利,安德罗尼科三世将祖父安德罗尼科二世赶下台。为了防止复辟,安德罗尼科二世被迫成为一名僧侣,于1332年驾崩。综上所述,在这一时期,东罗马帝国与它的毁灭者奥斯曼土耳其人发生了第一次冲突;加泰罗尼亚大联盟在小规模破坏中严重浪费了武力;安德罗尼科祖孙间进行了悲惨斗争。

奥斯曼土耳其人,或奥斯曼人,绝不是土耳其种族中唯一或最早获得荣誉的成员。很久以前,奥斯曼人就出现在历史上。塞尔柱王朝在西亚崛起,从士兵起步,后来成为撒拉逊哈里发的主人。11世纪,一个名为"罗马苏丹"的塞尔柱王朝在尼西亚建立,统治着神圣罗马帝国大部分地区。早期的十字军帮助东罗马帝国皇帝将塞尔柱人从尼西亚赶回到埃克纽姆,但这些塞尔柱人仍然是小亚细亚的主宰者。第四次十字军远征后东罗马帝国瓦解。要不是塞尔柱人同时受到来自东方巨头的攻击,他们很可能会侵占东罗马帝国的领土。在塞尔柱人受袭击的这场战争中,我们第一次听说了奥斯曼土耳其人。在战争中,埃克纽姆苏丹人受到莫卧儿人的严重打击。奥斯曼之父埃尔托格鲁尔·奥斯曼率领一支军队扭转了战局。后来,因他们领导者的名字,这些土耳其人被称为奥斯曼人。心怀感激的苏丹人给了意想不到的帮手奥斯曼人一大片土地。1307年,阿拉丁三世驾崩后,塞尔柱王朝瓦解,奥斯曼成为众多获得独立的埃米尔(穆斯林酋长等的称号)之一。

在众多埃米尔中,埃尔托格鲁尔·奥斯曼及其继任者通过牺牲希腊皇帝的利益逐渐上升到公认的卓越地位,这吸引了来自其他省有能力和雄心勃勃的土耳其人。1326年驾崩前,埃尔托格鲁尔·奥斯曼的军队占领了东罗马帝国城市布鲁萨,后来成为奥斯曼帝国的亚洲首都。在奥斯曼之子、继任者奥尔汗一世的领导下,土耳其帝国取得了巨大的进步。奥尔汗一世的第一个计划是进攻东罗马帝国第二首都尼西亚。奥斯曼土耳其人没有正式包围这座城市,只是

奥尔汗一世

在附近建造了坚固的堡垒来骚扰居民,以及切断水和食物的供应。安德罗尼科三世的大臣约翰六世·坎塔库泽诺斯也曾横渡伊斯坦布尔海峡,试图解救尼西亚,但1329年在佩莱卡农战败。1330年,尼西亚投降,并且得到了宽大对待。当时,市民甚至认为东罗马帝国在土耳其统治下会比在拜占庭统治下更好。安德罗尼科三世在军事上的无能使奥尔汗一世得以轻松地继续侵略战争。接下来的十年里,小亚细亚的安德罗尼科三世唯一保留的领地是福西亚和费拉德尔菲亚两个城镇,以及伊斯坦布尔海峡东岸的一小块领土。

奥尔汗一世不仅是土耳其历史上著名的征服者,还是立法者和管理者。他设立的一个机构对后世继任者来说是无价的。穆罕默德的法律为异教徒提供了两种选择——《古兰经》或贡品。通过交纳贡品,被征服的人可以获得生命和财产的保障及保留自己宗教信仰的许可。奥尔汗一世开创了一种上贡办法，除了金钱或商品，还要求上贡儿童。每一个基督教村庄都被强迫每年按照一定比例交出八岁左右强壮、有前途的男童，接受伊斯兰教的教导。长大后，智力或身体素质上表现突出的男童会被征召到土耳其帝国的民政部门或军队中。从这些男童中选拔出的公务人员组成了一个行政机构，在苏丹奥尔汗一世的绝对控制下，比当时任何其他国家机构都更有效率，比任何军队都更有战斗力。两个世纪里，他们组成"奥斯曼禁卫军"（或"新军"），任何其他军事力量都无

奥斯曼禁卫军

约翰六世·坎塔库泽诺斯

法匹敌。凭借聪明才智,土耳其人利用信奉基督教的孩童赢得了伊斯兰教的胜利,并且训练基督徒男童来摧毁他们国家和教会的独立与权威。

  1341年,安德罗尼科三世驾崩,东罗马帝国历史进入了一个关键时期。安德罗尼科三世的小儿子约翰五世·帕里奥洛格斯由母亲萨伏依的安娜摄政,但摄政王的权威遭到首相约翰六世·坎塔库泽诺斯的质疑。后来,在党羽的怂恿下,约翰六世·坎塔库泽诺斯接受了东罗马帝国皇帝的头衔。随之而来的是一场旷日持久的派系斗争,双方都采取寻求土耳其人援助的低劣手段。约翰六世·坎塔库泽诺斯成功地使奥尔汗一世站在了自己一边,但这是一笔可耻的交易。约翰六世·坎塔库泽诺斯将女儿狄奥多拉·坎塔库泽娜嫁给了苏丹奥尔汗一世,使她居住在布鲁萨的后宫,这位殷勤的父亲达到了目的。1347年,摄政王萨伏依的安娜承认约翰六世·坎塔库泽诺斯为皇帝,允许他拥有十年的行政权力。约翰五世·帕里奥洛格斯将迎娶约翰六世·坎塔库泽诺斯的另一个女儿海伦娜·坎塔库泽努斯。约翰六世·坎塔库泽诺斯和妻子艾琳·阿萨尼纳戴上了王冠，约翰五世·帕里奥洛格斯和新娘海伦娜·坎塔库泽努斯也戴上了王冠。因此，君士坦丁堡同时见证了约翰五世·帕里奥洛格斯、约翰六世·坎塔库泽诺斯两位皇帝和萨伏依的安娜、海伦娜·坎塔库泽努斯、艾琳·阿萨尼纳三位皇后的独特盛况。

东罗马帝国的内战不仅使土耳其人在希腊政治中获得了敏锐的洞察力和危险的影响力，还使一个敌对势力得以在帝国的西侧扩张。1331年，斯蒂芬·杜尚成为塞尔维亚国王，利用君士坦丁堡的无政府状态，占领了阿尔巴尼

斯蒂芬·杜尚

亚、伊庇鲁斯和色萨利,从而将领土扩展到亚德里亚海和爱琴海。斯蒂芬·杜尚被封为罗马尼亚、斯拉沃尼亚和阿尔巴尼亚的皇帝。如果斯蒂芬·杜尚能够通过征服君士坦丁堡来彻底消灭东罗马帝国,那对欧洲来说可能再好不过。然而,斯蒂芬·杜尚没能做到这一点,1355年驾崩后,他的领土被分割。斯蒂芬·杜尚征服的领土使东罗马帝国的欧洲领土几乎和其在亚洲领土一样大,除了君士坦丁堡和邻近色雷斯的部分领土,还有帖撒罗尼加和另一地带的领土,约占摩里亚和爱琴海几个岛屿的三分之一。君士坦丁堡和帖撒罗尼加之间也没有安全的通道,只有海上通道,因为塞尔维亚帝国控制着它们中间的领土。

1347年的条约不太可能给君士坦丁堡带来持久的和平。1351年,约翰五世·帕里奥洛格斯和岳父约翰六世·坎塔库泽诺斯之间的争斗再次显示了东罗马帝国的衰弱。这场争斗与威尼斯人和热那亚人之间的长期争斗交织在一起。热那亚人与帕拉罗古斯人保持着联盟关系,他们在东部占据了优势。因此,约翰六世·坎塔库泽诺斯试图通过获得威尼斯共和国的支持来推翻他们。这两个意大利共和国在希腊海域展开了争斗,完全不顾盟友的利益。1352年,在君士坦丁堡附近的一场海战中,威尼斯人失败了。约翰六世·坎塔库泽诺斯被迫承认胜利者的所有特权。从此,约翰六世·坎塔库泽诺斯的权威一蹶不振。1354年,约翰六世·坎塔库泽诺斯被迫退位,成为一名修道士。

约翰五世·帕里奥洛格斯成为东罗马帝国唯一皇帝。1354年,在欧洲的土地上,土耳其人建立了第一个永久性国家,之前土耳其人只是作为掠夺者或约翰六世·坎塔库泽诺斯的援军出现。1354年,一场地震摧毁了色雷斯许多城镇的城墙,奥尔汗一世长子苏莱曼·帕夏趁机占领了加利波利半岛。约翰五世·帕里奥洛格斯担心土耳其人会支持马修·坎塔库泽诺斯。马修·坎塔库泽诺斯声称要继承父亲约翰六世·坎塔库泽诺斯的皇位,所以没有驱逐土耳其人。因此,加利波利半岛成为后来土耳其人征服欧洲的基地。1357年,苏莱曼·帕夏去世。1362年,奥尔汗一世驾崩。在苏丹穆拉德一世的统治下,土耳其帝国领土日益扩大。1361年,穆拉德一世成为阿德里安的主人。因此,阿德里

穆拉德一世

安成为近一个世纪以来土耳其人的欧洲首都。穆拉德一世早期征服的领土,并没有遭到坎塔库泽诺斯人的坚决反对。这一事实似乎表明,派系斗争压倒了希腊人所有爱国主义意识。征服阿德里安使土耳其领土延伸到东罗马帝国的北部边界。在接下来的几年里,土耳其人忙于与斯拉夫国家如保加利亚、塞尔维亚和波斯尼亚的战争,并且征服了大部分斯拉夫王国的领土。

　　发现自己被不断扩大的异教徒势力包围,东罗马帝国皇帝约翰五世·帕里奥洛格斯不顾一切地向西欧寻求援助。1369年,约翰五世·帕里奥洛格斯去罗马会见教皇乌尔班五世。当时,乌尔班五世刚刚回到首都罗马,签署了一份针对两大教派争论问题的文书。文书内容包括:圣灵既来自圣父也来自圣子;无酵饼可以在圣礼上使用;在信仰和管辖权方面,罗马教会至高无上等。我们不难看出,虽然乌尔班五世站在罗马教会一边,但这份文件对双方都毫无价值。

约翰五世·帕里奥洛格斯无法强迫臣民改变信仰,14世纪中叶的教皇也无力在欧洲诸侯中激起任何十字军的热情。由于这次谈判的失败,这位优柔寡断的皇帝灰心丧气,转而寻求一条更加屈辱的安全之路。约翰五世·帕里奥洛格斯成为土耳其苏丹的封臣,允许土耳其占领帖撒罗尼加。约翰五世·帕里奥洛格斯之子安德罗尼科四世领导了一场成功的叛乱,但最终被土耳其援军镇压了。这次土耳其军事援助,是因1381年约翰五世·帕里奥洛格斯签订的贡品支付条约而得到的。

君士坦丁堡北部和西部的斯拉夫诸国,虽然最后没有比希腊人更成功地抵抗侵略,但抵抗得更坚决。1387年,在波斯尼亚国王特弗尔特科·科特罗曼尼奇的领导下,为了相互保护而成立了一个著名的联盟,在一段时间内阻碍了奥斯曼帝国的前进。然而,1389年,在科索沃战役中,穆拉德一世战胜了盟军,并且处死了塞尔维亚国王拉扎尔·赫雷别利亚诺维奇。战斗结束后,一名伪装成逃兵的塞尔维亚贵族杀害了穆拉德一世。然而,这次谋杀并没有给斯拉夫

一名伪装成逃兵的塞尔维亚贵族杀害了穆拉德一世

的事业带来任何好处,因为巴耶济德一世立即继承了父亲穆拉德一世的王位,收获了胜利的果实。塞尔维亚国王斯特凡·拉扎列维奇不得不把姐姐奥利韦拉·德斯皮娜嫁给土耳其苏丹巴耶济德一世,并且承诺进贡和服兵役。瓦拉契亚也被要求进贡,保加利亚被并入奥斯曼帝国领土,由此帝国领土延伸到了多瑙河。欧洲联盟积极对抗异教徒。在勃艮第公国继承人约翰·讷韦尔率领下,法兰西贵族加入匈牙利国王兼神圣罗马帝国皇帝西吉斯蒙德阵营中。1396年,在尼科波利斯战役中,巴耶济德一世取得了一场更加辉煌的胜利。约翰·讷韦尔侥幸逃脱囚禁,并且救出了二十四名狱友,后来人们称他为"无畏的约翰"。正是这些狱友把"无畏的约翰"英勇和仁厚的传奇故事带回了欧洲。

巴耶济德一世

曼努埃尔二世

1391年，约翰五世·帕里奥洛格斯驾崩，次子曼努埃尔二世即位。曼努埃尔二世的哥哥安德罗尼科四世于1385年驾崩。曼努埃尔二世被迫率领一支希腊小分队进入亚洲，帮助巴耶济德一世攻占费拉德尔菲亚，这是小亚细亚最后几个保持独立的城市之一。当父亲约翰五世·帕里奥洛格斯驾崩的消息传来时，曼努埃尔二世还在布鲁塞尔。后来，曼努埃尔二世成功地逃到了君士坦丁堡。对曼努埃尔二世来说幸运的是，当时奥斯曼帝国的苏丹巴耶济德一世正致力于让塞尔柱王朝的酋长国臣服于他，因为当时塞尔柱王朝的酋长国还没有承认奥斯曼王朝至高无上的地位。当西吉斯蒙德领导的反土耳其大联盟成立时，曼努埃尔二世看到重获自由的希望。巴耶济德一世意识到不能相信帝国附属国的忠诚。在尼科波利斯大获全胜后，土耳其苏丹（某些伊斯兰国家统治者的称号）决定严厉地惩罚那些反对他的诸侯。1397年，曼努埃尔二世征服了伊庇鲁斯和色萨利，但因承认侄子约翰·维·帕拉奥戈斯（安德罗尼科四世之子）

为皇帝而苦恼不已。认识到依靠自己的力量抵抗土耳其人是徒劳的,曼努埃尔二世与侄子约翰·维·帕拉奥洛戈斯达成协议,承认约翰·维·帕拉奥洛戈斯为同盟,并且把管理工作交给了他,而自己则开始了去西欧寻求援助的旅行。在曼努埃尔二世离开期间,巴耶济德一世围攻君士坦丁堡。就在此时,鞑靼著名领袖帖木儿已经征服土耳其在亚洲的大部分地区。要不是被征召到亚洲去抵抗帖木儿,巴耶济德一世很可能就攻下了君士坦丁堡。

1402年,著名的安哥拉战役中,奥斯曼土耳其人遭遇惨败。巴耶济德一世落入敌手,1403年驾崩时仍是一名俘虏。

安哥拉战役使君士坦丁堡倒退了五十年。曼努埃尔二世的西部之旅带来的只有失望,但他出乎意料地回到君士坦丁堡,并且驱逐侄子约翰·维·帕拉奥洛戈斯。的确,曼努埃尔二世必须支付与巴耶济德一世一样的贡品来安抚帖木儿。然而,在东方,鞑靼人有太多的事情要做,无暇征服欧洲。1405年,帖木儿对中国的征战结束。奥斯曼帝国的力量似乎被消灭了。亚洲的塞尔柱王朝酋长

帖木儿俘获巴耶济德一世

国不仅恢复了独立，而且在巴耶济德一世驾崩后的十年里，儿子为了继承王位而自相残杀。

然而，曼努埃尔二世能从这些好运中得到的，只是收复帖撒罗尼加和塞萨利、伊庇鲁斯等。1413年，当穆罕默德一世成功地统一了父亲巴耶济德一世的领土时，希腊皇帝和其他欧洲诸侯国也急忙抢占新领地。穆罕默德一世在欧洲几乎没有遇到什么困难，他生命的最后八年时间都花在了消灭卡拉马尼亚的王子和其他亚洲对手上。1402年，那场毁灭性打击之后，奥斯曼人以惊人的速度恢复了权力。这表明，由于奥尔汗一世的聪明才智，奥斯曼人的权威建立在比其他亚洲征服者更牢固的基础上。

1421年，穆罕默德一世的儿子曼努埃尔·帕拉奥洛古斯即位，世称穆拉德二世。穆拉德二世深信过去几年的和平不会被打破，并且公开支持一个自称是巴耶济德一世之子的骗子，从而激起了众人对他的反对。穆拉德二世毫不费力地击败并杀死了反对他的人。1422年，穆拉德二世再次围攻君士坦丁堡，以惩罚希腊皇帝的傲慢无礼。穆拉德二世突袭失败，损失惨重，主要原因是他的弟弟库克·穆斯塔法在亚洲制造叛乱。1424年，平息东部混乱之后，穆拉德二世回到欧洲，通过增加进贡和割让色雷斯的几个城市来平息愤怒。

约翰八世·巴列奥略可能是帕拉罗古斯家族中性格最脆弱的，1425年，他继承了父亲曼努埃尔二世的王位。整个统治期间，约翰八世·巴列奥略都在努力躲避自己无法面对的危险。约翰八世·巴列奥略统治时期，著名的事件是1438年和1439年举行宗教会议，首先在费拉拉，然后转至佛罗伦萨，为东西方教会的联合进行谈判。就宗教会议的权力而言，联合条约得到了充分的肯定和最终的批准。然而，希腊人能够以比面对异教徒攻击更大的勇气和信心，来反抗他们自己的统治者。因此，当约翰八世·巴列奥略和使节归来时，受到了暴风雨般的谴责，于是他们急忙否认在宗教会议上的所作所为。因此，佛罗伦萨会议的法令仍然只是一纸空文。约翰八世·巴列奥略很幸运，既没有必要依赖西方的援助，也没有必要依赖臣民的忠诚。他的软弱和顺从消除了敌意，避免

穆拉德二世

了一切决裂,造就了一段几乎完全和平的时期。塞萨洛尼基拒绝了君士坦丁堡的统治,把自己置于威尼斯共和国的保护之下。1430年,穆拉德二世征服塞萨洛尼基。除了这个例外,穆拉德二世很少关注东罗马帝国,他把所有精力投入与更强大的敌人在北部和西部的战争当中。

1427年,杜拉德·布兰科维奇登上了塞尔维亚王座,他是第一位推翻了自科索沃战役以来建立的封臣制的国王。瓦拉契亚人和波斯尼亚人受到同样情绪的鼓舞。通过放弃贝尔格莱德的边境要塞,塞尔维亚国王乔治换取匈牙利国王西吉斯蒙德的援助。对这个强大的联盟,穆拉德二世进行了几年的斗争。1438年,穆拉德二世到达了斯梅代雷沃。奥地利公爵阿尔布雷希特二世继承了西吉斯蒙德的王位，并且试图阻止穆拉德二世发起围攻，但结果是徒劳的。斯梅代雷沃陷落了。然而，两军都爆发了痢疾，战争暂时停止了，阿尔布雷希特二世死于这场疾病。这之后发生了一件事，使天平在一段时间内偏向了基督教徒。1440年，匈牙利人把王位送给了波兰国王瓦迪斯瓦夫三世，以获得雅盖隆家族的援助。四年的时间里，斯拉夫人和马扎尔人不仅抵抗住令人生畏的奥斯曼禁卫军，而且取得了一些显著的成功。1442年，在约翰·匈雅提的领导下，盟军从锡比乌的城墙上击退了土耳其人，并且在开阔的战场上击败了他们。1443年，约翰·匈雅提渡过多瑙河，击溃了尼萨附近的土耳其军队，并且在巴尔干半岛上乘胜追击。这些胜利迫使穆拉德二世于1444年7月12日签订了《塞格德条约》。根据该条约，穆拉德二世放弃了对塞尔维亚和波斯尼亚的宗主权，并且允许瓦拉契亚并入匈牙利王国。对这个意想不到的转变，穆拉德二世十分懊恼，他隐居于马格尼西亚，让位给儿子穆罕默德二世。这一消息使信奉基督教的王公和教士产生了一种信念，即奥斯曼帝国已濒临灭亡，再作一次努力就足以将其彻底推翻。教皇犹金四世及其使节说服了瓦迪斯瓦夫三世，不顾约翰·匈雅提的劝告，撕毁了《塞格德条约》，重新与奥斯曼帝国开战。匈牙利军队越过多瑙河进入保加利亚，向黑海海岸挺进，占领了重镇瓦尔纳。穆拉德二世从隐退中被瓦迪斯瓦夫三世的背叛行为唤醒，急忙集合军队，向瓦尔纳进发。在随后的战斗中，匈牙利入侵者被击得粉碎。1444年11月10日，瓦迪斯瓦夫三世被杀。塞尔维亚和波斯尼亚重回穆拉德二世手中。1448年，约翰·匈雅提再次挑起战争，但在第二次科索沃战役中被击败并被俘。

　　瓦尔纳战役胜利后，穆拉德二世第二次退位，但被穆罕默德二世无法平息的纷争召回，继续统治直到1451年驾崩。生命的最后几年里，穆拉德二世忙于镇压由乔治·卡斯特里奥蒂·斯坎德培领导的阿尔巴尼亚起义。这位著名的爱国者曾在土耳其军队中受过训练，深知土耳其军队战术的优缺点。在乔治·卡斯特里奥蒂·斯坎德培周围聚集了一群吃苦耐劳的登山者，他们避免在开阔地带发生的一切冲突。由于阿尔巴尼亚难于正面攻击，在二十多年的时

乔治·卡斯特里奥蒂·斯坎德培

间里,乔治·卡斯特里奥蒂·斯坎德培一直打游击战。尽管乔治·卡斯特里奥蒂·斯坎德培给敌人带来了很大的困扰,但他没有足够的力量使敌人缴械投降。这场侵略事业是由穆罕默德二世完成的,他曾两次表现出明显的政府管理无能。

即位时,穆罕默德二世决心将朝贡国彻底征服,并且开始与东罗马帝国合作。1452年,穆罕默德二世公开准备围攻君士坦丁堡。在伊斯坦布尔海峡上,穆罕默德二世修建了一座堡垒,用以驻扎土耳其士兵,囤积战备物资。此外,穆罕默德二世还雇佣外国工程师建造比以往任何时候都要大的大炮。1448年,君士坦丁十一世·帕拉奥洛古斯继承了哥哥约翰八世·帕拉奥洛古斯的东罗马帝国皇位。君士坦丁十一世·帕拉奥洛古斯深知危险正在逼近君士坦丁堡。为了消除与西方列国之间的摩擦,康斯坦丁批准了佛罗伦萨宗教会议法案,并且在圣索菲亚教堂正式庆祝教会结盟。顽固不化的希腊人愤愤不平地旁观着,决心不再为一位如此玩弄异教的君主做任何事。对君士坦丁十一世·帕拉奥洛古斯承认佛罗伦萨宗教会议法案,拉丁基督教界不准备做出任何回应。法兰西王国和英格兰王国因彼此长期斗争而精疲力竭,这场斗争的结果是英格兰在欧洲大陆上的领地丧失;勃艮第公爵腓力一世专心于他在荷兰统治的扩张;德意志的注意力则完全被分散,腓特烈三世作为最软弱的皇帝,甚至无法管理自己的世袭行省。在东部国家,围绕着拉斯洛五世即位而产生的争端,分散了人们对遥远的巴尔干半岛关键性利益的注意力。唯一能帮助希腊人的是威尼斯人、热那亚人和加泰罗尼亚人,与黎凡特人的贸易促使他们竭尽全力维护基督教薄弱的堡垒,以对抗土耳其人。他们的兵力虽然与要完成的任务不

圣索菲亚教堂

成正比，却是东恺撒城唯一一支有效的守备部队。1453年春，大围城开始了。穆罕默德二世的第一次总攻被击退。一支热那亚舰队凭着超大的吨位和高超的航海技术，强行穿过了庞大的土耳其舰队，而这支土耳其舰队当时正在阻止补给品和援军从海上到达。这是君士坦丁堡守军最后的胜利，他们人数有限，必须守住五英里的防御工事，以抵抗势不可当的进攻。1453年5月29日，最后一次

土耳其人围攻君士坦丁堡

穆罕默德二世率军穿过城门,进入君士坦丁堡

进攻开始了。经过两小时的艰苦战斗,土耳其军队用大炮在墙上炸出一个大裂口,强行进入君士坦丁堡。康斯坦丁大帝的英勇行为与前任的懦弱无能形成鲜明对比,他倒在君士坦丁堡守军的最前面。希腊民众没有采取任何行动来抵抗土耳其侵略者。穆罕默德二世进攻圣索菲亚教堂进展顺利。1453年5月29日那一天,希腊民众还举行第一次敬拜先知的庆典。调解当地人的偏见,这显然有助于穆罕默德二世巩固胜利成果,并在他的新目标和西方基督教国家之间插入一个永久的障碍。穆罕默德二世宣布自己为希腊教会的保护者,并且允许推选一名新族长,但族长应以臣服于他们的穆斯林庇护人穆罕默德二世来表达

感激之情。为了消除围城带来的灾难性后果,穆罕默德二世决心重建君士坦丁堡,并且鼓励移民。在穆罕默德二世统治结束之前,君士坦丁堡实现了很大程度的繁荣昌盛。

君士坦丁堡陷落的消息传来,欧洲各国吓坏了。那些利益相关的国家充分认识到挽救君士坦丁堡不会有任何的成功。威尼斯人和热那亚人继续着他们长久以来的竞争,匆忙与穆罕默德二世达成协议,通过支付贡品来换取在东方的贸易特权和财产。君士坦丁十一世·帕拉奥洛古斯的两个弟弟狄米特律斯·帕拉奥洛古斯和托马斯·帕拉奥洛古斯,则分别在摩里亚的帕特雷和米斯特拉当上了小封臣。他们得到了暂时的承认,甚至在镇压臣民叛乱中还得到了土耳其的援助。把这些自私的附庸国置于屈辱的从属地位之后,穆罕默德二世转而压制北方附庸国。1455年,穆罕默德二世进军塞尔维亚,驱逐了塞尔维亚国王杜拉德·布兰科维奇。1456年,穆罕默德二世围攻贝尔格莱德。在贝尔格莱德,穆罕默德二世遇到了第一次也是最严重的挫折。由约翰·匈雅提和卡皮斯特拉诺召集起来的十字军不仅解放了要塞,还迫使穆罕默德二世及其溃败的军队仓皇逃向索菲亚。这一重大胜利将匈牙利和德意志东部从长达八十年的严重危险中拯救了出来,但未能使巴尔干半岛的国家获得解放。这位匈牙利英雄约翰·匈雅提死在了他最后的征战途中。随后,拉斯洛五世驾崩及继承问题分散了匈牙利对东部战争的注意力。1457年和1458年,穆罕默德二世再次攻占塞尔维亚,将其变成奥斯曼帝国的一个省。接下来的三年里,穆罕默德二世在阿尔巴尼亚和希腊发动战争。1462年,穆罕默德二世再次转向北方,通过1462年吞并瓦拉契亚和1464年吞并波斯尼亚完成了他的霸业。

幸存下来的两位帕拉罗古斯家族成员托马斯和狄米特律斯非常无能,两人之间争斗不断,造成了摩里亚的无政府状态,土耳其人被迫介入。起初,一些驻军被派往主要城市执行命令。1460年,一支军队被派往摩里亚实行更残酷的镇压。抵抗是无望的。狄米特律斯被掳到小亚细亚,在那里有一小块地分给他,与其说是作为公国,不如说是作为流放之地。托马斯乘坐威尼斯小船逃到科孚岛，从那里去了罗马。1460年年底，除了威尼斯人控制的几个港口，整个半岛都被土耳其人占领了。与此同时，土耳其人还活跃在科林斯地峡北部地区。最后一位雅典公爵被绞死；他的公国，连同自十字军瓜分希腊后保留下来的其他臣服于法兰西王国的公国，都被土耳其人吞并了。在爱琴海，一支土耳其舰队占领了爱琴海岛屿，并且于1462年占领了莱斯沃斯岛。在圣约翰骑士团的带领下，罗得岛孤军奋战。

吞并希腊对威尼斯人构成了严重的威胁，目前威尼斯在东方拥有基督教统治下仅存的财产。到目前为止，在君士坦丁堡的陷落中，威尼斯人并没有损失什么，而是得到了好处。因为威尼斯人与穆罕默德二世在1454年签订的条约，给了他们相对于热那亚人更大的优势。这是威尼斯无法从巴列奥略家族那里勒索到的，因为古罗尼亚人通常偏袒威尼斯人的对手热那亚人。然而，一系列重大事件使威尼斯人相信，穆罕默德二世不太可能遵守条约，除非利益驱使他这么做。当还面临着北方和南方的严重问题时，穆罕默德二世有充分的理由渴望平定威尼斯共和国。然而，穆罕默德二世连续不断的征服消除了这些困难，再也没有任何实质性的理由让威尼斯逃脱作为附属国的命运。威尼斯一直有一个政党反对1454年条约中提出的政策。莱斯沃斯岛的陷落预示着危险的来临，这使该党在1463年占了上风。战争的历史已经在威尼斯共和国的历史中提及，不需要再去追溯。总的来说，战争的历史要归功于强大的海上共和国的能力和决心。尽管威尼斯人无法阻止埃维亚岛和阿尔巴尼亚被征服（乔治·卡斯特里奥蒂·斯坎德培去世后，阿尔巴尼亚一直处于威尼斯的保护之下），但他们得到了比其他任何反土耳其者更好的条件。根据1479年的《君士坦丁堡条约》，土耳其人获得了阿尔巴尼亚、内格罗蓬特岛和利姆诺斯岛。然而，威尼斯共和国能够把它的财产保留在摩里亚，而其在黎凡特的一些贸易特权则是通过支付更多的贡品来获得的。在共和国任命的地方长官管理下，君士坦丁堡的威尼斯人居住区得以恢复。

穆罕默德二世的征服并不局限于希腊和巴尔干半岛。1461年，在小亚细亚，穆罕默德二世消灭了虚弱的特拉比松帝国。自1204年被逐出君士坦丁堡以来，特拉比松帝国就被允许在科穆宁家族的一个分支统治下默默无闻地存在着。穆罕默德二世还完成了对卡拉曼尼亚王公的征服，他们是奥斯曼帝国统治的最顽固反对者。在黑海以北，穆罕默德二世向克里米亚人勒索贡品，并且通过剥夺他们在卡法和阿佐夫的设施来毁灭热那亚人。1480年，穆罕默德二世开始了一项比围攻君士坦丁堡更轰动欧洲的事业。一支土耳其部队在阿普利亚海岸登陆，占领了奥特兰托。当时，人们相信东罗马帝国的征服者将通过占领西罗马帝国首都罗马来完成他的征战事业。然而，穆罕默德二世从未实现他占领罗马的计划。

1481年，穆罕默德二世驾崩，奥特兰托的驻军被召回。继任者巴耶济德二世统治下，土耳其军事力量停滞不前，因为巴耶济德二世是早期的奥斯曼帝国统治者中唯一一位没有显示出明显勇气和能力的君主。后来，土耳其的军事力量被塞利姆一世再次恢复，他征服了埃及，克服了贝尔格莱德制造的障碍，并且将匈牙利的大部分领土归入自己的领地。

第22章

意大利的文艺复兴

精彩看点

中世纪与现代——中世纪与现代的区别——文艺复兴——意大利在文艺复兴中的先锋作用——宗教权力与文艺复兴——文学复兴——收藏的时代——批判的时代——艺术复兴——人文主义和宗教改革——教育传播

将历史划分为各个时期总是武断的，而且如果过于严格地加以解释，总会产生误导。然而，某种区分不仅方便，而且很有必要。中古史和近代史之间的区别，与其他历史分期一样清楚明了。当然，不可能确定任何日期，也不可能说中世纪在这一天结束，现代从这一天开始，这正如不可能说冬天在某一天结束，春天在某一天开始一样。历史的变化就像季节的变化一样，是渐进的，而不是突然的。在这两个重要的历史时期之间的过渡时期，将彼此区分开来的各种变化缓慢地发展着，有时前进，有时明显地后退，但最终，通过渐进的进化过程，完成时代的更替。还需注意的是，在神圣罗马帝国被德意志移民破坏，并且以现在依然存在的重要民族国家形成而结束的中世纪时期，并不是一个完全同质和静止的时代。15世纪之前，社会和政治的变化也许不像宗教改革那样迅速，但变化不断发生。如果不对11或12世纪的历史进行认真的修改，就不能概括8世纪的历史。所有试图把中世纪作为一个整体来评价的尝试，都只能十分肤浅和笼统。

由此可见，仅凭几个敷衍的句子或段落，是无法充分说明中世纪和现代之间区别的。这些差异真实、重要，但它们必须被感觉到，而不是被表达出来。只有通过对过去的长期研究，才能正确、有益地理解它们。可以这样说，尽管有些历史学家经过大量的学习和历史背景差异的研究，却从未适应这种差异，他们急于进行大量的比较。这句话经常被引用，即"过去的政治历史要为大量的时代错误负责"。对历史专业的学生来说，想象是一种通过某种本能把自己投射到过去的环境和生活中的能力，这种能力几乎和勤奋刻苦一样是必要的品质。试图用精确和正式的语言来表达看到的事件会束缚而不是启发想象力。这一章的直接目的，最好是放弃一切细枝末节的精确或完整的分析，而满足于指出中世纪的三个显著特征。这是读者在一开始就应该了解的。这些可能有助于引导读者认识到中世纪与现代之间其他更深刻的差别。

首先，作为民族的现代国家概念在中世纪非常不完善。现代国家，如法国、英国、西班牙和其他国家，正在形成过程中，但直到中世纪结束时，这些国家才充分意识到独特的团结性。中世纪的理论学家认为信奉基督教的国家是一个由教皇和皇帝两人领导的统一国家，他们认为教会和世俗的权威都是神的代表。在神圣罗马帝国传统的指导下，在基督教的影响下，上述观点有所改进。十字军远征为教会与世俗权威相统一的观点提供了最好的具体例证。十字军远征以失败告终，部分原因是东征目的地相距遥远，主要原因是基督教世界的统一是理论上的，而非现实的。西方基督教界是在所谓的封建体系下形成的，是半农业、半军事化的组织。组织成员相互权利和义务的等级由拥有土地的多寡来决定，而现代最有发展动力的工业在封建体系中根本没有地位。与封建主义相结合的，是被称为骑士制度的规则和习俗。本质上，骑士精神和基督教本身一样是非民族的。一位法兰西骑士和一位德意志骑士之间的共同点，比一个法兰西人或一个德意志人之间的共同点还要多得多。

其次，中世纪的社会单位不是现在的个人，而是集体。要么是英格兰王国称为庄园的封建单位，要么是市政公社，要么是公社内部的行会，没有个人活动的余地。一个有能力、有抱负的人要想从默默无闻到出人头地，唯一的办法就是进入所有集体单位中最大的一个——教会。

最后，中世纪是一个无知的时期。在很大程度上，学习和教育是被神职人员垄断的，并且受到教规和教会权威的约束。每个人都知道教会对探究和科学研究的自由怀有怎样的恶意。此外，除了教会的影响，知识和文学也因其费用昂贵而被大众排斥。印刷术还不为人所知，而造纸术则是在中世纪末期才出现的。羊皮纸太贵了，古代作家的许多手稿都被抹去了，来誊写僧侣的编年史或服务书籍。此外，现存的这些文学作品都是用拉丁语写的，这就足以使它们对贵族、市民和农民都失去吸引力，因为当时大多数人甚至连自己的母语都不会读，也不会写。通常情况下，无知总伴随着过度的迷信。要了解这一点，只需要细读中世纪编年史家列举的种种怪诞之事，或者研究一下审判制度的运作。在这种制度下，一个被告的有罪与否取决于他经受的磨难多与少。

文艺复兴时期，就其最恰当和最全面的意义而言，可以被认为是中世纪社会和政治制度走向终结的时期，中世纪对思想和探索自由的限制被废除的时期。文艺复兴可以说始于13世纪，在14世纪和15世纪有了全面的发展，并且在16世纪的宗教斗争中以另一种形式继续存在。实际上，文艺复兴是本书涵盖的时期。在这一重要的过渡时期，即"中世纪的终结"，出现了许多重大的变化：神圣罗马帝国和教皇及与之相联系的思想和传统的衰落；法兰西王国、西班牙王国、英格兰王国的形成与发展；民族文学和国家教会概念的出现；封建主义的瓦解；骑士精神被日益增长的手工业推翻；贵族和教会的政治影响力被人民起义取代；领土君主国对民众支持的依赖（除了英格兰君主制，其他国家的民众支持一旦不再被需要，就会马上被踢开）；等等。此外，时代的变化必然还会带来许多重大的发明和发现：指南针和星盘的运用及随之而来的海上冒险，发现了到达印度的新航线和穿越大西洋的新世界，于是知识得到巨大的扩展，世界贸易路线得到彻底的变更。火药的发明不仅引起了战争艺术方面的革命，还在社会组织方面引发了一场革命。在中世纪，社会组织与军事制度密不可分。随着印刷术的发明与普及，文学和知识得到广泛普及。哥白尼在天文学上的重大发现，推翻了地球中心学说的古老信仰，并且对建立在这种信仰之上的教会造成了致命的打击。

所有这些巨大的变化都属于文艺复兴，都是新时代发展的一部分。其中一些已经在本书前面几页中提到过。所有这些变化都值得我们仔细考虑，仅仅列举它们就足以显示文艺复兴巨大的重要性。然而，一个单独的章节只能作为一个路标，而审慎的要求迫使我们把注意力聚焦在与文艺复兴密切相关的两个运动上——文学复兴和艺术复兴。在狭义的文艺复兴中，意大利发挥了积极和持久的作用。

文艺复兴是意大利的特有事件，但这并不意味着只有意大利人开始了这项工作，其他国家也完成了文艺复兴。在意大利，古代文学和艺术的复兴及其应用于当代文学作品之中早已开始，并且已经完成。只有完成之后，其他国家才会来学习意大利能够和准备教给它们的经验。确实，其他国家也把这种教学激发的精神用于宗教改革、地理知识的扩展和科学领域的新发现，并且取得了巨大成就。然而，这绝不能阻碍我们看到意大利独自完成文艺复兴的重要性和完整性。我们也不能忘记，无论如何，在绘画和雕塑方面，意大利人的实际成就从来没有被后来其他国家超越。

在知识复兴中，意大利扮演的重要角色没有什么令人惊讶的。虽然意大利和神圣罗马帝国的其他省一样，沦为蛮族入侵的牺牲品，但伴随罗马人的胜利而形成的霸权传统并没有完全被摧毁，而是随着中世纪教皇权威的增长而复苏。此外，在地中海仍然是世界商业中心的时代，意大利的地理位置具有极大的重要性。贸易和生产带来了财富。意大利公民社区佛罗伦萨、威尼斯和热那亚的财富催生出一种自尊感、权力意识和对自由的渴望，同时催生了对知识的渴求。我们可以考虑一下之前说过的话——在意大利，教会拥有中心地位和权威，有足够的力量来压制思想上的独立性。然而，意大利人并不反对教皇的存在；相反，他们认为罗马仍然是一个精神帝国的领袖，就像它曾经拥有广阔的领土那样，这使他们感到自豪。此外，通过教皇的金库，其他国家的贡品流入意大利。意大利人即使不垄断，也至少在枢机主教和教会中其他有利可图的职位上占有优势。与此同时，对教会和教皇的敬畏和迷信，意大利人却丝毫不像其他距罗马更遥远的国家那样盛行。教会发出的逐出教会和禁罚教令，对工人来说并没有那么可怕。教皇法庭的滥用职权最终引发了北欧大部分地区的义愤填膺。这对意大利人来说再熟悉不过了，因此，他们几乎未感到任何震惊。作为一个整体，意大利人对宗教改革表现出很少的热情。此外，意大利人，至少是比较富裕的阶层，通常不迷信，也不太可能容忍教会的专制。

还应指出的是，意大利的教皇并不总是明智地致力于他们的精神追求事业。这些所谓的精神追求是，或者在后来被认为是，反对思想自由的。因此，思想自由有利于文学和艺术的进步。教皇既是世俗的统治者，也是教会的领袖。意大利中部各省构成了一个很大的临时公国，公国的利益与整个欧洲罗马天主教的利益并不一致。同样的动机使许多意大利邦君成为文学艺术的慷慨资助人，这也吸引了教皇的世俗权力。教皇也希望有一个宏伟且博学的宫廷；他们雄心勃勃，想要与佛罗伦萨的美第奇家族和那不勒斯国王竞争；他们希望宫殿和教堂由当时最杰出的艺术家建造和装饰；他们渴望别人对他们的赞美能被那些天才艺术家传给子孙后代。因此，个别教皇，如尼古拉五世和利奥十世，是推动文艺复兴的实业家；在不知不觉中，他们发起了一场运动，注定要推翻从格列高利七世到因诺森特三世建立起来的教会专制制度。历史总有许多相似之处。我们很容易回想起18世纪的法兰西贵族是如何与宣扬民权和自由的哲学媲美的，以及法兰西君主制是如何切实地支持了一场叛乱，使北美获得了应有的权利与自由。法兰西君主制还鼓励北美进行革命，而这场革命曾一度把法兰西君主制和贵族从世界上清除。

现在，让我们迅速回顾一下意大利的实际成就。我们发现文艺复兴不仅促进了知识进步，还给予愚昧和迷信以致命打击，它也标志着个人从中世纪的限制中获得很大的自由。在艺术方面，尤其是在文学方面，个人找到了一种可以发挥最大才能的职业。在这种职业中，他可以获得昔日不可能获得的声望。站在文艺复兴门槛上的但丁·阿利吉耶里，是中世纪第一个独树一帜的伟人，他与任何法人团体或机构都没有联系。但丁·阿利吉耶里过去常常得意扬扬地自我夸耀为"自己党"。他的《神曲》为欧洲最早的现代语言提供了文学形式，也给同胞留下了过于沉重的印象。时至今日,使用但丁·阿利吉耶里的语言仍是意大利作家的最高抱负。但丁·阿利吉耶里必须经常查字典,以确保他的语言在13世纪真正流行。把文学语言和日常生活语言区分得太明显不科学,这种过度区分的习惯阻碍了后来真正重大的意大利文学的发展。但丁·阿利吉耶里尽管很优秀,但并没有真正融入现代精神。但丁·阿利吉耶里尽管已经超越了中世纪的时代观念,但并没有把自己从那些观念中彻底解放出来。在《君主论》中,但丁·阿利吉耶里心甘情愿地降服于经院哲学,并且做出了很大的努力来捍卫一个统一的帝国已经衰弱和毫无价值的理论。站在文艺复兴的起点上,但丁·阿利吉耶里更像是中世纪最后的巨人,而非新时代的先驱。

弗朗切斯科·彼特拉克是继但丁·阿利吉耶里之后的著名诗人,他的十四行诗影响了所有国家的文学形式。对文学的热爱和古人的自由,使弗朗切斯科·彼特拉克成为意大利第一个人文主义者。作为与弗朗切斯科·彼特拉克同时代的人,乔万尼·薄伽丘则更具独创性。和弗朗切斯科·彼特拉克一样,乔万尼·薄伽丘也是古代文学的爱好者和追随者,他为把希腊文学引进意大利做了很多工作。然而,作为《十日谈》的作者,乔万尼·薄伽丘才有资格享有最高的声誉。在《十日谈》一系列故事中,乔万尼·薄伽丘表现出对迷信的蔑视和对生活的热爱。这与中世纪的精神格格不入。通过杰弗里·乔叟和其他作家,乔万尼·薄伽丘影响了后来整个英国文学,如杰弗里·乔叟在他的《坎特伯雷故事集》中就借用了许多《十日谈》中的故事情节。

上述三位伟人身后跟着一群收藏家,他们走遍欧洲,甚至更远,寻找古代作家的手稿。如今,人们几乎不可能理解这些收藏家搜寻时的那种非凡热情。在某些情况下,对那些有价值财产的贪欲诱使人们去做一些不太有价值的事情,而这些事情本可以冠之以欺诈的罪名。收藏家中有名气的有波焦·布拉乔利尼、弗朗切斯科·菲尔弗和佛罗伦萨圣马克图书馆的创始人尼科洛·德·尼科利。他们确实以非凡的勤奋和成功为世界做出了宝贵的贡献。他们慷慨的赞助人是"开国之父"科西莫·德·美第奇和教皇尼古拉五世。在这段时期,也就

乔万尼·薄伽丘

杰弗里·乔叟

波焦·布拉乔利尼

弗朗切斯科·菲尔弗

是大约15世纪上半叶,意大利语似乎要被遗忘了。此时,意大利最著名的作家是波焦·布拉乔利尼和埃内亚·西尔维奥·皮科洛米尼①,他们都只用拉丁文写作。意大利语并没有完全过时,这首先是由于美第奇家族在佛罗伦萨的影响。美第奇家族的野心就是招揽当时知名的学者,但为了将专制君主粉饰为共和的君主,学者又需要寻求民众的支持。因此,在某种程度上,学者的研究也必须加以规范,以取悦民众。洛伦佐·德·美第奇自己树立了一个榜样,谱写了著名的《狂欢节歌曲集》,在节日里演唱。这些歌曲在意大利文学史上占有一席之地,并且具有特殊的重要性,因为它们表明了一位英明的君主,在学习希腊语和拉丁语的过程中,是如何创造大众语言的。20世纪,意大利最优秀的诗歌是安杰洛·波利齐亚诺的《吉奥斯特纳》。安杰洛·波利齐亚诺不仅是一位杰出的学者,还是洛伦佐·德·美第奇的朝臣和最亲密的伙伴。

安杰洛·波利齐亚诺

---

① 即教皇庇护二世,他曾经是一位著作等身的学者。——译者注

洛伦佐·瓦拉

马尔西利奥·菲奇诺

15世纪下半叶与其说是一个收藏的时代，不如说是一个批判的时代。阅读和解释古代收藏品的过程中，人们不知不觉地把古代著作应用到当时的环境和问题上。罗马和那不勒斯的洛伦佐·瓦拉、佛罗伦萨的马尔西利奥·菲奇诺和安杰洛·波利齐亚诺是向世界贡献研究成果的杰出学者。他们的研究成果对人类思想的影响不可估量。经院哲学的大部分内容是建立在对亚里士多德原文的研究之上，更确切地说是基于对亚里士多德著作阿拉伯语译本的扭曲。新的探究精神推翻了各种各样的错觉和迷信。洛伦佐·瓦拉发表了一篇论文，证明君士坦丁献土①是伪造的，而教皇声称君士坦丁的捐赠是他们对世俗主权的基础。洛伦佐·瓦拉曾和教皇吵过架，此时正效力于那不勒斯国王阿方索五世。在阿方索五世的保护下，洛伦佐·瓦拉继续攻击整个教会体系，尤其是修道主义的道德沦丧。这些可以作为新文化影响的例证。事实上，洛伦佐·瓦

---

① 君士坦丁献土是一份伪造的罗马皇帝法令，内容是公元315年3月30日，罗马皇帝君士坦丁大帝签署谕令，将罗马一带的土地赠送给教皇。一般认为这份文件于8世纪到9世纪（774年）伪造。——译者注

马丁·路德

约翰内斯·罗伊希林

拉证明君士坦丁献土为伪造的产生的破坏力很大,在没有新的宗教制度出现之前,旧的宗教制度很可能被推翻。如果意大利单独行动,可能会出现这种情况。此时,这种对古典史学中史料证伪的方法已经开始传播到其他国家。严谨的德意志人对许多意大利学者的浮夸非常反感。受到时代批判精神的推动,马丁·路德和约翰内斯·罗伊希林反抗中世纪制度,但他们并不满足于单纯的否定,他们的反抗,既有建设性的,也有破坏性的,这被称为宗教改革。

如果我们追溯现代文学的起源,我们就更加确信意大利人为现代艺术的创造者,至少是绘画和雕塑艺术的创造者。在中世纪,建筑是唯一没有衰败的艺术形式。在建筑艺术上,北方各民族基本可以与意大利媲美。在绘画和雕塑方面，意大利人不仅可以声称有权享有文艺复兴的所有荣耀，而且他们把这些艺术发挥到了极致，远远超过了他们对文学的贡献。

其一是绘画。在中世纪，绘画受到固定且武断规则的束缚，很难称得上是一种艺术。它只被用于宗教目的，并且被迫服从占主导地位的宗教精神。宗教习俗和传统不仅规定了绘画题材和处理方法，甚至规定了其使用的颜色。任何违背这些公认规则的行为，都会被认为不虔诚。中世纪教堂的祭坛上绘制着僵硬的圣母和圣徒的画像。虽然那些画像有传统的价值，但没有任何我们想象的那么高的艺术标准。中世纪产生了很多画作，但没有产生艺术家。正如中世纪经常发生的那样，个人被所属的社会压制。任何人都能得到中世纪和现代绘画差异的具体例证，任何人都可以把乔瓦尼·契马部埃或其他当代艺术家的画与提香·韦切利奥的画进行比较。文艺复兴跨越了这些艺术家之间的鸿沟，坚决提倡个人从中世纪规则和传统的束缚中获得自由。这种变化可以从人们对自然的热爱、对人体的新崇敬和研究及对艺术方法的改进中找到根源。这些技术变革中最重要的是佛兰德斯人引进壁画、发现油彩及使用铜版和木刻，这

乔瓦尼·契马部埃

提香·韦切利奥

使复制和传播优秀的艺术作品成为可能。比技术变革更重要的是艺术精神本身的变化,对自然之美的模仿代替了旧的模式化形式。对一位画家来说,研究解剖学和透视法很有必要。艺术作品不再是教会权威规定样式的机械复制品,而成为艺术家自由思想的表现形式。这一变化标志着宗教动机和艺术动机的彻底改变,宗教不再是对超自然和非人性事物的迷信崇拜,宗教与男人、女人的日常生活联系得更紧密了。

绘画复兴的开始通常是在14世纪。当时,佛罗伦萨和锡耶纳这两个著名的艺术城市尤为突出。第一位被后人称颂的佛罗伦萨艺术家是乔瓦尼·契马部埃,与杜乔·迪·博尼塞尼亚是同时代人。在他们的作品中,我们看到了对人类面孔和形象之美的最初构想,尽管他们仍然受制于僵硬的构图和规定的色彩分配。紧随其后的是一些久负盛名的艺术家。乔托·迪·邦多纳是一位同样

乔托·迪·邦多纳

安德烈亚·奥尔卡尼亚

著名的画家、雕刻家和建筑师，不仅在技术上有了很大的进步，而且提高了艺术的整体品质，他还在佛罗伦萨创立了一所学校。乔托·迪·邦多纳是第一个用具有戏剧性情节的绘画代替迄今为止普遍存在的僵硬且毫无生气人物形象的人。和他一起出现的还有安德烈亚·奥尔卡尼亚、安布罗焦·洛伦采蒂和弗拉·安杰利科，尽管弗拉·安杰利科在取得成就方面要晚一些。在这些人身上，我们可以得出与但丁·阿利吉耶里在文学作品中同样的结论。他们与其说是一个新时代的初学者，不如说是一个逝去时代的杰出人物。乔托·迪·邦多纳是艺术领域的但丁·阿利吉耶里，他和同时代的画家用图画的形式总结了中世纪关于宗教和人类生活的理论和概念。他们在方式和风格上做出了巨大的改进，就像但丁·阿利吉耶里在他的著名诗篇中做的那样。然而，他们表现的本质仍是中世纪的。事实上，如果有人想看到中世纪，他可以参考这一时期的三幅经

老彼得·勃鲁盖尔的《死亡的胜利》

典画作。中世纪曾使思想活跃的人萎靡不振的个人宗教信仰,在老彼得·勃鲁盖尔的《死亡的胜利》这幅画中可以看到。中世纪宗教生活的反面,即宏伟且令人敬畏的教会组织,体现在乔托·迪·邦多纳学生在佛罗伦萨新圣母大殿的作品《教会的激进分子与胜利者》中。此外,中世纪公社激烈的政治生活可从安布罗焦·洛伦采蒂在锡耶纳市政厅壁上题名为《公民政府》的壁画中找到。

当我们离开乔托·迪·邦多纳的学校和他的学生,转向15世纪的下一代画家时,我们才发现与文艺复兴有关的艺术变化正在不断发生。佛罗伦萨仍然是艺术史上最重要的城市。这个过渡时期第一位著名的画家是马萨乔·马索利诺,在佛罗伦萨卡尔米内圣母大殿的布兰卡契小堂里,他创作的壁画可以被看作是乔托·迪·邦多纳时代独立与艺术美的进一步表现。这些作品对后来的艺术家都产生了很大的影响,尤其是对拉斐尔·圣齐奥,他使这些作品成为专门研究的对象。紧随马萨乔·马索利诺其后的还有大量的著名画家,如菲利波•利皮，他的画与罗伯特•勃朗宁的诗完美结合，用绘画艺术生动地再现了早期文艺复兴的斗争；桑德罗•波提切利，他是第一位引入古典神话和寓言来替代古老《圣经》故事的画家；此外，还有多米尼哥•基兰达奥和卢卡•西尼奥雷利。在某种程度上，卢卡•西尼奥雷利是15世纪画家中最有能力，但绝不是最令人愉悦的画家。他观念大胆，具有丰富的解剖学知识，蔑视那些武断且毫无意义的规则。尽管佛罗伦萨是最重要的绘画复兴城市，但它绝不是这场艺术革命发生的唯一城市。在佩鲁贾，拉斐尔•圣齐奥的家庭教师彼得罗•佩鲁吉诺正在做着同样的工作。在帕多瓦，15世纪最著名的画家之一的安德烈亚•曼泰尼亚也在做着相同的工作。除了佛罗伦萨的画家和许多其他画家的作品，正是这些人的作品为16世纪著名的艺术家——莱奥纳尔多•达•芬奇、迈克尔•安杰洛、拉斐尔•圣齐奥、安德烈亚•德尔•萨尔托、乔尔乔涅•卡斯泰尔弗兰科、提香•韦切利奥和雅各布•丁托列托——铺平了道路。尽管这些画家仍旧把他们的才能用于描绘宗教生活，但他们以一种人性和世俗的精神来对待这些主题，宗教信仰服从于对完美艺术的渴望，服从于男男女女头脑中令人兴奋的自然联想。尽管他们的艺术作品展示了一种看待艺术和宗教的新方式，但并非没有丝毫不虔诚。与前辈相比，他们可能会在道德虔诚和目标上有所放松，而对色彩和绘画的掌握似乎误导了他们；尽管以人性的视角来表达宗教主题困难重重，并且还存在很多缺点，但他们在绘画时不再为了表达崇高的教义而进行思想斗争了。许多有思想的艺术家和追随者感知到了上述差异，形成了前拉斐尔派，致力于研究15世纪早期那些不完美的画家，并且在某种程度上低估了那些被上一代画家视为偶像的更成熟的艺术家。

其二是雕塑。在雕塑史上，文艺复兴几乎成就了一个比绘画更远大的时代。在某些方面，雕塑发生的变化与绘画几乎相同。优秀的艺术家反抗中世纪规定的形式，创作出更美丽、更有独创性的作品。然而，雕塑比绘画更深刻地受到古代研究的影响。古希腊的优秀画家不过是些无名小卒，他们的作品早已销声匿迹。因此，古典精神只影响了绘画。对绘画来说，直接模仿是不可能

拉斐尔·圣齐奥

菲利波·利皮

桑德罗·波提切利

多米尼哥·基兰达奥

莱奥纳尔多·达·芬奇

迈克尔·安杰洛

安德烈亚·德尔·萨尔托

雅各布·丁托列托

的,而雕塑则不然。希腊和罗马的雕像仍然存在,许多被埋葬的雕像都被挖掘出来,受到很高的崇敬。这些雕像中,有一些已经实现了雕塑能达到的最大限度的形式美和自然美。要超越它们是不可能的,不久之后,对古代的热情导致了对古代祖先奴性的模仿。然而,最初的热情确实产生了一些大师,他们可以与希腊艺术家匹敌。开创雕塑史新纪元的第一人是尼科洛·达·皮萨诺。一个保存完好的希腊石棺被带到了比萨,尼科洛·达·皮萨诺被它的美深深吸引,对希腊雕塑的形式和方法进行了深入的研究。从那时起,尼科洛·达·皮萨诺就尽可能地使希腊人对美的热爱与基督教艺术传统相结合。在接下来的一个世纪里,许多著名的雕刻家追随尼科洛·达·皮萨诺的脚步,其中大多数是佛罗伦萨人。他们中,著名的有洛伦佐·基贝尔蒂,他为佛罗伦萨洗礼池雕刻了大门,迈克尔·安杰洛称其为天堂之门;卢卡·德拉·罗比亚的主要作品是兵马俑浮雕;多那太罗,是著名的大卫雕像的雕刻家;还有安德烈亚·德尔·韦罗基奥,他是威尼斯圣马可大会堂附近的巴尔托洛梅奥·科莱奥尼骑马像的建模师。在他们之后,是文艺复兴时期的雕塑大师——本韦努托·切利尼和迈克尔·安杰洛。本韦努托·切利尼的回忆录可以推荐给任何一个想研究纯粹艺术的人,不受宗教或道德的影响,这是在文艺复兴后期产生的。必须记住,雕塑在本质上比绘画更加具有非宗教性和异教性,脸部美必然要从属于身体美。因此,16世纪的新宗教思想引发了北欧的宗教改革和南方的反宗教改革,这在很多方面都与雕塑格格不入,甚至是敌对的。从那时起,艺术开始趋于衰落。

其三是建筑。文艺复兴对建筑产生了压倒性的、永久性的影响,但这种影响是否带来了纯粹的收益仍值得怀疑。在建筑艺术复兴上,意大利再次走在了前面。建筑从来就不是一门失传的艺术,就像绘画和雕塑一样。建筑受到古典主义风格的影响也不是什么新鲜事,因为中世纪早期的罗马式风格是建立在古代模式的基础上。阿尔卑斯山脉之外,早期的罗马式建筑之后是宏伟的哥特式教堂,它们至今仍是中世纪后期日耳曼民族宗教热情的纪念碑。哥特式建筑是在13世纪后期由德意志建筑商引入意大利的。意大利哥特式建筑风格与北方国家盛行的建筑风格不同，从一开始它就根据国家习惯和气候进行了修改。意大利著名的哥特式教堂是奥维多和锡耶纳的大教堂，它们与德意志、法兰西王国和英格兰王国的哥特式教堂具有很大差异。高耸入云的塔尖、气势恢宏的拱门和飞拱在意大利哥特式建筑中不存在，但意大利从未完全背离古典模式。

建筑和雕塑的复兴是古典研究复兴的必然结果。建筑形式的变化首先体现在罗马时期圆形拱门的回归上，后来又体现在希腊人和罗马人对平顶或门楣的使用上。早期或文艺复兴过渡期有名的建筑是穹顶宏伟的佛罗伦萨大教堂，由菲利波·布鲁内莱斯基参照多纳托·布拉曼特设计的罗马圣彼得大教堂而设计。因此，只有建筑复兴的开始才属于本书所述内容。15世纪末，绘画和雕塑方面都取得了更大的进步。它们的最终成果在许多方面与文艺复兴的真正精神格格不入。哥特式建筑，不管有什么缺点，都有很大的创新空间。在主要设计方案达成一致后，细节的完成在很大程度上取决于每个工人的能力和想象力。后来，文艺复兴时期的建筑非常强调对称和统一。这样，工人就不能再保持自己的独特风格了，每一个细节和核心设计，都必须从一开始就固定下来。这样设计出来的建筑肯定宏伟壮观，但这是以牺牲独创性和想象力为代价的。当知识复兴的最初活力耗尽时，建筑就像雕塑一样明显地衰退了，因为得到培养的是对宏伟和壮观的模仿能力，而不是独立创作的能力。

与所有重要的历史运动一样，文艺复兴也包含着善与恶的交织。它的两个突出的方向，特别在早期，是文学和艺术古典影响的复兴，以及维护思想的原创性和个人自由。维护思想的原创性沦为对古代模式的奴性和机械模仿；个人自由在很多情况下导致了无神论、放纵、纯粹否定的混乱。当然，这些也不是唯一的罪恶。文艺复兴时期的自由探索精神，一旦应用到宗教上，必然会引起宗教改革，而宗教改革又加速地与产生宗教改革的精神背道而驰。极端的新教主义或清教主义在许多方面与人文主义截然相反。吉罗拉莫·萨沃纳罗拉可以说是意大利清教精神的代表，他鼓励追随者焚烧画卷、个人装饰品，甚至书

洛伦佐·基贝尔蒂

卢卡·德拉·罗比亚

多那太罗

安德烈亚·德尔·韦罗基奥

本韦努托·切利尼

菲利波·布鲁内莱斯基

多纳托·布拉曼特

吉罗拉莫·萨沃纳罗拉

籍。英国清教徒谴责对艺术美的热爱是一种误导人的肉欲乐趣,并且将这一切归因于文艺复兴主张的信仰自由。清教徒很快就建立起一套严格的教条和教会管理制度来抑制自由思想的泛滥,但这一制度和他们曾经反抗过的宗教制度一样的专制、不宽容。可悲的是,清教徒英勇地抵抗宗教迫害,放弃宗教宽容,转而又变成宗教迫害的施加者。

文艺复兴的良好成果并没有完全被清教运动本身的罪恶及其激起的反抗摧毁或压倒,这是由于文艺复兴和宗教改革对教育产生了巨大的推动作用。引进新的学习方法和宗教改革之后,各个国家都建立了新的学校和大学,并且改进了现有机构的教育方法。教育的普及是文艺复兴最重要、最持久的成果,是道德和文化的统一,而不是对立。道德和文化的结合产生了一种比强制信仰、强制规范激发的更高尚的道德,即自由思想与个人良心相融合的道德。

考据 1　汉萨同盟

　　汉萨同盟是一个商业和防御联盟，由欧洲西北部和中部的商人协会组成。12世纪后期，汉萨同盟从德意志北部的几个城镇发展而来。汉萨同盟主导北欧沿岸及波罗的海的海上贸易长达三个世纪。中世纪晚期，汉萨同盟的成员分布从波罗的海延伸至北海和欧洲内陆。1450年后，汉萨同盟的成员规模逐渐缩小。

　　"Hanse"是一个古高地德语单词，表示乐队或部队。按照古高地德语的释义，在"汉萨同盟"中，"Hanse"是指在同盟诸城镇之间通过陆路或海路旅行的商人，而在中低地区德语中，"Hanse"是商人社团或贸易行会的意思。商业界成立同盟是为了保护行会在其附属城市、国家和贸易沿线的经济利益与外交特权。汉萨同盟的各城镇成员都建有各自的法律体系，拥有自己的军队，以相互保护，相互帮助。尽管如此，汉萨同盟并不是一个独立政体，也不能称为城镇联邦，因为汉萨同盟中只有少数城镇享有同自由帝国城市一样的自治权。

一、历史

　　波罗的海很早就出现了探索性贸易活动，当时的海上贸易更像是一场冒险，因为商船时常遭到海盗的袭击；哥得兰岛的水手沿河逆流而上，一直航行

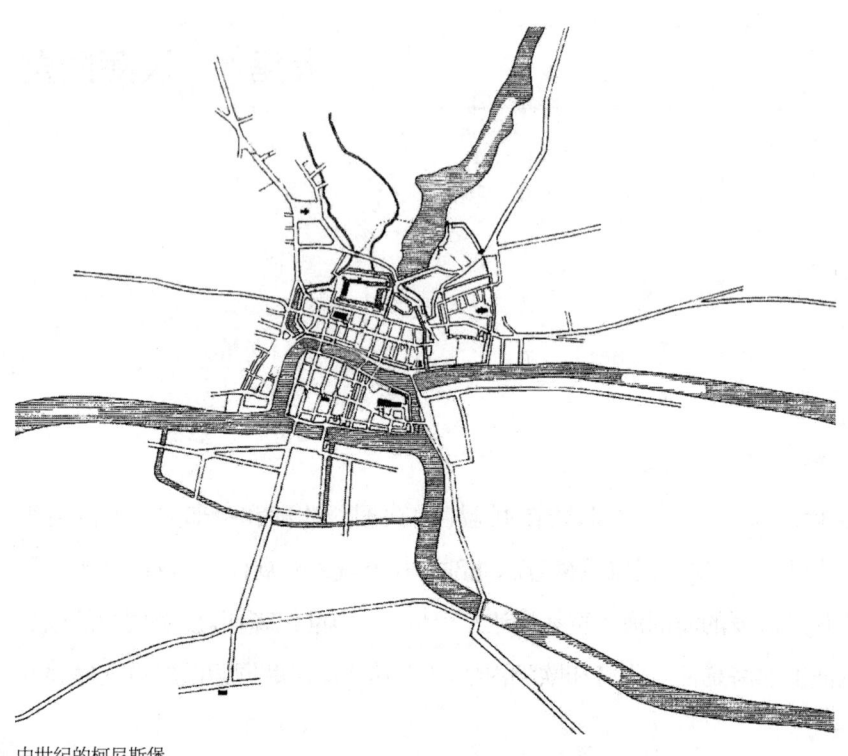

中世纪的柯尼斯堡

到诺夫哥罗德。汉萨同盟成立前，斯堪的纳维亚人主导了波罗的海的国际贸易。公元9世纪，在比尔卡、海泽比和石勒苏益格，斯堪的纳维亚人建立了主要的贸易据点。位于梅克伦堡和柯尼斯堡（现在的加里宁格勒）之间后来的汉萨同盟港口，最初只是斯堪的纳维亚人主导的波罗的海贸易体系的一部分。

历史学家通常将汉萨同盟的起源追溯至1159年强大的萨克森公爵兼巴伐利亚公爵狮子亨利从绍恩堡伯爵兼荷尔斯泰因伯爵阿道夫二世手中夺取该地区后重建的德意志北部城镇吕贝克。然而，最近的学术研究已不再强调吕贝克的重要性，因为它并不是唯一的汉萨同盟贸易中心。

13世纪，德意志城镇以惊人的速度在波罗的海贸易中占据了主导地位，吕贝克成为连接德意志北部和波罗的海周边地区海上贸易的中心地。15世纪，吕贝克的贸易霸权达到顶峰。

1.汉萨同盟成立

吕贝克成为萨克森和威斯特伐利亚商人向东和向北贸易的基地。早在1267年"Hanse"这个词出现在一份文件中之前,不同城市的商人就开始组建公会或"汉萨"。他们的目的是与海外城市进行贸易,特别是在经济欠发达的波罗的海东部地区。这些地区可以供应木材、蜡、琥珀、树脂和毛皮,还有黑麦和小麦,这些货物被驳船从内陆运到港口市场。各城市都组建了自己的军队,每个行会都被要求交纳兵役税。汉萨诸城镇之间互相帮助。商船还经常被用来运送士兵和武器。

汉萨同盟建立前,哥得兰岛上的维斯比就是波罗的海的重要贸易中心。早在1080年,维斯比商人就往东航行至诺夫哥罗德,并且在诺夫哥罗德建立了一个叫古塔加德的贸易站。后来,来自德意志北部的商人也在维斯比商人早期的定居地住了下来。13世纪上半叶,在诺夫哥罗德,来自德意志北部的商人建立了自己的贸易站,被称为彼得霍夫。1229年,诺夫哥罗德的德意志商人获得了一些特权。这使他们获得了更加稳固的贸易地位。

早期的贸易协会致力于为其成员解除贸易限制。现存最早的关于德意志商业同盟的记录可以追溯到1157年。1157年,科隆贸易协会的商人说服英格兰国王亨利二世免除他们在伦敦的所有通行费,允许他们在英格兰各地的集市上交易。像汉堡一样,1226年,吕贝克获得了帝国特权,成为自由帝国城市。在吕贝克,商人可以在北海和波罗的海之间畅通无阻地转运货物。

1241年,拥有波罗的海和北海渔场通道的吕贝克与另一个贸易城市——汉堡结成同盟,这是汉萨同盟的前身。当时,汉堡控制着从吕贝克运出的食盐贸易路线。吕贝克-汉堡同盟控制了大部分咸鱼贸易,特别是斯堪尼亚市场。1260年,科隆贸易协会加入吕贝克-汉堡同盟。1266年,英格兰国王亨利三世授予吕贝克-汉堡同盟在英格兰王国的贸易特权。1282年,科隆贸易协会也在英格兰获得贸易特权,并且对伦敦形成了强大的贸易垄断。这种合作的动力主要来自当时许多国家处于分裂状态,国家未能为贸易提供必要的安全保障。接下来的五十年里，通过签订涵盖东西方贸易路线的正式合作协议，吕贝克、汉堡、科隆使同盟得以巩固。它们的主要枢纽仍是吕贝克。1356年，在吕贝克，吕贝克-汉堡-科隆同盟召开第一次大会，宣布汉萨同盟正式成立。

2.汉萨同盟商业扩张

吕贝克在波罗的海的位置为其与斯堪的纳维亚和基辅罗斯（其海上贸易中心为大诺夫哥罗德）提供了便利的贸易通道。这使吕贝克与先前控制了波罗的海大部分贸易航线的斯堪的纳维亚人展开了正面竞争。最后，双方签订了一项条约才结束了竞争状态。通过这项条约，吕贝克的商人得以进入俄罗斯内陆的诺夫哥罗德港，并且在那里建立了一个贸易站（Kontor，字面意思为"办公室"）。汉萨同盟虽然成员几乎遍布神圣罗马帝国，但从未成为一个管理严格的正式组织。自1356年起，汉萨同盟城镇在吕贝克每三年举行一次非正式会议（被称为"汉萨日"或"汉萨会"），但许多城镇缺席。因此，对个别城镇来说，汉萨日的决定并不具有约束力。在此期间，汉萨同盟的成员曾发展到一百七十个城市。

汉萨同盟成功地在布鲁日（佛兰德斯）、卑尔根（挪威）和伦敦（英格兰）建立了新的贸易站。1189年夏，伦敦贸易站第一次被吕贝克的十字军提到，因为贸易站为十字军购买了一艘船。1320年，伦敦贸易站正式建立。它位于伦敦桥以西靠近上泰晤士街的地方，现在是坎农街站。后来，伦敦贸易站发展成为一个重要的社区，拥有自己的仓库、秤房、教堂、办公室和住宅。这反映出伦敦贸易站当时交易活动的规模和重要性。

汉萨同盟从粗纺毛料贸易开始，对德意志北部的商业和工业都起到了巨大的促进作用。随着贸易的增长，更新、更好的羊毛和亚麻织物，甚至丝绸，在德意志北部生产。在其他领域，家庭手工业的产品得到了同样的改进，如蚀刻、木雕、盔甲生产、金属雕刻和木材加工等。汉萨同盟对海上航行和贸易长达一个世纪的垄断，使文艺复兴思想早在欧洲其他地区兴起前就已出现在德意志北部地区。

除了上述三大主要贸易站,汉萨同盟的各港口都有商人代表和仓库,如波士顿、布里斯托尔、赫尔、伊普斯威奇、诺里奇、雅茅斯和约克等。

汉萨同盟主要交易木材、毛皮、树脂(或焦油)、亚麻、蜂蜜、小麦和黑麦,从德意志东部运往佛兰德斯和英格兰,而布料(和越来越多的布料制成品)则流向另一个方向。金属矿石(主要是铜和铁)、鲱鱼从瑞典运到德意志南部。

12、13世纪,德意志殖民者定居在波罗的海东部海岸及其附近的许多城镇,如埃尔布隆格、托伦、塔林、里加和塔尔图等汉萨同盟城镇,其中一些城镇仍保留汉萨同盟时代的建筑风格。后来加入汉萨同盟的大多数城镇都遵守《吕贝克法》。法律规定商人必须就所有法律问题向吕贝克市议会上诉。1435年到1582年的立沃尼亚同盟合并了今天的爱沙尼亚和拉脱维亚的部分地区,并且成立自己的同盟议会。后来,立沃尼亚同盟所有主要城镇都成为汉萨同盟的成员。当时,贸易的主要语言是中低地区德语。这种语言对参与贸易的其他语言具有重大影响力,尤其是斯堪的纳维亚语、爱沙尼亚语和拉脱维亚语。

3.汉萨同盟鼎盛时期

汉萨同盟成员虽然有一定的流动性,但有一些共同的特点:大多数汉萨同盟城镇要么起初就是独立的城镇,要么通过汉萨同盟的集体谈判权获得独立,尽管获得的这种独立有限。汉萨同盟自由城市直接效忠于神圣罗马帝国皇帝,不与当地贵族有任何家族义务联系。

此外,这些汉萨同盟城镇在贸易沿线的战略位置十分重要。14世纪末,在权力的鼎盛时期,汉萨同盟的商人成功地利用经济实力,有时也利用军事力量来左右神圣罗马帝国的政策制定。当时,汉萨同盟的贸易路线需要保护。因此,它们的船航行时都装备精良。这使汉萨同盟拥有一定的军事力量。

在国外,汉萨同盟也拥有一定的权力。1361年到1370年,汉萨同盟对丹麦发动了战争。1368年,在战争中,汉萨同盟城镇取得胜利,洗劫了哥本哈根和赫尔辛堡。1370年,在施特拉尔松德,汉萨同盟与丹麦国王瓦尔德马尔四世和女婿[①]挪威国王哈康六世和谈，签订了《施特拉尔松德条约》。《施特拉尔松德条约》规定丹麦让出15%的贸易利润给汉萨同盟。由此，汉萨同盟有效控制了斯堪的纳维亚半岛贸易。《施特拉尔松德条约》的签订标志着汉萨同盟的权力达到鼎盛。1435年，汉萨同盟再次向丹麦发动战争。洗劫哥本哈根后，交战双方签订了《沃尔丁堡条约》。汉萨同盟重新获得在丹麦的商业特权。

汉萨同盟还发动了一场强有力的打击海盗战争。1392年到1440年，汉萨同盟的海上贸易受到粮食兄弟会的破坏。粮食兄弟会是1392年瑞典国王阿尔伯特雇来对抗丹麦女王玛格丽特一世的海盗组织。荷兰与汉萨同盟战争（1438年到1441年）期间，阿姆斯特丹的商人发现了通往波罗的海的另一条自由通道，从而打破了汉萨同盟的垄断。

大多数外国城市将汉萨同盟的商人限制在特定的贸易区域和汉萨同盟贸易站内。除了做生意，汉萨同盟商人很少与当地居民交往。许多当地商人和贵族开始嫉妒汉萨同盟的特权，并且试图削弱它。例如，在伦敦，当地商人不断施加压力，要求取消汉萨同盟的特权。汉萨同盟拒绝向英格兰商人提供互惠，加剧了局势的紧张。尽管存在潜在的敌意，英格兰国王爱德华四世还是在《乌得勒支条约》中重申了汉萨同盟在英格兰的特权。部分原因是1455年到1487年的玫瑰战争中，汉萨同盟给予了约克派巨大的金钱援助。1597年，英格兰女王伊丽莎白一世将汉萨同盟驱逐出伦敦。早在1494年，莫斯科大公伊凡大帝就关闭了汉萨同盟的诺夫哥罗德贸易站。汉萨同盟的存在及其特权和垄断造成了经济上和社会上的紧张关系。这种紧张关系经常演变为同盟成员间的对抗。

4.敌对势力出现

15世纪末的欧洲经济危机也没能让汉萨同盟幸免。然而，汉萨同盟的竞争对手并不只是出现在欧洲西部。1478年，莫斯科大公伊凡大帝结束了汉萨同盟在诺夫哥罗德贸易站的商贸独立性，并且于1494年将其完全关闭。

---

① 丹麦国王瓦尔德马尔四世的女儿丹麦的玛格丽特嫁给了挪威国王哈康六世。——译者注

15世纪,普鲁士和文德城镇(吕贝克及其东部邻国)之间的紧张关系加剧。由于位于波罗的海沿岸且市内无主要河流经过,吕贝克以优越的地理位置成为汉萨同盟中心。一方面,吕贝克扼守通往汉堡的陆路入口,但后来这条陆路贸易路线被绕过丹麦穿过卡特加特海峡的海上路线取代。另一方面,普鲁士的主要利益是出口谷物和木材等大宗商品。对英格兰和低地国家,以及后来的西班牙和意大利来说,这些商品非常重要。

1454年,奥地利的伊丽莎白嫁给波兰国王卡齐米日四世。普鲁士联邦的城镇反抗条顿骑士团的统治,向卡齐米日四世寻求帮助。通过《第二次托伦

奥地利的伊丽莎白与波兰国王卡齐米日四世

和约》,但泽、托伦和埃尔布隆格成为波兰王国的一部分(1466年到1569年,这三地被称为波兰的皇家普鲁士)。通过家族关系和哈布斯堡王朝的军事援助,波兰得到神圣罗马帝国的大力支持。克拉科夫(当时的波兰首都)与汉萨同盟有着密切的联系。1466年后,由于经过维斯杜拉河不需要缴纳关税,波兰在维斯杜拉河的谷物出口量逐渐增加,从15世纪末的每年一万短吨(即九千一百吨)增加到17世纪的二十多万短吨(即十八万吨)。汉萨同盟主导的海上谷物贸易使波兰成为汉萨同盟的主要贸易活动区域之一。这使但泽成为汉萨同盟中最大的城市。

汉萨同盟的各城镇成员需要承担相互保护的责任。1567年,《汉萨同盟协议》再次确认了同盟成员先前的义务和权利,如共同抵御敌人。普鲁士、托伦、埃尔布隆格、哥尼斯堡、里加和塔尔图也签署了协议。在波兰国王卡齐米日四世的施压下,但泽保持中立,不允许开往波兰的船驶入。商船必须在其他地方抛锚,如在普茨克。

汉萨同盟的一个主要经济优势是它控制了吕贝克和但泽的造船市场。汉萨同盟制造的船销往欧洲各地。汉萨同盟赶走了荷兰人,因为荷兰想把布鲁日作为贸易市场从而取代吕贝克和但泽。当荷兰人开始在造船上与汉萨同盟竞争

15世纪的克拉科夫

时，汉萨同盟试图阻止造船技术从其城镇成员中流向荷兰。然而，这一试图遭到阿姆斯特丹的贸易伙伴——但泽的阻止。荷兰船直接从但泽运送粮食。这削弱了吕贝克的贸易中心地位。荷兰人还绕过汉萨同盟城镇，直接与非汉萨同盟城镇的德意志北部诸侯进行贸易。荷兰的货运成本远低于汉萨同盟。因此，汉萨同盟开始被排除在贸易中间商之外。

当布鲁日、安特卫普和荷兰都成为勃艮第公国的一部分时，它们积极地试图从汉萨同盟手中夺取贸易垄断地位。布鲁日的大宗货物市场也转移到了阿姆斯特丹。荷兰商人咄咄逼人地向汉萨同盟发起挑战，并且取得了很大的成功。普鲁士的汉萨同盟城市利沃尼亚支持荷兰反对德意志北部的汉萨同盟核心城市。经历了与勃艮第公国和汉萨同盟舰队之间的几次海战后，从15世纪后期开始，阿姆斯特丹成为向波兰和波罗的海倾销谷物的主要港口。荷兰人认为阿姆斯特丹的谷物贸易是所有其他贸易之源。

位于法兰克尼亚公国的纽伦堡商人开发了一条陆路通道，从法兰克福通过纽伦堡和莱比锡向波兰和俄罗斯出售以前由德意志垄断的产品，用佛兰德斯布料和法兰西葡萄酒交换德意志东部的谷物和皮草。通过允许纽伦堡商人在汉萨同盟城市定居，汉萨同盟从纽伦堡贸易中获得了部分利润，法兰克尼亚商人也从这一贸易路线中获利。在发展与瑞典、挪威的贸易方面，纽伦堡商人阿尔布雷希特·莫尔登豪尔十分有影响力。在卑尔根和斯德哥尔摩，阿尔布雷希特·莫尔登豪尔的两个儿子沃尔夫·莫尔登豪尔和布格哈德·莫尔登豪尔建立自己的公司，成为当地汉萨同盟商贸活动的领导者。

5.汉萨同盟解体

16世纪初，汉萨同盟的贸易地位大大减弱。崛起的瑞典已经控制了波罗的海大部分地区的贸易，丹麦重新掌控了自己的贸易，汉萨同盟的诺夫哥罗德贸易站关闭了，布鲁日贸易站已难以为继。汉萨同盟的各个城镇也开始将自身利益置于同盟的共同利益之上。最后，德意志诸侯的政治权威开始增长，限制了商人和汉萨同盟城镇的独立性。

海因里希·祖德曼

汉萨同盟试图解决面临的这些问题。1556年,汉萨同盟设立商业代理人一职,选举受过法律培训的海因里希·祖德曼长期担任。海因里希·祖德曼将致力于保护和延长同盟各城镇成员的外交协议。1557年和1579年,海因里希·祖德曼对汉萨同盟协议进行了两次修订,明确了成员的义务,取得了一定的成效。布鲁日贸易站搬到了安特卫普,同时汉萨同盟试图开辟新的贸易路线。然而,汉萨同盟无法阻止日益激烈的商业竞争。最终,汉萨同盟还是逐渐衰落。1593年,安特卫普贸易站被迫关闭;随后伦敦贸易站也在1598年关闭;卑尔根贸易站则一直坚持到1754年。如今,在所有汉萨同盟贸易站中,只有布吕根贸易站的建筑仍存在。

北方七年战争期间,为对抗瑞典,汉萨同盟建造"阿德勒·冯·吕贝克"号巨型战舰,但它从未被用于军事。这是汉萨同盟成员吕贝克试图在不断变化的经济和政治环境中维持其长期享有的商业特权的徒劳尝试。

17世纪晚期，汉萨同盟面临解体，无法再处理内部成员的斗争。伴随新教改革，荷兰商人和英格兰商人迅速强大；奥斯曼帝国对神圣罗马帝国及其贸易路线逐步施压；欧洲的社会和政治环境发生了变化。1669年，汉萨同盟召开最后一次正式成员会议，只有九个城镇出席。1862年汉萨同盟解体时，只剩下吕贝克、汉堡、不来梅三个城镇。如今只有吕贝克、汉堡、不来梅这三个城镇仍保留"汉萨同盟城镇"的称号。

二、组织

汉萨同盟的成员都是低地德意志商人，除了迪南的商人，这些商人都拥有公民权。当然，不是所有德意志低地城镇都是汉萨同盟成员，如埃姆登、默默尔（旧地名，即今天的克莱佩达）、维堡和纳尔瓦就从未加入过汉萨同盟。汉萨同盟商人也可能是不必遵守德意志城镇法的外来定居者，尽管当时汉萨同盟规定自己的成员必须是德意志人，遵守德意志法律，并且接受过商业教育。汉萨同盟的作用是促进和保护其不同成员的共同利益，如加强商业利益和确保最大限度地独立于领土统治者的政治利益。汉萨同盟绝不是一个统一的组织或"国中之国"，而是一个复杂、松散的联盟，其成员追求自己的利益，并且在波罗的海共同实施经济贸易计划。

汉萨同盟的任何决定和行动都必须经过成员的一致同意。如果有问题需要讨论，汉萨同盟成员会被邀请参加中央会议。各城镇会派出特使代表其出席会议。当然，并不是每个汉萨同盟城镇都会派出特使。汉萨同盟这种协商一致的做法源自低地撒克逊传统，协商一致即意味着没有争议。经过讨论，获得了足够多支持的决议会在会上被大声读出，并且被记录下来。如果不能就某一问题达成协商一致的意见，则中央会议可以授权支持者与反对者反复协商。

汉萨同盟贸易站像早期的仓库中转站一样运作，每个贸易站都有自己的金库、议事厅和印章。同商业行会一样，汉萨同盟贸易站还会选举一名高级市政官来管理相关事务。1347年，布鲁塞尔贸易站修改了法令，以确保所有汉萨同盟成员均享有被选举为高级市政官的平等机会。为此，来自不同地区的汉萨同盟城镇被分成三大区：文德-萨克森大区、威斯特伐利亚-普鲁士大区和哥得兰-立沃尼亚-瑞典大区。然后，商人从他们各自所属的大区分别选举两名高级市政官和十八人议会的六名成员来管理贸易站。1356年，在第一次汉萨同盟中央会议的筹备会议上，汉萨同盟确认了布鲁塞尔贸易站的上述法令修改内容。总体来说，汉萨同盟逐渐将三大区划分的做法制度化。

中央会议是汉萨同盟唯一的中央机构。汉萨同盟城镇被划分为三大区后，各分区的成员经常举行分区会议，以确定共同立场，然后提交中央会议。此外，汉萨同盟的一些成员会举行地方会议。虽然这种地方会议从未被汉萨同盟正式认可，但它在准备和执行中央会议决议的过程中起到了非常重要的作用。

从1554年开始，汉萨同盟修改了大区的划分，以增强同盟成员在地方层面的协作，最终提高同盟的决策效率。汉萨同盟的大区数目增加到四个，被统称为四大区。然而，汉萨同盟中属于同一大区的商人并不一定属于同一贸易站。例如，伦敦贸易站的商人都属于同一大区；但吕贝克贸易站的商人有的属于文德-萨克森大区，有的则属于威斯特伐利亚-普鲁士大区；但泽贸易站的商人则有的属于威斯特伐利亚-普鲁士大区，有的属于哥得兰-立沃尼亚-瑞典大区。

三、汉萨同盟历史文化遗产

虽然汉萨同盟解体了，但许多城市仍保持与汉萨同盟的联系。格罗宁根、代芬特尔、坎彭、聚特芬和兹沃勒等荷兰城市，以及包括不来梅、代明、格赖夫斯瓦尔德、汉堡、吕贝克、吕讷堡、罗斯托克、施塔德、施特拉尔松德和维斯马在内的一些德国城市仍称自己为汉萨同盟城市。这些城市的汽车牌照以"H"为首字母。例如，"HB"表示汉萨同盟城市不来梅，因为不来梅城市的英文名首字母为B。汉堡和不来梅官方继续把自己称为"自由汉萨城市",吕贝克则称自己为"汉萨城市"。罗斯托克的足球队被命名为"F.C.汉萨罗斯托克",以纪念这座城市的贸易历史。对吕贝克来说,昔日在汉萨同盟中的重要地位到了20世纪依然使其有一定的特权。1937年,通过《大汉堡法案》,纳粹党取消了吕贝克的特权。可能是因为1932年竞选期间,吕贝克的议员不允许阿道夫·希特勒在吕贝克发表讲话。在吕贝克郊区的一个叫巴特施瓦陶的小村庄,阿道夫·希特勒发表了演讲。后来,阿道夫·希特勒把吕贝克称为"邻近巴特施瓦陶的小城市"。

2004年5月欧盟东扩后,一些专家撰文讨论了波罗的海汉萨同盟的复兴问题。汉萨同盟给我们留下了巨大的历史文化遗产。如今德国的汉萨航空公司、F.C.汉萨罗斯托克足球队、荷兰格罗宁根的应用科学汉萨大学、荷兰的汉萨采油平台、卑尔根的汉萨啤酒厂和罗斯托克的汉萨航运公司等都是为了纪念汉萨同盟而在名称中冠以"汉萨"两字。"DDG汉萨"从1881年起就一直是德国的主要航运公司,直到1980年破产并被赫伯罗特航运公司接管。现在的瑞典银行以前就是波罗的海国家汉萨银行。汉萨公园是德国最大的主题公园之一。欧洲有两个博物馆专门展示汉萨同盟的历史,它们分别是吕贝克欧洲汉萨博物馆和卑尔根汉萨博物馆。

四、现代版的汉萨同盟

1.汉萨城市同盟

1980年,在兹沃勒,前汉萨同盟成员建立了新的汉萨同盟,即"汉萨城市同盟"。这个新同盟对所有前汉萨同盟成员和城市都开放。2012年,汉萨城市同盟共有一百八十七个成员,其中包括十二个俄罗斯城市,最著名的是诺夫哥罗德——它是中世纪时前汉萨同盟的主要贸易伙伴。汉萨城市同盟促进了各城市间的商业联系、旅游发展和文化交流。

汉萨城市同盟总部设在德国的吕贝克，现任主席是吕贝克市长贝恩德·萨克斯。汉萨城市同盟每年都会选一个城市以模拟中世纪"汉萨日"的形式举办国际汉萨节。2006年，金斯林成为汉萨城市同盟的第一个英国成员。赫尔、波士顿分别于2012年和2016年加入了汉萨城市同盟。

2. 新汉萨同盟

2018年2月，新汉萨同盟成立。由丹麦、爱沙尼亚、芬兰、爱尔兰、拉脱维亚、立陶宛、荷兰和瑞典等八国的财政部部长共同签署了一份两页的框架性协议。该协议详细记录了各国就欧洲联盟经济暨货币联盟相关问题达成的一致意见。

考据2　圣殿骑士团

　　基督和所罗门圣殿的贫苦骑士团，亦称所罗门圣殿骑士团或圣殿骑士团，是一个天主教军事骑士团。圣殿骑士团成立于1119年，1128年之前总部设在耶路撒冷圣殿山。1139年，在教皇因诺森特二世颁布的《所有美好的礼物》诏书中，圣殿骑士团得到承认。此后，圣殿骑士团一直非常活跃，直到1312年教皇克莱门特五世颁布《至高之声》诏书将其永久取缔。

　　在整个基督教世界，圣殿骑士团备受青睐，其成员数量迅速增加，权力急速增长。在财政管理方面，圣殿骑士团成绩突出。通常，圣殿骑士穿着印有红十字的白色披风，战斗力很强。圣殿骑士团中高达百分之九十的人员为非战斗人员，他们主要负责基督教世界的经济基础建设，发展基督教世界早期的银行金融体系，管理分布于欧洲和耶路撒冷的近一千个骑士团管理地和防御工事。我们几乎可以说，圣殿骑士团形成了世界上第一个跨国集团。

　　圣殿骑士团与十字军紧密相连。失去耶路撒冷后，十字军对圣殿骑士团的支持便随之消失了。关于圣殿骑士团秘密入会仪式的谣言引起了人们的不信任，这种不信任被负债于圣殿骑士团的法兰西国王腓力四世利用，以消除自己的债务和消灭圣殿骑士团。1307年，在法兰西，腓力四世逮捕了许多圣殿骑士团成员，严刑逼供后将他们在火刑柱上烧死。1312年，迫于腓力四世的压力，教皇克莱门特五世宣布解散圣殿骑士团。欧洲社会中如此重要的一个宗教军事组织突然解散，引发了历代学者的猜测，也出现了各种版本的传说。

1312年3月22日圣殿骑士团被取缔后，基督军事骑士团在葡萄牙重建，它们以圣殿骑士团的继承者自居。在葡萄牙国王迪尼什一世的保护下，1319年，基督军事骑士团成立。在天主教会的政治影响下，葡萄牙国王迪尼什一世拒绝

葡萄牙国王迪尼什一世

像其他主权国家那样迫害前圣殿骑士团成员。迪尼什一世接收托马尔的圣殿骑士为基督军事骑士团成员，主要是为了感谢他们在葡萄牙收复失地运动战后重建中提供的帮助。迪尼什一世与克莱门特五世的继任者约翰二十二世进行谈判，为基督军事骑士团争取教廷的承认。1319年3月14日，约翰二十二世承认基督军事骑士团的合法性，并且授予其圣殿骑士团的资产继承权。

一、历史

1.蓬勃发展期

1099年，在第一次十字军远征中，法兰西军队从穆斯林征服者手中夺回圣地耶路撒冷，随后许多基督教教徒来此朝圣。在基督教教徒的控制下，虽然耶路撒冷相对安全，但耶路撒冷之外的其他地区并不安全。沿雅法海岸线前往耶路撒冷的途中，朝圣者经常遭到土匪劫杀，有时甚至是数百人被屠杀。1119年，法兰西骑士雨果·德·帕英找到耶路撒冷国王鲍德温二世和耶路撒冷的沃蒙德，提议建立一个修道院骑士团来保护前往耶路撒冷的朝圣者。可能是在1120年1月的纳布卢斯会议上，鲍德温二世和耶路撒冷的沃蒙德同意了这一请求。鲍德温二世批准圣殿骑士团总部设在位于王宫一侧圣殿山上的阿克萨清真寺里。圣殿山有一种神秘感，因为它位于传言是所罗门神殿废墟的上方。因此，十字军把阿克萨清真寺称为所罗门的圣殿，也正是因为这个地方，新建立的骑士团被命名为"所罗门圣殿和基督贫苦骑士团"或"圣殿骑士团"。最初的圣殿骑士团由包括戈弗雷·德·圣奥默和安德烈·德·蒙巴尔在内的九名骑士组成，几乎没有经济来源，只能靠捐赠维生。它们的徽章是两个骑士骑一匹马，象征骑士团当时的穷困现状。

然而，圣殿骑士团的贫困现状并没有持续很久，因为它们有一个强有力的支持者克莱尔沃的圣贝尔纳德。克莱尔沃的圣贝尔纳德是圣殿骑士团的九名创立者之一，他还是负责建立熙笃会修士团的法兰西修道院院长。作为圣殿骑士团的强力后盾，克莱尔沃的圣贝尔纳德为圣殿骑士团写了一篇《新骑士颂》。1129年，在特鲁瓦宗教会议上，克莱尔沃的圣贝尔纳德和其他教会主要领袖正式批准并支持圣殿骑士团。有了这份正式的教会认可，圣殿骑士团成为整个基督教界受欢迎的慈善机构。圣殿骑士团从那些渴望在圣地耶路撒冷战斗中提供帮助的家族那里获得金钱、土地和生意，并且吸纳贵族子弟加入。1139年，教皇因诺森特二世颁布《所有美好的礼物》诏书，免除了圣殿骑士团对当地法律的服从。这一规定意味着，圣殿骑士可以自由地穿越所有边境，不需要缴纳任何税款，而且除了教皇，他们不受任何权力的约束。

由于使命明确、资源充足，圣殿骑士团发展迅速。在十字军远征的关键战役中，圣殿骑士团通常是先遣突击队。这些重甲骑士骑着战马，赶在主力部队前面向敌人冲锋，突破敌人的防线。圣殿骑士团著名的胜利是1177年的蒙日斯卡尔战役，约五百名圣殿骑士协助数千名步兵击败了埃及苏丹兼叙利亚苏丹萨拉丁率领的超过两万六千名士兵的军队。

圣殿骑士团的主要任务虽然是军事服务，但成员中士兵相对较少。其他非作战人员主要负责骑士团的经济管理。圣殿骑士团尽管宣称很贫穷，但管理的财富远远不止直接的捐赠。有兴趣参加十字军远征的贵族可能会在离开时把自己的所有资产交由圣殿骑士团管理。1150年，圣殿骑士团开始为前往圣地耶路撒冷的朝圣者发放信用证，即朝圣者将自己的贵重物品抵押给当地圣殿骑士团后收到的一份资产证明文件，朝圣者到达耶路撒冷后可用该文件兑换等额价值的货币或物品。实际上，这种创新活动是银行早期业务的一种表现形式。圣殿骑士团有可能是第一个支持使用支票的正式组织。使用支票提高了朝圣者的安全，使他们不再是小偷的目标，也增加了圣殿骑士团的财富。

基于捐赠和商业交易，在整个基督教世界，圣殿骑士团建立了庞大的金融网络。在欧洲和中东地区，他们获得了大片土地；他们购买、管理农场和葡萄园，他们建造了巨大的教堂和城堡，他们涉及制造业和进出口贸易，他们拥有自己的舰队，他们甚至一度拥有整个塞浦路斯岛。

埃及苏丹兼叙利亚苏丹萨拉丁

2. 衰落期

12世纪中期,十字军远征的胜利局势开始逆转。在埃及苏丹兼叙利亚苏丹萨拉丁卓有成效的领导下,伊斯兰世界变得更加团结;耶路撒冷内外的基督教派别之间却产生了严重分歧。圣殿骑士团偶尔会与另外两个基督教骑士团——医院骑士团和条顿骑士团发生冲突。数十年的内讧削弱了基督教在政治和军事上的地位。在数次战役中,圣殿骑士团开始节节败退,其中包括关键的哈丁战役。1187年,埃及苏丹兼叙利亚苏丹萨拉丁率领穆斯林军队重新夺回耶路撒冷。1229年的第六次十字军远征中,在没有圣殿骑士团帮助的情况下,神圣罗马帝国皇帝腓特烈二世又为基督教教徒收复了圣地耶路撒冷,但只维

哈丁战场上的阵亡者

持了十多年的统治。1244年，在花剌子模雇佣军的协助下，阿尤布王朝重新占领了耶路撒冷。直到1917年第一次世界大战期间，英国人才从奥斯曼帝国手中夺回了这座城市。

圣殿骑士团被迫将总部迁往耶路撒冷北部的其他城市，如阿克里。在那里，圣殿骑士团待了一个世纪。1291年，阿克里被攻占；圣殿骑士团在耶路撒冷的最后据点托尔托萨（现在叙利亚的塔尔图斯）和以色列的阿特利特也相继失守。随后，圣殿骑士团的总部搬到了塞浦路斯岛上的利马索尔。在托尔托萨海岸外的艾尔瓦德岛上，圣殿骑士团还试图维持驻军。1300年，在蒙古军队的协助下，圣殿骑士团试图占领艾尔瓦德岛。然而，1302年或1303年，在艾尔瓦德战役中，圣殿骑士团输给了马穆鲁克苏丹国。随着艾尔瓦德岛的失守，圣殿骑士团失去了在圣地耶路撒冷的最后立足点。

随着军事上的败退，圣殿骑士团获得的捐助也开始减少。然而，圣殿骑士团仍管理着许多经济商贸业务。许多欧洲人几乎每天都与圣殿骑士团庞大的经济网有联系。例如，在圣殿骑士团的农场或葡萄园工作，或者把圣殿骑士团当作银行来存放个人的贵重物品。圣殿骑士团仍不受地方政府管辖，这使它在任何地方都是一个"国中之国"。它的常备军虽然不再有明确的使命，但可以自由通过所有边界。这种情况加剧了圣殿骑士团与一些欧洲贵族的紧张关系，特别是当圣殿骑士团表示有意建立自己的骑士团国时，就像条顿骑士团在普鲁士和医院骑士团在罗得岛做的那样。

3.逮捕、指控和解散

1305年，教皇克莱门特五世致信圣殿骑士团大团长雅克·德·莫莱和医院骑士团大团长富尔克·德·维拉雷，讨论两个骑士团的合并问题。两位大团长都没有听从克莱门特五世的安排，但教皇克莱门特五世坚持己见，于1306年邀请两位大团长到法兰西讨论合并事宜。1307年年初，雅克·德·莫莱首先抵达法兰西，但富尔克·德·维拉雷耽搁了好几个月才到达。在等待富尔克·德·维拉雷期间，雅克·德·莫莱和克莱门特五世讨论了两年前即1305年一名圣殿骑士受到的刑事指控。当时,法兰西国王腓力四世和大臣也在讨论这件事。根据一些历史学家的说法,在与英格兰的战争中,腓力四世欠了圣殿骑士团很多债,他决定利用关于圣殿骑士的谣言和不实指控来达到他的目的。于是,腓力四世开始向教会施压,要求采取行动反对圣殿骑士团,以此来摆脱债务。

1307年10月13日星期五黎明①,法兰西国王腓力四世下令逮捕雅克·德·莫莱和其他几十名法兰西圣殿骑士。逮捕令的开头这样写道:"上帝不高兴,我们的上帝不高兴了!因为法兰西王国出现了我们宗教信仰上的敌人。"有人声称,在圣殿骑士的入团仪式上,新兵被迫向十字架吐口水,藐视基督,并且进行不体面的亲吻。此外,圣殿骑士被指控偶像崇拜。据说,圣殿骑士团还鼓励同性恋行为。然而,在没有任何真凭实据的情况下,这些指控被高度政治化。此外,被捕的圣殿骑士被指控犯有许多其他罪行,如金融腐败、欺诈和舞弊等。在刑讯逼供下,许多圣殿骑士承认了上述指控,"我是雷蒙德·德·拉·费尔,21岁,我承认曾三次向十字架吐口水,但我这么做是受嘴的驱使,并非我的内心让我如此。"圣殿骑士团被指控偶像崇拜,并且被怀疑崇拜一个被称为巴风特②的异教神,或者膜拜他们在最初的圣殿山总部发现的一具被砍下的木乃伊头颅——许多学者推测这可能是施洗者约翰的头颅。

1307年11月22日,在法兰西国王腓力四世的要求下,教皇克莱门特五世颁布了教皇诏书,命令欧洲的基督教君主逮捕所有圣殿骑士并没收他们的资产。克莱门特五世呼吁举行教皇听证会,以确定圣殿骑士是否有罪。然而,一旦解除宗教审判官的酷刑,许多圣殿骑士撤回了他们的供词。负责宗教审判的是桑斯大主教菲利普·德·马里尼。当时,有些圣殿骑士有足够的法律经验在审判中为自己辩护。1310年,腓力四世利用之前严刑逼供的供词将数十名圣殿骑士在巴黎的火刑柱上烧死,有效阻止了圣殿骑士为自己辩护。

---

① 这是"黑色星期五"的由来之一。——译者注
② 异教神的名称,是撒旦崇拜的偶像,额头上有五芒星,山羊的头颅,背生双翼,上半身为女性,下半身为男性。——译者注

后来，腓力四世威胁教皇克莱门特五世必须遵从他的意愿，否则将采取军事行动。最终，克莱门特五世不得不同意解散圣殿骑士团。1312年，在维也纳宗教会议上，克莱门特五世颁布了一系列的教皇诏令，包括正式解散圣殿骑士团的《至高之声》和将圣殿骑士团大部分资产移交给医院骑士团的《据先见之明》。

至于圣殿骑士团的指挥官，上了年纪的大团长雅克·德·莫莱曾在严刑逼供下招供，后来收回了他的供词；圣殿骑士团驻诺曼底的教官若弗鲁瓦·德·沙尔内也收回了他的忏悔，并且坚持他是清白的。两人都被判犯有异端罪，并于1314年3月18日在巴黎火刑柱上被活活烧死。据说，雅克·德·莫莱一直坚持到最后，他要求把自己绑起来，这样他就可以面对巴黎圣母院，双手并拢在一起祈祷。不过，根据另一传说，雅克·德·莫莱在火焰中大喊，教皇克莱门特五世和法兰西国王腓力四世将很快在上帝面前与他见面。他的原话被记录在羊皮纸上："上帝知道谁错了，谁犯了罪。那些判处我们死刑的人不久将遭遇灾难。"仅仅一个月后，教皇克莱门特五世就去世了，而法兰西国王腓力四世则在1314年年底死于一次打猎事故。

欧洲其他地区的圣殿骑士要么被逮捕接受教皇的审判，要么被吸收到其他天主教军事骑士团中，要么被允许脱离骑士团平静地度过余生。根据教皇法令，除了卡斯蒂尔、阿拉贡和葡萄牙，圣殿骑士团的财产被移交给医院骑士团。葡萄牙是圣殿骑士团在欧洲选择的第一个长期驻扎国家。在耶路撒冷成立后仅仅两到三年后，圣殿骑士团就有了在葡萄牙长期驻扎的打算。葡萄牙国王迪尼什一世拒绝像天主教会影响下的所有其他主权国家那样追击和迫害圣殿骑士。在迪尼什一世的保护下，圣殿骑士团更名为"基督骑士团"和"罗马教廷的最高基督骑士团"。这两个骑士团都被认为是圣殿骑士团的继承者。

4.希农羊皮纸文件

2001年9月，在梵蒂冈秘密档案中，芭芭拉·弗莱尔发现了一份日期为1308年8月17日到1308年8月20日的希农羊皮纸文件。这是一份圣殿骑士团的审判纪录,上面记录了1312年正式解散圣殿骑士团前,早在1308年,克莱门特五世就宽恕了所有异教的圣殿骑士;另一份日期为1308年8月20日写给法兰西国王腓力四世的羊皮纸文件也提到,承认是异端的所有圣殿骑士"被允许恢复圣事[①]和重新入会"。对历史学家来说,后一份希农羊皮纸文件很有名,分别由艾蒂安·巴吕兹和皮埃尔·迪皮伊于1693年、1751年出版。

如今,罗马天主教会认为中世纪圣殿骑士团遭受不公平迫害。圣殿骑士团本身及其统治并没有错。教皇克莱门特五世审判圣殿骑士并解散圣殿骑士团是不得已的,因为当时他受到了公众对圣殿骑士的舆论压力和法兰西国王腓力四世的施压。

二、组织

圣殿骑士团的组织形式类似于克莱尔沃的圣贝尔纳德的熙笃会修士团。熙笃会修士团被认为是欧洲第一个有效的国际组织。圣殿骑士团拥有一个强有力的权力链,几乎每个欧洲主要国家或地区(法兰西、普瓦图、安茹、耶路撒冷、英格兰、阿拉贡、葡萄牙、意大利、的黎波里、安条克、匈牙利和克罗地亚)都设有圣殿骑士团分部。

所有圣殿骑士都服从于骑士团大团长。大团长是终身任命的,负责监督骑士团在欧洲东部的军事行动和在欧洲西部的金融资产。大团长通过任命骑士团巡视官来行使自己的权力。巡视官主要负责巡视各省,纠正陋习,制定新规,解决重大纠纷。巡视官有权解除骑士的职务,暂停某地骑士团分部负责人的职务。鼎盛时期,圣殿骑士团有一万五千到两万名圣殿骑士,其中约十分之一是真正的骑士。

[①] 传统定义的圣事共有七件:洗礼圣事、坚振圣事、圣体圣事、忏悔圣事、病人傅油圣事、圣秩圣事和婚姻圣事。——译者注

1.圣殿骑士团的等级

（1）三大主要等级

圣殿骑士被划分为三大等级：贵族骑士、非贵族士官和教士。圣殿骑士团无权执行骑士授予仪式，所以任何想成为贵族骑士的成员必须已经是骑士。贵族骑士是圣殿骑士团中最令人羡慕的一群人，他们穿着象征纯洁与忠诚的白色披风。贵族骑士都是重骑兵，配备三四匹马和一两个侍从。通常，乡绅不是骑士团的真正成员，而只是被雇佣一段时间的编外人员。在圣殿骑士团中，骑士等级之下就是来自非贵族家庭的士官。他们来自铁匠或建筑商家庭，为骑士团带来了重要的资产管理经验。在十字军中，非贵族士官以单骑轻骑兵的身份与贵族骑士并肩作战。圣殿骑士团有几个最高的职位是留给非贵族士官的，包括阿克里指挥官，他是圣殿骑士舰队事实上的海军上将。通常情况下，非贵族士官穿着黑色或棕色的衣服。1139年起，教士组成了圣殿骑士团的第三等级，他们负责圣殿骑士团的宗教事务。圣殿骑士团所有成员都戴着红十字徽章。

（2）大团长

从创始人雨果·德·帕英开始，圣殿骑士团的最高职位是大团长。这是一个终身职位，但由于骑士团的军事性质，有些大团长的任期可能非常短。除了两位大团长在办公室里去世，几乎所有大团长都死在战场上。例如，1153年阿斯卡隆围攻期间，第四任大团长贝尔纳·德·特雷莱率领四十名圣殿骑士穿过城墙的缺口，但其他十字军士兵没有及时增援，包括贝尔纳·德·特雷莱在内的所有圣殿骑士被包围后斩首。再如1189年，在阿克雷围攻中，大团长杰拉尔德·德·里德福特被萨拉丁斩首。

大团长负责监督圣殿骑士团的所有运作，包括在圣地耶路撒冷和东欧的军事行动，以及圣殿骑士在西欧的金融和商业交易。一些大团长还担任战场指挥官，尽管他们的指挥并不总是明智的，如杰拉尔德·德·里德福特在战斗指挥方面的几次失误导致了哈丁战役的毁灭性失败。1314年，最后一任大团长雅克·德·莫莱被法兰西国王腓力四世下令烧死在巴黎的火刑柱上。

2.行为准则、服饰和胡须

克莱尔沃的圣贝尔纳德和雨果·德·帕英为圣殿骑士团设计了一套特别的行为准则，被现代历史学家称为《拉丁团规》。《拉丁团规》共有七十二条，规定了圣殿骑士的生活细节，包括他们要穿的衣服类型和可以拥有马匹的数量。骑士必须安静进餐，每周吃肉不超过三次，不得与女性有任何形式的身体接触，即使是他们的家庭成员。骑士团大团长可拥有四匹马，一名教士和一名书记员可拥有三匹马，一名士官可拥有两匹马，一名带盾牌和长矛的士兵可拥有一匹马。随着圣殿骑士团的发展，更多的规定被加入。最终，《拉丁团规》由最初的七十二条增至数百条。

骑士穿着一件有红十字标志的白色外套和一件同样有红十字标志的白色披风，士官身穿一件胸前有红十字标志的黑色束腰外套和一件黑色或棕色的披风。圣殿骑士身穿白色披风是由1129年特鲁瓦宗教会议决定的，而衣服上印红十字标志最有可能始于1147年第二次十字军远征时教皇犹金三世、法兰西国王路易七世等人出席的圣殿骑士团总部召开的一次会议。按照《拉丁团规》，骑士必须一直穿着白色披风；如果他们不穿白色披风，甚至会被禁止吃喝。

圣殿骑士穿的披风上的红十字标志是殉教的象征，在战斗中死去被认为是一种很大的荣誉，可以确保在天堂里占有一席之地。骑士团的士兵有一条基本规定，除非圣殿骑士团的旗帜倒下，否则绝不投降。即使在与医院骑士团等其他基督教骑士团的联合军事行动中，只有在所有其他骑士团的旗帜都倒下后，圣殿骑士团才被允许离开战场。这种不妥协的精神，加上他们的勇气、良好的训练和精良的武器装备，使圣殿骑士团成为中世纪令敌人闻风丧胆的战斗力量之一。

虽然在《拉丁团规》中没有明确规定，但后来圣殿骑士团的成员都蓄有长长的、突出的胡须。约1240年，特鲁瓦方丹的阿尔伯里克将圣殿骑士团描述为"长胡子的兄弟团"。1310年到1311年，教皇特派专员到巴黎审问期间，接受审问的二百三十名骑士中有七十六人留着长胡子，一百三十三人据说因担心遭到

圣殿骑士团的骑士和神职人员

质询而提前将胡子剃掉。因此,某些情况下,留长胡须可被视为"圣殿骑士团的独特风格"。

任何想加入圣殿骑士团的人,都必须通过一个庄严的仪式进行宣誓。一般,外人不被允许参加新成员入团仪式。这在后来的审判中引起了教会审讯官的怀疑。新成员必须心甘情愿地将他们所有财物捐赠给圣殿骑士团,并且宣誓俭朴、贞洁、虔诚和顺从。大多数圣殿骑士团成员为终生入团,但有少数成员被允许非终生入团。有时，在得到妻子允许的情况下，已婚男子也可以加入圣殿骑士团，但不能穿白色披风。

三、遗产

凭借其军事使命和广泛的财政资源，在欧洲和耶路撒冷，圣殿骑士团资助了大量的建筑项目。现在，他们资助的许多建筑仍屹立不倒。一些地方仍保留"圣殿"的名称以纪念几个世纪以来与圣殿骑士团的联系，如圣殿骑士团在伦敦的一些土地后来被命名为圣殿关和圣殿站等。英国四家律师学院中有两家被命名为内殿律师学院和中殿律师学院，而四家律师学院占的整个地区被称为伦敦圣殿区。

圣殿骑士团建筑的独特元素主要包括代表骑士贫穷的"两个骑士骑一匹马"的形象及类似于耶路撒冷圣墓教堂的圆形建筑设计。

1.现代组织

1309年，克莱门特五世宣布解散圣殿骑士团，圣殿骑士遭到镇压，新成立的基督骑士团趁机吸收了圣殿骑士团成员及其财产。神秘、强大的中世纪圣殿骑士遭到迫害和突然解散。这一事件吸引了许多其他团体利用所谓的与圣殿骑士团的联系来提升自己的形象和神秘感。实际上，除了基督骑士团，早在18世纪就出现的其他现代组织和圣殿骑士团之间并没有明确的历史联系。

（1）基督骑士团

随着圣殿骑士团的解散，1319年，基督骑士团成立，它吸纳了许多圣殿骑士团成员及其在葡萄牙的财产。基督骑士团的总部设在托马尔的一座城堡里（以前是圣殿骑士团的城堡）。

（2）禁酒运动

许多禁酒组织以所罗门圣殿和基督贫苦骑士团为号召，称最初的圣殿骑士团"喝酸牛奶，因为他们正在进行一场反对喝酒'这种可怕恶习'的'圣战'"。其中最大的一个戒酒组织是国际戒酒公会（缩写IOGT）。该组织成立于19世纪，在世界范围内不断发展壮大，并且一直提倡禁酒和戒毒。其他禁酒组织还包括斯堪的纳维亚半岛的禁酒与荣誉骑士团等。

(3) 自封的骑士团

耶路撒冷圣殿骑士团国是一个自封的骑士团组织，成立于1804年，在2001年被联合国认可为一个非政府组织。耶路撒冷圣殿骑士团国是普世的，它接纳多个教派的基督教教徒。其创始人贝尔纳-雷蒙德·法布雷-帕拉普拉制定了《拉尔门修斯宪章》，亦称为《传播宪章》，试图将耶路撒冷圣殿骑士团国与圣殿骑士团联系起来。

(4) 共济会

至少从18世纪开始，共济会就吸收了中世纪几个军事骑士团的符号和仪式。例如，"君士坦丁红十字会"就是受君士坦丁军事骑士团启发而成立的组织；再如，借鉴医院骑士团而成立的"马耳他骑士团"及受圣殿骑士团启发而成立的"神殿骑士团"。在约克礼共济会中，马耳他骑士团和神殿骑士团特色鲜明。关于共济会起源的一种学说认为，它直接源自圣殿骑士团的未解散成员。据说，这些成员在苏格兰避难，并且帮助苏格兰国王罗伯特一世取得班诺克本大捷。然而，这一学说通常因缺乏证据而遭到共济会权威和历史学家等人的否定。

2. 现代流行文化

圣殿骑士团与流传下来的秘密和神秘传说有关。甚至在圣殿骑士团时代，相关的秘密和神秘传说仍在传播。18世纪，通过猜测与想象，共济会作家将这些神秘的传说添加进虚构小说中，如《劫后英雄传》《傅科摆》《达·芬奇密码》等。此外，《国家宝藏》《最后的圣殿骑士》《夺宝奇兵3：圣战奇兵》等现代电影，电视剧《骑士陨落》及视频游戏《断剑》《杀出重围》《刺客信条》《但丁地狱》等都是基于圣殿骑士团的那些神秘传说改编而成的。

自20世纪60年代开始，在流行出版物中，关于圣殿骑士团的推理大量出现。这些出版物中有的围绕圣殿骑士团早期占领耶路撒冷圣殿山；有的是对圣殿骑士团可能发现文物的猜测，如圣杯或约柜[①]；有的是关于某一历史人物因偶像崇拜指控而变成一个巫师的故事。

圣杯与圣殿骑士团之间的故事甚至在12世纪的小说中就已出现。在史诗剧《帕尔齐法尔》[②]中，德国诗人沃尔弗拉姆·冯·埃申巴赫把守卫圣杯王国的骑士称为圣殿骑士。显然，这是对圣殿骑士团的一种有意虚构。

---

① 藏于古犹太圣殿至圣所内，刻有《十诫》的两块石板。——译者注
② 帕尔齐法尔原为《亚瑟王传奇》中寻找圣杯的英雄人物。——译者注

考据 3 圣剑骑士团

圣剑骑士团全称为皇家圣剑骑士团,它是1748年2月23日由瑞典国王腓特烈一世创立的军事骑士团。除了圣剑骑士团,瑞典国王腓特烈一世还创立了六翼天使骑士团和北极星骑士团,并且亲自设计了六翼天使勋章和北极星勋章。起初,这两种勋章是为了奖励那些服役年限长、作战勇敢的骑士,后来逐渐演变成圣剑骑士团军官服役一定年限后的必然奖励。圣剑骑士团有三个等级,从低到高依次为:骑士、指挥官和大十字指挥官。圣剑骑士团的座右铭是"为了祖国",拉丁文为"Pro Patria"。

一、历史

1788年,瑞典国王古斯塔夫三世设立了两种只有在战争期间才能授予的骑士团勋章:一种是一级大十字骑士勋章——勋章上十字架与骑士团徽章上的大十字架形状相似,大小相同,佩戴在颈链上,星状勋章则是一把高举的银剑。它被授予在战斗中取得重大胜利的少将及其以上的指挥官,即使是国王也只能在官员一致同意的情况下才能佩戴一级大十字骑士勋章。曾经被授予这一勋章的瑞典国王有古斯塔夫三世、卡尔十三世和卡尔十四世·约翰。另一种是大十字骑士勋章——勋章上十字架与骑士团徽章上的大十字架形状相似,大小相同,佩戴在颈链上,星状勋章则是两把交叉直举的银剑。

上述两种勋章只授予骑士团军官。1850年，圣剑骑士团增设可授予士官的圣剑徽章或可授予普通士兵的圣剑奖章，但士官和士兵必须在骑士团服役十六年以上，才有资格获得徽章和奖章。

1952年，圣剑骑士团又增设只能在战时授予的特殊荣誉勋章，分金、银、铜三种。特殊荣誉勋章的外形为"X"形十字架，十字架四臂环绕着一个圆章，圆章上的图案是三顶瑞典王冠中间有一把向上的金剑，其中较大的两顶王冠位于上方，一顶较小的王冠位于下方。特殊荣誉勋章使用的绶带与圣剑骑士团的其他徽章或奖章一样。虽然自1975年以来再没有骑士团成员获得过特殊荣誉勋章，但这种勋章未被取消。

瑞典国王卡尔十六世·古斯塔夫经常戴着他的大十字指挥官徽章。从前，新当选的圣剑骑士团大十字指挥官的徽章授予仪式在王宫举行，六翼骑士团、北极星骑士团等其他骑士团大十字指挥官及其他等级的指挥官都会到场参加。新当选的大十字指挥官必须宣誓"用生命和财产保卫福音路德教，忠诚地为国王和国家服务，勇敢地与国家敌人斗争到底"。如果新当选的大十字指挥官为外国人，无法参加徽章授予仪式，那么会将大十字指挥官徽章邮寄给他，而他的誓言也必须邮寄给圣剑骑士团存档。

二、等级

和平时期的圣剑骑士团有五个等级：

大十字指挥官——脖子或右肩佩戴徽章，左胸前佩戴一颗星形徽章；

一级指挥官——脖子上佩戴徽章，左胸前佩戴一颗星形徽章；

指挥官——脖子上佩戴徽章；

一级骑士——左胸前佩戴绶带徽章；

骑士——左胸前佩戴绶带徽章。

三、大十字骑士勋章

1788年，在俄瑞战争期间，瑞典国王古斯塔夫三世设立了另一个等级的勋章。该勋章只能在战时授予，而且只授予那些对战争有重大影响的高级军官。即使是瑞典国王也无权佩戴这种勋章，除非他指挥的瑞典军队在征战中取得了胜利。这个特别的勋章被称为大十字骑士勋章。大十字骑士勋章一般被戴在脖子上，胸前的星形徽章是一把直立的剑，佩戴于左衣服口袋上。

四、圣剑勋章和圣剑奖章

圣剑骑士团还设有授予士官的圣剑勋章和授予普通士兵的圆形圣剑奖章，一般都用缎带系在左胸前。圣剑勋章与圣剑骑士的银色徽章相似。勋章正面的中央圆章是蓝色磁漆的，但十字架臂没有白色磁漆，勋章背面也没有磁漆。圣剑奖章为银色圆形，四周没有十字架臂，直接挂在一个王冠上。奖章外圈为花环，花环上面写着瑞典语"国王和祖国"，花环中间包围着一柄剑和三顶王冠。

五、标志和习惯

圣剑骑士团徽章的外形为"X"形的白色磁漆马耳他十字架，一级骑士及以上等级为金色徽章，骑士等级为银色徽章；徽章十字架的四臂与四个金色的王冠交替相接，十字架四臂中心为一圆章。圆章的正面背景为蓝色磁漆，上面有一把夹在三个金色王冠之间直立的金剑；圆章背面也有一把直立的金剑，并且与一个金色的月桂花环相交，蓝色磁漆背景上写有圣剑骑士团的拉丁文座右铭"为了祖国"。马耳他十字架上臂之间的开口上横卧着两柄交叉的金剑，剑鞘为蓝色磁漆，剑刃向下。等级最高的徽章除了马耳他十字架上臂有两柄交叉的金剑，下臂也有，并且还在十字架左臂和右臂上各有一把向上的、蓝色剑鞘的金剑，两柄剑用金缎带系在十字架上。整个徽章挂在一顶镀金的王冠上。

圣剑骑士团的领徽为金色，由十一柄蓝色剑鞘的金剑和十一个印有蓝色头盔图案的金色盾牌用金链交替连接而成。圣剑骑士团的星徽为银色马耳他十字架，十字架臂中间为一圆徽，背景为蓝色，上面有三个金王冠，三个金王冠中间是一把竖剑。大十字指挥官星徽上的三顶金王冠上还有短银色光束。圣剑骑士团的缎带为黄色，边缘处有蓝色条纹（即瑞典国旗的颜色）。

以前，圣剑骑士出席正式场合会穿一套蓝黄搭配的独特服饰。一般情况下，这套服饰包括黑色礼帽、蓝色肩带、蓝色斗篷、黄色及膝外套、黄色腰带、黄色长裤和黑色靴子。其中，黑色礼帽上带有金色帽带，并且插有一根白色鸵鸟羽毛和一根黑色黑鹭羽毛；蓝色肩带上装饰有金色流苏；蓝色斗篷用蓝色绸缎包边；黄色腰带也用蓝色绸缎包边；外套和披风的左胸上均绣有骑士团星徽；黑色靴子上配有镀金马刺。

考据4 医院骑士团

耶路撒冷圣约翰医院骑士团,通常被称为医院骑士团、罗得骑士团、马耳他骑士团或圣约翰骑士团,是中世纪的天主教军事骑士团。1291年以前,医院骑士团的总部设在耶路撒冷王国,1310年到1522年总部在罗得岛,1530年到1798年总部在马耳他,1799年到1801年则在圣彼得堡。今天,有几个组织继续保持着医院骑士团的传统,特别是一些相互得到承认的圣约翰骑士团,如马耳他医院骑士团、圣约翰医院骑士团、荷兰的圣约翰骑士团、瑞典的圣约翰骑士团等。

11世纪初本笃会改革运动期间,医院骑士团就在耶路撒冷的阿马尔菲医院作为一个群体出现了。他们效忠于施洗约翰。1099年,杰拉尔德·汤姆将那些医院骑士召集起来成立了骑士团。医院骑士团主要负责照顾生病、穷困或受伤的朝圣者。也有学者认为,阿马尔菲医院骑士团与杰拉尔德·汤姆医院骑士团并不是一个骑士团。

1099年十字军征服耶路撒冷后,医院骑士团变成一个教廷特许的军事宗教组织,负责医护朝圣者和保卫圣地耶路撒冷。随后,伊斯兰军队征服耶路撒冷。医院骑士团迁至罗得岛,后来又迁到马耳他。在马耳他,医院骑士团效忠于西西里岛总督。医院骑士团是对美洲部分地区进行过短暂殖民统治的最小团体之一。17世纪中期，医院骑士团统治着四个加勒比海岛屿，并且在17世纪60年代将其移交给法兰西王国。

新教改革期间，医院骑士团分裂。当时，德意志北部和荷兰富足的骑士团成为新教徒，在很大程度上与罗马天主教的主派系分离。直到今天，新教骑士团仍是独立的，尽管他们与其他天主教骑士团之间的世俗关系友好。在英格兰、丹麦及北欧的一些国家，新教骑士团曾遭受过镇压。1798年，拿破仑·波拿巴攻占马耳他后，新教骑士团遭到进一步打压。随后，新教骑士团分散到欧洲各地。

一、历史

1.医院骑士团的成立及其早期历史

603年，教皇格列高利一世委托拉韦纳修道院院长普罗布斯在耶路撒冷建造一家医院，治疗和照顾前往耶路撒冷的基督教朝圣者。800年，查理曼大帝扩建了普罗布斯建造的医院，并且增加了一座图书馆。大约两百年后，也就是1005年，法蒂玛王朝哈里发哈基姆·比阿姆鲁·阿拉摧毁了耶路撒冷的医院和其他三千多栋建筑。1023年，来自意大利阿马尔菲和萨莱诺的商人得到埃及哈里发阿里亚斯-查希尔的许可，在耶路撒冷重建医院。该医院建在施洗者圣约翰修道院的旧址上，主要用于接待前往基督教圣地耶路撒冷的朝圣者，一切工作由圣本笃会骑士团负责。

修道院医院骑士团是在第一次十字军远征后由杰拉尔德·汤姆创立的，它在1113年得到教皇帕斯加尔二世的承认。在整个耶路撒冷王国和其他地区，杰拉尔德·汤姆利用创建的骑士团赢得了大量的领土和收入。在杰拉尔德·汤姆继任者雷蒙·杜·皮伊的领导下，骑士团最初的收容所被扩建成位于耶路撒冷圣墓教堂附近的医院。最初，杰拉尔德·汤姆修道院医院骑士团只负责照顾耶路撒冷的朝圣者，后来扩展到为朝圣者提供武装护卫。这使骑士团发展成为

耶路撒冷国王鲍德温二世

一支强大的军事力量。因此，医院骑士团不知不觉地变成了军队，但不失仁爱之心。

1118年，雷蒙·杜·皮伊接替杰拉尔德·汤姆成为医院骑士团大团长，他组织了自卫队，将骑士团分成三个等级：骑士、士兵和教士。自雷蒙·杜·皮伊向耶路撒冷国王鲍德温二世提供军事服务以来，医院骑士团开始作为军事骑士团参与了数次十字军远征，尤其是1153年围攻阿斯卡隆。1130年，教皇因诺森特二世为医院骑士团颁发红底银色十字盾徽。

医院骑士团和圣殿骑士团均是耶路撒冷强大的军事组织。然而，在1185年的一份特权宪章中，神圣罗马帝国皇帝腓特烈一世只声明了对医院骑士团

罗杰·德·穆兰

的庇护。1187年,罗杰·德·穆兰制定的章程只提到医院骑士团的职责为医护病人。约1200年,在制定的章程中,医院骑士团第九任大团长葡萄牙的费尔南多·阿方索第一次明确提到骑士团可提供军事服务。在后一份医院骑士团章程中,非驻团的世俗骑士和驻团入教骑士存在明显区别。前者只在需要时为骑士团服务一段时间;而后者则宣誓永久效忠骑士团,并且享有与其他教士一样的宗教特权。此时,医院骑士团由三种不同类别的成员组成:军人兄弟、医务兄弟和教士兄弟。

1248年,教皇因诺森特四世批准医院骑士团士兵在战争中可以穿标准军服。一般,在盔甲外面,医院骑士团士兵穿一件饰有白色十字架的红色外衣,而非行动不便的长披风。

在耶路撒冷，许多坚固的基督教防御工事都是圣殿骑士团和医院骑士团建造的。耶路撒冷王国鼎盛时期，医院骑士团拥有七个大城堡和一百四十处房舍。七大城堡中最大的两个是叙利亚的骑士城堡和马尔卡波城堡。这两个城堡的骑士团为耶路撒冷王国和安条克公国提供军事服务。

12世纪晚期，在英格兰王国和诺曼底公国，医院骑士团开始获得承认。英格兰奎宁顿骑士门就是建在英格兰贵族捐赠给医院骑士团的土地上。此外，在都柏林附近的基尔梅恩汉姆，医院骑士团还建有一座城堡。

1247年6月2日，从匈牙利国王贝拉四世那里，医院骑士团获得了塞韦林及其附近山脉。塞韦林的巴纳特是匈牙利王国边境的一个省，曾是医院骑士团的封地，位于多瑙河下游和奥尔特河之间。奥尔特河现在是罗马尼亚的一部分，而在当时与多瑙河接壤的是强大的保加利亚第二帝国。

2.塞浦路斯和罗得骑士团

1291年，耶路撒冷王国灭亡后（耶路撒冷城在1187年沦陷），医院骑士团被迫撤至的黎波里郡。1291年，阿克里被占领后，医院骑士团逃往塞浦路斯王国避难。医院骑士团大团长纪尧姆·德·维拉雷特发现自己已陷入塞浦路斯的政治泥潭中难以自拔，于是制定出一个获得属于自己世俗领地的计划，即选择东罗马帝国的一部分——罗得岛作为骑士团的新驻地。医院骑士团大团长继任者富尔克·德·维拉雷实现了纪尧姆·德·维拉雷特的计划。1310年8月15日，经过四年多的斗争，医院骑士团最终占领罗得岛及其附近的一些岛屿，以及哈利卡纳苏斯半岛上的安纳托利亚港和卡斯特罗里佐岛。

1312年，教皇克莱门特五世用一系列教皇诏书解散了与医院骑士团竞争的圣殿骑士团，并且将圣殿骑士团的大部分领地和财产赠予医院骑士团。自此以后，医院骑士团的领地范围大增，被分成八大"语言区"，分别是阿拉贡语区、奥弗涅语区、卡斯蒂尔语区、英语区、法语区、德语区、意大利语区和普罗旺斯语区。每一个语言区都由一名修道院长老管理，如果某一"语言区"有多所修道院，则增设一名大长老。

在罗得岛和后来的马耳他,每一语言区的常驻骑士都由一名地方长官领导。当时的英格兰语言区大长老是菲利普·德·泰姆,他从1330年到1358年获得了医院骑士团分配给英语区的地产。1334年,罗得岛的医院骑士团打败了东罗马帝国皇帝安德罗尼柯三世。14世纪,罗得岛的医院骑士团还参加了其他几场战争。

1344年,十字军占领了士麦那。1374年,医院骑士团接管了士麦那的防御工作,直到1402年士麦那被帖木儿占领。罗得岛上的医院骑士团也被称为罗得骑士团,它们被迫成为一支更加军事化的部队,以抵御柏柏里的海盗。15世纪,罗得骑士团抵御了两次入侵:一次是1444年埃及人的入侵,另一次是1480年奥斯曼人的入侵。

1402年,在哈利卡纳苏斯半岛(即现在的博德鲁姆),罗得骑士团建立了一个要塞。利用哈利卡纳苏斯半岛上部分毁坏的陵墓(古代世界七大奇迹之一)的碎石,罗得骑士团加固了堡垒及其防御工事。

1522年,苏莱曼一世率领三十万士兵(十万海军、二十万陆军)、四百艘战舰攻打罗得岛。当时,大团长菲利普·维利耶·德·利勒亚当率领反击的骑士团士兵仅有七千人左右。被围攻六个月后,罗得骑士团战败,被迫撤退到西西里岛。尽管失败了,基督教教徒和穆斯林似乎都认为菲利普·维利耶·德·利勒亚当的行为非常勇敢。教皇阿德里安六世授予这位骑士团大团长"信仰捍卫者"称号。

3.马耳他骑士团

自1522年战败后的大约七年时间里,医院骑士团居无定所,不断辗转于欧洲各地。1530年,教皇克莱门特七世与西班牙国王查理五世达成协议,将马耳他、戈佐岛和北非的黎波里港授予医院骑士团作为永久驻地。1548年,查理五世将德意志的医院骑士团总部海特斯海姆提升为海特斯海姆公国,使德语区大长老成为在帝国议会上拥有席位和投票权的神圣罗马帝国诸侯。

1561年,在医院骑士团的直接支持下,在摩尔达维亚,马耳他本地人雅各布·赫拉克利德建立了一个临时据点。医院骑士团继续对穆斯林，特别是柏柏里海盗采取海上行动。医院骑士团尽管只有几艘战船，但很快就引起了奥斯曼人的不满，因为奥斯曼人不愿意看到医院骑士团恢复秩序。1565年，苏莱曼一世派遣四万士兵包围了只有七百骑士和八千士兵驻守的马耳他，将医院骑士团驱逐出马耳他。这就是著名的马耳他之围。由此，奥斯曼人获得了一个可能向欧洲发动新一轮战争的基地。

在马耳他之围中，马耳他大部分城市设施被摧毁，医院骑士团中大约有一半骑士被杀。1565年8月18日，被围困的医院骑士团的处境变得更加艰难，士兵人数日益减少，几乎无力再坚守下去。马耳他议会建议医院骑士团放弃比尔古和森格莱阿，撤退至圣安杰洛堡，但遭到骑士团大团长让·帕里佐·德·瓦莱特的拒绝。

起初，西西里总督并没有派人援助医院骑士团。因为西班牙国王腓力二世的命令用词晦涩难懂，对医院骑士团的态度模棱两可。西西里总督不得不自

马耳他之围

行决定是否以牺牲自己的防御力量为代价来帮助医院骑士团。一个错误的决定可能意味着失败,并且将西西里岛和那不勒斯暴露给奥斯曼帝国。当时,西西里总督的儿子与让·帕里佐·德·瓦莱特在一起,所以总督对医院骑士团的命运不能无动于衷。1565年8月23日,奥斯曼人对马耳他进行了新一轮大围攻。这被证明是奥斯曼军队在马耳他的最后一次重大围攻,但被出乎意料地击退了,因为医院骑士团连伤员都参加了防御战斗。对奥斯曼军队来说,当时的处境开始变得艰难。除了圣埃尔莫堡,医院骑士团在马耳他的其他防御工事几乎完好无损。医院骑士团夜以继日地修复了防御工事的缺口,使奥斯曼军队占领马耳他变得越来越不可能。1565年夏,许多奥斯曼士兵病倒了;弹药和食物开始短缺;由于进攻失败,奥斯曼军队士气低落。此外,1565年8月23日,对奥斯曼军队来说,奥斯曼帝国舰队经验丰富的指挥官德拉古特战死也是一个重大打击。其他两位战舰指挥官皮亚利帕夏和穆斯塔法帕夏经验不足,完全忽视了监视和拦截西西里总督派遣的增援部队。

1565年9月1日,奥斯曼军队士气严重低落,进攻软弱无力。这极大地鼓舞了医院骑士团的士气,被围困的骑士看到了获救的希望。得到西西里援军到达梅利哈湾的消息后,在不知道具体增援人数的情况下,优柔寡断的奥斯曼人便自行放弃围困马耳他,于1565年9月8日撤退了。

奥斯曼人撤退时,医院骑士团只剩下了大约六百人。据估计,奥斯曼帝国派来围攻马耳他的军队大约有四万人,其中只有一万五千人最终返回君士坦丁堡。在医院骑士团大团长让·帕里佐·德·瓦莱特宫殿——圣米歇尔和圣乔治大厅里,马泰奥·佩雷斯的壁画生动地描绘了这次马耳他之围;在伦敦格林尼治的英格兰女王住宅里,还可以找到四幅以马耳他之围为原型的油画,它们是佩雷斯·达勒西奥于1576年到1581年绘制的。马耳他之围后,一座新的城市被建造,即现在马耳他共和国的首都——瓦莱塔,以纪念抵御围城的医院骑士团大团长让·帕里佐·德·瓦莱特。

1607年,医院骑士团大团长让·帕里佐·德·瓦莱特被授予帝国诸侯

德拉古特战死

头衔，尽管骑士团的领土一直在神圣罗马帝国的南部。1630年，让·帕里佐·德·瓦莱特又被授予与枢机主教平等的宗教职位。世俗头衔和宗教职位同时授予让·帕里佐·德·瓦莱特，这反映出他拥有的高贵品质。

4.16、17世纪的医院骑士团：海上收复失地运动

迁移到马耳他后，医院骑士团发现自己失去了最初存在的理由。因军事和财政实力及地理位置，现在医院骑士团不可能前往耶路撒冷参加十字军远征。随着欧洲赞助者不再愿意支持一个昂贵、毫无意义的组织，医院骑士团不得不开始维持地中海的治安，以应对日益增长的海盗威胁。其中，最明显的威胁是来自奥斯曼帝国支持的在北非海岸活动猖獗的柏柏里海盗。16世纪中后期，成功捍卫马耳他的医院骑士团开始保护往返黎凡特的基督教商船，解救被捕后沦为奴隶的基督教教徒。基督教教徒被柏柏里海盗抓获后，要么当成奴隶卖掉，要么被迫沦为海盗。

由于经济收入减少，很快，医院骑士团就陷入困境。医院骑士团对地中海水域的管理，激起了地中海传统保护者威尼斯、热那亚、比萨等海上共和国的嫉妒。这进一步加剧了医院骑士团的金融困境。16世纪晚期确定的地中海当地货币兑换斯库多币的汇率逐渐降低。这意味着医院骑士团从商人那里得到的利益正在逐渐减少。由于医院骑士团处于孤岛上，经济发展受到阻碍，许多骑士违背骑士团规定去袭击穆斯林船。越来越多的船被掠夺。靠掠夺得来的钱财，许多骑士过着悠闲、奢华的生活，娶当地女人为妻，甚至报名参加法兰西和西班牙海军，寻求冒险和更多的钱。

医院骑士团成员的态度转变还受到宗教改革、反宗教改革及罗马天主教会内部混乱的影响。16、17世纪，欧洲人对基督教的信奉程度逐渐减弱；宗教军队的重要性必然开始随之下降。因此，欧洲各国向医院骑士团进奉的贡品也慢慢减少。医院骑士团，作为一个主要成员是罗马天主教的军事骑士团，曾在英格兰国王亨利八世执行《解散修道院法令》期间遭到严重打压。英格兰女王伊丽莎白一世是坚定的新教徒，对医院骑士团实施宗教宽容政策。因此，医院

骑士团重新接受英格兰王国成为其语言区之一。有一段时间，医院骑士团德语区中甚至有一部分骑士信奉新教或福音派，一部分信奉罗马天主教。

这一时期，骑士态度转变最突出的表现是，他们中很多人决定为外国海军服役，成为"14世纪到17世纪的雇佣兵"，其中法兰西海军是骑士最想服役的。骑士的这一决定违背了医院骑士团存在的初衷，因为他们直接为欧洲某个国家的军队服役，很可能会与另一支罗马天主教军队作战，就像这一时期发生的几次法兰西-西班牙海上小冲突一样。为外国海军服役的骑士面对的最大矛盾是：多年来，法兰西王国一直与奥斯曼帝国保持友好关系，而奥斯曼帝国是医院骑士团不共戴天的敌人，也是医院骑士团存在的唯一目的。在此期间，法兰西王国与奥斯曼帝国签订了许多贸易协议和非正式（最终无效）停战协议。骑士将其与宿敌奥斯曼帝国的盟友法兰西王国联系在一起，显示出他们在道德上和宗教上的矛盾性。然而，为外国海军服役，特别是为法兰西海军服役，医院骑士团的骑士便有机会效忠法兰西国王，并且能够获得晋升的机会和更多的报酬。此外，法兰西海军的例行巡航多为短途，为法兰西海军服役的骑士可以不必再为马耳他商队进行枯燥的海上长途护航，甚至还可以在某个停靠的海港吃喝玩乐。随着医院骑士团中为法兰西海军服役的士兵越来越多，法兰西王国拥有了一支经验丰富的海军，足以抵抗西班牙人及其哈布斯堡统治者的威胁。对这一时期医院骑士团骑士态度的转变，保罗·拉克鲁瓦概括道：

> 财富膨胀，特权充斥，几乎赋予了海外服役的医院骑士某种自主权……最终，医院骑士团被奢侈和懒惰弄得士气低落。为了利益和享乐，骑士放弃了自我，忘记了医院骑士团建立的初衷。很快，骑士变得贪婪无比、骄纵淫奢。他们疯狂地掠夺和占有，毫不关心掠夺的财物是来自异教徒还是基督教教徒。

随着骑士名声和财富的增长，医院骑士团越来越受到欧洲各国的嫉妒。

各个国家也越来越不愿意资助这个在公海上大捞钱财的骑士团。于是就产生了一种恶性循环,基督教国家对医院骑士团的资助越少,骑士就越疯狂地掠夺,结果医院骑士团的收入越来越依靠对外掠夺和征服。三十年战争期间,欧洲各国的主要精力都放在密切监视各国的军事动向上,他们逐渐对医院骑士团失去了兴趣。1641年2月,医院骑士团值得信赖的盟友和赞助人法兰西国王路易十四收到一封来自瓦莱塔的匿名信,信上讲述了医院骑士团目前的处境和麻烦:

> 意大利给我们的东西很少,波希米亚王国和德意志最近甚至什么都不给我们,而英格兰王国和荷兰共和国很久以前就什么也不赞助我们了。陛下,我们现在只能依靠您的王国和西班牙王国赞助的一些东西勉强维持下去了。

上述信中,医院骑士团并未提到他们从海上执法和扣押异教徒的船中赚取了可观的利润。医院骑士团开始意识到海盗对他们经济收入的重要性,甚至着手鼓励海盗组织的壮大。医院骑士团拦截并没收所有涉嫌载有土耳其货物的船及其船员,并且在瓦莱塔一并将他们转售。骑士急于没收与土耳其人有关的一切货物,自然会有意无意地伤及许多无辜的船。为了避免事态恶化,马耳他当局成立了司法法庭。在司法法庭,那些感觉受到委屈的船长可以进行申诉,而且常常能够胜诉。其实,医院骑士团发放私船通行证的做法存在了许多年,而且得到了马耳他当局的认可,因为马耳他政府试图借此来拉拢医院骑士团的骑士。后来,欧洲各国谴责的声音越来越强烈,马耳他政府不得不严格管制医院骑士团发放私船通行证的行为。然而,马耳他政府的这些努力并没有取得应有的成效。因为1700年左右,司法法庭收到了大量关于马耳他海盗猖獗的投诉。医院骑士团大量发放私船通行证使地中海的商船越来越多,并且最终导致骑士团失去了其存在的必要性。因为医院骑士团从一个宗教军事组织演变成追逐商业利益而在海上巧取豪夺的组织，必将被因地中海商船增多而贸易受到影响的北海贸易国家推翻。

5.医院骑士团在马耳他的生活

在马耳他，医院骑士团驻扎了二百六十八年，他们把这个他们所谓的"仅仅是一块大的软砂岩"的地方变成了一个拥有强大防御能力的繁华岛屿和首都城市——瓦莱塔。然而，土著岛民并没有特别享受到圣约翰骑士团统治带来的好处。医院骑士团大多数成员都是法兰西人，马耳他岛民被排除在重要职位之外。

1301年，医院骑士团被分成七大语言区，按照成立的先后顺序依次为：普罗旺斯语区、奥弗涅语区、法语区、阿拉贡语区、意大利语区、英语区和德语区。1462年，阿拉贡语区又被分为卡斯蒂尔-葡萄牙语区和阿拉贡-纳瓦拉语区。1540年，英格兰国王亨利八世接管了医院骑士团的财产后，英语区就停止了使用。1782年，英语区被重新命名为盎格鲁-巴伐利亚语区，包括巴伐利亚语分区和波兰语分区。19世纪晚期，医院骑士团的语言区被其他方式的行政区划取代。

当医院骑士团第一次来到马耳他时，当地人对他们的存在感到担忧，认为他们是傲慢的入侵者。马耳他人被排除在医院骑士团之外，骑士甚至普遍对马耳他贵族不屑一顾。然而，医院骑士团和马耳他当地的贵族能够和平共处。因为医院骑士团促进了马耳他经济和慈善事业的发展，并且保护马耳他免受穆斯林的袭击。

毫无疑问，医院骑士团在马耳他首先建造的是医院。在医院中，法语很快取代意大利语成为官方语言，尽管当地居民之间继续说马耳他语。骑士还建造了堡垒、瞭望塔，当然还有教堂。医院骑士团进驻马耳他标志着他们海上军事活动的重新开始。

瓦莱塔的建筑和防御工事始于1566年，以医院骑士团大团长让·帕里佐·德·瓦莱特的名字命名。很快，瓦莱塔就成为地中海最强大的海军港之一。

弗朗切斯科·拉帕雷利

瓦莱塔是由军事工程师弗朗切斯科·拉帕雷利设计的,他的工作随后被吉罗拉莫·卡萨尔接管。1571年,瓦莱塔建成。瓦莱塔的医院也得到扩建。圣医院可以容纳五百名患者,被誉为当时世界上最好的医院之一。在医学方面,马耳他医院设有解剖学、外科和药学学院。此外,瓦莱塔还是当时著名的艺术中心、文化中心。圣约翰修道院教堂于1577年建成,里面藏有意大利画家卡拉瓦乔等人的作品。

在欧洲,大多数医院骑士团建造的医院和教堂在宗教改革中幸存下来,但在新教或福音派国家未能保留下来。1761年,在马耳他,医院骑士团建立了公共图书馆。七年后,即1768年,大学建成。1786年,数学和航海科学学院成立。尽管有了这些发展,一些马耳他人还是对现有秩序越来越不满,他们认为医院骑士团是一个特权阶层。不满者中甚至包括一些当地贵族，因为他们不被允许加入医院骑士团。

在罗得岛，医院骑士团骑士住在客栈里。1530年到1571年，在比尔古，这种客栈式建筑很常见。自1571年以后，医院骑士团开始在瓦莱塔建造大量的骑士团客栈。比尔古的许多骑士团客栈被保留下来，大多是不起眼的16世纪建筑。瓦莱塔仍保留着1574年建成的卡斯蒂尔语区骑士团客栈（1741年由骑士团大团长德·维列纳翻修，现在是马耳他共和国总理办公室）、意大利语区骑士团客栈（1683年由骑士团大团长卡拉法翻修，现在是一个艺术博物馆）、阿拉贡语区骑士团客栈（1571年落成，现在为马耳他共和国政府部门）、巴伐利亚语区骑士团客栈（1784年建成）和普罗旺斯语区骑士团客栈（现在为马耳他国家考古博物馆）。第二次世界大战期间，奥弗涅语区和法语区的骑士团客栈被摧毁，后来在奥弗涅语区骑士团客栈的废墟上建成了马耳他法院。

6. 欧洲的动荡

尽管医院骑士团在马耳他幸存下来，但在新教改革期间，骑士团失去了它在欧洲的许多领地。1540年，医院骑士团英语区的财产被没收。1577年，德语区的勃兰登堡改信路德会，后来该地区的更多人成为福音派教徒，但继续为医院骑士团提供财政资助，直到1812年医院骑士团的保护者普鲁士国王腓特烈·威廉三世将医院骑士团改为功勋骑士团。1852年，腓特烈·威廉三世的儿子普鲁士国王腓特烈·威廉四世将功勋骑士团恢复成为医院骑士团的主要非罗马天主教分支。

在俄罗斯帝国海军和法兰西大革命前的法兰西海军中，医院骑士团占有重要地位。1639年，菲利普·德·朗维莱尔被任命为法兰西殖民地圣基茨总督，他之前是一位杰出的医院骑士团骑士。1651年，从法属美洲群岛公司那里，医院骑士团购买了圣克里斯托夫岛、圣马丁岛和圣巴泰勒米岛。1660年，菲利普·德·朗维莱尔去世。这使医院骑士团在加勒比海的存在黯然失色。菲利普·德·朗维莱尔在世时买下了圣克罗伊岛作为他的私人地产，后来他将其转让给了医院骑士团。1665年,医院骑士团将其在加勒比海的财产卖给了法属西印度公司,从而结束了医院骑士团在加勒比海的统治。

1789年,法兰西国民大会颁布的《废除法兰西封建制度法令》解散了法语区的医院骑士团。1792年,法兰西革命政府夺取了法语区医院骑士团的资产。

7.医院骑士团失去马耳他岛

1798年,医院骑士团在地中海的要塞马耳他被拿破仑·波拿巴远征埃及时占领。当时,拿破仑·波拿巴向医院骑士团大团长斐迪南·冯·洪佩施提出法兰西船进入马耳他港装载水和其他给养的请求。骑士团大团长斐迪南·冯·洪佩施虽然同意了拿破仑·波拿巴的请求,但一次只允许两艘外国船进港。拿破仑·波拿巴意识到这样做需要很长时间,而且会使他的部队受到海军上将霍拉肖·纳尔逊攻击,于是立即下令炮击马耳他。1798年6月11日7时,法兰西士兵在马耳他登陆。经过几个小时的激烈战斗,驻守马耳他西部的医院骑士团被迫投降。拿破仑·波拿巴开始与斐迪南·冯·洪佩施谈判。面对强大的法兰西军

法军在马耳他登陆

俄罗斯帝国皇帝保罗一世

队和马耳他西部的失守,斐迪南·冯·洪佩施同意投降。1799年6月18日,斐迪南·冯·洪佩施离开马耳他前往的里雅斯特,并于1799年7月6日正式辞去了医院骑士团大团长一职。

斐迪南·冯·洪佩施辞去大团长一职后,医院骑士团仍零散地存在,并且企图通过与欧洲各国政府谈判,从而恢复昔日的地位与权力。在圣彼得堡,俄罗斯帝国皇帝保罗一世为医院骑士团提供庇护,从而招罗了大量的骑士团骑士加入俄罗斯帝国骑士团。圣彼得堡的医院骑士团选举保罗一世作为他们的大团长,但未受到罗马天主教的批准。因此,保罗一世只是事实上而非法律上的骑士团大团长。

19世纪初，在欧洲，医院骑士团受到严重削弱。1810年，医院骑士团只有10%的收入来自欧洲，剩下90%来自俄罗斯。1805年到1879年，被削弱的医院骑士团在欧洲分散成多个小规模的骑士团。各个骑士团分别由各自的队长领导，而不是由大团长统一领导。因为自1799年斐迪南·冯·洪佩施辞职后，骑士团大团长职位一直空缺。后来，教皇利奥十三世重新选举了一名骑士团大团长。这标志着医院骑士团作为一个人道主义宗教组织的性质得到恢复。1806年9月19日，瑞典政府提议把哥得兰岛的主权交给医院骑士团，但被拒绝，因为这将意味着医院骑士团放弃对马耳他的主权要求。

8.医院骑士团遗迹

2013年8月，以色列文物局宣布，在耶路撒冷旧城的基督教区发现了医院骑士团建于1099年到1291年面积为十五万平方英尺（一万四千平方米）的医院。当时，这座医院能够容纳多达两千名病人，它还作为孤儿院收留了许多孤儿，这些孤儿成年后大多成为医院的医护人员。

二、医院骑士团的发展

一般认为与医院骑士团保持历史连续性的实体有：总部设在罗马、得到世界百余个国家承认的马耳他骑士团，以及耶路撒冷圣约翰骑士团联盟中的四个骑士团：耶路撒冷医院圣约翰骑士团、荷兰圣约翰骑士团、瑞典圣约翰骑士团和最受尊敬的耶路撒冷圣约翰医院骑士团。

1.马耳他骑士团

1834年，马耳他骑士团迁至罗马，医护工作再次成为其工作重点。第一次世界大战期间，马耳他骑士团做了大量的医护工作。第二次世界大战期间，在大团长卢多维科·基吉·阿尔瓦尼（1931年到1951年担任骑士团大团长）的领导下，骑士团的医护工作规模得到进一步扩大。

耶路撒冷、罗得岛和马耳他的圣约翰主权军事医院骑士团，简称马耳他骑士团（缩写为SMOM），是一个罗马天主教世俗宗教骑士团，也是世界上现存最古老的骑士团。它的主权地位得到联合国成员组织、观察员和各个国家的承认。

马耳他骑士团国与一百零七个国家建交，与常驻联合国代表团及其专门机构、欧盟、其他国际组织及六个国家建立正式外交关系。马耳他骑士团国发行自己的护照、货币、邮票及车辆牌照。马耳他骑士团国在一百二十个国家设有常驻人员，设有十二个大修道院、四十七个协会和许多医院、医疗中心、日托中心、急救队和专家基金会。它拥有一万三千五百名成员、八万名志愿者和四万两千多名医疗人员，致力于照顾穷人、病人、老人、残疾人、无家可归者、临终病人、麻风病人及所有受苦的人。马耳他骑士团国主要通过医疗援助、难民照顾、药品和基本生存品分发为武装冲突地区和受灾国家提供救助。

在与马耳他共和国政府签署的一项协议中，马耳他骑士团国被允许在马耳他共和国设立一个特派骑士团，进驻圣安杰洛堡，为期九十九年。今天，在这座修复后的圣安杰洛堡里，特派骑士团举行各种与马耳他骑士团相关的历史文化活动。

2.圣约翰骑士团

在宗教改革期间，德语大区的勃兰登堡分区（主要位于勃兰登堡州）宣布将继续接受圣约翰骑士团管理，尽管一些圣约翰骑士改信福音派基督教。如今，勃兰登堡州仍是圣约翰骑士团德语大区的一个分区。圣约翰骑士团的新教分区从德国延伸至欧洲其他国家（包括比利时、匈牙利、波兰、芬兰、丹麦、瑞士、法国、奥地利、英国和意大利）、北美（美国、加拿大和墨西哥）、南美（哥伦比亚、委内瑞拉、智利）、非洲（纳米比亚、南非）、亚洲和澳大利亚。

第二次世界大战后，圣约翰骑士团勃兰登堡分区的荷兰和瑞典独立出来，现在是各自君主保护下的独立骑士团。荷兰国王威廉-亚历山大是荷兰圣约翰骑士团的荣誉团长，而瑞典的圣约翰骑士团受瑞典国王卡尔十六世·古斯塔夫的保护。德国、荷兰和瑞典这三个新教骑士团正式成为耶路撒冷圣约翰骑士团联盟的成员。该联盟由勃兰登堡分区的圣约翰骑士团于1961年创立。德国、荷兰和瑞典三个新教骑士团虽然与信奉罗马天主教的马耳他骑士团国合作，但各新教骑士团仍是独立的。

3.最受尊敬圣约翰医院骑士团

在英格兰王国，医院骑士团几乎所有财产都被亨利八世在宗教改革期间没收，医院骑士团不得不取消曾经设立的英语大区。1831年，欧洲贵族重新建立了一个英格兰骑士团，对外宣称代表马耳他骑士团国行事。这个英格兰骑士团后来被称为"最受尊敬圣约翰骑士团"，于1888年获得维多利亚女王颁发的皇家特许状，之后扩展到整个英国、英联邦国家和美国。今天，最受尊敬圣约

亨利八世

翰骑士团最活跃的机构是英国和英联邦的圣约翰救护队和耶路撒冷的圣约翰眼科医院。19世纪末以来，最受尊敬圣约翰骑士团一直驻扎在马耳他。与中世纪医院骑士团相比，最受尊敬圣约翰骑士团的成员不再局限于基督教教徒。

4.自封的骑士团

还有一些骑士团自称源自医院骑士团，但因存在许多国际争议而不被承认。斐迪南·冯·洪佩施辞去马耳他医院骑士团大团长一职后，大量医院骑士来到俄罗斯的圣彼得堡，受到保罗一世的庇护而重组成为俄罗斯帝国骑士团。虽然俄罗斯帝国骑士团得到了教皇的认可，但英格兰王国对这一决定表示不满，宣称教皇的决定是非官方的，因为这可能会让俄罗斯人通过对马耳他宣示主权而进入地中海。罗马教廷后来撤销了对俄罗斯帝国骑士团的承认，并且列出保罗一世不适合担任骑士团大团长的三条理由：一是保罗一世已婚；二是保罗一世从未到过马耳他，也拒绝长期住在马耳他；三是保罗一世不是罗马天主教徒。

自19世纪以来，其他几个自封的骑士团，包括俄罗斯帝国骑士团在内，并没有任何权威的资料能够证明它们源自医院骑士团，其使用的证明材料均是非原始的或者未经同行审查自行出版的。实际上，医院骑士团要么在1798年被驱逐出马耳他后就解散了，要么在20世纪初俄国革命后不久就消失了。因此，19世纪以后成立的骑士团声称源自医院骑士团都是虚假的。

第二次世界大战结束后，一位曾在马耳他经商的意大利人自称是波兰王子和"波多里亚大修道院"的大长老，并且利用意大利无骑士团的现状，建立意大利共和国骑士团。最后，这位意大利人的所有身份被证明都是假的，他建立的意大利共和国骑士团也是非法的。另一个骗子声称是维伦纽夫圣三一修道院的大长老，但接受警方调查后，承认自己说谎了。尽管如此，1975年，在马耳他，维伦纽夫圣三一修道院重新出现。1978年，这一组织又在美国出现，并且存在至今。

20世纪50年代初，马耳他骑士团国的美国协会收取了大笔的通行费。这很可能促使查尔斯·皮切尔在1956年创建了他自封的"医院骑士团、耶路撒冷圣约翰骑士团国"。为避免自封的骑士团国因模仿马耳他骑士团国而遭到质疑，查尔斯·皮切尔为自己的组织编造了一段神话般的历史。他声称自己领导的医院骑士团、耶路撒冷圣约翰骑士团国是在1908年作为俄罗斯帝国骑士团的一个分骑士团而建立起来的。这是一个虚假的说法，误导了许多人，这其中还包括一些学者在内。事实上，查尔斯·皮切尔自封的医院骑士团、耶路撒冷圣约翰骑士团国与俄罗斯帝国骑士团没有任何关系。医院骑士团、耶路撒冷圣约翰骑士团国创建以后，吸引了许多俄罗斯贵族的加入，倒是为查尔斯·皮切尔编造的谎言增加了几分可信度。

在美国，还有一个吸引了大量追随者的自封骑士团，它是由已故的罗伯特·福姆哈尔斯在奥古斯都学会等历史组织的支持下创立的。罗伯特·福姆哈尔斯曾自称是桑古斯科家族的后裔。

四、医院骑士团的等级制度

在医院骑士团的指挥官中，第一等级是大团长或总司令。第二等级是副团长，1304年以后均来自圣吉尔斯大修道院。在医院骑士团大团长不在或去世的情况下，副团长可以接替大团长的职位。第三等级是军事长官，主要负责医院骑士团备战的各项工作，包括采购盔甲、武器、弹药和配备马匹装备等。大团长或者副团长可向军事长官发号施令。

译名对照表

Aachen	亚琛
Aar	阿尔河
Aargau	阿尔高
Abbeville	阿布维尔
Abruzzi	阿布鲁齐
Abul Hakam	阿布·哈卡姆
Acre	阿卡
Adam Moleyns	亚当·莫林斯
Adda	阿达河
Adelaide of Holland	荷兰的阿德莱德
Adige	阿迪杰河
Adolf I	阿道夫一世
Adorni	阿多尔尼
Adrianople	阿德里安
Adriatic Sea	亚德里亚海
AEgean	爱琴海
AEthelred II	艾塞雷德二世
Agen	阿让
Agnes of Bohemia	波希米亚的艾格尼丝
Agnes von Habsburg	阿格内斯·冯·哈布斯堡
Aiguillon	艾吉永
Aladdin III	阿拉丁三世

Albania	阿尔巴尼亚
Alberigo da Barbiano	阿尔贝里科·达·巴比亚诺
Albert II	阿尔贝特二世
Albigensian Crusade	阿尔比十字军
Albrecht Gessler	阿尔布雷克特·格斯勒
Albrecht I	阿尔布雷希特一世
Albrecht II	阿尔布雷希特二世
Alcantara	阿尔坎塔拉
Alencon	阿朗松
Alessandria	亚历山德里亚
Alexander V	亚历山大五世
Alfonsina Orsini	阿方西娜·奥尔西尼
Alfonso II	阿方索二世
Alfonso de la Cerda	阿方索·德拉·塞尔达
Alfonso III	阿方索三世
Alfonso V	阿方索五世
Alfonso X	阿方索十世
Alfonso X de Castilla	卡斯蒂尔国王阿方索十世
Alfonso XI	阿方索十一世
Algeciras	阿尔赫西拉斯
Algoa Bay	阿尔哥亚湾
Aljubarrota	阿朱巴罗塔
Alonso Borja	亚丰索·波吉亚
Alps	阿尔卑斯山脉
Alsace	阿尔萨斯
Altdorf	阿尔特多夫
Altopascio	阿尔托帕肖
Alvaro de Luna	阿尔瓦罗·德·卢纳
Amadeus VIII	阿马德乌斯八世
Ambrogio Lorenzetti	安布罗焦·洛伦采蒂
Amiens	亚眠
Ammonito	阿默尼

Anagni	阿纳尼
Ancona	安科纳
Andrea del Sarto	安德烈亚·德尔·萨尔托
Andrea del Verrocchio	安德烈亚·德尔·韦罗基奥
Andrea Lampugnani	安德烈亚·兰普尼亚尼
Andrea Mantegna	安德烈亚·曼泰尼亚
Andrea Orcagna	安德烈亚·奥尔卡尼亚
Andrew III	安德鲁三世
Andronicus II	安德罗尼科二世
Andronicus Palaeologus	安德罗尼柯·帕里奥洛加斯
Angelo Acciaiuoli	安杰洛·阿恰约奥利
Angelo Politiano	安杰洛·波利齐亚诺
Angora	安哥拉
Angoumois	昂古穆瓦
Anguillara	安圭拉
Anne of Bavaria	巴伐利亚的安妮
Anne of Bohemia	波希米亚的安妮
Anne of Brittany	布列塔尼的安妮
Antoine de Chabannes	安托万·德·夏巴纳
Antonio Grimaldi	安东尼奥·格里马尔迪
Antonio Loredan	安东尼奥·洛丹
Antony of Croy	克罗伊的安东尼
Apennine Peninsula	亚平宁半岛
Apennines	亚平宁山脉
Apulia	阿普利亚
Aragon	阿拉贡人
Archbishop of Mainz	美因茨大主教
ArchBishop of Taranto	塔兰托大主教
Archbishop of Trier	特里尔大主教
Arezzo	阿雷佐
Argentier	司库
Aristotle	亚里士多德

Armagnac	阿马尼亚克
Arno	阿尔诺
Arnold	阿诺尔德
Arpad	阿帕德
Arras	阿拉斯
Arthur de Richemont	阿瑟·德·里什蒙
Arti Maggiori	七个大行会
Arti Minori	小行会
Ascanian Margrave of Brandenburg	勃兰登堡阿斯坎尼家族的藩侯
Ascanians	阿斯坎尼人
Ascanio Maria Sforza	阿斯卡尼奥·马里亚·斯福尔扎
Asia Minor	小亚细亚
Asolo	阿索洛
Assisi	阿西西
Asti	阿斯蒂
Auberoche	欧贝罗什
Augsburg	奥格斯堡
Austria	奥地利
Auvergne	奥弗涅
Auxerre	欧塞尔
Avignon	阿维尼翁
Avila	阿维拉
Aybar	艾瓦尔
Azof	阿佐夫
Azores	亚速尔群岛
Azov	亚速
Azzone Visconti	阿佐内·维斯孔蒂
Babylonian captivity	巴比伦囚房
Baden	巴登
Bailiff	地方长官
Bajamonte Tiepolo	贝亚蒙特·蒂耶波洛
Bajazet I	巴雅泽一世

Bajazet II	巴雅泽二世
Baldassarre Cossa	巴尔达萨雷·科萨
Balduin von Luxemburg	鲍德温·冯·卢森堡
Baldwin II	鲍德温二世
Balearic Islands	巴利阿里群岛
Balia	巴利亚
Balkan	巴尔干
Baltic Sea	波罗的海
Bar	巴尔
Barcelona	巴塞罗那
Barnet	巴尼特
Baroncelli	巴龙切利
Bartholomew Diaz	巴塞洛缪·迪亚兹
Bartolomeo Platina	巴尔托洛梅奥·普拉蒂纳
Bartolommeo Coleone	巴尔托洛梅奥·科利奥尼
Basilica di Santa Maria Novella	佛罗伦萨新圣母大殿
Bassano	巴萨诺
Bastille	巴士底狱
Battle of Agincourt	阿金库尔战役
Battle of Aljubarrota	阿勒祖巴洛特战役
Battle of Anghiari	安吉亚里战役
Battle of Auray	欧赖战役
Battle of Bannockburn	班诺克本战役
Battle of Benevento	贝内文托战役
Battle of Bornhöved	博恩霍夫战役
Battle of Castillon	卡斯蒂永战役
Battle of Crecy	克雷西战役
Battle of Dupplin Moor	杜普林沼地战役
Battle of Gavere	哈弗尔战役
Battle of Halidon Hill	哈利顿山战役
Battle of Herrings	鲱鱼战役
Battle of Montiel	蒙铁尔战役

Battle of Morgarten	莫尔加滕战役
Battle of Mühldorf	米尔多夫战役
Battle of Näfels	纳费尔战役
Battle of Nájera	纳赫拉战役
Battle of Neville's Cross	内维尔十字战役
Battle of Nicopolis	尼科波利斯战役
Battle of Poitiers	普瓦捷战役
Battle of Sempach	森帕赫战役
Battle of Stirling Bridge	斯特灵桥战役
Battle of the Golden Spurs	金马刺战役
Battle of Zagonara	扎戈纳拉战役
Battle on the Marchfeld	马希费尔德战役
Bayezid I	巴耶济德一世
Bayonne	巴约讷
Beatific Vision	荣福直观
Beatrice d'Este	贝亚特里切德埃斯特
Beatrice Lascaris di Tenda	贝亚特里切·拉斯卡里斯·迪·滕达
Beatrice of Castile	卡斯蒂尔的比阿特丽斯
Beatrice of Provence	普罗旺斯的比阿特丽斯
Beaumont	博蒙特
Beauvais	博韦
Belgrad	贝尔格莱德
Belluno	贝卢诺
Beltran de la Cueva	贝尔特伦·德拉·奎瓦
Benedetto Alberti	贝内代托·阿尔贝蒂
Benedict XI	本笃十一世
Benedict XII	本笃十二世
Benedict XIII	本笃十三世
Benvenuto Cellini	本韦努托·切利尼
Bergamo	贝加莫
Bergen	卑尔根
Bern	伯尔尼

Bernabò Visconti	贝尔纳博·维斯孔蒂
Bernhard	伯恩哈德
Bertrand de Got	伯特兰·德·高特
Bertrand Du Guesclin	贝特朗·杜·盖克兰
Berwick	贝里克
Bianca de' Medici	比安卡·德·美第奇
Bianca Della Rovere	比安卡·德拉罗·韦雷
Bianca Maria Visconti	比安卡·玛丽亚·维斯孔蒂
Bishop of Chichester	奇切斯特主教
Bishop of Fermo	费尔莫主教
Bishop of Laon	拉昂主教
Bishop of Riga	里加主教
Bishop of Salisbury	索尔兹伯里主教
Black Death	黑死病
Black Sea	黑海
Blanche of Artois	阿图瓦的布兰奇
Blanche of Bourbon	波旁的布朗什
Blanche of France	法兰西的布兰奇
Blanchetaque	布朗什塔克
Blanchetaque	布兰奇塔克
Bogislav IX	博吉斯拉夫九世
Bohain	博安
Bologna	博洛尼亚
Bona of Savoy	萨伏依的博纳
Bonne of Luxembourg	卢森堡的邦纳
Bordeaux	波尔多
Bosnia	波斯尼亚
Bosphorus	博斯普鲁斯海峡
Boulogne	布洛涅
Bourges	布尔日
Brabant	布拉班特
Braccio da Montone	布拉乔·达·蒙托内

Brandenburg	勃兰登堡
Breisgau	布赖斯高
Bremen	不来梅
Brenta	布伦塔
Brescia	布雷西亚
Breslau	布雷斯劳
Breton	布雷顿
Brie	布里
Brindisi	布林迪西
Brondolo	布龙多洛
Brothers Bureau	兄弟连
Bruges	布鲁日
Brugg	布鲁格
Brunnen	布鲁嫩
Brunswick	不伦瑞克
Brusa	布鲁萨
Brutus	布鲁图什
Bulgaria	保加利亚
Bull Execrabilis	谴责诏书
Buonconvento	博恩孔文托
Burggraf of Nurnberg	纽伦堡子爵领地
Burgomaster for Life	终身市长
Byzantine Empire	东罗马帝国
Cabo Blanco	卡沃布兰科
Cabo Tormenfoso	托尔门福索角
Caboche	卡博什
Cabochian Ordinance	《卡博什法令》
Cabochiens	卡博什人
Cadiz	加的斯
Caen	卡昂
Caffa	卡法
Cagliari	卡利亚里

Calais	加来
Calatrava	卡拉特拉瓦
Calicut	卡利卡特
Calixtines	圣杯派
Callixtus III	加理多三世
Campagna	坎帕尼亚
Campobasso	坎波巴索
Canary Islands	加那利群岛
Candia	坎迪亚
Cangrande I della Scala	康格兰蒂·德拉·斯卡拉
Cape Anzio	安齐奥角
Cape Horn	合恩角
Cape of Good Hope	好望角
Cape Verde	佛得角
Capet	卡佩
Captal de Buch	卡普塔尔·德·比什
Caramania	卡拉马尼亚
Caravaggio	卡拉瓦乔
Cardinal Albornoz	枢机主教阿尔沃诺斯
Careggi	卡雷吉
Carinthia	卡林西亚
Carlo I Malatesta	卡洛一世·马拉泰斯塔
Carlo Visconti	卡洛·维斯孔蒂
Carlo Zeno	卡洛·泽诺
Carniola	卡尔尼奥拉
Carnival Songs	《狂欢节歌曲集》
Carolingian Empire	加洛林帝国
Casalmaggiore	卡萨尔马焦雷
Casimir III	卡齐米尔三世
Casimir IV	卡齐米尔四世
Cassel	卡塞勒
Castelbaldo	卡斯特巴尔多

Castello	卡斯泰洛
Castruccio Castracani	卡斯特鲁乔·卡斯特拉卡尼
Catalan	加泰罗尼亚
Catarina Cornaro	卡塔里娜·科尔纳罗
Caterina Sforza	卡泰丽娜·斯福尔扎
Caterina Visconti	卡泰丽娜·维斯孔蒂
Catherine of Bohemia	波希米亚的凯瑟琳
Catherine of Poděbrady	波杰布拉迪的凯瑟琳
Catherine of Pomerania	波美拉尼亚的凯瑟琳
Celestine V	塞莱斯廷五世
Celts	凯尔特人
Ceneda	塞内达
Cerdagne	塞尔达涅
Cesare Borgia	切萨雷·博尔贾
Chalcidice	哈尔基季基半岛
Chambre des Enquetes	调查分庭
Chambre des Requites	上诉分庭
Charles de Blois	夏尔·德·布卢瓦
Charles I	查理一世
Callo II	卡洛二世
Charles II	查尔斯二世
Charles IV	查理四世
Charles Martel	查理·马特尔
Charles of Spain	西班牙的查尔斯
Charles of Valois	瓦卢瓦的查理
Charles Robert	查理·罗伯特
Charles the Bad	"恶棍卡洛斯"
Charles the Bold	大胆查理
Charles the Great	查理曼大帝
Charles University in Prague	布拉格查理大学
Charles VII	查理七世
Charles VIII	查理八世

Charlotte of Savoy	萨伏依的夏洛特
Chartres	沙特尔
Chiana	基亚纳
Chinon	希农
Chioggia	基奥贾
Chios	希俄斯岛
Christopher Columbus	克里斯托弗·哥伦布
Christopher II	克里斯托弗二世
Christopher of Bavaria	巴伐利亚的克里斯托弗
Church of St. Stephen	圣斯蒂芬教堂
Cinque Ports	五港同盟
Ciompi	市民
Cistercian Monk of Oliva	奥利瓦的熙笃会修道士
City of Forli	弗利城
Civil Government	《公民政府》
Clarice Orsini	克拉丽斯·奥尔西尼
Clement V	克莱门特五世
Clement VI	克莱门特六世
Clement VII	克莱门特七世
Clementia of Hungary	匈牙利的克莱门蒂亚
Clericis Laicos	《教士不纳俗税》
Coblentz	科布伦茨
Cola di Rienzi	科拉·迪·里恩齐
Cola di Rienzo	科拉·迪·里恩佐
Colkgio	内阁大臣
Cologne	科隆
Colonna	科隆纳家族
Comminges	科曼日
Commune	公社
Como	科莫
Compactata	《协约》
Company of St. George	圣乔治军队

Compiegne	贡比涅
Compostella	孔波斯泰拉
Comtat Venaissin	沃奈桑伯爵领地
Concordats of Martin V	《马丁五世协约》
Confidence Trick	骗得信任的诡计
Conrad IV	康拉德四世
Conradin	康拉丁
Constable d'Albret	康斯特布尔的阿尔布雷
Constance of Sicily	西西里的康斯坦丝
Constantine the Great	君士坦丁大帝
Constantine XI Palaologus	君士坦丁十一世·帕拉奥洛古斯
Constantinople	君士坦丁堡
Contado	康塔多
Contest of Investitures	授权之争
Contest of the Three Votes	三票之争
Copenhagen	哥本哈根
Cordova	科尔多瓦
Corfu	科孚岛
Corsica	科西嘉
Cortes	科尔特斯
Cortona	科尔托纳
Cosimo de' Medici	科西莫·德·美第奇
Council of Basil	巴塞尔宗教会议
Council of Constance	康斯坦斯宗教会议
Council of Florence	佛罗伦萨宗教会议
Council of Nicaea	尼西亚宗教会议
Council of Pisa	比萨宗教会议
Council of Ten	十人团
Councillor of State	国务议员
Count of Alençon	阿朗松伯爵
Count of Angouleme	如昂古莱姆伯爵
Count of Armagnac	阿马尼亚克伯爵

Count of Artois	阿图瓦伯爵
Count of Brienne	布里耶纳伯爵
Count of Burgundy	勃艮第伯爵
Count of Celje	采列伯爵
Count of Dammartin	达玛丁伯爵
Count of Évreux Louis	埃夫勒伯爵路易
Count of Flanders	佛兰德斯伯爵
Count of Flanders Guy	佛兰德斯伯爵盖伊
Count of Foix	富瓦伯爵
Count of Gorizia-Tyrol	戈里齐亚－蒂罗尔伯爵
Count of Hainaut	埃诺伯爵
Count of Hohenzollern	霍亨索伦伯爵
Count of Longueville Philip	隆格维尔伯爵菲利普
Count of Nassau Adolf	拿骚伯爵阿道夫
Count of Nevers	讷韦尔伯爵
Count of Penthièvr Guy	彭斯耶夫伯爵盖伊
Count of Penthièvre	彭蒂耶夫伯爵
Count of Poitiers Alphonse	普瓦捷伯爵阿方斯
Count of Romont	罗蒙伯爵
Count of Trastamara	特拉斯塔马拉伯爵
Count of Trastamara Henry	特拉斯塔马拉伯爵亨利
Count of Urgell	乌赫利伯爵
Count of Vaudémont Antoine	沃代蒙伯爵安东尼
Count of Virneburg	维尔讷堡伯爵
Count of Wurtemburg Eberhard	维尔滕堡伯爵埃伯哈德
Count Palatine	普法尔茨伯爵
Count Palatine of the Rhine	莱茵河帕拉廷伯爵
Counter-Reformation	反宗教改革
Countess of Flanders	佛兰德斯伯爵夫人
Countess of Toulouse Joan	图卢兹伯爵夫人琼
County of Aquitaine	阿基坦公国
County of Brittany	布列塔尼公国

County of Flanders	佛兰德斯公国
Cour du Roy	国王法院
Courland	库尔兰
Court of Common Pleas	民事诉讼法院
Cracow	克拉科夫
Crema	克雷马
Cremona	克雷莫纳
Crete	克里特岛
Crevant	克勒旺
Crimea	克里米亚
Croatia	克罗地亚
Cruel	残酷者
Crusades	十字军远征
Cup-bearer	大酒政
Cymburgis of Masovia	玛索维亚的辛堡
Cyprus	塞浦路斯
Dalarna	达拉纳
Dalmatia	达尔马提亚
Dante Alighieri	但丁·阿利吉耶里
Danube	多瑙河
Danzig	但泽
Dauphin of Vienne	维也纳王太子
Dauphiné	多菲内
David II	大卫二世
Decameron	《十日谈》
Decentralising Movement	分权运动
Declaration of Rense	《伦斯宣言》
Decrees of Frankfort	《法兰克福法令》
Defensor pacis	《和平的保卫者》
Della Scalas of Verona	维罗纳的德拉斯卡拉斯
Demetrius Palaologus	狄米特律斯·帕拉奥洛古斯
Democrats	民主派

Denmark	丹麦王国
Dijon	第戎
Dinant	迪南
Diotisalvi Neroni	迪奥蒂萨尔瓦·内罗尼
Ditmarsh	迪特马尔申
Divine Comedy	《神曲》
Doffingen	多芬根
Doge	总督
Domenico Ghirlandaio	多米尼哥·基兰达奥
Dominican	多米尼加
Donatello	多那太罗
Donato Bramante	多纳托·布拉曼特
Doria	多里亚
Dorothea of Brandenburg	勃兰登堡的多罗西娅
Dortmund	多特蒙德
Douai	杜埃
Dreux	德勒
Ducal Councillor	公爵议员
Duccio di Buoninsegna	杜乔·迪·博尼塞尼亚
Duchess of Brabant Joanna	布拉班特公爵夫人乔安娜
Duchess of Brittany Joan	布列塔尼公爵夫人琼
Duchy of Lorraine	洛林公国
Duchy of Milan	米兰公国
Duchy of Saxony	萨克森公国
Duke of Austria	奥地利公爵
Duke of Bavaria	巴伐利亚公爵
Duke of Berry	贝里公爵
Duke of Brittany	布列塔尼公爵
Duke of Brittany John	布列塔尼公爵约翰
Duke of Burgundy	勃艮第公爵
Duke of Burgundy Philip	勃艮第公爵菲利普
Duke of Calabria	卡拉布里亚公爵

Duke of Clarence	克拉伦斯公爵
Duke of Gloucester Humphrey	格洛斯特公爵汉弗莱
Duke of Lancaster Henry	兰开斯特公爵亨利
Duke of Lescun	莱斯坎公爵
Duke of Lolland Christopher	洛兰岛公爵克里斯托弗
Duke of Lower Bavaria	下巴伐利亚公爵
Duke of Nemours	内穆尔公爵
Duke of Normandy John	诺曼底公爵约翰
Duke of Savoy	萨伏依公爵
Duke of Saxe-Lauenburg	萨克森-劳恩堡公爵
Duke of Saxe-Wittenberg	萨克森-维滕贝格公爵
Duke of Spoleto	斯波莱托公爵
Duke of Suffolk	萨福克公爵
Duke of Upper Bavaria Louis	上巴伐利亚公爵路易
Duke of Urbino	乌尔比诺公爵
Duke of York	约克公爵
Earl of Somerset	萨默塞特伯爵
Earl of Warwick	沃里克伯爵
Easter	复活节
Easterlings	伊斯特林人
Eastern Roman Empire	东罗马帝国
Ecorcheurs	剥皮者
Edinburgh	爱丁堡
Edmund Beaufort	埃德蒙·博福特
Edmund Crouchback	埃德蒙·克劳奇巴克
Edward Balliol	爱德华·巴利奥尔
Edward I	爱德华一世
Edward II	爱德华二世
Edward III	爱德华三世
Edward IV	爱德华四世
Edward of Westminster	威斯敏斯特的爱德华
Edward the Black Prince	黑太子爱德华

Egremont	埃格勒蒙特
Eight Old Cantons	旧八大州
Einsiedeln	艾因西德伦
Elbe	易北河
Elbing	埃尔宾
Eleanor	埃莉诺
Eleanor Cobham	埃莉诺·科巴姆
Eleanor de Guzman	埃莉诺·德·古兹曼
Eleanor of Aquitaine	阿基坦的埃莉诺
Elector of Brandenburg	勃兰登堡选帝侯
Elector of Saxony	萨克森选帝侯
Elector Palatine	帕拉廷选帝侯
Electorate of Brandenburg	勃兰登堡选帝侯
Elisabeth	伊丽莎白
Elizabeth of Bohemia	波希米亚的伊丽莎白
Elizabeth of Carinthia	卡林西亚的伊丽莎白
Elizabeth of Görlitz	格尔利茨的伊丽莎白
Elizabeth Woodville	伊丽莎白·伍德维尔
Elna	埃尔纳
Emir of Fez	非斯的埃米尔
Empire of Servia	塞尔维亚帝国
Empire of Trebizond	特拉比松帝国
Enea Silvio Piccolomini	埃内亚·西尔维奥·皮科洛米尼
England	英格兰王国
Enguerrand de Coucy	昂盖朗·德·库西
Enguerrand de Marigny	昂盖朗·德·马里尼
Epila	埃皮拉
Epirus	伊庇鲁斯
Ercole I d'Este	埃尔科莱一世德埃斯特
Eric of Pomerania	波美拉尼亚的埃里克
Eric I	埃里克一世
Ernest	恩斯特

Ertogrul Othman	埃尔托格鲁尔·奥斯曼
Este of Ferrara	费拉拉的埃斯特
Esthonia	爱沙尼亚
Esthonian	爱沙尼亚人
Etaples	埃塔普勒
Eternal City	永恒之城
Etienne Marcel	艾蒂安·马塞尔
Euboea	埃维亚岛
Euphemia of Sweden	瑞典的尤菲米娅
Euryalus and Lucretia	《欧律阿洛斯和卢克雷蒂娅》
Evreux	埃夫勒
Facino Cane	法奇诺·卡内
Fadrique Alfonso	法德里克·阿方索
Fadrique Enríquez Mendoza	法德里克·恩里克斯·门多萨
Falkirk	福尔柯克
Falkoping	法尔雪平
False Coiner	假币制造者
Famagusta	法马古斯塔
Federico da Montefeltro	费代里科·达·蒙太费尔特罗
Felix V	费利克斯五世
Feltre	费尔特雷
Féodalité Apanagée	封建属臣
Feodalite Territoriale	旧封建领地主
Ferdinand de Cerda	斐迪南·德·塞尔达
Ferdinand de la Cerda	斐迪南·德拉·塞尔达
Ferdinand II	斐迪南二世
Ferdinand IV	斐迪南四世
Fernando de la Cerda	费尔南多·德拉·塞尔达
Ferrante I	斐迪南一世
Ffaffen-Kaiser	教皇的皇帝
Fieschi	菲耶斯基
Filioque	和子说

Filippo Brunellesco	菲利波·布鲁内莱斯基
Filippo Lippi	菲利波·利皮
Filippo Maria Visconti	菲利波·马里亚·维斯孔蒂
Finlay	芬利
Florin	弗罗林
Flower of the French Nobility	法兰西贵族之花
Forli	弗利
Formosus	福尔摩苏斯
Fougeres	富热尔
Four Articles of Prague	布拉格四条款
Fra Angelico	弗拉·安杰利科
Fra Moreale	弗拉·莫雷亚莱
France	法兰西王国
Franceschetto Cibo	弗兰切斯凯托·奇博
Francesco Bussone da Carmagnola	弗朗切斯科·布索内·达·卡尔马尼奥拉
Francesco de' Pazzi	弗朗切斯科·德·帕齐
Francesco Filelfo	弗朗切斯科·菲尔弗
Francesco Foscari	弗朗切斯科·福斯卡里
Francesco Guicciardini	弗朗切斯科·圭恰迪尼
Francesco I da Carrara	弗朗切斯科一世·达·卡拉拉
Francesco I Sforza	弗朗切斯科一世·斯福尔扎
Francesco Novello da Carrara	弗朗切斯科·诺韦洛·达·卡拉拉
Francesco Petrarch	弗朗切斯科·彼特拉克
Francesco Piccinino	弗朗切斯科·皮奇尼诺
Francesco Salviati	弗朗切斯科·萨尔维亚蒂
Franche-Comté	弗朗什-孔泰
Francia	法兰克王国
Francis I	弗朗西斯一世
Francis Phoebus	弗朗西斯·菲伯斯
Franciscan Order	方济各会
Franconia	弗兰科尼亚
Frankfort	法兰克福

Fraticelli	方拉蒂赛利
Frederick I	腓特烈一世
Frederick II	腓特烈二世
Frederick III	腓特烈三世
Frederick V	腓特烈五世
Fregosi	弗雷戈西
Fregosi of Genoa	热那亚的弗雷戈西
French Revolution	法兰西大革命
Friesland	弗里斯兰
Friuli	弗留利
Gabriele Maria Visconti	加布里埃莱·马里亚·维斯孔蒂
Galata	加拉塔
Galeazzo I Visconti	加莱亚佐一世·维斯孔蒂
Galeazzo II Visconti	加莱亚佐二世·维斯孔蒂
Galeotto I Pico	加莱奥托一世·皮科
Galilean Church	加利利教会
Gallipoli	加利波利半岛
Ganties	冈蒂人
Gascon	加斯孔
Gascons	加斯科涅人
Gascony	加斯科涅
Gaspard Bureau	加斯帕尔·布罗
Gaston IV	加斯东四世
Gelderland	海尔德兰
Genappe	热纳普
General Council	宗教会议
General Privilege	《一般特权法案》
Genoa	热那亚
Geoffrey Chaucer	杰弗里·乔叟
George of Poděbrady	波杰布拉迪的乔治
George of Servia	塞尔维亚国王乔治
George Podiebrad	乔治·波迪布兰德

Georges Chastellain	乔治·夏特兰
Georges Trémoille	乔治·特雷莫耶
Gerhard II von Eppstein	格哈德二世·冯·埃普斯坦
Gerlach von Nassau	格拉赫·冯·拿骚
German Knights of St. Mary	圣玛丽日耳曼骑士团
Germany	德意志
Gerona	赫罗纳
Ghent	根特
Gherardo Appiani	盖拉尔多·阿皮亚尼
Ghiara d'Adda	阿达河上的吉亚拉
Ghibelline Party	皇帝派
Gian Galeazzo Visconti	吉安·加莱亚佐·维斯孔蒂
Gian Jacopo Trivulzio	吉安·雅各布·特里武尔齐奥
Giannozzo Mannetti	吉安诺佐·曼内蒂
Giano della Bella	贾诺德拉贝拉
Giorgio Scali	乔治·斯卡利
Giorgione Castelfranco	乔尔乔涅·卡斯泰尔弗兰科
Giostra	《吉奥斯特纳》
Giotto di Bondone	乔托·迪·邦多纳
Giovanna d' Aragona	焦万纳德阿拉戈纳
Giovanna da Montefeltro	焦万纳·达·蒙太费尔特罗
Giovanni Battista da Montesecco	乔瓦尼·巴蒂斯塔·达·蒙特塞科
Giovanni Bentivoglio	乔瓦尼·本蒂沃利奥
Giovanni Boccaccio	乔万尼·薄伽丘
Giovanni Cimabue	乔瓦尼·契马埃
Giovanni de' Medici	乔瓦尼·德·美第奇
Giovanni della Rovere	乔瓦尼·德·拉罗韦雷
Giovanni d'Oleggio	乔瓦尼·德奥莱焦
Giovanni Visconti	乔瓦尼·维斯孔蒂
Giovanni Vitelleschi	乔瓦尼·维泰列斯基
Girolamo Olgiati	吉罗拉莫·奥尔贾蒂
Girolamo Riario	吉罗拉莫·里亚里奥

Girolamo Savonarola	吉罗拉莫·萨沃纳罗拉
Girona	赫罗纳
Giuliano de' Medici	朱利亚诺·德·美第奇
Giuliano della Rovere	朱利亚诺·德拉·罗韦雷
Gjergj Kastrioti Skënderbeu	乔治·卡斯特里奥蒂·斯坎德培
Gjon Kastrioti II	吉恩·卡斯特里奥第二世
Glarus	格拉鲁斯
Golden Bull of 1356	《1356年金玺诏书》
Gollheim	格尔海姆
Gonfalonier of Justice	正义旗手
Gonzagas of Mantua	曼图亚的贡扎加
Gothic Architecture	哥特式建筑
Gothland	哥特兰岛
Gotthard Ketteler	戈特哈德·克特勒
Granada	格拉纳达
Grand Council	大理事会
Grand Duchy of Tuscany	托斯卡纳大公国
Grande Chambre	大法庭
Grandi	贵族
Granson	格朗松
Great Duchy of Swabia	士瓦本大公国
Great Jubilee	大赦年
Great Law-court of Venice	威尼斯大法院
Great Ordinance of December 28, 1355	《1355年12月28日大法令》
Greece	希腊
Greifswald	格赖夫斯瓦尔德
Grenoble	格勒诺布尔
Grimaldi	格里马尔迪
Guarnieri	瓜尔涅里
Guelphs Party	教皇派
Guglielmo Pazzi	古列尔莫·帕齐
Guido della Torre	圭多德拉托雷

Guienne	吉耶纳
Guild of Butchers	屠夫行会
Guinea	几内亚
Guînes	吉讷
Guise	吉斯
Günther von Schwarzburg	金特·冯·施瓦茨堡
Gustavus Vasa	古斯塔夫斯·瓦萨
Haakon VI	哈康六世
Halloween	万圣节
Ham	哈姆
Hamburg	汉堡
Hansa Alamannice	阿勒曼尼汉萨
Hanseatic League	汉萨同盟
Hans-hus	汉斯胡斯
Harfleur	阿夫勒尔
Harmodius	哈摩狄斯
Heinrich	海因里希
Heinrich II	海因里希二世
Heinrich III	海因里希三世
Heinrich VI	亨利六世
Heinrich VII	海因里希七世
Heinrich von Plauen	海因里希·冯·普劳恩
Hellespont	赫勒斯蓬特海峡
Helsingborg	赫尔辛堡
Helvig of Schauenburg	绍恩堡的黑尔维希
Henry Beaufort	亨利·博福特
Henry II	亨利二世
Henry III	亨利三世
Henry of Bohemia	波希米亚的亨利
Henry the Impotent	"无能亨利"
Henry the Lion	"狮子亨利"
Henry V	亨利五世

Henry XIII	亨利十三世
Hermandad	海尔曼达德
Hermann von Salza	赫尔曼·冯·萨尔扎
Hermanstadt	锡比乌
Hohenstaufen	霍亨斯陶芬王朝
Holland	荷兰
Holstein	荷尔斯泰因
Holy Brotherhood	圣友会
Holy See	罗马教廷
Honorius III	诺理三世
Honorius IV	诺理四世
Hospitallers	医院骑士团
House of Albizzi	阿尔比齐家族
House of Anjou	安茹家族
House of Ascania	阿斯坎尼家族
House of Avesnes	阿韦斯奈斯家族
House of Barbi	巴尔博家族
House of Beauforts	博福特家族
House of Bianchi	比安基家族
House of Bourbon	波旁家族
House of Burgundy	勃艮第家族
House of Carolingian	加洛林家族
House of Carrara	卡拉拉家族
House of Colonnas	科隆纳家族
House of Comneni	科穆宁家族
House of della Rovere	罗韦雷家族
House of Della Torre	托雷家族
House of Este	埃斯泰家族
House of Habsburg	哈布斯堡家族
House of Hohenzollern	霍亨索伦家族
House of Jagellon	雅盖隆家族
House of Lucca	卢卡家族

House of Luxemburg	卢森堡家族
House of Medici	美第奇家族
House of Neri	内里家族
House of Orange	奥兰治家族
House of Ordelaffii	奥尔德拉菲家族
House of Pazzi	帕齐家族
House of Pepoli	佩波利家族
House of Polenta	波伦塔家族
House of Ricci	里奇家族
House of Scala	斯卡拉家族
House of Scaliger	斯卡利杰尔家族
House of St. Gilles	圣吉勒家族
House of Styrian	施蒂里亚家族
House of Visconti	维斯孔蒂家族
House of Vitelli	维泰利家族
House of Welf	韦尔夫家族
House of Wettin	韦廷家族
House of Wittelsbach	维特尔斯巴赫家族
Hugh Capet	休·卡佩
Humanism	人文主义
Humbert II	安贝尔二世
Hundred Years' War	百年战争
Hungary	匈牙利王国
Hunyadi János	匈雅提·亚诺什
Husinec	胡西内茨
Hussite Movement	胡斯运动
Hussite Wars	胡斯战争
Iacopo I Appiani	雅各布一世·阿皮亚尼
Iacopo Orsini	雅各布·奥尔西尼
Iconium	以哥念
Imola	伊莫拉
Infanzones	直属封臣

Ingeborg of Denmark	丹麦的英格博格
Innocent III	因诺森特三世
Innocent IV	因诺森特四世
Innocent VI	因诺森特六世
Inquisitors of State	国家检察官
Ippolita Maria Sforza	伊波利塔·玛丽亚·斯福尔扎
Irene Asanina	艾琳·阿萨尼纳
Iron Crown of Lombardy	伦巴第铁王冠
Isabeau of Bavaria	巴伐利亚的伊萨博
Isabel Neville	伊莎贝尔·内维尔
Isabella I of Castile	卡斯蒂尔女王伊莎贝拉一世
Isabella of France	法兰西的伊莎贝拉
Isabella of Valois	瓦卢瓦的伊莎贝拉
Isabelle	伊莎贝尔
Island of Ponza	蓬扎岛
Isle de France	法兰西岛
Isthmus of Corinth	科林斯地峡
Italy	意大利
Ivry	伊夫里
Jack Cade	杰克·凯德
Jacob van Artevelde	雅各布·范·阿特韦尔德
Jacob von Sirk	雅各布·冯·西尔克
Jacopo Bussolari	雅各布·布索拉里
Jacopo dal Verme	雅各布·达尔·韦尔梅
Jacopo Foscari	雅各布·福斯卡里
Jacopo Pazzi	雅各布·帕齐
Jacopo Piccinino	雅各布·皮奇尼诺
Jacopo Tintoretto	雅各布·丁托列托
Jacqueline of Hainaut	埃诺的杰奎琳
Jacquerie	扎克雷起义
Jacques Coeur	雅克·柯尔
Jacques d'Armagnac	雅克德阿马尼亚克

Jacques de Chatillon	雅克·德·沙蒂隆
Jacques de Molai	雅克·德·莫莱
Jacques of Savoy	萨伏依的雅克
Jacquetta of Luxembourg	卢森堡的雅克塔
Jadwiga	雅德维加
James I	詹姆斯一世
James II	詹姆斯二世
James III	詹姆斯三世
Jan Hus	扬·胡斯
Jan Žižka	扬·杰式卡
Jean Bureau	让·布罗
Jean de Dunois	让·德·迪努瓦
Jean de Montfort	让·德·蒙福尔
Jean de Vienne	让·德·维埃纳
Jean Froissart	让·弗鲁瓦萨尔
Jean Gerson	让·热尔松
Jean II Le Maingre	让·勒曼格尔二世
Jean Petit	让·珀蒂
Jean Petit	让·皮蒂
Jeanne d'Arc	圣女贞德
Jerome of Prague	布拉格的杰罗姆
Joan of Burgundy	勃艮第的琼
Joan of Burgundy	勃艮第的胡安娜
Joan of Navarre	纳瓦拉的琼
Joan of Navarre	纳瓦拉的胡安娜
Joan of Valois	瓦卢瓦的琼
Joanna II	乔安娜二世
Joanna of Flanders	佛兰德斯的乔安娜
Jobst of Moravia	摩拉维亚的约布斯特
Jofré Llançol i Escrivà	乔弗雷·兰科尔·伊·埃斯克里瓦
Jogaila	雅盖沃
Johann Reuchlin	约翰内斯·罗伊希林

John VI Cantacuzenos	约翰六世·坎塔库泽诺斯
John Balliol	约翰·巴利奥尔
John Chandos	约翰·钱多斯
John de Stratford	约翰·德·斯特拉特福
John Hastings	约翰·黑斯廷斯
John Hawkwood	约翰·霍克伍德
John Henry	约翰·亨利
John Hunyadi	约翰·胡尼奥迪
John Hunyadi	约翰·匈雅提
John I	约翰一世
John II	约翰二世
John III	约翰三世
John of Chimay	希迈的约翰
John of Görlitz	格尔利茨的约翰
John of Jandun	詹敦的约翰
John of Lagni	拉尼的约翰
John of Luxemburg	卢森堡伯爵约翰
John of Procida	普罗奇达的约翰
John of Segovia	塞哥维亚的约翰
John of Touraine	布拉班特公爵约翰四世
John Parricida	约翰·帕里西达
John Talbot	约翰·塔尔博特
John the Fearless	"无畏的约翰"
John the Good	"好人约翰"
John VI Kantakouzenos	约翰六世·坎塔库泽努斯
John VIII Palaologus	约翰八世·帕拉奥洛古斯
John Wittenborg	约翰·维滕贝格
John Wyclif	约翰·威克里夫
John XXIII	约翰二十三世
Joinville	茹安维尔
Juana Enríquez	胡安娜·恩里克斯
Judith of Habsburg	哈布斯堡的尤迪特

Julian Cesarini	朱利安·塞萨里尼
Julius II	尤利乌斯二世
Jura	汝拉山脉
Jutland	日德兰半岛
Kaffa	卡法
Karl Knudson	卡尔·克努松
Kentish Leader	肯特郡领主
Kingdom of Arles	阿尔勒王国
kingdom of Granada	格拉纳达王国
Kingdom of Scotland	苏格兰王国
King's Bench	皇座法庭
Klementia von Habsburg	克莱门丝·冯·哈布斯堡
Knights of St. John	圣约翰骑士团
Knud I	克努兹六世
Köln	科隆
Konigsberg	柯尼斯堡
Konrad II	康拉德二世
Konrad Waldhauser	康拉德·瓦尔德豪泽
Korybut	科里布特
Kroja	克鲁贾
Kulm	库尔姆
Kulmerland	库尔默兰
La Charite	拉沙里泰
La Rochelle	拉罗谢尔
Ladislas	拉迪斯劳
Ladislaus Hunyadi	拉迪斯劳斯·匈雅提
Ladislaus IV	拉斯洛四世
Ladislaus Postumus	拉迪斯劳斯·波斯图穆斯
Lady Margaret Beaufort	玛格丽特·博福特女领主
Lagny	拉尼
Lahnstein	兰施泰因
Lake of Luzern	卢塞恩湖

Lancastrian	兰开斯特
Landgrave of Thuringia	图林根州伯爵领地
Languedoc	朗格多克
Laon	拉昂
Latin Empire	拉丁帝国
Lausanne	洛桑
Lausitz	劳西茨
Laws of the Salian Franks	《萨利安法兰西人法》
Le Mans	勒芒
League	里格
League of Cambrai	康布雷同盟
League of the Lion	狮子联盟
League of the Public Weal	公益同盟
Lectoure	莱克图尔
Leipzig	莱比锡
Lemnos	利姆诺斯岛
Leo X	利奥十世
Leon	莱昂
Leonardo Bruni	莱奥纳尔多·布鲁尼
Leonardo da Vinci	莱奥纳尔多·达·芬奇
Leonardo Grosso della Rovere	莱奥纳尔多·格罗索德拉罗韦雷
Leopold I	利奥波德一世
Leopold III	利奥波德三世
Lerida	莱里达
Lesbos	莱斯沃斯
Levant	黎凡特
Lewis of Hesse	黑森的刘易斯
Lewis V	路易五世
Liege	列日
Ligurian Republic	利古里亚共和国
Lille	里尔
Limburg	林堡

Limoges	利摩日
Lincoln	林肯市
Lionel of Antwerp	莱昂内尔的安特卫普
Lipan	利潘
Lisbon	里斯本
Lithuania	立陶宛
Lithuanian	立陶宛人
Liverpool	利物浦
Livonia	利沃尼亚
Livonian	利沃尼亚人
Livorno	里窝那
Loches	洛什
Lodi	洛迪
Loire	卢瓦尔河
Lollards	罗拉德派
Lombard	伦巴第平原
Lombard League	伦巴第同盟
Lorenzo Colonna	洛伦佐·科隆纳
Lorenzo de' Medici	洛伦佐·德·美第奇
Lorenzo Ghiberti	洛伦佐·基贝尔蒂
Lorenzo Valla	洛伦佐·瓦拉
Louis I	路易一世
Louis II	路易二世
Louis IV	路易四世
Louis IX	路易九世
Louis of France	法兰西的路易
Louis of Taranto	塔兰托的路易斯
Louis the German	日耳曼人路易
Louis VI	路易六世
Louis XI	路易十一
Lower Bavaria	下巴伐利亚
Lubeck	吕贝克

Luca della Robbia	卢卡·德拉·罗比亚
Luca Pitti	卢卡·皮蒂
Luca Signorelli	卢卡·西尼奥雷利
Lucchino Visconti	卢基诺·维斯孔蒂
Luciano Doria	卢西亚诺·多里亚
Ludovico Sforza	卢多维科·斯福尔扎
Ludovico Trevisan	卢多维科·特雷维桑
Luneburg	吕讷堡
Lynn	林恩
Lyonnais	里昂
Maclodio	马克洛迪奥
Macon	梅肯
Maddalena de'Medici	马达莱娜·德·美第奇
Madeira	马德拉
Magdalena of Valois	瓦卢瓦的玛格达莱娜
Maggior Consiglio	威尼斯大议会
Magna Charta	《大宪章》
Magnesia	马格尼西亚
Magnus IV	马格努斯四世
Magyar	马扎尔人
Maillotins	锤兵
Maine	曼恩
Mainz	美因茨
Majorca	马霍卡
Malamocco	马拉莫科
Manchester	曼彻斯特
Manfredi	曼弗雷迪
Manuel II	曼努埃尔二世
Manuel Palaologus	曼努埃尔·帕拉奥洛古斯
March of Ancona	安科拉的马尔凯
Margaret III	玛格丽特三世
Margaret of Anjou	安茹的玛格丽特

Margaret of Bavaria	巴伐利亚的玛格丽特
Margaret of Burgundy	勃艮第的玛格丽特
Margaret of France	法兰西的玛格丽特
Margaret of York	约克的玛格丽特
Margarete Maultasch	玛格丽特·莫尔塔施
Margrave of Brandenburg-Stendal	勃兰登堡－施滕达尔侯爵
Margrave of Meissen	迈森藩侯领地
Margrave of Moravia	摩拉维亚侯爵
Marguerite de Borsele	玛格丽特·德·波塞勒
Marguerite de Provence	普罗旺斯的玛格丽特
Maria de Padilla	玛丽亚·德·帕迪利亚
Maria of Anjou	安茹的玛丽亚
Marienburg	马林堡
Marienwerder	马林韦尔德
Marin Falier	马林·法利尔
Marino	马里诺
Marmousets	新贵
Marne	马恩河
Marquis of Montferrat	蒙费拉侯爵
Marseilles	马赛
Marsiglio of Padua	帕多瓦的马尔西利奥
Marsilio da Carrara	马尔西利奥·达·卡拉拉
Marsilio Ficino	马尔西利奥·菲奇诺
Martin IV	马丁四世
Martin Luther	马丁·路德
Martin V	马丁五世
Martino della Torre	马蒂诺德拉托雷
Mary I	玛丽一世
Masaccio Masolino	马萨乔·马索利诺
Maso degli Albizzi	马索·德利·阿尔比齐
Masovia	马佐夫舍
Mastino II della Scala	马斯蒂诺二世·德拉·斯卡拉

Mathias of Janow	亚诺的马蒂亚斯
Mathilde von Habsburg	玛蒂尔德·冯·哈布斯堡
Matilda	马蒂尔达
Matilda of Tuscany	托斯卡纳的马蒂尔达
Matteo I Visconti	马泰奥一世·维斯孔蒂
Matteo II Visconti	马泰奥二世·维斯孔蒂
Matteo Visconti	马泰奥·维斯孔蒂
Matthew Cantacuzenos	马修·坎塔库泽诺斯
Matthias Corvinus	马蒂亚斯·科菲努斯
Maximilian I	马克西米利安一世
Meaux	莫城
Mecklenburg	梅克伦堡
Medici	美第奇
Meinhard II	迈因哈德二世
Meinhard III	迈因哈德三世
Melchthal	梅尔切尔
Meloria	梅洛里亚岛
Melun	默伦
Memel	梅默尔
Mendicant Orders	托钵修会
Messina	墨西拿
Metz	梅斯
Michael Angelo	迈克尔·安杰洛
Michael of Cesena	切塞纳的迈克尔
Michael Palaeologus	米凯尔·帕里奥洛加斯
Michael VIII	米海尔八世
Michaelmas	米迦勒节
Michel Lando	米歇尔·兰多
Middle Ages	中世纪
Milecz of Kremsier	克雷蒂尔的米莱茨
Mistra	米斯特拉
Model Parliament	模范议会

Modena	摩德纳
Moguls	莫卧儿人
Mohammed II	穆罕默德二世
Mohammedanism	伊斯兰教
Moldau	伏尔塔瓦河
Monarchia	《帝制论》
Monastery	教区
Mondidier	蒙迪迪尔
Mons-en-Puelle	蒙斯-恩-普埃尔
Monte San Savino	蒙泰圣萨维诺
Montefeltro of Urbino	乌尔比诺的蒙太费尔特罗
Montereau	蒙特罗
Montiel	蒙铁尔
Montlheri	蒙特尔赫里
Montpellier	蒙彼利埃
Moorish Wars	摩尔战争
Moors	摩尔人
Morat	穆尔滕
Moravia	摩拉维亚
Moselle	摩泽尔河
Munster	明斯特
Murad I	穆拉德一世
Murbach Abbey	默巴赫修道院
Murcia	穆尔西亚
Muzio Attendolo Sforza	穆齐奥·阿滕多洛·斯福尔扎
Najara	纳贾拉
Namur	那慕尔
Nancy	南锡
Nantes	南特
Naples	那不勒斯
Napoleonic Wars	拿破仑战争
Narbonne	纳博讷

Negropont	尼格罗蓬特
Nesle	内勒
Neuchatel	纳沙泰尔
Neumark	诺伊马克
Neuss	诺伊斯
Neustadt	诺伊施塔特
Nicaea	尼西亚
Niccolo Canale	尼科洛·卡纳莱
Niccolo da Pisano	尼科洛·达·皮萨诺
Niccolò da Uzzano	尼科洛·达·乌扎诺
Niccolò de' Niccoli	尼科洛·德·尼科利
Niccolò Machiavelli	尼科洛·马基雅弗利
Niccolo Piccinino	尼科洛·皮奇尼诺
Niccolò Pisani	尼科洛·皮萨尼
Niccolo Soderini	尼科洛·索代里尼
Nicholas VI	尼古拉四世
Nicolas	尼古拉
Nicolas III	尼古拉三世
Nicolas V	尼古拉五世
Nicolas von Diesbach of Bern	尼古拉·冯·迪斯巴赫
Nicopolis	尼哥波利
Nidwalden	下瓦尔登
Nissa	尼萨
Norfolk	诺福克郡
Norman	诺曼
Normandy	诺曼底
Novara	诺瓦拉
Novgorod	诺夫哥罗德
Novigrad	诺维格勒
Ober-Lahnstein	奥伯-兰施泰因
Oddo Colonna	奥多·科隆纳
Odet d'Aydie	奥代德艾迪

Odo IV	奥多四世
Olaf	奥拉夫
Old League of High Germany	德意志高地旧联盟
Oligarchical Constitution	寡头政治体制
Olivera Despina	奥利韦拉·德斯皮娜
Olivier de Châtillon-Blois	奥利维尔·德·沙蒂永-布洛瓦
Olivier de Clisson	奥利维尔·德·克莱森
Order of Santiago	圣地亚哥骑士团
Order of St. Dominic	圣多米尼克教团
Order of the Sword	圣剑骑士团
Order of the Temple	圣殿骑士团
Ordinance of March 3, 1357	《1357年3月3日法令》
Ordinances of Justice	《正义法规》
Ordonnance sur la Gendarmerie	《武装部队法令》
Orkneys	奥克尼群岛
Orsini	奥尔西尼家族
Osnabruck	奥斯纳布吕克
Osterlings	厄斯特林人
Ostracism of Florence	佛罗伦萨排挤
Otranto	奥特朗托
Otto di Balia	城市监察执行委员会
Otto di Fratica	地方战时执行委员会
Otto I	奥托一世
Otto III	奥托三世
Otto IV	奥托四世
Otto V	奥托五世
Otto Visconti	奥托·维斯孔蒂
Ottoman Empire	奥斯曼帝国
Ottoman Turks	奥斯曼土耳其人
Oudenaarde	奥德纳尔德
Padua	帕多瓦
Paganino Doria	帕加尼诺·多里亚

Palaeologi	巴列奥略
Palatinate	普法尔茨
Palatine	帕拉廷
Palazzo Pitti	皮蒂宫
Palazzo Pubblico	锡耶纳市政厅
Palazzo Vecchio	旧宫
Palermo	巴勒莫
Palestine	巴勒斯坦
Palle	帕勒
Pamplona	潘普洛纳
Pandolfo III Malatesta	潘多尔福三世·马拉泰斯塔
Paolo Guinigi	保罗·圭尼吉
Papal tiara	三重冕
Parlamento	议会
Parliament of England	英格兰议会
Parma	帕尔马
Parte Guelfa	财产罚没处
Patay	帕泰
Patras	帕特雷
Patrimony of St. Peter	圣彼得祖业
Pauper Count	平民伯爵
Pavia	帕维亚
Pazzi conspiracy	帕齐阴谋
Peace of Bagnolo	《巴尼奥洛和约》
Peace of Eger	《埃格尔和约》
Peace of Thorn	《托伦和约》
Peace of Turin	《都灵和约》
Peace Party	和平派
Pecquigni	佩克格尼
Pedro de Borja	佩德罗·德·波吉亚
Pedro I	佩德罗一世
Pelekanon	佩莱卡农

Peniscola	佩尼斯科拉
Pentapolis	五城
Pera	佩拉
Perigord	佩里戈尔
Permanent Court	常设法院
Peronne	佩罗讷
Perpignan	佩皮尼昂
Perugia	佩鲁贾
Pesth	佩斯
Peter III	佩德罗三世
Peter IV	彼得四世
Peter of Aspelt	阿斯佩尔特的彼得
Peter of Castile	卡斯蒂尔的彼得
Peter Phillarges	彼得·菲拉格斯
Peter the Hermit	隐修士彼得
Peter von Aspelt	彼得·冯·阿斯佩尔特
Peter von Hagenbach	彼得·冯·哈根巴赫
Philadelphia	费拉德尔菲亚
Philip III	腓力三世
Philip IV	腓力四世
Philip of Rouvres	鲁夫勒的菲利普
Philip the Bold	"勇敢者腓力"
Philip van Artevelde	菲利普·范·阿特韦尔德
Philip VI	腓力六世
Philippa	菲莉帕
Philippa of Hainault	埃诺的菲莉帕
Philippa of Lancaster	兰开斯特的菲莉帕
Philippe de Commines	菲利普·德·科米纳
Philippe II	腓力二世
Phocaea	福西亚
Picardy	皮卡第
Piedmontese	皮埃蒙特

Piero II de' Medici	皮耶罗二世·德·美第奇
Piero degli Albizzi	皮耶罗·德利·阿尔比齐
Piero Riario	皮耶罗·里亚里奥
Pierre Cauchon	皮埃尔·科雄
Pierre d'Ailly	皮埃尔德阿伊
Pierre de Giac	皮埃尔·德·贾克
Pietrasanta	彼得拉桑塔
Pietro Angeleri	彼得罗·安杰莱里
Pietro Doria	彼得罗·多里亚
Pietro Francesco Orsini	彼得罗·弗朗切斯科·奥尔西尼
Pietro Perugino	彼得罗·佩鲁吉诺
Pietro Rainalducci	彼得罗·拉伊纳尔杜奇
Piombino	皮翁比诺
Pisa	比萨
Pistoia	皮斯托亚
Pius	庇护
Pius II	庇护二世
Plantagenet	金雀花王朝
Po	波河
Poggio Bracciolini	波焦·布拉乔利尼
Poggio Imperiale	波焦因佩里亚莱
Poissy	普瓦西
Poitiers	普瓦捷
Poitou	普瓦图
Pola	波拉
Poland	波兰王国
Polesina of Rovigo	罗维戈波河平原地区
Polish University	波兰大学
Politics	政治学
Pomerania	波美拉尼亚
Pomerellen	波美雷利亚
Pontarlier	蓬塔利耶

Pontoise	蓬图瓦兹
Pope Benedict XI	教皇本笃十一世
Pope Gregory X	教皇格列高利十世
Porto Santo Island	圣托港
Portolungo	伦格港
Portsmouth	朴次茅斯
Pragmatic Sanction of Bourges	《布尔日国事诏书》
Pragmatic Sanction of Mainz	《美因茨国事诏书》
Praguerie	布拉格党
Prato	普拉托
Pregadi	普雷加迪
Přemysl Otakar II	普热米斯尔·奥托卡二世
Pre-Raphaelite Brotherhood	前拉斐尔派
Primus inter pares	护民官
Prince of Asturias	阿斯图里亚斯亲王
Prince of Viana	比亚纳亲王
Prince of Wales	威尔士亲王
Principalities	亲王国
Priori del Borsellino	博尔塞利诺行会会长
Priori delle Arti	行会会长
Privilege of Union	《联合特权法案》
Privy Council	枢密院
Prokop of Moravia	摩拉维亚的普罗科普
Provence	普罗旺斯
Prussia	普鲁士
Prussian	普鲁士人
Prussian League	普鲁士联盟
Pyrenees	比利牛斯山脉
Quarantia	四十人议会
Rafaello della Rovere	拉斐罗德拉罗韦雷
Raffaelle Riario	拉法埃莱·里亚里奥
Ramon Berenguer IV	拉蒙·贝伦格尔四世

Raphael Sanzio	拉斐尔·圣齐奥
Rapperswil	拉珀斯维尔
Ratisbon	拉蒂斯邦
Ravenna	拉韦纳
Reformation	宗教改革
Reggio	雷焦
Reims	兰斯
Renaissance	文艺复兴
Rene I	勒内一世
Republic of Florence	佛罗伦萨共和国
Republic of Venice	威尼斯共和国
Reuss	罗伊斯河
Reutlingen	罗伊特林根
Rhenish Archbishops	莱茵派大主教
Rhenish Prince	莱茵河选帝侯
Rhine	莱茵河
Rhodes	罗得岛
Richard	理查
Richard II	理查二世
Richard Lodge	理查德·洛奇
Richard Neville	理查德·内维尔
Richard of Cornwall	康沃尔的理查德
Ricos Hombres	大贵族
Riga	里加
Ritterschaft	骑士
Riualdo degli Albizzi	里纳尔多·德利·阿尔比齐
Robert Browning	罗伯特·勃朗宁
Robert Hallam	罗伯特·哈勒姆
Robert I	罗伯特一世
Robert II	罗伯特二世
Robert III	罗伯特三世
Robert le Coq	罗贝尔·勒·科克

Robert of Anjou	安茹的罗伯特
Robert of Geneva	日内瓦的罗伯特
Rocca-Secca	罗卡-塞卡
Rodrigo de Borja	罗德里戈·德·波吉亚
Roger Mortimer	罗杰·莫蒂默
Romagna	罗马涅
Roman Curia	罗马教廷
Roman Empire	神圣罗马帝国
Roman Law	《罗马法》
Rome	罗马
Roosebeck	罗斯贝克
Rostock	罗斯托克
Rouen	鲁昂
Roumania	罗马尼亚
Roussillon	鲁西永
Rovigo	罗维戈
Roye	鲁瓦
Rudolf Brun	鲁道夫·布伦
Rudolf I	鲁道夫一世
Rudolf II	鲁道夫二世
Rudolf III	鲁道夫三世
Rudolf von Habsburg	鲁道夫·冯·哈布斯堡
Ruggiero di Lauria	鲁杰罗·迪·劳里亚
Rumeli	鲁米利亚
Rupert II	鲁珀特二世
Rupert III	鲁珀特三世
Rutli	吕特利
Sachsenhausen	萨克森豪森
Sack	萨克城
Säckingen Abbey	萨金根修道院
Saint-Maur-des-Fossés	圣莫代福塞
Saintonge	圣通日

Salado	萨拉多
Salic law	《萨利克法》
Salisbury	索尔兹伯里
Salvestro de'Medici	萨尔韦斯特罗·德·美第奇
San Francesco d'Assisi	圣方济各亚西西
San Lorenzo	圣洛伦佐
San Miniato	圣米尼亚托
San Pietro in Vincoli	圣伯多禄锁链堂
Sancho	桑乔
Sancho IV	桑乔四世
Sandro Botticelli	桑德罗·波提切利
Santa Hermandad	圣赫尔曼达
Sapietza	萨皮恩察岛
Saracen Caliphs	撒拉逊哈里发
Saracens	撒拉逊人
Saragossa	萨拉戈萨
Sardinia	撒丁岛
Sarno	萨尔诺
Sarzana	萨尔扎纳
Sarzanella	萨扎内拉
Savona	萨沃纳
Savoy	萨伏依
Saxon	萨克森
Scaligers	斯卡利格
Scanderbeg	斯坎德培
Scandinavian	斯堪的纳维亚人
Scandinavian States	斯堪的纳维亚国家
Schaffhausen	沙夫豪森
Schauenburg	绍恩堡
Scheldt	斯海尔德河
Schleswig	石勒苏益格
Scholasticism	经院哲学

Schwyz	施维茨
Sciarra Colonna	夏拉·科隆纳
Scottish Guard	苏格兰卫队
Scuola Grande di San Marco	圣马可大会堂
Scutari	斯库塔里
Second House of Anjou	第二安茹家族
Second Peace of Thorn	《第二次托伦和约》
Seine	塞纳河
Selim I	塞利姆一世
Seljuk dynasty	塞尔柱王朝
Semendria	斯梅代雷沃
Senate	元老院
Senlis	桑利斯
Servia	塞尔维亚
Sesto	塞斯托
Seville	塞维利亚
Shetlands	设得兰群岛
Siena	锡耶纳
Sigismund	西吉斯蒙德
Silesia	西里西亚
Simonde de Sismondi	西蒙德·德·西斯蒙迪
Simone Boccanegra	西蒙娜·博卡内格拉
Simonetta	西莫内塔
Sir John Fastolf	约翰·法斯托尔夫爵士
Sir Walter Scott	沃尔特·斯科特爵士
Sixtus IV	西克斯图斯四世
Skaania	斯卡尼亚
Slav Kingdom	斯拉夫王国
Slav kingdom of Bohemia	波希米亚的斯拉夫王国
Slavonia	斯拉沃尼亚
Sluys	斯勒伊斯
Smederevo	斯梅代雷沃

Soest	索斯特
Sofia	索菲亚
Somme	索姆河
Soncino	松奇诺
Sophia of Bavaria	巴伐利亚的索菲娅
Sorbonne	索邦神学院
Southampton	南安普敦
Spain	西班牙王国
Spanish Inquisition	西班牙宗教裁判所
Speyer	施派尔
Spinola	斯皮诺拉
Spiritual Franciscans	方济各会属灵派
Squittinio	选举审查大会
St. Adalbert of Prague	布拉格的圣阿达尔贝特
St. Angelo	圣安杰洛
St. Denis	圣丹尼斯
St. Denis	圣但尼
St. Jacob	圣雅各布
St. Mark	圣马克
St. Omer	圣奥梅尔
St. Quentin	圣昆廷
St. Sophia	圣索菲亚
St. Tron	圣特隆
Star Chamber	星室法庭
States-General of Languedoc	朗格多克国家议会
Statute of Praemunire	《王权侵害罪法令》
Statute of Provisors	《圣职授职法令》
Stefano Colonna	斯特凡诺·科隆纳
Stefano Porcaro	斯特凡诺·波尔卡罗
Stefano Visconti	斯特凡诺·维斯孔蒂
Sten Sture	老斯滕·斯图雷
Stephen Dushan	斯蒂芬·杜尚

Stephen I	斯蒂芬一世
Stephen II	斯蒂芬二世
Stockholm	斯德哥尔摩
Stockholms blodbad	斯德哥尔摩惨案
Straits of Gibraltar	直布罗陀海峡
Stralsund	施特拉尔松德
Styria	施蒂里亚
Süleyman Pasha	苏莱曼·帕夏
Sulmona	苏尔莫纳
Sultan	苏丹
Sultans of Rome	罗马苏丹
Svante Sture	斯万特·斯图雷
Swabia	士瓦本
Swiss Confederation	瑞士邦联
Tabor	塔博尔
Taborites	塔波尔派
Tagliacozzo	塔利亚科佐
Tannegui du Chatel	坦内吉·杜·查特尔
Tannenberg	坦嫩贝格
Tarifa	塔里法
Tartar	鞑靼
Tartars	鞑靼人
Tauss	陶斯
Templars	圣殿骑士团
Tenants-in-Chief	直属封臣
Tenedos	忒涅多斯岛
Teutonic Order	条顿骑士团
Tewkesbury	蒂克斯伯里
The Bishop	主教
The Canterbury Tales	《坎特伯雷故事集》
The Church Militant and Triumphant	《教会的激进分子与胜利者》
the Father of Othman	奥斯曼之父

The Forest Cantons	三大森林州
The Grand Company of the Catalans	加泰罗尼亚大联盟
The Great Fief	大领地主
The Hundredth Penny	百分之一便士
The Interregnum	大空位时代
The Iron	铁人
the Kingdom of Arles	阿尔勒王国
The Later Capet	后卡佩时代
The Lay Princes	世俗王公
The Royal Council	皇家议会
The Triumph of Death	《死亡的胜利》
Theiss	泰斯
Theory of Balance of Power	权力平衡理论
Thessalonica	帖撒罗尼加
Thessaly	色萨利
Thomas Arundel	托马斯·阿伦德尔
Thomas of Sarzana	萨尔扎纳的托马斯
Thomas Palaologus	托马斯·帕拉奥洛古斯
Thrace	色雷斯
Thur	图尔河
Tiber	台伯河
Timour	帖木儿
Titian Vecellio	提香·韦切利奥
Toggenburg	托根堡
Tomaso Parentucelli	托马索·帕伦图切利
Tommaso Mocenigo	托马索·莫塞尼戈
Tommaso Soderini	托马索·索代里尼
Tommaso Strozzi	托马索·斯特罗齐
Torquemada	托尔克马达
Tortona	托尔托纳
Tournay	图尔奈
Tours	图尔

Transubstantiation	圣餐变体论
Trave	特拉沃河
Treaty of Bagnolo	《巴格诺洛条约》
Treaty of Barcelona	《巴塞罗那条约》
Treaty of Brétigny	《布雷蒂尼条约》
Treaty of Conflans	《孔伦条约》
Treaty of Constantinople	《君士坦丁堡条约》
Treaty of Edinburgh–Northampton	《爱丁堡－北安普敦条约》
Treaty of Kalisch	《卡利什条约》
Treaty of Lodi	《洛迪条约》
Treaty of London	《伦敦条约》
Treaty of Meaux	《莫城条约》
Treaty of Nymegen	《奈梅亨条约》
Treaty of Orvieto	《奥尔维耶托条约》
Treaty of Pressburg	《普雷斯堡条约》
Treaty of Rastadt	《拉施塔特条约》
Treaty of Senlis	《桑利斯条约》
Treaty of Stralsund	《施特拉尔松德条约》
Treaty of Szegedin	《塞格德条约》
Treaty of Tordesillas	《托德西利亚斯条约》
Treaty of Troyes	《特鲁瓦条约》
Treaty of Verdun	《凡尔登条约》
Treaty of Vienna	《维也纳条约》
Treaty of Viterbo	《维泰博条约》
Treaty of Wordingborg	《沃丁堡条约》
Tremouille	特雷莫耶
Trent	特伦托
Treviso	特雷维索
Tribune	护民官
Trier	特里尔
Trondheim	特隆赫姆
Tudor	都铎王朝

Tumulto dei Ciompi	无行会组织市民起义
Tunis	突尼斯
Ulm	乌尔姆
Ulrich II	乌尔里希二世
Ulrich von Rosenberg	乌尔里希·冯·罗森贝格
Ulrich von Württemberg	乌尔里希·冯·符腾堡
Union of Castile and Aragon	卡斯蒂尔－阿拉贡联盟
Union of Kalmar	卡尔马联盟
Union of Poland	波兰联盟
Union of the Christian States of Spain	西班牙基督教国家联盟
Union Queen	联邦女王
Unions of German Merchants Abroad	国外德意志商人工会
University of Paris	巴黎大学
Upper Bavaria	上巴伐利亚
Upsala	乌普萨拉
Urban V	乌尔班五世
Uri	乌里
Utraquists	饼酒同领派
Utrecht	乌得勒支
Valdemar IV	瓦尔德马尔四世
Valence	瓦朗斯
Valencia	巴伦西亚
Valenciennes	瓦朗谢讷
Valentina Visconti	瓦伦蒂娜·维斯孔蒂
Varna	瓦尔纳
Vasco da Gama	瓦斯科·达·伽马
Vassalage	封臣制
Vercelli	韦尔切利
Verneuil	韦尔讷伊
Vertus	韦尔蒂
Vettor Pisani	韦托尔·皮萨尼
Vicenza	维琴察

Vienna	维也纳
Vieri de' Medici	维耶里·德·美第奇
Violante Visconti	维奥兰特·维斯孔蒂
Virginio Orsino	维尔吉尼奥·奥尔西诺
Viridis Visconti	维里迪斯·维斯孔蒂
Visconti	维斯孔蒂
Vistula	维斯杜拉河
Vitalien-Bruder	维塔利安兄弟会
Viterbo	维泰博
Vittoria	维多利亚
Waldemar II	瓦尔德马二世
Waldemar III	瓦尔德马三世
Waldemar IV	瓦尔德马四世
Waldstätte	森林州
Wales	威尔士人
Wallachia	瓦拉几亚
Walram IV	瓦尔兰四世
Walter Furst	瓦尔特·弗斯特
Walter VI	瓦尔特六世
Wars of the Roses	玫瑰战争
Wat Tyler	瓦特·泰勒
Wenceslaus I	瓦茨拉夫一世
Wenceslaus II	瓦茨拉夫二世
Wenceslaus III	瓦茨拉夫三世
Wenceslaus IV	瓦茨拉夫四世
Wendish Towns	文德城镇
Werner Stauffacher	维尔纳·施陶法赫尔
Weser	威悉河
West Indies	西印度群岛
Western Schism	天主教会大分裂
Westphalia	威斯特伐利亚
White Cape	怀特角

White Company	白色军队
Wilhelm I	威廉一世
William II	威廉二世
William of Ockham	奥卡姆的威廉
William Tell	威廉·泰尔
William VI	威廉六世
William Wallace	威廉·华莱士
Winrich von Kniprode	温里希·冯·克尼普罗德
Wisby	维斯比
Wismar	维斯马
Wolfenbüttel	沃尔芬比特尔
Worms	沃尔姆斯
Yolande of Anjou	安茹的约兰德
Yolande of Aragon	阿拉贡的约兰德
Yonne	约讷河
Ypres	伊普尔
Zara	扎拉
Zeeland	泽兰
Zurich	苏黎世